L'AVOCAT CHEZ VOUS

LE CONSEILLER JURIDIQUE POUR TOUS

C. Bertrand-Barrez
M. Bressot
J. Martine
B. de Navailles-Roussille
G. Turpin de Crisse

L'AVOCAT CHEZ VOUS

LE CONSEILLER JURIDIQUE POUR TOUS

27e édition entièrement remise à jour

par Maître Marie-Christine Halpern, Avocat à la Cour

De Vecchi

AVERTISSEMENT

L'ouvrage que vous avez entre les mains a pour but de faire connaître au lecteur les nouvelles dispositions juridiques et les formalités pratiques relatives au sujet suivant : *L'Avocat chez vous*. De nouvelles dispositions sont introduites continuellement dans les législations nationale, internationale et européenne concernant le droit civil, le droit commercial, le droit pénal, le droit du travail, le droit fiscal, etc. Nous informons les lecteurs que cet ouvrage prend en compte les lois et les aménagements administratifs promulgués à la date de remise du manuscrit par l'auteur en juillet 2007.

Il est conseillé, selon les problèmes spécifiques – et souvent uniques – de chaque lecteur, de prendre l'avis des personnes compétentes, hommes de loi, administrations, associations, etc. pour obtenir les renseignements les plus complets et les plus précis possible en fonction des éventuels changements intervenus dans les textes en question. En effet, depuis la date de remise du manuscrit par l'auteur et la date de publication de cet ouvrage les textes et leur interprétation ont pu évoluer.

L'ÉDITEUR

NOTES POUR LA 27e ÉDITION

Chaque année, de nouvelles mesures sont introduites dans la réglementation concernant le droit civil, le droit commercial, le droit pénal, le droit du travail, le droit européen, etc.
À ces réformes s'ajoutent des modifications ponctuelles, qui font que le « droit » est en perpétuelle évolution.
La mise à jour de cette édition ayant été remise à l'Éditeur plusieurs mois avant son impression, certains textes auront peut-être changé entretemps. Les modifications en résultant ne seront, par conséquent, pas incluses dans cette parution.

MARIE-CHRISTINE HALPERN
Avocat à la cour d'appel de Paris

Les documents présentés en annexes (modèles de lettres, formulaires, contrats divers, etc.) ont été en partie fournis par l'auteur de la mise à jour.
Le contrat de location et ses pièces annexes ont été reproduits avec l'aimable autorisation de la papeterie TISSOT, qui détient les droits de ces imprimés.

L'ÉDITEUR

PRÉFACE

Vous venez d'acheter cet ouvrage pour qu'il vous soit *utile*. Nous espérons ne pas vous décevoir.

En tant qu'individu, vous souhaitez surtout qu'on respecte votre tranquillité personnelle. Malheureusement, votre existence quotidienne ne vous permet pas une telle indifférence : en tant que citoyen d'une société *libérale avancée*, vous avez besoin de connaître vos droits et vos devoirs. Plus exactement, dans le domaine juridique, vous devez être en mesure de faire valoir vos prétentions légitimes et de vous défendre contre tout ce qui menace l'exercice de vos droits. Bien sûr, la première tentation est de vous en remettre à votre entourage : parents, voisins, amis. Mais c'est là une solution dangereuse car cet entourage n'est pas toujours compétent. C'est pourquoi vous pouvez être mal conseillé. L'homme de loi, l'avocat... c'est plus sûr évidemment, mais on craint l'engrenage. Dans la quête du conseil, on préfère au moins une phase préliminaire de renseignement sans engagement, et aussi discrète que possible. C'est ce qui conduit vers les librairies, au rayon des ouvrages sur la vie pratique et juridique. Et c'est le chemin que vous avez suivi.

Comment choisir un ouvrage qui vous apportera des renseignements utiles ? Vous risquez alors de vous heurter à deux types de défauts opposés : ou bien le livre que vous aurez choisi utilise un langage technique réservé aux seuls initiés ; ou bien la présentation des problèmes est tellement simplifiée que vous n'apprendrez rien d'utile.

Tout cela finit, quand le découragement a fait son œuvre, dans l'acceptation de la victime résignée, par des engagements dont on n'aperçoit pas toutes les conséquences, souvent graves, ou par des procès, coûteux et source de nouveaux conflits, qui n'étaient peut-être pas nécessaires...

Eh bien, le gros livre que vous avez choisi entend vous aider quand vous baignez encore dans une atmosphère d'incertitude inquiète et que vous cherchez l'issue à vos difficultés. Précisons bien qu'il n'est pas la panacée, le remède miracle, la solution à tout, qu'il ne saurait remplacer l'avocat, pas plus que l'armoire à pharmacie ne peut remplacer le médecin. Il n'est pas non plus une encyclopédie, car il ne constitue pas à lui seul une bibliothèque où vous devez infailliblement trouver répertorié votre cas personnel.

Son but est bien plus modeste, mais non moins utile. Il s'agit de vous initier à la vie juridique, ce dont vous avez besoin pour de multiples raisons.
D'abord pour faire éventuellement bonne contenance auprès des hommes d'affaires ou de loi à qui vous pourrez avoir recours. C'est pourquoi il ne faudra pas vous étonner de commencer votre initiation par un chapitre de culture générale qui va vous préciser des notions, un certain vocabulaire.
Ensuite pour vous aider à situer vos difficultés sur le plan juridique, afin de mieux vous orienter dans la recherche de livres spécialisés ; car il faut bien vous dire qu'être renseigné au départ, au moins partiellement, mais exactement, est déjà beaucoup et évite bien des faux pas.
Enfin pour connaître les principales règles qui s'appliquent aux problèmes de toute sorte que vous avez à résoudre dans le cadre de votre vie quotidienne. On doit souligner qu'une telle connaissance vous permettra souvent d'éviter des affrontements inutiles et déplaisants, car elle vous incitera, dans la plupart des cas, à rechercher des solutions amiables et transactionnelles. N'oubliez pas qu'*un mauvais arrangement vaut mieux qu'un bon procès*, comme dit le proverbe. La multiplicité des règles auxquelles chaque citoyen est aujourd'hui soumis explique que certaines situations paraissent inextricables. Mais en fait ces situations sont relativement simples, tout en nécessitant un minimum de connaissances. En effet, en règle générale, les principes généraux des principaux secteurs du droit (droit civil, droit pénal, droit constitutionnel) sont clairement définis par les textes.
Il faut donc que vous ayez quelque connaissance de vos droits. Quel est en effet le droit qui s'applique aux différents domaines de votre activité ? En tant que citoyen, en tant que salarié, en tant que commerçant, en tant qu'agriculteur, en tant qu'artisan, en tant qu'assuré social, en tant que demandeur d'emploi, en tant que chef de famille, etc.
Pour répondre à ces questions, il faut donc vous renseigner. Or le but de ce livre est justement de vous renseigner. Naturellement, si vous recherchez une information exhaustive et approfondie, *L'AVOCAT CHEZ VOUS* ne pourra pas répondre à toutes vos questions. Par contre, si vous désirez vous faire une idée précise de votre propre situation avant d'agir, ou même satisfaire votre curiosité dans certains domaines, cet ouvrage vous sera extrêmement utile. Son but n'est pas de mettre à votre disposition tout ce qui pourrait vous être utile de savoir, ce qui est impensable, mais de vous mettre sur la bonne voie, de vous donner des idées justes sur votre cas fondamental, de vous préparer à comprendre la difficile technique juridique. Ainsi serez-vous mieux à même de compléter votre information par la consultation d'ouvrages spécialisés, s'il le faut, d'engager la discussion en toute connaissance de cause, utilement et efficacement, avec le conseiller juridique, l'avocat ou l'homme d'affaires aux services de qui vous aurez recours.

PRÉLIMINAIRES

I – Les droits à la liberté et à la sécurité

La liberté

Le principe. Toute société ou collectivité est faite d'individualités ; de cette constatation découle une conséquence logique : il est souvent difficile d'aménager les rapports entre la collectivité qui veut régner sur les individus pour le « bien commun », et chacun des individus qui veut assurer sa propre liberté face au pouvoir qu'il trouve toujours trop envahissant, et face aux autres individus qui lui apparaissent bien souvent comme des rivaux.
C'est en partant de cette contradiction qu'ont été établies les institutions et par là même qu'est née une certaine conception de la liberté.

Les formes. Tout d'abord la liberté politique. C'est le droit pour chaque citoyen de participer aux élections, de désigner ceux qui vont gouverner, d'être candidat à telle ou telle fonction politique (maire, député, etc.).
Ensuite la liberté individuelle. C'est la marque dans la vie quotidienne de l'indépendance de chacun face aux pouvoirs établis (liberté d'aller et venir, liberté toute personnelle mais aussi économique, telle la liberté de passer tel ou tel contrat, liberté de pensée, liberté d'expression, etc.).
Enfin la liberté collective. C'est la possibilité de s'associer, de se syndiquer pour défendre des intérêts communs.

La sécurité

Or ces libertés affirmées sont loin d'être intouchables. C'est pourquoi elles doivent faire l'objet de protections et être largement connues pour pouvoir être défendues. Il ne peut y avoir liberté sans sécurité.

II – Comment faire respecter ses droits

Il y a plusieurs façons de faire respecter ses droits ; ce sont la défense personnelle, la défense assistée et la défense collective.

Se défendre personnellement

Dans la vie quotidienne, il appartient à chacun de faire respecter ses droits. Il est vrai qu'on ne peut le faire que dans la mesure de ses connaissances qui se montrent lacunaires dans bien des situations.
Aussi est-il bon de s'informer de certaines règles de protection minima parfaitement légales.
Prenons l'exemple du contrôle et de la vérification d'identité.
On a souvent vu la police procéder, lors de manifestations, à un contrôle d'identité suivi d'une arrestation préventive de gens sur la voie publique, retenus ensuite pendant plusieurs heures dans un commissariat sous prétexte de vérification d'identité.
Cette pratique, légale lorsqu'il s'agit de « recherches judiciaires » à propos d'un crime ou d'un délit déjà commis, constitue un abus de pouvoir lorsqu'elle est pratiquée préventivement en dehors de tout texte de loi et donc hors de toutes garanties. C'est de plus en contradiction avec l'article 7 de la Déclaration des droits de l'homme qui dispose que « nul ne peut être arrêté ou détenu que dans les cas déterminés par la loi et dans les formes qu'elle a prescrites ».

Le contrôle d'identité. Il est dit que le contrôle d'identité peut avoir lieu pour prévenir une atteinte à l'ordre public notamment à la sécurité des personnes ou des biens, quel que soit le comportement de la personne contrôlée.
Ce principe posé, une série de garanties l'accompagne.
Étant invitée à justifier de son identité, la personne contrôlée peut le faire par « tout moyen ». Elle peut donc présenter une carte d'identité, un passeport, un livret de famille, un livret militaire, un permis de conduire.
Toutefois, si la personne qui contrôle votre identité n'est pas en tenue, elle doit présenter sa carte de policier ; sans le respect de cette formalité, on n'est pas tenu de présenter ses papiers d'identité. De toute façon, cette opération de contrôle doit être opérée « avec courtoisie ».
Enfin si l'agent est obligé de procéder à une vérification, celle-ci doit avoir une durée « strictement nécessaire » à la vérification et en tous les cas ne pas excéder quatre heures. De plus, la personne contrôlée emmenée au commissariat doit avoir le moyen de se mettre en relation avec sa famille ou avec toute autre personne susceptible de confirmer son identité.
Lorsque la vérification a lieu, il est interdit de pratiquer des « prises d'empreintes digitales ou des photographies ». Celles-ci ne sont autorisées que lorsqu'elles constituent le seul moyen d'établir l'identité de la personne contrôlée.

Se faire assister par un homme de loi

La plupart du temps cependant, l'atteinte à la liberté n'est pas si immédiate qu'on ne puisse prendre conseil.
Il ne faut pas hésiter alors à s'adresser à un juriste et préparer avec lui sa défense.
À même de déjouer les pièges, il sait de plus assurer le secret de ses clients.
Parmi ces juristes, l'*avocat* est à citer en premier.
Il peut tout faire : rédiger des contrats, intervenir auprès d'une administration, plaider devant les juridictions, et, d'une manière générale, conseiller.
Il faut citer aussi le *notaire* dont l'intervention est indispensable pour tout ce qui concerne les successions, et dont la présence est obligatoire en matière de vente de biens immobiliers. Il est là pour vous aider à gérer votre patrimoine familial.
L'*huissier de justice*, longtemps considéré comme celui qui pratique les saisies, n'en est pas moins aujourd'hui celui qui consacre une grande partie de son temps à recevoir les personnes poursuivies pour dettes. Il examine avec elles les moyens de régler par fractionnement les sommes dues, leur accorde des délais et dans la plupart des cas évite ainsi la vente des biens du débiteur.

La défense collective

De nombreuses associations existent pour vous défendre. Ainsi les associations de consommateurs ou les associations qui défendent les enfants maltraités, les prostituées. Elles sont là pour appuyer la victime et aussi assainir les mœurs. Enfin, il convient de noter le développement depuis quelques années de multiples formes de défense collective : par exemple les groupes de quartier, les comités de locataires soumis à expulsion.
En conclusion, il n'existe pas qu'une forme de défense, et toutes les fois que cela est possible, il ne faut pas rester isolé.

III – Le système judiciaire

En France, le système judiciaire est subdivisé en deux branches principales : les tribunaux répressifs et les tribunaux civils. À ceux-ci s'ajoutent les tribunaux administratifs.

Les tribunaux répressifs

Ils sanctionnent les infractions qui portent atteinte à l'ordre public (vol, crime, etc.). Dans ces cas-là, c'est la justice pénale qui se met en branle, soit à la suite d'une plainte d'un particulier, soit à l'initiative du procureur de la République (ministère public).

Selon la gravité de l'infraction, en ordre croissant, sera saisi :
– le tribunal de police ou le juge de proximité, pour une contravention ;
– le tribunal correctionnel, pour un délit ;
– la cour d'assises, pour un crime.

Pour tous les crimes et pour certains délits, un juge d'instruction instruit l'affaire, c'est-à-dire recherche la vérité puis, lorsqu'il estime sa tâche terminée, renvoie le dossier au tribunal correctionnel (pour les délits) ou à la cour d'assises (pour les crimes) pour jugement.
Le juge d'instruction peut être saisi soit par un réquisitoire introductif du procureur de la République, soit par une plainte avec constitution de partie civile de la victime. En ce dernier cas, la victime doit consigner une certaine somme au greffe du tribunal, cette somme étant censée couvrir les frais de justice.
Pour les délits, la victime n'est pas obligée de déposer plainte avec constitution de partie civile. Elle peut également déposer une plainte simple auprès du procureur de la République qui décidera de l'utilité des poursuites. La plainte simple est gratuite.
Le procureur de la République devant le tribunal correctionnel et le procureur général devant la cour d'appel (et ceux qui les assistent, avocats généraux ou substituts) représentent l'État. Leur fonction est de veiller au respect de la loi et de l'ordre public. Ce sont les magistrats dits « du parquet » ou ministère public.
Dans les juridictions répressives (tribunal de police, tribunal correctionnel et cour d'assises), il existe donc trois parties au procès : la victime, la personne mise en examen (autrefois « inculpée ») et le ministère public qui fait connaître les intérêts généraux de la société.

Les jugements du tribunal de police, du tribunal correctionnel et désormais de la cour d'assises sont susceptibles d'appel devant la cour d'appel, puis éventuellement d'un recours en cassation devant la Cour de cassation. Naguère, l'appel des décisions des cours d'assises, rendues par un jury populaire censé représenter le peuple français, n'était pas possible.

Les tribunaux civils

Les tribunaux civils sont saisis par les justiciables eux-mêmes lorsqu'un litige d'ordre privé les oppose à un autre particulier, à une société, à leur employeur, etc.
Les principales juridictions sont les suivantes :
– le tribunal d'instance qui est compétent notamment pour les réclamations concernant les créances de montant peu élevé (10 000 € maximum), les tutelles et tout ce qui concerne les baux d'habitation. Pour les litiges ne dépassant pas 4 000 €, l'affaire peut être examinée par le juge de proximité ;
– le tribunal de grande instance a une compétence générale pour les créances au-delà de 10 000 €, les divorces, les adoptions, le droit de la famille en général, les successions, les baux commerciaux, les brevets, le droit d'auteur, etc. ;

– les conseils de prud'hommes. Ils sont compétents pour tout ce qui concerne les litiges nés à l'occasion d'un contrat de travail ;
– les tribunaux des affaires de Sécurité sociale : ils sont saisis des différends opposant les assujettis aux organismes d'assurance-maladie, URSSAF, etc. ;
– les tribunaux de commerce. Ils examinent les litiges nés entre commerçants ou sociétés commerciales.

Précisons qu'en cas d'urgence et hors le cas d'une contestation sérieuse, toutes ces juridictions peuvent être saisies par la voie du référé qui aboutit à une décision très rapide.
Sauf exception, les décisions de ces juridictions de première instance sont susceptibles d'un recours devant la cour d'appel, puis devant la cour de cassation. Le justiciable peut se défendre lui-même – sans avocat – devant les tribunaux d'instance, les tribunaux de commerce, les tribunaux de police, les tribunaux d'affaires de Sécurité sociale, les conseils de prud'hommes et, en matière de référé, devant toutes les juridictions du premier degré.
En revanche, d'une façon générale, devant le tribunal de grande instance, devant le tribunal correctionnel et en cour d'assises, le ministère d'avocat est obligatoire. Devant la cour d'appel, outre un avocat pour plaider, il faut également se faire assister par un avoué qui suit la procédure. Mais ni l'avocat ni l'avoué ne sont nécessaires pour les appels des jugements des conseils des prud'hommes ou des tribunaux des affaires de Sécurité sociale.
Pour plaider devant la Cour de cassation et le Conseil d'État, il faut se tourner vers un avocat au Conseil d'État et à la Cour de cassation.

Les tribunaux administratifs

Lorsqu'un justiciable est opposé à l'État (commune, fisc, administration, etc.), ce sera le tribunal administratif qui sera saisi. Les décisions sont en général susceptibles de recours devant la cour administrative d'appel, puis devant le Conseil d'État.

IV – L'aide juridictionnelle

Pour permettre à tout justiciable résidant en France de faire valoir ses droits dans un procès, soit en demande, soit en défense, l'aide juridictionnelle a été instituée. Ainsi, ceux qui bénéficient de revenus modestes peuvent voir leurs frais de justice, d'avocats, d'avoués, d'huissiers, etc. entièrement ou partiellement pris en charge par l'État. L'aide juridictionnelle est attribuée même lorsqu'un avocat n'est pas obligatoire, par exemple devant le conseil des prud'hommes.

Pour l'année 2007, bénéficie de l'aide juridictionnelle partielle celui ou celle dont les ressources mensuelles ne dépassent pas 1 311 € net (augmentées de 157 € par personne à charge). Bénéficie de l'aide juridictionnelle totale celui ou celle dont les ressources mensuelles n'excèdent pas 871 € net, outre 157 € pour les deux premières personnes à charge et 99 € pour chacune des suivantes.
L'aide juridictionnelle doit être demandée au Bureau de l'aide juridictionnelle du tribunal de grande instance dont dépend le domicile du justiciable.

V – Comment saisir un tribunal ?

En matière civile, lorsqu'un différend oppose un justiciable à un autre (problème de bail, de créance, etc.), le demandeur en personne, ou son avocat, rédige une assignation qui relate les faits, établit la demande, et précise devant quelle juridiction l'affaire sera évoquée, puis le demandeur fait délivrer cette assignation par ministère d'huissier au défendeur. Ce dernier doit se présenter soit en personne, soit représenté par son avocat, devant le Tribunal au jour précisé dans l'assignation (tribunal d'instance, tribunal de commerce, référé, etc.), soit charger un avocat de le représenter (tribunal de grande instance) et de répliquer par écrit (conclusions) à la demande de l'adversaire.
Devant le conseil des prud'hommes, le mode de saisine est différent : le demandeur se présente au greffe du conseil des prud'hommes, remplit une demande chiffrée qui est adressée au défendeur. Par la suite les deux parties sont convoquées, d'abord pour une tentative de conciliation, puis en Bureau de jugement où l'affaire est examinée au fond.
En matière civile, d'une façon générale, le tribunal géographiquement compétent est celui dont dépend le domicile du défendeur. Exemple : vous habitez Paris et vous réclamez une somme d'argent à un débiteur habitant Marseille ; il faudra saisir le tribunal de Marseille.
En matière pénale, la victime porte plainte soit en s'adressant à Monsieur ou Madame le procureur de la République du tribunal de grande instance du lieu où ont été commis les faits, soit par l'intermédiaire d'un avocat en déposant plainte avec constitution de partie civile auprès de Monsieur ou Madame le doyen des juges d'instruction. Ce dernier mode de saisine a davantage de chance d'aboutir, mais est souvent assorti d'une demande de consigner une somme d'argent (quelques centaines d'euros) par le plaignant.

VI – Le juge aux affaires familiales

Pour éviter les inconvénients résultant du partage de compétence entre plusieurs juges (juge d'instance, juge des enfants, juge aux affaires familiales), il existe désormais un juge aux affaires familiales, couramment appelé « jaf ».

Outre les compétences précédemment attribuées au juge aux affaires matrimoniales[1], il se voit reconnaître toute une série de compétences[2] afférentes aux affaires familiales. Il est compétent pour prononcer le divorce non seulement en cas de requête conjointe, mais aussi en cas de divorce pour faute, pour rupture de la vie commune ou sur double aveu (alors qu'auparavant, seul le tribunal de grande instance en formation collégiale, c'est-à-dire composé de trois juges, pouvait prononcer ce type de divorce et/ou séparation de corps). Mais les parties pourront toujours exiger le renvoi devant la formation collégiale.

Quant à la procédure devant le juge aux affaires familiales, se pose le problème de savoir si cette procédure est avec ou sans représentation obligatoire par avocat.

Afin que l'accès au juge soit simple et gratuit, le recours à un avocat n'est pas imposé aux parties dans certaines affaires, l'avocat reste non obligatoire : ainsi, la fixation de la contribution aux charges du mariage, la pension pour les enfants, les modifications du droit de visite et d'hébergement du parent divorcé chez lequel ne résident pas les enfants, etc.

Quant aux procédures qui relevaient autrefois de la compétence du tribunal de grande instance, c'est-à-dire essentiellement les divorces, elles restent des procédures avec représentation obligatoire par avocat.

Malgré l'importance des compétences ainsi reconnues au juge des affaires familiales, il ne devient pas le seul juge de la famille. Ainsi, le juge des tutelles demeure compétent pour tout ce qui concerne la gestion du patrimoine des mineurs, et le tribunal de grande instance se voit reconnaître compétence pour tout ce qui concerne le fonctionnement ou la dissolution du régime matrimonial (par exemple : après divorce).

VII – L'indemnisation des victimes devant la Commission d'indemnisation des victimes d'infractions

Toute personne ayant subi un préjudice corporel, résultant de faits constituant une infraction, dans l'hypothèse où elle n'aura pu obtenir de l'auteur de l'infraction, réparation de son préjudice, pourra solliciter de l'État une indemnité destinée à réparer le dommage subi.

1. Héritier du juge aux affaires matrimoniales, le juge aux affaires familiales dispose d'une compétence générale pour tout ce qui se rattache au divorce et à la séparation de corps : il reçoit les époux lors d'une demande en divorce, il décide des mesures provisoires qui s'appliqueront pendant la durée de la procédure.
2. Quant aux autres compétences du juge aux affaires familiales, elles concernent notamment les actions relatives à la fixation de l'obligation alimentaire, de la contribution aux charges du mariage, et de l'obligation d'entretien, qui relevaient auparavant de la compétence du juge d'instance. Entrent aussi dans les attributions les litiges touchant à l'autorité parentale, ainsi que les actions relatives à la modification du nom de l'enfant naturel, à l'attribution des prénoms ou à leur changement. Le juge aux affaires familiales est par ailleurs compétent, aux lieu et place du juge des référés ou de toute autre juridiction, pour prendre des mesures urgentes lorsqu'un des époux manque gravement à ses devoirs.

1. La demande devra être formée dans un délai de trois (3) ans à compter de l'infraction ou un an à compter de la décision définitive des tribunaux répressifs, devant une commission spéciale, instituée dans le ressort du tribunal de grande instance.

2. Le demandeur présentera sa demande sous forme de requête aux termes de laquelle il indiquera notamment le montant de son préjudice. Cette requête est adressée par courrier recommandé avec A.-R. au greffe de la commission.

3. Une indemnisation partielle pouvant être allouée est actuellement plafonnée à 3 864 €. La victime doit avoir des ressources habituelles correspondant à celles justifiant le bénéfice de l'aide juridictionnelle partielle.

4. S'agissant de l'indemnisation du préjudice, la loi ne prévoit pas de montant maximum. La commission statue en tenant compte : des prestations déjà versées à la victime par les organismes de Sécurité sociale, des sommes versées en remboursement des frais médicaux, des salaires ou accessoires de salaire maintenus par l'employeur… et plus généralement des indemnités de toutes natures reçues ou à recevoir à l'occasion du même préjudice.

5. L'indemnité est versée par le fonds de garantie des victimes des actes de terrorisme et d'autres infractions.

PREMIÈRE PARTIE
LA FAMILLE

La famille est fondée sur un fait biologique : la procréation. L'union d'un homme et d'une femme entraînant la naissance d'enfants les incite à donner une stabilité à leur vie commune, afin d'assurer dans les meilleures conditions possibles l'éducation de leurs enfants. La famille est constituée par un ensemble de personnes ayant entre elles des liens de parenté et d'alliance.
La conception de la famille a beaucoup évolué jusqu'à notre époque. Autrefois les liens familiaux avaient une importance capitale ; la société était hiérarchisée en fonction de ces liens. La classe dirigeante, l'aristocratie étaient fondées sur le système de l'hérédité. D'où l'importance extrême de la naissance qui, à cette époque, décidait pratiquement du sort d'un homme. La famille était alors entendue au sens large, comportant non seulement parents et enfants, mais aussi frères, sœurs, cousins, même éloignés, alliés. On attachait une grande importance au passé, aux ancêtres communs.
Actuellement l'évolution de la société, du mode de vie, des mentalités et des mœurs nous oriente vers une conception plus étroite de la famille, qui conserve un certain rôle dans la formation des générations futures, leur éducation. La famille actuelle comprend essentiellement les parents et les enfants mineurs. C'est une cellule qui se constitue pour assurer l'éducation des enfants. Sa fonction est tournée vers l'avenir. Cette évolution est accentuée par la facilité des moyens de transport, la multiplication des voyages et des échanges, qui incitent les jeunes couples à s'installer quelquefois loin de leur lieu de naissance et de leur famille.
De toute cette évolution, on peut déduire trois traits nouveaux de la famille que nous développerons ci-après.

1. *Une importance plus grande donnée à la volonté des personnes*
Les époux se choisissent librement. La femme a une indépendance plus grande qui lui permet de participer activement à la direction du ménage. Les individus se sentent plus libres d'organiser leur vie, redoutent moins l'opinion publique ou les réactions de leur famille, car tous les esprits ont évolué. D'où le second trait de la famille moderne.

2. *Un développement de familles parallèles à la famille légitime*

La famille naturelle tout d'abord a acquis une véritable réalité. Autrefois les « bâtards » étaient rejetés par la société qui ne leur reconnaissait pratiquement aucun droit par rapport aux enfants légitimes. Actuellement les enfants nés hors mariage se sont vus reconnaître les mêmes droits que les enfants nés de couples mariés. Étant donné cette situation, grâce aux progrès du travail féminin, et grâce surtout à l'évolution des mentalités, les mères ou les pères célibataires sont devenus une réalité courante de la société.

La loi est attentive avant tout à l'intérêt de l'enfant, quelle que soit la condition juridique de sa naissance. Les mots péjoratifs d'enfant « adultérin », d'enfant « incestueux » sont supprimés de notre vocabulaire juridique. La condition de ces enfants est considérablement améliorée, et l'enfant naturel, seule dénomination restante, voit ses droits se rapprocher de plus en plus de ceux de l'enfant légitime, maintenant que 40 % environ des enfants naissent hors mariage. La famille adoptive ensuite s'est développée avec l'importance donnée à la volonté pour créer des liens familiaux en dehors des liens du sang. On donnera aux parents qui veulent adopter un enfant, s'ils remplissent les conditions demandées, des droits très importants sur l'enfant adopté, ce qui constitue une véritable famille adoptive. Les couples avec ou sans enfants hésiteront moins qu'autrefois à adopter un enfant.

L'évolution de notre société, tendant à reconnaître juridiquement la famille naturelle, explique la position actuelle des tribunaux se retrouvant face aux situations de concubinage qui, lorsqu'elles présentent une certaine stabilité, ouvrent, tant pour les concubins que pour les enfants qui sont issus de ces unions, un certain nombre de droits et de garanties.

C'est ainsi que la femme vivant en concubinage pourra, par exemple, faire valoir son droit à réparation d'un préjudice à l'occasion du décès accidentel de son compagnon (*cf.* infra).

Pour l'enfant naturel, on pourra faire établir sa filiation sur la simple possession d'état (loi du 24 juin 1982).

Enfin, alors qu'un important débat de société a été tranché par l'instauration d'une nouvelle forme de lien, le pacte civil de solidarité (PACS), un nouveau débat s'ouvre : faut-il autoriser le mariage homosexuel ?

3. *Une intervention croissante de l'État dans les rapports de famille*

Autrefois en matière familiale, l'État ne s'occupait guère que d'assurer l'état civil, et aussi l'enseignement. Actuellement il intervient dans les domaines les plus variés : Sécurité sociale, santé publique, assistance et protection de l'enfance.

1

LE MARIAGE

Le mariage est une des plus vieilles traditions de nos sociétés. Il peut correspondre chez l'homme et la femme adultes à un besoin de stabilité, de sécurité, de se continuer par l'intermédiaire des enfants. Le mariage répond moins à une nécessité physique, qui pourrait être satisfaite par des unions temporaires, qu'à une nécessité sociologique. Beaucoup pensent que l'éducation des enfants suppose une union durable entre les parents. On peut définir le mariage en disant qu'il est « l'union de deux personnes de sexe différent, contractée avec certaines solennités ». Le mariage présente deux aspects.

1. *Un accord entre deux personnes*

Un homme et une femme décident de s'unir et de vivre ensemble pour une durée indéfinie. Ils prennent l'un vis-à-vis de l'autre cet engagement. Il s'agit du simple accord de deux volontés, qui entraîne une réciprocité de droits et de devoirs entre deux personnes.

2. *La création d'une cellule nouvelle*

En se mariant, deux époux fondent une cellule sociale nouvelle, d'où naîtront et où devront vivre d'autres êtres que les époux : leurs enfants.
Restant en principe la cellule de base de la société française contemporaine, la famille est elle-même fondée sur le mariage. Sous cet angle, le mariage peut donc être considéré comme un facteur de *socialisation* des individus. C'est ce qui explique que les auteurs de la règle de droit ne puissent s'en désintéresser et entendent le réglementer, parce qu'il intéresse toute la collectivité.
La véritable finalité d'une telle réglementation est d'instituer une certaine homogénéité juridique des situations individuelles.
Mais, au niveau individuel, l'institution du mariage traduit aussi certaines aspirations proprement humaines. Tout d'abord grâce à la solennité dont il s'accompagne, il sert à rendre officielle, pour les tiers, la volonté d'union d'un homme et d'une femme, et, donc, à donner une dimension sociale à cette volonté. Enfin,

encore une fois, l'institution du mariage donne la possibilité aux deux époux, s'ils le souhaitent, de faire de leur union la base d'une cellule familiale. Traditionnellement, le mariage était considéré comme un facteur de sécurité et d'apaisement social. Pourtant, l'évolution de la législation du divorce (loi du 11 juillet 1975) – qui permet désormais la rupture du lien matrimonial d'une façon beaucoup plus simple et bien plus rapide qu'avant – a certainement modifié cet aspect des choses. Dorénavant, l'union matrimoniale repose plus sur la valeur de l'engagement personnel des deux époux que sur la force juridique de cette union.

I – Les fiançailles

Dans ce qu'on appelle l'ancien droit, c'est-à-dire dans le droit antérieur à la période révolutionnaire, les fiançailles avaient la valeur d'un véritable accord juridique, et celui qui les rompait, quels qu'aient été le motif et les circonstances de la rupture, était en faute. Depuis 1838, le droit français ne reconnaît plus aux fiançailles la valeur d'un accord juridique. Les fiançailles ne sont considérées que comme un engagement moral entre les fiancés qui restent entièrement libres, jusqu'à la minute même du mariage, de donner ou de refuser leur consentement. Afin de prévenir les mauvaises unions, la dissolution des fiançailles doit être plus facile que le divorce. Cependant, les fiançailles, bien que n'ayant pas de valeur juridique en elles-mêmes, peuvent avoir certaines conséquences juridiques. Il faut pour cela que les fiançailles aient été entourées de certaines circonstances.

Ainsi, si un homme a séduit une jeune fille en lui promettant le mariage, s'il l'a ensuite abandonnée et qu'elle se trouve enceinte, elle pourra faire déclarer en justice la paternité naturelle. Elle doit évidemment prouver qu'il y avait eu des promesses. Même si elle n'a pas eu d'enfant, la jeune fille séduite par suite d'une promesse de mariage, puis abandonnée, pourra essayer de prouver la faute du prétendu fiancé, et le préjudice qu'il lui a causé afin de se faire attribuer des dommages-intérêts.

Si les fiançailles ont pris un caractère officiel et très avancé, s'il y a eu publication des bans, ou rédaction d'un contrat, ou envoi des invitations et faire-part de mariage, la réalisation du mariage semble sérieuse et probable.

Aussi des fiançailles avancées auront diverses conséquences.

Si l'un des fiancés est mort

Le chef de l'État peut, pour des motifs graves, donner son autorisation à un mariage posthume. Car toutes les démarches accomplies en prévision de la célébration du mariage marquaient la volonté du fiancé décédé, et son désir d'aboutir au mariage.

Cas d'accident dont la victime est l'un des fiancés

Lorsque l'accident cause la mort de l'un des fiancés, l'autre fiancé peut demander à l'auteur de l'accident des dommages-intérêts en réparation du préjudice moral qu'il a subi. Même en cas d'accident non mortel, les juges accordent quelquefois une indemnisation à l'autre fiancé. Ainsi fut reconnu le droit à l'indemnisation d'un jeune homme dont la fiancée avait été victime, la veille du mariage, d'un accident la privant d'un bras, et ayant paralysé la main de l'unique bras lui restant.

Cas de rupture de fiançailles ou de concubinage

La rupture de fiançailles peu de temps avant le mariage ou du concubinage, faite sans juste motif, est considérée comme une faute, car elle cause en général un préjudice à la victime de cette rupture. Ce préjudice consiste le plus souvent en un trouble moral et matériel. D'où l'octroi de dommages-intérêts. En effet, la rupture d'une liaison ou d'un concubinage durable peut se faire dans des circonstances fautives, ou donner lieu à des conséquences graves pour la victime de la rupture : brusque abandon sans ressources ni indemnisation après projet de mariage, expulsion de l'ancien domicile commun, rupture juste avant un examen important, etc.

II – Le mariage

Le mariage civil, qui a seul valeur juridique au regard de la loi, est, dans la presque totalité des cas, célébré à la mairie, par un officier de l'état civil. Mais les conditions de forme ne sont pas suffisantes pour faire un mariage valable. Il existe en effet de nombreuses autres conditions à remplir, qui sont des conditions de fond. Si toutes ces conditions (de fond et de forme) ne sont pas remplies, on se trouve souvent en présence d'un cas d'annulation du mariage. L'annulation est plus ou moins facile selon que la nullité encourue est une nullité absolue ou une nullité relative. Dans certains cas extrêmes, il peut même y avoir une pure inexistence du mariage.

Les conditions de validité du mariage

Ces conditions sont nombreuses et variées.

L'aptitude physique au mariage. La loi requiert la réunion de certaines conditions purement physiques qui correspondent à l'idée de mariage.

1. *La différence de sexe*

Cette condition paraît évidente ; aussi la loi ne l'a pas exprimée clairement, mais l'a sous-entendue en employant les déterminants : un homme et une femme. Mais le problème pourra se poser dans certains cas exceptionnels où la nature a mal achevé son œuvre, et où il sera possible de constater une malformation de sexe chez l'un des époux, qui, par modification ultérieure, conduise à une identité de sexe entre les deux époux.
Il faut distinguer le cas de l'impuissance qui n'est pas, elle, un empêchement au mariage (l'impuissance étant souvent très difficile à établir médicalement avec certitude). D'une absence de différence de sexe entre les époux résultera tout simplement l'inexistence du mariage. Ce fait devra être constaté médicalement. Quant au transsexualisme, il a maintenant été jugé que les transsexuels pouvaient faire modifier leur état civil (Cass. Ass. Plen. 11 décembre 1992). Aujourd'hui, du fait que la loi ne précise pas que le mariage est l'union d'un homme et d'une femme, il existe un mouvement tendant à obtenir que deux personnes du même sexe puissent se marier.

2. *La puberté*

La puberté est une condition physiologique qui permet la réalisation du mariage. L'âge de la puberté peut être très différent selon les individus. Mais il est possible d'établir un âge moyen de la puberté, qui sera variable en général selon les pays et leur situation géographique. En France, l'âge légal du mariage, tant pour l'homme que pour la femme, se situe à 18 ans. Si les époux n'avaient pas atteint cet âge minimum au moment de la célébration du mariage, celui-ci serait nul d'une nullité absolue. Mais le procureur de la République du lieu de célébration du mariage peut accorder des dispenses pour motif grave. Ce motif sera en général la grossesse de la future épouse, qui prouvera en même temps son aptitude physiologique au mariage. Ces demandes de dispense d'âge ne sont pas très fréquentes.

3. *Un examen médical*

Il est obligatoire pour les époux de subir un examen médical prénuptial chez un médecin de leur choix. L'attestation de cet examen devra être déposée à la mairie en même temps que d'autres pièces, sinon les publications de mariage ne peuvent être régulièrement faites. S'il est obligatoire de passer cet examen, la communication de ses résultats est réservée aux seuls intéressés qui n'ont pas à en faire part à l'officier d'état civil. Cet examen consiste en des examens sanguins et radioscopiques propres à déceler les maladies qui pourraient être dangereuses pour le conjoint et pour les enfants. L'intéressé reste entièrement libre de communiquer ou non les résultats à l'autre fiancé. En cas de maladie grave, la communication des résultats est évidemment une obligation morale pour le fiancé atteint.

Cet examen prénuptial, tout en respectant la volonté individuelle, correspond à une préoccupation de santé publique de la part de l'État.
Le dépistage du SIDA n'est pas obligatoire.

Le consentement. La gravité du mariage exige que le consentement soit donné avec sérieux et certitude. Il s'agit de respecter au maximum les volontés des futurs époux. Aussi rien ne doit entraver la totale et absolue liberté de leur consentement. Rien ne doit les empêcher de se décider librement le jour du mariage. C'est pour cette raison que les fiançailles n'ont pas de valeur juridique. Pour cette raison aussi que la famille doit intervenir le moins possible dans la décision de mariage, surtout quand les fiancés sont majeurs.

1. *Certitude de la volonté*

Le problème de la certitude de la volonté de se marier peut se poser dans certains cas.

• Le mariage « in extremis ».
Un individu moribond peut-il exprimer librement sa volonté ? S'il est incapable de parler, il appartient au juge de relever et d'interpréter les signes par lesquels il a voulu affirmer sa volonté. Exemple (jugé par la Cour de cassation en janvier 1968) : un jeune homme est victime d'un grave accident ; trois jours plus tard, l'officier de l'état civil se rend à la clinique et l'unit à sa fiancée ; le jeune époux meurt le lendemain ; les parents du jeune homme demandent alors l'annulation, en prétendant que leur fils n'a pas pu donner valablement son consentement ; mais la Cour de cassation déclare que le mariage est valable car « lors de la cérémonie, le jeune homme a, par ses larmes et son regard, au moment où l'officier de l'état civil lui a posé la question du consentement, répondu oui au mariage qu'il avait décidé de contracter avant son accident ».
Il faut en effet que le moribond ait manifesté l'intention de se marier avant l'accident, en ayant traité à cette époque la jeune fille en véritable fiancée.
S'il n'y avait jamais eu projet de mariage, le mariage « in extremis » serait plus discutable.

• Cas de démence.
Le consentement donné par un aliéné n'est pas valable. Il faut cependant faire une distinction en cas de folie intermittente. Car le consentement donné pendant un intervalle de lucidité, même si l'époux retombe plus tard dans la folie, est valable.

• Cas du mariage simulé.
Le consentement doit être sérieux et doit correspondre à la volonté de s'unir à une personne dans l'esprit du mariage français. Le mariage serait nul de nullité absolue, si le but recherché était tout différent. C'est le cas du mariage blanc.
Actuellement, le mariage blanc est essentiellement utilisé par les personnes de nationalité étrangère, qui souhaitent obtenir la nationalité française (elles peuvent

en effet l'obtenir par déclaration deux ans après leur mariage avec un Français, une enquête pouvant toutefois être ordonnée pour s'assurer de l'effectivité de la communauté de vie) ou pour obtenir un titre de séjour.

2. *Intégrité du consentement*

Si le consentement d'un époux a été vicié, une annulation du mariage sera possible.
Mais quels sont les vices du consentement susceptibles d'entraîner une annulation du mariage ?

• La simple tromperie, même grave, est insuffisante.
Nous pouvons rappeler ici la formule « en mariage trompe qui peut ». Ainsi, si un conjoint a trompé l'autre sur sa fortune, son caractère, sa race, sa santé, sa religion, sa virginité ou sa grossesse, l'annulation du mariage n'est pas possible.
Il peut cependant y avoir une exception pour des faits très graves. Ainsi un époux s'était aperçu, après son mariage, que sa femme avait une attitude bizarre. Il se rendit compte qu'elle était depuis longtemps malade mentale, et que ses beaux-parents lui avaient caché ce fait pendant les fiançailles. On lui permit de demander l'annulation.

• L'erreur sur la personne.
Elle peut entraîner l'annulation du mariage, si elle a été déterminante. C'est le demandeur à l'annulation qui doit rapporter la preuve que s'il avait connu l'état civil de son conjoint, il ne se serait pas marié. De même, s'il y a erreur du futur marié sur une qualité essentielle concernant son conjoint, l'annulation peut être obtenue à condition toujours que le demandeur rapporte la preuve qu'il a été trompé sur une des qualités essentielles de la personne avec laquelle il comptait convoler : ainsi un époux profondément religieux a pu voir annuler son mariage si son conjoint lui a caché une précédente union religieuse ; annulation accordée également pour un mariage avec un condamné de droit commun, une personne sous curatelle, etc.
Précisons encore que la rigueur du droit positif français est aujourd'hui largement compensée par la libéralisation de la législation du divorce, qui a été réalisée par la loi du 11 juillet 1975. Dans la plupart des cas où la demande d'annulation du mariage pour erreur sur la personne était, en réalité, la conséquence d'une mésentente entre les époux, il sera désormais possible de divorcer assez facilement.

• La violence.
Désormais, afin de prévenir ou d'empêcher les violences au sein du couple, la contrainte exercée sur les époux ou l'un d'eux pour les forcer au mariage, notamment du fait des parents, peut aboutir à la nullité du mariage. Cette nullité peut être demandée pendant cinq ans.

Conditions morales et sociologiques

1. *Interdiction de la polygamie*

Le mariage avec une seule femme est un principe de la culture juridique européenne. Ce principe n'est pas adopté dans tous les pays. Ainsi certains pays musulmans admettent le mariage avec plusieurs femmes.
En France, une personne qui désire se marier ne doit pas être liée par une précédente union. Il faut être célibataire, ou veuf, ou divorcé. L'individu qui passerait outre à cette interdiction se rendrait coupable de bigamie. Le mariage serait nul, et la personne coupable serait passible de sanctions pénales. Il est d'ailleurs très difficile en pratique de réaliser un second mariage avant la dissolution du premier. Car les fiancés doivent présenter à l'officier d'état civil une copie d'acte de naissance datant de moins de trois mois. Or un précédent mariage s'y trouverait indiqué. Le premier conjoint, averti des projets de mariage de son époux, pourrait y faire opposition. Si un époux disparaît pendant un certain temps sans donner de ses nouvelles, et finit par être déclaré absent, son conjoint ne peut pas se remarier tant que dure ce régime d'absence, car l'époux est présumé vivant.
Pour qu'un deuxième mariage soit possible, le premier mariage doit avoir été dissous par la mort ou par le divorce, avec transcription du jugement sur l'acte de naissance de l'intéressé.

2. *Interdiction du mariage entre parents proches*

Cette interdiction a deux fondements :
– un fondement moral. La société réprouve l'inceste, et tout ce qui risque d'avoir un caractère incestueux ;
– un fondement médical. Les unions consanguines favorisent le développement des tares et peuvent entraîner la dégénérescence d'une descendance.

• Entre parents et enfants.
L'interdiction de mariage entre ascendants et descendants est absolue (parents, grands-parents, arrière-grands-parents, enfants, petits-enfants, arrière-petits enfants). Peu importe que la filiation soit légitime, naturelle, ou adoptive. Est aussi interdit le mariage avec un allié en ligne directe, c'est-à-dire avec le conjoint de l'un de ses ascendants ou de l'un de ses descendants, décédé ou divorcé.
Toutefois, on peut obtenir dans ce cas une dispense, mais seulement si le premier conjoint est décédé (exemple : un beau-père pourrait épouser sa bru, avec dispense, après la mort de son fils). Un problème se pose en cas de filiation naturelle non établie juridiquement. Car s'il n'y a pas eu reconnaissance, il n'y a pas de lien juridique entre parent et enfant.

• Entre frères et sœurs.
Tout mariage entre frères et sœurs légitimes, naturels ou adoptifs, est interdit. Le mariage entre frères et sœurs légitimes, ou naturels, n'est pas possible.
Mais en cas d'adoption, des dispenses peuvent être accordées, car les enfants, s'ils ne sont pas issus des mêmes parents, n'ont pas de lien de sang. Ainsi une dispense pourra être accordée pour le mariage de frères et sœurs adoptifs, ou pour celui d'enfants adoptifs avec les enfants légitimes des parents adoptifs. Il est aussi interdit, sauf dispense, d'épouser ses alliés au second degré (beaux-frères, belles-sœurs).

• Entre oncle – tante, et nièce – neveu.
L'interdiction est déjà plus souple. Elle n'existe que dans la famille légitime ou naturelle, et une dispense peut être obtenue. L'interdiction ne s'applique pas aux oncles – tantes, et nièces – neveux, par alliance.

3. *Le délai de viduité*

Toute femme qui survit à la dissolution de son mariage doit laisser s'écouler 300 jours avant de contracter un nouveau mariage. Ce délai a pour but d'éviter des conflits de paternité. En effet ces 300 jours correspondent à la période légale de grossesse. Tout enfant né pendant cette période sera donc présumé être l'enfant du mari. Ce qui explique que le délai commence à courir le jour du décès du mari, le jour de l'ordonnance de résidence séparée en cas de divorce. Le délai pourra être abrégé si le conflit de paternité n'est pas possible : si la femme a accouché depuis la séparation d'avec son mari, si elle produit un certificat médical qui atteste qu'elle n'est pas en état de grossesse ou, encore, par ordonnance du président du tribunal de grande instance, s'il est prouvé que le précédent mari n'a pas cohabité avec sa femme.

La célébration du mariage

Le mariage est entouré de toutes sortes de solennités et de formalités, propres à démontrer que toutes les conditions sont remplies, et qui ensuite serviront de preuves au mariage.

1. *Les formalités antérieures à la célébration du mariage*

Il est conseillé de se rendre à la mairie un mois environ avant la date projetée pour la célébration. Un dossier sera remis aux futurs époux. Il permettra l'accomplissement des deux formalités suivantes.

• La publication des bans.
Le but de cette publication est de faire connaître officiellement le projet de mariage, afin que toute personne qualifiée puisse faire opposition et dévoiler les empêche-

ments au mariage. La publication doit être faite au moins 10 jours avant le mariage. Elle est valable toute l'année qui suit la date de publication (au-delà de 1 an, si le mariage n'a pas eu lieu, il faudrait recommencer les publications).
La publication consiste en l'affichage des nom, prénoms, domicile et résidence de chacun des futurs époux. Pour raisons graves, le procureur de la République peut dispenser de l'affichage et du délai (mariage « in extremis ») ou seulement de l'affichage (régularisation d'un concubinage).

• La remise des pièces à l'officier d'état civil.
La réunion de ces pièces permet à l'officier d'état civil de vérifier si toutes les conditions permettant le mariage sont bien remplies.
La pièce essentielle est la copie de l'acte de naissance datant de moins de 3 mois. Elle permet à l'officier d'état civil de vérifier l'âge des fiancés, leur identité, et leurs antécédents civils.
Si l'acte de naissance était impossible à trouver, il pourrait être remplacé par un acte de notoriété, délivré par le juge d'instance du lieu de naissance ou du domicile, sur attestation de trois témoins. Cet acte devrait être homologué par le tribunal du lieu de célébration du mariage. Les autres pièces à remettre sont : le certificat prénuptial ; la preuve du consentement des parents si un fiancé est mineur ; la preuve de la dissolution du précédent mariage et de l'écoulement du délai de viduité en cas de remariage.

2. *Le déroulement de la cérémonie*

• Échange des consentements devant l'officier d'état civil.
Le mariage est créé par l'échange des consentements. Mais celui-ci doit être recueilli par un officier d'état civil, sinon il y aurait nullité de mariage. L'officier d'état civil doit être compétent territorialement ; il n'a le droit de participer qu'aux seuls mariages conclus dans le secteur où il exerce ses fonctions (s'il est maire d'une commune, il ne peut célébrer que les mariages ayant lieu dans sa commune).
L'officier d'état civil a vérifié la régularité des pièces fournies. Avant de demander l'échange des consentements, il lit aux futurs époux les obligations qui résulteront de leur mariage.

• Caractère public de la célébration.
Le mariage ne peut avoir lieu que dans un endroit où l'un des époux est supposé connu, où il a son domicile ou sa résidence. Le mariage doit avoir lieu à la mairie, toutes portes ouvertes (exception : en cas de mariage « in extremis » où l'un des futurs époux est moribond et ne peut se déplacer). Le mariage doit être célébré devant deux témoins majeurs.

• Pendant les guerres, le mariage par procuration a été admis.
Actuellement le président de la République peut, pour motifs graves, autoriser la célébration d'un mariage après décès si le défunt a accompli les formalités officielles marquant son consentement.

• L'acte de mariage est dressé sur-le-champ et signé par les époux, leurs témoins et l'officier d'état civil.

Oppositions et nullités

Les oppositions au mariage

1. *L'opposition est un acte par lequel une personne déclare qu'il y a un empêchement au mariage projeté*

Cet acte, transmis à l'officier d'état civil, interdit à celui-ci de célébrer le mariage tant que l'opposition n'aura pas été levée. Ce système permet une intervention indirecte des familles qui peuvent ainsi influencer un fiancé, même majeur, en l'obligeant à retarder son mariage, espérant qu'il utilisera ce temps à réfléchir plus longuement. Mais une opposition n'obligera jamais une personne à renoncer à son mariage si toutes les conditions de validité du mariage sont dûment remplies. Elle ne pourrait au plus, dans ce cas, que le retarder.

2. *Qui peut faire opposition ?*

• Les ascendants.
Ils peuvent faire opposition au mariage, qu'ils soient parents légitimes, naturels ou adoptifs. Ils doivent indiquer dans leur opposition un motif légal, c'est-à-dire l'absence d'une des conditions de validité du mariage. Si ce motif était mensonger, les ascendants n'encourraient aucune sanction. L'opposition serait rejetée, mais ils auraient pu faire reculer le mariage.

• Les autres personnes.
Le frère ou la sœur, l'oncle ou la tante, le cousin ou la cousine germains, majeurs, ne peuvent faire opposition que dans deux cas : lorsque le consentement du conseil de famille était nécessaire et n'a pas été obtenu, ou en cas de démence du futur époux. Le conjoint non divorcé pourra aussi faire opposition à un projet de mariage de son époux, qui entraînerait la bigamie. Quand l'opposition est jugée non valable et est rejetée, les opposants autres que les ascendants peuvent être condamnés à des dommages-intérêts.

3. *Comment faire opposition ?*

L'opposition est faite par un acte d'huissier, où l'on indique qui est l'opposant, quels sont ses motifs, et sur quel texte de loi il fonde son opposition.
Cet acte est envoyé aux futurs époux et à l'officier d'état civil. L'officier d'état civil a interdiction de célébrer le mariage tant que dure l'opposition.

En principe une opposition est valable 1 an. Mais elle peut être levée avant, si les opposants la retirent, ou bien si le tribunal, saisi par les futurs époux, déclare que l'opposition n'est pas fondée. L'opposant peut alors faire appel de cette décision devant la cour d'appel. Dans ce cas la cour d'appel doit rendre une décision dans les 10 jours, pour que le mariage ne soit pas retardé abusivement. Si l'opposition d'un ascendant est rejetée, un autre ascendant ne pourra pas faire opposition.

Les nullités au mariage

Tout empêchement à mariage non respecté n'entraîne pas forcément la nullité du mariage. Certains empêchements non respectés entraîneraient la nullité, mais cette nullité ne peut pas être demandée par n'importe qui, ni à n'importe quel moment. Il faut ensuite faire une distinction entre les nullités absolues et les nullités relatives. Une nullité relative ne peut être invoquée que par un nombre très restreint de personnes.

1. *L'inexistence du mariage*

Cette hypothèse diffère des cas de nullité.
L'inexistence du mariage résulte d'un manquement plus grave encore que celui entraînant une nullité.
Il y a inexistence lorsque fait défaut un élément essentiel du mariage. Par exemple si les deux époux sont de même sexe, ou s'il n'y a pas eu de consentement du tout, ou si le mariage n'a pas été célébré par un officier d'état civil. Dans ce cas le mariage est réputé n'avoir jamais existé. Et il n'est pas nécessaire d'avoir recours à une décision de justice semblable à celle qui proclame une annulation. Si un tribunal se trouve saisi, il se borne à constater l'inexistence d'un « acte apparent ».

2. *Les empêchements simplement prohibitifs*

Ces empêchements sont beaucoup moins graves que ceux susceptibles d'entraîner une nullité. Un mariage conclu au mépris d'un empêchement simplement prohibitif sera rarement déclaré nul par la suite. Mais l'existence d'un tel empêchement suffit pour rendre impossible la célébration du mariage, car l'officier d'état civil qui en a connaissance a interdiction de procéder au mariage (empêchement prohibitif : ce nom vient du verbe prohiber, car l'empêchement interdit la cérémonie). Donc en pratique, il sera difficile de passer outre à un empêchement de ce genre. Mais si le mariage avait cependant lieu, il pourrait être valable. Les empêchements prohibitifs correspondent en général à l'absence d'une formalité nécessaire. Exemple : défaut de publication préalable ; existence d'une opposition ; défaut d'examen médical prénuptial ; non-respect du délai de viduité pour la femme en cas de remariage.

3. *Les nullités absolues*

Il y a nullité absolue lorsque fait défaut une condition importante de validité du mariage.

• Cas de nullité absolue.
Il y a nullité absolue dans plusieurs hypothèses :
– si le consentement a été donné par une personne ne possédant pas une volonté saine (cas de folie) ;
– s'il y a impuberté de l'un des époux ;
– s'il y a bigamie[1], ou inceste (parenté trop proche) ;
– s'il y a clandestinité de la célébration, ou incompétence territoriale de l'officier de l'état civil.

Toutefois dans les deux derniers cas, les juges n'annulent le mariage en général que s'il y a eu fraude à la loi (c'est-à-dire si cette irrégularité a eu pour but de tourner la loi française).

• Qui peut invoquer cette nullité ?
Toute personne ayant un intérêt matériel ou moral à l'annulation. Ont toujours un intérêt moral à mettre fin à une situation irrégulière : les époux eux-mêmes ou leurs ascendants. Peuvent aussi avoir un intérêt moral à agir les procureurs (le ministère public, qui est composé de magistrats représentant la société, et ayant le devoir de dénoncer devant la justice touts les situations qui peuvent porter atteinte à l'ordre général). Ont souvent un intérêt matériel à agir : les frères et sœurs, les enfants d'un premier lit, les créanciers.

• Quand peut-on invoquer cette nullité ?
Il n'est pas possible d'invoquer la nullité absolue dans tous les cas. Exemples : en cas de clandestinité du mariage ou d'incompétence de l'officier d'état civil, les époux ne pourront pas demander l'annulation s'ils ont la possession d'état d'époux (s'ils cohabitent et sont considérés par tous comme légalement mariés). En cas de décès de l'un des époux, le ministère public n'aura plus le droit d'invoquer une nullité absolue du mariage.

4. *Les nullités relatives*

Les nullités relatives ne peuvent être invoquées que par un nombre restreint de personnes. Et les délais pour agir en annulation sont très brefs. Une annulation trop tardive entraînerait des difficultés et des bouleversements trop grands quand le ménage est constitué depuis longtemps, et que des enfants sont nés de cette union.

1. Plus précisément dans les faits, il s'agit de cas où l'un des futurs conjoints n'est pas encore délié d'un premier mariage.

• Cas de nullité relative.
Il existe deux cas de nullité relative : la présence d'un vice de consentement (erreur ou violence) chez l'un des époux et le défaut de consentement des parents pour un mineur.

• L'action en nullité.
En cas de vice de consentement, seul l'époux dont le consentement n'a pas été libre peut agir en annulation. Si l'un des époux s'est marié sans que son consentement ait été libre, notamment s'il a été contraint par ses parents, il dispose d'un délai de 5 ans pour demander la nullité de son mariage.

5. *Effets de l'annulation*

L'annulation produit des effets graves, car le mariage est censé n'avoir jamais existé. Tout se passera comme s'il n'y avait jamais eu de mariage : les époux auront vécu en concubinage, les enfants issus de leur union ne seront pas des enfants légitimes, mais des enfants naturels.
Il n'y aura, pour le passé et pour l'avenir, ni régime matrimonial, ni droits successoraux, ni obligation alimentaire, ni aucune des autres conséquences du mariage.

6. *Le mariage putatif* (mariage nul dont la nullité ne rétroagit pas)

Les effets de l'annulation paraissent trop sévères dans le cas où les époux, ou l'un des deux, ont pu croire sincèrement que leur mariage était valable. Aussi lorsqu'il y a eu bonne foi de l'un ou des deux époux, on appliquera les dispositions relatives au mariage putatif (putatif vient d'un verbe latin *putare* qui signifie « croire »).

• La bonne foi.
C'est le fait d'avoir ignoré l'empêchement qui s'opposait à la réalisation d'un mariage valable. Un époux, ou les deux, a commis une erreur involontaire. Il peut s'agir d'une erreur de fait ou d'une erreur de droit :
– erreur de fait : les époux connaissaient bien les conditions légales permettant de contracter mariage, mais ils ignoraient qu'une des conditions n'était pas remplie dans leur cas ; par exemple, ils ignoraient le lien de parenté existant entre eux ;
– erreur de droit : les époux ignoraient que la loi exigeait telle ou telle condition pour que le mariage fût valable. Leur erreur vient d'une mauvaise connaissance de la loi.

On appréciera la bonne foi en fonction de chaque personne, afin de savoir quelle erreur elle pouvait involontairement commettre étant donné son degré d'intelligence et d'instruction. Les erreurs possibles sont multiples.
Une personne peut croire par exemple que le divorce est prononcé parce que le tribunal a déclaré le divorce. Elle se remarie en pensant être dans son droit. Mais

entre-temps son premier conjoint a pu faire appel du jugement de divorce devant la cour d'appel, continuant ainsi le procès en divorce que l'autre époux pensait terminé. L'époux remarié avant le jugement définitif de divorce se sera rendu coupable de bigamie. Mais il pourra bénéficier du mariage putatif s'il croyait sincèrement que sa précédente union était dissoute. Les juges seront cependant prudents pour apprécier la bonne foi. Un arrêt de la Cour de cassation, de 1927, s'exprime ainsi : « N'est pas de bonne foi la concubine qui, étant entrée au domicile d'un homme marié quelques jours après que la femme légitime de celui-ci en eût été chassée, et ayant été avertie de la situation particulière de son concubin, l'a néanmoins épousé dix-huit mois plus tard, avant le jugement de divorce ».
Les juges ont admis l'existence d'un mariage putatif dans le cas « d'un mariage contracté à l'étranger, entre un Français et une étrangère en contravention aux dispositions de la loi française, lorsque l'étrangère a ignoré le vice dont le mariage pouvait être atteint au regard de la loi française » (Orléans 1894), ou « lorsque le mariage a été célébré par un officier d'état civil incompétent, si les époux étaient de bonne foi ».

• Effet du mariage putatif.
Le mariage est déclaré nul par le tribunal. Mais les effets produits par le mariage, entre la date du mariage et la date de l'annulation, restent entièrement valables. Les enfants gardent la qualité d'enfants avec tous les droits que cela comporte. Même les enfants légitimés à la suite du mariage et avant l'annulation gardent le bénéfice de la légitimation. Si les deux époux sont de bonne foi, ils bénéficieront tous les deux du mariage putatif. Le régime matrimonial fonctionnera valablement jusqu'au jour de l'annulation. Tous les droits découlant du mariage resteront valables pour la période allant du mariage à l'annulation. Mais tous ces droits disparaissent pour la période suivant l'annulation. Dans cette hypothèse, les conséquences du mariage putatif ressembleront aux conséquences d'un divorce.
Si un seul des époux était de bonne foi, lui seul bénéficiera des avantages du mariage putatif. Car, pour l'époux de mauvaise foi, il y aura annulation rétroactive du mariage, comme pour une annulation ordinaire. L'époux de mauvaise foi n'aura pu acquérir aucun droit pendant la période allant du mariage à l'annulation. Ainsi, en cas de décès d'un des conjoints pendant la période allant du mariage à l'annulation, l'époux de bonne foi aurait les droits de succession de toute personne mariée ; l'époux de mauvaise foi n'aurait aucun droit à succéder à son conjoint. Les juges vont même quelquefois plus loin en condamnant l'époux de mauvaise foi à verser des dommages-intérêts à l'époux de bonne foi, pour réparer le préjudice que lui a causé l'annulation.

La preuve du mariage

Cette preuve peut être utile aux époux ou aux enfants issus de leur union. La meilleure preuve du mariage, et la plus courante, se trouve dans les registres d'état civil.

Preuve du mariage utile pour les époux. Le mariage se prouve habituellement par une copie de l'acte inscrit sur les registres d'état civil.
Lorsque les registres auront été détruits (ce qui est assez rare : cas de guerre, ou de feu), la preuve du mariage peut se faire, comme celle des autres actes d'état civil, par titres et par témoins.
Afin de bien distinguer le mariage du concubinage, la simple possession d'état d'époux (s'être comportés en gens mariés et avoir été considérés comme tels) ne saurait prouver, à elle seule, le mariage.

Preuve du mariage utile pour les enfants. Le moyen le plus sûr est, là aussi, les registres d'état civil. Toutefois en cas de décès des parents, les enfants pourront prouver le mariage de leurs parents d'une autre façon (car en cas de décès des parents, les enfants peuvent ignorer la commune dans laquelle leurs parents s'étaient mariés et ne pas savoir où se procurer une copie d'acte de mariage). Les enfants devront alors prouver trois faits :
– que leurs parents avaient la possession d'état d'époux ;
– qu'ils ont la possession d'état d'enfants légitimes ;
– que leur acte de naissance est conforme à leur possession d'état d'enfants légitimes (leur acte de naissance doit énoncer la filiation légitime en question).

Le mariage à l'étranger

Les Français désireux de se marier à l'étranger ont intérêt à demander des renseignements au consulat de France du pays où ils désirent se marier, car il peut y avoir des différences selon les pays.
Le Code civil français édicte des règles générales concernant les mariages célébrés à l'étranger.
Le mariage célébré à l'étranger peut unir deux personnes françaises ou une personne française et une personne étrangère.
Le mariage ne sera valable que si les fiancés remplissent les conditions de fond de validité du mariage (conditions physiques, psychologiques, morales et sociologiques).
Les formes selon lesquelles le mariage est célébré peuvent varier.

1. Le mariage est célébré selon les formes usitées dans le pays étranger. La loi française exige que deux formalités soient alors remplies : la délivrance, par les agents diplomatiques ou consulaires de France, au fiancé français, d'un certificat de capacité attestant que les conditions nécessaires, selon la loi française, sont remplies, et que la publication a été faite en France.
Il faut bien noter le caractère impératif de ces prescriptions. Le ou les Français qui choisissent la forme locale de mariage restent soumis aux conditions de fond de la loi française et une publication doit être faite en France.

2. Le mariage peut être célébré selon la loi française. Les agents diplomatiques ou les consuls de France auront alors le rôle d'officier d'état civil. Mais ces agents français ne pourront célébrer le mariage entre un Français et une étrangère que dans certains pays.

Remarques

Des règles correspondantes sont appliquées aux étrangers qui se marient en France. Ils peuvent opter pour la forme française du mariage ou se marier devant leur consul (seulement quand il s'agit de deux personnes de même nationalité). Pour les règles de fond, ils sont soumis à leur droit national ; celles-ci sont cependant écartées si elles sont contraires à l'ordre public français (polygamie, par exemple).

III – Les conséquences du mariage

Les rapports personnels entre époux

Le mariage qui se fait civilement entraîne pour les époux des droits et des devoirs réciproques. Le défaut d'accomplissement de ces obligations est en général une cause de séparation de corps ou de divorce. Ces devoirs sont essentiellement au nombre de trois : la cohabitation, la fidélité, l'assistance.

Le devoir de cohabitation. La résidence de la famille est au lieu que les époux choisissent d'un commun accord. Toutefois, le mari et la femme peuvent avoir un domicile distinct sans qu'il soit pour autant porté atteinte aux règles relatives à la communauté de vie.
Ainsi depuis la réforme de 1975, l'épouse n'est plus obligée de se soumettre au choix de son mari et il peut même arriver que les deux époux aient un domicile distinct dans la mesure où cette opportunité a leur commun accord. Exemples : raisons professionnelles.
Cependant, la règle générale reste que les deux époux doivent résider dans un lieu d'habitation unique.
Si l'un des époux abandonne le domicile conjugal, sa conduite est fautive à moins qu'elle ne soit excusée par l'attitude du conjoint.

Le devoir de fidélité. Le jour du mariage, les conjoints ont échangé dans leurs consentements une promesse de fidélité.
L'adultère est donc un manquement à cette promesse et, en cela, il peut constituer une cause de divorce. Toutefois, depuis la réforme de 1975, l'adultère – qui n'est plus un délit pénal – n'est plus cause « automatique » de divorce. Les juges, au vu des dossiers qui leur sont remis, apprécient désormais si cette violation du devoir de fidélité rend intolérable – ou non – le maintien de la vie commune.

Le devoir d'assistance et de secours

1. *Exercice de ce devoir*

• Lorsque les époux vivent ensemble.
Ils doivent contribuer aux charges du ménage en fonction de leurs facultés respectives et conformément à leur contrat de mariage s'il en a été passé un.
Le devoir d'aide et d'assistance n'existe pas seulement sur le plan matériel, mais aussi sur les plans moral, intellectuel, affectif. Ce devoir d'aide, destiné à soutenir son conjoint dans toutes les circonstances de la vie, explique que le droit répugne à prononcer le divorce pour cause de maladie incurable ou d'aliénation mentale du conjoint, même si cette infirmité le met dans l'impossibilité de remplir les devoirs résultant du mariage.

• Lorsque les époux sont séparés.
La séparation ne fait pas cesser le devoir de secours et d'assistance. Mais ce devoir d'aide est réduit au seul plan matériel. En cas de séparation de corps, il y aurait versement de subsides (c'est-à-dire d'une rente) au conjoint qui en a besoin (quels que soient les torts).

En cas de divorce, plusieurs situations sont à distinguer :

1° Avant la réforme appliquée au 1er janvier 2005
– divorce par consentement mutuel, une somme dite « prestation compensatoire » était prévue dans la convention homologuée par le juge, c'est-à-dire qu'elle était déterminée par les époux. En principe, il s'agissait d'un capital ;
– divorce pour rupture de vie commune, le devoir de secours et assistance subsistait. La pension sera due par l'époux qui a pris l'initiative du divorce ;
– divorce pour faute. L'époux qui voyait le divorce prononcé à ses torts exclusifs n'avait pas droit à une prestation compensatoire.

2° Depuis le 1er janvier 2005
– divorce par consentement mutuel : rien n'est changé ;
– divorce pour altération définitive du lien conjugal (anciennement divorce pour rupture de la vie commune) : il n'y a plus de pension au titre du devoir de secours et d'assistance. En revanche, le juge peut accorder une prestation compensatoire et des dommages et intérêts ;
– divorce pour faute : l'époux fautif peut se voir attribuer une prestation compensatoire, si le juge l'estime nécessaire.

Rappelons que la prestation compensatoire est une somme d'argent forfaitaire – afin de compenser, autant qu'il est possible, la disparité de conditions de vie créée par la rupture du mariage. Le plus souvent, c'est le mari, si les revenus sont plus élevés que ceux de la femme, qui verse à cette dernière une prestation compensatoire, afin que son niveau de vie reste à peu près l'équivalent de celui qu'elle connaissait avant le divorce.

2. *Sanction du manquement à ce devoir*

En cas de vie commune, le manquement à ce devoir – manquement à l'obligation de secours aussi bien morale que matérielle – constitue une injure grave, cause de divorce. Lorsque la pension ou la prestation compensatoire ne lui est pas payée, l'époux dans le besoin bénéficie d'une procédure simplifiée de saisie-arrêt sur une partie des gains du conjoint. Il peut s'agir d'une saisie directe sur les salaires de l'époux fautif, ou sur d'autres ressources dont il bénéficierait : fermages, loyers, etc. En outre, si un époux a été condamné à verser une pension et qu'il ne s'exécute pas pendant plus de 2 mois, il encourt les peines pénales de l'abandon de famille.

La direction de la famille

L'évolution vers l'égalité : il aura fallu attendre 1965 pour que la femme ait le droit d'exercer une profession sans le consentement de son mari. Il aura également fallu attendre une décision de la Chambre criminelle de la Cour de cassation, en 1958, pour que l'époux perde son droit de contrôle sur la correspondance de sa femme. Ce point revêt une importance particulière car les lettres sont souvent utilisées par un époux qui veut prouver qu'existe une cause de divorce. Le juge peut écarter les lettres des débats si celui qui veut s'en servir se les est procurées d'une manière illicite ou abusive, ou si elles sont venues entre ses mains à la suite d'une erreur. Les lettres peuvent servir de preuve lorsqu'un époux les a trouvées sans recherches spéciales, ni moyen frauduleux. Exemple : (Cour de cassation – 22 janvier 1952) : un dentiste avait placé des lettres compromettantes dans un fichier réservé à ses clients ; tous les familiers de la maison avaient accès à ce fichier, et l'épouse du dentiste découvrit les lettres sans avoir fait de recherches spéciales. Les juges estimèrent qu'elle pouvait les produire au procès, sans même que le dentiste pût arguer du secret professionnel (cette correspondance se trouvait dans un fichier professionnel mais n'avait aucun rapport avec la profession).

Participation de chacun des époux à la direction de la famille. De nos jours, selon les termes mêmes du Code civil « les époux assurent ensemble la direction morale et matérielle de la famille. Ils pourvoient à l'éducation des enfants et préparent leur avenir. » Il n'est donc plus question depuis longtemps de la suprématie du mari dans le ménage. Sur tous les points, les époux ont en effet les mêmes droits. Ils peuvent chacun séparément contracter des dettes pour l'entretien du ménage ou l'éducation des enfants. Les deux époux seront responsables solidairement de ces dettes. D'autre part, aucun des époux n'a le droit de disposer seul (exemple : louer, vendre) du logement ou des meubles meublants. Sinon l'autre époux pourra demander l'annulation du contrat passé par son conjoint, pendant l'année qui suivra le jour où il aura eu connaissance de l'acte de disposition.

Désormais, il n'est plus question de hiérarchie entre les époux. La loi du 4 juin 1970 a en effet supprimé la notion de « chef de famille » pour la remplacer par celle de « codirection ». Les époux ont aujourd'hui les mêmes droits : ils peuvent contracter séparément des dettes pour l'entretien du ménage ou l'éducation des enfants, tous deux étant solidairement responsables de ces dettes. Ils ne peuvent, ni l'un ni l'autre, disposer seul du logement familial ou des meubles qui y prennent place. Toute location, vente, donation, servitude... qui aura été consentie en violation de ce principe, pourra être annulée à la demande de l'autre époux dans le délai de 1 an à compter du jour où il aura eu connaissance de l'acte passé par son conjoint.

Les rapports matrimoniaux entre les époux

Le mariage, amenant à la vie commune, entraîne une communauté d'intérêts. Les rapports pécuniaires entre époux sont organisés par leur « régime matrimonial ». Ils ont le choix entre divers régimes.

S'ils ne font pas de contrat de mariage, ils seront alors soumis à un régime type *prévu* par la loi, appelé le « régime légal ». Une première loi, en 1965[1], a apporté des changements importants dans le domaine des régimes matrimoniaux. Auparavant les époux avaient la faculté de choisir un régime matrimonial avant leur mariage, mais après leur mariage, ils ne pouvaient plus le changer. Depuis 1965, les époux pourront changer de régime matrimonial, après une période d'essai de 2 ans, mais à condition que ce changement soit justifié par l'intérêt de la famille et sanctionné par un jugement du tribunal de grande instance. Cette loi de 1965, qui comportait beaucoup de dispositions nouvelles, a été appliquée à partir du 1er février 1966.

(*Voir, en annexes, modèles de contrats de mariage.*)

Toutes les personnes mariées après cette date ont bénéficié des dispositions nouvelles. Quant aux personnes mariées avant cette date, elles avaient 6 mois, à partir du 1er février 1966, pour se convertir au régime matrimonial nouveau, si elles le désiraient. Certaines obligations de la loi nouvelle leur ont d'ailleurs été obligatoirement applicables. Ainsi en fut-il du « régime primaire impératif » qui est l'ensemble des mesures obligatoires pour toute personne mariée, quelle qu'ait été la date du mariage et le régime choisi.

Certaines dispositions du nouveau « régime légal » ont aussi été obligatoires pour les personnes mariées sans contrat de mariage, même avant le 1er février 1966 : chaque époux a obtenu le droit de jouir seul de ses biens propres. Quant aux biens communs, ils ont été divisés en deux catégories : biens communs ordinaires (gérés par le mari), biens réservés de la femme (gérés par la femme).

Ces règles ont été une nouvelle fois révisées en décembre 1985. Si le « régime primaire

1. Loi du 13 juillet 1965.

impératif » n'a connu de modifications que secondaires, il n'en a pas été de même avec le « régime légal », qui a été profondément remanié. Le principe est désormais le suivant : chaque époux est seul responsable de la gestion de son patrimoine propre (composé des biens dont il avait la propriété ou la jouissance au jour du mariage et de ceux qu'il a acquis pendant le mariage par succession, donation ou legs) mais ce sont les deux époux, désormais à égalité, qui ont la charge de tout le patrimoine commun.

Les mesures obligatoires pour tous les gens mariés : « le régime primaire impératif ». Ces dispositions s'appliquent à toute personne mariée, qu'elle ait fait ou non un contrat de mariage, et quel qu'ait été le régime choisi.

1. *Vie normale du foyer*

• La contribution aux charges du mariage.
Chaque époux doit contribuer aux charges du ménage en fonction de ses capacités. Si l'un des époux ne s'acquitte pas de ce devoir, il peut y être contraint. Le juge aux affaires familiales du tribunal de grande instance fixera la contribution du conjoint. La demande est faite au secrétariat-greffe du tribunal. Le secrétariat-greffe convoque les parties par lettre recommandée avec demande d'avis de réception.
Le jugement rendu doit être notifié par un huissier. La notification vaut demande de paiement direct.

• L'obligation d'action commune.
Un époux n'a pas le droit de disposer seul du logement du ménage ni des meubles meublants.
S'il peut passer seul, au nom du couple, les contrats ayant pour objet l'entretien du ménage et l'éducation des enfants, il ne peut par contre engager son conjoint, s'agissant des achats à tempérament (c'est-à-dire à crédit) car ceux-ci étant considérés par le législateur comme dangereux, ils n'engageront jamais la communauté lorsqu'ils seront conclus par un seul des époux. Cela reste vrai sauf si ces achats portent sur des sommes nécessaires à la vie courante. Cela signifie que les créanciers, en cas de non-paiement, ne pourront se payer que sur les biens propres de celui qui aura contracté à crédit. Ainsi, pour que le ménage soit engagé (ce qui est la situation la plus sûre pour les créanciers), il faut l'accord conjoint des deux époux.
Les dépenses excessives : sont considérées comme telles toutes dépenses qui excèdent les facultés financières du couple et/ou qui ne revêtent aucune utilité. Là encore, il n'y aura engagement de la communauté qu'à la condition que l'accord conjoint des deux époux ait été recueilli.

• L'autonomie des époux.
Chaque époux peut se faire ouvrir un compte en banque à son nom, même sans le consentement de l'autre. Il peut y effectuer toutes opérations, sans que le banquier ait à vérifier l'origine ou la destination des fonds déposés ou retirés.

Chaque époux peut, seul, engager la communauté par les dettes contractées pour l'entretien du ménage ou l'éducation des enfants (dès lors que la dette n'est pas manifestement excessive et qu'elle ne correspond pas à un achat à tempérament). Chaque époux est libre d'exercer une profession de son choix (l'autre pourrait cependant faire une demande en justice si cette profession mettait en danger la famille).
Chaque époux perçoit lui-même ses rémunérations et peut en disposer librement après s'être acquitté des charges du mariage. Toutefois, si cet argent est utilisé pour acquérir un bien et que les époux n'ont pas adopté de contrat de mariage, le bien ainsi acquis sera un bien commun.
Chaque époux qui se présente seul pour faire acte d'administration, de jouissance ou de disposition sur un bien meuble qu'il détient individuellement (c'est-à-dire physiquement), est réputé – vis-à-vis des tiers de bonne foi – avoir le pouvoir de passer seul cet acte. Cette règle n'est cependant pas valable en ce qui concerne les meubles garnissant le logement familial ou en ce qui concerne ceux qui, par nature, semblent appartenir à l'autre conjoint (exemple : vêtements personnels, bijoux...).

2. *Cas de crise : l'intervention judiciaire*

• Les mesures d'urgence.
Lorsque l'un des époux manque gravement à ses devoirs et met ainsi en péril les intérêts de la famille, le juge aux affaires familiales peut prescrire toutes les mesures urgentes que requièrent ces intérêts.
Il faut un manquement très grave, qui mette en péril imminent le groupe familial (si la gestion d'un époux n'est pas très bonne, ce n'est pas un motif suffisant). La loi donne comme exemple un acte de disposition désastreux pour la famille (exemple : une vente ayant des conséquences graves).
Le juge peut alors interdire à l'époux de faire, sans le consentement de l'autre époux, cet acte de disposition. Il peut le faire non seulement s'il s'agit de biens communs mais encore même s'il s'agit de biens propres à l'époux qui voudrait agir. Ce qui montre que tous les biens des époux, même les biens propres, ont une affectation familiale.
Ces mesures d'urgence seront très importantes dans une situation dont la loi n'a pas voulu s'occuper : la séparation de fait des époux. Mais ces mesures d'urgence ne peuvent être que provisoires : elles ne peuvent pas durer plus de 3 ans. La loi n'a pas voulu que ces mesures d'urgence servent à organiser définitivement une séparation de fait. Le point de vue du législateur est que, s'il est utile que des mesures soient prises en cas de séparation de fait, c'est à la condition que celle-ci ne soit qu'une période de transition devant déboucher, le plus rapidement possible, sur la réconciliation ou, ce qui est plus fréquent, sur la séparation de corps* ou le divorce. Si le conjoint passe

* NB : la séparation de fait est une séparation choisie par les époux, sans l'intervention du juge. La séparation de corps, quant à elle, résulte d'un jugement.

outre à l'interdiction du juge et dispose du bien en question, l'autre époux pourra, dans la plupart des cas, demander l'annulation de l'acte, dans les 2 ans qui suivront le jour où il aura eu connaissance de cet acte.

• Pouvoir pour un époux d'agir à la place de l'autre, après autorisation de justice. Premier cas : un époux désire faire un acte particulier. Or pour cet acte le consentement des deux époux est nécessaire. L'époux qui désire agir peut alors demander au juge la possibilité d'agir sans le consentement de l'autre. Pour cela il doit démontrer que l'autre conjoint est dans l'impossibilité matérielle de consentir, ou que son refus est contraire à l'intérêt de la famille. Il faut que les raisons invoquées soient sérieuses. Deuxième cas : lorsque le conjoint est hors d'état de manifester sa volonté, cette situation peut durer longtemps. Il serait alors trop compliqué pour l'autre époux de demander une autorisation judiciaire pour chaque acte où il ne peut pas agir seul. Aussi il peut, dans ce cas, demander au juge le pouvoir d'agir d'une façon générale à la place de son conjoint.

Le régime légal. Le régime légal est un régime matrimonial organisé par la loi, s'appliquant aux personnes qui n'ont pas fait de contrat de mariage, ou aux personnes qui ont expressément choisi ce régime. La loi l'a organisé en pensant qu'il correspondait aux besoins et aux désirs de la majorité des Français. Aussi beaucoup de personnes l'adopteront. Le régime légal ancien a été profondément modifié par la loi de 1965 puis par la loi de 1985, qui ont voulu l'adapter aux besoins modernes en accordant à la femme plus de droits qu'auparavant. Le régime légal reste un régime communautaire (les biens acquis après le mariage seront communs aux époux) car cela correspond mieux à l'esprit du mariage, même à notre époque.

1. *La répartition de la fortune du ménage*

Les biens sont répartis en plusieurs catégories.
Les dettes n'engagent pas forcément toute la fortune du ménage.

• Les biens des époux.
Les *biens communs*. Ce sont tous les biens achetés par les époux durant le mariage, qu'ils proviennent du travail personnel d'un des conjoints ou des économies faites sur les fruits et revenus de ses biens propres. Ils sont appelés « acquêts ». Le régime matrimonial légal, c'est-à-dire, le régime des conjoints qui n'ont pas souscrit de contrat de mariage est le régime de la communauté réduite aux acquêts.
Les *biens propres*. Chaque époux conserve, comme bien propre, tous les biens qu'il a acquis avant le mariage. Seront également des « propres » tous les biens reçus gratuitement pendant le mariage, c'est-à-dire provenant de donations, legs ou successions. Enfin, pourront être des « propres », les biens acquis en remplacement d'un autre « propre » (exemple : vente d'un bien propre et rachat pour remplacer le bien vendu), à condition que certaines formalités notariées soient respectées.

• Les dettes des époux.
Font partie du passif communautaire toutes les dettes contractées pour l'entretien du ménage et l'éducation des enfants (sous les réserves vues au paragraphe « Vie normale du foyer »), et celles qui ont été contractées avec l'accord des deux époux. Tout créancier « communautaire » pourra se payer à la fois sur les biens communs et les biens propres des deux époux (mais il ne pourra saisir les gains et salaires de celui avec lequel il n'a pas contracté).
Restent des dettes propres à chaque époux, les dettes nées avant le mariage et celles contractées ultérieurement par un seul mais dans un but autre que l'entretien du ménage ou l'éducation des enfants.

2. *L'administration de la fortune du ménage*

• Administration des biens communs.
Elle était dévolue au mari jusqu'en 1985, la femme n'ayant droit à administrer que les biens dits « réservés » (c'est-à-dire provenant de son travail).
Le principe est désormais celui d'une coadministration :
– les actes les plus graves requièrent l'accord des deux époux. Il en est ainsi lorsqu'il s'agit d'aliéner (vendre) ou de grever de droits réels (hypothéquer) un immeuble, un fonds de commerce ou une exploitation dépendant de la communauté. Il en est également ainsi lorsqu'il s'agit de consentir un bail commercial ou rural sur un fonds commun. Il en est enfin de même s'agissant d'aliéner des meubles corporels dont l'aliénation est soumise à publicité, ou s'agissant de droits sociaux non négociables (parts de SARL par exemple) ;
– tous les autres actes peuvent être passés par un seul des époux, celui-ci répondant toutefois des fautes qu'il pourrait commettre dans sa gestion. Une exception toutefois : l'époux qui exerce une profession séparée a seul le pouvoir d'accomplir les actes d'administration (gestion) et de disposition (aliénation) nécessaires à celle-ci.

• Administration des biens propres.
Chaque époux a l'administration et la jouissance de ses biens propres et peut en disposer. Mais cette liberté n'est pas totale, et nous retrouvons l'idée que tous les biens du ménage, même les biens propres, ont une affectation familiale. En effet, si un époux se trouve, d'une manière durable, hors d'état de manifester sa volonté ou s'il met en péril les intérêts de la famille, soit en laissant dépérir ses biens propres, soit en dissipant ou en détournant les revenus qu'il en retire, son conjoint peut demander au juge de le dessaisir des droits d'administration et de jouissance qu'il avait sur ses biens propres.
Le juge peut alors conférer au conjoint demandeur le pouvoir d'administrer les biens propres de l'époux dessaisi, ainsi que de percevoir les revenus de ces biens propres. Ces revenus devront servir à couvrir les charges du mariage ; l'excédent serait employé au profit de la communauté.

Les autres régimes communautaires. Les époux, s'ils font un contrat de mariage, peuvent choisir un régime communautaire différent du régime légal de la communauté réduite aux acquêts, ou modifier certaines mesures du régime légal qui ne leur conviennent pas. Ils peuvent par exemple décider que seront communs des biens qui resteraient propres dans le régime légal. Ils peuvent décider d'étendre la communauté à tous les biens, quelles que soient leur date d'acquisition ou leur provenance (régime de la communauté universelle). Ils peuvent décider de confier à l'un l'administration des « propres » de l'autre (clause d'unité d'administration), etc.

Le régime de séparation de biens. Le régime de la séparation de biens peut résulter d'un jugement rendu à la demande de l'un des époux, ou d'un jugement de séparation de corps (celle-ci entraînant la séparation de biens). Mais il peut aussi avoir été stipulé par le contrat de mariage.
C'est le régime le plus égalitaire en ce sens que les époux sont indépendants sur le plan financier, et recueillent personnellement les fruits de leur activité et de leur réussite.
Ils ont un minimum d'intérêts communs. Mais ce régime peut sembler à certains assez égoïste et ne pas correspondre à l'esprit du mariage. Le régime de séparation de biens est presque toujours défavorable aux femmes qui se consacrent à leur foyer. Ces femmes ont pu aider leur mari dans la vie en ayant une activité intelligente au foyer (en économisant, en accomplissant de multiples tâches ménagères) ; or elles n'auront absolument aucun droit sur la fortune que leur mari aura pu réaliser. Elles seront ainsi à la merci de sa reconnaissance, qui risque fort de disparaître, surtout en cas de mésentente et de séparation.
Lorsque l'un des époux arrive au mariage avec une fortune importante, ou recueille cette fortune par héritage, donation ou legs, il n'a rien à redouter s'il choisit le régime légal. Car cette fortune restera propre et l'époux propriétaire l'administrera à sa guise.
Le régime de séparation de biens est surtout intéressant dans les couples où l'un des époux au moins est commerçant, dirigeant d'entreprise ou professionnel libéral, où les époux préfèrent séparer leur fortune, afin qu'une partie des biens du ménage se trouve à l'abri des conséquences de placements audacieux que voudrait essayer l'un des conjoints ou d'échec dans les affaires. Mais les époux n'ont pas le droit de faire échec à leurs créanciers en essayant de frauder en se plaçant *a posteriori*, par exemple sous le régime de la séparation de biens.

1. *Les biens des époux*

La fortune de chaque époux est totalement distincte. Il n'y a pas de masse commune. Il n'y a que des biens propres.
Chaque époux a la libre administration, jouissance et disposition de ses biens.
Si les époux achètent quelque chose en commun, ils se trouveront en situation d'indivision, comme de simples copropriétaires.

2. *Un minimum de charges communes*

Ces charges communes sont celles du ménage. Les deux époux doivent contribuer à ces charges, c'est une obligation fixée par le régime primaire impératif, qui s'impose à toute personne mariée.
Chaque époux contribue selon ses facultés.

3. *Cas de fraude des époux*

Les époux ayant choisi le régime de séparation de biens n'ont pas le droit de frauder pour faire échec à leurs créanciers. Exemple : un commerçant désire faire des placements aventureux mais auparavant, pour mettre ses biens à l'abri du risque, il fait semblant de mettre les biens qu'il possède au nom de sa femme. Les placements s'avèrent désastreux ; il se retrouve avec de lourdes dettes. Les biens qui restent à son nom sont insuffisants pour payer les créanciers. Ces derniers voudraient se faire payer sur les biens, qui sont alors au nom de la femme. Ils pourront se faire payer sur ces biens s'ils peuvent prouver que l'opération était purement fictive, et que les époux avaient fait un arrangement frauduleux. Les créanciers devront donc démontrer la fraude. Pour faciliter cette démonstration, on leur permet d'apporter la preuve par tout moyen.
(Voir, en annexes, modèles de contrats de mariage).

IV – Le pacte civil de solidarité (PACS)

L'Assemblée nationale a longuement débattu d'un problème de société qui a abouti à une nouvelle forme de lien familial : il s'agit du pacte civil de solidarité (PACS).
Ce pacte peut être conclu par deux personnes physiques majeures de sexe différent ou du même sexe pour organiser leur vie commune. À peine de nullité, il ne peut y avoir de pacte entre ascendants et descendants en ligne directe, entre collatéraux, lorsque l'un des deux est marié ou déjà pacsé. Le pacte peut être signé chez un notaire ou sous seing privé, entre les deux intéressés, comme tout contrat.
Les personnes qui désirent s'engager dans un PACS doivent établir une déclaration écrite conjointe au greffe du tribunal d'instance de leur résidence. Les personnes qui ont souscrit à ce PACS s'engagent à s'apporter aide mutuelle et matérielle selon des modalités fixées par le PACS. Elles sont tenues solidairement des dettes contractées par l'un des deux pour les dépenses de la vie courante et les dépenses relatives au logement. Les biens acquis par les partenaires après le pacte sont soumis au régime de l'indivision. Les personnes « pacsées » sont assimilées à des conjoints lorsqu'elles travaillent toutes deux dans la même entreprise et que l'employeur fixe la date des congés.

Pour rompre le PACS d'un commun accord, une déclaration conjointe au greffe du tribunal d'instance doit être effectuée. En revanche, si l'un des deux seulement souhaite mettre fin au PACS, il doit signifier cette rupture à son partenaire par voie d'huissier, avec copie au tribunal d'instance qui a reçu la déclaration initiale. En application du principe constitutionnel selon lequel tout fait qui cause à autrui un dommage ouvre droit à réparation, le partenaire auquel la rupture est imposée dans des conditions fautives pourrait réclamer réparation. Le mariage ou le décès de l'un des deux partenaires met automatiquement fin au PACS.

À compter du troisième anniversaire du PACS, les partenaires peuvent effectuer une déclaration fiscale commune. Pour bénéficier d'abattements fiscaux en matière de donation ou de succession, deux années sont suffisantes.

Une personne non assurée sociale bénéficie de la couverture de son partenaire. En revanche, le fait d'être « pacsé » fait perdre certaines allocations (veuvage par exemple) ou abaisse les minima sociaux tels que le RMI puisque les revenus du foyer, donc des deux personnes, sont pris en compte.

Quant aux droits locatifs, en cas de décès d'une des personnes « pacsées », le bail passe sur la tête de l'autre. Les personnes « pacsées » ne bénéficient pas des pensions de réversion, rente après décès, etc. lorsque l'un des deux décède. De même, le PACS ne permet pas d'hériter.

L'existence d'un PACS n'ouvre pas droit, pour les étrangers, à un titre de séjour.

2

LES DÉLITS CONTRE LA FAMILLE

I – La bigamie

Est coupable de bigamie la personne qui, étant engagée dans les liens du mariage, en aura contracté un autre avant la dissolution du précédent.

1. *Il faut un premier mariage*

Ce premier mariage doit être prouvé, valable, et non dissous.

Preuve du premier mariage. Le mariage se prouve en principe par les registres d'état civil. Ce problème de preuve a été exposé précédemment.

Validité du mariage. Ce premier mariage doit être valable, c'est-à-dire non entaché par une cause de nullité.
Pour les mariages entre étrangers, il faut tenir compte des lois étrangères : un étranger ou une étrangère qui se serait marié(e) valablement dans son pays, selon les lois de son pays, ne pourrait pas déclarer que ce premier mariage est nul vis-à-vis de la loi française pour lui permettre de contracter un nouveau mariage avec un Français ou une Française.

Mariage non dissous. Le mariage serait dissous par la mort du conjoint ou par le divorce prononcé par un jugement définitif.

2. *Il faut un deuxième mariage*

Ce deuxième mariage doit être lui aussi valable, et avoir été contracté en connaissance de cause.

Validité du deuxième mariage. Ce mariage doit s'être déroulé conformément aux règles légales en matière de mariage.

Une intention coupable. Le coupable a dû savoir qu'il était lié par un premier mariage. Les juges l'excuseront en général s'il s'est réellement cru libre (exemple : en croyant que le divorce était définitivement prononcé). Un homme ne peut pas se prévaloir de son statut personnel d'étranger sur le plan pénal. Exemple : un musulman, à qui la loi de son pays permet la polygamie, ne peut invoquer ce fait en France ; il peut y être poursuivi pour bigamie, car le droit pénal est applicable à toutes les personnes se trouvant sur le territoire national. Le principe appliqué en l'occurrence est celui de l'ordre public. Les dispositions des lois étrangères ne peuvent porter de conséquences juridiques en France quand elles sont contraires à l'ordre public français.

Pénalité

En cas de bigamie, la personne qui s'est rendue coupable de bigamie encourt un an d'emprisonnement et une amende de 45 000 €. L'officier public qui aurait célébré un deuxième mariage, s'il connaissait l'existence du précédent, serait condamné à la même peine.

II – L'abandon de famille

L'abandon de famille est un délit réprimé par la loi. Ce délit est le fait des personnes qui se sont soustraites à certaines de leurs obligations familiales. L'abandon de famille peut prendre diverses formes : il peut s'agir de l'abandon du foyer familial ou du refus de payer une pension alimentaire due à un parent.

L'abandon moral ou matériel

C'est la première forme d'abandon de famille. La loi le définit ainsi :
– abandon par le père ou la mère de famille, sans motif grave, pendant plus de 2 mois, de la résidence familiale, en se soustrayant à tout ou partie des obligations d'ordre moral ou d'ordre matériel résultant de l'autorité parentale ou de la tutelle légale. Le délai de 2 mois ne peut être interrompu que par un retour au foyer impliquant la volonté de reprendre définitivement la vie de famille ;
– le fait, pour un père, de ne pas payer la pension alimentaire à ses enfants constitue un abandon de famille.

Pour que l'abandon du foyer familial soit caractérisé, plusieurs conditions doivent être réunies.

• Le foyer familial.
Les auteurs du délit ne peuvent être que les parents (les grands-parents ne peuvent pas être auteurs de ce délit). Il doit exister, préalablement à l'abandon, un véritable foyer familial. Le foyer doit être fixé dans l'espace (il doit y avoir un domicile familial). Éventuellement, les enfants doivent vivre dans ce foyer.

• L'abandon du foyer.
Il peut s'agir d'un abandon matériel ou moral. Exemple : un mari s'éloigne du domicile familial, envoie à sa famille de quoi vivre, mais se désintéresse de toute décision la concernant, et la laisse dans l'incertitude. Il y aurait alors un abandon moral. L'abandon de famille peut donc être constitué même s'il n'y a qu'une inexécution partielle des devoirs familiaux.
L'abandon doit avoir duré au moins 2 mois. Ce délai ne pourrait être interrompu que par un retour accompagné d'une volonté réelle de reprendre la vie normale au foyer.

• L'intention coupable.
Est coupable d'abandon de famille la personne qui a abandonné le foyer « sans motif grave ». Qu'entend-on par motif grave ? Aurait un motif grave la femme qui voudrait échapper aux mauvais traitements ou aux scènes que lui inflige son mari. Ou bien le mari qui s'éloigne pour chercher du travail, surtout s'il est parti avec l'accord de sa femme. Mais c'est à l'époux poursuivi pour abandon de famille de prouver l'existence d'un motif grave.

L'abandon alimentaire

La personne qui, pendant plus de 2 mois, n'exécute pas une décision de justice lui reconnaissant une dette d'aliments vis-à-vis d'un membre de sa famille est coupable d'abandon de famille. Il doit s'agir d'un versement de pension alimentaire correspondant à un devoir de famille.
Il concernera aussi bien la famille légitime que la famille naturelle. Deux actions sont alors possibles, à savoir une action civile et une action pénale. Les éléments communs aux deux actions sont les suivants. L'obligation alimentaire dont l'inexécution est sanctionnée par l'abandon de famille a pour origine, soit une décision fixant une contribution aux charges du mariage, soit un jugement fixant une pension alimentaire, soit le divorce prononcé déterminant une prestation ou une pension ; enfin une pension attribuée à la suite d'une action aux fins de subsides.
Dans tous les cas, la pension doit résulter d'une décision de justice exécutoire (exécutoire signifie obligatoire, à exécuter quand bien même le jugement définitif n'aurait pas été rendu : ainsi une ordonnance de non-conciliation est un titre exécutoire).

A. Le délit d'abandon alimentaire et ses éléments constitutifs

Il y a abandon de famille même si l'inexécution de l'obligation alimentaire n'est que partielle. Car la loi déclare coupable la personne qui « sera demeurée sans fournir la totalité des subsides déterminés par le juge ». Le paiement de la pension doit être fait directement au créancier. Le débiteur de la pension alimentaire ne peut pas prétendre en effet qu'il a remis les fonds par l'intermédiaire d'une tierce personne.
L'abandon alimentaire doit avoir duré plus de 2 mois. Le délai de 2 mois commence à courir à partir du jour où la décision judiciaire est devenue exécutoire. Lorsque le débiteur a d'abord exécuté son obligation, puis s'est arrêté de l'exécuter, le délai commence à courir à partir du dernier versement. Si la condamnation a été prononcée par défaut (lorsque la personne condamnée ne s'est pas manifestée au procès et n'a pas reçu sa convocation), le délai commence à courir à partir de la signification du jugement. L'abandon alimentaire doit être volontaire pour être condamnable. Mais la loi déclare que la volonté d'abandon est présumée lorsque les versements ont cessé depuis 2 mois. Ce serait à la personne poursuivie d'apporter la preuve contraire. L'insolvabilité du débiteur ne constitue pas une excuse valable. S'il est réellement insolvable, le débiteur doit demander à la justice la diminution du montant de la pension qu'il doit acquitter.

Procédure

Généralement, l'action s'engage sur plainte de la victime ; parfois le procureur peut poursuivre d'office (le procureur de la République est un magistrat représentant la société).
Le tribunal compétent est celui du domicile du bénéficiaire de la pension.

Pénalité

La personne qui se rend coupable d'abandon de famille encourt jusqu'à deux ans d'emprisonnement et une amende de 15 000 €. Enfin, toute personne tenue au versement d'une prestation ou d'une pension alimentaire, et qui n'aura pas fait connaître dans le délai de 1 mois tout changement de son domicile, encourt une peine d'emprisonnement de 1 à 6 mois et/ou une amende de 7 500 €.

B. Le recouvrement civil des prestations et pensions

Devant les difficultés éprouvées pour recouvrer les pensions, le principe du paiement direct et du recouvrement public est désormais possible.

• Le paiement direct
La procédure est gratuite. Tout bénéficiaire d'une pension peut se faire payer directement le montant de la pension par un tiers débiteur (le plus souvent l'employeur). Il s'adresse alors à un huissier de justice du lieu de sa résidence. Ce dernier va notifier la demande à l'employeur en lui communiquant la décision judiciaire. L'intervention de l'huissier ne pourra se faire avant qu'une échéance soit passée sans que la pension soit versée.
À partir de ce moment, le tiers débiteur est tenu de verser directement au bénéficiaire le montant de la pension à son domicile. Les frais de cette procédure sont à la charge du débiteur de la pension désigné dans le jugement.

• L'allocation de soutien familial (ASF)
L'allocation de soutien familial versée par la Caisse d'Allocations Familiales a également pour objet d'aider le parent ayant un ou plusieurs enfants à charge et qui ne réussit pas à se faire verser la ou les pension(s) que doit lui verser l'autre conjoint. En effet, l'ASF est, entre autres situations, ouverte à « tout enfant dont le père ou la mère ou le père et la mère se soustraient ou se trouvent hors d'état de faire face à leurs obligations d'entretien ou au versement d'une pension alimentaire mise à leur charge par décision de justice ».
Dans cette situation, c'est la Caisse d'Allocations Familiales qui se substitue au parent défaillant en versant la pension, à charge pour la Caisse de se retourner ensuite vers le parent pour le compte duquel elle a payé, selon le mécanisme de la subrogation.
Dans la pratique, le parent qui n'a pas réussi à se faire verser la ou les pension(s) pour les enfants doit remplir un dossier qui comprend une déclaration de situation (formulaire délivré par la CAF), les photocopies des pièces d'identité des intéressés (parent demandeur, enfants), la photocopie du livret de famille, le jugement .
Si la pension fixée par jugement n'a pas été payée pendant au moins deux mois ou payée partiellement, la CAF verse la pension. L'ASF qui est versée ne constitue en réalité qu'une avance. En effet, dès le paiement par la CAF, cette dernière a aussitôt le droit de se retourner vers le parent défaillant et d'engager des poursuites à son encontre.
La CAF peut également recouvrer, outre les pensions pour les enfants naturels ou légitimes, les pensions pour le conjoint.
Lorsque le débiteur reprend les payements, ces derniers peuvent intervenir directement auprès du parent créancier si la Caisse donne son accord.

III – Les violences

Sur le plan pénal, les peines encourues pour des faits de violences, coups et blessures, viol et violences sexuelles sont aggravées lorsqu'elles sont commises par le conjoint, ou l'ancien conjoint, le concubin ou le partenaire « pacsé ». Dans ces situations, le Procureur de la République peut demander à l'auteur des violences de quitter le domicile familial. Cette mesure d'éloignement est également prévue en cas de violences sur les enfants du couple ou de l'un des deux.

3

LA RUPTURE DU LIEN MATRIMONIAL

Traditionnellement, les juristes hésitent entre deux conceptions de la rupture du lien matrimonial : le divorce apparaît, tantôt comme la sanction d'une faute, tantôt comme un constat d'échec.

En tant qu'institution juridique, le mariage entraîne un certain nombre de devoirs. Mais en fait, s'il a consacré une véritable union des personnes – ce qui constitue normalement sa finalité essentielle –, le mariage n'est pas perçu comme devant s'accompagner de devoirs, du moins tant que tout va bien entre les époux. C'est seulement en cas de mésentente que l'un ou l'autre, ou les deux peuvent avoir l'idée d'invoquer la méconnaissance de ses devoirs par le conjoint, pour obtenir la rupture du lien matrimonial.

Dans la conception du divorce-sanction, celui-ci pourra être prononcé si la faute alléguée est suffisamment grave ou si, moins grave, elle rend cependant intolérable le maintien du lien conjugal (ce qui constitue théoriquement une combinaison du divorce-sanction et du divorce-remède).

Dans la conception du divorce-remède proprement dit, le mariage implique bien une volonté d'union des personnes, mais il ne constitue qu'une tentative de réalisation de cette union.

Si l'« aventure matrimoniale » n'est pas une réussite et si divers éléments permettent de penser qu'elle ne comporte aucune chance de réussite – alors même qu'aucune « faute » précise de l'un ou l'autre époux ne peut être établie –, on admet alors que la solution la plus sage est d'y mettre fin. Mais en réalité, cette conception du divorce-remède ouvre plusieurs possibilités qui font varier sa signification intrinsèque.

Tout d'abord, qui appréciera la réalité de l'échec ? Les deux époux eux-mêmes (consentement mutuel), l'un des deux, ou le juge ? D'autre part, la procédure à suivre sera-t-elle longue et difficile (accompagnée notamment de délais de réflexion ou de tentatives de conciliation) ou, au contraire, sera-t-elle particulièrement rapide et dénuée de formalisme ? Spécialement dans cette dernière hypothèse, certains commentateurs ne manquent pas de souligner que la généralisation du divorce-remède risque de conduire à la multiplication des « mariages à l'essai » et à l'aggravation de querelles qui, sans cela, se seraient apaisées. En réalité, il est sans doute effectivement souhaitable que la procédure utilisée permette de s'assurer de la réalité de la volonté de rupture.

Toutefois, il est inutile, voire dangereux, d'obliger deux personnes à rester mariées si leur volonté de divorcer est réelle et définitive.

Mais, ceci dit, comment peut-on admettre que la valeur d'un engagement personnel dépende en fait – si divers obstacles empêchent une séparation réellement souhaitée – de sa force contraignante sur le plan juridique ? Peut-on véritablement préconiser l'extension des règles du droit patrimonial à des problèmes qui – même s'ils ont certains aspects patrimoniaux et même si la collectivité ne doit pas s'en désintéresser sur un plan global – concernent en définitive l'intimité des personnes ?

Alors que l'ancienne réglementation du divorce (loi de 1884 modifiée et complétée par divers textes) optait clairement – au moins théoriquement car la pratique et l'évolution des mœurs avaient entraîné une évolution à cet égard – en faveur du divorce-sanction, qu'en est-il aujourd'hui ? La possibilité du divorce « par consentement mutuel » et celle du divorce « pour rupture de la vie commune » se réfèrent clairement à la conception du divorce-remède. Mais, en même temps, le maintien d'une possibilité de divorce « pour faute » comporte incontestablement une référence au divorce-sanction. Dans ces conditions, on peut se demander si l'admission simultanée des deux conceptions ne constitue en fait qu'un refus, le refus de choisir l'un des deux termes d'une alternative, ou s'il ne s'agit pas plutôt d'un effort du législateur pour s'adapter à une réalité sociale complexe, qu'il est illusoire et manichéen de prétendre simplifier à l'excès ?

Récemment, beaucoup de voix se sont élevées pour réclamer la suppression du divorce pour faute ou son maintien uniquement dans des circonstances exceptionnelles (violences, par exemple). Après de longs débats, la réforme du divorce intervenue en 2004 a, en définitive, maintenu le divorce pour faute.

Nous allons procéder à l'examen des différents aspects du problème, c'est-à-dire les causes du divorce, la procédure et les conséquences du divorce. Pour terminer, nous décrirons l'institution de la séparation de corps. Nous envisagerons successivement les procédures et modes de divorce applicables jusqu'au 31 décembre 2004, puis ceux qui ont été mis en œuvre à partir du 1er janvier 2005.

I – Les procédures et modes de divorce applicables jusqu'au 31 décembre 2004

Bien que ces dispositions ne soient plus applicables, nous les résumons brièvement à l'attention des personnes dont le divorce a été introduit avant 2005.

Aux termes de l'ancien article 229 du Code civil : « Le divorce peut être prononcé en cas de consentement mutuel ; de rupture de la vie commune ; de faute ».

Envisageons successivement ces trois hypothèses.

Divorce par consentement mutuel

La loi distinguait deux formes de consentement mutuel : celui-ci pouvait résulter d'un accord préalable entre les époux, mais il y avait encore consentement mutuel lorsque l'un des deux époux prenait l'initiative du divorce et que l'autre ne s'y opposait pas.

A. Le divorce sur requête conjointe

Dans le premier cas – « divorce sur demande conjointe des époux » –, les deux époux sont d'accord tout à la fois sur le principe du divorce et sur ses conséquences (économiques, vis-à-vis des enfants). Ils n'ont pas à faire connaître la raison de leur demande de divorce. Ils doivent seulement « soumettre à l'approbation du juge un projet de convention qui en règle les conséquences ». Cependant, deux précautions sont prises : d'une part, le divorce ne peut alors être demandé par les deux époux dans les 6 premiers mois du mariage ; d'autre part, après que le juge l'a examinée, avec chacun des deux époux séparément, puis avec les deux époux ensemble, leur demande doit être renouvelée après un délai de réflexion de 3 mois minimum et 9 mois maximum. Ensuite le juge prononce le divorce, non pas s'il l'estime justifié, mais simplement s'il a acquis la conviction que la volonté de chacun des époux est libre et réelle. Par la même décision, il « homologue... la convention réglant les conséquences du divorce ». Cependant, aux termes de l'article 232, alinéa 2 du Code civil : « Il (le juge) peut refuser l'homologation et ne pas prononcer le divorce s'il constate que la convention préserve insuffisamment les intérêts des enfants ou de l'un des époux ».

B. Le divorce « par demande acceptée »

En ce qui concerne l'autre forme de consentement mutuel – « divorce demandé par l'un des époux et accepté par l'autre » – la loi est, en elle-même, parfaitement explicite. Selon l'article 233 du Code civil : « L'un des époux peut demander le divorce en faisant état d'un ensemble de faits, procédant de l'un et de l'autre, qui rendent intolérable le maintien de la vie commune ». À la suite de cette demande, « si l'autre époux reconnaît les faits devant le juge, celui-ci prononce le divorce sans avoir à statuer sur la répartition des torts. Le divorce ainsi prononcé produit les effets d'un divorce aux torts partagés » (article 234 du Code civil). Par contre, « si l'autre époux ne reconnaît pas les faits, le juge ne prononce pas le divorce ». Cette forme de divorce est celle qui est adoptée lorsque les époux sont d'accord sur le principe du divorce mais non sur ses effets (pensions, autorité parentale sur les enfants...).
La procédure se scinde ici en deux phases :
- phase amiable devant le juge aux affaires familiales, qui s'assure de l'accord des époux et ordonne des mesures provisoires ;
- phase contentieuse ultérieure pour décider des conséquences notamment financières du divorce.

Divorce pour rupture de la vie commune

Aux termes de l'article 237 du Code civil, « un époux peut demander le divorce, en raison d'une rupture prolongée de la vie commune, lorsque les époux vivent séparés de fait depuis 6 ans ». Par une telle disposition, le législateur a voulu offrir aux individus la possibilité de sortir d'un certain nombre de « fausses situations » – conçues comme provisoires à l'origine mais qui, en fait, se prolongent parfois indéfiniment –. Cependant, c'est l'époux qui demande le divorce pour rupture de la vie commune qui en supporte toutes les charges et qui doit préciser dans sa demande « les moyens par lesquels il exécutera ses obligations à l'égard de son conjoint et des enfants » (article 239 du Code civil).
La volonté de réalisme du législateur se retrouve dans les exceptions – en plus ou en moins – qui sont apportées à la règle posée par l'article 237. Ainsi, selon l'article 238, un époux peut-il demander le divorce pour rupture de la vie commune, « lorsque les facultés mentales du conjoint se trouvent, depuis 6 ans, si gravement altérées qu'aucune communauté de vie ne subsiste plus entre les époux (même s'ils ne vivent pas séparés de fait) et ne pourra, selon les prévisions les plus raisonnables, se reconstituer dans l'avenir. Le juge peut rejeter d'office cette demande ». Inversement, l'article 240, alinéa 1 du Code civil prévoit que « si l'autre époux établit que le divorce (pour rupture de la vie commune) aurait, soit pour lui, compte tenu notamment de son âge et de la durée du mariage, soit pour les enfants, des conséquences matérielles ou morales d'une exceptionnelle dureté, le juge rejette la demande ».

Divorce pour faute

En l'absence de consentement mutuel et lorsque les conditions nécessaires à l'obtention du divorce pour rupture de la vie commune – c'est-à-dire, encore une fois, 6 ans de séparation de fait, en principe – ne sont pas réunies, l'époux qui souhaite divorcer peut encore invoquer la faute de son conjoint. Plus exactement, aux termes de l'article 242 du Code civil, « le divorce peut être demandé par l'un des époux pour des faits imputables à l'autre lorsque ces faits constituent une violation grave ou renouvelée des devoirs et obligations du mariage et rendent intolérable le maintien de la vie commune ». En outre, l'article 243 prévoit qu'il (le divorce) peut être demandé par l'un des époux lorsque l'autre a été condamné à l'une des peines prévues par l'article 131-1 du Code pénal (il s'agit des peines afflictives et infamantes).
Le divorce pour faute ainsi conçu laisse incontestablement un certain pouvoir d'appréciation au juge. Celui-ci pourra prononcer le divorce aux torts exclusifs d'un époux (le défendeur), aux torts partagés des deux époux, ou rejeter la demande. Il faut toutefois savoir que « la réconciliation des époux intervenue depuis les faits allégués empêche de les invoquer comme cause de divorce » (article 244, alinéa 1 du Code civil), et que « le maintien ou la reprise temporaire de la vie commune ne sont pas considérés comme une réconciliation s'ils ne résultent que de la nécessité ou d'un effort de conciliation ou des besoins de l'éducation des enfants » (article 244, alinéa 3 du Code civil).

Les procédures de divorce

D'une façon générale, la loi n'avait pas écarté tout formalisme.

Le juge compétent et le caractère non public du procès. Sur ce point, la loi établissait certaines règles, telles que celle selon laquelle « le tribunal de grande instance statuant en matière civile est seul compétent pour se prononcer sur le divorce et ses conséquences » (le législateur a sans doute entendu souligner ainsi que le divorce ne peut toujours résulter que d'une décision judiciaire ; ce qui signifie très concrètement que les époux devront toujours recourir aux services d'un ou plusieurs avocats, la représentation par avocat étant obligatoire devant le tribunal de grande instance), ou celle qui prévoit que « les débats sur la cause, les conséquences du divorce et les mesures provisoires ne sont pas publics ». Un juge (du tribunal de grande instance) est délégué aux affaires familiales. Sa compétence est ainsi définie par l'article 247 du Code civil : « ... Il est plus spécialement chargé de veiller à la sauvegarde des intérêts des enfants mineurs. Ce juge a compétence pour prononcer le divorce. Il est également seul compétent pour statuer, après le prononcé du divorce, quelle qu'en soit la cause, sur les modalités de l'exercice de l'autorité parentale et sur la modification de la pension alimentaire, ainsi que pour décider de confier les enfants à un tiers. Il statue alors sans formalité et peut être saisi par les parties intéressées sur simple requête ».
Quelle appréciation peut-on porter, a priori, sur ces fonctions ? Certes, le rôle effectif de ce juge délégué aux affaires familiales dépend, en fait, de sa personnalité. Cependant, on peut espérer que, dans chaque tribunal, on choisit, pour remplir ces fonctions, un homme ou une femme pourvu des qualités requises pour exercer un véritable rôle d'assistance auprès des deux époux désunis. Il faut surtout veiller à ce que sa spécialisation même ne conduise pas l'intéressé à la « banalisation » de problèmes fort graves pour ceux qui sont directement concernés. Cela est d'autant plus important que les lois ont conféré au juge aux affaires familiales des pouvoirs étendus. C'est ainsi, par exemple, qu'il est seul compétent en cas de divorce par consentement mutuel, pour s'assurer de la réelle volonté commune des époux de divorcer.

La conciliation. La tentative de conciliation fait l'objet d'une certaine souplesse. Le législateur prévoit d'abord (article 251 du Code civil) les conditions dans lesquelles cette tentative intervient : « Quand le divorce est demandé pour rupture de la vie commune ou pour faute, une tentative de conciliation est obligatoire avant l'instance judiciaire.
Elle peut être renouvelée pendant l'instance. Quand le divorce est demandé par consentement mutuel des époux, une conciliation peut être tentée en cours d'instance suivant les règles de procédure propres à ce cas de divorce ».
La même volonté de souplesse se retrouve dans l'article 252-1, aux termes duquel « la tentative de conciliation peut être suspendue et reprise sans formalité, en ménageant aux époux des temps de réflexion dans une limite de 8 jours. Si un plus long délai paraît utile, le juge peut décider de suspendre la procédure et de recourir à une nouvelle tentative de conciliation dans les 6 mois au plus. Il ordonne, s'il y a lieu, les mesures provisoires nécessaires ».

Les mesures provisoires. En règle générale, la loi a dû prévoir que le « juge prescrit les mesures qui sont nécessaires pour assurer l'existence des époux et des enfants jusqu'à la date à laquelle le jugement prend force de chose jugée ».
Cependant, lorsqu'il s'agit d'un divorce sur demande conjointe (c'est-à-dire de l'une des deux formes de divorce par consentement mutuel prévues par la loi), « les époux règlent eux-mêmes les mesures provisoires dans la convention temporaire qui doit être annexée à leur requête initiale. Toutefois, le juge pourra faire supprimer ou modifier les clauses de cette convention qui lui paraîtraient contraires à l'intérêt des enfants » (article 253 du Code civil).
Pour les autres cas de divorce, l'article 255 du Code civil – s'inspirant de la législation et de la pratique antérieures – donne, à titre indicatif, une liste (par conséquent non limitative) des mesures provisoires possibles :
« Le juge peut notamment :
– autoriser les époux à résider séparément ;
– attribuer à l'un d'eux la jouissance du logement et du mobilier du ménage, ou partager entre eux cette jouissance ;
– ordonner la remise des vêtements et objets personnels ;
– fixer la pension alimentaire et la provision pour frais d'instance que l'un des époux devra verser à son conjoint ;
– accorder à l'un des conjoints des provisions sur sa part de communauté si la situation le rend nécessaire ».

Les preuves en matière de divorce. L'article 259 du Code civil pose le principe de la liberté de la preuve en matière de divorce : « Les faits invoqués en tant que causes de divorce ou comme défenses à une demande peuvent être établis par tout mode de preuve, y compris l'aveu ».
Quoi qu'il en soit, le mode de preuve le plus répandu reste le témoignage. Ajoutons que les enfants ne peuvent jamais être entendus, ni témoigner sur les griefs invoqués par les époux. Enfin, les lettres échangées par un des conjoints avec des tiers ne peuvent être produites si elles ont été obtenues par violence ou fraude.

Les effets du divorce

Point de départ des effets du divorce. L'article 260 du Code civil prévoit que « la décision qui prononce le divorce dissout le mariage à la date à laquelle elle prend force de chose jugée ». L'article 262, quant à lui, dispose que « le jugement de divorce est opposable aux tiers, en ce qui concerne les biens des époux, à partir du jour où les formalités de mention en marge prescrites par les règles de l'état civil ont été accomplies ».
En outre, aux termes de l'article 262-1, « le jugement de divorce prend effet dans les rapports entre époux, en ce qui concerne leurs biens ; dès la date d'assignation... ». Toutefois « les époux peuvent, l'un ou l'autre, demander, s'il y a lieu, que l'effet du jugement soit reporté à la date où ils ont cessé de cohabiter ou de collaborer », mais cette faculté est refusée à celui à qui incombera, à titre principal, les torts de la séparation.

Effets du divorce quant aux rapports personnels des époux. Le mariage étant dissous pour l'avenir, chacun des ex-époux recouvre la liberté de sa personne et les devoirs de fidélité et de vie commune cessent.
L'article 264 du Code civil prévoit que « dans les cas prévus aux articles 237 et 238 (divorce pour rupture de la vie commune), la femme a le droit de conserver l'usage du nom du mari lorsque le divorce a été demandé par celui-ci. Dans les autres cas, la femme pourra conserver l'usage du nom du mari, soit avec l'accord de celui-ci, soit avec l'autorisation du juge, si elle justifie qu'un intérêt particulier s'y attache, pour elle-même ou pour les enfants ». Chacun des ex-époux est libre de contracter un nouveau mariage, la femme étant seulement tenue de respecter le délai de viduité (qui est de 300 jours). D'autre part, si dans l'avenir les époux divorcés veulent se remarier l'un avec l'autre, une nouvelle célébration du mariage est nécessaire (article 263 du Code civil).

Les suites matérielles du divorce

Bien que constituant encore dans une certaine mesure une application des principes du droit de la responsabilité, les suites matérielles du divorce ne sont plus exclusivement envisagées dans cette perspective.
On observe tout d'abord que, dans le divorce sur requête conjointe, ce sont les époux qui fixent eux-mêmes (sous le contrôle du juge) les suites matérielles du divorce. Ils décident donc eux-mêmes du sort des donations ou avantages faits entre les époux (maintien ou suppression), du montant de la prestation compensatoire, d'une renonciation éventuelle à celle-ci, etc.

Droit à dommages-intérêts et perte des donations et avantages matrimoniaux. L'article 266 du Code civil prévoit que « quand le divorce est prononcé aux torts exclusifs de l'un des époux, celui-ci peut être condamné à des dommages intérêts en réparation du préjudice matériel ou moral que la dissolution du mariage fait subir à son conjoint ».
D'autre part, aux termes de l'article 267 du Code civil, « quand le divorce est prononcé aux torts exclusifs de l'un des époux, celui-ci perd de plein droit toutes les donations et tous les avantages matrimoniaux que son conjoint lui avait consentis, soit lors du mariage, soit après. L'autre conjoint conserve les donations et avantages qui lui avaient été consentis, encore qu'ils aient été stipulés réciproques et que la réciprocité n'ait pas lieu ».

Les prestations compensatoires. À cet égard, les articles 270, 271 et 272 du Code civil posent les principes applicables.
Selon l'article 270 : « Sauf lorsqu'il est prononcé en raison de la rupture de la vie commune, le divorce met fin au devoir de secours prévu par l'article 212 du Code civil ; mais l'un des époux peut être tenu de verser à l'autre une prestation destinée à compenser, autant qu'il est possible, la disparité que la rupture du mariage crée dans les conditions de vie respectives ».

L'article 271 prévoit que « la prestation compensatoire est fixée selon les besoins de l'époux à qui elle est versée et les ressources de l'autre en tenant compte de la situation au moment du divorce et de l'évolution de celle-ci dans un avenir prévisible ».
En outre, l'article 272 précise que « dans la détermination des besoins et des ressources, le juge prend en considération, notamment : l'âge et l'état de santé des époux ; la durée du mariage ; le temps déjà consacré ou qu'il leur faudra consacrer à l'éducation des enfants ; leur qualification et leur situation professionnelle au regard du marché du travail ; leurs droits existants et prévisibles ; leur situation respective en matière de pension de retraite ; leur patrimoine, tant en capital qu'en revenu, après la liquidation du régime matrimonial ».
Mais alors, en ce qui concerne les prestations compensatoires, les notions d'époux coupable et d'époux innocent, ne jouent-elles strictement aucun rôle ?
Sur ce point, la loi adopte une solution nuancée.
Certes, l'alinéa 1er de l'article 280-1 du Code civil prévoit bien que « l'époux aux torts exclusifs de qui le divorce a été prononcé n'a droit à aucune prestation compensatoire ». Mais cela ne signifie pas nécessairement qu'il n'ait droit à rien, car, aux termes de l'alinéa 2 de l'article 280-1 : « Toutefois, il peut obtenir une indemnité à titre exceptionnel, si, compte tenu de la durée de la vie commune et de la collaboration apportée à la profession de l'autre époux, il apparaît manifestement contraire à l'équité de lui refuser toute compensation pécuniaire à la suite du divorce ».
Une réforme de la prestation compensatoire est intervenue récemment. Selon cette réforme, la règle est de verser une prestation compensatoire sous forme de capital et non plus sous forme de rente. Le débiteur pourra s'acquitter du versement du capital de plusieurs manières : en abandonnant un bien en nature, ou en constituant son capital en plusieurs années au maximum 8 ans. En cas de changement substantiel dans les besoins ou ressources des parties, une révision sera possible, mais toujours à la baisse. La prestation compensatoire sous forme de rente à vie n'est donc plus possible, sauf circonstances très exceptionnelles strictement valorisées par le juge (âge ou état de santé de la personne qui reçoit la prestation).
Nous notons qu'en cas de décès de l'époux débiteur, la charge de la rente passe à ses héritiers, mais que les éventuelles pensions de reversion touchées par le survivant viendront en déduction du montant de la rente.

Le cas particulier du divorce pour rupture de la vie commune. L'article 281, alinéa 1er du Code civil prévoit que « quand le divorce est prononcé pour rupture de la vie commune, l'époux qui a pris l'initiative du divorce reste entièrement tenu au devoir de secours ». Et de l'article 282 précise que « l'accomplissement du devoir de secours prend la forme d'une pension alimentaire. Celle-ci peut toujours être révisée en fonction des ressources et des besoins de chacun des époux ». C'est là une différence notable avec la prestation compensatoire qui est beaucoup plus difficilement révisée.
Pourquoi avoir institué un régime particulier au divorce pour rupture de la vie commune ? En réalité, encore une fois, ce cas de divorce offre la possibilité à certains époux désunis (et, en principe, séparés de fait) de sortir d'une « fausse situation ».

Mais le législateur a estimé que celui qui entendait bénéficier de cette possibilité devait en supporter toutes les charges et ne pas priver son ex-conjoint des avantages matériels qui découlaient du mariage. Cette pension cesse d'être due si le conjoint qui en est créancier se remarie ou vit en concubinage notoire.

Le sort du logement des époux. Conformément à son désir de cerner la réalité sociale d'aussi près que possible, le législateur a prévu certaines dispositions pour régler un problème qui peut pratiquement se poser.
Aux termes de l'article 1751 du Code civil, le droit au bail du local qui sert effectivement à l'habitation des deux époux pourra être attribué, en cas de divorce ou de séparation de corps, en considération des intérêts sociaux et familiaux en cause, à l'un des époux, sous réserve des droits à récompense ou à indemnité au profit de l'autre époux...

II – Les procédures et modes de divorce applicables à partir du 1er janvier 2005

Le législateur a prévu de rendre plus efficaces, plus rapides et moins conflictuelles les nouvelles procédures de divorce.
La nouvelle loi s'applique à toutes les procédures introduites à compter du 1er janvier 2005. Elle ne s'applique donc pas, dans les cas de divorce sur requête conjointe, lorsqu'une première audience a déjà eu lieu, ni si une assignation a été délivrée avant le 1er janvier 2005, ni encore si une procédure d'appel ou de cassation est en cours.
D'une façon générale, hors le cas du divorce pour consentement mutuel, il existe lors d'une procédure en divorce, une première phase de tentative de conciliation en présence du juge. Les nouvelles modalités applicables depuis le 1er janvier 2005 ont considérablement renforcé les pouvoirs du juge à ce stade de la procédure. En effet, les mesures provisoires qui peuvent être décidées par le juge aux affaires familiales lors de la tentative de conciliation sont extrêmement larges (article 255 du Code civil). À ce stade et en attendant que soit rendu le jugement de divorce, le juge peut notamment :
– proposer aux époux une mesure de médiation et s'ils en sont d'accord, désigner un médiateur familial ;
– enjoindre aux époux de rencontrer un médiateur familial qui les informera sur le déroulement de la médiation ;
– statuer sur la résidence des époux ;
– attribuer à l'un des deux la jouissance du logement et du mobilier du ménage ou partager entre eux cette jouissance, dire si elle sera ou non gratuite, et dans la négative fixer le montant de l'indemnité d'occupation ;
– ordonner la remise des vêtements et objets personnels ;
– fixer la pension alimentaire et la provision pour frais d'instance que l'un des époux doit payer à l'autre, et également désigner l'époux qui devra assurer provisoirement les dettes éventuelles ;

– accorder si nécessaire des provisions à valoir sur ses droits dans la liquidation ;
– statuer sur l'attribution de la jouissance ou de la gestion des biens autres que le logement, par exemple la résidence secondaire ;
– désigner un professionnel qualifié pour dresser un inventaire ou faire des propositions de règlement des intérêts financiers des époux ;
– désigner un notaire pour élaborer un projet de liquidation du régime matrimonial.

Le divorce sur requête conjointe

Cette procédure se simplifie considérablement puisque, sauf demande de l'une des parties, la seconde audience est supprimée. Ainsi le délai de réflexion de six à neuf mois n'existe plus. Sauf exception, le divorce sera donc prononcé à l'issue de la première et unique comparution des parties.
Ce type de divorce est régi par les articles 230 et 232 du Code civil qui précisent : (article 230) « Le divorce peut être demandé conjointement par les époux lorsqu'ils s'entendent sur la rupture du mariage et ses effets en soumettant à l'approbation du juge une convention réglant les conséquences du divorce. » (Article 232) « Le juge homologue la convention et prononce le divorce s'il a acquis la conviction que la volonté de chacun des époux est réelle et que leur consentement est libre et éclairé. Il peut refuser l'homologation et ne pas prononcer le divorce s'il constate que la convention préserve insuffisamment les intérêts des enfants ou de l'un des époux ». Le divorce peut être demandé aussitôt après le mariage et il n'est plus nécessaire d'attendre six mois, ainsi que la loi l'exigeait auparavant.
Dans ce cas de divorce, les époux doivent être d'accord non seulement sur le principe de la séparation, mais aussi sur toutes les conséquences financières, patrimoniales, familiales etc... du divorce. Ils peuvent être assistés d'un avocat chacun ou faire choix du même avocat pour le mari et la femme.
Ils doivent dès l'abord présenter au juge aux affaires familiales une convention écrite (et une convention notariée s'ils possèdent un ou des biens immobiliers). La convention écrite règle l'ensemble des conséquences du divorce. Si cette convention est jugée équitable par le juge, il l'homologue et prononce le divorce.
Ainsi, les époux sont-ils divorcés à l'issue d'une seule audience chez le juge aux affaires familiales, et non pas après deux audiences comme précédemment.
Si toutefois le juge refuse d'homologuer la convention prévue par les époux, il peut convoquer pour une audience ultérieure en invitant les parties à modifier leur convention sur les points qui n'ont pas reçu son accord.
À tout moment, les époux qui auront introduit une autre procédure de divorce (pour faute par exemple) pourront demander au juge de constater leur accord et de prononcer leur divorce par consentement mutuel. Ils devront préalablement soumettre au juge une convention.

Le divorce pour acceptation du principe de la rupture du mariage

C'est le nouveau nom du divorce par demande acceptée. Cette nouvelle procédure est simplifiée. Elle repose sur l'acceptation irrévocable du principe du divorce, avec suppression du mémoire jusqu'alors nécessaire lors du dépôt de la requête. Dans un souci de pacification des divorces, ce type de procédure pourra être substitué à toute autre procédure de divorce plus contentieuse, même déjà en cours et ce, sur simple demande des parties.

Ce sont les articles 233 et 234 du Code civil qui régissent ce type de divorce : (article 233) « Le divorce peut être demandé par l'un ou l'autre des époux ou par les deux lorsqu'ils acceptent le principe de la rupture du mariage sans considération des faits à l'origine de celle-ci. Cette acceptation n'est pas susceptible de rétractation, même par voie de l'appel. » (Article 234) « S'il a acquis la conviction que chacun des époux a donné librement son accord, le juge prononce le divorce et statue sur ses conséquences ».

Ce cas de divorce sera adopté lorsque les époux sont d'accord sur le principe de la rupture, mais sont en désaccord sur les conséquences du divorce qu'ils soumettent au juge. Toute notion de faute est écartée et ce type de divorce accepté produit les effets d'un divorce d'accord. Les époux qui auront initialement introduit une autre procédure en divorce (pour faute ou pour altération définitive du lien conjugal) peuvent demander au Juge de constater leur accord et de prononcer le divorce selon ces modalités.

Dans la pratique, ce type de divorce connaît toujours deux phases : une phase de conciliation à l'initiative de l'un ou l'autre des époux, et une phase de jugement qui peut être introduite soit par voie d'assignation, soit par requête conjointe des deux conjoints.

Le divorce pour faute

Après de longs débats, il a été décidé de maintenir ce type de divorce qui change en définitive assez peu. L'attribution des torts n'a en principe plus d'incidence sur les conséquences pécuniaires du divorce. Ainsi l'époux fautif pourra-t-il solliciter et obtenir une prestation compensatoire.

De même, les donations effectuées au profit de l'époux fautif ne seront pas automatiquement révoquées. D'autre part, les violences conjugales sont plus sévèrement réprimées, notamment en rendant plus courant l'attribution du domicile conjugal à la victime.

Ce type de divorce est régi par les articles 242 à 246 du Code civil. Article 242 : « Le divorce peut être demandé par l'un des époux lorsque les faits constitutifs d'une violation grave ou renouvelée des devoirs et obligations du mariage sont imputables à son conjoint et rendent intolérable le maintien de la vie commune. »

Article 245 : « Les fautes de l'époux qui a pris l'initiative du divorce n'empêchent

pas d'examiner sa demande ; elles peuvent, cependant, enlever aux faits qu'il reproche à son conjoint le caractère de gravité qui en aurait fait une cause de divorce. Ces fautes peuvent aussi être invoquées par l'autre époux à l'appui d'une demande reconventionnelle en divorce. Si les deux demandes sont accueillies, le divorce est prononcé aux torts partagés. Même en l'absence de demande reconventionnelle, le divorce peut être prononcé aux torts partagés des deux époux si les débats font apparaître des torts à la charge de l'un et de l'autre ».
Autre article important, l'article 245-1 du Code civil qui édicte : « À la demande des conjoints, le juge peut se limiter à constater dans les motifs du jugement qu'il existe des faits constituant une cause de divorce, sans avoir à énoncer les torts et griefs des parties ».
Comme son intitulé l'indique, ce type de divorce est prononcé en cas de violations graves ou renouvelées des obligations et devoirs du mariage. Toutefois, diverses dispositions sont prévues pour que les parties trouvent une solution d'apaisement. En particulier, le recours à la médiation familiale est encouragé et le passage vers la procédure de « divorce accepté » est rendu possible à tout moment pendant le divorce pour faute.
D'autre part, désormais, le conjoint fautif ne perd plus ses droits à recevoir les donations qu'aurait pu lui faire son époux pendant le mariage. De même, le conjoint fautif ne perd pas tous ses droits à la prestation compensatoire. C'est seulement si l'équité le commande que la prestation compensatoire lui sera refusée.

Le divorce pour altération définitive du lien conjugal

Il s'agit de ce qui était appelé jusqu'à présent le divorce pour rupture de la vie commune qui subit de grandes modifications. Le délai de séparation nécessaire naguère de 6 ans est réduit à 2 ans. Le devoir de secours ne subsiste plus après le prononcé du divorce, mais le versement d'une prestation compensatoire est possible, de même que des dommages et intérêts pour l'époux victime.
Ce type de divorce est régi par les articles 237 et 238 du Code civil et correspond aux situations dans lesquelles un époux entend divorcer, sans avoir de griefs à avancer à l'encontre de son conjoint, mais simplement parce que le couple est séparé depuis longtemps. Le juge doit pouvoir constater qu'il existe une séparation matérielle et affective des époux durant les deux années au moins qui précèdent la requête ou l'assignation en divorce. Le conjoint qui se sera vu assigner en divorce pour faute, alors qu'il n'en a commis aucune, pourra également, à titre reconventionnel, demander le divorce pour altération définitive du lien conjugal. En ce cas, le délai de séparation de deux ans n'est pas exigé.
Le juge peut attribuer une prestation compensatoire (capital ou mixte capital plus rente sur 8 ans, ou exceptionnellement rente sur une durée plus longue) et même des dommages et intérêts à celui des conjoints qui se voit imposer ce type de divorce et qui subit des conséquences financières importantes.
Les époux qui auront engagé une procédure de ce type peuvent à tout moment

demander au juge de constater leur accord et voir ainsi prononcer le divorce pour acceptation du principe de la rupture du mariage.

La prestation compensatoire

Elle subit une nouvelle réforme dans la mesure où, désormais, elle ne consiste plus seulement en un capital, mais peut être versée sous une forme mixte : capital et rente sur huit années. À titre exceptionnel, le juge peut ordonner le versement de la prestation compensatoire sur une période plus longue. En outre, la rente temporaire redevient possible. Enfin, les héritiers de celui qui verse la prestation compensatoire ne seront tenus qu'à hauteur de ce qu'ils trouvent dans l'actif successoral.

III – Conséquences du divorce pour les enfants

Ici encore, le juge aux affaires familiales joue un rôle crucial, devant toujours veiller à l'intérêt de l'enfant et notamment à l'effectivité du maintien de ses liens avec chacun de ses parents.
Pour toutes les dispositions concernant l'autorité parentale, la résidence de l'enfant et le droit de visite et d'hébergement, le juge tient compte des accords passés entre époux, des renseignements qui ont été recueillis dans l'enquête sociale et des sentiments exprimés par l'enfant mineur.

L'autorité parentale

La traditionnelle notion de « garde » – qui recouvrait tout à la fois les notions de garde physique et d'autorité parentale – a été abandonnée au profit de l'autorité parentale, « ensemble de droits et de devoirs ayant pour finalité l'intérêt de l'enfant ».
Par principe, cette autorité appartient aux père et mère jusqu'à la majorité ou à l'émancipation de l'enfant pour le protéger dans sa sécurité, sa santé et sa moralité, pour assurer son éducation et permettre son développement, dans le respect dû à sa personne.
La séparation des parents est sans incidence sur les règles de dévolution de l'autorité parentale.
La loi précise que « chacun des père et mère doit maintenir des relations personnelles avec l'enfant et respecter les liens de celui-ci avec l'autre parent ».
En cas de désaccord entre les parents, concernant notamment des décisions relatives à la santé ou à la scolarité de l'enfant, le juge aux affaires familiales peut être saisi du différend.
Dans l'intérêt de l'enfant, le juge peut confier l'exercice de l'autorité parentale à

un seul des deux parents, sans toutefois que l'autre soit pour autant privé de son droit de visite et d'hébergement, sauf motifs graves. Mais même dans ce dernier cas, ce parent reste tenu de surveiller l'éducation et l'entretien de l'enfant et doit donc être informé des choix importants le concernant.
Dans des circonstances exceptionnelles, le juge peut enfin confier l'enfant à un tiers, choisi de préférence parmi sa parenté. Dans ce cas, l'autorité parentale demeure une prérogative de ses parents, mais la personne à qui il a été confié accomplit tous les actes usuels relatifs à sa surveillance et son éducation.

Le domicile de l'enfant

Le législateur a adopté le 2 mars 2002 une loi qui a eu notamment pour effet de fixer un cadre juridique à la pratique de la résidence alternée.
Le principe est que le choix du domicile est fixé exclusivement en considération de l'intérêt de l'enfant, peu important les éventuelles fautes commises par les conjoints l'un à l'égard de l'autre.
Ce choix peut être fixé par une convention entre les parents homologuée par le juge ou par le juge lui même, qui s'efforce toutefois de concilier les parties et les invite éventuellement à recourir à un médiateur familial. Dans ce cadre, la résidence de l'enfant peut être fixée en alternance au domicile de chacun des parents ou au domicile de l'un d'eux.

La contribution financière à l'entretien de l'enfant

Chacun des parents doit contribuer à l'entretien et à l'éducation de l'enfant à proportion de ses ressources, de celles de l'autre parent, ainsi que des besoins de l'enfant.
En cas de séparation des parents, cette contribution consiste en une pension alimentaire qui peut prendre en tout ou partie la forme d'une prise en charge directe de frais exposés au profit de l'enfant ou encore d'un droit d'usage et d'habitation.
Il est à noter que la prestation compensatoire servie par l'un des époux à l'autre n'a pas à être prise en compte dans l'appréciation des ressources et des besoins de l'époux à qui elle est versée.
La loi précise que cette obligation ne cesse pas de plein droit lorsque l'enfant devient majeur. Dans ce cas, le parent qui contribue à l'entretien de l'enfant majeur peut demander à son conjoint de lui verser une contribution à l'entretien et là l'éducation de l'enfant majeur. Il est souvent prévu que cette contribution lui soit versée jusqu'à la fin de ses études ou jusqu'à ce qu'il ait trouvé un travail lui procurant un revenu équivalent au SMIC.

Sauf motifs graves, l'enfant a le droit d'entretenir des relations personnelles avec ses ascendants, sans préjudice des droits de ses parents ; dans l'intérêt de l'enfant, le juge

aux affaires familiales peut en outre fixer les modalités des relations de l'enfant avec un tiers.
Ce pourra par exemple être le cas d'une personne avec laquelle l'enfant a été amené à cohabiter au grès des pérégrinations sentimentales de ses parents, et avec laquelle il a noué des liens affectifs, sans que ces liens ne bénéficient d'aucune reconnaissance juridique.
Enfin, soulignons que le juge aux affaires familiales peut faire ordonner l'inscription sur le passeport de l'enfant de l'interdiction de sortir du territoire sans l'accord de ses deux parents, afin d'éviter d'éventuels enlèvements.

IV – La séparation de corps

La séparation de corps peut être définie comme l'état de deux époux qui, sans que leur mariage soit dissous, ont été dispensés, par décision judiciaire, de leur obligation de cohabitation.
Aux termes de l'article 296 du Code civil : « la séparation de corps peut être prononcée à la demande de l'un des époux dans les mêmes cas et aux mêmes conditions que le divorce ». La procédure de séparation de corps peut donc être introduite dans les mêmes cas et selon les mêmes règles que le divorce. Comme dans un divorce, un jugement de séparation de corps sera nécessaire. Le juge aux affaires familiales fixe le montant de la pension alimentaire qui est due à l'époux dans le besoin. Lorsque la consistance des biens du débiteur s'y prête, la pension peut être remplacée pour tout ou partie par un capital.
D'autre part, l'article 299 prévoit que « la séparation de corps ne dissout pas le mariage, mais elle met fin au devoir de cohabitation ». La séparation de corps implique donc toujours le maintien du devoir de fidélité. L'article 302 alinéa 1er, quant à lui, prévoit que « la séparation de corps entraîne toujours la séparation de biens ». La séparation de corps peut prendre fin de diverses façons : les époux peuvent reprendre la vie commune. Mais dans ce cas, il conviendra que cette reprise de la vie commune soit constatée par acte notarié ou par déclaration à l'officier d'état civil du lieu de mariage des époux, ainsi que par mention sur leurs actes de naissance. En ce cas, sauf convention contraire, la séparation des biens subsiste.
Autre hypothèse : au bout de deux ans de séparation de corps et à la demande de l'un des époux, le jugement qui l'a prononcée est converti en jugement de divorce.
Enfin, dans tous les cas de séparation de corps, celle-ci peut être convertie en divorce, si les époux déposent une requête en ce sens. Pratiquement, certains se sont interrogés sur l'intérêt du maintien de la séparation de corps alors qu'existe le divorce. Son autre fonction (« divorce des catholiques ») subsistera sans doute parce que cela paraît encore correspondre à un besoin social et religieux.
D'autres couples choisissent la séparation de corps car, psychologiquement, cette formule leur apparaît moins déchirante que le divorce.

4

LES ENFANTS

I – Les rapports entre parents et enfants

La loi française qui régit actuellement les rapports entre les parents et les enfants vise à sauvegarder l'intérêt des enfants. L'autorité parentale n'est pas un principe instauré pour lui-même ; elle a un seul et unique objectif : celui de protéger l'enfant.

L'État peut d'ailleurs intervenir de façon suffisamment impérative dans les rapports entre les parents et les enfants lorsque la personne de l'enfant se trouve en danger.

Dans un souci d'égalité entre enfants, le législateur a cherché à supprimer les distinctions qui existaient jadis entre enfants naturels et légitimes.

L'article 310-1 du Code civil dispose désormais que « tous les enfants dont la filiation est légalement établie ont les mêmes droits et les mêmes devoirs dans leurs rapports avec leur père et leur mère. »

Jusqu'à sa majorité ou son émancipation, l'enfant est soumis à l'autorité de ses parents. Cette autorité parentale est un ensemble de droits et de devoirs pour les parents à l'égard de l'enfant. Cette autorité sur les enfants est exercée conjointement par les deux parents. Jadis, on préférait parler de « puissance paternelle », car l'exercice de l'autorité sur les enfants appartenait essentiellement au père.

Maintenant, les époux assurent ensemble la direction morale et matérielle de la famille. Ils pourvoient à l'éducation des enfants et préparent leur avenir. Pendant le mariage, le père et la mère exercent en commun leur autorité. Ils ont droit et devoir de garde, de surveillance et d'éducation.

L'autorité est partagée notamment pour l'accomplissement des actes concernant les enfants (par exemple autorisations, inscriptions, signature, représentation, etc.). Vis-à-vis des tiers de bonne foi, chacun des époux est réputé agir avec l'accord de l'autre quand il fait un acte usuel de l'autorité parentale relatif à la personne de l'enfant.

En cas de désaccord des parents sur ce qu'exige l'intérêt de l'enfant, le mari n'a aucune prééminence pour trancher la question. Dans cette hypothèse, les époux

doivent en effet se reporter tout d'abord à la pratique qu'ils avaient pu suivre précédemment dans des occasions semblables. En l'absence d'une telle pratique ou en cas de contestation à son propos, les époux devront alors s'adresser au juge aux affaires familiales. Le juge tentera de concilier les époux. S'il n'y parvient pas, il décidera où est l'intérêt de l'enfant.
Les attributs essentiels de l'autorité parentale sont : la garde et la résidence de l'enfant, sa surveillance, son entretien et son éducation.

L'autorité parentale

En principe, l'autorité parentale est conjointement exercée par les deux parents.
Une loi récente du 4 mars 2002 a modernisé les principes et les modalités de l'autorité parentale, en plaçant l'intérêt de l'enfant au tout premier plan. En effet, désormais, l'article 371-1 du Code civil énonce : « L'autorité parentale est un ensemble de droits et de devoirs ayant pour finalité l'intérêt de l'enfant. » En outre, « les parents associent l'enfant aux décisions qui le concernent, selon son âge et son degré de maturité ».
Selon le Code civil (article 373-2 alinéa 2), « chacun des père et mère doit maintenir des relations personnelles avec l'enfant et respecter les liens de celui-ci avec l'autre parent. » Le juge aux affaires familiales peut « prendre les mesures permettant de garantir la continuité et l'effectivité du maintien des liens de l'enfant avec chacun de ses parents ».
Mais, en cas d'abus, le parent peut être sanctionné : ainsi, un parent qui tenterait d'amener son enfant à l'étranger sans en prévenir l'autre. Dans une telle situation, le juge peut ordonner que soit mentionnée sur le passeport des parents l'interdiction de sortie de l'enfant du territoire français sans l'accord des deux parents.
En cas de déménagement du parent chez qui réside l'enfant (ou, de façon générale, dès lors que l'exercice de l'autorité parentale peut être modifié du fait de ce déménagement), ce déménagement doit faire l'objet d'une information préalable auprès de l'autre parent. En cas de désaccord, l'un ou l'autre parent saisit le juge aux affaires familiales qui prendra sa décision en fonction de l'intérêt de l'enfant.

La résidence de l'enfant

Si le législateur a supprimé la notion de « garde » dans toutes les dispositions du Code civil relatives aux conséquences du divorce et de la séparation de corps, il l'a par contre maintenue à l'article 371-2 pour définir l'autorité parentale.
Le droit de garde, ainsi compris, est le droit de fixer la résidence de l'enfant.
Le principe est le suivant : l'enfant mineur doit habiter au domicile fixé par ses parents. Ainsi, celui qui aura quitté le domicile de ses parents sans aucune autorisation pourra se retrouver dans l'obligation de le réintégrer, éventuellement par la

force publique. Et les personnes qui le détourneraient de son domicile légal commettraient des délits punissables (exemple : détournement de mineur, encore appelé rapt de séduction, puni par l'article 227-7 du nouveau Code pénal ou enlèvement d'enfant puni par l'article 227-13).
Le droit de garde résultant de l'autorité parentale n'est cependant pas un droit absolu. Il peut être tempéré par un droit de visite ou d'hébergement (droit de communiquer avec l'enfant, de le recevoir régulièrement). Ce droit de visite peut être accordé par le juge même contre la volonté de la ou des personnes exerçant l'autorité parentale.
Les droits qu'ont certaines personnes autres que les parents ont été confirmés :
– les père et mère ne peuvent, sauf motif grave, faire obstacle aux relations personnelles de l'enfant avec ses grands-parents. Si les parents y font opposition, les modalités de ces relations sont alors réglées par le juge aux affaires familiales ;
– le juge peut accorder un droit de correspondance, de visite, à d'autres personnes, parents ou non.

D'autre part, la nouvelle loi sur l'autorité parentale autorise la résidence alternée de l'enfant : le juge peut désormais fixer la résidence de l'enfant soit au domicile de l'un d'eux, avec droit de visite et d'hébergement pour l'autre parent, soit en alternance au domicile de chacun des parents. Il peut s'agir d'une alternance inégale, l'enfant passant plus de temps chez l'un que chez l'autre.
Le droit de résidence a enfin une contrepartie. Le parent qui abandonne son enfant sans le confier à un tiers, ou à un organisme social, se rend coupable du délit d'exposition ou délaissement d'enfant (articles 227-1 et 2 du nouveau Code pénal), voire d'abandon de famille (article 227-3).

Le droit et le devoir de surveillance

Selon l'article 371-2 du Code civil, l'autorité appartient aux père et mère « pour protéger l'enfant dans sa sécurité, sa santé et sa moralité ».
Il appartient donc aux titulaires de l'autorité parentale de surveiller les relations de l'enfant, de préserver sa vie privée contre d'éventuelles atteintes (atteintes au droit à l'image ou immixtion dans la sphère d'intimité de l'enfant), d'autoriser tout traitement médical, un avortement, un prélèvement d'organes, etc.
La surveillance de l'enfant a un corollaire : les parents sont civilement responsables des faits dommageables commis aux tiers par leurs enfants, dès lors que ceux-ci sont effectivement sous leur garde (article 1384 alinéa 4 du Code civil).

L'entretien et l'éducation de l'enfant

Cet entretien et cette éducation sont d'abord un devoir pour les parents. Tout manquement par les parents à cette obligation serait sanctionné. L'entretien en ques-

tion est d'abord un entretien alimentaire, mais il dépasse le cadre purement alimentaire. Il s'agit de procurer à l'enfant tous les éléments nécessaires à son éducation. En cas de divorce ou de séparation de corps, l'époux chez lequel l'enfant ne réside pas doit, en géneral, verser une pension correspondant à cet entretien. Les parents ont également le devoir d'assurer la scolarité normale de leurs enfants. L'État veille à ce que les enfants assistent régulièrement à l'école, au moins jusqu'à l'âge de 16 ans.
L'entretien et l'éducation des enfants est non seulement un devoir mais aussi un droit pour les parents : normalement libres de choisir le mode d'éducation de leurs enfants, leur lieu de scolarisation et leur appartenance religieuse, ils restent toutefois passibles de sanctions, civiles ou pénales, si, par leurs attitudes ou leurs choix, ils menacent l'intérêt de l'enfant.
Leur obligation d'entretien dure en principe jusqu'à la majorité de l'enfant. Les juges estiment toutefois que, même au-delà de cette majorité, les parents peuvent être encore tenus d'entretenir leurs enfants, notamment si ceux-ci poursuivent des études.

L'intervention de l'État

L'État contrôle l'exercice de l'autorité parentale par divers moyens (exemple : contrôles de santé obligatoires, surveillance scolaire, allocations familiales).
Toutefois, le contrôle le plus important reste le contrôle judiciaire. Les juges ont, sur le sort des enfants, des pouvoirs importants dans divers cas :
– en cas de séparation de corps ou de divorce, les juges décident du sort des enfants, et peuvent même les confier à une tierce personne ;
– les tribunaux peuvent prononcer la déchéance de l'autorité parentale à l'égard d'un des parents, ou même des deux parents, les privant ainsi des droits qu'ils avaient normalement sur leurs enfants. La déchéance de l'autorité parentale est prononcée en raison d'une conduite fautive à l'égard des enfants qu'il s'agisse de leur mise en péril (coups, alcoolisme, etc.) ou bien d'un désintérêt manifeste pour eux depuis plus de 2 ans. De telles mesures mènent parfois à l'adoption des enfants par des tiers ;
– surtout, le juge des enfants peut prendre des mesures d'assistance éducative, même si les parents n'ont pas eu de conduite fautive (qui les aurait privés de leurs droits d'autorité parentale), lorsqu'ils se montrent incapables d'élever correctement leurs enfants. Le juge peut être saisi par le ministère public, les titulaires de l'autorité parentale, les parents, le mineur lui-même ou par toute autre personne qui s'occupe effectivement de lui (par exemple : les services scolaires). Il peut alors, dans les cas les plus graves, décider du placement de l'enfant hors de sa famille, si cette mesure lui paraît la plus adéquate. Sa décision est essentiellement provisoire.
C'est reconnaître au juge, et donc à l'État, un pouvoir d'intervention très important.

Le patrimoine de l'enfant

L'enfant peut être titulaire d'un patrimoine (exemple : recueilli par succession). Si l'autorité parentale est exercée en commun par les deux parents, ceux-ci sont les administrateurs légaux. Dans les autres cas, l'administration légale appartient à celui des parents qui exerce l'autorité parentale.
L'administration légale comporte deux droits : celui d'administrer les biens de l'enfant (cette administration ressemble beaucoup à l'administration en cas de tutelle) et celui d'en percevoir les revenus, ce second droit étant appelé le droit de jouissance légale.

• Droit de percevoir les revenus du patrimoine de l'enfant ou droit de jouissance légale.
Exemple : le titulaire de l'autorité parentale a le droit de louer un immeuble faisant partie du patrimoine de l'enfant et d'en percevoir le loyer. Ce droit de jouissance légale ressemble au droit général d'usufruit. Cependant il en diffère par certains points. Le droit de jouissance légale ne peut pas être cédé à un tiers, seul le titulaire de l'autorité parentale pouvant l'exercer. Ensuite les revenus perçus doivent en premier lieu être utilisés pour l'entretien et l'éducation de l'enfant. Cette éducation doit être en rapport avec sa situation sociale et sa fortune.

• Étendue de ce droit.
Le droit de jouissance légale ne s'applique pas à trois sortes de biens :
– ceux que l'enfant a acquis par un travail séparé ;
– ceux donnés ou légués à l'enfant sous condition expresse que les parents n'en jouiront pas ;
– ceux recueillis par les enfants dans une succession où ils remplacent leurs parents, qui auraient été écartés de la succession pour indignité successorale. Il existe trois cas d'indignité successorale. Est indigne : celui qui sera condamné pour avoir donné ou tenté de donner la mort au défunt ; celui qui a porté contre le défunt une accusation capitale jugée calomnieuse ; l'héritier majeur qui, instruit du meurtre du défunt, ne l'aura pas dénoncé à la justice.

• Durée de ce droit.
Ce droit cesse lorsque l'enfant arrive à l'âge de 16 ans ou plus tôt lorsqu'il se marie.

II – L'enfant légitime

L'enfant légitime est l'enfant qui a été conçu pendant le mariage de ses parents. S'il est né pendant le mariage, mais a été conçu avant le mariage, il est en principe légitime. Lorsque les parents se sont mariés après la naissance de l'enfant, cet enfant pourra être non pas légitime, mais légitimé. La filiation légitime est normalement prouvée par l'acte

de naissance. L'enfant légitime est celui qui a la position la plus favorable, socialement et juridiquement.
Il possède des droits importants, dus à sa qualité d'enfant légitime. Les deux parents ont autorité sur l'enfant légitime jusqu'à sa majorité ou son émancipation.

La présomption de paternité

La loi présume que le mari de la mère est le père de l'enfant. Donc toute femme mariée qui accouche est présumée accoucher d'un enfant légitime, la conception d'enfants légitimes étant la conséquence normale de l'exécution du devoir de fidélité et de cohabitation qu'entraîne le mariage. La loi, se basant sur les constatations médicales, fixe la grossesse la plus longue à 300 jours et la grossesse la plus courte à 180 jours.
Donc lorsque l'enfant est né dans les 180 jours qui ont suivi le mariage, on en déduit qu'il a été conçu avant le mariage. Cet enfant aura-t-il la qualité d'enfant légitime ? Oui a déclaré le Code civil (atténuation : le désaveu de paternité sera facilité dans cette hypothèse). Les juges ont donné les raisons de cette position (Cour de cassation – 1930) : « Tout enfant né au cours du mariage a la qualité d'un enfant légitime, quelle que soit la date de sa conception. S'agissant d'un enfant conçu avant le mariage, ladite qualité lui est reconnue en vue de sauvegarder la dignité du mariage et l'unité de la famille ».
En 1936, à propos d'un autre procès, la Cour de cassation reprend ce principe, en lui trouvant une autre justification : « On ne saurait, sans nuire aux intérêts de l'enfant, s'attacher à la date de la conception ». Les juges ont donc pour but l'intérêt de l'enfant. La qualité d'enfant légitime est par eux appréciée largement parce que cette qualité profite à l'enfant.
Tout enfant né pendant le mariage est donc déclaré légitime.

Le désaveu de paternité

Le mari qui estime n'être pas le père de l'enfant de sa femme peut, s'il le désire, faire tomber la présomption normale de paternité à son égard. Son action sera plus ou moins facile selon que les circonstances démontrent ou non qu'il ne peut être le père. Le désaveu de paternité, selon le cas qui se présente, pourra être fait de façon différente.

• Cas de l'enfant conçu pendant une situation normale de mariage des parents.
La présomption de paternité du mari a ici toute sa force. Toutefois depuis une loi de janvier 1972, les cas où le mari peut désavouer l'enfant ne sont plus limitativement énumérés par la loi.
Il peut en effet le désavouer dans tous les cas où il justifie de faits propres à démontrer qu'il ne peut pas en être le père.
Aussi la loi permet-elle au mari d'apporter la preuve de sa non-paternité dans plusieurs cas : par exemple en cas d'impossibilité chronologique, comme le séjour prolongé en mer du mari qui est marin.

Toutefois, la présomption de paternité est écartée si l'enfant inscrit à l'état civil sans indication du nom du mari n'a de possession d'état qu'à l'égard de sa mère (article 313-1 du Code civil). Les principaux éléments qui fondent la possession d'état sont que l'enfant a toujours porté le nom du parent (en l'occurrence la mère), que celle-ci l'a traité comme son enfant et que lui l'a traitée comme sa mère, que sa mère ait pourvu à son éducation et que, parmi les proches, ainsi que vis-à-vis de l'administration, l'enfant soit considéré comme issu d'elle.

1. *L'enfant né dans les 180 premiers jours du mariage*

Cet enfant a été manifestement conçu avant le mariage. Mais il bénéficiera de la présomption de paternité du mari ; il sera légitime, ce qui est normal, car la plupart des mariages contractés en fin de grossesse ont pour but principal de donner un statut d'enfant légitime au bébé attendu. Cet enfant aura quand même une situation plus fragile que celle de l'enfant conçu pendant le mariage : en effet, le père peut le désavouer sur la seule preuve de la date de l'accouchement, à moins qu'il n'ait connu la grossesse avant le mariage ou qu'il ne se soit, après la naissance, comporté comme le père (article 314 du Code civil).

2. *L'enfant conçu pendant une période de séparation légale des parents*

Exemple : deux époux sont en instance de divorce. La présomption de paternité du mari ne jouera plus pour les enfants conçus après l'ordonnance de résidence séparée, et pour ceux conçus avant le rejet définitif de la demande de divorce ou la réconciliation des époux séparés légalement. Toutefois, la présomption de paternité peut retrouver sa force à l'égard de tels enfants dans deux cas.
Tout d'abord si l'enfant possède, à l'égard des époux, l'état d'enfant légitime. On pense que le fait d'être traité en enfant légitime par les parents prouve leur volonté de lui conférer un tel statut. Ensuite par une demande en justice : si un époux apporte la preuve qu'une réunion de fait entre eux, pendant la période légale de conception, rend possible la paternité. L'enfant peut effectuer cette demande en justice dans les deux ans qui suivent sa majorité.

Le procès en désaveu

1. *Qui peut agir en désaveu ?*

L'action est normalement réservée au mari. Le mari a souvent un intérêt encore plus moral que matériel à agir en désaveu. Le ministère public ou les tiers ne peuvent pas agir à sa place. Les héritiers peuvent agir à sa place, à condition que les délais ne soient pas écoulés.
En l'absence de désaveu, la mère peut elle aussi contester la paternité de son mari, mais uniquement pour faire légitimer son enfant par le véritable père. Pour cela

elle devra s'être remariée avec le père, faire une demande de légitimation pour l'enfant, et introduire son action en contestation de paternité dans les 6 mois qui suivent son mariage. L'enfant ne doit pas avoir atteint l'âge de 7 ans.

2. *Les délais de l'action en désaveu*

Ils sont assez brefs : 6 mois.
Pour le père, le point de départ du délai est fixé au jour de la naissance s'il était sur les lieux ; au jour de son retour s'il était absent ; au jour de la découverte de l'existence de l'enfant si on la lui avait cachée.
Les héritiers pourront agir soit dans les délais réservés au mari s'ils n'étaient pas écoulés au moment de la mort de celui-ci, soit dans les 6 mois suivant le moment où l'enfant serait mis en possession des biens de la succession ou aurait troublé les héritiers dans leur possession.

III – L'enfant naturel

L'enfant naturel est l'enfant de personnes non mariées au moment de sa conception, et qui ne se sont pas mariées avant sa naissance. La filiation est établie par l'acte de reconnaissance effectué par les parents naturels, à la suite d'une recherche de paternité ou de maternité naturelle faite par l'enfant, ou par la possession d'état reconnue par un acte de notoriété.
Qu'appelle-t-on possession d'état ? C'est une réunion de faits suffisante pour indiquer qu'existe une relation entre un enfant et sa famille. Les principaux faits qui peuvent être invoqués sont les suivants : l'enfant a toujours porté le nom de ses parents supposés, les parents l'ont traité comme leur propre enfant, ils ont pourvu à son éducation et à son entretien, il est reconnu comme leur enfant dans la société et la famille, et l'autorité publique le considère comme l'enfant de ces parents.
La reconnaissance d'enfant naturel doit être faite par le père (ou par la mère) individuellement. Cette reconnaissance a un effet strictement personnel : elle n'établit la filiation qu'à l'égard de celui qui a reconnu l'enfant. La filiation maternelle est établie par la désignation de la mère dans l'acte de naissance de l'enfant, qu'elle soit mariée ou non.
La paternité et la maternité naturelles ne sont pas liées, au contraire de ce qui se produit en cas de filiation légitime. Souvent l'enfant naturel n'est reconnu que par l'un de ses parents ; l'autre s'en désintéresse ou ignore la naissance.
Le fait que le père soit marié avec une autre personne que la mère n'est plus un obstacle à la reconnaissance par lui de l'enfant. Lorsque c'est la mère qui est mariée et qui a un enfant de son amant, elle peut s'efforcer d'éviter la présomption de paternité du mari (si elle désire, par exemple, que l'amant reconnaisse l'enfant) : elle peut déclarer l'enfant sans indication du nom du mari et le faire éle-

ver en dehors du foyer afin que le mari ne puisse jamais le considérer ni le traiter comme son enfant (dans ce cas la présomption de paternité ne jouera pas) ; ou bien elle peut attendre un désaveu de paternité de la part du mari ; ou bien contester la paternité du mari à l'occasion d'un remariage avec le père de l'enfant, afin de légitimer l'enfant.

Désormais on ne parle plus que de l'enfant naturel, que cet enfant soit issu de relations simples, adultérines ou incestueuses. L'enfant issu de relations incestueuses reste cependant défavorisé, car la loi interdit à ses deux parents de le reconnaître (seul l'un des deux pourra faire acte de reconnaissance).

Depuis 1970, la loi donnait à la mère célibataire des droits très importants sur son enfant : elle exerçait seule l'autorité parentale. La libéralisation des mœurs et l'accroissement du nombre des unions libres ont fait que beaucoup d'enfants « naturels » sont issus de couples qui en réalité présentent autant de stabilité que s'ils étaient mariés. Le législateur a tiré les conclusions de cette évolution sociologique et a accordé, depuis 1993, les mêmes droits au père et à la mère de l'enfant naturel, à condition qu'il y ait communauté de vie entre eux. Désormais donc, l'autorité parentale sur un enfant naturel est exercée en commun par les deux parents s'ils l'ont tous deux reconnu avant qu'il ait un an et s'ils vivent ensemble au moment de la reconnaissance. Il est justifié de la communauté de vie entre les père et mère au moment de la reconnaissance de leur enfant par un acte délivré par le juge aux affaires familiales, au vu des éléments apportés par le demandeur (article 372-1 du Code civil).

Le parent qui ne bénéficie pas de l'autorité parentale peut faire une déclaration conjointe avec l'autre parent devant le greffier en chef du Tribunal de Grande Instance qui prendra acte de leur accord pour que l'autorité parentale soit conjointe. En cas de désaccord avec l'autre parent, il peut saisir le juge aux affaires familiales afin que l'autorité parentale soit conjointe.

Les droits de l'enfant naturel

Les droits de l'enfant naturel ont été considérablement accrus. Ils sont actuellement semblables à ceux de l'enfant légitime.

« L'enfant naturel a en général les mêmes droits et les mêmes devoirs que l'enfant légitime dans ses rapports avec ses père et mère ».

« Il entre dans la famille de son auteur (son père ou sa mère) ».

« Si, au temps de la conception, le père ou la mère était engagé dans les liens du mariage avec une autre personne, les droits de l'enfant ne peuvent préjudicier que dans la mesure réglée par la loi aux engagements que du fait du mariage ce parent avait contractés » (article 334 du Code civil).

Maintenant l'enfant naturel est intégré dans la famille de son auteur (autrefois il n'avait de relation juridique qu'avec le parent qui l'avait reconnu ; et non avec la famille de ce parent). Le meilleur exemple en est qu'il a les mêmes droits succes-

soraux qu'un enfant légitime. De même, la Cour européenne des Droits de l'homme a imposé que l'enfant « adultérin » ait désormais les mêmes droits successoraux que l'enfant légitime.
Donc, on est actuellement parvenu à une égalisation des droits des enfants naturels et des droits des enfants légitimes.

LE NOM PORTÉ PAR L'ENFANT NATUREL

L'enfant portera le nom du parent qui l'a reconnu en premier. En cas de reconnaissance simultanée par les deux parents, il portera le nom du père.

Changement de nom. Si les deux parents préfèrent par la suite lui faire porter le nom du père bien que celui-ci l'ait reconnu en second, ils peuvent en faire la déclaration devant le greffier en chef du tribunal de grande instance ; si l'enfant a plus de 13 ans, son consentement est nécessaire.
Si l'enfant n'a pas de filiation paternelle établie, et si sa mère se marie par la suite avec un autre homme, cet homme peut conférer à l'enfant l'usage de son propre nom, par déclaration devant le greffier en chef du tribunal de grande instance. Toutefois l'enfant pourra demander à reprendre le nom qu'il portait antérieurement : la demande sera adressée au juge aux affaires familiales dans les 2 années qui suivront sa majorité.

L'ACTION À FINS DE SUBSIDES

Tout enfant naturel dont la filiation paternelle n'est pas établie peut réclamer des subsides à celui qui a eu des relations avec sa mère pendant la période légale de conception.
Il peut le faire pendant toute la durée de sa minorité et également dans les 2 années qui suivent sa majorité s'il ne l'a pas fait pendant sa minorité (article 342 du Code civil). Le défendeur peut écarter la demande par tout moyen de preuve.
Les subsides prennent la forme d'une pension mesurée d'après les besoins de l'enfant, les ressources du débiteur et la situation familiale de celui-ci.
La pension peut être due au-delà de la majorité de l'enfant s'il est encore dans le besoin, à moins que cet état ne soit dû à sa faute.
Étant donné que la parenté par le sang reste dans le domaine des choses possibles (bien qu'elle n'ait pas été prouvée) lorsqu'il y a allocation de subsides, cela entraînera des empêchements à mariage : le jugement qui alloue des subsides crée entre le débiteur et le bénéficiaire, ainsi que, le cas échéant, entre chacun d'eux et les parents ou le conjoint de l'autre, les empêchements à mariage pour proche parenté (*voir chapitre sur le mariage*).
Pour pouvoir toucher ces subsides, voir « L'obligation alimentaire », à la page 97.

IV – La légitimation

La légitimation permet à un enfant naturel d'acquérir le statut d'enfant légitime. Le cas le plus classique est celui de légitimation par le mariage des parents véritables de l'enfant naturel.
Toutefois depuis la loi de janvier 1972 la légitimation sera possible, même lorsque ce mariage est irréalisable, si certaines conditions sont réunies.
Cette loi exige aussi qu'avant toute légitimation (qu'elle intervienne à la suite d'un mariage ou non), une condition très importante soit remplie : la filiation naturelle de cet enfant doit être juridiquement établie.
La légitimation peut avoir lieu de deux façons différentes : par mariage des parents naturels ou par autorité de justice.

1. *La légitimation par mariage des parents naturels*

Voici les cas possibles :
– lorsque la filiation naturelle de l'enfant même décédé était déjà établie, le mariage des parents véritables entraîne automatiquement la légitimation de l'enfant ;
– lorsque la filiation de l'enfant naturel n'était pas établie (ou n'était établie qu'à l'égard d'un des parents), une reconnaissance pourra être faite au moment du mariage. L'officier de l'état civil qui procède à la célébration constate la reconnaissance et la légitimation dans un acte séparé ;
– si la filiation de l'enfant n'est établie que postérieurement au mariage, il faudra un jugement pour établir la légitimation. Le juge devra constater que l'enfant a eu, depuis le mariage, la possession d'état d'enfant commun (c'est-à-dire a été traité en enfant « légitime »).

2. *La légitimation par autorité de justice*

Lorsque le mariage des parents naturels est impossible (par exemple, parce qu'une précédente union n'est pas dissoute), l'un des parents naturels, ou les deux, peut former devant le tribunal de grande instance, une requête aux fins de légitimation. Toutefois si l'un des parents se trouvait au moment de la conception dans les liens d'un mariage qui n'est pas dissous, il doit joindre à sa requête le consentement de son conjoint. Ensuite, l'enfant doit avoir la possession d'état d'enfant naturel à l'égard du parent qui requiert la légitimation.
Si la légitimation a eu lieu à la requête d'un seul des parents, elle n'a pas d'effets à l'égard de l'autre. Elle n'emporte pas modification du nom de l'enfant, sauf décision contraire du tribunal.
Si la légitimation a été prononcée à l'égard des deux parents, l'enfant prend le nom du père, et le tribunal statue sur l'autorité parentale s'il est mineur.

Les effets de la légitimation

L'enfant légitimé bénéficie des mêmes avantages que l'enfant légitime. On peut cependant noter deux différences :
– l'enfant légitimé ne bénéficie du statut d'enfant légitime qu'à partir du jour du mariage de ses parents. Les effets de la légitimation ne remontent pas jusqu'au jour de sa naissance ;
– la situation de l'enfant légitimé est plus fragile que celle de l'enfant légitime. Car la reconnaissance effectuée par les parents, base de la légitimation, peut être contestée par tout intéressé. La situation de l'enfant légitime est beaucoup moins facile à attaquer en justice.

V – Le nom de l'enfant

Une réforme récente autorise désormais les parents à donner à leurs enfants soit le nom du père, soit le nom de la mère, soit les deux noms accolés. Tous les enfants issus du mariage doivent porter le même nom.
Pour l'enfant naturel, s'il a été reconnu le jour de sa naissance, ou s'il a été reconnu par la suite mais par les deux parents ensemble, les deux parents déclareront le nom qu'ils ont choisi à l'officier d'état civil. Si aucune déclaration n'est effectuée, l'enfant prendra le nom du père.
Si, à sa naissance, l'enfant n'a été reconnu que par l'un des deux parents, il prendra le nom de ce dernier. Toutefois, si l'autre parent le reconnaît pendant sa minorité, les deux parents pourront opter pour l'une des deux autres solutions en effectuant une déclaration conjointe devant l'officier d'état-civil.
Tous les enfants nés des mêmes parents devront porter le même nom, si bien que le choix pratiqué pour l'enfant aîné sera valable pour ses frères et sœurs.
Pour les enfants déjà nés et âgés de moins de 13 ans, les parents pourront ajouter un second nom à celui déjà porté par leur enfant. Pour cela, ils doivent effectuer les démarches avant le 1er juin 2006.
À la deuxième génération, la question se reposera car il faudra opter entre quatre noms, pour en choisir deux au maximum.
Cette réforme est entrée en vigueur le 1er janvier 2005.

5

L'ADOPTION

L'adoption crée un lien purement juridique entre adoptant et adopté, car le plus souvent il n'y a aucun lien biologique entre les parents adoptifs et l'enfant adopté. L'enfant adopté a un statut très proche de celui de l'enfant légitime.
Depuis le début du vingtième siècle, des lois sont intervenues en faveur de l'adoption. Les personnes n'ayant pas d'enfant hésitent de moins en moins à en adopter un pour le considérer comme s'il était leur enfant légitime (dans le cas d'une adoption plénière). En 1900, on notait 50 adoptions pour 4 000 environ aujourd'hui (25 000 demandes par an).
Aujourd'hui, l'adoption de jeunes enfants a changé de nature. Les parents se tournent souvent vers les pays étrangers où, du fait de la misère ou de guerres, les jeunes enfants à adopter sont beaucoup plus nombreux qu'en France. La loi fait une différence entre deux sortes d'adoption : l'adoption plénière et l'adoption simple qui, elle, ne rompt pas tout à fait les liens avec la famille par le sang. L'adoption ne peut avoir lieu que si les adoptants et les adoptés remplissent certaines conditions. L'adoption est établie par jugement du tribunal de grande instance.

I – L'adoption plénière

L'adoption plénière confère à l'enfant une filiation qui se substitue à sa filiation d'origine. Il peut y avoir adoption même si l'adoptant a déjà des descendants, ce qui n'était pas possible autrefois.

Personnes pouvant adopter un enfant

• Un couple marié.
La loi stipule que l'adoption peut être demandée après 2 ans de mariage par deux époux non séparés de corps. L'adoption peut être réalisée même si les époux ont déjà des enfants légitimes. Dans ce cas, le tribunal vérifiera si l'adoption n'est pas de nature à compromettre la vie familiale.

• Adoption individuelle.
L'adoption peut être demandée par toute personne âgée de plus de 28 ans. Si l'adoptant est marié et non séparé de corps, le consentement de son conjoint est nécessaire à moins que ce conjoint ne soit dans l'impossibilité de manifester sa volonté (par exemple en raison d'un internement prolongé dans un hôpital psychiatrique ou de la disparition dudit conjoint pendant une période assez longue).
Dans le cas d'une adoption de l'enfant du conjoint, la condition d'âge prévue ci-dessus (28 ans) n'est pas exigée. Il est à noter qu'un enfant ne peut pas être adopté par plusieurs personnes à la fois, si ce n'est par deux époux. L'adoption individuelle est possible même si l'adoptant a déjà des descendants légitimes, naturels ou même adoptifs.
L'adoption plénière de l'enfant du conjoint n'est possible que si l'enfant n'a de filiation légalement établie qu'à l'égard du conjoint.

• Conditions de différence d'âge.
L'enfant adopté doit avoir 15 ans de moins que l'adoptant. Si une personne mariée adopte l'enfant de son conjoint, une différence de 10 ans est suffisante. Toutefois le tribunal peut, s'il y a de justes motifs, prononcer l'adoption lorsque la différence d'âge est inférieure à celle de 15 ans ou de 10 ans.

Personnes pouvant être adoptées

L'adoption plénière rompt tout lien avec la famille d'origine, famille par le sang. Il est donc nécessaire que l'enfant ait été abandonné.

• L'enfant abandonné.
Un enfant peut être déclaré abandonné, et donc adoptable, dans trois hypothèses.
Première hypothèse : « Les enfants pour lesquels les père et mère ou le conseil de famille ont valablement consenti à l'adoption ».
Lorsque la filiation de l'enfant est établie à l'égard des deux parents, ils doivent tous les deux consentir à l'adoption. Lorsqu'elle n'est établie qu'à l'égard d'un seul parent, celui-ci peut donner son consentement à l'adoption.
Lorsque les parents de l'enfant sont décédés, dans l'impossibilité de manifester leur volonté, ou s'ils ont perdu leur droit d'autorité parentale, le consentement est donné par le conseil de famille après avis de la personne qui, en fait, prend soin de l'enfant.
Le consentement à l'adoption peut être donné sous différentes formes. Il peut être donné par acte authentique, devant le greffier en chef du tribunal de grande instance du domicile ou de la résidence de la personne qui consent, ou devant un notaire français ou étranger, ou devant les agents diplomatiques ou consulaires français. Il peut également être reçu par le service de l'aide sociale lorsque l'enfant lui a été remis.
L'adoption par une personne célibataire qui se déclare homosexuelle n'est, à ce jour, pas admise.
Le consentement à l'adoption peut être rétracté dans les 2 mois qui suivent le jour où il

a été donné. Cette rétractation doit être faite en principe par lettre recommandée adressée à la personne ou à l'organisme qui a reçu le consentement à l'adoption. Mais même une demande verbale, suivie de la remise de l'enfant à ses parents, vaut preuve de la rétractation. Après l'expiration de ce délai de 2 mois, les parents peuvent encore demander la restitution de l'enfant, s'il n'a pas été placé en vue d'adoption.
Deuxième hypothèse : les pupilles de l'État ou les enfants étrangers.
Les pupilles de l'État sont les enfants dont la filiation est inconnue et qui ont été recueillis par le service de l'aide sociale, ou les orphelins sans famille, ou les enfants de parents déchus. Dans les cas d'adoption d'un pupille de l'État ou d'un enfant étranger qui n'est pas l'enfant du conjoint de l'adoptant, le tribunal vérifie que les adoptants ont obtenus l'agrément nécessaire.
Troisième hypothèse : déclaration judiciaire.
L'enfant recueilli par un particulier, une œuvre privée ou un service de l'aide sociale à l'enfance, dont les parents se sont manifestement désintéressés pendant l'année qui précède l'introduction de la demande en déclaration d'abandon, peut être déclaré abandonné par le tribunal de grande instance. « Sont considérés comme s'étant délibérément désintéressés de leur enfant les parents qui n'ont pas entretenu avec lui les relations nécessaires au maintien de liens affectifs ». La simple rétractation du consentement à l'adoption, la demande de nouvelles ou l'intention exprimée mais non suivie d'effet de reprendre l'enfant, n'est pas une marque d'intérêt suffisante pour motiver de plein droit le rejet d'une demande en déclaration d'abandon.
« L'enfant recueilli par un particulier, un établissement ou un service de l'aide sociale à l'enfance, dont les parents se sont manifestement désintéressés pendant l'année qui précède l'introduction de sa demande en déclaration d'abandon, est déclaré abandonné par le Tribunal de Grande Instance (...). La demande en déclaration d'abandon est obligatoirement transmise par le particulier, l'établissement ou le service de l'aide sociale à l'enfance qui a recueilli l'enfant à l'expiration du délai d'un an dès lors que les parents se sont manifestement désintéressés de l'enfant. Sont considérés comme s'étant manifestement désintéressés de leur enfant les parents qui n'ont pas entretenu avec lui les relations nécessaires au maintien de liens affectifs » (article 350 du Code civil).

• Conditions d'âge et de délai.
Pour qu'une adoption plénière puisse avoir lieu, l'enfant doit avoir moins de 15 ans et avoir été accueilli au foyer du ou des adoptants depuis au moins 6 mois. S'il a plus de 13 ans, l'adopté doit consentir personnellement à son adoption plénière.

Les effets de l'adoption plénière

L'adoption plénière rompt les liens qui existaient entre l'enfant adopté et sa famille par le sang (demeurent seulement les prohibitions à mariage fondées sur la proche parenté, ce qui est normal puisqu'elles ont pour but d'éviter les dangers qu'entraîne la consanguinité). Toutefois l'adoption de l'enfant du conjoint laisse subsister sa filiation d'ori-

gine à l'égard de ce conjoint et de sa famille. Elle produit pour le surplus les effets d'une adoption par deux époux. D'une façon générale, avec l'adoption plénière, une nouvelle filiation est substituée à la filiation d'origine et l'adoption est irrévocable.
L'adoption confère à l'enfant le nom de l'adoptant dans les conditions évoquées précédemment (*cf.* page 78).

Comment s'effectue une adoption ?

On peut distinguer deux étapes dans le processus d'adoption : le placement en vue de l'adoption plénière, et le jugement d'adoption plénière.

Le placement en vue de l'adoption. Quand peut-il y avoir placement en vue de l'adoption ? Ce placement est différent du simple accueil par une personne d'un enfant afin d'en prendre soin.
Le placement en vue d'adoption ne peut avoir lieu que si certaines conditions sont remplies. Les personnes qui recueillent l'enfant doivent avoir en vue l'adoption ; elles doivent remplir les conditions nécessaires pour être adoptantes ; l'enfant placé doit lui aussi remplir les conditions pour être adoptable. Il doit donc s'agir d'un enfant dont les parents ou le conseil de famille ont consenti à l'adoption, ou d'un pupille de l'État, ou d'un enfant déclaré abandonné par décision judiciaire.
Un enfant ne peut pas être placé en vue d'adoption si ses parents en ont demandé la restitution. Pendant un délai de 2 mois, il ne peut pas non plus être placé en vue d'adoption s'il vient d'être recueilli et que sa filiation n'a pas été établie. Lorsque l'enfant remplit les conditions nécessaires, il peut être placé en vue d'adoption. Ceci signifie qu'il est remis aux futurs adoptants qui l'accueillent ainsi dans leur foyer (ceux-ci ne peuvent adopter l'enfant qu'après l'avoir accueilli pendant plusieurs mois).

• Effets du placement en vue d'adoption.
Le placement en vue d'adoption commence à rompre les liens avec la famille d'origine. À partir du placement en vue d'adoption, la famille d'origine ne peut plus demander la restitution de l'enfant. L'enfant ne peut plus non plus faire l'objet d'une reconnaissance, ni de l'établissement d'une filiation. Toutefois, si par la suite le tribunal refusait de prononcer l'adoption, si le placement en vue d'adoption cessait, les effets de ce placement seraient rétroactivement anéantis.

Le jugement d'adoption plénière. L'adoptant, par l'intermédiaire d'un avocat, présente une requête accompagnée de pièces justificatives devant le tribunal de grande instance. C'est ce dernier qui prononcera l'adoption. Auparavant, il vérifiera si les conditions de l'adoption sont réunies et si l'adoption est conforme à l'intérêt de l'enfant ainsi qu'à celui de la famille de l'adoptant. Si l'adoptant qui a recueilli l'enfant en vue d'adoption décède avant d'avoir pu présenter sa requête, cette requête peut être présentée en son nom par le conjoint survivant ou par un héritier.

II – L'adoption simple

L'adoption simple est moins complète que l'adoption plénière, car l'enfant garde certains rapports avec sa famille d'origine.

Les conditions permettant l'adoption simple

Ces conditions sont en principe les mêmes que celles exigées pour une adoption plénière. On remarque cependant une différence : l'adoption simple est possible quel que soit l'âge de l'enfant adopté. S'il a plus de 13 ans, il doit consentir à son adoption.

Les effets de l'adoption simple

Ici les différences avec l'adoption plénière sont assez importantes, car l'adoption simple ne rompt pas les liens avec la famille d'origine. Il y a une superposition des liens adoptifs aux liens familiaux originaires. L'enfant conserve des droits dans sa famille par le sang, et il en acquiert dans sa famille adoptive.

• Les liens avec la famille d'origine.
En principe, l'adopté ajoute seulement le nom de l'adoptant à son nom d'origine. Les prohibitions fondées sur la parenté avec sa famille d'origine subsistent. Ce qui est normal à cause de la consanguinité. L'enfant adopté conserve dans sa famille d'origine tous ses droits, notamment ses droits héréditaires. Il garde vis-à-vis de cette famille un lien d'obligation alimentaire, qui vaut d'ailleurs de part et d'autre, mais ce lien est subsidiaire du nouveau lien alimentaire qui l'unit à sa famille adoptive (ainsi l'enfant doit demander des aliments d'abord à ses parents adoptifs ; s'il ne peut les obtenir de ceux-ci, il pourra alors se tourner vers ses parents par le sang).

• Les liens avec la famille adoptive.
L'enfant acquiert, vis-à-vis de ses adoptants, les mêmes droits qu'un enfant légitime, avec quelques atténuations. En principe il garde le nom de sa famille par le sang et y ajoute le nom de sa famille adoptive. Mais le tribunal peut décider qu'il ne portera que le nom de l'adoptant. Des prohibitions à mariage vont se trouver créées par la parenté adoptive ; elles s'ajouteront aux prohibitions qui étaient fondées sur la parenté par le sang. L'adoptant a certains privilèges vis-à-vis de la famille originaire, ce qui est normal puisqu'il veut prendre soin de l'enfant et l'a adopté. Ainsi, lui seul dispose des droits d'autorité parentale sur l'enfant (y compris le droit de consentir au mariage). L'obligation alimentaire de l'adoptant vis-à-vis de l'adopté est principale. C'est-à-dire que l'adoptant est la première personne à qui l'adopté a droit de réclamer des aliments. Les droits successoraux de l'enfant adopté sont les mêmes que ceux de l'enfant légitime, sauf à un égard : les adoptés simples n'ont pas de réserve héréditaire à l'égard des ascendants de l'adoptant.

L'adoption simple est révocable, à la demande de l'adoptant ou à celle de l'adopté, s'il y a des motifs graves justifiant la révocation. Toutefois, la demande de révocation faite par l'adoptant n'est admise que si l'adopté est âgé de plus de 15 ans.

III – L'adoption internationale et l'Agence française de l'adoption

L'Agence française de l'adoption[1] (AFA), de création récente, a pour objet d'aider les familles dans leurs démarches pour adopter un enfant à l'étranger. Elle doit conseiller, informer et servir d'intermédiaire entre les familles candidates à l'adoption et les mineurs étrangers de moins de quinze ans qui peuvent être adoptés.
Un formulaire d'agrément unique sera remis aux familles, valable pour une durée de cinq années. Cet agrément est valable pour l'accueil d'un ou plusieurs enfants de façon simultanée. D'autre part, le suivi des enfants adoptés jusqu'au jugement d'adoption pendant plusieurs mois est obligatoire. Ce suivi est assuré par le service départemental de l'aide à l'enfance.

IV – L'accès aux origines

Il est désormais possible à l'enfant adopté ou à l'enfant dont la mère a accouché sous X (c'est-à-dire sans fournir son identité) d'avoir accès à ses origines.
La femme qui souhaite accoucher sous X est invitée par l'établissement hospitalier, lorsqu'elle se présente pour l'accouchement, à fournir sous pli scellé son identité, celle du père de l'enfant, les circonstances de la naissance et éventuellement des renseignements sur sa santé. Elle est informée du fait qu'elle peut donner l'autorisation de divulguer ces informations et lever à tout moment le secret de son identité ou encore compléter les renseignements qu'elle a donnés au moment de la naissance.
Un Conseil national d'accès aux origines personnelles a été instauré pour permettre aux enfants d'obtenir des informations sur leur famille par le sang.
Ce Conseil collecte les informations, reçoit les demandes d'accès à la connaissance des origines formulées par les enfants et transmet à ces derniers les informations réclamées, s'il en a l'autorisation. Le Conseil peut aussi rechercher la mère et tenter de recueillir son consentement pour la levée du secret.
La demande d'accès aux origines est faite par l'enfant lui-même s'il est majeur, soit par ses représentants légaux s'il est mineur.
L'accès de l'enfant à ses origines ne constitue qu'une information et ne modifie donc pas son état civil ni sa filiation adoptive.

1. L'Agence Française de l'Adoption est située 19, boulevard Henri-IV, 75004 Paris. Tél. : 01 44 78 61 40.

6

LA PRISE EN CHARGE DES ENFANTS PAR L'ÉTAT

Quand un enfant peut-il être pris en charge par l'État ?
L'État s'occupe en premier lieu des enfants privés de soutien dans la vie : les enfants abandonnés et les orphelins sans famille.
L'État s'occupe en second lieu des enfants en danger. Dans cette deuxième hypothèse il intervient directement dans la vie des familles, même contre le gré des parents. Les enfants pris en charge par l'État sont appelés pupilles de l'État. Ils sont placés sous la tutelle du service de l'aide sociale à l'enfance.

I – Les conditions de la prise en charge par l'État

Les enfants pris en charge par l'État appartiennent à plusieurs catégories différentes.

L'ENFANT ABANDONNÉ

L'abandon peut être déclaré par une décision administrative ou par une déci- sion judiciaire. L'abandon peut être effectué par des procédés différents :
– les parents peuvent porter eux-mêmes leur enfant au centre d'aide sociale à l'enfance et y faire une déclaration d'abandon. L'abandon sera alors prononcé sous la forme d'une décision administrative. Les parents ont 2 mois pour rétracter leur déclaration. Ce délai écoulé, ils pourront encore essayer d'obtenir la restitution de l'enfant si celui-ci n'a pas été placé en vue d'adoption ;
– il arrive assez souvent que l'enfant soit abandonné chez un tiers (par exemple, une nourrice ou un hôpital). La volonté d'abandonner l'enfant est alors moins nette. Aussi le délai précédent la déclaration définitive d'abandon sera supérieur à 2 mois. Il sera nécessaire que le désintéressement des parents pour l'enfant ait duré au moins 1 an. Au bout de 1 an de délaissement de l'enfant chez un tiers, le tribunal de grande instance peut alors prononcer l'abandon de l'enfant. La déclaration définitive a ici la forme d'une décision judiciaire.

L'ENFANT NÉ DE PARENTS INCONNUS OU DONT LA FILIATION N'EST PAS ÉTABLIE

Cet enfant correspond à ce qu'on appelait autrefois un enfant trouvé, et dont les origines restent mystérieuses. Les parents étant inconnus, on ne peut obtenir leur consentement à abandon. L'enfant sera pourtant traité comme un enfant abandonné et donc adoptable, mais le délai de 2 mois devra être respecté entre la date à laquelle l'enfant a été recueilli et son placement en vue d'adoption, afin que les parents aient une possibilité de se faire connaître s'ils le désirent.

L'ENFANT EN DANGER PHYSIQUE OU MORAL

Le tribunal peut intervenir pour retirer les droits de puissance paternelle aux parents qui sont un danger pour leurs enfants à cause du mauvais exemple qu'ils leur donnent, à cause de leur mauvaise conduite à leur égard ou des mauvais traitements qu'ils leur infligent. C'est le cas des parents qui ont commis certains délits (par exemple, les parents condamnés pour abandon de famille ou qui ont été complices ou coauteurs de crimes ou délits commis par leur enfant). Un texte de loi permet tout particulièrement d'intervenir lorsque les enfants sont en danger. Les juges peuvent prononcer la déchéance de l'autorité parentale vis-à-vis des « parents qui compromettent par de mauvais traitements, par des exemples pernicieux d'ivrognerie habituelle ou d'inconduite notoire, par un défaut de soins ou par un manque de direction nécessaire, soit la santé, soit la sécurité, soit la moralité de leurs enfants ».
Dans cette hypothèse, le tribunal peut confier la tutelle de ces enfants au service de l'aide sociale à l'enfance.

L'ORPHELIN PRIVÉ DE SOUTIEN FAMILIAL

L'État prend en charge les orphelins privés de soutien familial.

LES RECUEILLIS TEMPORAIRES

Les recueillis temporaires forment une catégorie un peu différente des autres enfants recueillis par l'État. Les recueillis temporaires sont en effet confiés provisoirement au service de l'aide sociale à l'enfance. Au lieu de prendre en charge l'éducation de l'enfant, l'État ne prend ici que des mesures d'« assistance éducative ». Il ne fait que participer à l'éducation de l'enfant. Mais, même dans ce cas, il peut intervenir contre le gré des parents, si l'intérêt de l'enfant est en jeu.

Les enfants peuvent être pris en charge provisoirement par l'État à la suite d'une demande de la famille ou bien à la suite d'une intervention directe du service d'action sociale, ou encore à la suite d'une décision judiciaire.

• Une demande de la famille.
La famille peut demander pour l'enfant mineur la protection de l'État lorsque l'enfant se trouve privé de direction et de moyens de subsistance à la suite d'un événement comme le décès, l'hospitalisation, l'internement, l'appel sous les drapeaux, de ses parents, grands-parents ou tuteur, c'est-à-dire lors de la disparition temporaire ou définitive des personnes susceptibles de s'occuper de lui, même s'il lui reste des parents un peu plus éloignés.

• Intervention du service d'action sociale préventive.
Ce service peut intervenir et décider de la prise en charge de l'enfant lorsque la santé, la sécurité, la moralité ou l'éducation de cet enfant risquent d'être compromises par les conditions d'existence de sa famille.

• Intervention du juge des enfants.
Si les parents s'opposent à l'intervention du service d'action sociale préventive, le juge des enfants peut être saisi. Il réglera le litige en prenant en considération l'intérêt de l'enfant. S'il le juge souhaitable, il peut décider la prise en charge temporaire de l'enfant.

II – Les effets de la prise en charge par l'État

On peut faire une distinction entre trois catégories : les enfants adoptables et placés en vue d'adoption ; les enfants débiles ou handicapés, placés dans des établissements spécialisés ; et les enfants non adoptables placés chez des parents nourriciers.

Les enfants adoptables et placés en vue d'adoption

Nous avons vu précédemment quand un enfant est adoptable et comment il peut être placé en vue d'adoption, dans le chapitre sur l'adoption.
Il y a normalement un délai minimum de 2 mois entre la déclaration d'abandon ou le fait de recueillir l'enfant, et le placement en vue d'adoption ; ceci pour laisser aux parents véritables un temps de réflexion. Tous les enfants adoptables doivent être placés en vue d'adoption par le service de l'aide sociale à l'enfance, car l'intérêt de l'enfant est en général d'être adopté.
Les enfants adoptables sont, hélas, relativement peu nombreux parmi les enfants

dont s'occupe l'État, car en France beaucoup d'enfants ne sont qu'à moitié abandonnés. Le sort de ces enfants (sauf l'hypothèse où leurs parents sont décidés à les reprendre dès qu'ils en auront la possibilité) est souvent moins favorable que celui des enfants adoptés, car ils risquent de ne jamais trouver la stabilité que donne l'éducation dans un cadre familial stable.
La majorité des abandons a lieu lorsque l'enfant est en bas âge, ce qui facilite les adoptions, mais une partie des abandons a lieu quand l'enfant a déjà grandi, ce qui est beaucoup plus néfaste pour lui, car l'adoption entraînera une période d'adaptation plus difficile, aussi bien pour les adoptants que pour l'adopté. Une famille nourricière qui s'occupe d'un pupille de l'État peut très bien décider de l'adopter, si les conditions permettant l'adoption sont remplies de part et d'autre.

LES ENFANTS HANDICAPÉS

Ces enfants sont le plus souvent placés dans des établissements spécialisés. S'ils remplissent les conditions permettant l'adoption, ils peuvent être adoptés.

LES ENFANTS PLACÉS CHEZ DES PARENTS NOURRICIERS

C'est le cas de nombreux pupilles de l'État. Souvent la famille par le sang garde des liens avec l'enfant, ce qui rend impossible l'adoption. Ou bien ses parents manifestent encore de l'intérêt pour l'enfant, ou bien celui-ci est en relation avec des frères et sœurs.
Le service de l'aide sociale à l'enfance peut même décider de ne pas placer l'enfant en vue d'adoption s'il juge que l'adoption serait contraire à son intérêt ; ainsi il se peut que l'enfant soit très attaché à sa famille nourricière ; ou bien qu'étant perturbé physiquement ou psychiquement, il ne soit pas en état de s'acclimater dans une nouvelle famille.
L'enfant recueilli temporairement par l'État est placé de la même façon que les pupilles de l'État.
Dans ce cas, on choisit seulement un lieu de placement qui soit le plus proche possible du lieu de résidence de la famille par le sang, afin de faciliter les rencontres entre parents et enfants.

• Organisation des placements.
Le placement dans une famille nourricière ne peut pas avoir lieu avant que l'enfant ait 18 mois. Avant cet âge, il est placé dans une pouponnière, puis dans un centre nourricier. De 18 mois à 14 ans l'enfant est en principe placé dans une famille nourricière, à moins que son état ne nécessite l'entrée dans un internat ou dans un centre de rééducation. Après 14 ans, les enfants sont placés dans un foyer ou dans un internat.

7

LA TUTELLE DES MINEURS ET L'ÉMANCIPATION

La tutelle est un système de protection du mineur qui n'est pas entouré par un cadre familial normal, susceptible de le diriger dans la vie conformément à ses intérêts. Il s'agit de défendre les intérêts civils et pécuniaires de l'enfant.
Lorsque l'enfant a un cadre familial suffisamment solide, sa protection est organisée non pas par le régime de la tutelle, mais par le régime de l'administration légale.
Avant d'étudier le régime de la tutelle, nous verrons rapidement ce qu'est le régime d'administration légale.

I – Le régime d'administration légale

La majorité des enfants se trouvent protégés par le régime d'administration légale, car il suffit que l'enfant ait l'un de ses parents vivant et exerçant les droits d'autorité parentale, pour que ce régime s'applique.
La loi déclare : « Si l'autorité parentale est exercée en commun par les deux parents, ceux-ci sont administrateurs légaux. Dans les autres cas, l'administration légale appartient à celui des parents qui exerce l'autorité parentale...
L'administration légale est pure et simple quand les deux parents exercent en commun l'autorité parentale...
L'administration légale est placée sous le contrôle du juge des tutelles lorsque l'un ou l'autre des deux parents est décédé ou se trouve dans l'un des cas prévus à l'article 373 du Code civil (parent hors d'état de manifester sa volonté, condamné, déchu de ses droits, etc.) ; elle l'est également, à moins que les parents n'exercent en commun l'autorité parentale, lorsque les père et mère sont divorcés ou séparés de corps, ou encore lorsque le mineur est un enfant naturel » (articles 389, 389-1 et 389-2 du Code civil).
L'administration légale est le système qui laisse le plus de liberté au représentant légal du mineur. On a jugé que son lien direct avec l'enfant le ferait agir conformément aux intérêts de celui-ci.

Mais il y a deux types d'administration légale, selon que la situation familiale de l'enfant est plus ou moins solide : l'administration légale pure et simple, et l'administration légale contrôlée.
L'administration légale pure et simple s'appliquera si l'enfant a deux parents capables de le diriger.
C'est le cas, par exemple, de l'enfant légitime ou adopté, dont les deux parents sont vivants, non divorcés ni séparés de corps, et en état d'exercer pleinement leurs droits d'autorité parentale.
Le régime d'administration légale contrôlée s'appliquera lorsque la situation de famille offre moins de garanties pour l'enfant : dans le cas où l'enfant est dirigé par un seul parent (décès de l'autre, ou déchéance, divorce ou séparation de corps ; avec autorité parentale à l'un des deux parents, idem pour l'enfant naturel).
Dans ces hypothèses, le régime d'administration légale est placé sous contrôle du juge des tutelles.

• Les pouvoirs du représentant légal de l'enfant mineur.
Il a un pouvoir de représentation du mineur pour tous les actes de la vie civile où le mineur ne peut pas agir seul. Mais si les intérêts du représentant légal se trouvaient être contraires à ceux du mineur, il devrait faire nommer un administrateur (présumé plus impartial) pour agir à sa place.
L'administrateur légal gère les biens du mineur (sauf les biens donnés ou légués à l'enfant sous condition qu'ils seraient gérés par un tiers).

• Dans l'administration légale pure et simple.
Chacun des parents est réputé, à l'égard des tiers, avoir reçu de l'autre le pouvoir de faire seul les actes qu'un tuteur ferait sans autorisation.
La loi stipule : « Dans l'administration légale pure et simple, les parents accomplissent ensemble les actes qu'un tuteur ne pourrait faire qu'avec l'autorisation du conseil de famille. À défaut d'accord entre les parents, l'acte doit être autorisé par le juge des tutelles. Même d'un commun accord, les parents ne peuvent ni vendre de gré à gré ni apporter en société un immeuble ou un fonds de commerce appartenant au mineur, ni contracter d'emprunt en son nom, ni renoncer pour lui à un droit, sans l'autorisation du juge des tutelles » (article 389-5 du Code civil).
Dans l'hypothèse du régime d'administration légale contrôlée (autorité parentale à un seul parent), le représentant légal doit obtenir le consentement du juge des tutelles pour tous les actes où un tuteur n'aurait pas pu agir seul dans un régime de tutelle. Il peut faire seul les autres actes.
À part ces règles sur les pouvoirs du représentant légal, le régime d'administration légale emprunte beaucoup des mesures qui le régissent au régime de la tutelle ; exemple : l'administrateur légal doit rendre compte de sa gestion à la fin de celle-ci, comme un tuteur.

II – La tutelle proprement dite

La tutelle s'ouvre lorsque les deux parents sont décédés, ou sont dans l'incapacité d'exercer les droits d'autorité parentale (à la suite d'une déchéance de l'autorité parentale, par exemple). La tutelle s'ouvre aussi à l'égard d'un enfant naturel lorsque ni son père ni sa mère ne l'ont reconnu.
Dans le régime de la tutelle, c'est le conseil de famille qui hérite des droits de l'autorité parentale ; sur ce point, le tuteur n'est qu'un simple délégué du conseil de famille.
Les principaux organes composant le régime de la tutelle sont : le tuteur, le conseil de famille, le juge des tutelles.

LES ORGANES DE LA TUTELLE

Le tuteur. Toute personne peut être tuteur, sans distinction de sexe, mais sous réserve des causes d'incapacité, exclusion, destitution ou récusation définies par la loi (cette règle s'applique aussi aux personnes pouvant faire partie du conseil de famille).
Sont incapables des différentes charges de la tutelle : les mineurs (excepté le père ou la mère), les interdits, les aliénés, et les personnes pourvues d'un conseil judiciaire. Sont exclus des différentes charges de la tutelle ceux qui ont été condamnés à une peine afflictive ou infamante (sauf le père et la mère, si le conseil de famille juge bonne leur intervention dans les affaires de l'enfant), et ceux qui ont été déchus de l'autorité parentale.
Peuvent être exclus des différentes charges de tutelle les gens d'une inconduite notoire et ceux dont l'improbité, la négligence habituelle ou l'inaptitude aux affaires auraient été constatées. Le tuteur peut être désigné de trois façons :
– désigné par le dernier mourant des père et mère, si ce dernier mourant a conservé au jour de sa mort l'exercice de l'administration légale ou de la tutelle. Cette désignation doit être faite sous la forme d'un testament valable, ou devant notaire par acte spécial. La tutelle est alors dite testamentaire ;
– désigné par la loi lorsque le dernier mourant des père et mère d'un enfant légitime n'a pas choisi de tuteur. La loi décide dans ce cas que la tutelle sera donnée à l'ascendant le plus proche (en cas de présence de plusieurs grands-parents, le conseil de la famille choisira). La tutelle est alors dite légale ;
– désigné par le conseil de famille, si les parents n'ont pas désigné de tuteur testamentaire, et s'il n'y a pas de grands-parents. La tutelle sera alors dite dative.

Les conséquences de cette désignation sont nombreuses.

• La tutelle est une charge en principe obligatoire.
Celui qui est désigné ne peut pas refuser cette charge, sauf s'il se trouve dans le cas des exceptions prévues par la loi. Peuvent être dispensés de tutelle ceux à qui

l'âge, la maladie, l'éloignement, des occupations professionnelles ou familiales exceptionnellement absorbantes, ou une tutelle antérieure, rendraient particulièrement lourde cette nouvelle charge. Celui qui n'est ni parent ni allié des père et mère du mineur n'est jamais obligé d'accepter la charge de la tutelle.

• La tutelle est une charge personnelle.
Cette charge ne se communique pas au conjoint du tuteur. Mais si le conjoint s'immisce dans la gestion du patrimoine du pupille, il devient responsable solidairement avec le tuteur de toute la gestion postérieure à son immixtion. D'autre part la charge de la tutelle est personnelle, en cela qu'elle ne passe pas aux héritiers du tuteur. Mais les héritiers seront responsables de la gestion des biens du pupille pendant toute la période de transition qui précédera la nomination d'un nouveau tuteur.

• La tutelle est en principe unique.
Le plus souvent il y a un seul tuteur. Mais la charge du tuteur peut parfaitement être partagée entre plusieurs personnes, si le conseil de famille le décide et juge ce partage favorable aux intérêts du pupille.
De plus, la gestion du tuteur est toujours surveillée par un subrogé tuteur. Ce subrogé tuteur a l'obligation d'informer immédiatement le juge des tutelles de toute faute qu'il aurait détectée dans la gestion du tuteur. Le subrogé doit aussi représenter le mineur lorsque les intérêts de ce dernier se trouvent en opposition avec ceux du tuteur.

• La tutelle est une charge gratuite.
Le tuteur ne peut se faire rémunérer pour sa charge de gestion du patrimoine du mineur. Mais le conseil de famille peut lui allouer des indemnités de gestion et l'autoriser à se faire assister par des administrateurs salariés.

Le conseil de famille. Les membres du conseil de famille sont désignés par le juge des tutelles parmi les parents ou alliés du mineur (le juge doit prendre en considération le degré de parenté, mais aussi l'âge des intéressés, leurs aptitudes, leur affection pour l'enfant, et leur lieu de résidence), ou parmi les personnes semblant pouvoir s'intéresser à l'enfant. Le juge doit veiller si possible à ce que les deux lignes familiales (la ligne paternelle et la ligne maternelle) soient représentées dans le conseil de famille.
Le conseil de famille est composé de 4 à 6 membres, y compris le subrogé tuteur, mais non comptés le tuteur ni le juge des tutelles. Le juge des tutelles peut autoriser le mineur âgé de 16 ans révolus à assister aux réunions du conseil de famille, bien qu'il n'en soit pas membre. Le mineur de plus de 16 ans est obligatoirement convoqué quand le conseil a été réuni à sa demande.
Lorsque le conseil de famille est irrégulièrement composé, ses délibérations ne seront annulables qu'en cas de fraude (exemple : on a voulu évincer un parent intéressé) ou si l'irrégularité est très grave (exemple : absence du juge des tutelles).

• Délibérations du conseil de famille.

La réunion du conseil de famille est décidée par le juge des tutelles, et les membres de ce conseil doivent être convoqués au moins 8 jours avant la réunion. Les membres du conseil de famille doivent venir en personne, ou bien se faire représenter par un parent ou allié des parents du mineur, à condition que ce parent ne fasse pas déjà partie du conseil de famille. Si le juge estime que la réunion des personnes physiques n'est pas nécessaire, il peut demander l'avis des membres du conseil de famille sur telle ou telle question par correspondance.

Le conseil de famille ne peut délibérer que si la moitié au moins de ses membres est présente ou représentée. Sinon le juge peut, soit ajourner la séance, soit, en cas d'urgence, prendre lui-même la décision. Le conseil de famille est présidé par le juge des tutelles, qui aura voix délibérative et prépondérante en cas de partage. Le tuteur doit assister à la séance, mais il ne vote pas.

Le juge des tutelles. Les fonctions de juge des tutelles sont exercées par un juge appartenant au tribunal d'instance dans le ressort duquel le mineur a son domicile. Le juge des tutelles exerce une surveillance générale sur les tutelles de son ressort (il surveille aussi les administrations légales). Ses pouvoirs sont très importants. Il désigne les membres du conseil de famille ; il convoque ce conseil ; il peut prendre seul des décisions urgentes ; il préside les réunions du conseil de famille où il a voix prépondérante en cas de partage des voix ; il peut convoquer les administrateurs légaux (en cas de régime d'administration légale), les tuteurs et autres organes tutélaires (en cas de régime de tutelle), leur réclamer des éclaircissements, leur adresser des observations, prononcer contre eux des injonctions. Mais les décisions du juge des tutelles sont toujours susceptibles de recours devant le tribunal de grande instance, ainsi que les décisions du conseil de famille (le tribunal de grande instance a donc un rôle à jouer en matière de tutelle lorsque s'élève un litige). L'État est responsable des fautes commises par le juge des tutelles dans l'exercice de ses fonctions.

Le fonctionnement de la tutelle

Les organes de la tutelle ont pour but de diriger le mineur dans la vie et de défendre ses intérêts matériels.

La direction de la personne du mineur. Ce point est important puisque la tutelle s'ouvre lorsque le mineur a perdu ses parents ou lorsque ceux-ci sont dans l'impossibilité de le diriger. Les organes de la tutelle devront donc remplir le rôle des parents et diriger l'enfant dans la vie. Les attributs de l'autorité parentale vont passer au conseil de famille. Le tuteur aussi aura un rôle impor-

tant dans ce domaine, mais il faut le considérer comme un délégué du conseil de famille. La loi décide que : « Le conseil de famille règle les conditions générales de l'entretien et de l'éducation de l'enfant, en ayant égard à la volonté que les père et mère avaient pu exprimer à ce sujet ».
« Le tuteur prendra soin de la personne du mineur et le représentera dans tous les actes civils, sauf les cas dans lesquels la loi ou l'usage autorise les mineurs à agir eux-mêmes ».
Le conseil de famille peut nommer deux tuteurs : l'un pour diriger la personne du pupille, l'autre pour administrer ses biens.

La gestion des biens du mineur. Le tuteur a un rôle important, mais il n'a pas toute liberté d'action. Il est contrôlé par le subrogé tuteur (qui peut en référer au juge des tutelles) et par le conseil de famille.

L'OUVERTURE DE LA TUTELLE

Le tuteur a diverses obligations au moment de l'ouverture de la tutelle. Ces obligations ont pour but de sauvegarder les intérêts du mineur :
– le tuteur doit faire inventorier les biens du mineur dans les 10 jours qui suivent l'ouverture de la tutelle. Cet inventaire doit être fait en présence du subrogé tuteur. L'inventaire permet d'éclaircir la situation de fortune du mineur, et constitue une preuve de l'état de sa fortune au moment de l'ouverture de la tutelle. Cet inventaire permettra de comparer cet état de départ avec l'état de la fortune du mineur à la fin de la tutelle. Au moment de cet inventaire, le tuteur doit déclarer les créances qu'il pourrait avoir contre le mineur ;
– le tuteur doit convertir les titres au porteur que pouvait posséder le mineur en titres nominatifs, ou déposer ces titres sur un compte spécial. Il doit le faire dans les 3 mois qui suivent l'ouverture de la tutelle. La loi pense que les titres nominatifs, ou le dépôt des titres au porteur, présentent moins de danger que les titres au porteur initiaux (moins de danger de perte, vol ou détournement) ;
– le conseil de famille établit le budget de la tutelle : il décide de la somme annuellement disponible pour l'entretien et l'éducation du pupille, des dépenses d'administration de ses biens, et éventuellement des indemnités qui peuvent être allouées au tuteur. Il décide, si cela s'avère nécessaire, à partir de quelle somme le tuteur devra placer les capitaux, et comment il devra les placer ;
– le tuteur doit administrer les biens de son pupille en bon père de famille. Il répondra des dommages-intérêts qui pourraient résulter d'une mauvaise gestion. Il est contrôlé par le subrogé tuteur et par le conseil de famille. Quels sont les droits respectifs du tuteur et du conseil de famille ? Le tuteur peut faire seul tous les actes d'administration de la fortune du mineur (exemple : perception des revenus), mais il a besoin de l'autorisation du conseil de famille pour les actes de disposition (exemple : vente).

• Pour les actes d'administration, le tuteur a liberté d'action.
Il s'agit de tout acte d'administration, mais la loi a apporté certaines précisions. Le tuteur peut vendre les meubles d'usage courant et les biens ayant le caractère de fruits.
Les baux consentis par le tuteur ne confèrent au preneur, à l'encontre du mineur devenu majeur ou émancipé, aucun droit de renouvellement et aucun droit au maintien dans les lieux à l'expiration du bail, même s'il y a des dispositions légales contraires. Le tuteur peut recevoir des capitaux pour le compte de son pupille, mais le contreseing du subrogé tuteur sur la quittance est nécessaire, et les fonds devront être déposés sur un compte spécial chez un dépositaire agréé.

• Les actes de disposition (ventes de biens immobiliers, par exemple).
Pour effectuer ces actes, le tuteur aura besoin d'une autorisation du conseil de famille. La loi précise ce qu'elle entend par acte de disposition en cas de tutelle : emprunter pour le pupille, aliéner ou grever de droits réels les immeubles, ou un fonds de commerce, ou des valeurs mobilières (ou autres droits incorporels), ou les meubles précieux (ou bien les meubles qui constitueraient une part importante de la fortune du pupille). Le tuteur ne peut pas non plus agir seul à la place du mineur pour accepter ou refuser une succession ; il ne peut pas agir seul pour certaines actions en justice concernant le mineur. La loi veut éviter que le tuteur ne profite de sa situation pour s'enrichir à bon compte. Ses relations patrimoniales avec le pupille seront étroitement contrôlées. Ainsi, s'il veut louer un des biens du pupille, il lui faudra l'approbation du conseil de famille. Dans l'acte de location, le pupille serait alors représenté par le subrogé tuteur. Mais le tuteur n'a pas le droit d'acquérir un des biens du mineur, ni d'acquérir un droit ou une créance contre le mineur.

La responsabilité des organes de la tutelle

La loi instaure des garanties pour le mineur : les différents organes de la tutelle sont responsables de leur action dans le fonctionnement de la tutelle. Le mineur peut leur en demander compte.

Les comptes de tutelle. Le tuteur est responsable de sa gestion. Chaque année, il remet au subrogé tuteur un compte de gestion. Ce dernier le remet, avec ses observations, au greffier en chef du tribunal d'instance qui peut en référer au juge des tutelles. Le juge peut décider de communiquer le compte au mineur si celui-ci a 16 ans. Le tuteur est comptable de sa gestion lorsqu'elle finit (la tutelle prend fin à la majorité du mineur, ou au moment de son émancipation). À la fin de la tutelle, un compte définitif est établi. Il expose en détail dépenses et recettes, et fait état d'un solde dû soit au tuteur, soit au pupille. Ce compte doit être remis, dans les 3 mois suivant la fin de la tutelle, soit au pupille, soit à ses héritiers. Le compte est accompagné de toutes les pièces justificatives. Le mineur devenu majeur, ou émancipé, ne peut donner son approbation au compte que 1 mois après l'avoir reçu (afin qu'il ait le temps de l'examiner). Le compte peut donner lieu à une contestation en justice.

Les actions en responsabilité. Si le mineur n'approuve pas le compte, il peut engager une action en justice contre le tuteur. Mais même s'il approuve le compte, c'est-à-dire la gestion financière du tuteur, il peut engager une action en justice pour d'autres motifs (pour des fautes qui auraient été commises pendant le fonctionnement de la tutelle) contre tout organe de tutelle (tuteur, subrogé tuteur, membres du conseil de famille, greffier, juge des tutelles). En cas de faute du juge des tutelles ou du greffier, c'est l'État qui serait responsable, et le pupille engagerait une action contre l'État devant le tribunal de grande instance. Le mineur devenu majeur a un délai de 5 ans, à compter de sa majorité, pour intenter ces actions en justice. Il peut aussi agir en nullité des délibérations du conseil de famille dans les 2 ans qui suivent sa majorité ou la découverte par lui d'une cause de nullité (par exemple : fraude, irrégularité grave).

III – L'émancipation

Le mineur est émancipé, c'est-à-dire obtient sa pleine capacité juridique au moment de sa majorité, à 18 ans. Mais l'émancipation peut avoir lieu avant la date de la majorité de trois façons différentes : par le mariage, par la volonté de la famille et par le service militaire.

• Émancipation accordée par la famille.
L'émancipation d'un mineur peut résulter de l'initiative des personnes ayant autorité sur lui : les deux parents, ou bien le seul parent survivant ou en état d'exercer l'autorité sur l'enfant, ou le conseil de famille en cas de tutelle.
C'est le juge des tutelles qui reçoit la demande d'émancipation et qui prononce l'émancipation. Le mineur bénéficiaire de cette émancipation doit avoir 16 ans révolus. En cas de désaccord des parents, celui qui a la garde de l'enfant peut demander au juge des tutelles de prononcer l'émancipation. Le juge entendra alors l'opinion de l'autre conjoint, et pourra prononcer l'émancipation s'il a de justes motifs de le faire.

• Conséquences de l'émancipation.
Le mineur émancipé a la pleine capacité pour les actes civils, comme un majeur. La puissance paternelle disparaît, ainsi que la responsabilité des parents pour les dommages que pourrait causer leur enfant (les parents sont responsables des actes de leur enfant mineur ; cependant, eu égard à l'évolution des mœurs, la jurisprudence a récemment admis que le seul mineur pouvait parfois être rendu responsable de ses actes, à charge pour lui de régler pécuniairement les dommages qu'il a causés dès qu'il est en mesure de le faire). Toutefois, il ne peut être commerçant.

8

L'OBLIGATION ALIMENTAIRE

L'obligation alimentaire est une des manifestations juridiques des liens qui unissent les personnes faisant partie d'une même famille.
À un certain degré de parenté, les parents ou bien les alliés se trouvent dans l'obligation absolue de se fournir des moyens de subsistance, si l'un d'eux est dans le besoin.

I – Les personnes tenues à l'obligation alimentaire

L'obligation alimentaire n'existe que si le lien de parenté est vraiment très proche.
Mais il peut s'agir aussi bien de parenté par alliance que de parenté par le sang.
L'obligation alimentaire a un caractère réciproque : les personnes qui en sont tenues sont obligées les unes vis-à-vis des autres, selon que les unes ou les autres sont dans le besoin.

Distinction entre l'obligation alimentaire stricto sensu et deux autres devoirs d'entretien

L'obligation alimentaire pure doit être distinguée d'une part du devoir d'entretien de leurs enfants mineurs pour les parents, et d'autre part du devoir de secours entre époux :
– le devoir des parents à l'égard de leurs enfants mineurs est un devoir plus vaste qu'une obligation alimentaire. Il implique la prise en charge de tous les frais que nécessite l'éducation de l'enfant. Cette obligation d'entretien cesse en principe à la majorité de l'enfant. L'obligation alimentaire dure au contraire toute la vie et est réciproque entre parents et enfants ;
– le devoir de secours et d'assistance entre époux est plus vaste lui aussi qu'une obligation alimentaire pure. Ce devoir cesse en cas de divorce, et ne peut être remplacé que par une prestation compensatoire.

L'obligation alimentaire stricto sensu

Elle dure pendant toute la vie, mais ne touche qu'un nombre assez restreint de personnes. La parenté doit être très proche.
La loi prévoit cette obligation :
– entre ascendants et descendants à l'infini, c'est-à-dire entre : arrière-grands-parents, grands-parents, parents, enfants, petits-enfants, arrière-petits-enfants ;
– entre beaux-enfants et beaux-parents.

Il s'agit là d'une parenté par alliance, mais d'une parenté très proche. L'obligation alimentaire cesserait d'ailleurs si l'époux qui produisait l'affinité et les enfants issus de l'union, étaient décédés.
Ce sont les seules obligations alimentaires reconnues par la loi. Les juges ont cependant estimé qu'il y avait une obligation naturelle d'aliments entre frères et sœurs (une obligation dite « naturelle » n'a pas la force d'une obligation juridique, mais elle est plus forte qu'une obligation morale pure).

À qui réclamer l'exécution de l'obligation alimentaire ?

Le problème se pose lorsque la personne qui est dans le besoin a plusieurs débiteurs alimentaires (exemple : elle a à la fois des descendants, des ascendants, des beaux-parents).

• Cette personne doit-elle observer un ordre dans sa réclamation ?
Non a répondu la Cour de cassation dans un arrêt du 2 janvier 1929.
Des ascendants réclamaient une pension alimentaire à leur belle-fille, alors qu'ils avaient d'autre part un fils et une fille. Les juges déclarèrent : « Il n'y a aucune distinction à faire entre les enfants, les gendres et les belles-filles, qui sont tous obligés personnellement au paiement de la dette alimentaire » (toutefois si la personne dans le besoin avait un conjoint, le devoir de secours et d'assistance entre époux devrait jouer avant les obligations alimentaires *stricto sensu*).

• Que peut réclamer à chacun des parents la personne qui est dans le besoin ?
Il semble logique que la personne dans le besoin ne puisse demander à chaque débiteur que sa part, et que la charge de ce parent soit ainsi divisée entre les divers débiteurs de l'obligation alimentaire. Si la personne dans le besoin ne s'adresse qu'à l'un des débiteurs, celui-ci pourra mettre en cause les autres débiteurs d'aliments. Dans le cas où l'un des débiteurs d'aliments a accepté de fournir la totalité des subsides, il pourra ensuite réclamer aux autres débiteurs le paiement de leur part.

II – L'exécution de l'obligation alimentaire

• Détermination du montant de l'obligation alimentaire.
Ce montant sera déterminé en fonction des besoins du créancier d'aliments (celui qui réclame), et des ressources du débiteur d'aliments (celui qui doit payer).
Les besoins du créancier d'aliments doivent être entendus d'une façon beaucoup plus large que de simples besoins alimentaires. Il s'agit de lui assurer des moyens de subsistance, ce qui comprend nourriture, habillement, logement, soins médicaux (même les frais funéraires, en cas de décès, seraient à la charge du débiteur d'aliments).
La pension alimentaire sera fixée aussi en fonction des ressources du débiteur d'aliments. Plus le débiteur d'aliments est riche, plus la pension à verser pourra être élevée.
Mais le montant de l'obligation alimentaire n'est jamais fixé d'une façon définitive. Il pourra varier à l'avenir, en fonction des modifications de la situation des intéressés.
Si le créancier d'aliments avait soudain des besoins accrus (exemple : maladie, aggravation de son état de santé), il pourrait demander une augmentation des subsides qu'il reçoit. Si au contraire le débiteur d'aliments voit ses ressources baisser (exemple : charges nouvelles à supporter, revers de fortune, maladie, etc.), il pourrait demander une réduction des subsides qu'il doit verser à son parent. La pension pourrait même être totalement supprimée dans les cas extrêmes. C'est le tribunal d'instance qui est compétent pour ce type de procédure.

• Mode d'exécution de l'obligation alimentaire.
En principe l'obligation alimentaire est exécutée par le versement d'une pension en argent, car souvent la cohabitation se révèle impossible à réaliser, ou néfaste pour la bonne entente familiale. Cependant l'exécution en nature (c'est-à-dire l'entretien au domicile du débiteur d'aliments) peut être imposée dans deux cas au créancier d'aliments :
– d'une part, les parents peuvent toujours proposer de recevoir et d'entretenir leurs enfants chez eux, on ne peut pas, dans ce cas, bien sûr, les obliger à verser une pension ;
– d'autre part, lorsqu'un débiteur d'aliments justifie qu'il n'a pas les moyens de payer une pension, il peut proposer une exécution en nature.

• Recours en cas d'inexécution.
Le paiement d'une pension alimentaire, lorsque ceci est possible pour le débiteur, est obligatoire pour lui quand son parent se retrouve dans le besoin. S'il ne s'exécutait pas, son parent créancier d'aliments pourrait procéder à des saisies sur ses revenus (dont les procédures sont bien simplifiées), ou le poursuivre pour abandon de famille lorsque la pension est restée impayée pendant 2 mois.

III – Les caractères de l’obligation alimentaire

• L’obligation alimentaire est une obligation personnelle.
Elle est personnelle au créancier d’aliments et personnelle au débiteur d’aliments, car elle est fondée sur le lien qui les unit. De ce caractère personnel de l’obligation, il résulte que le créancier d’aliments ne peut pas céder (donner ou vendre) sa créance d’aliments à un tiers.

• L’obligation alimentaire est insaisissable.
Cela veut dire que les créanciers du créancier d’aliments ne pourront pas faire saisie-arrêt sur la pension alimentaire que ce dernier reçoit d’un parent, afin de se faire payer ce qui leur est dû.
Ne pourraient faire une telle action que les créanciers qui ont procuré des moyens de subsistance au débiteur d’aliments (exemple : le commerçant qui a vendu des denrées alimentaires à crédit à une personne dans le besoin peut se faire payer en réclamant le remboursement aux parents tenus de l’obligation alimentaire). Pourra agir de la même façon la collectivité publique, qui aura assisté gratuitement une personne dans le besoin (hôpital, maison de retraite).

9

LA DÉCHÉANCE DE L'AUTORITÉ PARENTALE ET L'ASSISTANCE ÉDUCATIVE

Les juges ont à intervenir, ce qui est normal, dans les cas où l'un des époux ou bien les deux ont manqué à leurs obligations familiales et ont ainsi commis une faute. Mais la loi permet aussi au juge d'intervenir, même en l'absence de faute des parents, simplement s'il estime que l'enfant est en danger physique ou moral. L'État espère prévenir ainsi les conséquences néfastes d'un mauvais climat familial, et pense s'attaquer ainsi aux causes de la délinquance, ce qui lui donne un motif légitime d'intervention. Le problème est alors de savoir jusqu'où l'État peut aller lorsqu'il s'immisce dans la vie personnelle des individus.

I – La déchéance de l'autorité parentale

La déchéance de l'autorité parentale n'est pas, comme l'abandon de famille, un délit, mais est une sanction s'appliquant aux parents qui ne se sont pas montrés dignes d'élever leurs enfants. Elle implique le retrait total ou partiel des droits d'autorité parentale que les parents ont sur leurs enfants. Souvent cette déchéance est justifiée par des condamnations qu'ont subies les parents, car commettre certains crimes ou délits démontre une inaptitude à élever correctement des enfants.

Les cas de déchéance

La déchéance de l'autorité parentale est facultative pour le juge. Le juge peut prononcer la déchéance de l'autorité parentale lorsque les parents ont commis des délits contre leurs enfants, ou ont commis des délits en participation avec leurs enfants, ou ont commis des délits dont l'immoralité fait craindre la corruption des enfants.
Ces cas sont les suivants :
– peuvent être déchus de l'autorité parentale par une disposition expresse du jugement pénal, les père et mère qui sont condamnés, soit comme auteurs, coauteurs ou complices d'un crime ou délit commis sur la personne de leur enfant, soit

comme coauteurs ou complices d'un crime ou délit commis par leur enfant. Cette déchéance est applicable aux ascendants autres que les père et mère, pour la part d'autorité parentale qui peut leur revenir sur leurs descendants ;
– en dehors de toute condamnation pénale, peuvent être déchus de l'autorité parentale les père et mère qui, soit par de mauvais traitements ou des violences, soit par des exemples pernicieux d'ivrognerie habituelle, d'inconduite notoire ou de délinquance, soit par un défaut de soins ou un manque de direction, mettent manifestement en danger la sécurité, la santé ou la moralité de l'enfant. Ce deuxième cas permet une intervention importante de la justice en faveur des mineurs qui sont en danger ;
– quand une mesure d'assistance éducative a été prise à l'égard de l'enfant, peuvent être déchus de l'autorité parentale les père et mère qui, pendant plus de 2 ans, se sont volontairement abstenus d'exercer les droits et de remplir les devoirs qui leur étaient laissés à l'égard de l'enfant.

Une loi est intervenue pour faciliter la découverte des cas où les enfants sont maltraités : encourt un emprisonnement de 2 mois à 4 ans et une amende de 45 000 € ou l'une de ces deux peines seulement celui qui, ayant connaissance de sévices ou privations infligées à des mineurs de moins de 15 ans, n'en aura pas, alors qu'il était encore possible d'en prévenir ou limiter les effets, informé les autorités administratives chargées des actions sanitaires et sociales.
Il n'y a pas violation du secret professionnel, lorsque des personnes informent les autorités médicales ou administratives de sévices ou privations sur la personne de mineurs de moins de 15 ans dont elles ont eu connaissance à l'occasion de l'exercice de leur profession (médecins, prêtres, avocats, etc.). Elles peuvent aussi dans ce cas exprimer librement leur témoignage en justice.

Les conséquences de la déchéance de l'autorité parentale

La déchéance de l'autorité parentale peut être totale. Cela signifie que les parents déchus peuvent être privés de tous les droits découlant de l'autorité parentale. Mais une solution aussi draconienne n'est pas adoptée dans tous les cas. Et le juge a la possibilité de donner des solutions variées, en n'enlevant aux parents que certains droits découlant de l'autorité parentale, ainsi peut-il retirer seulement la garde de l'enfant à ses parents (retrait partiel de l'autorité parentale).
Le juge peut choisir la solution qui lui semble la plus conforme à l'intérêt de l'enfant. Ses pouvoirs sont très importants. Il peut confier l'enfant à sa mère, ou à un particulier, ou à une œuvre, ou organiser une tutelle, ou encore au service départemental de l'aide à l'enfance.
Le juge peut prononcer la déchéance seulement à l'égard de certains enfants d'une même famille.

La procédure de la déchéance

• Si la déchéance résulte obligatoirement d'une condamnation pénale, elle sera prononcée par les juges qui ont émis la condamnation.

• Si elle a lieu en dehors de toute intervention pénale, la demande est portée devant le tribunal de grande instance.
Cette demande peut être faite par un parent du mineur, son tuteur, ou par le ministère public (procureur). Donc l'État, par l'intermédiaire du ministère public, peut intervenir lorsque l'enfant est en danger. Le procès a lieu en chambre du conseil, en dehors de toute publicité.

• La déchéance n'est pas forcément définitive.
Lorsque les parents ont été déchus de l'autorité parentale en dehors de toute condamnation pénale (cas où les enfants étaient placés en établissement d'éducation surveillée ; cas où les parents ont été déchus à cause de leur mauvaise conduite susceptible de donner un mauvais exemple à l'enfant : drogue, alcool, mauvais traitements...), ils peuvent demander au juge que les droits d'autorité parentale leur soient restitués. Cette demande ne peut être introduite que 1 an après le jugement définitif de déchéance, et à condition d'être justifiée par des circonstances nouvelles. En cas de rejet, elle ne pourra être renouvelée qu'après une nouvelle période de 1 an. Aucune demande ne sera recevable lorsque, avant le dépôt de la requête, l'enfant aura été placé en vue de l'adoption. Si la demande de restitution des enfants est accordée aux parents, des mesures d'assistance éducative peuvent être prescrites.

II – L'intervention du juge des enfants

Le juge des enfants peut intervenir en dehors de toute faute des parents, s'il estime cette intervention nécessaire pour l'intérêt de l'enfant. La mesure prise alors ne sera pas une sanction comme l'est la déchéance de l'autorité parentale, mais sera une mesure d'assistance aux parents pour l'éducation de leurs enfants. Cette aide apportée par l'État aux parents a souvent un aspect contraignant en ce sens qu'elle peut être imposée par le juge, contre la volonté des parents.
La loi prévoit que : « Si la santé, la sécurité ou la moralité d'un mineur non émancipé sont en danger ou si les conditions de son éducation sont gravement compromises, des mesures d'assistance éducative peuvent être ordonnées par justice ».

• Est compétent le juge des enfants du domicile ou de la résidence du mineur, de ses parents ou de ses gardiens, ou bien le juge des enfants du lieu où le mineur a été trouvé.
La requête peut être présentée devant le juge des enfants par les parents, le gardien, le tuteur ou le mineur lui-même, ou par le procureur de la République, ou encore par la

personne à qui l'enfant a été confié. Le juge des enfants a aussi la possibilité de se saisir d'office.

• La procédure commence toujours par une étude détaillée de la personnalité du mineur, au moyen d'une enquête médico-psychologique.
Le juge peut prendre aussitôt des mesures urgentes. Ces mesures provisoires peuvent être modifiées par le juge à tout moment, de sa propre initiative, ou à la requête des personnes concernées.

• Le juge a un grand pouvoir de décision, en ce qui concerne l'enfant pour lequel il intervient.
Il règle le sort du mineur dans le jugement qu'il rend. Il peut le confier à ses père et mère, à un gardien, à un parent ou à un tiers, à un établissement spécialisé, au service d'aide sociale à l'enfance.
Ces pouvoirs du juge des enfants manifestent combien grande à notre époque, est l'intervention de l'État dans certains domaines.
L'État peut intervenir en matière éducative, même en l'absence de faute des parents, lorsque l'enfant risque de subir une influence négative dans son milieu familial ou est laissé trop à lui-même.
La loi prévoit les mesures suivantes :
« Le juge des enfants est compétent, à charge d'appel, pour tout ce qui concerne l'assistance éducative (toutefois, quand un jugement de divorce a été rendu entre les père et mère, des mesures d'assistance éducative ne peuvent être prises que si un fait nouveau de nature à entraîner un danger pour le mineur s'est révélé postérieurement à la décision statuant sur les modalités de l'autorité parentale ». « Le juge doit toujours s'efforcer de recueillir l'adhésion de la famille à la mesure envisagée. [...] Chaque fois que cela est possible, le mineur doit être maintenu dans son milieu actuel ». Lorsqu'un enfant a fait l'objet d'une mesure d'assistance éducative, les parents conservent leur autorité parentale et l'exercent dans la mesure où elle n'est pas inconciliable avec la mesure d'assistance éducative qui a été prise.
« S'il a été nécessaire de placer l'enfant hors de chez ses parents, ceux-ci conservent un droit de correspondance et un droit de visite. Le juge en fixe les modalités et peut même, si l'intérêt de l'enfant l'exige, décider que l'exercice de ces droits, ou de l'un d'eux, sera provisoirement suspendu ».
Dans l'application de l'assistance éducative, il doit être tenu compte des convictions religieuses ou philosophiques du mineur ou de sa famille.
Enfin, lorsqu'une mesure éducative est décidée, les frais d'entretien et d'éducation de l'enfant incombent aux parents, sauf décision du juge.

10

LA SUCCESSION

I – Généralités

La succession est la transmission à une ou plusieurs personnes vivantes (ou à une personne présumée absente judiciairement) de biens laissés par une personne décédée. Le droit à la succession dépend de l'importance reconnue à deux aspects juridiques fondamentaux d'une société : le droit de la famille et le droit de propriété. Le contenu de ces deux droits a varié selon les époques ; il diffère encore actuellement selon les pays. Ainsi, avant 1789, en France, l'aîné mâle était privilégié dans la succession[1]. La Révolution a instauré l'égalité obligatoire entre tous les enfants pour les biens des parents. Le droit à la succession dépend aussi de la façon dont on envisage les liens familiaux.
Le deuxième élément influençant le droit à la succession est le droit de propriété. Le droit français actuel accorde une place importante aux questions successorales, car il reconnaît le droit de propriété individuelle. L'État intervient au moment du décès d'une personne pour percevoir un impôt. Cette part revenant à l'État est couramment appelée « droits de succession ».
Son importance varie en fonction de la fortune recueillie et du degré de parenté de l'héritier vis-à-vis de la personne décédée. Après un décès, la succession peut prendre deux formes différentes, selon que le défunt a exprimé ou non sa volonté.

• Le testament.
Le testament peut revêtir deux formes. Il peut être authentique (c'est-à-dire reçu par notaire, en présence de deux témoins majeurs qui ne seront ni membres de la famille du testateur, ni légataires), ou olographe (rédigé sur papier libre mais impérativement écrit de la main du testateur qui doit le dater et le signer). Le testament authentique présente bien entendu un avantage de sûreté puisqu'il ne pourra être égaré, volé ni falsifié. (*Voir en annexes différentes formules concernant les testaments*).

1. Essentiellement pour les successions nobiliaires. Pour les successions des non-nobles, le partage égal existait déjà dans certaines provinces (le droit variait de province à province selon les coutumes locales).

Si le défunt n'a pas exprimé sa volonté, la succession est une succession « ab intestat » (sans testament). Les héritiers sont appelés par conséquent « héritiers ab intestat ». La transmission des biens s'effectue alors conformément aux principes fixés par le Code civil, et communs à toutes les successions de ce genre.
Si le défunt a exprimé sa volonté dans un testament valable, la succession est alors une « succession testamentaire ». Les personnes désignées comme héritiers dans le testament, sont appelées « légataires ». Celui qui veut rédiger un testament n'a pas le droit de distribuer sa fortune n'importe comment. Il doit respecter certains principes du Code civil. Ainsi, il ne pourra pas déshériter complètement ses enfants.
Il pourrait exister une troisième forme de succession. Une personne peut désirer régler sa succession de son vivant (souvent pour éviter des chicanes postérieures). Mais la loi interdit formellement à chacun d'attribuer de son vivant, par un pacte quelconque, la totalité ou une partie d'une succession non encore ouverte. Toutefois des exceptions importantes à ce principe ont été admises, notamment la possibilité de faire de son vivant une « donation-partage ». La loi est méfiante vis-à-vis des dons. Si un parent a fait, pendant sa vie, un ou plusieurs dons importants à certains de ses enfants, ces dons risquent d'être remis en question au moment de son décès. On cherchera s'ils n'ont pas rompu l'égalité entre les enfants.

• Moment d'ouverture de la succession.
Le droit de propriété des biens du défunt est transmis à ses héritiers au moment même du décès. Lorsqu'il y a plusieurs héritiers, cet instant est souvent le départ d'une période d'« indivision », c'est-à-dire une forme de copropriété sur les mêmes biens, en attendant le partage.

• Lieu d'ouverture de la succession.
La succession s'ouvre au lieu du dernier domicile du défunt. Ce lieu n'est pas toujours celui du décès (en cas d'accident notamment).

• Qualités requises pour succéder.
Le successeur doit :
– exister à l'instant de l'ouverture de la succession (un enfant simplement conçu existe et a qualité pour succéder) ;
– ne pas être indigne de succéder.

Est indigne de succéder : celui qui est condamné pour avoir donné ou tenté de donner la mort au défunt ; celui qui a porté contre le défunt une accusation capitale jugée calomnieuse ; l'héritier majeur qui, instruit du meurtre du défunt, ne l'a pas dénoncé à la justice.
Une personne présumée absente peut succéder. Depuis la loi du 28 décembre 1977, une personne qui, absente, a cessé de paraître au lieu de son domicile ou de sa résidence sans que l'on en ait eu de nouvelles, peut succéder à la condition que

le juge des tutelles saisi par l'une des parties intéressées ou par le ministère public, ait constaté qu'il y a présomption d'absence. Précisons que la notion d'absence est celle qu'évoque le Code civil : l'absent est celui qui a disparu de son domicile ou de sa résidence sans donner de nouvelles.

II – La succession « ab intestat » – Les héritiers

La loi réglemente les successions, principalement lorsque le défunt n'a pas fait de testament, n'a pas exprimé sa volonté à propos de la transmission de ses biens. Les textes législatifs décident que dans ce cas les biens du défunt iront à ses parents les plus proches, et ils déterminent l'ordre de parenté qui doit être suivi. En cas d'absence totale de parents, ou d'existence de parents très éloignés, l'État peut recueillir la succession du défunt. Après avoir énuméré les héritiers, la loi se préoccupe aussi de réglementer le déroulement de la succession, car la répartition des biens du défunt peut demander un certain temps et susciter des conflits d'intérêts entre les divers héritiers.

Les différents héritiers

Les parents les plus proches, éliminant les parents à un degré plus éloigné, recueillent la succession.
À un même degré de parenté, sauf exceptions, les parents ont une part égale dans la succession. La loi fixe l'ordre selon lequel il faut rechercher les héritiers dans une famille.
Les héritiers légitimes sont les plus favorisés. Les héritiers illégitimes ont certains droits dans la succession, ainsi que le conjoint survivant.

Les héritiers légitimes. Parmi les héritiers légitimes, la loi détermine un ordre dans le droit à succéder. Les parents légitimes sont divisés en quatre catégories. S'il n'y a personne dans la première catégorie, ce sont les parents de la deuxième catégorie qui héritent. S'il n'y a personne dans la première ni dans la deuxième catégorie, ce sont les parents de la troisième catégorie qui héritent, etc. Dans chaque catégorie, le parent qui a le plus proche degré de parenté avec le défunt prime les autres parents qui sont dans la même catégorie. (Exemples : la catégorie des descendants ; les enfants priment les petits-enfants. La catégorie des ascendants ; les parents priment les grands-parents, les grands-parents priment les arrière grands-parents, etc.). En dehors de cet ordre déterminé par la loi pour succéder, deux techniques jouent un rôle important pour déclarer qui a droit à succéder : la technique de la représentation et la technique de la fente successorale.

1. *L'ordre de la succession*

Les parents légitimes sont répartis en quatre catégories.

• Les descendants.
Les descendants sont les premières personnes appelées à recevoir la succession. Il peut s'agir d'enfants naturels légitimes, légitimés ou adoptifs.
On appelle descendants en ligne directe les enfants, petits-enfants, arrière petits-enfants, etc. S'il y a plusieurs enfants, la succession est partagée également entre eux. Lorsque l'un des enfants est mort mais a laissé des enfants, ses propres enfants pourront le remplacer dans la succession, mais devront se partager la part qu'il aurait obtenue s'il avait été vivant.

• Les ascendants privilégiés et les collatéraux privilégiés.
Il s'agit du père et de la mère du défunt, et des frères et sœurs du défunt. Ils héritent lorsque le défunt est mort sans avoir eu de descendance. Trois cas peuvent se produire.

Premier cas. Il n'y a que des frères et sœurs. La succession sera partagée également entre eux. Un frère ou une sœur décédé peut être représenté par ses descendants, qui recueillent alors la part à laquelle ce frère ou cette sœur avait droit.

Deuxième cas. Il y a des frères et sœurs, et aussi les parents. Chacun des parents reçoit alors un quart de la succession, les frères et sœurs se partagent le reste (ils se partagent la moitié de la succession si les deux parents sont vivants, ils se partagent les trois quarts de la succession s'il ne reste qu'un parent).

Troisième cas. Il n'y a que les parents (enfant unique ou frères et sœurs décédés sans postérité). Chacun reçoit la moitié de la succession. Si un seul des parents est vivant il ne recevra pas forcément la totalité de la succession, car intervient alors la technique de la fente successorale. Cette technique permet de répartir les biens entre les deux lignes, paternelle et maternelle. Lorsque l'un des parents du défunt est mort, on regarde s'il n'a pas de parents encore vivants. Si le défunt a de ce côté des grands-parents, ces derniers auront droit à la moitié de la succession. Donc le parent survivant ne peut recueillir toute la succession de son enfant que s'il n'existe pas de grands-parents dans l'autre ligne (les parents de son conjoint décédé).

• Les ascendants ordinaires.
Ce sont les ascendants autres que les parents du défunt. Il s'agit donc des grands-parents, arrière-grands-parents, etc.
Ils héritent lorsque le défunt n'avait ni descendants, ni parents, ni frères et sœurs. (Ils peuvent hériter lorsque survit un seul des parents, grâce au principe de la fente, comme nous l'avons vu.)

Pour le partage de la succession entre les divers ascendants ordinaires, on applique encore le système de la fente : la succession se divise en deux, une part allant à la ligne paternelle, une part allant à la ligne maternelle. Si une ligne ne comporte pas d'ascendants, l'autre ligne recueille toute la succession.

• Les collatéraux ordinaires.
Il s'agit des cousins du défunt. Ils ne recueillent la succession qu'en l'absence de personnes dans les trois premières catégories. Sont alors susceptibles d'hériter les cousins jusqu'au sixième degré, c'est-à-dire les cousins issus de germains, mais les plus proches cousins primeront les autres. Le système de la fente est encore applicable, car il existe souvent des cousins dans les deux lignes paternelle et maternelle.

2. *Le principe de la représentation*

La représentation joue au profit des descendants de la personne représentée. Pour pouvoir être représentée, une personne doit avoir eu droit à succéder, mais ne pas pouvoir succéder parce qu'elle est morte, absente, ou disparue. Elle n'aurait pas eu le droit de succéder si, par exemple, elle en avait été indigne (cas d'indignité vus dans l'introduction). Les descendants n'ont pas le droit de représenter une personne indigne. De plus, seules deux catégories de personnes peuvent être représentées par leurs descendants (et par eux seuls, la représentation ne pouvant pas jouer en ligne ascendante) : les enfants du défunt et les frères et sœurs du défunt.
Ont qualité pour être représentants dans une succession tous les descendants de la personne représentée (en cas de décès des enfants, cette personne peut être représentée par ses petits-enfants).
Conséquences de la représentation : le ou les représentants prennent la place de la personne représentée, et obtiennent les mêmes droits. Mais s'ils sont plusieurs à un même degré de parenté, ils devront se partager la part qu'aurait obtenue la personne représentée.

3. *Le principe de la fente successorale*

La loi tient à ce que les deux lignes, paternelle et maternelle, aient des droits égaux dans la succession. Aussi lorsqu'il existe des héritiers dans chacune des deux lignes, la succession est partagée en deux, la moitié est répartie dans chaque ligne, entre les personnes ayant un même degré de parenté (exemple : les seuls héritiers d'un défunt sont ses cousins ; il a des cousins germains du côté de sa mère, et des cousins germains du côté de son père ; la moitié de la succession va dans chacune des deux lignes, les cousins de chaque ligne partagent ensuite cette moitié entre eux ; s'ils sont plus nombreux dans la ligne maternelle par exemple, chacun dans cette ligne aura moins que chaque cousin de la ligne paternelle – où les parents sont moins nombreux et où les biens seront donc moins fractionnés). La fente est applicable lorsque la succession est recueillie par des ascendants ou par des collatéraux, c'est-à-dire lorsqu'il y a des héritiers dans deux lignes familiales différentes, unies par l'alliance. Elle commence à être applicable lorsque, en l'absence de descendants et de frères et sœurs, le défunt n'a plus qu'un de ses parents survivant. Ce parent n'aura que la moitié de la succession s'il existe des grands-parents dans l'autre lignée. Ensuite le système de la fente est évidemment appliqué lorsque les seuls héritiers sont les ascendants ordinaires (grands-parents, arrière-grands-parents), et lorsque les seuls héritiers sont des cousins : c'est l'exemple que nous avons choisi plus haut.

Les héritiers non légitimes. La loi accorde désormais les mêmes droits successoraux aux enfants naturels qu'aux enfants légitimes. Une distinction était faite naguère entre l'enfant naturel simple, et l'enfant dont un des parents était engagé dans les liens du mariage avec une autre personne au moment de sa conception. Cette distinction n'a plus lieu d'être, la Cour européenne des Droits de l'homme ayant décidé que tous les enfants avaient les mêmes droits dans la succession de leur auteur (parent).

1. *L'enfant naturel*

Il a maintenant dans la famille les mêmes droits qu'un enfant légitime.

2. *L'enfant naturel dont la filiation n'est pas juridiquement établie*

Cet enfant n'a pas la qualité d'héritier. Toutefois s'il a obtenu en justice le versement d'une pension, la succession de celui qui devait la pension peut être tenue de continuer le versement.

Le conjoint survivant. À compter du 1er juillet 2002, les droits du conjoint survivant sont améliorés, puisque désormais il ou elle devient héritier réservataire.
D'autre part, le conjoint survivant bénéficie désormais d'un double droit au logement. Tout d'abord, le veuf ou la veuve jouit, pour une durée d'un an à compter du décès de son conjoint, d'un droit d'usage gratuit du logement et de son mobilier. Il doit s'agir de la résidence principale du couple. Si ce domicile n'était pas la propriété du ménage, mais était un logement en location, les loyers pendant une année sont à la charge des autres héritiers.
Puis, à l'issue de cette première année, un autre type de droit, de nature viagère, prend naissance : le conjoint survivant bénéficie jusqu'à son décès d'un droit au logement. Là encore, le droit porte sur la résidence principale. Le veuf ou la veuve dispose d'un an pour décider ou non de jouir de ce droit qui lui permet (sauf disposition testamentaire contraire du défunt ou de la défunte) de conserver l'usufruit du logement. Contrairement au droit d'usage gratuit pendant la première année du veuvage, ce second droit doit être évalué et, une fois l'évaluation

faite, la valeur du droit est déduite des autres droits successoraux du veuf ou de la veuve.
D'autre part, le conjoint survivant devenant héritier réservataire, voit ses droits considérablement accrus. Si le défunt ou la défunte ne laisse ni parents ni enfants, le veuf ou la veuve hérite de la totalité de la succession en pleine propriété, sauf éventuellement la moitié des biens de famille qui revient aux frères ou sœurs du défunt.
Si le défunt laisse des enfants nés de son mariage avec le conjoint survivant, ce dernier a le choix entre récupérer un quart de la succession en pleine propriété ou avoir la totalité en usufruit.
Si le défunt ou la défunte avait des enfants d'un autre lit, le conjoint survivant n'a pas le choix : il hérite du quart des biens en pleine propriété.
Si le défunt ne laisse pas d'enfants, mais un ou deux de ses parents survivants, les droits de la veuve ou du veuf sont les suivants : les deux parents étant vivants, il ou elle a droit à la moitié de la succession de son conjoint en pleine propriété ; un seul parent vivant : les trois quarts de la succession.
Enfin, si le conjoint survivant se trouve dans le besoin, les héritiers doivent éventuellement lui verser une pension s'il la réclame dans l'année qui suit le décès.

Les successeurs anomaux. La succession dite « anomale » est une exception au principe général fixé par la loi en matière de succession. Ce principe est le suivant : « La loi ne considère ni la nature ni l'origine des biens pour en régler la succession ».
Or dans la succession anomale, on prendra en considération l'origine des biens. La succession aura lieu en général parallèlement à la succession normale, et réglera la destination de certains des biens qui ont été donnés au défunt, avant sa mort, par ses ascendants. L'ascendant donateur a alors le droit de reprendre les biens qu'il avait donnés même si, dans la succession normale, il y a des héritiers qui ont un rang plus favorable que le sien.
Pour que cet ascendant puisse exercer son droit sur le bien qu'il avait donné, ce bien doit se retrouver en nature dans la succession (si le bien donné avait été vendu ou donné par le défunt avant sa mort, le donateur ne pourrait plus le réclamer). La succession anomale est tout à fait indépendante de la succession normale. Une même personne peut se trouver héritière dans les deux successions. Elle peut parfaitement refuser la succession normale et accepter la succession anomale, ou vice versa.
Qui peut être successeur anomal :
– les ascendants légitimes, lorsque le défunt bénéficiaire du don est mort sans postérité légitime ;
– les adoptants simples ou leurs descendants, lorsque l'adopté qui a reçu le don est mort sans postérité légitime ;
– les frères et sœurs légitimes d'un enfant naturel, lorsque l'enfant naturel est mort en ne laissant ni parents, ni descendants.

L'État. En l'absence de parents susceptibles d'hériter (cousins au 6e degré), l'État recueille la succession du défunt. Mais il n'acquiert pas immédiatement la posses-

sion des biens : il doit se faire « envoyer en possession » par le tribunal de grande instance. L'État peut d'autre part recevoir des dons, les héritiers disposant alors de 3 mois pour s'opposer à l'exécution du don.
Pour chaque succession, l'État prélève des impôts qui peuvent être très élevés lorsque la parenté n'est pas la plus proche. Pour les successions entre ascendants et descendants, l'État prélève en moyenne, sur la masse successorale taxable, de 5 % à 20 % selon l'importance de la succession ; entre frères et sœurs, ce pourcentage va de 35 % à 45 % ; entre cousins, il est de 55 %.

III – La succession « ab intestat » – Le déroulement de la succession

La loi a prévu aussi une réglementation au stade de la transmission de la succession, car une fois la succession ouverte, de nombreux problèmes risquent de se poser, et les conflits entre héritiers sont fréquents. Nous venons de voir comment la loi désigne qui a vocation à hériter, mais elle laisse une place à la volonté individuelle en permettant aux personnes ayant vocation à recueillir la succession, d'accepter ou de refuser cette succession.

Le droit d'option accordé aux personnes ayant vocation à succéder au défunt

« Nul n'est tenu d'accepter une succession » déclare la loi. En effet une succession qui comporte plus de dettes que de biens, non seulement n'a aucun intérêt pour les héritiers mais constitue pour eux une charge, car ils devront rembourser les dettes du défunt. Aussi la loi permet-elle au successible (on appelle successible la personne qui a vocation à hériter) de choisir entre trois solutions :
– le successible peut accepter purement et simplement la succession. Il a intérêt à le faire s'il sait que la succession présente un intérêt financier (lorsque les biens ont une valeur supérieure aux dettes) ;
– il peut renoncer à la succession. Il a intérêt à le faire lorsque la succession est déficitaire (lorsque les dettes sont supérieures à la valeur des biens) ;
– la troisième solution est l'acceptation sous bénéfice d'inventaire. Le successible la choisira s'il est mal renseigné sur la qualité de la succession. Cela lui permettra de ne pas engager son patrimoine personnel en recueillant cette succession.

Le successible a en principe une entière liberté de choix entre ces trois solutions. La loi lui accorde un délai de 30 ans pour se décider, mais en pratique les circonstances l'obligeront souvent à agir dans un délai plus bref.

Il existe quelques exceptions à la liberté de choix entre les trois solutions. Ainsi l'héritier qui a diverti ou recelé certains effets d'une succession, et a tenté par là de rompre à son avantage l'égalité qui doit exister entre les héritiers, est dans l'obligation d'accepter purement et simplement la succession, et ne peut plus prendre aucune part sur les objets divertis ou recelés. Au contraire, l'héritier qui aura accompli des actes de gestion dans le patrimoine de la succession sera considéré comme l'ayant acceptée. Lorsque le successible a choisi l'une des trois solutions, sa décision portera sur la totalité de la succession. Il ne pourrait pas décider de renoncer à certains biens et d'accepter des autres. L'option du successible ne doit pas porter atteinte aux droits des créanciers (par exemple : un héritier criblé de dettes refuse une bonne succession parce qu'il ne désire pas la voir tomber entre les mains des créanciers. Les créanciers pourront alors agir en justice afin de faire jouer à leur égard une option différente de celle choisie par l'héritier).

• L'acceptation pure et simple.
Le successible qui accepte purement et simplement une succession reçoit la totalité de la succession, les biens et les dettes. Il remplace alors le défunt, devenant propriétaire des biens et débiteur des dettes. Le patrimoine du défunt vient se confondre avec le patrimoine de l'héritier.
Les formalités d'acceptation d'une succession, acceptation pure et simple, sont très réduites. Il suffit d'avoir manifesté par écrit simple, ou même de s'être comporté d'une façon qui fait supposer l'intention d'accepter la succession. Il y a acceptation tacite en effet lorsque le successible a fait un acte qu'il n'avait le droit de faire qu'en qualité d'héritier (exemple : lorsqu'il agit en propriétaire des biens de la succession en faisant une opération de vente ; ou même s'il fait sur la succession des actes de jouissance et d'administration).
Donc un successible qui hésite à accepter une succession doit faire très attention à son comportement, afin de ne pas être présumé avoir accepté. Il ne peut agir qu'en cas d'extrême urgence (exemple : une réparation qui ne peut pas attendre). Un successible peut se voir obligé d'accepter une succession, s'il a recelé des effets de cette succession. L'acceptation forcée est alors une sanction.

• La renonciation à la succession.
Le successible qui renonce à la succession reste à l'écart de celle-ci, il ne reçoit aucun bien, il n'est tenu d'aucune dette. La renonciation doit être exprimée dans une déclaration au greffe du tribunal de grande instance du lieu d'ouverture de la succession. Si un successible ne prenait aucune option, au bout de 30 ans, il serait présumé avoir renoncé à la succession. Une renonciation n'est jamais irrévocable. La personne qui a renoncé peut revenir sur sa décision. Pour cela il suffit de manifester son acceptation à la succession, même de façon tacite. Toutefois, cette acceptation après renonciation n'aura d'effet que si entretemps aucun autre successible n'a accepté la succession.

• L'acceptation sous bénéfice d'inventaire.
S'il accepte sous bénéfice d'inventaire, l'héritier ne sera tenu des dettes du défunt que dans la limite des biens existant dans la succession. Les dettes du défunt ne risqueront pas de devenir une charge personnelle pour lui. Le patrimoine de l'héritier n'est pas confondu avec celui du défunt, comme en cas d'acceptation pure et simple. Les créanciers du défunt ne pourront pas réclamer à l'héritier le paiement des dettes de la succession au-delà des biens laissés par cette même succession.
L'acceptation sous bénéfice d'inventaire doit être exprimée officiellement par une déclaration au greffe du tribunal de grande instance du lieu d'ouverture de la succession. Cette déclaration doit être accompagnée d'un inventaire des biens de la succession, dressé par notaire. L'héritier doit faire élaborer cet inventaire dans les 3 mois qui suivent le jour d'ouverture de la succession. L'acceptation sous bénéfice d'inventaire n'est pas une décision irrévocable. L'héritier peut par la suite changer d'avis et décider d'accepter purement et simplement. Cette acceptation pure et simple peut être présumée de son comportement, s'il fait un acte qui implique une confusion entre le patrimoine du défunt et le sien propre (exemple : prendre de l'argent dans la succession pour faire réparer une maison qui fait partie de son patrimoine personnel). Mais après avoir accepté sous bénéfice d'inventaire, un héritier n'aura plus le droit de renoncer à la succession.

L'INDIVISION

Au moment de l'ouverture de la succession, lorsqu'il y a plusieurs héritiers, ces héritiers vont se trouver copropriétaires des biens de la succession (et codébiteurs des dettes). Chacun a vocation à recueillir une part de l'héritage, mais en attendant le partage les héritiers ont les mêmes droits sur l'ensemble de la succession, on dit qu'ils sont en indivision. Le Code civil avait prévu que cet état d'indivision était un état temporaire, destiné à durer le moins longtemps possible. « Nul n'est tenu de rester dans l'indivision », c'est-à-dire que tout héritier peut réclamer le partage. Pensant que cette situation serait temporaire, le Code civil l'a peu réglementée, ce qui rend malcommode la période d'indivision. D'autant plus qu'en pratique l'indivision peut durer longtemps, tant que n'intervient pas le partage. Elle peut même devenir une situation durable et organisée. L'indivision comporte toute la fortune du défunt, ses biens et ses dettes. Les biens indivis sont : les biens recueillis au décès, plus les fruits et revenus produits pendant l'indivision, plus les biens nouveaux remplaçant les biens indivis qui auraient été vendus ou échangés ; les dettes de l'indivision comprennent les dettes du défunt, plus les dettes nées du fonctionnement de l'indivision.

• Le fonctionnement de l'indivision.
Aucun des héritiers ne peut faire un acte de disposition (exemple : une vente), ou un acte d'administration (exemple : placement des revenus) concernant la succession, sans l'accord de tous les autres. Il faut donc un consentement unanime des héritiers

pour toute décision relative à la succession. Cette exigence est une règle peu pratique pour la gestion d'une fortune, surtout lorsque les héritiers s'entendent mal. En cas de vente, l'accord unanime des héritiers est remplacé par l'accord de la majorité pour la vente des meubles, à condition que cette vente soit destinée à payer les créanciers.
Si un héritier décidait seul de vendre un bien de la succession, cette vente ne pourrait avoir aucun effet, les autres héritiers pouvant exiger le retour du bien dans la succession. Elle n'aurait d'effet que si, une fois le partage terminé, le bien vendu se trouvait distribué dans le lot de celui qui avait conclu la vente.

• Cas des actes d'administration.
Pendant l'indivision, il est nécessaire d'administrer la fortune du défunt. La règle d'unanimité risque de bloquer sans cesse le fonctionnement du régime d'indivision. La gestion de la succession peut alors devenir extrêmement difficile. Les héritiers ont alors intérêt à s'entendre pour laisser la gestion de l'indivision à l'un d'entre eux (le plus capable, ou bien encore le plus digne de confiance).
Le gestionnaire ainsi désigné par l'ensemble des héritiers sera un mandataire, et il devra rendre compte de sa gestion en fin d'indivision. Si les héritiers ne peuvent pas s'entendre, la meilleure solution est de procéder au partage le plus rapidement possible.

• La durée de l'indivision.
« Nul n'est tenu de rester dans l'indivision » déclare la loi. Il est pourtant des cas où l'indivision peut être obligatoire. Ce sont les cas où la loi l'exige ou bien en laisse l'appréciation au tribunal, parce qu'elle estime que l'indivision est la meilleure solution à adopter dans certaines hypothèses. Ainsi lorsqu'il y a des enfants mineurs, lorsqu'il s'agit d'une exploitation agricole familiale, lorsqu'il s'agit d'un local d'habitation ou à usage professionnel qui était occupé par le défunt ou son conjoint.
Le maintien dans l'indivision ne peut pas être prescrit pour une durée supérieure à 5 ans. L'indivision peut ensuite être renouvelée dans certains cas.
L'indivision se maintient dans une autre hypothèse : lorsque les héritiers se sont engagés à rester dans l'indivision. Ils peuvent créer une société d'indivision, soit parce qu'ils trouvent l'indivision préférable au partage et désirent la prolonger, soit parce qu'ils trouvent une réglementation satisfaisante de l'indivision dans les statuts (c'est-à-dire les règlements) d'une société.

Les rapports à succession

Le défunt a pu faire de son vivant des dons à une personne qui devient par la suite son héritier. La loi présume que ces dons, sauf volonté contraire et expresse du donateur, constituaient une avance sur l'héritage à recevoir. Donc au moment de la succession, ils doivent être rapportés à la masse partageable, afin que l'égalité entre héritiers soit rétablie.

• Les dons rapportables à la succession.
Toute donation entre vifs faite par le défunt de son vivant est en principe rapportable à la succession, que la donation ait été faite d'une façon directe ou indirecte. Les donations faites par contrat de mariage sont aussi soumises à rapport. Toutefois, une donation peut être gardée par son bénéficiaire si le défunt l'avait faite en spécifiant expressément qu'elle était faite « avec dispense de rapport ». Donc la personne qui fait une donation et ne veut pas que le donataire ait à remettre le bien donné à la succession doit faire très attention à spécifier que la donation est faite « avec dispense de rapport ».
La loi prévoit aussi que certains dons, étant donné leur nature, ne sont pas rapportables à la succession : les frais de nourriture, d'entretien, d'éducation, d'apprentissage, les frais ordinaires d'équipement, ceux de noces et les présents d'usage.
Les fruits et intérêts des donations rapportables ne sont sujets à rapport qu'à partir du jour d'ouverture de la succession ; les donations-partages (partage successoral effectué par une personne de son vivant, afin d'éviter à ses héritiers les problèmes de succession) ne sont évidemment pas rapportables.
La loi décide que si un immeuble, objet d'une donation rapportable, a péri fortuitement (exemple : inondation) sans faute du bénéficiaire de la donation, ce dernier n'est pas tenu à en rapporter la valeur.

• La forme du rapport.
Le rapport peut être effectué en nature, c'est-à-dire que le bénéficiaire de la donation remet le bien reçu dans la masse partageable de la succession. Mais le plus souvent, le rapport sera fait en valeur : le bénéficiaire de la donation remettra la valeur du bien reçu à la succession. Il fait en général cette remise en acceptant que sa part successorale soit diminuée de la valeur du bien antérieurement reçu. La valeur de ce bien doit être calculée à la date du jour de la donation.

Le partage

Le partage est normalement la règle en matière de succession, lorsqu'il y a plusieurs héritiers : « Nul ne peut être contraint à demeurer dans l'indivision, et le partage peut toujours être provoqué, nonobstant prohibitions et conventions contraires ». Le partage peut être un partage amiable ou un partage judiciaire.
Les héritiers ont, en général, intérêt à réaliser un partage amiable.

• Le partage amiable.
Il peut intervenir lorsque les héritiers s'entendent, et sont majeurs, capables et présents (ou représentés). Ceci suppose que les héritiers se sont entendus pour la composition des lots et leur répartition. Ils sont libres de faire ces opérations à leur gré, en respectant seulement une égalité en valeur. Ils peuvent décider que l'un d'eux prendra tel ou tel bien dans la succession, et qu'il versera en argent la diffé-

rence aux autres héritiers, si ce bien a une valeur qui dépasse la part à laquelle il a droit ; ceci permet aux héritiers de garder les biens qui les intéressent le plus, à condition évidemment d'être tombés d'accord.

• Le partage judiciaire.
Le partage est effectué sous le contrôle du tribunal, selon des formes minutieusement prévues, lorsqu'il y a parmi les héritiers des mineurs ou des absents, ou bien lorsque les héritiers ne sont pas d'accord.
Cette forme de partage est rarement souhaitable, car elle est très onéreuse et ne satisfait généralement pas les héritiers qui se voient attribuer les lots au hasard, par tirage au sort. La règle est ici l'égalité en nature, c'est-à-dire que chaque lot devrait comprendre une égale quantité de biens de même nature (autant de meubles, d'immeubles, de valeurs mobilières, etc.). Quoi qu'il en soit on aboutit toujours au tirage au sort.
Le partage judiciaire, étant donné son esprit de grande égalité, aboutit souvent au morcellement des propriétés, ce qui est néfaste au point de vue économique. Aussi la loi a-t-elle prévu un régime exceptionnel d'attribution de certains biens.

• Le régime d'attribution intégrale de certains biens.
Certains héritiers pourront demander que tel ou tel bien leur soit attribué en totalité, quitte à verser une soulte aux autres héritiers. La soulte est une somme d'argent qui correspond à la différence de valeur entre le bien obtenu et la part à laquelle ils avaient normalement droit. Cette soulte permet de rétablir l'égalité en valeur entre les héritiers.
Quels sont les biens susceptibles d'être l'objet d'une attribution préférentielle ?
Cette attribution peut être demandée pour les exploitations agricoles, commerciales, industrielles ou artisanales, non exploitées en société, et ayant un caractère familial. Elle peut être demandée aussi pour les locaux d'habitation ou professionnels.
Qui peut demander une attribution préférentielle ?
Lorsqu'il s'agit d'un appartement ou d'une maison d'habitation, le conjoint survivant à condition qu'il y ait demeuré avec un ou des enfants. Pour l'exploitation, le conjoint survivant ou tout héritier, s'il remplit deux conditions : avoir été (ou être devenu par l'ouverture de la succession) copropriétaire de l'exploitation ; avoir participé ou participer à cette exploitation ; la loi du 4 juillet 1980 fixe que « dans le cas de l'héritier, la condition de participation peut avoir été remplie ou être remplie par son conjoint ».

• Effets du partage.
Les effets du partage rétroagissent au jour du décès : chaque héritier est reconnu comme ayant été, depuis le jour du décès, le seul propriétaire des biens qui lui ont été attribués par le partage. Donc si un héritier avait, pendant l'indivision, cédé des droits sur certains indivis (exemple : location, vente), ces droits seraient annulés si ces biens ne sont pas tombés dans son lot.

• Le paiement des dettes.
Les dettes du défunt sont divisées dès le décès entre les cohéritiers, proportionnellement à la part d'héritage qu'ils sont destinés à recevoir. Le recouvrement de ces dettes n'est pas différé jusqu'à la clôture des opérations de partage. Les créanciers du défunt, en cas d'insolvabilité personnelle de l'héritier, ont le privilège de pouvoir saisir, jusqu'au partage, tout bien de la succession pour se faire payer leurs créances. Les créanciers personnels d'un héritier ne bénéficient pas de cet avantage. En cas d'insolvabilité de leur débiteur, ils peuvent compter sur la part d'héritage qu'il est destiné à recueillir pour se faire payer. Mais ils ne peuvent pas saisir les biens indivis et doivent attendre le partage. Ils ont alors deux moyens d'agir. Ils peuvent provoquer le partage, si l'indivision dure trop longtemps (souvent le débiteur ne fait rien pour hâter le partage sachant que les biens qui sont recueillis ne profiteront qu'à ses créanciers).
Ils peuvent aussi « faire opposition à partage », ce qui ne signifie pas empêcher le partage (qu'ils ont intérêt à voir réaliser le plus rapidement possible) mais empêcher que le partage ne se déroule sans qu'ils soient présents aux opérations. Ainsi ils pourront vérifier eux-mêmes la régularité des opérations, s'ils craignent que les héritiers ne s'entendent entre eux pour réaliser un partage qui leur serait très défavorable.

• L'action en garantie.
Cette action permet à un héritier évincé de se faire indemniser par les autres copartageants de la perte qu'il a subie. Il doit être victime de l'éviction et non pas en être personnellement responsable pour avoir droit à indemnité d'éviction : ne pas pouvoir jouir de tous les droits qui étaient normalement contenus dans son lot (exemple : il avait obtenu la propriété d'un bien successoral, or on s'aperçoit que la succession n'avait jamais eu le droit de prétendre à l'entière propriété de ce bien).
L'héritier se trouve alors avec une propriété imparfaite sur le bien qu'il avait obtenu. Les autres copartageants doivent l'indemniser pour réparer l'inégalité ainsi apparue.

• La nullité du partage.
La nullité du partage peut être prononcée pour vice du consentement, erreur sur la cause, incapacité d'un copartageant, ou lésion.
Les seuls vices du consentement susceptibles de faire annuler un partage sont le dol et la violence. La nullité est alors relative, ce qui veut dire que seules les victimes peuvent la demander. En cas d'incapacité d'un copartageant, la nullité est encore relative, seul l'incapable ou son représentant pouvant la demander. L'erreur sur la cause entraîne, elle, une nullité absolue du partage (pouvant être demandée par tout intéressé). Exemples d'erreurs sur la cause : le partage s'est effectué dans l'ignorance de l'existence d'un testament retrouvé par la suite, ou bien on a oublié un cohéritier, etc.
La lésion est sévèrement réprimée en matière de partage. Elle n'entraîne cependant qu'une nullité relative ; donc seul l'héritier victime de lésion peut la demander.

Pour pouvoir intenter une action en rescision du partage pour lésion, l'héritier doit avoir été lésé de plus d'un quart. La rescision du partage signifie l'anéantissement du partage.
La lésion est sévèrement réprimée en matière de partage, car elle porte atteinte au principe essentiel d'égalité entre les héritiers.

IV – La succession testamentaire

La succession testamentaire a lieu lorsque le défunt a exprimé sa volonté dans un testament valable. Il désigne dans un testament ses légataires, c'est-à-dire les personnes à qui il désire transmettre ses biens. Mais certains de ses parents ont un droit inattaquable à recevoir une partie de sa fortune. Il ne pourra pas les déshériter totalement. Donc le plus souvent, le testateur (celui qui rédige le testament) ne peut pas disposer librement de la totalité de sa fortune. Pour faire un testament (ou une donation entre vifs), il faut être sain d'esprit, et capable juridiquement.
Un mineur de moins de 16 ans ne peut pas en principe disposer de ses biens. Un mineur de 16 ans non émancipé peut disposer, par testament, de la moitié des biens dont un majeur pourrait disposer. Pour être capable de recevoir par testament, il suffit d'être conçu à l'époque du décès du testateur (mais le testament n'aura son effet à l'égard de l'enfant que s'il naît viable). Les médecins, officiers de santé et les pharmaciens qui se seront occupés d'une personne pendant la maladie dont elle meurt, ne pourront pas profiter des dispositions entre vifs ou testamentaires qu'elle aurait faites en leur faveur pendant le cours de cette maladie (sauf quelques exceptions tenant à la parenté). On veut éviter que des étrangers, en s'occupant du malade dans un but de lucre, ne profitent de son état maladif pour se faire attribuer sa fortune.

Le testament

Le testament doit être fait par écrit. Les dernières volontés énoncées verbalement ne pourraient constituer qu'une obligation naturelle. La loi a prévu que le testament peut être :
- olographe ;
- mystique ;
- authentique.

Le testament *olographe* doit être écrit entier, daté et signé de la main du testateur. Le testament *mystique*, rarement usité, peut être écrit par le testateur ou par un tiers qu'il a choisi, mais doit être présenté clos et scellé par le testateur, à un notaire, devant témoins. Le testament *authentique* est un acte notarié, écrit par le notaire sous la dic-

tée du testateur, devant témoins. Il est signé par le testateur, le notaire et les témoins. Il existe encore une autre forme, plus rare, de testaments : les testaments dits privilégiés. Ils sont autorisés, en cas de circonstances exceptionnelles (armée, voyage maritime...). Dans un testament, le testateur désigne ses légataires. Il peut y insérer des dispositions extra-patrimoniales (exemple : sa volonté en ce qui concerne ses funérailles).
(*Voir, en annexes, les différentes formules concernant les testaments.*)

La quotité disponible

La quotité disponible est la fraction de ses biens dont une personne a le droit de disposer librement, soit par donation entre vifs, soit par testament. Une partie de sa fortune est en effet réservée à certains de ses parents proches ; cette part à laquelle il ne faut pas toucher est appelée « réserve héréditaire ».
Donc une personne ne peut pas, de son vivant, faire librement des dons, s'il existe dans sa famille des personnes qui auront la qualité d'héritiers réservataires. Toutefois le propriétaire des biens pourra décider de vendre toute sa fortune avant sa mort, cela n'est pas interdit. L'argent procuré par ces ventes reviendrait à la succession.
C'est seulement en l'absence d'héritiers réservataires qu'une personne peut librement donner ou léguer sa fortune (legs : transmission des biens exprimée dans un testament) à toute personne de son choix.
Quels sont les héritiers réservataires ? Sont héritiers réservataires :
– les descendants légitimes ou naturels ;
– les ascendants ;
– le conjoint survivant en l'absence de descendants ou d'ascendants directs.

• Les descendants légitimes ou naturels simples.
Il s'agit des descendants légitimes, adoptifs ou naturels. La quotité disponible pour les parents variera selon le nombre de leurs enfants. Lorsqu'il y a un seul enfant, le père ou la mère pourra disposer librement (par donation ou legs) de la moitié de ses biens. La réserve héréditaire d'un enfant unique est la moitié des biens de son père ou de sa mère. S'il y a deux enfants, la quotité disponible pour leur parent est d'un tiers des biens. S'il y a trois enfants, la quotité disponible pour leur parent est d'un quart des biens. Au-delà de trois enfants, la quotité disponible pour leur père ou pour leur mère reste toujours d'un quart des biens possédés.
Donc à partir de trois enfants, plus les enfants sont nombreux moins leurs réserves héréditaires individuelles sont importantes. Lorsque l'un des enfants est mort, la quotité disponible n'est pas modifiée si cet enfant a lui-même des descendants, car ses descendants recueillent la part à laquelle il avait droit. Mais si un enfant est mort sans descendance, on ne le compte plus, la quotité disponible peut alors se trouver élargie.

• Les ascendants légitimes.

Lorsqu'il n'y a pas de descendants, mais qu'il existe des ascendants, ces ascendants ont droit à une réserve héréditaire qui vient réduire la faculté pour une personne de disposer librement de ses biens.

En l'absence de descendants, chaque ligne (maternelle et paternelle) a une réserve héréditaire d'un quart des biens que possédait le défunt. Une personne ne peut donc disposer librement que de la moitié de ses biens si, à défaut de descendants, elle possède des ascendants dans les deux lignes (paternelle et maternelle). Elle peut disposer librement des trois quarts de ses biens si elle n'a d'ascendants que dans une seule ligne (paternelle ou maternelle).

La réserve héréditaire est protégée par une action en justice, l'action en réduction. Les héritiers réservataires qui n'ont pas obtenu leur réserve parce que le défunt avait fait des dons ou des legs dépassant la quotité disponible, peuvent intenter cette action en justice.

Elle leur permettra de faire réduire ou même supprimer les donations ou legs qui ont porté atteinte à leur réserve. Nous avons vu quels sont les héritiers réservataires.

Les frères et sœurs, ainsi que le conjoint survivant, ne bénéficient pas d'une réserve. Le défunt peut donc les déshériter totalement.

• Le conjoint survivant.

La loi du 3 décembre 2001 a accru les droits successoraux du conjoint survivant non divorcé ni séparé de corps par jugement. Cette réforme ne s'applique pas aux concubins ou aux personnes pacsées.

Le conjoint survivant est tout d'abord titulaire d'un droit à la jouissance gratuite du logement familial pendant une année.

En présence de descendants du défunt, si ce sont des descendants qu'ils ont eus ensemble, le veuf ou la veuve a une option entre l'usufruit de la totalité des biens existants, ou le quart des biens en toute propriété. S'il y a des enfants que le défunt a eus d'un autre lit, le veuf ou la veuve a droit au quart des biens en toute propriété.

S'il n'y a pas d'enfants, mais en présence d'ascendants (père ou mère du défunt), chaque ascendant recueille un quart des biens et le veuf ou la veuve recueille la moitié. Si le père ou la mère est décédé, sa part passe au conjoint successible. Si les deux parents sont décédés, le veuf ou la veuve hérite de la totalité.

Enfin, il peut exister des biens de famille ayant appartenu au défunt : en ce cas, si le défunt est sans enfant ni parent, les biens de famille iront pour moitié aux frères et sœurs et pour l'autre moitié au conjoint survivant.

DEUXIÈME PARTIE
LES MŒURS ET LA LOI

Dans une société à la fois libérale et permissive telle que la société française contemporaine, le législateur ne peut certainement pas songer à imposer un *ordre moral* quelconque aux individus. Dans ce domaine, il doit au contraire faire en sorte que les convictions personnelles de chacun puissent être respectées. Mais il en va autrement quand l'idéologie, les conceptions ou les goûts de certains individus se traduisent par des agissements susceptibles de porter atteinte à l'intégrité morale et physique des personnes. Les notions de bonnes mœurs et de moralité publique correspondent à la prohibition de tels agissements et comportements passibles des tribunaux.

Il convient de souligner que la notion de bonnes mœurs a considérablement évolué au cours du XXe siècle et surtout depuis 50 ans.

Que l'on se rappelle les poursuites intentées à Flaubert pour avoir écrit *Madame Bovary*, à Baudelaire pour *les Fleurs du Mal*. Ces dernières années se sont développés, dans la plus complète liberté, une littérature, un cinéma et un théâtre érotiques, voire pornographiques sans qu'ils aient donné lieu à des poursuites.

S'il est vrai que les lecteurs ou les spectateurs sont pleinement conscients du caractère des ouvrages qu'ils achètent ou des spectacles auxquels ils assistent, il n'en demeure pas moins que tombent sous le coup de la loi tous les actes susceptibles de porter atteinte à l'intégrité physique ou morale des individus.

1

LES ATTENTATS AUX MŒURS[1]

Les attentats aux mœurs peuvent prendre diverses formes, plus ou moins graves. Certains sont qualifiés de délits (passibles du tribunal Correctionnel), d'autres de crimes (passibles de la Cour d'Assises). Ces derniers, plus dangereux, sont punis plus sévèrement. Dans tous les cas, les auteurs de ces actes encourent des peines de prison, auxquelles s'ajoutent souvent des amendes. Il n'est pas nécessaire qu'il y ait eu violence pour que l'acte soit grave et jugé sévèrement.

I – Attentats aux mœurs punissables même s'il n'y a pas eu violence

La loi veut d'une part empêcher des scandales propres à offenser la pudeur des témoins, et même à perturber leur équilibre moral, et d'autre part protéger les enfants et les adolescents que leur ignorance rend inconscients de certains dangers.

L'OUTRAGE PUBLIC À LA PUDEUR

L'outrage public à la pudeur est un délit. La loi le punit essentiellement à cause du scandale qu'il provoque. Ce délit est ainsi défini : « L'exhibition sexuelle imposée à la vue d'autrui dans un lieu accessible aux regards du public ».
Ce délit est donc composé de deux éléments : un outrage à la pudeur, un outrage public.

1. Mœurs : du latin *mos*, pluriel *mores*.
a) Sens latin d'origine : manière de vivre, usages, coutumes.
On dit dans ce sens les mœurs françaises des paysans, des citadins, des artistes, etc.
b) Habitudes considérées par rapport au bien ou au mal (Littré). C'est dans ce sens que l'on dit « de bonne vie et mœurs ».
c) En droit, et plus spécialement en droit civil et pénal, le sens est plus particulier.
Il est souvent relatif au comportement en matière sexuelle. Sont contraires aux bonnes mœurs de la loi naturelle, l'obscénité, l'impudeur, la bigamie, le viol, l'adultère, la pédophilie, etc.
Mais on parle encore de mauvaises mœurs dans d'autres cas, ainsi l'abandon de famille, les mauvais traitements infligés aux enfants, l'exemple pernicieux, etc.

Un outrage à la pudeur. Il s'agit d'un fait matériel contraire aux bonnes mœurs, d'un acte matériel susceptible d'offenser la pudeur. Il n'existe pas une liste précise de ces actes ; aussi ne pouvons-nous donner que des exemples. Ainsi, constituerait un outrage à la pudeur le fait d'exhiber ses parties sexuelles ; ou bien l'accomplissement de gestes impudiques ou obscènes, etc.

Un outrage public. Ici réside l'aspect le plus important du délit.
Que faut-il entendre par outrage « public » ? Si l'acte a été accompli dans un lieu public (place, rue, route, train, école, magasin, etc.), il y a outrage public à la pudeur, même s'il n'y a pas eu de témoins. Mais si l'acte est commis dans un lieu privé : maison, enclos, propriété ?
Il peut là aussi y avoir outrage public à la pudeur si l'auteur de l'acte n'a pas pris de précautions suffisantes pour se dissimuler et a pu être aperçu par un tiers.
Exemple : un acte obscène commis dans un appartement privé sur une personne consentante constitue le délit d'outrage public à la pudeur s'il a eu lieu en présence d'un tiers qui en a été le témoin involontaire.
Donc il est possible de dire que l'outrage est public quand il a été commis dans des conditions telles qu'il ait pu être aperçu par un tiers.

Pénalité

L'auteur d'un outrage public à la pudeur sera puni d'un emprisonnement d'un an, et d'une amende de 15 000 €.

L'ATTENTAT À LA PUDEUR COMMIS SANS VIOLENCE, SANS CONTRAINTE, MENACE NI SURPRISE

L'attentat à la pudeur revêt une gravité particulière. Cet acte porte en effet atteinte à la personne même, à sa sécurité et à son indépendance corporelle. Il n'est pas nécessaire qu'il y ait eu violence ni même contrainte ou surprise pour que l'acte soit répréhensible, car les enfants, et même les adolescents, n'offrent souvent aucune résistance, par pure ignorance. Aussi l'âge de la victime est-il ici un élément très important.
L'attentat à la pudeur est un « acte exercé directement sur une personne, et de nature à porter atteinte à sa pudeur, sans qu'il y ait à distinguer s'il est commis publiquement ou non. Il y a attentat à la pudeur commis sans violence, si deux conditions sont réunies.

Un acte exercé directement sur une personne, et portant atteinte à sa pudeur.
Exemple : un individu touche les parties sexuelles d'une personne de l'un ou l'autre sexe.
Il doit y avoir une action directe, un contact physique entre l'auteur et la victime. Mais peu importe qui a le rôle passif.

L'auteur d'un attentat à la pudeur peut demander à la victime d'effectuer sur lui des attouchements.
L'auteur aurait dans cette hypothèse un rôle passif, tandis que la victime seule agirait. L'auteur resterait cependant le seul coupable s'il a suggéré ou ordonné à la victime d'avoir cette conduite.
Un attentat à la pudeur simplement tenté est puni comme s'il avait été accompli lorsqu'il y a eu un commencement d'exécution manifestant nettement la volonté de l'auteur.
Les peines sont plus lourdes lorsque l'auteur de l'attentat est un ascendant, une personne qui a autorité ou qui abuse de son autorité (médecin, enseignant, etc.).

Pénalité

Cet acte est puni par un emprisonnement de 5 ans et par une amende de 75 000 €, si la victime est un mineur de 15 ans.
La peine est aggravée lorsque l'acte est commis par une personne ayant autorité sur l'enfant : 7 ans et 100 000 € d'amende.
Les peines sont les mêmes si la victime a plus de 15 ans, et si l'auteur de l'infraction est un ascendant de la victime ou abuse de son autorité.

Le proxénétisme

On entend par proxénétisme toute activité qui consiste à encourager la prostitution d'autrui ou à en tirer profit.

Indifférence du sexe et de l'âge. Peu importe si la personne coupable est un homme ou une femme. Et peu importe aussi que la personne qui se prostitue soit un homme ou une femme. Si la personne qui se livre à la prostitution est majeure, celui qui l'encourage reste coupable de proxénétisme. Si cette personne est mineure, celui qui l'encourage encourt des peines aggravées.

Divers cas de proxénétisme. Ces cas sont nombreux et énumérés par la loi. Est coupable celui :
– qui fournit aide et assistance à la prostitution d'autrui ;
– qui tire un profit de la prostitution d'autrui. Peu importe la forme sous laquelle il partage les profits de la personne qui se livre à la prostitution ;
– qui, sciemment, vit avec une personne se livrant habituellement à la prostitution ;
– qui ne peut justifier de ressources en rapport avec son train de vie, et qui est en relations habituelles avec des personnes se livrant à la prostitution ;

– qui embauche, même avec son consentement, une personne, même majeure, et la livre à la prostitution ou à la débauche ;
– qui fait office d'intermédiaire entre les personnes se livrant à la prostitution et les individus qui les exploitent ou les rémunèrent ;
– qui entrave l'action des organismes qui s'efforcent d'empêcher la prostitution ou d'y remédier.

Pénalité

La personne coupable de proxénétisme encourt un emprisonnement de 6 mois à 3 ans et une amende de 150 000 €. Il existe des circonstances aggravantes. Nous en citerons quelques-unes :
– si le délit est commis à l'égard d'un mineur ;
– s'il a été commis avec contrainte, violence ou dol ;
– s'il a été commis par l'époux, le père, la mère ou bien encore le tuteur de la victime.

Dans ces différents cas d'aggravation, la personne coupable encourt un emprisonnement de 10 ans et une amende de 750 000 €.
Il faut ajouter que des peines de 10 ans et 750 000 € d'amende sont applicables à qui gère, directement ou non, un établissement quelconque, ouvert au public, et qui y tolère la présence de personnes se livrant à la prostitution, ou recherchant des clients en vue de la prostitution.

Le racolage

La loi sur la sécurité intérieure adoptée le 18 mars 2003 punit désormais le racolage, qu'il soit actif ou passif. Le racolage actif est le fait de prostitué(e)s qui accostent les clients pour leur proposer des relations sexuelles payantes. Le racolage passif, c'est le fait, pour le client, d'accepter les propositions de la prostituée ou du prostitué.
Qu'il soit actif ou passif, le racolage peut être puni de 2 mois de prison et de 3 750 € d'amende.

L'incitation des mineurs à la débauche

« Le fait de favoriser ou de tenter de favoriser la corruption d'un mineur est puni de 2 à 10 ans d'emprisonnement et de 100 000 € d'amende.
Les mêmes peines sont notamment applicables au fait, commis par un majeur, d'organiser des réunions comportant des exhibitions ou des relations sexuelles auxquelles un mineur assiste ou participe. »

Âge de la victime. La victime est mineure.

Un acte matériel. Il doit y avoir eu occasion de débauche. Peu importe que le mineur ait été auparavant corrompu.
Exemples d'actes coupables :
- fournir un local en vue de la débauche ;
- accomplir en présence du mineur l'acte sexuel, ou un acte obscène ;
- organiser des réunions favorisant la débauche.

Les incitations à la débauche peuvent s'être produites hors du territoire métropolitain, ou dans des pays différents.

Intention coupable. Il suffit d'avoir conscience de favoriser la corruption du mineur. La tentative est punie des mêmes peines que le délit lui-même.

Pénalité

La personne coupable encourt un emprisonnement de 2 à 10 ans et une amende de 100 000 €. Si le mineur a moins de 15 ans, la peine est de 7 ans d'emprisonnement et l'amende de 150 000 €.

Les abus sexuels sur mineurs commis à l'étranger

Afin de lutter contre le « tourisme sexuel » notamment dans le tiers-monde, la France a adopté des mesures très sévères visant les auteurs d'abus sexuels sur mineurs dans les pays étrangers. Sont jugés en France les auteurs d'abus sexuels commis sur un ou des enfants(s) à l'étranger, y compris s'ils résident en France. De tels actes sont passibles de 7 ans d'emprisonnement et de 100 000 € d'amende.

La pédopornographie

Une peine de 5 ans de prison et de 75 000 € d'amende est prévue pour les faits de pédopornographie. Ces peines sont aggravées lorsque les activités de pédopornographie sont diffusées par Internet. Elles passent alors à 7 ans de prison et 100 000 € d'amende.

II – Attentats aux mœurs accomplis avec violence

Les attentats aux mœurs accomplis avec violence constituent un danger grave dans toute société.

Dans ce cas on n'a pas à punir tant la tromperie, la ruse, l'abus de personnes innocentes, que la brutalité, l'agression violente.
Ce type de comportement a un aspect primitif et asocial qui est intolérable dans une société civilisée comme la nôtre.

L'attentat à la pudeur avec violence

Cet acte est composé de deux éléments.

Un attentat à la pudeur. Un acte de même nature que ceux que nous avons envisagés précédemment en décrivant l'attentat à la pudeur commis sans violence.

L'emploi de la violence, de la contrainte ou de la surprise de la victime. Cet élément explique que l'âge n'a pas une importance primordiale, la faute résidant dans le fait d'avoir agi sans le consentement de cette victime.
Par violence, on entend violence physique mais aussi violence morale.
La violence morale peut être le fait d'avoir profité d'une situation où la victime était inconsciente de ce qui lui arrivait – ou particulièrement vulnérable en raison d'une maladie, d'une infirmité ou d'une déficience physique ou mentale, ou encore en état de grossesse – et donc dans l'incapacité de donner son consentement, ou de se défendre.
Par exemple : un individu profite du sommeil de celui qui partage son lit pour se livrer sur lui à des actes impudiques.

Pénalité

Emprisonnement de 5 ans pour la personne qui a commis un tel acte et une amende de 75 000 €. Circonstances aggravantes :
– si la victime a moins de 15 ans, si l'auteur de cet acte est un ascendant (parents, grands-parents), ou une personne ayant autorité sur la victime (instituteur, ministre du culte), ou encore si le coupable a été aidé dans son acte par une ou plusieurs personnes, la peine sera la réclusion de 10 ans et une amende de 150 000 € ;
– en cas d'attentat à la pudeur précédé ou suivi de tortures, d'actes de barbarie, la peine est la réclusion à perpétuité.

Le viol

Le crime de viol est constitué par « tout acte de pénétration sexuelle de quelque nature qu'il soit, commis sur la personne d'autrui, par violence, contrainte, menace ou surprise. » (article 222-23 du Code pénal).

Pénalité

L'auteur d'un viol est puni par une réclusion de 15 ans.

Circonstances aggravantes : le viol sera puni de la réclusion criminelle de 20 ans lorsqu'il aura été commis :

– soit sur une personne vulnérable en raison d'un état de grossesse, d'une maladie, d'une infirmité ou d'une déficience physique ou mentale ;
– soit sur un mineur de 15 ans ;
– soit sous la menace d'une arme ;
– soit par plusieurs auteurs ou complices ;
– soit par un ascendant légitime, naturel ou adoptif de la victime, ou par une personne ayant autorité sur elle ;
– soit lorsque la victime a été mise en contact avec l'auteur des faits grâce à l'utilisation d'un réseau de télécommunication.

Le viol est puni de la réclusion criminelle à perpétuité lorsqu'il est précédé, accompagné ou suivi de tortures ou d'actes de barbarie.

2

L'ENLÈVEMENT ET LE DÉTOURNEMENT DE MINEUR

L'enlèvement ou le détournement de mineur consiste dans le fait de soustraire sciemment un mineur à l'autorité de ses parents. Cet acte est grave, car il prive l'enfant ou l'adolescent de la protection que ses parents sont censés lui assurer jusqu'à sa majorité, et l'expose ainsi à des dangers multiples. Les motivations de l'auteur du détournement peuvent être divers, plus ou moins répréhensibles. Mais on estime, le plus souvent, que l'auteur aura agi dans un but coupable. Il y a détournement de mineur quel que soit le sexe de l'auteur de l'acte, et quel que soit le sexe de la victime. Cet acte est jugé plus sévèrement quand il y a eu fraude ou violence.

I – Détournement de mineur par fraude ou violence

Le détournement de mineur par fraude ou violence correspond à l'enlèvement. Cet acte est qualifié de crime. Il est constitué de divers éléments.

Minorité de la victime

La victime doit être un enfant ou un adolescent. S'il a moins de 15 ans, la peine est aggravée.

Volonté de l'auteur de soustraire le mineur à l'autorité légitime

Cette volonté est à elle seule coupable, car l'auteur du rapt porte atteinte à un état de choses voulu par la loi. Il est nécessaire que l'auteur de l'acte ait eu la volonté de donner à l'enlèvement un caractère durable.

La non-représentation d'enfant

La loi a prévu le cas où une décision de justice aurait enlevé à l'un des parents ou aux deux la résidence ou l'autorité parentale sur les enfants. C'est souvent le cas après un divorce, mais il arrive aussi que les parents non divorcés aient été jugés indignes d'élever leurs enfants.
Le père ou la mère, ou les deux, déchus de leur autorité normale, seraient alors coupables s'ils essayaient de garder ou de récupérer leurs enfants sans tenir compte de la décision des juges.
L'emprisonnement de ce père ou de cette mère serait de 1 an, plus une amende de 15 000 €.
L'emprisonnement pourrait aller jusqu'à 3 ans si le coupable avait été déclaré déchu de la puissance paternelle, plus une amende de 45 000 €.
Est également puni le parent qui transfère son domicile après un jugement de divorce ou de séparation, alors que les enfants résident avec lui, sans notifier son changement d'adresse à l'autre parent dans un délai d'un mois à compter du changement d'adresse.

Fraude ou violence

La fraude est toute machination coupable destinée à vicier le consentement du mineur, par exemple : enivrer la victime, la tromper en lui présentant de fausses lettres, l'induire en erreur sur la destination que l'on veut lui donner, etc.
La violence est tout procédé de contrainte. Elle peut être physique (enlèvement par la force), ou morale (emploi d'un argument destiné à convaincre la victime de suivre son ravisseur).

Pénalité

Le coupable subira une peine de la réclusion de 5 à 10 ans.
Circonstances aggravantes :
– si le mineur enlevé est âgé de moins de 15 ans, l'auteur de l'acte sera puni par la réclusion à perpétuité ;
– si l'auteur de l'acte avait pour but de se faire payer une rançon ou de faire exécuter un ordre, la peine encourue sera encore la réclusion à perpétuité.
– si l'enlèvement a été suivie par la mort de la victime, même si cette mort n'a pas été réellement désirée par le ravisseur (par exemple : la peur ayant provoqué chez la victime une crise cardiaque et le décès), l'auteur de l'enlèvement encourt aussi la réclusion criminelle à perpétuité.
Cause d'atténuation de la peine : dans les deux premiers cas de circonstance aggravante, la peine sera abaissée à une réclusion de 10 ans si le mineur est libéré volontairement avant le cinquième jour et sans que la rançon ait été versée ou que l'ordre ait été exécuté.

II – Détournement de mineur sans fraude ni violence

Cet acte apparaît en général moins grave que le détournement de mineur accompli avec fraude ou violence, mais il reste un acte punissable. Les conditions ne sont pas tout à fait les mêmes que celles que nous venons d'indiquer pour l'enlèvement avec violence.

Il doit s'agir d'un mineur

Lorsqu'il a plus de 18 ans, on pense que le jeune adulte a suffisamment de discernement, dans la majorité des cas, pour comprendre la situation et avoir une juste appréciation de sa situation personnelle.

Un enlèvement matériel n'est pas nécessaire

Par exemple : a été jugé coupable un tuteur qui refusait de restituer un enfant dont la garde avait cessé de lui être confiée.

Il faut une intention coupable de l'auteur de l'acte

Il suffit que l'auteur se soit rendu compte qu'il était en défaut, qu'il sache que la loi ne lui permettait pas d'avoir l'attitude prise vis-à-vis du mineur.

Pénalité

L'auteur du détournement sans fraude ni violence encourt l'emprisonnement de 5 ans et une amende de 75 000 €.

TROISIÈME PARTIE

LA VIE QUOTIDIENNE

1

LE DOMICILE

I – Le domicile est un terme qui n'a pas exactement le même sens dans le langage juridique et dans le langage courant

En effet, aux termes de l'article 102 du Code civil, le domicile de tout Français est le lieu où il a son *principal établissement*. Au sens usuel, on entend par domicile le lieu de l'habitation permanent. Ces deux notions se recouvrent assez fréquemment, mais il n'en est pas toujours ainsi, et le domicile au sens juridique a parfois quelque chose d'artificiel et de fictif.

II – La détermination du domicile

Le domicile peut être considéré comme une institution qui permet de localiser la personne. De nombreux intérêts pratiques s'attachent à sa détermination. En droit public, le domicile sert notamment à déterminer le lieu de paiement des impôts et d'exercices des obligations électorales. C'est au domicile que sont signifiés les actes de procédure civile, les assignations en justice, etc. Le domicile détermine la compétence territoriale des tribunaux. La publicité de certains jugements et de certains actes concernant l'état des personnes (mariage, divorce, adoption, interdiction) se fait en fonction du domicile. C'est au domicile du mineur que s'ouvre la tutelle, au domicile du défunt que s'ouvre la succession et au domicile du commerçant que s'ouvre la faillite. Cette énumération, qui n'est nullement limitative, montre bien toute l'importance qu'il faut attacher à la notion de domicile. Pour la détermination du domicile, il faut distinguer entre le *domicile volontaire* et le *domicile légal*.
Le domicile volontaire est fixé au lieu du principal établissement. Si une personne a plusieurs habitations, on choisit celle qui présente le plus de stabilité et d'importance, celle où l'individu lui-même semble avoir voulu fixer son principal centre d'activité.
Le changement de domicile s'opère par le transfert de l'habitation réelle dans un autre lieu, joint à l'intention d'y fixer son principal établissement.

L'enfant est domicilié chez ses parents, et il reste domicilié là où ceux-ci l'étaient au jour de sa majorité, tant qu'il n'a pas prouvé expressément qu'il a acquis un domicile distinct.
On parle alors de domicile d'origine. En cas de divorce, l'enfant mineur non émancipé a son domicile chez celui de ses parents avec lequel il réside. En cas de mort de l'un des parents, l'enfant est domicilié chez son tuteur.
Le personnel de maison et certains types de salariés peuvent être domiciliés chez leur employeur.

III – Les caractères du domicile

En principe, une personne ne peut avoir qu'un domicile ; on dit que le domicile est unique. On reconnaît néanmoins l'existence de domiciles secondaires, comme le domicile électoral ou le domicile commercial. On parle également, dans certains cas, du domicile apparent.
Le domicile présente en outre un caractère de fixité. Cela ne veut bien entendu pas dire qu'il est impossible de changer de domicile, mais qu'en cas d'absence prolongée on conserve son domicile tant qu'on n'est pas parti sans esprit de retour.

IV – Domicile, résidence et habitation

La résidence est le lieu où une personne habite effectivement. Elle ne coïncide pas toujours avec le domicile et il peut notamment s'agir d'une maison de campagne où l'on réside pendant une partie de l'année.
La résidence, distincte du domicile, présente parfois certains intérêts propres. Ainsi l'on peut notamment se marier dans la commune où l'on réside de façon continue depuis un mois (ou dans celle du futur conjoint aux mêmes conditions).
Si la résidence implique, en effet, une certaine continuité de séjour, *l'habitation* n'est qu'un lieu de séjour passager, par exemple dans un hôtel. Elle n'a en principe aucun intérêt juridique.
Notons toutefois que le délit de violation de domicile peut être commis même dans une simple habitation.

V – L'insaisissabilité de la résidence principale

L'entrepreneur individuel (professionnel libéral, artisan, agent commercial, agriculteur, commerçant, etc…) peut rendre insaisissable son domicile. La protection

s'opère à l'égard des créanciers professionnels et non à l'égard des créanciers personnels (dettes de ménage par exemple).
Pour bénéficier de la protection de son domicile, le professionnel doit procéder à une déclaration d'insaisissabilité chez un notaire.
Lorsque le logement est mixte (professionnel et habitation), seule la partie affectée à l'habitation peut faire l'objet de la déclaration notariée d'insaisissabilité et elle doit être précisément délimitée dans l'acte.
Cette déclaration d'insaisissabilité n'a d'effet que pour les dettes nées après la publication de l'acte notarié.

VI – La violation de domicile

En principe, le domicile est inviolable, toutefois cette inviolabilité est relative.

La violation de domicile commise par un particulier

Aux termes de l'article 226-4 du Code pénal, quiconque s'introduit ou se maintient à l'aide de manœuvres, de menaces, de voies de fait ou de contrainte dans le domicile d'autrui, est punissable d'un emprisonnement de 1 an et d'une amende de 15 000 €.
La notion de domicile doit s'entendre de façon large. Il s'agira du lieu où le citoyen a le droit de se dire chez lui. Peu importe son titre d'occupation : propriétaire, locataire ou même occupant d'une chambre d'hôtel.
La protection de l'inviolabilité joue aussi bien quand la personne est présente que lorsqu'elle est absente. Il suffit pour qu'il y ait violation du domicile que des violences soient commises. Là encore, il faut entendre la notion de violences au sens large. Il pourra s'agir de menaces, de coups, ou même d'atteinte aux choses (bris de verrou, escalade et bris de clôture, utilisation d'une clé ; ainsi l'ex-mari qui pénètre après divorce chez son ex-femme avec la clé de l'appartement qu'il avait conservée).

La violation de domicile commise par un fonctionnaire

Tout fonctionnaire de l'ordre administratif ou judiciaire commet un abus d'autorité s'il pénètre dans le domicile d'un citoyen contre son gré, hors les cas prévus par la loi.
Ces cas prévus par la loi répondent au souci légitime de ne pas entraver le cours de la justice. La protection accordée au domicile devra alors céder à des circonstances particulières. Il faut toutefois distinguer le jour de la nuit.

• Pendant la nuit.
Le principe est posé par l'article 59 du Code de Procédure pénale. Les perquisitions et les visites domiciliaires ne peuvent avoir lieu de nuit (c'est-à-dire après 21 heures et avant 6 heures du matin).

• Pendant le jour.
La protection du domicile est réduite. En effet, en cas de crime ou délit flagrant, en cas de commission rogatoire délivrée par le juge d'instruction ou de mandat d'arrêt, les perquisitions et visites domiciliaires sont permises.

• Doit-on laisser pénétrer un huissier à son domicile ?
Un débiteur qui n'a pas réglé ses dettes, à l'encontre duquel un jugement définitif a été rendu, puis un commandement, ne peut pas s'opposer à l'entrée d'un huissier à son domicile. Assisté d'un commissaire de police et, le cas échéant d'un serrurier, l'huissier pourra se faire ouvrir la porte et procéder à une saisie des meubles, même en l'absence de l'intéressé.
Hors ce cas, nul n'est obligé de laisser pénétrer chez soi un huissier, à moins que ce dernier ne soit désigné par ordonnance du Président du tribunal. L'huissier, en se présentant, doit produire ladite ordonnance.

2

LE BAIL D'HABITATION ET LE LOYER

I – Généralités

Le bail est une convention par laquelle une personne, appelée le *bailleur* (c'est le plus souvent le propriétaire) s'engage à fournir à une autre personne, appelée le *preneur* ou *locataire* (improprement l'*occupant*) la jouissance ou l'usage d'une chose en contrepartie d'un *loyer*, pendant une certaine durée.
En l'état actuel de la situation, on peut dire qu'il existe deux grandes catégories de baux d'habitation.
D'une part, ceux soumis au régime particulier du statut spécial de la loi du 1er septembre 1948.
D'autre part, *le secteur dit libre* qui constitue le droit commun des baux et qui a fait l'objet de réformes (loi du 23 décembre 1986, dite loi Méhaignerie et loi du 6 juillet 1989).
La loi de 1948 s'applique d'une façon générale aux immeubles anciens (construits antérieurement au 1er septembre 1948) et qui n'ont jamais été vacants.
Les baux ainsi visés se caractérisent d'une part, par le fait qu'à l'expiration du bail à la suite d'un congé donné par le bailleur, le locataire devenu occupant a droit à un maintien dans les lieux (il ne sera pas obligé de partir sauf si le bailleur a des fautes à lui reprocher) et, d'autre part par la réglementation des prix des loyers (qui sont généralement extrêmement faibles).
Actuellement, *le secteur dit libre* gagne du terrain sur cette législation. En effet, de nombreux locaux autrefois soumis à la loi de 1948, ont été « libérés » et ont réintégré, de ce fait, le secteur libre.
La loi du 23 décembre 1986 dite « loi Méhaignerie », et la loi du 6 juillet 1989 constituent désormais le droit commun des baux d'habitation.
D'une façon générale, celui-ci s'applique à tous les appartements non soumis à un statut spécial ; sont ainsi exclus de son champ d'application tous les locaux meublés (à condition que les meubles soient en nombre suffisants), les logements-foyers, les logements attribués ou bien loués en raison de l'exercice d'une fonction ou de l'occupation d'un emploi, les logements saisonniers et les résidences secondaires.

II – La conclusion du bail
(locations soumises à la loi du 6 juillet 1989)

Le bail doit être dressé par écrit, chacune des parties en ayant un exemplaire.
Ce bail doit, en outre, comporter des indications obligatoires. Il doit notamment mentionner la consistance de la chose louée, la désignation des locaux, le prix du loyer, ainsi que le montant de la provision pour charges, les règles et les dates de révision des prix, la date d'effet du contrat, la possibilité offerte pour les parties de mettre fin au bail et les conditions, le montant du dépôt de garantie. Le locataire doit fournir un justificatif d'assurances des locaux loués.
À ce bail proprement dit, il pourra être annexé : une copie de la dernière quittance de loyer du dernier locataire, un état des lieux précis, ainsi qu'un extrait du règlement de copropriété concernant les charges et les locations.
Très souvent aussi, seront demandés aux candidats locataires des renseignements concernant leur situation personnelle et professionnelle (revenus), ainsi qu'une caution solidaire garantissant le bailleur en cas de problèmes éventuels.
(Voir, en annexes, modèle de contrat de location et pièces annexes.)
Attention, l'état des lieux est très important : comparé à l'état des lieux de sortie, il permettra de savoir si le locataire a – ou non – causé des dégâts aux lieux loués, et donc s'il doit indemniser le bailleur.

Durée du bail

Le contrat de location doit être conclu pour une durée minimale de 3 ans, lorsque le bailleur est une personne physique, 6 ans si c'est une personne morale (sociale).
Un contrat de moins de 3 ans, mais de 1 an au moins, peut être conclu par un bailleur personne physique, quand un événement précis justifie qu'il reprenne le local pour des raisons professionnelles ou familiales. Ces raisons doivent être mentionnées dans le contrat et le bailleur ne pourra se prévaloir de la faculté qui lui est offerte que s'il avertit le locataire 2 mois avant la survenance de l'événement.
Bien entendu, quelle que soit la durée du bail, le locataire pourra donner congé à tout moment, à condition de respecter le préavis légal de 3 mois.

Formalités au moment de la conclusion du bail

La loi prévoit que les frais d'intermédiaire sont partagés par moitié.
Elle a, par ailleurs, réglementé la question du dépôt de garantie qui ne peut désormais être supérieur à 2 mois de loyer.

Le cautionnement

Le cautionnement est un contrat par lequel une personne qui n'est pas débiteur (la caution) s'engage à payer au créancier une ou des sommes d'argent au cas où le débiteur (débiteur principal) ne la ou les payerait pas (par exemple les loyers).
Aujourd'hui, le cautionnement est principalement pratiqué dans deux types de situation, soit qu'il est fourni par un membre de la famille, soit qu'il relève de la vie des affaires (caution bancaire, par exemple). Le cautionnement résulte toujours d'une convention entre les parties, la caution s'engageant envers le créancier.
Le cautionnement ne peut pas être plus étendu que la dette principale, mais l'obligation de la caution envers le créancier est la même que celle du débiteur principal.
Si la caution a payé le créancier, elle peut se retourner vers le débiteur principal afin d'être remboursée de ce qu'elle a payé pour son compte.
Le cautionnement s'éteint lorsque la dette principale est éteinte.
Dans la pratique, le créancier exige souvent un cautionnement solidaire. Ceci signifie que la caution s'engage solidairement avec le débiteur principal. La caution ne pourra user du bénéfice de discussion et de division (s'il y a plusieurs cautions).
Tout cautionnement donné par une personne physique doit mentionner le principal, les intérêts et les accessoires, le cas échéant.

III – Les obligations des parties

Obligations du bailleur

Elles sont au nombre de cinq.

1. Il a en premier lieu l'obligation de délivrer la chose louée en bon état, ce qui implique qu'il devra, préalablement à la location, effectuer toutes les réparations nécessaires. Toutefois, une clause expresse peut prévoir que certains travaux seront exécutés ou fait exécuter par le locataire, avec imputation sur loyer.

2. Le bailleur doit, en second lieu, assurer la jouissance paisible du logement au locataire. Lorsqu'un bailleur gère un immeuble de 100 appartements ou plus, il doit faire assurer un gardiennage et la sécurité des lieux (éclairage, contrôle des accès...).

3. Le bailleur doit entretenir les locaux en état de servir à l'usage prévu par le contrat et y faire toutes les réparations nécessaires autres que locatives (c'est-à-dire excédant l'entretien courant).

4. Il a l'obligation de ne pas s'opposer aux aménagements du locataire. La loi stipule expressément que le bailleur ne peut s'opposer aux aménagements réalisés par le locataire, dès lors que ceux-ci ne constituent pas une transformation de la chose louée.

5. Il doit enfin délivrer au locataire des quittances de loyer et justifier du montant des charges réclamées.

Obligations du locataire

Le locataire est tenu à deux obligations principales.

1. La première évidemment est celle de payer les loyers et les charges aux termes convenus par le contrat.

2. User de la chose louée en bon père de famille, et suivant la destination qui lui a été donnée par le bail, ou suivant celle présumée d'après les circonstances, à défaut de convention.

À ces obligations se rattache une série d'autres dispositions. Le locataire est en principe responsable des dégradations et pertes survenues pendant sa jouissance, à moins qu'il ne puisse prouver qu'il n'a pas commis de faute (car ces dégradations correspondent à un usage normal des lieux) ou que les dégradations sont dues à un cas fortuit ou de force majeure. Il est tenu même des dégradations qui arrivent par le fait des personnes de la maison ou des sous-locataires éventuels. Il peut avoir à répondre de l'incendie, à moins qu'il ne prouve que l'incendie est arrivé par cas fortuit ou force majeure, ou par vice de construction ou que le feu a été communiqué par une maison voisine. Noter que s'il y a plusieurs locataires, tous sont responsables de l'incendie, proportionnellement à la valeur locative de la partie de l'immeuble qu'ils occupent ; à moins qu'ils ne prouvent que l'incendie a commencé dans l'habitation de l'un d'eux, auquel cas celui-là seul en est tenu responsable, ou que quelques-uns ne prouvent que l'incendie n'a pu commencer chez eux, auquel cas ceux-là n'en sont pas tenus responsables.
Il doit garnir la maison ou l'appartement de meubles suffisants, sinon il risque d'être expulsé, à moins qu'il ne donne des sûretés garantissant le paiement du loyer. Il doit rendre la chose louée en bon état à la fin de la location. User de la chose en bon père de famille, cela veut notamment dire être tenu de ne pas troubler la jouissance des autres locataires. Le tapage nocturne constant ou le fait de faire des travaux bruyants jusqu'à une heure avancée de la nuit peut donner lieu à la résiliation du bail. On peut avoir dans son appartement des animaux domestiques, mais il convient de veiller à ce que les animaux ne troublent pas les voisins ou ne salissent de façon anormale les locaux.
L'interdiction de modifier la destination des lieux loués a soulevé de nombreux problèmes. En premier lieu, le locataire n'a pas le droit de procéder à des modifications d'ordre matériel, par exemple percer les murs. Mais l'interdiction implique surtout que lorsque l'appartement a été loué pour une habitation bourgeoise, il ne puisse se servir des lieux pour un usage industriel ou commercial. Toutefois, à

moins que le bail ne comporte une clause d'habitation « exclusivement bourgeoise » et que l'intention des parties soit sans équivoque, la clause d'habitation bourgeoise n'interdit pas d'exercer une profession libérale dans les lieux loués.
Sauf clause contraire, le preneur a le droit de *sous-louer* ou de céder son bail mais à la condition d'obtenir l'accord écrit du bailleur.
Les loyers se règlent en principe à l'échéance de chaque terme (terme échu), mais les parties sont libres de décider que le paiement sera effectué d'avance (terme à échoir).

La fixation du loyer

La fixation du loyer initial est absolument libre, s'il s'agit par exemple de :
– logements neufs, c'est-à-dire nouvellement construits et jamais occupés ;
– logements vacants qui ont été remis aux normes ;
– logements conformes aux normes, loués pour la première fois ou, s'ils sont seulement vacants, ayant fait l'objet depuis moins de 6 mois de travaux d'amélioration d'un montant au moins égal à 1 an de loyer antérieur.

Dans tous les autres cas, le montant du loyer est libre, mais en cas de contestation il peut être fixé par référence à des loyers constatés dans le voisinage pour des logements comparables. Si le bailleur n'a pas fourni trois références de loyer minimum, le locataire peut, dans un délai 2 mois après la signature du bail, contester le loyer. Le nombre de trois références est porté à six pour les agglomérations de plus de 1 million d'habitants.
(Voir, en annexes, modèle de liste des références servant à fixer le loyer.)
La contestation du montant des loyers est portée devant la commission de conciliation. À défaut d'accord constaté par cette commission, la saisine du juge d'instance devient possible qui fixera alors un loyer non abusif et correspondant aux loyers habituellement constatés dans le voisinage, au cours des 3 dernières années, actualisés si nécessaire.

IV – La fin du contrat

Expiration : un droit au renouvellement

Le renouvellement du bail à l'expiration du délai prévu au contrat (3 ans ou plus) est de droit. Le contrat n'est donc pas résolu de droit à l'expiration du délai, il ne l'est que si le locataire ou le propriétaire manifeste sa volonté de ne pas le renouveler. Mais, ce refus de renouvellement de la part du bailleur ne peut désormais plus être fondé sur sa simple décision discrétionnaire, il doit être fondé, soit sur une décision de reprendre personnellement ou de vendre le logement, soit sur un motif légitime et

sérieux (par exemple, la mauvaise exécution par le locataire de ses obligations). Le bailleur doit donc donner un congé très strictement motivé (état civil de la personne qui reprend les lieux, motifs, etc.) au moins 6 mois avant l'expiration du bail. Ce congé doit être notifié par huissier ou par lettre recommandée avec accusé de réception.
Si le propriétaire souhaite augmenter le loyer dans le cadre d'un renouvellement, il ne peut le faire que si le loyer était auparavant manifestement sous-évalué. La proposition de nouveau loyer qui doit être notifiée (par huissier ou lettre recommandée avec accusé de réception) doit être accompagnée des références requises et de la reproduction de l'article 17c de la loi du 6 juillet 1989.
En cas de désaccord ou en cas de silence du locataire dans le délai de 2 mois, la commission de conciliation peut être saisie puis, à défaut d'accord constaté par la commission, le juge d'instance. Si le juge n'est pas saisi, le contrat est reconduit avec le même loyer qu'auparavant.

Congé à l'initiative du locataire

Le locataire peut résilier le contrat à tout moment, sans avoir à motiver sa décision, à condition de respecter le préavis légal de 3 mois qui se décompte de date à date à compter de la réception du congé par le bailleur. Le délai de 3 mois peut être ramené à un mois en cas de mutation professionnelle, perte d'emploi, reprise d'emploi après un licenciement mais aussi pour les bénéficiaires du RMI et les personnes de plus de 60 ans avec des problèmes de santé.

Résiliation pour inexécution des obligations

Par ailleurs, l'inexécution par l'une des parties de ses obligations justifie la résiliation anticipée du bail. Rappelons qu'en cette hypothèse, cette résiliation (même si elle est de droit, c'est-à-dire, contractuellement prévue par le biais d'une clause résolutoire) doit être prononcée par les tribunaux.
Le législateur a cependant prévu qu'en cas de demande de résiliation anticipée pour défaut de paiement du loyer et des charges, le locataire aurait la faculté de solliciter de l'autorité judiciaire des délais de paiement. Mais il faut s'adresser au juge avant que le délai prévu dans la clause résolutoire que le bailleur actionne soit expiré.

V – Le droit de préemption du locataire

Le propriétaire peut refuser de renouveler le bail de son locataire s'il a l'intention de vendre le logement. Dans ce cas, le locataire dispose d'un droit de pré-

emption qui lui permet d'acquérir le logement en question, s'il le désire ou en a la possibilité.
Le propriétaire doit adresser à son locataire, en fin de bail et 6 mois avant l'échéance, un congé « en vue de vente » reproduisant le second paragraphe de l'article 15 de la loi du 6 juillet 1989.
Ce texte précise que le congé doit indiquer le prix et les conditions de la vente projetée.
En outre, le propriétaire doit tenir le locataire informé de toutes les conditions de vente, notamment des modifications de prix éventuelles. Cette offre est valable pendant les 2 premiers mois de délai de préavis. Si le locataire n'accepte pas cette offre, il perd son droit d'occuper le logement. S'il accepte, il dispose d'un délai de 2 mois à compter de sa réponse au bailleur, pour réaliser l'acte de vente.
S'il doit recourir à un prêt, le locataire l'indique dans sa réponse au bailleur et le délai de réalisation est porté à 4 mois.
Si rien n'aboutit dans ce nouveau délai, le locataire est déchu de tout droit d'occupation.
Si l'appartement est vendu à un tiers, à des conditions plus avantageuses que celles qui ont été proposées au locataire, ce dernier bénéficie d'un droit de préemption renforcé qui doit être mis en œuvre par le notaire du propriétaire.
Ajoutons encore que le propriétaire qui vend le logement à un de ses parents (jusqu'au troisième degré inclus)[1] – lequel doit l'habiter au moins 2 ans – n'a pas à notifier son projet au locataire. Enfin, si le locataire ne reçoit aucun congé en vue de vente et si l'appartement est mis en vente, les droits du locataire sont maintenus vis-à-vis du nouveau propriétaire, comme convenu avec l'ancien.

1. C'est-à-dire du petit-fils à l'arrière-grand-père et de l'oncle au neveu.

3

LA COPROPRIÉTÉ

I – Généralités

La copropriété est une forme de propriété immobilière très ancienne. Elle s'est considérablement développée ces dernières années. On peut s'en rendre compte tant par la construction de grands immeubles dans les villes que par la création d'ensemble immobiliers et résidentiels dans les alentours des grandes villes.
La copropriété a fait l'objet de réformes importantes et les trois principaux textes applicables en la matière sont actuellement la loi du 10 juillet 1965, modifiée par la loi du 21 juillet 1994, le décret du 17 mars 1967, modifié par le décret du 15 février 1995, portant règlement d'administration publique pour l'application de cette loi et, plus récemment, la loi Solidarité et renouvellement urbain du 13 décembre 2000.
Ces textes s'appliquent obligatoirement à tout immeuble bâti ou groupe d'immeubles bâtis, dont la propriété est répartie entre plusieurs personnes, par lots comprenant chacun une partie privative et une quote-part de parties communes. Ils s'appliquent en outre, sauf convention contraire créant une organisation différente, aux ensembles immobiliers qui, outre des terrains, des aménagements et des services communs, comportent des parcelles, bâties ou non, faisant l'objet de droits de propriété privatifs.

Composition de la copropriété

La loi distingue les parties privatives, les parties communes, les droits accessoires et les parties mitoyennes. Ainsi, sont *privatives* les parties des bâtiments et des terrains réservées à l'usage exclusif d'un copropriétaire déterminé. Les parties privatives sont la propriété exclusive de chaque copropriétaire, qui en use et en jouit librement sous la condition de ne porter atteinte ni aux droits des autres copropriétaires, ni à la destination de l'immeuble. Le propriétaire peut donc, comme il veut, vendre, louer, hypothéquer, mettre en usufruit ou en viager, etc., son bien, mais il ne pourra notamment pas installer librement un

commerce dans un local prévu pour l'habitation sans porter atteinte à la destination des lieux. Le propriétaire peut être une société civile immobilière (*voir modèle de statuts en annexes*).
Sont *communes* les parties des bâtiments et des terrains affectées à l'usage ou à l'utilité de tous les copropriétaires ou de plusieurs d'entre eux. À moins que les titres de propriété ou le règlement de copropriété ne prévoient le contraire, sont réputées parties communes :
– le sol, les cours, les parcs et jardins, les voies d'accès ;
– le gros œuvre des bâtiments, les éléments d'équipement communs, y compris toutes les parties de canalisations y afférentes qui traversent des locaux privatifs ;
– les coffres, gaines et têtes de cheminées ;
– les passages et corridors ;
– les locaux des services communs.

Cette énumération n'est bien entendu pas limitative et il faut notamment y ajouter les escaliers.
Les parties communes sont l'objet d'une propriété indivise entre l'ensemble des copropriétaires ou certains d'entre eux seulement. Leur administration et jouissance sont organisées par le règlement de copropriété. En principe, chaque copropriétaire use et jouit librement également des parties communes, à condition bien entendu d'en respecter la destination et de ne pas porter atteinte aux droits des autres copropriétaires. À chaque partie privative est attachée une quote-part des parties communes, qui est proportionnelle à la valeur relative de chaque partie privative par rapport à l'ensemble des valeurs de ces parties, telles que ces valeurs résultent, lors de l'établissement de la copropriété, de la consistance, de la superficie et de la situation des lots, sans égard à leur utilisation. Le calcul de la quote-part ou des millièmes de copropriété, est important. Il détermine notamment le nombre de voix données à chaque copropriétaire lors des votes des copropriétaires, la répartition des charges et des indemnités d'assurance.
Dans le silence ou la contradiction des titres, sont réputés *droits accessoires* aux parties communes :
– le droit de surélever un bâtiment affecté à l'usage commun ou comportant plusieurs locaux qui constituent des parties privatives différentes, ou d'en creuser le sol ;
– le droit d'édifier des bâtiments nouveaux dans les cours, parcs ou jardins constituant des parties communes ;
– le droit de creuser le sol de tels cours, parcs ou jardins ;
– le droit de mitoyenneté afférent aux parties communes.

En dernier lieu, les cloisons ou les murs séparant des parties privatives, et non compris dans le gros œuvre, sont présumés *mitoyens* entre les locaux qu'ils séparent.
Les charges des parties mitoyennes ne doivent pas être supportées par l'ensemble des copropriétaires, mais seulement par les propriétaires mitoyens. Noter toutefois que le règlement de copropriété peut stipuler que les parties mitoyennes doivent être considérées comme communes ou privatives.

II – Le règlement de copropriété

Un règlement de copropriété doit obligatoirement être établi par notaire. Ce règlement peut inclure l'état descriptif de division. Il détermine la destination des parties privatives et communes de même que les conditions de leur jouissance, et fixe les règles relatives à l'administration des parties communes. Le règlement de copropriété fixe également la quote-part afférente à chaque lot dans chacune des catégories de charges. C'est aussi le règlement de copropriété qui détermine les règles de fonctionnement et les pouvoirs des assemblées générales. Enfin, le règlement de copropriété peut comporter les conventions relatives à l'exercice des droits accessoires que nous avons définies plus haut. Par contre, et cela pour sauvegarder les droits des propriétaires, le règlement ne peut comporter aucune restriction aux droits de copropriétaires, en dehors de celles qui seraient justifiées par la destination de l'immeuble.
Qu'est-ce qu'un *état descriptif* de division ? Il a pour but d'identifier l'immeuble auquel il s'applique en en indiquant la nature, la situation, la contenance et la désignation cadastrale, à savoir la section, le numéro du plan et le lieu-dit. Pour les immeubles situés dans les parties agglomérées de communes urbaines, le lieu-dit est remplacé par l'indication de la rue et du numéro. L'état descriptif doit en outre opérer une division en lots et attribuer un numéro à chaque lot. Chaque lot comprend une fraction de l'immeuble et la quote-part des parties communes y afférente, si elle existe et est déterminée. Chaque fraction (appartement, local professionnel, cave, garage, grenier, etc.) doit être identifiée par son emplacement, lui-même déterminé par la description de sa situation dans l'immeuble ou par référence à un plan ou un croquis. Lorsque la fraction dont il s'agit est située dans un bâtiment, sa situation est définie par l'indication de l'escalier, de l'étage, de l'emplacement dans l'étage et par l'indication du bâtiment dont fait partie le local décrit quand l'immeuble comprend plusieurs bâtiments. L'état descriptif est résumé obligatoirement dans un tableau comportant exclusivement les colonnes suivantes.

1. Numéro du lot, dans l'ordre croissant des numéros.

2. Bâtiment.

3. Escalier.

4. Étage.

5. Nature du lot.

6. Quote-part des parties communes.

Toute modification, soit de l'immeuble auquel s'applique l'état descriptif, soit des lots, doit être constatée par un acte modificatif de l'état descriptif. Le règlement de copropriété peut être établi par le propriétaire ou promoteur au moment de la construction, ou par accord des copropriétaires eux-mêmes. Il est nécessairement notarié ou enregistré chez un notaire. Par la suite, sont prises à la majorité des membres du syndicat représentants au moins les trois quarts des voix, les décisions concernant la modification ou l'établissement du règlement de copropriété dans la mesure où il concerne la jouissance, l'usage et l'administration des parties communes.

Le règlement de copropriété et les modifications qui peuvent lui être apportées ne sont opposables aux ayants cause à titre particulier des copropriétaires qu'à dater de leur publication au bureau des hypothèques.

En outre, tout acte conventionnel réalisant ou constatant le transfert de propriété d'un lot ou d'une fraction de lot, ou la constitution sur ces derniers d'un droit réel, doit mentionner expressément que l'acquéreur ou le titulaire du droit a eu préalablement connaissance du règlement de copropriété ainsi que des actes qui l'ont modifié.

Il en est de même en ce qui concerne l'état descriptif de division et des actes qui l'ont modifié, lorsqu'ils existent et ont été publiés.

Le règlement de copropriété, l'état descriptif de division et les actes qui les ont modifiés, même s'ils n'ont pas été publiés au fichier immobilier, s'imposent à l'acquéreur ou au titulaire du droit s'il est expressément constaté aux actes visés, qu'il en a eu préalablement connaissance et qu'il a adhéré aux obligations qui en résultent.

III – Les obligations des copropriétaires

La loi dispose que les copropriétaires sont tenus de participer aux charges entraînées par les services collectifs et les éléments d'équipement commun, en fonction de l'utilité que ces services et éléments présentent à l'égard de chaque lot.

Ils sont tenus de participer aux charges générales relatives à la conservation, à l'entretien et à l'administration des parties communes proportionnellement aux valeurs relatives des parties privatives comprises dans leurs lots.

La loi prévoit l'établissement d'un état de répartition des charges définissant les différentes catégories de charges. Cet état fixe la quote-part exprimée en millième, dix-millième, qui incombe à chaque lot dans chacune des catégories de charges ; à défaut, il indique les bases selon lesquelles la répartition est faite pour une ou plusieurs catégories de charges.

En principe, la répartition des charges ne peut être modifiée qu'à l'unanimité des copropriétaires. Mais lorsque des travaux ou des actes d'acquisition ou de disposition sont décidés par l'assemblée générale statuant à la majorité exigée par la loi, la modification de la répartition des charges ainsi rendue nécessaire peut être décidée seulement par l'assemblée qui statue à la même majorité. En cas d'aliénation séparée d'une ou plusieurs fractions d'un lot, la répartition des charges entre ces

fractions est, lorsqu'elle n'est pas fixée par le règlement de copropriété, soumise à l'approbation de l'assemblée générale.
À défaut de décision de l'assemblée générale modifiant les bases de répartition des charges, tout copropriétaire pourra saisir le tribunal de grande instance de la situation de l'immeuble à l'effet de faire procéder à la nouvelle répartition rendue nécessaire.
Dans les 5 ans de la publication du règlement de copropriété au fichier immobilier, chaque propriétaire peut poursuivre en justice la révision de la répartition des charges : si la part correspondant à son lot est supérieure de plus d'un quart, ou si la part correspondant à celle d'un autre copropriétaire est inférieure de plus d'un quart, dans l'une ou l'autre des catégories de charges, à celle qui résulterait d'une répartition conforme aux dispositions de la loi. Si l'action est reconnue fondée, le tribunal procède à une nouvelle répartition des charges. Cette action peut également être exercée par le propriétaire d'un lot avant l'expiration d'un délai de 2 ans à compter de la première mutation à titre onéreux de ce lot, intervenue depuis la publication du règlement de copropriété au fichier immobilier.

IV – Le syndicat de copropriétaires

La collectivité des copropriétaires est constituée en un syndicat qui a la personnalité civile.
Le syndicat peut aussi revêtir la forme d'un syndicat coopératif.
Le syndicat établit, s'il y a lieu, et modifie le règlement de copropriété. Il a pour objet la conservation de l'immeuble et l'administration des parties communes. Il fixe chaque année le budget prévisionnel.
Il est responsable des dommages causés aux copropriétaires ou aux tiers par le vice de construction ou le défaut d'entretien des parties communes, la violation du règlement de copropriété ou plus largement, par une faute qu'il aurait commise. Le syndicat a qualité pour agir en justice, tant en demandant qu'en défendant même contre certains des copropriétaires ; il peut notamment agir, conjointement ou non, avec un ou plusieurs de ces derniers, en vue de la sauvegarde des droits afférents à l'immeuble.
Tout copropriétaire peut néanmoins exercer seul les actions qui concernent la propriété ou bien la jouissance de son lot. Il doit cependant en informer le syndic.
Tous actes d'acquisition ou d'aliénation des parties communes ou de constitution de droits réels immobiliers au profit ou à la charge de ces dernières, à la condition qu'ils aient été décidés à la majorité requise, sont valablement passés par le syndicat lui-même et de son chef.
Notons que lorsque l'immeuble comporte plusieurs bâtiments les copropriétaires dont les lots composent l'un ou plusieurs de ces bâtiments peuvent, réunis en assemblée générale, décider, aux conditions de majorité prévues, la constitution d'un syndicat secondaire.
Ce syndicat a pour objet d'assurer la gestion, l'entretien et l'amélioration interne

de ce ou ces bâtiments, sous réserve des droits résultant pour les autres copropriétaires des dispositions du règlement de copropriété.
Le syndicat secondaire est doté de la personnalité civile.
Les sociétés de construction et les syndicats qui existent dans le cadre d'un même ensemble immobilier, peuvent constituer entre eux des unions.

V – L'administration de la copropriété – Le syndic

Les décisions du syndicat sont prises en assemblée générale des copropriétaires. Leur exécution est confiée à un *syndic*. En principe, les fonctions de syndic peuvent être assumées par toute personne physique et morale mais pour être syndic professionnel (c'est-à-dire non bénévole) il faut être titulaire d'une carte professionnelle délivrée par la préfecture à certaines conditions. Le syndic est normalement nommé par l'assemblée. S'il a été désigné par le règlement de copropriété ou par tout autre accord des parties avant la réunion de la première assemblée générale, sa désignation doit être soumise à la ratification de l'assemblée.
À défaut de nomination, le syndic est désigné par le président du tribunal de grande instance saisi à la requête d'un ou de plusieurs copropriétaires. Dans tous les autres cas où le syndicat est dépourvu de syndic, le président du tribunal de grande instance désigne, à la demande de tout intéressé, un administrateur provisoire, chargé notamment de convoquer l'assemblée en vue de la désignation d'un syndic. En effet, une copropriété ne peut jamais demeurée sans syndic.
Normalement, la durée des fonctions du syndic ne peut excéder 3 années. Toutefois, si le syndic a directement ou indirectement participé à la construction de l'immeuble, à quelque titre que ce soit, elle ne peut dépasser 1 année. Les fonctions du syndic sont renouvelables. La rémunération du syndic est fixée par l'assemblée générale sous réserve de la réglementation y afférente.
Quels sont les pouvoirs et obligations du syndic ?
Il est chargé :
– d'assurer l'exécution des dispositions du règlement de copropriété et des délibérations de l'assemblée ;
– de gérer la comptabilité du syndicat ;
– d'administrer l'immeuble, de pourvoir à sa conservation, à sa garde et à son entretien et, en cas d'urgence, de faire procéder de sa propre initiative à l'exécution de tous travaux nécessaires à la sauvegarde de celui-ci, de l'assurer ;
– de représenter le syndicat dans tous les actes civils et en justice ;
– de convoquer les assemblées générales ;
– de procéder aux appels de fonds trimestriels avec régularisation à la fin de l'exercice.

Les créances anciennes de moins de 5 ans du syndicat à l'encontre de chaque copropriétaire sont garanties par une hypothèque légale sur son lot. Le syndic a

qualité pour faire inscrire cette hypothèque : il peut en consentir la mainlevée et requérir la radiation.
Lors de la mutation à titre onéreux d'un lot (c'est-à-dire sa vente), et si le vendeur n'a pas présenté au notaire un certificat du syndic, ayant moins de 1 mois de date, attestant qu'il est libre de toute obligation à l'égard du syndicat, l'avis de la mutation doit être donné au syndic de l'immeuble par lettre recommandée avec avis de réception. Le syndic peut, avant l'expiration d'un délai de 8 jours, former opposition au versement des fonds pour obtenir le paiement des sommes restant dues par l'ancien propriétaire.
Voici une énumération de quelques autres tâches confiées au syndic dans son rôle de gestion et d'administration :
– le syndic engage et congédie le personnel du syndicat et fixe les conditions de son travail suivant les usages locaux et textes en vigueur, notamment la convention collective ;
– il établit et tient à jour une liste de tous les copropriétaires avec l'indication des lots qui leur appartiennent ;
– il détient les archives du syndicat ;
– il tient, pour chaque syndicat de copropriétaires, une comptabilité séparée de nature à faire apparaître la position comptable de chaque copropriétaire à l'égard du syndicat ;
– il prépare le budget prévisionnel qui est voté par l'assemblée générale ;
– il peut exiger des copropriétaires le versement d'une provision afin de couvrir certaines charges. Les sommes versées en avance portent intérêt au profit du syndicat.

En cas d'empêchement du syndic, pour quelque cause que ce soit, ou en cas de carence de sa part à exercer les droits et actions du syndicat et à défaut de stipulation du règlement de copropriété, un administrateur provisoire peut être désigné par décision de justice.
Notons que le syndic est un *mandataire*. Il est par conséquent tenu de rendre des comptes. Sa responsabilité tant civile que pénale pourra être engagée suivant les modalités du droit commun.

VI – Le conseil syndical

Un conseil syndical peut à tout moment être institué, en vue d'assister le syndic et de contrôler sa gestion. Il peut être désigné par le règlement de copropriété ou par l'assemblée générale, ou à défaut par le président du tribunal de grande instance sur requête d'un ou plusieurs copropriétaires.
Les règles relatives à l'organisation et au fonctionnement du conseil sont fixées soit par le règlement de copropriété, soit par l'assemblée.
Les membres du conseil syndical sont choisis parmi les copropriétaires, les associés, en cas de constitution d'une société propriétaire de plusieurs lots, leurs conjoints ou leurs représentants légaux. Ils sont élus par l'assemblée générale (s'ils

ne sont pas désignés dans le règlement de copropriété) pour une durée maximale de 3 ans renouvelable. Le syndic, son conjoint et ses préposés, même s'ils sont copropriétaires ou associés, ne peuvent être membres du conseil syndical.
Les membres du conseil syndical sont révocables.
Un ou plusieurs membres suppléants peuvent être désignés, dans les mêmes conditions que les membres titulaires.

Quel est le rôle du conseil syndical ?

Il donne son avis au syndic ou à l'assemblée générale sur les questions pour lesquelles il est consulté ou dont il se saisit lui-même.
Il contrôle la gestion du syndic, notamment la comptabilité de ce dernier, la répartition des dépenses, les conditions dans lesquelles sont passés et exécutés les marchés et tous autres contrats.
Il peut également recevoir d'autres missions ou délégations de l'assemblée générale.
Un ou plusieurs membres du conseil, habilités à cet effet par ce dernier, peuvent prendre connaissance et copie au bureau du syndic après lui en avoir donné avis, de toutes pièces, documents, correspondances, registres se rapportant à la gestion du syndic et, d'une manière générale, à l'administration de la copropriété.
Les fonctions de président et de membre du conseil syndical ne donnent pas lieu à rémunération.
Le conseil peut se faire assister par tout technicien de son choix. Les honoraires de ces techniciens ainsi que les frais nécessités par le fonctionnement du conseil constituent des dépenses d'administration payées par le syndic.

VII – Les assemblées générales de copropriétaires

Nous avons vu que les décisions du syndicat sont prises en assemblée générale des copropriétaires.
Dans tout syndicat, il est tenu, au moins une fois chaque année, une assemblée générale.
Elle est normalement convoquée par le syndic.
La convocation de l'assemblée est de droit lorsqu'elle est demandée au syndic soit par le conseil syndical, s'il en existe un, soit par un ou plusieurs copropriétaires représentant au moins un quart des voix de tous les copropriétaires, à moins que le règlement de copropriété ne prévoie un nombre inférieur de voix. La demande, qui est notifiée au syndic, précise les questions dont l'inscription à l'ordre du jour de l'assemblée est demandée.
Dans ces cas, l'assemblée est valablement convoquée par le président du conseil syndical, s'il en existe un, après mise en demeure au syndic restée infructueuse pendant plus de 8 jours.

S'il n'existe pas de conseil syndical ou si les membres de ce conseil n'ont pas été désignés ou si le président de ce conseil ne procède pas à la convocation de l'assemblée, tout copropriétaire peut provoquer ladite convocation. En effet, le président du tribunal de grande instance, statuant en matière de référé, peut, à la requête de tout copropriétaire, habiliter un copropriétaire ou un mandataire de justice à l'effet de convoquer l'assemblée. Dans ce cas, il peut charger ce mandataire de présider l'assemblée.
La convocation contient l'indication des lieu, date et heure de la réunion, ainsi que l'ordre du jour qui précise chacune des questions soumises à la délibération de l'assemblée. À défaut de stipulation du règlement de copropriété ou de décision de l'assemblée générale, la personne qui convoque l'assemblée fixe le lieu et l'heure de la réunion.
Sauf urgence, cette convocation doit être notifiée au moins 15 jours avant la date de la réunion, à moins que le règlement de copropriété n'ait prévu un délai plus long.
Dans les 6 jours de la convocation un ou plusieurs copropriétaires ou le conseil syndical, s'il en existe un, notifient à la personne qui a convoqué l'assemblée les questions dont ils demandent l'inscription à l'ordre du jour. Ladite personne notifie aux membres de l'assemblée générale un état de ces questions 5 jours au moins avant la date de cette réunion. Au plus tard en même temps que l'ordre du jour, doivent être notifiés :
– le compte des recettes et des dépenses de l'exercice écoulé, un état des dettes et créances et la situation de la trésorerie, lorsque l'assemblée est appelée à approuver les comptes ;
– le budget prévisionnel accompagné des documents prévus ci-dessus, lorsque l'assemblée est appelée à voter les crédits du prochain exercice ;
– le projet de règlement de copropriété, de l'état descriptif de division, de l'état de répartition des charges ou le projet de modification de ces actes, lorsque l'assemblée est appelée, à établir ou à modifier ces actes ;
– les conditions essentielles du contrat proposé, lorsque l'assemblée est appelée à approuver ou à autoriser une transaction, un devis ou un marché pour la réalisation de travaux ou un contrat ;
– le projet de résolution, lorsque l'assemblée est appelée à statuer sur certaines questions, notamment sur la délégation de pouvoir du syndic, sur les travaux d'amélioration mis à la charge de l'ensemble des copropriétaires, sur les conventions de surélévation, etc., et lorsque l'assemblée est appelée à autoriser le syndic, à introduire une action en justice.

Il est à noter que lorsque plusieurs lots sont attribués à des personnes qui ont constitué une société copropriétaire de ces lots, chacun de ces associés reçoit une notification des convocations ainsi que des documents énumérés et il participe aux assemblées générales du syndicat dans les mêmes conditions que les copropriétaires.
L'assemblée ne délibère valablement que sur les questions inscrites à l'ordre du jour, et dans la mesure où les notifications ont été faites régulièrement.

Déroulement des assemblées

Il est tenu une feuille de présence qui indique les nom et domicile de chaque copropriétaire ou associé et, le cas échéant, de son mandataire, ainsi que le nombre de voix dont il dispose. Cette feuille est émargée par chaque copropriétaire ou associé présent, ou par son mandataire. Elle est certifiée par le président de l'assemblée.
Au début de chaque réunion, l'assemblée générale désigne, sous réserve du cas où un mandataire a été nommé par justice, son président et, le cas échéant, son bureau.
Le syndic assure le secrétariat de la séance, sauf décision contraire de l'assemblée.
Chaque copropriétaire dispose d'un nombre de voix correspondant à sa quote-part dans les parties communes. Toutefois, lorsqu'un propriétaire possède une quote-part des parties communes supérieure à la moitié, le nombre de voix dont il dispose est réduit à la somme des voix des autres copropriétaires. Tout copropriétaire peut déléguer son droit de vote à un mandataire. Chaque mandataire ne peut recevoir plus de trois délégations de vote, à moins qu'il ne participe à l'assemblée d'un syndicat principal et que tous les mandants appartiennent à un même syndicat secondaire.
Le syndic, son conjoint, et ses préposés ne peuvent présider l'assemblée, ni recevoir mandat pour représenter un copropriétaire.
Les décisions de l'assemblée générale sont prises à la majorité des voix exprimées des copropriétaires présents ou représentés, s'il n'en est autrement ordonné par la loi.
Lorsque le règlement de copropriété met à la charge de certains copropriétaires seulement les dépenses d'entretien d'une partie de l'immeuble ou celles d'entretien et de fonctionnement d'un élément d'équipement, il peut être prévu par ce règlement que ces copropriétaires seuls prennent part au vote sur les décisions qui concernent ces dépenses. Chacun vote avec un nombre de voix proportionnel à sa participation auxdites dépenses.
Quelles sont les conditions de *majorité* requises ?
Ne sont adoptées qu'à la majorité des voix de tous les copropriétaires, les décisions concernant :
– toute délégation de pouvoir de prendre l'une des décisions devant être prises par l'assemblée ;
– l'autorisation donnée à certains copropriétaires d'effectuer à leurs frais des travaux affectant les parties communes ou l'aspect extérieur de l'immeuble, et conformes à la destination de celui-ci ;
– la désignation ou la révocation du ou des syndics et des membres du conseil syndical ;
– les conditions auxquelles sont réalisés les actes de disposition sur les parties communes ou sur des droits accessoires à ces parties communes, lorsque ces actes résultent d'obligations légales ou réglementaires telles celles relatives à l'établissement de cours communes, d'autres servitudes ou à la cession de droits de mitoyenneté ;
– les modalités de réalisation et d'exécution des travaux rendus obligatoires en vertu de dispositions législatives ou réglementaires ;
– la modification de la répartition des charges, rendue nécessaire par un changement de l'usage d'une ou plusieurs parties privatives.

À défaut de décision prise dans ces conditions de majorité, une nouvelle assemblée générale statue à la majorité des seuls copropriétaires présents ou représentés à la réunion, et non plus à la majorité de *tous* les copropriétaires. Cette nouvelle assemblée générale n'est pas nécessaire lorsque, lors du vote, la résolution recueille au moins le tiers des voix de tous les copropriétaires. En ce cas, la même assemblée peut prendre la décision en procédant immédiatement à un nouveau vote. Le vote sera acquis à la majorité des voix exprimées des présents ou représentés.
Notons qu'une délégation de pouvoir donnée par l'assemblée générale au syndic, au conseil syndical ou à toute autre personne, ne peut porter que sur un acte ou une décision expressément déterminé.
Elle ne peut, en aucun cas, priver l'assemblée générale de son pouvoir de contrôle sur l'administration de l'immeuble et la gestion du syndic. Il sera rendu compte à l'assemblée de l'exécution de la délégation.
Une seconde série de décisions est prise dans des conditions de majorité différentes. Ainsi sont prises à la majorité des membres du syndicat représentant au moins les deux tiers des voix, les décisions concernant :
– les actes d'acquisition immobilière et les actes de disposition autres que ceux cités ;
– la modification, ou éventuellement l'établissement, du règlement de copropriété dans la mesure où il concerne la jouissance, l'usage et l'administration des parties communes ;
– les travaux comportant transformation, addition ou amélioration, à l'exception de ceux visés ci-dessus ;
– la décision de ne pas instituer de conseil syndical dans l'immeuble ;
– l'installation d'un interphone ou d'un autre système de sécurité ou de fermeture.

L'assemblée générale ne peut, à quelque majorité que ce soit, imposer à un copropriétaire une modification à la destination de ses parties privatives ou aux modalités de leur jouissance, telles qu'elles résultent du règlement de copropriété. Elle ne peut, sauf à l'unanimité des voix de tous les copropriétaires, décider l'aliénation des parties communes dont la conservation est nécessaire au respect de la destination de l'immeuble.
Il est établi un procès-verbal des délibérations de chaque assemblée qui est signé par le président, par le secrétaire et par les membres du bureau s'il en a été constitué un.
Le procès-verbal comporte le texte de chaque délibération. Il indique le résultat de chaque vote et précise les noms des copropriétaires ou associés qui se sont opposés à la décision de l'assemblée, de ceux qui n'ont pas pris part au vote et de ceux qui se sont abstenus.
Sur la demande d'un ou plusieurs copropriétaires ou associés opposants, le procès-verbal mentionne les réserves éventuellement formulées par eux sur la régularité des délibérations.
Les procès-verbaux des séances sont inscrits à la suite les uns des autres, sur un registre spécialement ouvert à cet effet.

Contestations

Les actions qui ont pour objet de contester les décisions des assemblées générales doivent, à peine de déchéance, être introduites par les copropriétaires opposants ou défaillants, dans un délai de 2 mois à compter de la notification desdites décisions qui leur est faite à la diligence du syndic.

VIII – Division de la copropriété

Lorsque l'immeuble comporte plusieurs bâtiments et que la division en propriété du sol est possible, les copropriétaires dont les lots composent un ou plusieurs de ces bâtiments peuvent, réunis en assemblée spéciale et statuant à la majorité des voix de tous les copropriétaires concernés, demander que le ou les bâtiments en question soient retirés de la copropriété initiale pour constituer une copropriété séparée.
L'assemblée générale statue sur cette demande à la majorité de tous les copropriétaires.
Le règlement de copropriété relatif à l'ensemble immobilier reste applicable jusqu'à l'établissement d'un nouveau règlement de copropriété pour chacun des syndicats.

IX – Travaux d'amélioration

L'assemblée générale des copropriétaires statuant à la majorité des membres du syndicat représentant au moins les deux tiers des voix peut, à condition qu'elle soit conforme à la destination de l'immeuble, décider toute amélioration, telle que la transformation d'un ou de plusieurs éléments d'équipement existants, l'adjonction d'éléments nouveaux, l'aménagement de locaux affectés à l'usage commun ou la création de tels locaux.
Elle fixe alors la répartition du coût des travaux, et de la charge des indemnités prévues pour les copropriétaires qui subissent un préjudice par suite de l'exécution des travaux, en proportion des avantages qui résulteront des travaux envisagés pour chacun des copropriétaires, sauf à tenir compte de l'accord de certains d'entre eux pour supporter une part de dépenses plus élevée.
Elle fixe, à la même majorité, la répartition des dépenses de fonctionnement, d'entretien et de remplacement des parties communes ou des éléments transformés ou créés.
Aucun des copropriétaires ou de leurs ayants droit ne peut faire obstacle à l'exécution, même à l'intérieur de ses parties privatives, des travaux régulièrement et expressément décidés par l'assemblée générale.
Toutefois, la décision de l'assemblée n'est pas opposable au copropriétaire opposant

qui a, dans le délai de 2 mois à compter de la signification, saisi le tribunal de grande instance en vue de faire reconnaître que l'amélioration décidée présente un caractère somptuaire eu égard à l'état, aux caractéristiques et à la destination de l'immeuble.
Sauf dans ce cas, la décision prise par l'assemblée oblige les copropriétaires à participer, dans les proportions fixées par l'assemblée, au paiement des travaux, à la charge des indemnités ainsi qu'aux dépenses de fonctionnement, d'administration, d'entretien et de remplacement des parties communes ou des éléments transformés ou créés.
Mais la part du coût des travaux, des charges financières y afférentes et des indemnités incombant aux copropriétaires qui n'ont pas donné leur accord à la décision prise, peut n'être payée que par annuités égales au dixième de cette part. Lorsque le syndicat n'a pas contracté d'emprunt en vue de la réalisation des travaux, les charges financières dues par les copropriétaires payant par annuités sont égales au taux légal d'intérêt en matière civile. Toutefois, ces sommes deviennent immédiatement exigibles lors de la première mutation entre vifs du lot de l'intéressé, même si cette mutation est réalisée par voie d'apport en société.
Ces dispositions ne sont pas applicables lorsqu'il s'agit de travaux imposés par le respect d'obligations légales ou réglementaires.
Nous avons plusieurs fois fait allusion au paiement d'une indemnité. En effet, les copropriétaires qui subissent un préjudice par suite de l'exécution des travaux, en raison, soit d'une diminution définitive de la valeur de leur lot, soit d'un trouble de jouissance grave, même s'il est temporaire, soit de dégradations, ont droit à une indemnité. Cette indemnité, qui est à la charge de l'ensemble des copropriétaires, est répartie en proportion de la participation de chacun au coût des travaux.
Nous avons vu que l'assemblée peut donner à certains propriétaires l'autorisation d'effectuer à leurs frais des travaux affectant les parties communes ou l'aspect extérieur de l'immeuble et conformes à la destination de celui-ci. Si l'assemblée générale refuse de donner cette autorisation, tout copropriétaire ou groupe de copropriétaires peut être autorisé par le tribunal de grande instance à exécuter, aux conditions fixées par le tribunal, les travaux visés par la loi. Le tribunal fixe, en outre, les conditions dans lesquelles les autres copropriétaires pourront utiliser les installations réalisées. Lorsqu'il est possible d'en réserver l'usage à ceux des copropriétaires qui les ont exécutées, les autres copropriétaires ne pourront être autorisés à les utiliser qu'en versant leur quote-part du coût des installations évalué à la date où cette faculté est exercée.

X – Travaux d'addition ou de surélévation

La surélévation ou la construction de bâtiments aux fins de créer de nouveaux locaux à usage privatif, ne peut être réalisée par les soins du syndicat que si la décision en est prise à l'unanimité de ses membres.
La décision d'aliéner aux mêmes fins le droit de surélever un bâtiment existant

exige, outre la majorité des membres du syndicat représentant au moins les trois quarts des voix, l'accord des copropriétaires de l'étage supérieur du bâtiment à surélever et, si l'immeuble comprend plusieurs bâtiments, la confirmation par une assemblée spéciale des copropriétaires des lots composant le bâtiment à surélever, statuant à la majorité indiquée ci-dessus. Si le règlement de copropriété stipule une majorité supérieure pour prendre la décision, cette clause ne peut être modifiée qu'à cette même majorité.
Une indemnité aux copropriétaires subissant un préjudice, à la charge de l'ensemble des copropriétaires, est répartie selon la proportion initiale des droits de chacun dans les parties communes.

XI – Travaux de reconstruction

En cas de destruction totale ou partielle, l'assemblée générale des copropriétaires dont les lots composent le bâtiment sinistré peut décider, à la majorité des voix des copropriétaires, la reconstruction de ce bâtiment ou la remise en état de la partie endommagée.
Dans le cas où la destruction affecte moins de la moitié du bâtiment, la remise en état est obligatoire si la majorité des copropriétaires sinistrés la demande.
Les copropriétaires qui participent à l'entretien des bâtiments ayant subi les dommages sont tenus de participer dans les mêmes proportions et suivant les mêmes règles aux dépenses des travaux. Les indemnités représentatives de l'immeuble détruit sont, sous réserve des droits des créanciers inscrits, affectées par priorité à la reconstruction.
Si la décision est prise de ne pas remettre en état le bâtiment sinistré, il est procédé à la liquidation des droits dans la copropriété et à l'indemnisation de ceux des copropriétaires dont le lot n'est pas reconstitué.

XII – Installation d'antennes de radio et de télévision

L'installation d'une antenne collective (ou son adaptation pour permettre une meilleure réception) peut être décidée par l'assemblée générale statuant à la majorité absolue de tous les copropriétaires. Les antennes destinées à capter la télévision par satellite sont soumises aux mêmes dispositions. Si la majorité absolue n'est pas obtenue lors de la première assemblée générale, la décision peut être prise lors d'une deuxième réunion à la majorité des copropriétaires présents ou représentés. Si, au cours de cette nouvelle assemblée, le vote n'est toujours pas obtenu, un ou plusieurs copropriétaires peuvent, avec les mêmes conditions de majorité, demander à faire effectuer les travaux à leurs frais.

4

LES TROUBLES DU VOISINAGE

Il s'agit d'un domaine difficile à cerner, qui fait l'objet de nombreux conflits, notamment en raison de sa très grande diversité. Cette notion recouvre en effet les troubles causés par les bruits, les odeurs, les fumées ou toute autre pollution. À l'heure actuelle, les textes régissant ce domaine spécifique sont en nombre infime, si bien que les troubles du voisinage sont généralement sanctionnés en vertu d'une jurisprudence qui se développe au fur et à mesure que les problèmes se posent.
Dans cette évolution jurisprudentielle, le rôle joué par l'article 1382 du Code civil – qui dispose que « toute personne qui cause à autrui un dommage doit le réparer » – est essentiel. Ainsi, toute personne qui souhaite engager une action afin de mettre un terme à des troubles de voisinage qui la gênent, peut recourir aux dispositions de l'article 1382 du Code civil dès lors qu'il apparaît que son voisin a commis une faute (tapage nocturne, par exemple). Il lui faudra alors simplement prouver, outre l'existence de cette faute, que celle-ci a été cause pour elle d'un préjudice personnel.
Mais indépendamment de la notion de faute proprement dite, la jurisprudence est venue à l'aide des justiciables en développant le recours à la notion d'abus de droit. L'abus de droit, qui consiste en l'exercice abusif du droit de propriété (ou du droit de tout occupant d'un local) est en effet sanctionné par les tribunaux dès lors qu'il existe, de la part du propriétaire ou de l'occupant, une intention manifeste de nuire à autrui. Nous citerons ici l'exemple fort célèbre de l'installation d'une fausse cheminée sur un toit pour masquer la vue du voisin et lui ôter tout espoir d'entrevoir le soleil.
Mais c'est grâce à une autre notion – celle du trouble anormal de voisinage – que l'on parvient le plus souvent à obtenir satisfaction. Le trouble anormal de voisinage peut en effet exister indépendamment de toute faute et/ou intention de nuire : il suffit qu'une personne (propriétaire, locataire, usufruitier...) ait un comportement « anormal », c'est-à-dire qui excède les limites habituellement admises en ces matières, pour que sa responsabilité puisse être engagée.

• Parmi les troubles du voisinage les plus fréquents, on retiendra essentiellement celui provoqué par le bruit qui constitue à l'heure actuelle un fléau difficile à combattre. C'est un domaine où il est possible d'agir dès lors que le bruit prend des proportions telles qu'il en devient insupportable. Il existe une jurisprudence importante, notamment en ce qui concerne les aboiements, les nuisances sonores provoquées par un noctambule peu soucieux de la quiétude de ses voisins, par un musicien débutant et acharné, par des jeux d'enfants, le chant du coq, etc.

• Les autres troubles du voisinage sont en général provoqués par la pollution, les mauvaises odeurs ou les fumées, lesquelles doivent devenir insupportables si vous souhaitez obtenir gain de cause. De même, la perte d'ensoleillement ou de vue, la gêne anormale à la réception des émissions de radio et de télévision, etc. peuvent faire l'objet d'indemnisations si le trouble est jugé anormal et excessif. Quant aux actions possibles, la première démarche à effectuer est bien entendu d'entrer en contact avec son voisin, ce dernier n'étant peut-être pas conscient de la gêne qu'il impose. Si aucune amélioration ne semble se manifester, il faut lui écrire un courrier recommandé avec accusé de réception, le mettant en demeure de faire cesser le bruit qu'il soit diurne ou nocturne. Une plainte pourra ensuite être déposée. Mais dans l'optique d'un procès, il est fondamental de réunir les témoignages d'autres voisins ou de relations ayant pu constater les troubles. La demande pourra consister en des dommages-intérêts mais vise en général à obtenir du tribunal qu'il ordonne à l'auteur du trouble de mettre un terme à ce dernier sous astreinte.
S'agissant du problème particulier du bruit, précisons qu'il doit s'agir, pour qu'il puisse être juridiquement combattu, d'un trouble anormal de voisinage. En effet, le bruit d'une voiture qui passe en ville, l'aboiement occasionnel d'un chien ou un bruit de robinetterie à des heures normales, ne constituent pas des troubles anormaux de voisinage. Pour s'assurer que le bruit dont on souffre est anormal, il convient de s'informer auprès de la mairie qui, dans un premier temps, peut proposer une conciliation puis, qui interrogera son service d'hygiène et de santé. Les nuisances seront alors constatées par des inspecteurs assermentés qui peuvent dresser procès-verbal après enquête. En cas de tapage nocturne, ou même diurne, il suffit de s'adresser au commissariat de police ou à la gendarmerie qui peut constater l'infraction et dresser procès-verbal immédiatement. En outre, il peut exister des règles locales particulières (arrêtés), qui restreignent à certaines heures la possibilité de faire du bruit (tondeuses à gazon par exemple).
Deux procédures sont possibles : la procédure civile qui permet de demander des dommages et intérêts et la cessation du trouble, et la procédure pénale qui, outre la cessation du trouble, peut mettre à la charge du responsable du bruit une amende pouvant atteindre 450 €.
Pour les nuisances en général, il est possible de s'informer au ministère de l'Écologie, 20, avenue de Ségur, 75007 Paris, tél. : 01 42 19 15 40.
Pour le bruit, on peut consulter le Centre d'information et de documentation sur le bruit, 12-14 rue Jules-Bourdet, 75017 Paris, tél. : 01 47 64 64 64.

5

LE RÈGLEMENT DES SITUATIONS DE SURENDETTEMENT

Les commerçants, artisans et les sociétés de droit privé ont bénéficié bien avant les particuliers d'un régime de règlement collectif de leurs difficultés financières, soit grâce à un arrangement avec les créanciers dit « règlement amiable », soit en obtenant un jugement de redressement judiciaire après dépôt de bilan. Or, une étude récente a fait apparaître que le nombre des ménages en état de surendettement faisait l'objet d'une augmentation continue, ceci étant dû non seulement aux établissements de crédits qui incitent les ménages à s'endetter mais aussi au chômage qui ne cesse de croître. Face à cette situation qui touche aujourd'hui un million de foyers, le législateur est intervenu en élaborant une première loi sur le surendettement en date du 31 décembre 1989. Depuis le 1er août 2003, de nouvelles mesures sont venues compléter le système du surendettement (article L. 330-1 du Code de la consommation). Concrètement, il existe deux mesures de règlement des situations de surendettement :

– le règlement amiable qui repose sur un accord entre le débiteur et ses créanciers principaux. Cette procédure devant la Commission de surendettement est celle qui doit s'ouvrir dès lors que la situation du débiteur laisse un espoir de se redresser ;
– le rétablissement personnel (sorte de « faillite civile »), fondé sur un jugement imposant aux créanciers des remises et reports de dettes.

Avant d'entrer dans le détail de ces procédures, rappelons seulement qu'en matière de surendettement, la compétence est attribuée au juge de l'exécution qui est en principe le Président du tribunal de grande instance, ou son délégué.

I – Qui peut bénéficier du règlement amiable et du rétablissement personnel ?

Les personnes physiques uniquement car les sociétés, dites personnes morales, disposent d'un autre régime. De la même façon, les dispositions sur le surendettement ne s'appliquent ni aux artisans ni aux commerçants.

Les lois réservent enfin le bénéfice des dispositions sur le surendettement au « débiteur de bonne foi ». Bien que le législateur n'en ait donné aucune définition, on considère que le débiteur de bonne foi est celui qui s'est endetté par imprudence alors que le débiteur de mauvaise foi est celui qui en toute connaissance de cause a non seulement emprunté en sachant qu'il ne pourrait rembourser ses prêteurs mais a au surplus trompé ces derniers sur sa capacité à honorer ses engagements.
Concrètement, les tribunaux auront tendance à accorder le bénéfice de la bonne foi aux débiteurs qui se seront retrouvés dans une situation de surendettement du fait d'une diminution fortuite de leurs ressources ou par suite d'événements imprévisibles : chômage, maladie, accident, décès du conjoint ou du concubin, divorce ou séparation etc.
En revanche, ils seront assurément plus sévères avec les débiteurs dont le surendettement résultera d'une impossibilité de faire face à des dettes accumulées volontairement, par inconscience ou légèreté.

II – Quelle situation financière justifie le recours aux procédures de surendettement ?

Pour bénéficier des dispositions de l'article L. 330-1 du Code de la consommation, une personne physique doit être en situation de surendettement, le surendettement étant défini comme « l'impossibilité manifeste pour le débiteur de bonne foi de faire face à l'ensemble de ses dettes non professionnelles exigibles et à échoir ».
Concrètement, la situation de surendettement doit être appréciée à partir de l'ensemble des dettes, des revenus et des biens du débiteur. Et lorsqu'il s'agit de difficultés financières éprouvées par deux époux, voire deux concubins, ce sont toutes les dettes exigibles ou à échoir du couple et l'ensemble des ressources du ménage qui seront pris en considération.
Mais attention : toutes les dettes doivent être prises en compte (remboursement de prêt, passif résultant de l'utilisation de cartes de crédit, loyers, charges de copropriété, dettes à l'égard du fisc et des organismes de Sécurité sociale, pensions alimentaires, etc.). Précisons qu'en matière de loyers impayés, notamment lorsqu'il existe de lourds arriérés, la saisine de la Commission est particulièrement judicieuse. D'autre part, pour ce qui est d'arriérés de loyers impayés dans les logements HLM, un effacement partiel des dettes peut être envisagé.
La saisine de la Commission s'effectue auprès de la succursale de la Banque de France la plus proche du domicile du débiteur.
Pour établir la balance des dettes, il faut tenir compte de tous les revenus du débiteur : salaires, allocations diverses, pensions, patrimoine (dont la vente ou la location pourra être envisagée), revenus fonciers, etc. Pour pouvoir prétendre bénéficier des dispositions de l'article L. 330-1 du Code de la consommation, le débiteur doit être dans une situation telle que ses revenus actuels ou prévisibles ne sauraient lui permettre de se libérer.

En réalité, la loi n'a pas précisé le seuil à partir duquel un débiteur peut être considéré comme surendetté. En fait, tout dépend des circonstances et les situations doivent être envisagées au cas par cas. Il est évident que si les dettes sont presque égales aux revenus, il y a surendettement.
En revanche, il convient de préciser que les dispositions de l'article L. 330-1 du Code de consommation excluent de leur champ d'application les dettes professionnelles. Une exception toutefois : une personne physique dont le surendettement résulte d'un cautionnement souscrit pour garantir le paiement de dettes professionnelles pourra invoquer les dispositions concernant le surendettement si elle n'a pas bénéficié directement de l'activité professionnelle qui a généré les dettes cautionnées.

III – De quelle manière peut-on remédier aux situations de surendettement ?

La Commission de surendettement des particuliers

Il s'agit d'un plan négocié entre le débiteur et les principaux créanciers sous l'égide d'une autorité administrative : la Commission d'examen des situations d'endettement des particuliers. Le choix des principaux créanciers avec lesquels la Commission négociera appartient à cette dernière plus qu'au débiteur. La Commission est saisie par le débiteur lui-même. La Commission vérifie l'état des créances et concilie les parties en vue de l'élaboration d'un plan conventionnel de redressement qui sera approuvé par le débiteur et ses principaux créanciers.
Ce n'est que si la conciliation échoue que l'affaire revient devant le juge de l'exécution. Un débiteur aura donc tout intérêt à saisir directement la Commission de son domicile afin de ne pas perdre un temps précieux. Le débiteur surendetté qui souhaite obtenir un allègement, un report, ou un rééchelonnement de ses dettes peut saisir la Commission de son domicile en lui adressant une déclaration dans laquelle il doit fournir un état sommaire de ses revenus et des éléments actifs et passifs de son patrimoine et indiquer les noms et adresses de ses créanciers.
À réception de ce courrier, la Commission examine la demande :
– si elle est jugée recevable au regard des critères définis ci-dessus (qualité du débiteur, situation de surendettement), la Commission avertit les créanciers et établit un plan conventionnel de redressement par accord amiable avec les créanciers. Si la médiation échoue, la commission peut alors émettre des recommandations qu'elle communique au juge. Les créanciers ont la possibilité d'exercer un recours contre la décision d'admission devant le juge de l'exécution. Dans ce

cas, le juge convoque les parties, les invite à produire les pièces sur lesquelles elles se fondent et statue après un débat contradictoire à son audience ;
– si elle est déclarée irrecevable, le débiteur dispose d'un délai de 15 jours pour former un recours devant le juge de l'exécution. Ce recours – comme celui émanant des créanciers – est formé devant le secrétariat de la commission, qui transmet alors lui-même au juge de l'exécution l'intégralité du dossier.

Quels sont les pouvoirs de la Commission ?

La Commission dresse l'état d'endettement du débiteur, puis s'efforce de concilier les parties en vue de l'élaboration d'un plan amiable. Si les parties parviennent à se mettre d'accord, le plan est signé et daté par elles. Ce plan peut consister en une réduction de dettes. La Commission dispose de divers moyens pour réaménager la dette de la personne surendettée : allonger les crédits jusqu'à 10 ans maximum, en reporter les échéances, baisser les taux, imputer les paiements antérieurs sur le capital, réduire ou annuler une dette après la vente d'un bien immobilier même si cette vente n'a pas couvert le montant du crédit, et même prononcer un moratoire de 3 ans au cours duquel le débiteur ne rembourse rien.

En revanche, pour ce qui concerne les pensions alimentaires, les réparations pécuniaires dues à la suite d'une condamnation pénale, ainsi que les amendes pénales, la Commission est impuissante : il n'y a pas de rééchelonnement possible.

La Commission a par ailleurs la faculté de suspendre les procédures : il s'agit de l'hypothèse où alors même qu'elle examine le dossier, un créancier engage une procédure à l'encontre du débiteur. Cette procédure pourrait avoir pour conséquence d'anéantir tout le travail déjà fait, c'est pourquoi la loi offre à la Commission la possibilité de saisir le juge de l'exécution afin d'obtenir la suspension de la procédure intentée contre le débiteur.

La Commission dispose d'un délai de 6 mois à compter de sa saisine pour obtenir l'accord du débiteur et des principaux créanciers sur le plan conventionnel qu'elle a établi. Si elle constate qu'il lui est impossible d'obtenir cet accord, ou si celui-ci n'a pu être recueilli dans ce délai, elle avertit le débiteur et les créanciers par lettre recommandée. Dans ce courrier, elle rappelle au débiteur qu'il peut saisir le juge de l'exécution en vue de l'ouverture d'une procédure de rétablissement personnel. À ce moment, elle transmet le dossier au juge de l'exécution.

La même solution est appliquée lorsque la Commission, préalablement saisie, n'est pas parvenue à concilier les parties ou s'il lui est apparu que les chances de succès d'un règlement amiable sont irrémédiablement compromises ou bien encore si la situation du débiteur lui paraît exiger la mise en œuvre immédiate de mesures de rétablissement personnel.

La garantie minimum de ressources

Afin de lutter contre les exclusions, les ménages surendettés bénéficient d'une garantie minimale de ressources dite « reste à vivre ». Le montant des remboursements imposé aux ménages ne doit pas dépasser la partie saisissable du salaire définie par le Code du travail. Le barème, proportionnel au montant des revenus, est révisé chaque année. D'autre part, la personne surendettée doit conserver des ressources au moins égales au RMI majoré de 50 % pour un couple.

LE RÉTABLISSEMENT PERSONNEL

Il est important de rappeler que seul le juge de l'exécution (tribunal de grande instance) du domicile du débiteur est compétent, et que ses décisions prises au titre du rétablissement personnel sont exécutoires de plein droit, à titre provisoire (cela signifie que ses décisions doivent être exécutées dès leur prononcé, même si l'une des parties exerce un recours, appel ou autre).

Qui peut saisir le juge de l'exécution ?

• Les « intéressés ».
Le juge de l'exécution peut être saisi par les débiteurs. L'intérêt du débiteur d'introduire une procédure tendant à alléger, reporter ou rééchelonner sa dette est évident. La saisine peut s'exercer en cas de recours d'une décision de la Commission, ou lorsque cette dernière n'a pas instruit le dossier dans le délai de 9 mois à compter de son dépôt.
Sauf dans le cas d'un recours exercé contre une décision de la Commission, la saisine du juge de l'exécution par le débiteur ou un créancier s'effectue au moyen d'une déclaration remise contre récépissé ou adressée par lettre recommandée avec accusé de réception au greffe du tribunal de grande instance.
Si la Commission n'a pas été saisie préalablement, le débiteur qui s'adresse au juge devra préciser sa situation familiale, fournir l'état de ses revenus et des éléments actifs et passifs de son patrimoine et indiquer le nom et l'adresse de ses créanciers.

Quelles mesures le juge peut-il prendre ?

Lorsque sa situation est irrémédiablement compromise, le débiteur de bonne foi ne pouvant faire face à ses dettes non professionnelles peut solliciter l'ouverture d'une procédure de rétablissement.
Le juge de l'exécution du tribunal de grande instance dispose d'un délai d'un mois pour convoquer les parties (le débiteur et ses créanciers) à l'audience d'ouverture de procédure de rétablissement personnel. Lors de cette audience, le juge vérifie le caractère irrémédiablement compromis de la situation du débiteur ainsi que sa

bonne foi. Le jugement qui est ensuite rendu suspend l'exécution des dettes (sauf les dettes alimentaires) et empêche que le débiteur puisse à l'avenir vendre ses biens sans autorisation, à supposer qu'il lui en reste.
Si le juge de l'exécution l'estime nécessaire, il peut désigner un mandataire qui pourra faire le point sur les actifs du débiteur et, le cas échéant, faire procéder à une enquête sociale ou suivre socialement ce débiteur. Le juge ou le mandataire font procéder à la publicité du jugement de rétablissement, afin que les créanciers en aient connaissance. À partir de cette publicité, les créanciers font valoir leur créance et le juge ou son mandataire font alors un point de la situation financière. C'est ensuite que le juge prononce la liquidation du patrimoine personnel du débiteur. Seuls sont conservés par ce dernier ses meubles et les biens nécessaires à la vie courante. Les autres biens, s'il en existe, sont vendus, si possible à l'amiable, par un liquidateur qui peut être le mandataire désigné par le juge. Si, au bout de 12 mois, les ventes amiables ne sont pas réalisées, les biens sont vendus aux enchères. Les sommes récoltées grâce aux ventes servent à désintéresser les créanciers.
Que les créanciers aient pu être désintéressés ou non, la procédure est ensuite clôturée avec, pour effet, que toutes les dettes non professionnelles du débiteur sont effacées.
D'autre part, les personnes qui ont fait l'objet d'un jugement de rétablissement sont inscrites au fichier FICP (Fichier National recensant les Informations sur les Incidents de Paiement caractérisés liés aux Crédits accordés aux Personnes Physiques pour les besoins non professionnels).

De quels recours disposent les parties contre la décision du juge de l'exécution ?

L'appel est toujours possible devant une formation de la cour d'appel statuant à bref délai. Par la suite un pourvoi en cassation pourra être formé.
Il est à préciser que les mesures ordonnées par le juge de l'exécution sont indivisibles, ce qui signifie que le recours formé par l'un entraînera automatiquement la mise en cause de tous les autres.

QUATRIÈME PARTIE
LES PROBLÈMES DU TRAVAIL

L'objet du présent chapitre est d'exposer l'essentiel des règles concernant les problèmes du travail. Les sources de cette réglementation – très abondante compte tenu de la place de ces problèmes dans la vie et dans l'économie actuelles – sont nombreuses. Il n'est pas dans le but de cet ouvrage, essentiellement pratique, d'en donner le détail, mais il convient cependant d'indiquer deux situations.

Sur le plan international, les grands organismes internationaux ont posé des principes généraux dans la ligne desquels doivent se situer les législations internes.
L'Organisation internationale du travail (OIT) s'est donné pour mission non seulement d'élaborer un droit international du travail ou, du moins, de favoriser une uniformisation des régimes, mais également de développer et d'organiser l'amélioration des services de la main-d'œuvre et de l'emploi, de la formation professionnelle, du perfectionnement des travailleurs, etc.[1]
Les organismes européens, nés après la dernière guerre et spécialement la « Communauté économique européenne » (dans le langage courant la CEE), issue du Traité de Rome, du 25 mars 1957, ou l'« Union Européenne » (UE) depuis le 1er novembre 1993, ont élaboré une réglementation visant à l'uniformisation des législations internes des pays membres de la Communauté, en vue de faciliter un échange de plus en plus libre des travailleurs à l'intérieur des pays intéressés.

1. L'OIT élabore des conventions, auxquelles peuvent adhérer les pays membres de l'organisation, dont la plupart ont pour but de favoriser le statut et les conditions des travailleurs désirant exercer un emploi dans l'un des pays signataires autre que leur pays d'origine.

Sur le plan intérieur français, les problèmes du travail – et plus particulièrement ceux concernant les rapports entre salariés et employeurs (autrefois laissés à la seule initiative du chef d'entreprise) – ont fait progressivement l'objet d'une réglementation unifiée, dont l'essentiel est contenu dans le Code du travail.

En outre, à côté de cette législation proprement dite, issue du pouvoir législatif et réglementaire du Parlement et du gouvernement, se sont développées des formes nouvelles de réglementation nées, quant à elles, de pouvoirs nouveaux reconnus aux travailleurs. Ceux-ci peuvent désormais par l'intermédiaire de leurs représentants, les syndicats, négocier et conclure des accords directs avec les employeurs et les pouvoirs publics : les conventions collectives. Parallèlement aux lois et règlements, se développe donc une réglementation conventionnelle et diversifiée, dont le but est non de faire obstacle à la législation générale, mais de prévoir une amélioration des statuts en fonction des besoins et possibilités de chaque profession, ainsi qu'en fonction des besoins et désirs des travailleurs et employeurs.

1

NOTIONS PRÉALABLES

Avant d'envisager plus en détail le contenu de l'ensemble de la réglementation du travail en France, il est utile de donner quelques notions préalables concernant le cadre général dans lequel s'exerce l'activité professionnelle et s'appliquent les règles posées.

I – Travailleurs indépendants et travailleurs salariés

DISTINCTION

Lorsqu'on parle des problèmes du travail, on pense le plus souvent à ceux que rencontrent, à l'égard les uns des autres, salariés et employeurs. Or, une grande partie de la population active n'appartient pas à ces deux catégories : il s'agit de travailleurs indépendants ou autonomes.
La distinction entre travailleurs dépendants et indépendants est caractérisée par l'existence ou l'absence d'un lien de subordination d'une personne vis-à-vis d'une autre. Pour schématiser, on peut dire que :
– il y a *travail dépendant* lorsqu'il existe entre deux ou plusieurs personnes un lien de subordination à la fois économique et juridique ; ainsi, le salarié « dépend » de l'employeur à l'autorité duquel il se soumet et qui doit lui verser une rémunération ;
– il y a *travail indépendant* lorsque ce lien n'est pas nécessaire pour l'exercice d'une activité professionnelle ; le travailleur autonome est celui qui n'est soumis à l'autorité de personne, ce qui ne signifie pas qu'il soit lui-même contraint de n'employer personne : il peut exercer sa profession avec l'aide de salarié, ou seulement de sa famille ou même, comme c'est souvent le cas pour les artisans, tout seul.

Selon ces critères, sont considérés comme indépendants tous ceux qui travaillent pour leur propre compte, tels : le médecin, l'avocat (non salarié par contrat), l'artisan, le commerçant, l'agriculteur qui travaille lui-même sa terre, ainsi que le courtier, le commissionnaire ou l'agent commercial dès lors qu'ils font leurs opérations pour leur propre compte.

Mais la classification n'est pas toujours aussi catégorique, et la distinction est parfois difficile à faire : pour une même profession il peut y avoir, selon les cas, travail autonome ou travail salarié.
Exemples : le journaliste qui travaille « à la pige » sera considéré comme autonome s'il reste absolument maître de son temps, du choix de son sujet et de l'orientation qu'il lui donne ; par contre, sera considéré comme dépendant le « pigiste » qui est dirigé dans son choix de sujets, dans la manifestation écrite des idées qu'il exprime, et contraint de rédiger dans des limites de temps..., même si, par ailleurs, son travail n'impose pas de rythme régulier, pas de périodicité de rédaction, etc.
De même encore, sera considéré comme indépendant l'agent commercial qui travaille pour son propre compte, engage des sous-représentants qu'il rémunère lui-même... ; tandis que dépendra d'un employeur le VRP qui travaille pour le compte d'une entreprise, même s'il dispose d'un pouvoir de contrôle ou de direction sur des sous-agents rémunérés par l'entreprise.
En réalité la distinction reposera sur l'existence d'un lien de subordination à l'égard d'un employeur, élément caractéristique du caractère salarié de l'activité (*cf.* infra).
En fait, l'importance de la distinction entre travailleurs dépendants et indépendants se fait surtout sentir *sur le plan du régime juridique* auquel les uns et les autres sont soumis.

1. Tandis que la législation du travail régit la première catégorie – dans le but essentiel de protéger le salarié dans ses rapports avec l'employeur –, les seconds, qui ne sont pas exposés à des risques d'abus et n'ont pas besoin d'une telle protection, échappent à cette réglementation (horaires, repos, congés, etc.).

2. Ceci a notamment pour conséquence, sur le plan des conflits éventuels, que les travailleurs autonomes ne peuvent avoir recours à la juridiction spécialisée du conseil des prud'hommes.

3. Par contre, rien n'empêche ces travailleurs qui, bien que de façon indépendante, exercent une profession, de se regrouper pour défendre leurs intérêts communs, et de constituer par exemple des syndicats professionnels ayant les mêmes pouvoirs que les autres syndicats de travailleurs.

Remarque

L'évolution des techniques et les exigences d'une économie dynamique ont d'abord abouti à une diminution progressive et croissante du nombre des travailleurs autonomes : on ne comptait plus le nombre des petites entreprises traditionnelles (petites exploitations agricoles, par exemple, où ne travaillaient que les membres d'une même famille), qui ont été contraintes, soit de se convertir et de passer en société, soit de se faire « absorber »..., et dont les membres, autrefois patrons indépendants, ont été amenés à devenir salariés d'entreprises plus importantes ou à fonder leur propre société.

Aussi, encore à l'heure actuelle, la majorité de la population active est-elle composée de travailleurs dépendants salariés – quel que soit d'ailleurs le niveau d'emploi (simple manœuvre dans un petit établissement, conseiller technique dans une grande firme ou cadre dirigeant d'une entreprise multinationale...). À une époque toute récente, on a vu se dessiner une évolution légèrement différente : d'anciens salariés – soit qu'ils aient été licenciés par leur entreprise, soit que l'entreprise les y ait encouragés – créaient leur propre petite société et devenaient ainsi conseils ou sous-traitants de leur ancien employeur.
Les problèmes envisagés dans les développements ci-dessous concernent essentiellement le monde du travail dépendant, autrement dit la réglementation des rapports entre employeurs et employés dans le travail salarié, étant précisé que le travailleur indépendant qui emploie des salariés est soumis à la législation du travail en ce qui concerne tous ses rapports de travail avec ses salariés.

II – Entreprise et établissement

Une autre distinction est nécessaire lorsqu'on envisage les problèmes du travail : c'est celle à établir entre l'entreprise et l'établissement. En effet, si d'une manière générale on parle de l'employeur et des salariés, il est important de définir le cadre dans lequel s'établissent les relations de travail.
L'entreprise elle-même n'est pas définie par la loi et elle peut prendre une signification différente selon l'angle sous lequel on la considère. Du point de vue de la législation du travail, il s'agit de l'organisme économique dans lequel s'exercent une ou plusieurs activités professionnelles : celle du chef d'entreprise, celles des salariés. Il peut donc s'agir aussi bien d'un organisme public ou privé, d'une société civile, d'une association, ou d'un office ministériel que d'une usine, d'un atelier, d'un magasin ou d'une exploitation agricole...
Le plus souvent, l'entreprise ainsi définie ne comporte qu'un seul établissement : elle forme alors une unité à la fois juridique, économique et technique où sont concentrées toutes les activités et toutes les relations de travail.
Mais, à côté de cette unité traditionnelle, il existe des entreprises plus importantes, et par conséquent plus complexes *composées de plusieurs établissements.*
Dans ce cas :
– l'entreprise reste l'unité économique et juridique, placée sous l'autorité d'un chef[1]. C'est à son niveau que sont prises toutes les décisions relatives à la gestion financière, à l'organisation générale de la production en vue d'atteindre les objectifs économiques poursuivis... Échappent toutefois à son autorité directe les problèmes d'organisation technique, d'organisation du personnel et des relations de travail existant à l'intérieur des établissements qui la composent et dont elle coordonne l'activité ;

1. Il peut s'agir soit d'une personne physique, un patron, soit d'un organisme collégial, une personne morale telle qu'une société.

– bien que tous soient soumis au contrôle économique et à la domination de l'entreprise, chacun des établissements constitue, en effet, une « unité technique », placée également sous l'autorité d'un directeur. Le chef d'établissement, s'il ne jouit pas de l'indépendance financière et juridique – domaines dans lesquels il est subordonné au chef d'entreprise –, dispose de tous les pouvoirs pour organiser, dans les lignes prévues par l'entreprise et uniquement dans l'intérêt de celle-ci, la production à l'intérieur de l'établissement ; il est maître et responsable du fonctionnement interne de l'établissement, c'est-à-dire des décisions à prendre non seulement du point de vue technique, mais également du point de vue de l'organisation du personnel et des conditions de travail : embauchages, licenciements, horaires, discipline, hygiène, etc.

La distinction a pour conséquence, du point de vue pratique que :
– le personnel salarié d'un établissement est soumis à l'autorité du chef d'établissement, et non à celle du chef d'entreprise dont l'établissement fait partie ;
– la représentation du personnel prévue dans le cadre de l'entreprise (comité d'entreprise, délégués du personnel ou syndicaux) doit être assurée dans les mêmes conditions à l'intérieur de chaque établissement : chacun aura, s'il emploie à lui seul un nombre suffisant de salariés, son « comité d'établissement », ses délégués du personnel... ;
– si les « accords » conclus avec les représentants syndicaux, au niveau de l'entreprise elle-même, s'imposent à tous les établissements qui la composent, un chef d'établissement pourra conclure indépendamment des accords qui n'engageront pas les autres établissements de l'entreprise.
Toutefois, les nouvelles dispositions légales ont de plus en plus tendance à développer le principe d'institutions sociales communes à plusieurs établissements : notion de groupe de sociétés, groupe d'entreprises à l'échelon européen, qui doivent désormais avoir leur comité d'entreprise (comité de groupe et comité d'entreprise européen).

Nota. Cette distinction établie, il faut préciser qu'en ce qui concerne la réglementation des relations de travail, l'entreprise ou l'établissement existent et sont soumis à la législation applicable, indépendamment de la qualité juridique et de la personne de l'employeur. Ceci signifie notamment que, si le salarié est soumis à l'autorité du chef d'entreprise ou d'établissement, il ne doit subir aucune conséquence du fait d'un changement de direction ou de statut juridique.
Ainsi, le contrat de travail qui le lie à l'entreprise ou à l'établissement demeure, en dépit du départ de son employeur et de son remplacement par un autre.

III – Les organismes administratifs appliquant la législation du travail

L'organisation du travail salarié pose des problèmes multiples et complexes, relatifs à l'emploi d'une part et aux rapports existant entre salariés et employeurs d'autre part.

L'essentiel des tâches incombe pour la direction à l'administration centrale du ministère des Affaires sociales, pour l'exécution notamment, et à l'inspection du travail. Il convient d'ajouter l'Agence nationale pour l'emploi (ANPE), qui joue un grand rôle depuis plusieurs années.

L'ORGANISATION DU MARCHÉ DU TRAVAIL

Les services chargés des problèmes généraux de l'emploi ont pour missions essentielles d'assurer un meilleur équilibre du marché du travail, de favoriser le développement de la formation et de l'orientation professionnelles, ainsi que l'adaptation ou la réadaptation des travailleurs, et de venir en aide à ceux qui sont involontairement privés d'emploi.

L'ORGANISATION DE L'EMPLOI

Elle est assurée par l'Agence nationale pour l'emploi (ANPE), ainsi que par les services de l'inspection du travail.

L'Agence nationale pour l'emploi a été créée par ordonnance le 13 juillet 1967, et a fait l'objet d'une réforme par une ordonnance du 20 décembre 1986.
La mission de l'Agence est de prospecter et de placer les travailleurs à la recherche d'un emploi.
Elle ne bénéficie plus d'un monopole de placement, mais est chargée d'assister les personnes en recherche d'emploi ou de formation, ainsi que les employeurs cherchant à embaucher ou à reclasser des salariés.
Les autres organismes qui peuvent procéder à des tâches de placement sont les Chambre de Commerce, les Chambres de Métiers, des associations telles que l'APEC, des employeurs ou groupements d'employeurs, des agences privées de placement, des collectivités territoriales telles que les communes par exemple, ainsi que, depuis une date récente, les maisons de l'emploi dans chaque région.
Aujourd'hui, beaucoup d'annonces se font *via* Internet.

Pour conclure, il est à remarquer que les offres d'emploi déposées auprès de l'ANPE fournissent des renseignements précieux pour la mesure du chômage.
Dans les établissements de 50 salariés au moins, les employeurs doivent envoyer à l'Administration une déclaration sous forme d'un relevé mensuel des nouveaux contrats. Dans toute entreprise, l'employeur doit émettre une déclaration d'embauche.

L'ORGANISATION DE L'AIDE FINANCIÈRE

Le problème du chômage est complexe. D'une part, le travailleur privé d'emploi n'est pas sûr de retrouver un emploi équivalent à sa formation, d'autre part il se trouve,

pendant cette période, sans ressources. C'est pourquoi, à côté de l'aide apportée dans la recherche d'un emploi par l'ANPE, une aide financière est apportée au chômeur.
Deux organismes interviennent en ce sens : l'UNEDIC-ASSEDIC et le Fonds national de l'emploi.

Les ASSEDIC-UNEDIC. Les ASSEDIC (Associations pour l'emploi dans l'industrie et le commerce) fédérées dans un organisme central l'UNEDIC (Union nationale pour l'emploi dans l'industrie et le commerce) sont des organismes paritaires (salariés-employeurs) qui prennent en charge le revenu de remplacement garanti aux travailleurs sans emploi (article L. 351-1 du Code du travail). Ces organismes sont chargés du paiement pour le compte de l'État des allocations d'aide publique. Ce dernier participe pour une part au moyen d'une subvention forfaitaire et globale (les conditions de l'indemnisation seront étudiées dans le chapitre consacré au chômage).

Le Fonds national de l'emploi. Cet organisme dote le ministère du Travail de moyens financiers d'intervention pour permettre l'adaptation des travailleurs à de nouvelles activités professionnelles, en cas de modifications techniques ou structurelles menaçant leur emploi. L'État, par l'entremise du Fonds national de l'emploi, peut être ainsi amené à passer, avec différents organismes professionnels, des conventions destinées à assurer un complément de formation professionnelle ou d'indemnisation temporaire (L. 322-1 du Code du travail).

Les rapports du travail salarié – L'inspection du travail

Quelle que soit la source de leur réglementation (loi, règlement, convention collective, contrat de travail), les rapports existant entre employeurs et salariés, qu'ils soient collectifs ou individuels, doivent être protégés et garantis. C'est l'inspection du travail qui est chargée de veiller à ce que les textes établis pour protéger les travailleurs reçoivent une application régulière.

Le rôle de l'inspecteur du travail. L'inspecteur du travail exerce ses pouvoirs à l'égard de tous les établissements industriels, commerciaux et artisanaux, ainsi que des syndicats, associations, professions libérales, etc., compris dans sa section géographique.
Ses attributions sont multiples.
Il veille à l'application de la législation du travail dans le cadre de l'entreprise :
– il contrôle le respect des règles concernant les horaires, le repos hebdomadaire, les congés payés, les salaires, l'hygiène et la sécurité, etc. ;
– il accorde ou refuse au chef d'entreprise les possibilités de dérogations aux conditions habituelles de travail (heures supplémentaires, par exemple) ;

– il contrôle la légalité du règlement intérieur et refuse son adoption en cas d'irrégularité.

Il veille au déroulement normal des élections des représentants du personnel dans l'entreprise, et participe au fonctionnement du comité d'entreprise, du comité d'hygiène et de sécurité, du service médical du travail.
Il autorise ou non le licenciement des membres du comité d'entreprise, des délégués du personnel, du médecin du travail, en cas de refus d'accord par le comité d'entreprise ; il accorde ou refuse également le congédiement des délégués syndicaux.
Il est tenu informé des licenciements pour motif économique.
Il constate les infractions et établit des rapports indicatifs et statistiques sur les accidents du travail et maladies professionnelles, ainsi que sur leurs causes et conséquences. Il doit faire annuellement un rapport sur ses activités, sur l'ensemble des conditions de travail et de la situation de son ressort, destiné au ministre du Travail, des Relations sociales et de la Solidarité. Il peut jouer un rôle de conciliateur entre le chef d'entreprise et les syndicats ou les salariés eux-mêmes, en cas de conflit.

Pouvoirs de l'inspecteur du travail. Pour exercer toutes ses fonctions, surtout celles de contrôle sur les conditions de travail, l'inspecteur du travail dispose de larges pouvoirs d'investigation. Il peut notamment :
– entrer dans tous les établissements soumis à son contrôle, y compris les locaux des travailleurs à domicile. Il ne peut entrer de nuit dans les établissements sauf dans ceux où le travail nocturne est de règle, et dans les cas où il possède des indices lui permettant de présumer une infraction aux règles interdisant de travailler pendant la nuit ;
– se faire délivrer toutes sortes de documents, tels que le règlement intérieur, le livre de paie, les registres (d'entrées et sorties du personnel, d'inscription des travailleurs étrangers, du comité d'hygiène et de sécurité, médical, etc.) ;
– prélever des échantillons sur les matières et produits utilisés, et les faire expertiser ;
– procéder à des enquêtes, expertises... et, pour cela, se faire assister de contrôleurs, ainsi que de toute personne utile.

En contrepartie de ces pouvoirs, l'inspecteur du travail est tenu au secret professionnel, et ne doit révéler à quiconque les méthodes de fabrication et procédés d'exploitation de chaque établissement.
Dans ses visites, l'inspecteur du travail se fait généralement accompagner de délégués du personnel qui peuvent, à cette occasion, lui faire part de certaines irrégularités... Lorsqu'il constate des infractions, il met le plus souvent les chefs d'entreprise en demeure de régulariser la situation.
Si, malgré cette mise en demeure, les infractions se poursuivent ou se renouvellent, surtout celles concernant l'hygiène et la sécurité, l'inspecteur dresse procès-verbal en deux exemplaires (l'un destiné au préfet du département, l'autre au procureur de la République), et peut faire comparaître l'employeur en justice.

2

LE TRAVAIL[1]

I – Les problèmes de la main-d'œuvre

Les problèmes de l'emploi sont d'une importance considérable dans la vie économique d'un pays, car il s'agit de trouver une politique générale et des solutions adaptées à chacune de leurs manifestations.

LE PLACEMENT

L'ANPE n'est plus la seule habilitée à effectuer le placement des travailleurs. Désormais, les chambres de commerce, des organismes paritaires, les associations agréées par l'État, des groupes d'employeurs, des bureaux de recrutement (« chasseur de tête »), les sites Internet, etc., peuvent aussi effectuer les opérations de placement.

L'embauchage et le contrôle de l'emploi. L'Administration dispose d'un pouvoir général de *contrôle* de tous les embauchages.

a) *La simple déclaration*
Dans les établissements de 50 salariés au moins, les employeurs doivent envoyer à l'Administration une déclaration sous forme d'un relevé mensuel des nouveaux contrats. Dans toute entreprise, l'employeur doit émettre une déclaration d'embauche.

b) *Le registre des entrées et des sorties*
Il est obligatoire dans toute entreprise. Tant les délégués du personnel que les services de contrôle de l'Administration sont au courant des effectifs.

1. Voir *Code commenté du travail*, publié aux Éditions De Vecchi, remis à jour annuellement.

L'emploi des étrangers. L'emploi des travailleurs étrangers en France fait l'objet d'une réglementation devenue très stricte depuis quelques années.
Cette réglementation est plus souple pour les ressortissants de la UE (Union européenne).

a) *L'entrée en France*
Les conditions d'entrée et de séjour en France sont fixées par l'ordonnance du 2 novembre 1945. Le monopole d'introduction des travailleurs étrangers est confié à l'Agence Nationale de l'accueil des étrangers et des migrations (ANAEM). Cependant les employeurs embauchant un travailleur par le biais de cet organisme doivent payer une contribution forfaitaire. Aujourd'hui, l'employeur qui embauche de manière irrégulière un travailleur étranger encourt de graves sanctions pénales : 3 ans d'emprisonnement et 4 500 € d'amende, l'amende étant payable autant de fois qu'il y a de salariés étrangers en situation irrégulière.

b) *Les conditions d'admission du travailleur étranger*
L'étranger qui désire exercer une activité salariée en France doit se procurer un titre unique de séjour et de travail, ou un titre de séjour et une autorisation de travail. Les titres uniques de séjour et de travail sont soit la carte de séjour temporaire valable un an et portant la mention « salarié », soit la carte de résident d'une durée de 10 ans permettant à son titulaire d'exercer toute activité professionnelle. Pour les travailleurs salariés non permanents, une autorisation provisoire peut également être délivrée, pour une durée maximum de 9 mois éventuellement renouvelable (étudiants par exemple). De même, des travailleurs saisonniers peuvent bénéficier d'une carte de 3 ans – à condition de maintenir leur résidence habituelle hors de France –, dans l'agriculture, par exemple.

c) *La situation juridique et sociale du travail immigré*
La main-d'œuvre française étant protégée contre la concurrence des travailleurs étrangers, ces derniers doivent à leur tour bénéficier d'une protection. « Nul ne peut être lésé, dans son travail ou son emploi, en raison de ses origines ». Ce principe est affirmé par la Constitution.
En ce qui concerne le contrat de travail, certaines exigences sont posées :
- l'employeur ne peut se faire rembourser par le salarié les frais d'embauche ;
- le contrat écrit doit être rédigé en deux exemplaires en langue française, avec une traduction dans la langue du salarié sur sa demande.

Enfin, au sein de l'entreprise, les travailleurs étrangers disposent des mêmes droits que les Français :
- ils sont électeurs, éligibles comme délégués du personnel ;
- ils peuvent même exercer, sous certaines réserves, des fonctions de direction dans un syndicat.

Mesures particulières : priorités d'emploi

Outre le contrôle étroit exercé par les services de main-d'œuvre sur l'emploi des salariés en général, la liberté d'embauchage du chef d'entreprise est limitée sous un autre aspect. La loi a fixé, en effet, des dispositions particulières en faveur de certaines catégories de travailleurs qui, en raison de difficultés caractérisées, doivent pouvoir bénéficier de mesures plus favorables que les autres. Il s'agit :

- des mutilés, invalides ou pensionnés de guerre ;
- des veuves et orphelins de guerre sous certaines conditions ;
- des travailleurs « handicapés », c'est-à-dire diminués physiquement ou mentalement ;
- des victimes d'accident du travail ou de maladies professionnelles.

Pour venir en aide à ces travailleurs, la loi dispose que : dans tout établissement industriel ou commercial employant plus de 20 salariés, le chef d'entreprise doit *réserver*, en faveur des mutilés, invalides et pensionnés de guerre, un nombre d'emplois déterminé par l'Administration en fonction de l'effectif. Le pourcentage des emplois réservés est fixé à 6 % du personnel total de l'établissement.

Les employeurs peuvent s'acquitter partiellement de leur obligation d'embaucher des travailleurs handicapés ou assimilés, en passant des contrats de sous-traitance ou de prestations de service avec des ateliers protégés agréés, des centres de distribution de travail à domicile ou des centres d'aide par le travail. Mais ces contrats ne peuvent exonérer l'entreprise que dans la limite de 50 % de ses obligations. L'entreprise peut également payer une cotisation à l'AGEFIPH (Association de Gestion du Fonds d'Insertion Professionnelle des Handicapés).

Les mesures prises en faveur de l'emploi des jeunes

Depuis quelques années, diverses mesures ont été prises par les gouvernements afin de favoriser l'embauchage des jeunes. Certaines de ces mesures sont temporaires (exonération des charges sociales patronales, primes d'incitation à l'embauche), d'autres sont définitives.

Tout récemment, le Contrat Première Embauche (CPE) a fait beaucoup parler de lui. Il a été abrogé et remplacé par des mesures destinées à aider l'embauche de jeunes, du type du « Contrat Jeune en Entreprise ». Il s'agit d'un contrat à durée indéterminée à temps complet ou partiel destiné aux jeunes de moins de 25 ans résidant en zones urbaines sensibles ou disposant d'une faible formation. En contrepartie de ce type d'embauches, l'employeur bénéficie d'aides de l'État.

II – La formation professionnelle

Le souci d'une véritable formation professionnelle s'est fait jour il y a quelques années pour répondre à deux impératifs : répondre aux besoins des entreprises, permettre aux individus de progresser professionnellement. Aussi l'idée dominante est-elle celle d'une éducation permanente de l'individu. Elle commence jeune (la formation initiale) et se poursuit tout au long de sa carrière ou de son activité (la formation professionnelle continue).

L'APPRENTISSAGE

C'est une forme d'éducation destinée à donner, après l'école, une formation à une profession. Elle est sanctionnée par un diplôme. Cette formation est théorique (un enseignement) et pratique (un travail dans une entreprise).

Les centres de formation d'apprentis. Tous les apprentis reçoivent un enseignement général et technique. Il est donné dans des centres de formation créés par convention entre l'État et les chambres de métiers ou encore des syndicats patronaux et ouvriers. L'enseignement se fait sur 1 à 3 ans (en général 2 ans).

Le contrat d'apprentissage. Il concerne le contrat lui-même et le statut de l'apprenti.

• Le contrat de l'apprenti doit obéir à des règles de fond et de forme.

Règles de fond : l'apprenti doit être âgé de 16 (15 ans dans certains cas) à 25 ans. L'employeur doit notifier une déclaration à la direction départementale du travail.

Règles de forme : le contrat est passé par écrit et adressé pour enregistrement à la direction départementale du travail. Enfin, le contrat est visé par le directeur du centre de formation des apprentis avant son enregistrement.

• Le statut de l'apprenti.

L'apprenti est un salarié : ainsi il bénéficie de la législation du travail.

La rémunération : le salaire est égal à un pourcentage du SMIC (25 à 78 % suivant l'ancienneté et l'âge).

LA FORMATION PROFESSIONNELLE CONTINUE

1. *Le congé individuel de formation*

Aujourd'hui, la loi entend donner à chaque travailleur la possibilité de suspendre le travail pour une période de formation tout en conservant son salaire. Le travailleur a l'avantage de suivre les stages qu'il veut.

Toutefois, le stage doit être agréé par l'État, et la demande du salarié voit souvent sa satisfaction retardée en raison des limitations imposées par la loi (pas plus de 2 % du personnel en même temps).
Le salarié doit avoir au moins 2 ans d'ancienneté (3 ans dans certains cas) et suivre un stage d'un an maximum ou de 1 200 heures en discontinu.

2. *Le congé de bilan de compétences*

Tout salarié (avec une ancienneté de salarié de 5 ans minimum dont 12 mois dans l'entreprise) a droit à un congé pour réaliser un bilan de compétences.

3. *Le congé d'enseignement ou de recherche*

Tout salarié avec une ancienneté d'un an minimum dans l'entreprise a droit à une autorisation d'absence d'une durée maximale d'un an pour dispenser un enseignement technologique ou professionnel, ou bien pour se livrer à une activité de recherche.

4. *Le congé pour validation de l'expérience (VAE)*

Tout salarié peut obtenir un congé de 24 heures maximum (de temps de travail) pour faire valider les acquis de son expérience en vue d'acquérir un titre ou un diplôme.

5. *Le droit individuel à la formation (DIF)*

Les salariés ont un droit reconnu à la formation d'une durée de 20 heures par an. Ce droit s'applique aux salariés ayant une ancienneté d'au moins un an dans l'entreprise. Le salarié doit prendre l'initiative de sa formation en obtenant tout d'abord l'accord écrit de son employeur. La formation se déroule en dehors du temps de travail.

Les formations professionnelles en alternance

Tout jeune de 16 à 26 ans a droit à un complément de formation dans le cadre de formations alternées permettant l'acquisition d'une qualification professionnelle ou une meilleure adaptation à un emploi. Ces formations associent des enseignements généraux avec l'exercice d'une activité professionnelle en entreprise. Elles sont organisées dans le cadre de certains contrats de travail, de périodes de formation prévues dans un contrat de travail ordinaire ou de stages.
Les formations qui ont pour objet l'acquisition d'une qualification professionnelle sont dispensées dans le cadre d'un « contrat de qualification » qui durera entre

6 mois et 2 ans et qui est déposé à la Direction départementale du travail. Les enseignements représentent une partie du temps de travail.
Les formations professionnelles qui ont pour objet l'adaptation à un emploi sont dispensées dans le cadre de contrats de travail à durée déterminée ou indéterminée. Elles peuvent être ouvertes aux jeunes de moins de 18 ans sortis du système éducatif. L'État apporte son concours au financement de ces stages qui font l'objet de conventions.
La formation professionnelle en alternance peut prendre la forme de :
- contrat de professionnalisation ;
- contrat initiative-emploi ;
- contrat d'insertion-RMA ;
- contrat jeune en entreprise ;
- contrat d'accompagnement dans l'emploi ;
- contrat d'avenir ;

Les contrats de qualification, les contrats d'orientation, les contrats d'adaptation et les contrats emploi-solidarité ont été abrogés, mais restent valables jusqu'à leur terme.

III – Les catégories particulières de travailleurs

Certaines catégories de travailleurs, soit en raison de leur âge, de leur sexe ou de leur incapacité, soit en raison de la nature de leur activité professionnelle, sont soumises à des règles particulières. Il s'agit entre autres des femmes, des handicapés, des représentants de commerce, des artistes et mannequins et des gens de maison.

Les femmes[1]

Le préambule de la constitution de 1946 fixe que « La loi garantit à la femme, dans tous les domaines, des droits égaux à ceux de l'homme ». Le principe de l'égalité entre travailleurs masculins et féminins est un principe fondamental du droit communautaire qui s'impose aux états membres (article 141 du Traité de Rome).
Cette garantie d'égalité consiste, d'une part à permettre l'accès des femmes à tous les emplois et d'autre part à obtenir l'égalité de salaires masculins et féminins.
La loi réprime le fait d'avoir refusé d'embaucher ou licencié une personne en raison de son sexe ou de sa situation de famille (article L. 123-1 du Code du travail).

1. Voir également la rubrique « Congés spéciaux ».

Ainsi la grossesse ne doit pas être un obstacle à l'embauche ou la cause de sa résiliation du contrat de travail.
D'ailleurs, la femme bénéficie d'une protection contre le licenciement : pendant la grossesse et les semaines qui suivent l'accouchement, elle ne peut être licenciée hormis faute grave de sa part ou impossibilité pour un motif extérieur à la grossesse de maintenir le contrat. De toute façon, même dans ce cas, le licenciement ne peut prendre effet pendant le congé de maternité.
L'employeur peut cependant écarter les femmes de certains emplois en justifiant d'un *motif légitime* (travail dangereux dans les mines ou les carrières).

L'égalité des femmes dans l'entreprise. L'égalité professionnelle entre les femmes et les hommes a été renforcée par une loi du 13 juillet 1983 modifiant les dispositions des articles L. 123-1 et suivants du Code du travail.
Sont désormais prohibés :
– dans les offres d'emploi, quelle qu'en soit la nature, les limitations ou exclusions relatives au sexe du candidat recherché ;
– tout refus d'embauche, mutation ou résiliation du contrat de travail pour des motifs liés à des considérations d'ordre familial ou d'appartenance à un sexe.

Outre une possibilité d'action offerte à la victime, la loi prévoit désormais qu'une telle mesure discriminatoire sera punie pénalement d'un emprisonnement de 1 an et (ou) d'une amende de 3 750 €.
Par ailleurs aux termes de la même loi, il est institué un conseil supérieur de l'égalité professionnelle entre les femmes et les hommes, chargé de participer à la définition et à la mise en œuvre de la politique d'égalité professionnelle.
Enfin, le principe d'égalité doit être concrétisé par une égalité des salaires.

LES HANDICAPÉS[1]

Depuis 1975, la loi a posé un statut d'ensemble des handicapés. Ainsi, elle énonce que « La formation et l'orientation professionnelle de l'emploi des handicapés physiques, sensoriels et mentaux constituent une obligation nationale ».
Toute personne handicapée doit, pour faire l'objet d'un reclassement professionnel, avoir la qualité de travailleur handicapé.

La qualité de travailleur handicapé. Elle est reconnue si les possibilités d'obtenir ou de conserver un emploi sont réduites par suite d'une insuffisance ou d'une diminution de ses capacités physiques ou mentales.

1. Voir également le paragraphe II consacré à la formation professionnelle page 186 et celui consacré aux problèmes de la main-d'œuvre, page 183.

Cette reconnaissance est effectuée par une commission technique d'orientation et de reclassement professionnel (COTOREP). Cet organisme a son siège dans chaque département.

Le reclassement professionnel. Il peut prendre deux formes, soit la réinsertion dans un milieu de travail normal, soit l'admission dans un atelier protégé ou un centre de distribution de travail à domicile (le travailleur handicapé y exercera une activité adaptée à ses possibilités et à son rythme de travail).

Les « seniors »

Un contrat à durée déterminée (CDD) particulier est mis en place pour favoriser l'emploi des « seniors », c'est-à-dire des salariés de plus de 57 ans en recherche d'emploi. Le contrat a une durée maximale de 18 mois renouvelable une fois.

Les représentants de commerce (les VRP)

Exerce la profession du représentant de commerce, protégée par un *statut* particulier, celui qui prospecte pour le compte d'une entreprise – et hors le cadre de l'établissement – la clientèle, en vue d'obtenir des commandes. Ce statut ne modifie pas les conditions générales du travail : le représentant reste soumis à la législation commune, sauf sur certains points (méthode de rémunération).

Le contrat de travail. Il est écrit et doit déterminer la ou les catégories de marchandises ou d'opérations pour lesquelles le représentant doit obtenir des commandes, la ou les catégories de clientèle à prospecter, le cadre géographique dans lequel s'opérera la prospection, ainsi que le taux de la rémunération.

Conditions de travail. La période d'essai ne saurait être supérieur à 3 mois. La rémunération du travail sous forme de commissions doit être effectuée tous les 3 mois, le salaire fixe étant payable mensuellement. La rémunération peut se faire sous forme de fixe, de commission ou d'un mélange des deux. Pour les représentants exclusifs, une ressource minimale forfaitaire est prévue.

Rupture du contrat. Outre les obligations faites à tout employeur (préavis de licenciement, délivrance du certificat de travail), la loi exige que l'employeur verse au représentant licencié une indemnité de clientèle (son but est de payer le bénéfice de l'apport de clientèle fournie par le représentant à l'employeur), sauf si le représentant donne sa démission, ou s'il bénéficiait de la clientèle de son employeur.

Litiges relatifs à l'application du contrat. Ils sont de la compétence du conseil de prud'hommes.

Les journalistes

Ils bénéficient d'un statut particulier.

Le statut de journaliste. Il bénéficie à tous ceux qui ont pour occupation principale et rétribuée, l'exercice de la profession de journaliste dans une ou plusieurs publications quotidiennes ou périodiques, et qui en tirent le principal des ressources nécessaires à leur existence. Cela leur donne le droit à la carte de journaliste professionnel (délivrée pour 1 an, renouvelable par la commission de la carte d'identité des journalistes professionnels).

Le préavis. En cas de licenciement, il est de 1 mois pour moins de 2 ans d'ancienneté, et de 2 mois à partir de 2 ans d'ancienneté (à respecter par les deux parties). En cas de démission, il est de 1 mois.

Le licenciement. Lorsque la rupture du contrat est due à l'employeur, le journaliste a droit à une indemnité d'un mois par année de collaboration (avec une limite de 15 mensualités). Cela s'applique également lorsque la rupture du contrat a été provoquée par la cession du journal ou par un changement notable dans son orientation.

Les artistes et mannequins

Tous les artistes du spectacle bénéficient des dispositions du droit du travail en posant la présomption de l'existence d'un contrat de travail entre eux et leur employeur, quels que soient le mode et le montant de la rémunération et la qualification donnée au contrat.

Les employés de maison

Parmi les salariés, les employés ou gens de maison constituent une catégorie à part.
Du fait même de leurs conditions de travail et de leur cohabitation éventuelle avec leur employeur, des dispositions leur sont particulières.
Pour connaître la réglementation applicable aux employés de maison, il faut se référer à la convention collective nationale de travail des salariés du particulier employeur.
Le champ d'application est ainsi défini :
– la profession s'exerce au domicile privé du particulier employeur ;
– le salarié effectue des tâches de la maison à caractère familial ou ménager ;

– l'employeur ne peut poursuivre, au moyen de ces travaux, des fins lucratives ;
– le salaire peut être mensuel ou horaire, à temps plein ou temps partiel.

1. *L'embauchage*

Le personnel de maison peut être recruté notamment par l'intermédiaire de bureaux de placement ou par petites annonces.

• L'examen médical pour les employés à temps plein.
Un examen médical passé au moment de l'embauchage (ou dans les 15 jours ouvrables qui le suivent) est obligatoire. Par la suite, une visite médicale doit être effectuée comme pour les autres salariés.
Ces examens et contrôles sont assurés par la médecine du travail. Ils sont effectués pendant les heures de travail, les frais de déplacement étant supportés par l'employeur.
Ces dispositions ne s'appliquent pas aux employés de maison à temps partiel.

• Le contrat de travail.
La convention collective prévoit la rédaction d'une lettre d'embauche ou d'un contrat, à l'issue de la période d'essai (d'une durée maximale de 1 mois).
Il faut finalement veiller à l'accomplissement des formalités nécessaires en matière de *Sécurité sociale*. L'employeur doit adhérer à l'URSSAF. Si l'employé n'est pas encore immatriculé à la Sécurité sociale l'employeur doit, dans les 8 jours, faire une déclaration aux fins d'immatriculation à la caisse primaire d'assurance maladie de son domicile. Si l'employé est déjà immatriculé, il suffit de faire une déclaration de changement de résidence à la caisse.
L'employeur qui s'abstient de déclarer son salarié risque, en cas de contrôle de l'URSSAF, d'être condamné à payer une amende et à supporter le coût des charges patronales impayées jusqu'à 5 ans en arrière (outre les majorations de retard).
Le fait de déclarer ses employés permet, à l'inverse, de bénéficier d'avantages fiscaux non négligeables : réduction d'impôt sur le revenu.

2. *La durée du travail*

En raison de la nature des travaux effectués, l'horaire ne peut être rigide comme dans toute autre profession. Pour les employés de maison rémunérés mensuellement, la durée hebdomadaire du travail est de 40 heures.

• Le repos hebdomadaire.
Les heures supplémentaires sont comptabilisées à partir de la 41e heure. Tout employé de maison a droit à un repos hebdomadaire de 24 heures consécutives. Il doit lui être donné, en principe, la journée entière du dimanche, du samedi soir au lundi matin. Mais les parties peuvent convenir d'une autre modalité qui sera mentionnée dans le contrat de travail. De plus, le salarié a droit à une demi-journée de congé pendant la semaine.

Quant aux *jours fériés,* seul le 1er mai est obligatoirement chômé ; mais normalement tous les jours de fêtes légales sont jours de repos pour les employés rémunérés au mois. Si ces fêtes tombent la veille ou le lendemain du dimanche, jour de repos obligatoire, des heures de travail peuvent être accomplies pendant ces jours de fête. Elles sont payées en heures supplémentaires ou donnent lieu, à la demande de l'employé, à un repos compensateur équivalent, joint au repos hebdomadaire ou au congé annuel payé, conformément à l'accord à intervenir entre les parties.

3. *Les congés payés*

Comme les autres salariés, les employés de maison ont droit à 5 semaines de congés payés pour toute une année de présence.
Si au cours de l'année de référence, l'employé de maison justifie avoir été occupé chez le même employeur pendant un temps équivalent à un minimum de 1 mois de travail effectif, il a droit à un congé dont la durée est déterminée à raison de 2,5 jours ouvrables par mois de travail.
Le point de départ de la période prise en considération pour l'appréciation du droit est fixé au 1er juin de chaque année.
La période de congés payés s'étend du 1er mai au 30 avril. Sauf accord du bénéficiaire, le congé doit être donné au cours des mois de mai à octobre inclus ; la date du départ en congé est fixée par l'employeur qui n'a plus le droit de la modifier dans le mois précédant le départ.
Un congé supplémentaire est accordé aux moins de 21 ans (qui peuvent réclamer jusqu'à 30 jours mais ne seront pas payés pour ces jours supplémentaires), à ceux auxquels l'employeur demande une prise de congé entre le mois de novembre et le mois de mai et aux mères de famille de moins de 21 ans. Le congé complémentaire pourra être fixé en dehors de la période du congé principal. Pendant la période de congé, l'employé touche une indemnité égale au 1/10 de la rémunération totale perçue au cours de la période de référence, l'indemnité de congé de l'année précédente étant incluse dans cette rémunération totale.
Les femmes de ménage touchent une indemnité journalière de congé correspondant à 1/6 du salaire hebdomadaire, à moins que le calcul sur la base du 1/10 ne soit plus favorable. Si l'employeur prend des vacances plus longues que le congé légal de son personnel, il doit lui verser une indemnité qui ne peut être inférieure aux sommes qui seraient dues pour un même temps de congé légal. Cette disposition ne s'applique pas aux femmes de ménage.

4. *Hygiène et logement*

Lorsque l'employé est nourri, la nourriture doit être saine et de bonne qualité.
Chaque employé ou ménage d'employés devra disposer d'une chambre personnelle, avec fenêtres. Les employeurs assureront à leur personnel un logement

décent, salubre, pourvu d'un éclairage artificiel convenable et d'un moyen de chauffage ; le logement sera équipé de sanitaires, sinon l'employé utilisera les sanitaires de l'employeur.
Si une tenue est exigée pour le service, elle sera fournie par l'employeur ; elle reste la propriété de celui-ci en cas de départ de l'employé.

5. *Suspension et rupture de contrat*

• La suspension du contrat.
Le contrat de travail peut être suspendu en cas de grossesse, de maladie ou d'absence pour certains événements familiaux. En cas de *grossesse* et de *maternité*, les employées de maison bénéficient de la protection légale. Elles bénéficient d'un repos légal obligatoire pendant une période de 16 semaines (26 s'il s'agit du troisième enfant) au total avant et après l'accouchement, dont nécessairement 10 (18 s'il s'agit du troisième enfant) après.
L'employeur de son côté n'a pas le droit de licencier son employée en état de grossesse médicalement constatée, en congé maternité ou dans les 4 semaines qui suivent ce dernier.
Le salaire ne peut être inférieur au SMIC, ou aux minima prévus par la convention collective.

• La rupture du contrat.
En cas de licenciement, sauf pour faute grave et en cas de force majeure, l'employeur doit donner un préavis de 1 semaine à l'employé qui a moins de 6 mois de présence, 1 mois pour 6 mois ou plus d'ancienneté, et un préavis de 2 mois au bout de 2 années d'ancienneté dans la maison.
En cas de démission du salarié, le préavis est de 1 semaine pour les employés ayant moins de 6 mois d'ancienneté, 2 semaines pour plus de 6 mois, et 1 mois pour plus de 2 ans.
En cas d'inobservation du préavis, la partie responsable doit verser à l'autre une indemnité correspondant au montant de la rémunération qui aurait dû être touchée ou versée pendant la durée du préavis. De plus, les employés ont droit à 2 heures de liberté par jour en vue de la recherche d'un autre emploi et sans diminution du salaire. La loi prévoit pour tous les salariés ayant une ancienneté de 2 ans au minimum une indemnité de licenciement égale à 1/10 du salaire mensuel par année de présence.
Au-delà de 10 ans d'ancienneté, les salariés ont droit en outre à 1/15 de mois.
En cas de licenciement, l'employeur doit convoquer le salarié à l'entretien préalable par lettre recommandée avec accusé de réception, respecter cet entretien et adresser la lettre de licenciement également en recommandé avec A.R. au plus tôt le surlendemain de l'entretien s'il s'agit d'un licenciement pour motifs personnels. Mais l'employeur n'est pas tenu de mentionner dans la lettre de convocation que le salarié peut se faire assister lors de l'entretien préalable.

6. *La rémunération des employés de maison*

La convention collective classe les employés de maison en catégories, en fonction de la nature du travail effectué. Un coefficient est attribué à chaque catégorie et à chaque coefficient correspond un salaire horaire ou salaire mensuel minimum. Les appointements mensuels minima comprennent les avantages en nature qui sont également évalués par la convention.
Au salaire de base il faut, le cas échéant, ajouter la *prime d'ancienneté*. La convention prévoit également, dans certains cas, une *prime d'assiduité*.
Les *heures supplémentaires* sont rémunérées. Nous avons déjà fait allusion à la majoration de la rémunération en cas de travail les *jours fériés*.
Le paiement du salaire doit s'effectuer mensuellement, à date fixe, pour les employés rémunérés au mois et au moins deux fois par mois si le salarié le demande. L'employeur est tenu de délivrer un *bulletin de paie* sur lequel seront notamment portés la rémunération en espèces et les avantages en nature (repas, logement) ainsi que, le cas échéant, les heures supplémentaires.
Il convient encore de rappeler le versement des cotisations patronales et ouvrières de Sécurité sociale. Elles sont fixées forfaitairement ou proportionnellement et doivent être acquittées par l'employeur chaque *trimestre civil*.

7. *Le chèque emploi-service universel (CESU)*

Le CESU peut être utilisé par tout particulier occupant à son domicile un ou plusieurs salariés pour des tâches familiales ou domestiques. Le CESU dispense l'employeur d'établir un bulletin de paie, de calculer les cotisations, etc. Le chèque est remis au salarié. Il mentionne la rémunération nette minimale égale au SMIC horaire augmenté de 10 % au titre des congés payés.
Dans les 15 jours qui suivent la remise du chèque au salarié, l'employeur adresse le volet social du chèque au Centre national du chèque emploi-service universel (42961 Saint-Étienne Cedex 9). Le Centre calcule le montant des cotisations dues et prélève celles-ci sur le compte bancaire de l'employeur après avis de prélèvement. Le CESU dispense l'employeur d'établir un bulletin de paye et, le cas échéant, un contrat de travail écrit (moins de 8 heures par semaine ou 4 semaines consécutives dans l'année).

8. *Le complément « mode de garde » PAJEMPLOI et AGED*

Cette allocation est attribuée au ménage ou à la personne seule employant à son domicile un ou plusieurs salariés pour assurer la garde d'au moins un enfant de moins de 6 ans.
Il faut que chaque membre du couple ou que la personne seule exerce une activité professionnelle minimale. Le montant est fonction des revenus de la famille et du mode de garde choisi (voir p. 297).

IV – Le contrat de travail

C'est par la conclusion d'un « contrat de travail » que prennent naissance les rapports existant, dans le cadre d'une entreprise, entre l'employeur et le salarié. Ce contrat, différent de celui d'apprentissage envisagé plus haut, crée en effet, entre ces deux personnes, un *lien de subordination* à la fois juridique et économique : le salarié offre à l'employeur de fournir un travail donné et de se soumettre à son autorité ; l'employeur doit, en contrepartie, lui verser une rémunération.

Conditions

Aucun contrat ne peut être conclu valablement si le travail proposé est interdit par la loi (s'il est contraire aux bonnes mœurs, par exemple).

L'employeur et le travailleur doivent être « capables » de le conclure, c'est-à-dire surtout avoir l'âge requis pour s'engager juridiquement : avec l'accord de ses père, mère ou tuteur, le mineur est capable, dès l'âge de 16 ans, de conclure un contrat de travail.

Il faut évidemment que les parties donnent librement leur consentement : le problème se pose surtout pour le travailleur, à qui l'employeur propose généralement des conditions de travail fixées d'avance, encore que celles-ci soient aujourd'hui souvent prévues par des conventions collectives. Mais, dès lors que l'un et l'autre conviennent de s'engager ainsi mutuellement, il y a contrat individuel de travail.

Formes du contrat

Le contrat de travail qui peut prendre la forme d'engagement doit être écrit. En cas de contestation, une fiche de paye servira de preuve.

Le plus souvent, le contrat se matérialise sous la forme d'*un document écrit*, daté et signé par les deux parties : un contrat en bonne et due forme ou une lettre d'engagement, par exemple, qui peut être adressée en double exemplaire au salarié, qui renvoie l'un d'eux revêtu de sa signature et daté (ceci est important pour fournir une preuve en cas de litige) à l'employeur.

Si le contrat est à durée déterminée ou prévoit un travail à temps partiel, il doit être obligatoirement conclu par écrit et prévoir précisément certaines mentions. L'échéance des contrats à durée déterminée doit être indiquée avec précision, sauf exceptions (voir à ce sujet « La fin du contrat », paragraphe 2 « La rupture du contrat à durée déterminée », page 200).

(*Voir, en annexes, modèles de contrats de travail à durée indéterminée, à durée déterminée, à temps partiel.*)

Contenu du contrat

Le contrat de travail détermine, quelle que soit sa forme, *les conditions auxquelles le salarié est « embauché »*. Les conditions générales du travail, applicables à tout le personnel (horaires, discipline...), sont généralement prévues et indiquées dans le « règlement intérieur » (voir page 225). Le contrat individuel lui-même, outre la référence à ce règlement, doit préciser obligatoirement la nature du travail à fournir, ainsi que la qualification et la catégorie professionnelles du salarié, la rémunération due et la durée du contrat. En fait, à l'heure actuelle, les conditions de travail fixées par le contrat sont de moins en moins laissées à la « discrétion » de l'employeur.

Dans la conception du XIXe siècle, en effet, le travailleur à la recherche d'un emploi avait rarement la possibilité de discuter des conditions de salaire, d'horaires, de congés..., avec l'employeur qui, au moment de l'embauchage, lui proposait un contrat établi de façon quasi unilatérale par lui : le travailleur devait accepter le contrat tel quel, ou chercher un autre emploi.

Devant cette inégalité d'expression de la volonté (le libre consentement étant la base même du contrat), les syndicats ont cherché à agir à la place du travailleur, souvent impuissant en tant qu'individu isolé.

Ils ont acquis le pouvoir de négocier, directement avec les employeurs, des accords fixant des conditions, désormais obligatoires pour l'employeur et généralement plus favorables aux salariés que la loi ou les règlements (qui, quant à eux, fixent des conditions minimales de protection du travailleur).

Les plus courants de ces accords sont les conventions collectives (voir ci-après « Les accords collectifs »).

Désormais, *tout employeur qui a adhéré à une convention collective étendue nationalement à toute la branche professionnelle est lié* par elle et doit en tenir compte dans la conclusion des contrats individuels de travail : la convention collective s'applique, en effet, à l'entreprise elle-même et profite donc à tous les salariés. Cependant, la convention collective ne fixe, pour une profession ou une catégorie de professions données, que des minima à respecter ; *le contrat individuel peut donc contenir des dispositions plus favorables* que la convention. Mais attention : une convention collective ne s'applique obligatoirement que si elle est étendue au niveau national par arrêté d'extension.

Par ailleurs, si le *contrat omet de prévoir* certaines dispositions relatives aux conditions de travail, il y a lieu d'en référer à la convention collective applicable, si elle existe, et d'en faire application.

Lorsqu'un établissement est soumis à une convention collective, *les salariés doivent en être informés* par un affichage dans les locaux de travail et d'embauchage, indiquant l'existence d'une convention, les parties signataires, la date et le lieu du dépôt. Toutes les conventions collectives étendues à l'échelon national peuvent être obtenues auprès des services des Journaux officiels, 26 rue Desaix, 75015 Paris. D'une façon générale, les inspections du travail fournissent toutes les informations à ce sujet.

Lorsqu'une difficulté surgit entre l'employeur et le salarié sur l'application des conditions de travail et qu'elle ne peut se résoudre par un retour à l'exécution normale des obligations, il convient de recourir au conseil de prud'hommes (ou de demander l'avis de l'inspecteur du travail).

Obligations nées du contrat

Le salarié doit :
– fournir lui-même et avec conscience le travail qui lui est demandé. Il ne doit pas divulguer les procédés de fabrication utilisés dans l'établissement, ni les utiliser pour fournir, à l'extérieur de l'entreprise, un travail identique ;
– respecter les conditions qui sont imposées par le contrat de travail, et notamment se conformer au règlement intérieur en ce qui concerne la discipline, les horaires, l'hygiène et la sécurité du travail.

L'employeur doit :
– donner à exécuter au salarié le travail pour lequel il a été engagé (et non pas fournir celui d'un travailleur d'une catégorie professionnelle différente) ;
– respecter le règlement intérieur (qu'il a lui-même établi) et surtout veiller à ce que puissent fonctionner normalement les dispositifs de sécurité et les installations nécessaires à l'hygiène des travailleurs ;
– respecter les prescriptions légales et les conventions collectives auxquelles il a adhéré ;
– payer le salaire dans les délais imposés.

Nota. Pour l'ensemble de ces obligations, voir les développements aux différentes rubriques : règlement intérieur, hygiène et sécurité, durée du travail, rémunération, etc.

Durée du contrat

Avant d'être fermes et définitifs, les contrats de travail sont généralement précédés d'une période d'essai. Le contrat à l'essai peut être conclu, avant engagement définitif de part et d'autre, pour une période plus ou moins longue, dont la durée peut être fixée par les conventions collectives ou par les intéressés eux-mêmes. Cette durée varie en fonction de la catégorie professionnelle du salarié et, généralement de quelques jours pour les ouvriers, elle peut atteindre 3 mois pour les cadres supérieurs. Sauf conditions particulières prévues par les conventions collectives, cet engagement à l'essai peut être *rompu librement* à tout moment, sans préavis ni indemnité, par l'employeur ou par le salarié non satisfait.
À l'issue de cette période, si l'essai a été favorable, le contrat de travail est conclu de façon définitive et chacun doit alors respecter normalement ses obligations.
La durée du contrat véritable est prévue, en dépit de la période d'essai, lors de l'embauchage. Elle peut être soit déterminée, soit indéterminée. Cette distinction est importante surtout en ce qui concerne la fin du contrat : en effet, celui-ci ne peut être rompu que selon un certain nombre de règles fixées par la loi et les conventions collectives.

Les modifications du contrat de travail

Au cours de la carrière d'un salarié, des modifications dans l'exécution de son contrat peuvent intervenir.
C'est seulement en cas d'*atteinte portée à des éléments essentiels* du contrat que l'employeur est tenu d'obtenir l'accord du salarié. Ainsi, l'employeur est tenu de proposer au salarié les modifications ; à ce dernier de les accepter ou de les refuser. Dans ce dernier cas, l'employeur peut alors y renoncer, ou prendre l'initiative de rompre le contrat et licencier le salarié. La modification du salaire ou d'un mode de détermination de la rémunération est toujours considéré comme une modification du contrat de travail.
C'est au conseil des prud'hommes d'apprécier si la modification porte atteinte à un élément essentiel du contrat.
Sont généralement reconnus comme tels : le déplacement du lieu d'exécution du travail (la proximité doit avoir été pour le salarié importante dans la signature du contrat) ; le changement des conditions de travail devenues plus pénibles, même si la rémunération est inchangée ; un changement important des horaires de travail.

La suspension du contrat

Il y a un certain nombre de cas d'inexécution provisoire du contrat de travail, dus soit au salarié, soit à l'employeur.

1. *Cas de suspension dus au salarié*

La maladie. Elle suspend le contrat et ne le rompt pas si le salarié justifie l'arrêt de travail par un certificat médical produit à temps (sous 48 heures en général).
Le congé de maternité, de paternité et congé parental. Ils entraînent simplement une suspension du contrat (voir la rubrique « Les congés spéciaux »).

L'accomplissement d'un service public. Il s'agira de l'exécution d'un mandat électif par exemple.
Dans les cas du mandat de maire ou bien de conseiller prud'homal, on doit accorder le temps nécessaire à l'exercice du mandat sans rompre le contrat de travail.

2. *Cas de suspension dus à l'employeur*

La mise à pied disciplinaire. Elle est possible dès lors que le salarié a commis une faute grave. L'employeur le prive alors de son salaire et lui interdit l'entrée de l'entreprise.

La fermeture temporaire de l'entreprise. C'est un cas de force majeure empêchant temporairement l'employeur de fournir du travail aux salariés (destruction totale des locaux de travail, fait du prince, etc.).

La fin du contrat

Le contrat de travail est soit à durée déterminée, soit à durée indéterminée. Cette distinction ne joue aucun rôle au cours de l'exécution du contrat. En revanche, lors de la *dissolution* du contrat on appliquera un régime différent selon qu'il s'agit de l'un ou de l'autre de ces contrats.

1. *La rupture du contrat à durée déterminée*

Ces contrats concernent des emplois pour lesquels il est possible de ne pas recourir au contrat à durée indéterminée en raison de la nature de l'activité exercée et du caractère par nature temporaire de ces emplois.
Dans ce cas, et hors les cas où il en a été décidé de façon différente par les parties (c'est-à-dire en cas de fixation d'un terme précis), le contrat est conclu pour une durée minimale et a pour terme la réalisation de l'objet pour lequel il est conclu.

Caractère du contrat. Il doit toujours être écrit et comporter la définition précise de son objet.

La durée du contrat. La durée totale ne peut excéder 18 mois ou dans certains cas 24 mois.
Lorsque le terme est fixé avec précision, le contrat peut être renouvelé une fois mais de telle sorte que la durée totale, renouvellements compris, n'excède pas les 18 ou 24 mois.
La fixation du terme. Nous sommes devant deux cas :
– il y a obligation de le fixer dès sa conclusion, en cas de surcroît exceptionnel et temporaire d'activité ; en cas d'exécution d'une tâche occasionnelle définie précisément et non durable ; conclusion d'un contrat au titre des dispositions législatives et réglementaires destinées à favoriser l'embauchage de certaines catégories de demandeurs d'emploi ; lorsque l'employeur s'engage à assurer un complément de formation professionnelle au salarié ;
– elle n'est pas obligatoire en cas d'absence temporaire d'un salarié ; en cas d'emplois saisonniers et d'emplois d'usage.

Le préavis de rupture de contrat. Le contrat à durée déterminée cesse de plein droit à l'échéance du terme. L'employeur qui ne souhaite pas poursuivre les relations de travail n'a pas à observer un délai de prévenance, sauf clause contraire dans le contrat.

La rupture du contrat. En principe, le contrat ne peut être rompu avant l'arrivée du terme. Trois exceptions toutefois : soit l'accord des parties, soit faute grave ou force majeure, soit encore en cas d'embauche en contrat à durée indéterminée (CDI). Si l'employeur rompt le contrat à durée determinée hors force majeur ou faute grave, il doit verser une indemnité équivalente aux mois restant à courir. En cas de non-respect par le salarié de ses obligations, il pourra se voir condamné à des dommages-intérêts. Il en va de même pour l'employeur.

Les indemnités. En fin de contrat, le salarié a droit à une indemnité constituant un complément de salaire (c'est l'indemnité dite de fin de contrat). Cette indemnité n'est pas due en cas de rupture anticipée du contrat, de faute grave ou de force majeure. L'indemnité de fin de contrat s'élève à 10 % de la rémunération totale brute due au salarié pendant la durée du contrat.

2. *La rupture du contrat à durée indéterminée*

Le principe est posé par l'article L. 122-4 du Code du travail : le contrat conclu sans détermination de durée peut cesser à l'initiative d'une des parties contractantes. Cette faculté de résiliation unilatérale est assortie d'une obligation : prévenir l'autre partie pour lui permettre de se préparer à la rupture. C'est le délai-congé ou délai de préavis. Cette obligation disparaît si l'autre partie a commis une faute grave.

La durée de préavis. Elle varie suivant qu'il s'agit d'une démission (salarié) ou d'un licenciement (employeur).

Dans le premier cas, la durée dépend soit de la convention collective, soit des usages pratiqués dans la localité ou la profession. Dans le second cas, trois cas sont à envisager suivant l'ancienneté du salarié :

– si cette ancienneté est inférieure à 6 mois, le délai à respecter sera déterminé comme un cas de démission ;

– si cette ancienneté est supérieure à 6 mois et inférieure ou égale à 2 ans, le délai sera de 1 mois ;

– si cette ancienneté est supérieure à 2 ans, le délai sera de 2 mois (3 mois pour certains salariés).

Pendant toute la durée du préavis, les parties doivent respecter les obligations nées du contrat (pour l'employeur, fournir du travail ; pour le salarié, fournir ses services). Toutefois, l'employeur peut dispenser le salarié d'effectuer le préavis, à condition de le lui régler. Autrement dit, il dispose d'une option entre l'exécution du contrat et le paiement du salaire.

a) *La rupture pour cas de force majeure*

Dans les cas de force majeure, c'est-à-dire ne dépendant ni de la volonté de l'employeur, ni de celle du salarié, le contrat est rompu sans responsabilité ni conséquences pécuniaires, à la charge de l'un ou de l'autre (l'incendie qui détruit totalement l'établissement entre dans la catégorie des cas de force majeure ; en revanche la mort de l'employeur n'en est pas un, les héritiers doivent continuer l'exécution du contrat). Les cas de force majeure sont appréciés de façon très limitative par les tribunaux.

b) *La rupture due à une décision de justice : la « résiliation judiciaire »*
La partie qui se plaint de l'inexécution de ses obligations par l'autre cocontractant doit demander au conseil des prud'hommes de prononcer la résiliation du contrat. Aucune des deux parties ne peut, d'elle-même, estimer que le contrat est rompu par la faute de l'autre. Il faut une décision de justice à cet effet.

c) *La rupture due à l'arrivée de l'âge de la retraite*
L'âge de la retraite est celui où le salarié fait valoir des droits à une pension. Le départ à la retraite devient une cause originale de rupture du contrat et ouvre droit à une indemnité de départ à la retraite.

d) *La démission du salarié*
On se reportera pour l'essentiel à l'analyse effectuée précédemment à propos des « contrats à durée indéterminée » et des « contrats à durée déterminée ». Pour le surplus, en cas de litige, c'est aux tribunaux d'apprécier si le préjudice subi par l'employeur justifie l'octroi de dommages-intérêts.
Pour terminer, l'employeur doit remplir certaines obligations : il est tenu de délivrer un certificat de travail. (*Voir, en annexes, modèles de lettre de démission et de certificat de travail.*)

e) *Le licenciement*
La protection du salarié a été renforcée depuis plusieurs années.
Les cas de licenciement possible. Tout licenciement d'une femme enceinte est nul, de même que celui d'un représentant du personnel (si certaines conditions ne sont pas respectées : voir à ce sujet la rubrique « Les délégués du personnel »). Seuls nous retiendront les licenciements individuels pour motifs personnels ou économiques d'une part et les licenciements collectifs pour motifs économiques d'autre part.

La nécessité du motif réel et sérieux. Dans tous les cas, le licenciement fera l'objet d'un contrôle pour savoir s'il est réel et sérieux.
Par motif *réel*, il faut comprendre un motif dont l'existence peut être objectivement établie et qui est la cause véritable du licenciement.
Le motif *sérieux* s'apprécie au regard du trouble qu'apporterait au fonctionnement de l'entreprise la continuation du contrat de travail.
Autrement dit, il faut se demander si la faute du salarié est suffisante ou si, en cas de licenciements économiques, les mesures de compression de personnel sont justifiées par l'intérêt de l'entreprise.

Les procédures de licenciements. Nous allons examiner ces licenciements individuels et collectifs.

Les licenciements pour motifs personnels au salarié.

Il faut respecter une procédure préalable. Quelles sont les formalités ?

L'employeur doit d'abord *convoquer* l'intéressé par lettre recommandée pour un entretien.
Le délai minimum entre la réception par le salarié de la lettre de convocation et l'entretien préalable est de 5 jours. En effet, le salarié doit avoir le temps de préparer sa défense. Ensuite, l'*entretien* préalable au licenciement a lieu entre l'employeur (ou son représentant) et le salarié, assisté au besoin par une personne de son choix appartenant au personnel de l'entreprise ou, s'il n'existe pas d'institution représentative du personnel, par une personne extérieure figurant sur une liste établie par le préfet et consultable en mairie ou à l'inspection du travail.
On indiquera alors verbalement les motifs du licenciement envisagé. Après l'entretien, au bout de 2 jours minimum, l'employeur peut *notifier* au salarié la décision de licenciement. Il le fait par lettre recommandée avec avis de réception, mentionnant les motifs du licenciement.
(*Voir, en annexes, modèles de lettre de convocation à l'entretien préalable et de lettre de licenciement.*)
Quelles sont les sanctions de l'inexécution de ces formalités ?
Deux hypothèses se rencontrent.
Ou bien il y a irrégularité de forme, mais les motifs sont réels et sérieux : dans ce cas, le conseil des prud'hommes sanctionne le non-respect de la procédure et accorde au salarié une indemnité qui ne peut être supérieure à 1 mois de salaire.
Ou bien les motifs ne sont pas réels et sérieux, dans ce second cas le conseil des prud'hommes condamne l'employeur à payer au salarié des dommages et intérêts pour licenciement abusif ou sans cause réelle et sérieuse.

Les licenciements pour motif économique

• Le licenciement économique individuel.
La formalité de l'entretien préalable est exigée, tout comme en matière de licenciement pour motif personnel. Après l'entretien préalable, c'est un délai de réflexion de 7 jours (15 jours pour les cadres) qui est exigé avant que l'employeur n'envoie la lettre de licenciement (recommandée avec accusé de réception). La lettre de licenciement motivée doit mentionner en outre l'existence d'une priorité de réembauchage.

• Le licenciement économique collectif.
S'il s'agit d'un licenciement de 2 à 9 salariés, les représentants du personnel doivent être consultés, après avoir eu connaissance des raisons économiques des licenciements envisagés, du nombre de salariés éventuellement licenciés, etc.
Puis, chaque salarié est convoqué à l'entretien préalable (voir plus haut) et, 7 jours après l'entretien, le licenciement lui est notifié.
L'employeur informe alors dans un délai de 8 jours, le directeur départemental du travail, des licenciements.
S'il s'agit d'un licenciement collectif de 10 salariés ou plus, les délégués du personnel

ou le comité d'entreprise sont d'abord consultés. L'employeur leur communique le plan social.
Les délégués du personnel ou le comité d'entreprise se réunissent deux fois.
Le directeur départemental du travail est tenu informé de ces projets et démarches : 30 jours après la notification à l'Administration, les lettres de licenciement motivées sont adressées, en courrier recommandé avec accusé de réception, aux salariés.

L'indemnisation des travailleurs licenciés. En cas de licenciement non causé, deux réparations sont possibles : la réintégration (tout à fait exceptionnelle, car il faut l'accord des deux parties) et l'indemnisation (la plus courante). Cette indemnisation se fait par diverses indemnités.
L'indemnité de délai-congé (voir plus haut).

L'indemnité de licenciement. C'est une indemnité légale due même si l'employeur a respecté le délai-congé et si le licenciement est justifié. Le salarié doit se prévaloir de 2 ans d'ancienneté. Elle est calculée sur la base minimale de 1/10 de mois par année d'ancienneté et 2/10 lors d'un licenciement économique. Mais les conventions collectives accordent souvent une indemnisation supérieure.

Les dommages et intérêts pour licenciement abusif ou sans cause réelle et sérieuse. Les conseils des prud'hommes, lorsqu'ils considèrent que le licenciement du salarié n'est pas fondé sur un motif réel et sérieux, peuvent accorder des dommages et intérêts équivalents à 6 mois de salaire, ou même davantage. Pour les salariés ayant moins de 2 ans d'ancienneté, les dommages et intérêts sont attribués en fonction du préjudice subi par le salarié.

Le travail temporaire ou intérimaire

Ce domaine a été revu par la loi du 12 juillet 1990.
Une entreprise de travail temporaire est « toute personne physique ou morale dont l'activité exclusive est de mettre à la disposition provisoire d'utilisateurs des salariés que, en fonction d'une qualification convenue, elle embauche et rémunère à cet effet » (article L. 124-1 du Code du travail). Cette activité est utile pour des missions non durables liées aux besoins nés de l'absentéisme ou d'un surcroît exceptionnel d'activité.
Toutefois cela ne doit pas conduire à une forme permanente d'emploi précaire.
Certains reprochent trois choses à cette forme d'emploi :
– l'absence de garanties sociales accordées aux travailleurs intérimaires ;
– la sous-qualification ;
– enfin, les travailleurs temporaires sont souvent sous-payés.

Aussi, les motifs permettant d'avoir recours au travail temporaire sont limités : soit

le remplacement d'un salarié absent, soit un surcroît exceptionnel et temporaire d'activité, enfin les emplois saisonniers.
Le travail temporaire est donc interdit pour de longues durées ou pour des durées indéterminées, ou encore pour tenir des postes de travail permanent.
Le contrat est défini avec précision dès sa conclusion. Son terme doit être prévu. Il faudra aussi assurer la protection sociale des travailleurs temporaires. Ainsi, la protection sociale devra être équivalente à celle du travailleur permanent remplacé.

LE CONTRAT DE TRAVAIL NOUVELLES EMBAUCHES (CNE)

Afin de favoriser les embauches par les petites entreprises de moins de 20 salariés, un nouveau type de contrat de travail a été prévu. Il s'agit du Contrat Nouvelles Embauches. Il est conclu obligatoirement par écrit. Le contrat écrit doit mentionner qu'il s'agit d'un contrat « Nouvelles Embauches ». Il s'agit d'un contrat à durée indéterminée à temps plein ou temps partiel. Sa particularité est que, pendant les deux premières années (période dite de « consolidation de l'emploi »), le salarié et surtout l'employeur peuvent rompre le contrat par l'envoi d'une simple lettre recommandée avec A.-R. sans motivation. L'employeur qui rompt le CNE pendant les 24 premiers mois doit verser au salarié, sauf faute grave, une indemnité égale à 8 % du montant du salaire brut total payé depuis le début du contrat.
Il doit également verser à l'ASSEDIC une cotisation équivalente à 2 % de ce même salaire total.
Pour le reste, le CNE est un contrat de travail à durée indéterminée soumis à toutes les règles de ce type de contrats (salaire, durée du travail, convention collective, etc.).

3

LES CONDITIONS DE TRAVAIL

I – La durée du travail – Les congés

HORAIRE HEBDOMADAIRE : LA LOI SUR LES 35 HEURES

Des mesures ont fait couler beaucoup d'encre : ce sont celles de la réduction du temps de travail hebdomadaire à 35 heures. Ces lois dites « lois Aubry » ont prévu l'obligation pour toutes les entreprises de plus de 20 salariés de réduire au 1er janvier 2000 la durée légale du travail à 35 heures par semaine. Pour les entreprises de moins de 20 salariés, le passage s'est fait le 1er janvier 2002. La durée légale du travail constitue en fait un seuil de déclenchement des heures supplémentaires. En effet, il n'est pas interdit de travailler dans une entreprise 37 ou 39 heures hebdomadaires, mais les heures travaillées au-delà de la 35e donnent lieu au paiement des majorations pour heures supplémentaires.
Afin de compenser au moins partiellement le coût supplémentaire qu'implique pour les entreprises le passage aux 35 heures, les deux « lois Aubry » ont institué une aide incitative à la réduction du temps de travail destinée aux entreprises qui ont devancé l'obligation de réduire la durée du travail, et un allégement des cotisations patronales de Sécurité sociale.

L'APPLICATION DE LA LOI SUR LES 35 HEURES ET SES MODALITÉS

1. *La durée maximale du travail*

Les salariés d'une entreprise ne peuvent pas travailler plus de 44 heures hebdomadaires sur 12 semaines consécutives (ou 46 heures avec un accord de branche). Si le temps de travail est calculé sur l'année, il ne peut excéder 1 607 heures par an, sinon l'employeur doit payer les heures supplémentaires.

2. *Les cadres*

La seconde des « lois Aubry » institue trois catégories de personnel d'encadrement :

– les cadres dirigeants. Ceux-ci ne se voient pas appliquer la réglementation sur la durée du travail, les repos quotidiens et les jours fériés ;
– les cadres occupés selon l'horaire collectif. Ils sont traités, du point de vue de la réduction du temps de travail, comme les autres salariés ;
– les autres cadres pour lesquels la durée du travail ne peut être déterminée avec précision (cadres commerciaux, itinérants, etc.). Ils sont soumis à la réduction du temps de travail qui, pour eux, sera organisée par un accord, soit sous forme d'une diminution de la durée hebdomadaire, mensuelle ou annuelle de leur travail, soit sous forme de jours de repos supplémentaires. La moitié de ces jours de repos peut être affectée à un compte épargne-temps.

3. *La rémunération des heures supplémentaires*

La loi « Aubry II » distingue les heures supplémentaires effectuées au-delà de la 35e et jusqu'à la 39e heure de celles effectuées au-delà de la 39e heure. D'autre part, un régime transitoire a été mis en place.

a) *Les heures supplémentaires entre la 35e et la 39e heure*

Dans les entreprises de 20 salariés maximum, ces heures supplémentaires, sauf accord de branche étendu, sont payées à 110 %. Dans les entreprises de plus de 20 salariés, le régime définitif prévoit une bonification de 25 %. La bonification est attribuée sous forme de majoration de salaire, sauf convention contraire (125 %).

b) *Les heures supplémentaires effectuées au-delà de 39 heures*

Les heures supplémentaires effectuées au-delà de 39 heures par semaine donnent lieu à une majoration de salaire. À partir de la 40e heure et jusqu'à la 43e incluse, la majoration est de 25 % du salaire horaire pour toutes les entreprises. Elle est de 50 % au-delà de 43 heures de travail, également pour toutes les entreprises.
Il est possible de remplacer le paiement des heures supplémentaires par un repos compensateur de remplacement. Le décompte des heures soumises à majoration pour heures supplémentaires s'effectue dans le cadre de la semaine civile. Il n'est donc pas possible de compenser les heures supplémentaires effectuées une semaine en diminuant la durée du travail la semaine suivante.
Les majorations sont calculées sur la base du salaire effectif réel, dans lequel sont comprises toutes les primes inhérentes à la nature du travail (primes de danger et d'insalubrité). Sont, en revanche, écartées les primes représentatives de frais (primes de panier, d'outillage, de déplacement), les primes d'ancienneté et d'assiduité, ainsi que les primes de productivité indépendantes du travail fourni par le salarié à titre individuel et les participations aux bénéfices. Du point de vue de leur caractère juridique, les versements effectués au titre des heures supplémentaires ont le caractère de salaire, et de ce fait sont compris dans le calcul des diverses indemnités.
Certains employeurs préfèrent utiliser la formule du forfait mensuel. Celui-ci com-

prend la rémunération d'un certain nombre d'heures supplémentaires évalué forfaitairement. La validité du forfait de salaire a été admise par les tribunaux, dans la mesure toutefois où les conditions suivantes sont respectées : le forfait doit avoir fait l'objet d'une convention entre l'employeur et le salarié. La convention peut être tacite. L'employeur doit toutefois être en mesure d'en apporter la preuve. Celle-ci peut résulter de témoignages, présomptions suffisantes, affichage dans l'entreprise, mais, en pratique, la rédaction d'un écrit est vivement conseillée.
(À l'heure où nous mettons sous presse, un nouveau régime de paiement des heures supplémentaires est prévu, dont les modalités ne sont pas encore précisées.)

LE RÉGIME DU TRAVAIL À TEMPS PARTIEL

Les « lois Aubry » apportent des modifications dans le régime du travail à temps partiel :
– désormais est considéré comme travail à temps partiel l'horaire inférieur ne serait-ce que d'une heure à la durée légale (ou à celle de l'entreprise) du travail ;
– suppression du temps partiel annualisé ;
– et, en contrepartie, possibilité de faire varier la durée du travail sur tout ou partie de l'année, soit par accord collectif, soit sur demande individuelle du salarié, avec accord de l'employeur et avenant au contrat de travail ;
– aménagement des règles sur les heures complémentaires et sur les modifications de répartition des horaires en vue d'une meilleure articulation entre vie professionnelle et vie familiale (exemple : un salarié pourrait refuser une modification d'horaire si elle n'est pas compatible avec des obligations familiales impérieuses ou avec une activité exercée chez un autre employeur) ;
– impossibilité de porter le nombre maximal d'heures complémentaires au tiers de la durée du travail, sauf convention ou accord de branche étendu ;
– modification du nombre d'heures de travail dans le contrat si l'horaire moyen a été dépassé de 2 heures au moins par semaine pendant 12 semaines ;
– pour les salariés à temps partiel, interdiction de fixer une interruption d'activité de plus de 2 heures dans la même journée.

L'AMÉNAGEMENT DU TEMPS DE TRAVAIL

Plusieurs possibilités d'aménagement du temps de travail sont possibles, qui permettent aux employeurs de choisir la formule convenant le mieux aux besoins de la production et de l'entreprise.

1. *La modulation*

Elle est fondée sur une répartition de la durée du travail sur tout ou partie de l'année et permet de répondre aux fluctuations liées à l'activité normale de

l'entreprise tout en limitant le recours aux heures supplémentaires ou au chômage partiel. La loi « Aubry II » a mis en place un régime unique de modulation permettant une variation de la durée du travail sur tout ou partie de l'année, en prenant pour base la durée moyenne de 35 heures par semaine travaillée et dans la limite d'un plafond annuel de 1 600 heures.
La mise en place du régime de modulation ne peut résulter que d'une convention ou un accord collectif étendu, ou d'une convention ou d'un accord d'entreprise ou d'établissement. La convention ou l'accord doit préciser les données économiques et sociales justifiant le recours à la modulation. En outre, il indique également le programme indicatif de la répartition du travail, les modalités du recours au travail temporaire et au chômage partiel, ainsi que le droit à rémunération et repos compensateur des salariés n'ayant pas travaillé pendant toute la période.
La convention ou l'accord fixe le programme indicatif de la durée du travail, programme qui est soumis pour avis aux délégués du personnel ou au comité d'entreprise, puis affiché. Les salariés sont en outre informés individuellement du nombre d'heures effectuées.
Il est possible de prévoir une rémunération « lissée » mensuelle moyenne indépendante de l'horaire réellement effectué.

2. *La réduction du temps de travail sous forme de jours de repos*

La durée hebdomadaire de travail peut être réduite en dessous de 39 heures par l'attribution de jours de repos ou de demi-journées sur une période de 4 semaines. Ces journées ou demi-journées de repos doivent être l'équivalent des heures effectuées au-delà de 35 heures hebdomadaires. Ce dispositif n'est pas soumis à la conclusion d'un accord. L'employeur peut décider, seul, de le mettre en place.
En revanche, si c'est sur l'année que se prendront les journées ou demi-journées de repos, un accord collectif ou un accord d'entreprise doit le prévoir. Le choix des journées ou demi-journées appartient pour partie à l'employeur et pour partie au salarié. En outre, la convention peut prévoir que les jours de repos alimenteront un compte épargne-temps.

Repos hebdomadaire

Les salariés doivent bénéficier de 1 jour de repos par semaine ; ce repos doit être au minimum de 24 heures consécutives et est généralement fixé au dimanche.

Exceptions. Si le repos hebdomadaire de tout le personnel le dimanche est préjudiciable au public, il peut être pris par roulement par exemple dans les services publics (hôpitaux, pharmacies, asiles, gaz et électricité, télégraphe, etc.), les entre-

prises de spectacles, la presse, les musées, les transports publics, hôtels, restaurants, débits de boissons, tabacs, etc.
Si le repos de tout le personnel le dimanche est préjudiciable à l'entreprise elle-même, une autorisation du préfet du département peut être, selon les cas, nécessaire pour un repos par roulement le dimanche ou tout autre jour de la semaine : entreprises et établissements de vente de produits alimentaires, ou de fabrication de produits périssables (fabrique de conserves alimentaires, établissement de traitement du lait, etc.).
Un arrêté municipal est nécessaire pour les travaux effectués le dimanche à l'occasion d'une fête locale (pas plus de 3 dimanches par an), ou de surcroît de travail, ou dans les industries saisonnières (commerce estival...).
Dans tous les cas, un repos compensateur doit être accordé au salarié qui travaille le dimanche.

Les congés

Les congés payés. Ils permettent de disposer d'une période de repos de plusieurs jours consécutifs sans diminution correspondante de revenus, et sont régis par les règles suivantes :
– le droit au congé est ouvert à tout salarié, ouvrier, employé ou apprenti des établissements industriels, commerciaux, artisanaux. En bénéficie également tout salarié des professions libérales ;
– ce droit est accordé à tout travailleur qui justifie avoir travaillé 1 mois effectif dans la même entreprise ;
– la durée du congé est de 2,5 jours ouvrables par mois de travail et est donc proportionnelle au temps réellement passé à travailler ;
– l'indemnité de congé payé se calcule suivant la règle du 1/10, c'est-à-dire est égale au 1/10 de la rémunération perçue par le salarié pendant l'année.

Les jours fériés. Il existe 10 jours fériés dans l'année : 1er janvier, lundi de Pâques, 1er mai, 8 mai, Ascension, lundi de Pentecôte, 14 juillet, 15 août, Toussaint, 11 novembre et 25 décembre.
Mais seul le 1er mai est obligatoirement chômé. Les conventions collectives prévoient souvent de chômer un certain nombre d'autres jours fériés.
Le jour de la Sainte-Barbe (4 décembre) est férié et chômé pour les mineurs.
Dans le cadre de la solidarité, une journée de congé doit être supprimée. La date de cette journée doit être déterminée par accord ou convention de branche ou d'entreprise. Il pourrait s'agir du lundi de Pentecôte (à défaut d'accord), d'un autre jour férié, d'un jour RTT ou de 7 heures de travail.

Les congés spéciaux. Il y en a plusieurs.
Les congés liés à la naissance d'un enfant sont les suivants :
– le congé de maternité ; il est accordé à la femme pendant une période de 16 se-

maines qui s'ouvre 6 semaines avant la date présumée de l'accouchement. Ce congé est porté à 26 semaines pour la naissance du troisième enfant. L'indemnisation se fait par la Sécurité sociale au titre de l'assurance maternité ;
– le congé parental ; à l'issue du congé de maternité, le père ou la mère de famille bénéficie du congé parental. Tout salarié qui justifie d'une ancienneté minimale de 1 an à la date de naissance de son enfant peut demander soit un congé parental d'éducation, soit une réduction de son temps de travail. Ce congé peut être pris entre la fin du congé maternité et le troisième anniversaire de l'enfant ;
– le congé de paternité ; d'une durée de onze jours, il est accordé au père d'un jeune enfant dans le délai de quatre mois qui suit la naissance. Le père devra justifier d'une période d'immatriculation d'au moins dix mois auprès de l'assurance-maladie, à la date de la naissance.

Les congés pour événements familiaux. Une autorisation exceptionnelle d'absence est prévue sur les bases suivantes :
– 4 jours pour le mariage du salarié ;
– 2 jours pour le décès d'un conjoint ou d'un enfant ;
– 1 jour pour le mariage d'un enfant ;
– 1 jour pour le décès du père ou de la mère.

Ces jours d'absence sont rémunérés et sont assimilés à des jours de travail effectif. Ils entrent donc en ligne de compte pour le calcul des congés payés. Les conventions collectives peuvent prévoir des mesures plus avantageuses.

Le congé ou le temps partiel en cas d'enfant malade. Chaque salarié a droit à un congé non rémunéré de 3 journées par année au maximum, en cas de maladie ou d'accident d'un enfant de moins de 16 ans dont il assure la charge. Le nombre de journées est porté à 5 si l'enfant est âgé de moins d'un an ou si le salarié assure la charge de 3 enfants ou plus âgés de moins de 16 ans.
Un congé de 310 jours à prendre sur 3 ans sera autorisé pour tout salarié ayant au moins un an d'ancienneté, en cas de maladie, d'accident ou de handicap grave d'un enfant à charge.

II – Hygiène et sécurité du travailleur

Le Code du travail fait obligation au chef d'entreprise de garantir l'hygiène et la sécurité des salariés dans son établissement.
Un comité d'hygiène et de sécurité, ainsi qu'un service médical assurent le respect des prescriptions légales, dont la liste est longue et dont voici l'essentiel.
De plus, dans chaque entreprise, quelle qu'en soit la taille, l'employeur doit établir un document unique d'évaluation des risques qui doit être mis à jour annuellement.

Hygiène du travail

Les lieux de travail doivent être :
– maintenus en constant état de propreté : nettoyés régulièrement (avant ou après, mais non pendant les heures de travail), murs et plafonds doivent être entretenus régulièrement ;
– éclairés et chauffés de façon satisfaisante : chauffage obligatoire, mais non excessif, pendant les temps froids ;
– aérés convenablement : cubage d'air suffisant par personne, plus important pour les locaux fermés ou si des odeurs et produits nocifs risquent d'en polluer l'atmosphère (cuisines, laboratoires) ; dispositifs d'évacuation des gaz, vapeurs, poussières (fenêtres et ouvertures directes sur l'extérieur ou, à défaut, appareil d'évacuation efficace) ; systèmes de protection contre toute émanation en provenance d'égouts, etc.

Le chef d'entreprise doit prévoir :
– des installations sanitaires en bon état : vestiaires, lavabos, douches selon les cas..., en nombre suffisant et séparés pour hommes et femmes ;
– des réfectoires ou autres lieux de repas (qui ne doivent pas être pris dans les ateliers et locaux réservés au travail), si plus de 25 personnes le souhaitent ;
– des sièges : individuels ou collectifs.

Il est interdit aux salariés d'introduire ou de distribuer des boissons alcoolisées autres que vin, bière, cidre..., non additionnées d'alcool, et de pénétrer (ou de laisser pénétrer, pour les responsables) des salariés en état d'ébriété dans les lieux de travail.
Des postes d'eau potable et fraîche doivent être mis à la disposition du personnel.
L'employeur peut interdire toute introduction d'alcool (vin, bière, cidre ou autres) s'il l'estime opportun.
Rappelons qu'il est interdit de fumer dans tous les lieux de travail fermés et couverts, qu'ils soient individuels ou collectifs. L'employeur peut mettre en place des fumoirs après avis du comité d'hygiène ou des délégués du personnel après avis du médecin du travail. Ces fumoirs sont des dispositifs totalement clos munis d'une fermeture automatique et d'un extracteur d'air.

Sécurité des travailleurs

Protection contre les accidents. La législation précise a rénové les exigences en matière de protection contre les accidents de travail :
– ainsi, ce n'est pas seulement au moment de l'exécution du travail que des mesures doivent être prises, mais au moment de la conception des installations ou des machines ;
– de plus, la loi oblige les employeurs à organiser une formation à la sécurité au moment de l'embauche et des changements de poste de travail ;

– de leur côté, les caisses de Sécurité sociale jouent un rôle de prévention. En effet, non seulement les cotisations mises à la charge de l'employeur varient en fonction du risque propre à l'entreprise, mais la caisse régionale peut accorder en plus des ristournes ou imposer des cotisations supplémentaires en fonction des efforts de prévention de l'employeur ou de son refus d'en accomplir ;
– quant aux sanctions, deux cas sont à examiner.
S'il y a simplement infraction à la législation du travail sans accident, l'employeur est puni d'autant d'amendes de 3 750 € qu'il y a de travailleurs exposés au risque (article L. 263-2 du Code du travail).
S'il y a accident, le chef d'entreprise peut être poursuivi pour homicide ou blessures par imprudence. Il ne sera toutefois condamné que s'il a commis une faute personnelle.

Protection contre les incendies. Elle est assurée par :
– un classement par catégories des matières inflammables et une réglementation de leur manutention, de leur situation et de leur conditionnement ;
– l'installation de postes de secours et l'obligation de prévoir des issues de secours et possibilités de dégagement ; le nombre et la largeur des portes, couloirs, passages, escaliers sont réglementés et varient en fonction de l'effectif du personnel de l'établissement.

Prévention des maladies professionnelles. Si le salarié doit manipuler des produits nocifs, des appareils tranchants..., il doit être pourvu de dispositifs suffisants de protection : gants, masques, combinaisons..., et se soumettre périodiquement à des examens médicaux (*cf. Les services médicaux du travail*).
Si, par négligence d'un salarié ou par défaut de surveillance d'un responsable concernant ces règles d'hygiène et de sécurité, *un accident survient* à un travailleur, *l'employeur peut être considéré comme pénalement responsable* et passible de diverses peines allant, selon la gravité et la fréquence des accidents, de l'amende à la fermeture de l'établissement (celle-ci n'étant pas ordonnée à la première infraction, mais en cas de récidive).
(*Voir, en annexes, la liste des maladies professionnelles.*)

Protection et contrôle de l'hygiène et de la sécurité

Ils sont assurés d'une part par le comité d'hygiène, de sécurité et des conditions de travail, d'autre part par les services médicaux de l'entreprise.

Le comité d'hygiène, de sécurité et des conditions de travail (CHSCT). La *création* de ce comité est *obligatoire* dans toute entreprise de plus de 50 salariés.
L'inspecteur du travail, enfin, peut ordonner la création d'un comité d'hygiène et de sécurité dans toute entreprise où lui en apparaît la nécessité.

Dans les entreprises où il n'y a pas de comité d'hygiène et de sécurité, ce seront les délégués du personnel qui seront investis des mêmes missions. Ce comité, placé sous la présidence du chef d'entreprise, est *composé* du chef d'établissement, du médecin du travail (propre à l'établissement, ou du service interentreprises), du chef du service de sécurité ou de l'ingénieur chargé de la sécurité dans l'entreprise, ainsi que de représentants du personnel désignés par le comité d'entreprise ou, à défaut, par les délégués du personnel. Le comité est *chargé* de veiller au respect des règles d'hygiène et de sécurité, et à l'entretien des dispositifs de protection à l'intérieur de l'établissement. Il doit procéder à toute enquête nécessaire en cas d'accident ou de maladie professionnelle ayant eu des conséquences graves pour le salarié.
Il a également pour tâche d'organiser les équipes de sauvetage et d'incendie et, sur le plan de l'éducation des travailleurs, de développer le sens du risque professionnel et de la prévention des accidents.
Il dresse un rapport annuel sur ses activités et doit communiquer, sur demande, à l'inspection du travail tous procès-verbaux de séance (au moins une fois par trimestre), ainsi que tous rapports et statistiques concernant les accidents ou maladies professionnels survenus dans l'établissement.
En outre, il doit étudier et proposer au chef d'entreprise un programme annuel de réalisation visant l'hygiène et la sécurité au sein de l'entreprise.
Le programme de réalisation défini doit être respecté par le chef d'entreprise qui devra, lors de la réunion annuelle, rendre compte de ce qui aura été fait.
Le CHSCT se réunit obligatoirement tous les trimestres, et de façon extraordinaire, à l'occasion de chaque incident ou accident du travail. Une réunion annuelle de bilan doit également être tenue.
Les délégués au CHSCT sont rémunérés comme s'ils effectuaient du temps de travail, sans que le temps passé soit imputé sur le crédit d'heures.

Les services médicaux du travail. Bien qu'ils n'aient, sauf cas d'urgence, qu'un rôle préventif, les services médicaux sont obligatoires dans toutes les entreprises, où ils fonctionnent sous la surveillance du comité d'entreprise et sous le contrôle de l'inspecteur du travail.

1. *Organisation et fonctionnement*

Selon l'effectif de son personnel salarié et du temps qui doit lui être consacré, l'entreprise doit disposer d'un service autonome dirigé par un médecin du travail employé à temps complet, ou d'un service interentreprises (commun à plusieurs établissements) dont la compétence territoriale est fixée par le directeur régional du travail.
Le service médical est administré par l'employeur ou par le président du service interentreprises, qui doit établir chaque année un rapport sur l'organisation, le fonctionnement et la gestion financière du service. Le rapport est transmis au comité d'entreprise, ou au comité interentreprises, qui en adresse un exemplaire à l'inspecteur régional du travail et un exemplaire au médecin inspecteur du travail.

2. *Le médecin du travail*

Il ne peut être engagé ou licencié qu'avec l'accord du comité d'entreprise ou du comité interentreprises, qui se prononcent à la majorité des voix et à bulletins secrets. À défaut d'accord, c'est l'inspecteur du travail qui décide. Compte tenu de l'importance de ses fonctions, il est lié par le secret professionnel.

Fonctions. Il est le conseiller du chef d'entreprise, ainsi que des divers comités (d'entreprise, d'hygiène et de sécurité) et services sociaux de l'entreprise. Il doit :
– être consulté sur toutes les questions d'organisation technique et de fonctionnement du service médical, ainsi que sur toutes les questions d'hygiène et de sécurité (hygiène de l'entreprise et des ateliers, adaptation matérielle et physique, individuelle et collective) des salariés à leur poste de travail ;
– être consulté sur l'implantation de toute nouvelle technique ou sur l'utilisation de tout nouveau produit, ainsi que sur l'éducation sanitaire des travailleurs dans le cadre de l'entreprise ;
– établir et tenir à jour une fiche (obligatoire dans les entreprises de plus de 10 salariés), sur laquelle il indique les caractéristiques de l'établissement, les améliorations à apporter, apportées... Il tient cette fiche à la disposition du chef d'entreprise, du comité d'entreprise et des délégués du personnel, du comité d'hygiène et de sécurité, de l'inspecteur du travail et du médecin inspecteur du travail ;
– procéder aux divers examens médicaux du personnel.

3. *Examens médicaux*

Visites d'embauchage. Tout salarié doit se soumettre à un examen avant l'embauchage ou, au plus tard, avant la fin de la période d'essai. S'il change d'entreprise moins de 3 mois après cette visite, un nouvel examen n'est pas nécessaire s'il exerce le même genre de travail : il doit alors présenter une fiche médicale spécialement établie.

Visites périodiques. Tout salarié doit se soumettre au moins une fois tous les 2 ans à un examen médical pratiqué par le médecin du travail. Les visites sont plus fréquentes, le médecin restant juge de leur périodicité, pour les salariés exerçant des emplois particulièrement dangereux, les femmes enceintes et mères d'un enfant de moins de 2 ans, les invalides et handicapés, ainsi que les jeunes de moins de 18 ans.

Visites de reprise. Tout salarié doit se soumettre à une visite médicale après une absence de plus de 3 semaines, après un congé de maternité, ou après une absence pour maladie professionnelle ou accident du travail de plus de 8 jours, ainsi qu'en cas d'absences répétées.
Toutes ces visites ont un caractère préventif : elles ont pour but de vérifier si les salariés ne sont pas atteints d'affections dangereuses pour les autres, d'apprécier leur apti-

tude physique au travail et, le cas échéant, la nécessité d'une mutation d'emploi. Le médecin établit des fiches et un dossier pour chaque salarié, et les complète après chaque visite ; une fiche médicale spéciale doit être remise au salarié qui en fait la demande. Lorsqu'il décèle une maladie à déclaration obligatoire, le médecin du travail doit en avertir le salarié et, s'il s'agit d'une maladie professionnelle, avertir également l'employeur. En outre, ayant seulement un rôle préventif, il peut demander au salarié de se soumettre à des examens complémentaires à faire pratiquer par un autre médecin de son choix.
Le temps des examens médicaux (même complémentaires) est pris sur l'horaire de travail ; sinon, il est rémunéré en temps de travail. Les frais nécessaires de transport sont à la charge de l'employeur.

4. *Infirmiers et secouristes*

La présence à temps complet d'infirmiers ou infirmières, possesseurs du diplôme d'État, est obligatoire dans les conditions suivantes :
– dans les établissements non industriels, 1 infirmier ou 1 infirmière pour 500 salariés et plus, 2 infirmiers ou infirmières pour 1 000 salariés et plus ;
– dans les établissements industriels, 1 infirmier ou 1 infirmière pour 200 salariés et plus, 2 pour 800 à 1 400 salariés, et au-delà 1 supplémentaire par tranche de 600 salariés.

Dans chaque atelier présentant des dangers, sur chaque chantier où plus de 20 personnes effectuent pendant plus de 15 jours des travaux dangereux, un membre du personnel doit avoir reçu l'instruction nécessaire pour donner les premiers secours en cas d'urgence. Si l'établissement fonctionne jour et nuit, un service de garde doit être assuré pendant la nuit.

5. *Locaux et matériel*

Si les visites ont lieu dans l'entreprise (qu'il s'agisse d'un service autonome ou interentreprises), les locaux réservés au service médical doivent comprendre :
– pour moins de 500 salariés, deux pièces de 16 m^2 chacune ;
– entre 500 et 1 000 salariés, trois pièces de 16 m^2 chacune ;
– pour 1 000 salariés et plus, une salle d'attente, un cabinet médical, une salle de pansement (de 16 m^2 chacune), deux cabines de déshabillage, une salle de repos.
Ces locaux doivent être munis de postes d'eau courante, d'un éclairage et d'un chauffage suffisants, et à l'abri des bruits. Si les visites ont lieu dans un centre commun à plusieurs entreprises, les locaux doivent comprendre : une salle d'attente, un cabinet médical, une salle d'examen, deux cabines de déshabillage, un secrétariat médical. Les examens peuvent également avoir lieu dans des camions-dispensaires aménagés dans les conditions conformes.
Enfin, un poste de secours doit être prévu dans chaque entreprise.

Nota. Des accords ou conventions collectives peuvent prévoir des modalités de fonctionnement et d'organisation des services médicaux plus favorables aux salariés.

III – La rémunération du travail

La rémunération du travail, ou salaire, dépend d'un certain nombre de facteurs, notamment de la qualification et du niveau d'emploi du salarié dans la hiérarchie professionnelle, ainsi que de la nature et de la quantité de travail demandé et fourni. Elle obéit à un certain nombre de règles et principes, à l'application desquels veillent les organismes de protection du travail, particulièrement en ce qui concerne les modalités et la garantie du paiement.

Montant de la rémunération

Au moment de l'embauchage, l'employeur doit indiquer avec précision au salarié quelle sera la rétribution de son travail. Cette rémunération peut être fixée de différentes manières : son montant peut résulter d'un accord individuel intervenant directement entre les intéressés au moment de la conclusion du contrat de travail. Mais de plus en plus, et pour de nombreuses catégories de salariés, la rémunération est prévue par des accords collectifs entre salariés (ou leurs représentants) et employeurs (ou leurs représentants)[1]. Elle ne peut, de toute manière, être inférieure au salaire minimum prévu par le SMIC ou la convention collective.

Le salaire minimum. Le salaire minimum date de plusieurs années. S'inspirant de la notion de « minimum vital », on a d'abord fixé – en 1946 – un salaire minimum par profession.
En 1950, ce salaire minimum est devenu interprofessionnel et a pris l'appellation de « salaire minimum national interprofessionnel garanti » (SMIG). Il était fixé d'après l'évolution d'un indice des prix à la consommation. Cet indice a varié. À partir de 1957, il a porté sur 179 articles de consommation courante ; en 1966, il a été remplacé par un « indice national des prix à la consommation des familles de condition modeste », qui portait sur 259 articles. Une loi du 2 janvier 1970 a remplacé le SMIG par un « salaire minimum de croissance » (SMIC), basé d'abord sur un indice des prix, mais tenant compte également de l'évolution générale des revenus et de l'économie nationale. Le nouveau salaire minimum, ou « salaire minimum interpro-

1. Le contrat individuel de travail peut fort bien prévoir un salaire différent de celui de la convention collective, mais à condition qu'il soit supérieur.

fessionnel de croissance », est fixé par le gouvernement, par décret. Il doit être modifié régulièrement pour suivre l'évolution des prix et des revenus. Pour suivre l'évolution des prix, le salaire minimum est indexé sur un « indice national des prix à la consommation », qui remplace l'indice des 259 articles. Lorsque cet indice augmente de 2 % ou plus par rapport à son taux initial, le salaire minimum augmente dans la même proportion. Le taux initial de l'indice a été fixé à 100 ; dès que l'on constate une augmentation de 2 % de la valeur attribuée par l'indice, le salaire minimum est réévalué proportionnellement. Il s'agit donc d'une indexation automatique.

Pour suivre l'évolution générale des revenus, le gouvernement, indépendamment de l'indexation sur les prix telle qu'elle vient d'être exposée, majore le salaire minimum chaque année au 1er juillet, après consultation de la commission nationale de la négociation collective.

Enfin, le gouvernement peut toujours majorer le salaire minimum de sa propre initiative, en dehors des deux procédures précédentes.

Le salaire minimum a pour objet de préciser le « minimum social dû à tout salarié qui apporte son travail à une entreprise », mais non d'être le point de départ dans la hiérarchie des salaires. En conséquence, les accords professionnels de tout ordre, les conventions collectives, les accords d'établissement (qui fixent les salaires pour un établissement particulier) ne peuvent prendre le salaire minimum comme base de référence pour fixer les autres salaires. Ceci parce que chaque majoration du salaire minimum déclencherait une augmentation générale des salaires. Il faudrait à nouveau réévaluer le salaire minimum ; les prix et l'économie seraient entraînés dans un processus de hausse sans fin. Le salaire minimum est applicable à tous les salariés de 18 ans au moins et d'aptitude physique normale, de toutes les professions et de toutes les catégories professionnelles, qu'il s'agisse de travail horaire, aux pièces, ou rémunéré mensuellement, ou de travail à domicile.

Il n'existe plus, depuis 1968, de salaire minimum spécial à l'agriculture (le SMAG, qui était inférieur au SMIC), ni de zones de salaires où le salaire minimum subissait un abattement par rapport à son chiffre maximum fixé pour la région parisienne.

Une loi du 23 décembre 1972 a « mensualisé » le SMIC : le salaire minimum est calculé d'après le nombre d'heures de travail du mois.

Le salarié est donc assuré (sauf pour le temps de travail qu'il n'aura pas effectué par son fait dans le mois) de toucher une somme minimale. Pendant longtemps, l'amélioration du pouvoir d'achat du SMIC a été sensible. Elle paraît plus douteuse aujourd'hui. Le SMIC en effet est un salaire brut qui se trouve amputé des cotisations de Sécurité sociale à la charge des salariés. Or, ces dernières sont régulièrement majorées, ce qui affecte le salaire.

Fixation de la rémunération par accords collectifs. Les conventions collectives peuvent prévoir la détermination ou le réajustement des salaires pour les catégories de travailleurs auxquelles elles s'appliquent. En conséquence, dans certaines branches d'activité, dans certaines régions..., les salaires pourront marquer des hausses plus importantes que dans d'autres.

Bien entendu, tous les salaires prévus par les conventions collectives doivent être égaux ou supérieurs au salaire minimum, et comme il a été dit plus haut, ils ne peuvent jamais être fixés par référence à ce dernier.

CONTENU DE LA RÉMUNÉRATION

La rémunération comprend non seulement le salaire proprement dit, mais également tous les autres paiements et avantages accordés *en contrepartie du travail*, notamment celles que nous allons aborder.

Les primes, indemnités et gratifcations diverses. Dès lors qu'elles ne constituent pas des remboursements de frais (exemple : la prime de transport dans la région parisienne) et qu'elles présentent un caractère de généralité, de durée et d'uniformité : primes d'assiduité, d'ancienneté ; 13e mois lorsque le versement en est prévu par une convention collective, etc.

Les avantages en nature. Ce sont : logement, éclairage, nourriture...

Les pourboires. La coutume du pourboire soulève beaucoup de difficultés pratiques que les lois spéciales en la matière n'ont pas toutes résolues. Ces difficultés proviennent notamment de ce que :
– dans certaines professions, le pourboire peut atteindre de telles sommes qu'il éclipse le salaire normal, lequel peut aller jusqu'à disparaître ;
– quand les pourboires sont trop rémunérateurs, employeurs et personnel en place ont tendance à faire acheter l'attribution ou la transmission des emplois (achat de tablier) ;
– les pourboires n'étant versés qu'au personnel « en contact avec la clientèle », le reste du personnel est défavorisé, d'où la tendance de certains employeurs à se faire remettre les pourboires pour les répartir plus équitablement ;
– la clientèle continue à remettre des pourboires directs, malgré la majoration des notes « pour le service », etc.
La loi a réglé les points particuliers suivants.

1. Quand les entreprises majorent les notes de frais de service, les sommes correspondantes doivent être intégralement versées au personnel en contact avec la clientèle. Celle-ci ayant cette assurance peut limiter ou supprimer le pourboire direct. Pour éviter toute incertitude, les notes doivent porter la mention « service compris ». Et le personnel peut demander justification des sommes perçues et réparties. Il reste des difficultés sur le point de savoir qui est ou n'est pas en contact avec la clientèle (exemple : le directeur d'un établissement, qui n'a pas de rapport avec le public).

2. La pratique de l'« achat de tablier » est interdite, mais bien difficile à empêcher (elle est encore de fait dans certaines catégories d'établissements).

3. Les employeurs ne doivent pas, sous des prétextes basés sur l'importance des pourboires, opérer des retenues sur les rémunérations qui ont été convenues au préalable.

4. Les pourboires versés sont soumis au régime juridique des salaires et donc soumis à l'impôt.

5. En cas de non-rémunération en dehors des pourboires, le salaire minimum doit être respecté ; le cas échéant, la somme touchée en pourboires doit être complétée par l'employeur.

6. Les indemnités de congés payés sont à la charge des employeurs qui ne peuvent les prélever sur les majorations des notes « service compris ».

En cette matière, il existe partout des difficultés particulières, pour lesquelles il convient de consulter les organisations professionnelles.

Mode de rémunération

D'une manière générale, le salaire doit être payé à intervalles réguliers et assez brefs, qui peuvent varier selon le genre de travail :
– travail horaire : généralement, les salariés payés à l'heure (ouvriers) doivent recevoir leur rémunération soit par semaine, soit par quatorzaine ; de toute façon, au moins deux fois par mois – tous les 16 jours au plus ;
– travail mensuel : employés, cadres, etc. doivent être payés au moins une fois par mois ;
– travail aux pièces : le travailleur doit toucher au moins un acompte chaque quinzaine, et le solde dans les 15 jours suivant la fin de son travail ;
– travail à la commission : les représentants de commerce, par exemple, doivent recevoir le montant de leurs commissions au moins tous les 3 mois.
Des accords interprofessionnels ont prévu la mensualisation des salaires, et une loi du 19 janvier 1978 l'a étendue à ceux qui ne bénéficiaient pas de tels accords.

Garantie et protection du salaire

Le paiement régulier du salaire étant essentiel pour le salarié, l'employeur doit délivrer au salarié *un bulletin de paye*, destiné à lui permettre de vérifier le contenu et l'exactitude de sa rémunération et, le cas échéant, de fournir la preuve de ce paiement.
Ce bulletin contient obligatoirement : les nom et adresse de l'employeur et du salarié ; l'emploi de ce dernier, son coefficient hiérarchique ; la période et le nombre d'heures de travail (heures normales et heures supplémentaires) ; le montant et la

nature des primes diverses ; le montant du salaire brut ; le montant des déductions (Sécurité sociale, assurance chômage, retraite complémentaire, etc.) et ceux de la CSG et de la CRDS ; le montant de la rémunération nette ; la date du paiement ; l'organisme qui perçoit les cotisations ; la convention collective éventuellement applicable, le numéro d'immatriculation de l'employeur à l'organisme de sécurité sociale, la date de paiement, etc. Tout salaire impayé doit être réclamé dans les 5 années suivant la date d'exigibilité. En cas de réclamation infructueuse, il appartient au salarié de s'adresser au conseil de prud'hommes.

En cas d'*insolvabilité de l'employeur* (faillite de l'entreprise, par exemple), le salaire des 60 derniers jours doit être payé par priorité sur les dettes générales de l'employeur – le salaire est une créance dite « super-privilégiée », payable par priorité sur toutes autres créances, même celles du Trésor public.

Cette créance doit non seulement être payée en priorité, mais aussi le plus vite possible.

Aussi la loi impose-t-elle à l'administrateur de régler immédiatement sur les fonds disponibles une somme égale à 1 mois de salaire impayé. Encore faut-il que l'administrateur judiciaire ait des fonds disponibles.

Dans la négative, ceux-ci seront avancés par le FNGS (Fonds national de garantie des salaires). Cet organisme est financé par les cotisations versées par l'ensemble des entreprises. Il joue aussi le rôle d'assureur de l'insolvabilité des entreprises tombant en redressement ou en liquidation judiciaire.

Signalons pour terminer qu'une fraction du salaire est garantie et protégée contre les « saisies-arrêts » que pourraient pratiquer – directement sur le salaire, auprès de l'employeur – les créanciers du travailleur.

Cette fraction est donc insaisissable. Toutefois, on rencontre deux limites à cette insaisissabilité :

– l'insaisissabilité frappe la créance du salarié. Mais une fois le salaire versé à un compte bancaire du salarié, il redevient intégralement saisissable ;

– l'insaisissabilité ne peut être opposé aux créanciers alimentaires du salarié. Le salaire insaisissable doit, en effet, servir à nourrir les membres de la famille du salarié. Ceux-ci peuvent se faire payer directement de leur pension alimentaire par l'employeur.

4

L'ENTREPRISE

I – Les pouvoirs du chef d'entreprise

En contrepartie des responsabilités qui lui incombent, le chef d'entreprise dispose de larges pouvoirs, tant en ce qui concerne la poursuite de l'activité économique et de la bonne marche de son établissement, qu'en ce qui concerne l'organisation du personnel et du travail.

Pouvoirs de direction

C'est l'employeur qui dirige toutes les activités de l'entreprise : il organise la production et décide de la mise en œuvre des moyens nécessaires pour atteindre les objectifs poursuivis (moyens matériels et moyens humains).
C'est pourquoi, dans la mesure où elles sont justifiées par l'intérêt et la bonne marche de l'entreprise, et où elles respectent la réglementation générale et les conventions collectives, il peut prendre toutes les dispositions nécessaires, notamment en ce qui concerne l'organisation et l'activité du personnel salarié : embauchages, mutations, licenciements (individuels ou collectifs), etc. À condition de respecter les formes légales lorsqu'il en est d'imposées, il peut prendre ses décisions par voie orale ou par écrit, sous forme d'ordres, d'instructions, de notes de service, etc.

Pouvoirs réglementaires : le règlement intérieur

Le « règlement intérieur » est un document écrit, établi par le chef d'entreprise, et *obligatoire* dans toute entreprise occupant au moins 20 salariés.

Son contenu peut varier mais, exclusivement, il fixe les prescriptions concernant les conditions générales de travail applicables à tout le personnel de l'établissement (horaires, retards et absences, sanctions…), celles relatives à l'hygiène et à la sécurité des travailleurs, aux droits de la défense de ces derniers, ainsi que les dispositions relatives aux témoins et victimes de harcèlement sexuel et moral. Il doit contenir, en tout cas, des dispositions concernant l'introduction et la consommation des boissons, et préciser toutes les mesures d'hygiène et de sécurité lorsque la nature de l'activité de l'établissement ou de l'atelier en exige de particulières, ainsi que les garanties de procédure dont dispose le salarié.

Rédigé par l'employeur, le projet de règlement doit être soumis au comité d'entreprise pour avis ou, à défaut de comité d'entreprise, aux délégués du personnel et à l'inspecteur du travail pour contrôle de légalité.
Une fois adopté, le règlement intérieur *doit être affiché*, de façon lisible et visible, dans les lieux du travail et dans ceux où se fait l'embauchage, et *déposé* au secrétariat du conseil de prud'hommes puisque cette juridiction aura à connaître les textes en cas de litiges.

Pouvoir disciplinaire : sanctions

Le chef d'entreprise décide des sanctions applicables aux salariés, en cas de manquements aux prescriptions établies par le règlement intérieur, de fautes dans l'exercice de leur travail, ou de comportement perturbateur pour l'activité et la bonne marche de l'entreprise elle-même.
Les limites et conditions d'exercice de ce pouvoir disciplinaire de l'employeur peuvent être prévues par les conventions collectives, le contrat individuel de travail ou le règlement intérieur.
En tout cas, la sanction appliquée doit être proportionnée à la gravité de la faute commise, elle-même généralement appréciée en fonction des perturbations qu'elle a entraînées pour l'entreprise.
Les sanctions peuvent être morales (avertissement, réprimande, blâme), ou frapper le salarié dans son activité professionnelle (déplacement, mise à pied, retard dans l'avancement, rétrogradation, congédiement). Il est à noter que les peines pécuniaires, c'est-à-dire les amendes, sont interdites.

II – Délégués du personnel et comités d'entreprise

Pratiquement sans pouvoir individuel pour agir directement, les travailleurs ont cependant la possibilité d'intervenir, de façon indirecte, auprès de leur employeur, pour toutes les questions intéressant la vie propre de l'établissement. Des institutions existent, en effet, au sein de l'entreprise, dont le but est de représenter l'ensemble des salariés et de faire pour eux les démarches générales ou particulières visant au respect des règles de protection, ainsi qu'à l'amélioration des conditions de vie et de travail du personnel.

Il s'agit des délégués du personnel et des comités d'entreprise qui, bien qu'ayant des attributions différentes et des caractères propres, présentent un certain nombre de points communs.

Règles communes

Il s'agit dans les deux cas de *membres élus du personnel.* Leur existence est obligatoire – ou non, selon les effectifs – dans presque toutes les entreprises privées : industrielles, commerciales, professions libérales, syndicats et associations, certaines entreprises agricoles, etc. La réglementation est différente dans le secteur public.
Autres traits communs aux membres des comités d'entreprise et aux délégués du personnel :
– le système d'élection ;
– le régime spécial des horaires ;
– une protection particulière contre le licenciement.

Élections des membres des comités et des délégués du personnel. Sont électeurs, les salariés :
– hommes ou femmes, âgés de 16 ans accomplis ;
– ayant travaillé plus de 3 mois dans l'entreprise ;
– jouissant de leurs droits civiques.

Sont éligibles, à l'exclusion des parents ou alliés de l'employeur et des personnes ne jouissant pas de leurs droits civils et politiques, les salariés :
– des 2 sexes ;
– âgés de 18 ans au moins ;
– ayant travaillé au moins 1 an dans l'entreprise.

Les élections se font au scrutin de liste à deux tours avec représentation proportionnelle. Elles ont lieu tous les 2 ans pour les délégués du personnel, comme pour les membres des comités d'entreprise. Le mandat des élus – dont le nombre est proportionnel à l'effectif du personnel – est renouvelable.
Elles se déroulent de la manière suivante : les salariés de l'établissement sont divisés en *collèges électoraux* : le premier réunit les ouvriers et les employés, le second groupe les agents de maîtrise, les chefs de service, etc.
Un troisième collège peut être formé par les ingénieurs et les cadres s'ils sont plus de 25 dans l'entreprise.

La répartition du personnel et des sièges dans les collèges résulte d'un accord entre le chef d'entreprise et les organisations syndicales, selon les catégories professionnelles. Si l'accord n'est pas réalisé, c'est l'inspecteur du travail qui décide.

Les organisations syndicales établissent *des listes* de candidats présentés par les syndicats les plus représentatifs. Au 2e tour, le choix est libre.

Nota. En fait, ce sont souvent les mêmes salariés qui assument les fonctions de membres du comité d'entreprise et de délégués du personnel.

Horaires spéciaux. Une fois élus, membres des comités d'entreprise et délégués du personnel n'en continuent pas moins d'être, malgré et pendant leur mandat, des salariés de l'entreprise. Ils doivent donc, comme tels, assurer leur travail. Cependant, pour remplir leur mission, ils doivent aussi pouvoir jouir d'une certaine liberté. C'est pourquoi l'employeur doit leur laisser libre le temps « nécessaire à l'exercice de leurs fonctions », c'est-à-dire en général, et non compris le temps passé en séances :
– 10 heures par mois pour les délégués dans des entreprises de moins de 50 salariés ;
– 15 heures par mois au-dessus de 50 salariés ;
– 20 heures par mois pour les membres des comités d'entreprises.

Ces heures sont rémunérées comme temps de travail ; elles doivent l'être en même temps et avec la même périodicité que le salaire.
Pour les besoins de leurs fonctions, les représentants du personnel peuvent également avoir à se déplacer à l'extérieur de l'entreprise : selon les cas, certaines justifications peuvent leur être demandées *a posteriori.*

Protection particulière contre le licenciement. Elle concerne les élus en cours de mandat et leurs suppléants, ainsi que les candidats aux élections [protégés pendant 3 mois (comité d'entreprise) ou 6 mois (délégués du personnalité) à partir du dépôt de leur candidature], ainsi que les anciens élus (protégés pendant 6 mois après l'expiration de leur mandat).
À la différence de celui de l'ensemble des salariés, le licenciement des membres des comités d'entreprise et des délégués du personnel – qu'il s'agisse d'un licenciement individuel ou collectif – est soumis à une double autorisation :
– celle du comité d'entreprise qui, après avoir entendu l'intéressé et l'employeur, doit rendre sa décision à la majorité des voix et communiquer un procès-verbal de séance à l'inspecteur du travail ;
– celle de l'inspection du travail, lorsque le comité a refusé le licenciement du représentant du personnel, ou lorsqu'il n'existe pas de comité dans l'entreprise (s'il s'agit du congédiement d'un délégué). L'inspecteur procède à une enquête au cours de laquelle le salarié peut se faire assister d'un représentant de son syndicat.

À défaut de ces autorisations, le licenciement est nul.
De plus, le congédiement irrégulier peut être sanctionné pénalement (délit d'entrave à l'exercice des fonctions du représentant). Même dans le cas où ces autorisations ont été données, deux recours sont possibles :

– contre la décision de l'inspecteur, un recours hiérarchique devant le ministre du Travail ;
– éventuellement, contre cette décision du ministre et celle de l'inspecteur, un recours, pour excès de pouvoir, devant les tribunaux administratifs, avec possibilité d'appel.

L'employeur ne peut pas demander la « *résolution* » judiciaire du contrat de travail devant la section compétente du conseil de prud'hommes.
Si le licenciement est nul ou la résolution refusée, l'employeur *doit réintégrer* le représentant du personnel dans l'entreprise ou, à défaut, lui verser des dommages-intérêts.
Outre cette réglementation commune, délégués du personnel et membres des comités d'entreprise sont soumis à un régime particulier, notamment en ce qui concerne leur nombre et leur mission propre.

Les délégués du personnel

Nombre. L'élection de délégués du personnel est obligatoire dans tout établissement occupant habituellement plus de 10 salariés. Il peut donc exister plusieurs délégations pour une entreprise comportant plusieurs établissements.
Leur nombre est fixé par décret ; il croît par tranche en fonction de l'importance de l'effectif du personnel :
– 11 à 25 salariés, 1 titulaire et 1 suppléant ;
– 26 à 500 salariés, de 2 à 7 délégués et autant de suppléants ;
– 501 à 1 000 salariés : jusqu'à 9 délégués et autant de suppléants ;
– au-delà de 1 000 salariés, 1 titulaire et 1 suppléant par tranche supplémentaire de 250 salariés.

Leur mandat est de 4 ans ; ils sont rééligibles.

Attributions et fonctionnement. Les délégués du personnel ont pour mission de présenter à l'employeur les réclamations du personnel, qu'elles soient individuelles ou collectives, concernant les conditions de travail dans l'établissement (salaire, horaires, sécurité, etc.).
Au moins une fois par mois, le chef d'entreprise doit accorder une réception collective au cours de laquelle les délégués exposent leurs demandes. En outre, en cas d'urgence, une réception individuelle ou collective peut être accordée sur demande.
Les délégués doivent, 2 jours avant la date de réception, préparer une note écrite exposant à l'employeur le contenu de leurs réclamations. L'employeur répond par écrit et de façon motivée au plus tard 6 jours après la réunion. Une copie de cette note, ainsi que la réponse de l'employeur, est transcrite sur un registre spécial tenu

à la disposition de l'inspecteur du travail et du personnel. Les délégués peuvent s'adresser à l'inspecteur du travail en cas de réclamations non satisfaites.
En tout cas, ils accompagnent ce dernier lors de ses visites de l'établissement et lui présentent toutes les observations nécessaires sur les irrégularités de règlement à l'intérieur de l'établissement. Ils collaborent avec les comités d'entreprise, auxquels ils peuvent faire part des suggestions du personnel. Lorsqu'il n'existe pas de comité dans l'entreprise, ils peuvent combler l'absence de comité d'entreprise et remplir les attributions de celui-ci.
Ils doivent avoir à leur complète disposition un local, où les salariés de l'entreprise auront la possibilité de déposer toutes leurs réclamations.

Les comités d'entreprise

Création et composition. La création d'un comité d'entreprise est obligatoire dans toute entreprise occupant habituellement 50 salariés. Lorsque l'entreprise comporte plusieurs établissements, chacun d'eux doit comporter dans les mêmes conditions un « comité d'établissement », dont les membres élus désignent leurs représentants à un « comité central d'entreprise ».
Le comité est composé du chef d'entreprise ou de son délégué (président), d'un représentant de chaque organisation syndicale reconnue comme représentative dans l'entreprise (qui doit être membre du personnel, et à titre consultatif seulement), et de représentants élus du personnel, dont le nombre croît progressivement dans les proportions suivantes[1] :
- 50 à 75 salariés, 3 titulaires et 3 suppléants ;
- 76 à 100 salariés, 4 titulaires et 4 suppléants ;
- 101 à 750 salariés, 5 à 6 titulaires ;
- 751 à 2 000 salariés, 7 à 8 titulaires ;
- 2 001 à 10 000 salariés, de 9 à 13 titulaires ;
- plus de 10 000 salariés : 15 titulaires.

Leur mandat est de 4 ans, renouvelable.
Ces nombres peuvent être augmentés par convention collective ou par accord entre l'employeur et les organisations syndicales.
Il est également institué des comités de groupe composés d'élus des différents comités des entreprises composant le groupe.

Fonctionnement. Le comité se réunit au moins une fois par mois (ou une fois tous les deux mois si moins de 150 salariés) sur convocation du chef d'entreprise ou, à défaut, de l'inspecteur du travail. Le chef d'entreprise arrête l'ordre du jour et doit

1. Le comité central d'entreprise est composé de la même façon, avec un nombre maximum de 20 titulaires et 20 suppléants, élus par les membres des comités d'établissement.

le communiquer au moins 3 jours à l'avance aux membres du comité qui, lors de la séance, prend ses résolutions à la majorité des voix.
Le secrétaire du comité établit un procès-verbal de séance, communiqué aux membres et tenu à la disposition de l'inspecteur du travail. Le chef d'entreprise doit, à la séance suivante, faire connaître sa réponse motivée aux propositions qui lui ont été soumises.

Attributions. Le comité d'entreprise est, en fait, l'organe du contrôle ouvrier de l'établissement ; en tant que tel, il dispose d'un pouvoir plus ou moins large en ce qui concerne les conditions de travail, d'un pouvoir de gestion dans le domaine purement social, et d'un droit de regard dans le domaine économique.

1. *Les conditions de travail*

En ce domaine, le comité doit « coopérer avec la direction » à l'amélioration des conditions collectives de travail, d'emploi et de vie du personnel dans le cadre de l'entreprise.
Le chef d'entreprise doit obligatoirement lui demander son avis notamment pour l'élaboration du règlement intérieur, ainsi que sur les questions d'organisation du personnel (formation, emploi des jeunes et des femmes, etc.). Le licenciement d'un de ses membres ou d'un délégué du personnel est également soumis à son autorisation, de même que l'embauchage et le licenciement du médecin du travail.

2. *Dans le domaine des œuvres sociales*

Le comité d'entreprise a un rôle très important : il dispose, en effet, de véritables pouvoirs de gestion et de contrôle sur toutes les œuvres sociales créées dans l'établissement au profit des travailleurs, soit par l'employeur avant la prise en main par le comité, soit par le comité lui-même (l'employeur contribuant pour une part à leur financement)[1].
Le but de ces œuvres est l'amélioration des conditions de vie des salariés et de leur famille : entraide, éducation, culture, loisirs, formation professionnelle, etc. Elles se concrétisent donc sous des formes diverses : création de cantines, crèches, colonies de vacances, jardins ouvriers, bibliothèques, clubs sportifs, centres d'apprentissage, etc. Pour assurer la gestion de ces œuvres, le comité d'entreprise jouit de la « personnalité civile », qui lui confère le droit de passer tous actes nécessaires à leur bon fonctionnement.
Aidé financièrement par des subventions ou des dons, et par la contribution du chef d'entreprise, le comité peut acheter, vendre ou louer des locaux, des terrains, embaucher du personnel, etc.

1. Plusieurs entreprises peuvent se grouper pour créer en commun des œuvres sociales ; la gestion en est alors confiée à un « comité interentreprises » du même modèle que le service médical interentreprises.

3. *Dans le domaine économique et financier*

Le comité n'a, en ce domaine, qu'un rôle consultatif, qui lui confère cependant un certain pouvoir de contrôle.
La loi du 28 octobre 1982 (dite loi Auroux) a entendu lui conférer sur ce point des moyens concrets d'exercer ce pouvoir. À cette fin, signalons que le comité d'entreprise a désormais le droit d'interroger le chef d'entreprise sur la situation financière et économique et qu'il peut faire appel à des techniciens ou des experts-comptables pour analyser les données ainsi fournies par l'employeur. Il étudie les suggestions proposées par le personnel ou la direction pour accroître la production et le rendement ; il propose la mise en application de celles qu'il a retenues et l'attribution de récompenses aux salariés qui ont apporté une aide particulièrement utile en ce domaine.
Il émet des vœux concernant l'organisation générale du travail.
Il doit être informé de la marche et de l'économie générale de l'entreprise ; le chef d'entreprise doit lui communiquer :
– tous les trimestres, des renseignements sur l'exécution des programmes de production, l'évolution des commandes, la situation de l'emploi, les mesures d'amélioration et les nouvelles méthodes envisagées... ;
– une fois par an, le rapport annuel, précis et détaillé, sur l'activité générale de l'entreprise et les programmes prévus.

Il doit également être consulté sur les problèmes généraux de fonctionnement de l'entreprise : il peut, à ce sujet, émettre des vœux et avis et recevoir toutes explications utiles, qu'il s'agisse de licenciements collectifs, de la création de nouveaux services, de l'introduction de nouvelles techniques, etc. Dans certains cas, l'accord du comité d'entreprise est nécessaire : nomination ou licenciement du médecin du travail, semaine de 4 jours, horaires individualisés, etc.
Enfin, lorsque l'entreprise est une société anonyme, le comité dispose d'un droit de regard sur les documents comptables présentés à l'assemblée générale des actionnaires ; il peut faire à ce sujet toutes observations et se faire assister dans ses démarches d'un expert-comptable. Il peut désigner deux de ses membres (un délégué des cadres, un délégué des employés et ouvriers), qui assistent, avec voix consultative, à toutes les séances du conseil d'administration.

Les comités interentreprises

Lorsque plusieurs entreprises entendent mettre en commun certaines institutions sociales (services médicaux, maisons de vacances, etc.), les comités d'entreprise concernés doivent constituer en commun un comité interentrepri-

ses investi des pouvoirs nécessaires à l'organisation de ces institutions communes. Le comité interentreprises comprend :
– les représentants des chefs d'entreprise ;
– des représentants élus des salariés de chaque entreprise ;
– les ressources du comité interentreprises sont constituées par les sommes versées par les comités d'entreprise pour le fonctionnement des activités sociales et culturelles. Le comité interentreprises exerce ses fonctions dans les locaux d'un ou de plusieurs comités d'entreprise représentés.

Les comités de groupe

Un comité de groupe doit être constitué lorsqu'il existe un groupe de sociétés formé d'une entreprise dominante et d'entreprises contrôlées par cette dominante dont le siège social est situé en France. Il peut s'agir d'une société mère et de ses filiales, ou d'une société qui détient 10 % du capital d'une ou de plusieurs entreprises lorsqu'il existe entre elles des relations permettant d'établir un même ensemble économique (intérêt financier commun, mêmes dirigeants, conseil d'administration majoritaire, etc.).
Pour qu'il existe un comité de groupe, il faut que les sociétés concernées aient leur siège social en France.
Le comité de groupe se compose du chef de l'entreprise dominante ou de son représentant assisté de deux personnes de son choix et de représentants du personnel désignés pour deux ans. Les réunions ont lieu au moins une fois par an. Le rôle du comité de groupe est de centraliser les informations sur l'activité, la situation financière, les prévisions, etc. dans le groupe ou les sociétés qui le composent.

Le comité d'entreprise européen

Dans les entreprises ou groupes d'entreprise de dimension communautaire un comité d'entreprise à l'échelon européen doit être institué. Il s'agit de groupes employant au moins 1 000 salariés répartis dans différents pays d'Europe et comportant au moins un établissement d'au moins 150 salariés dans au moins deux États.
Un groupe spécial de négociation, composé de représentants de l'ensemble des salariés, est constitué à l'initiative du chef de l'entreprise dominante. Ce groupe doit négocier un accord ayant pour objet la mise en place soit d'un comité d'entreprise européen, soit d'une simple procédure d'information, d'échange de vues et de dialogue sur les questions transnationales affectant la vie en entreprise des salariés.

III – L'intéressement des salariés et la participation aux résultats de l'entreprise

L'intéressement des salariés

L'ordonnance du 21 octobre 1986 modifiée par la loi du 7 novembre 1990 a instauré un régime d'intéressement des salariés. Ces mesures sont applicables dans toute entreprise quelle qu'elle soit, quelle que soit sa forme et quelles que soient ses activités.
Un accord doit tout d'abord intervenir au niveau de l'entreprise et pour une durée de 3 ans. Ses modalités sont les mêmes que pour un accord de participation (*cf.* infra). Le mode d'intéressement doit être soit un intéressement des salariés lié aux résultats ou à l'accroissement de la productivité, soit un autre mode de rémunération collective contribuant à réaliser l'intéressement des salariés à l'entreprise.
Le montant global des primes distribuées aux salariés est plafonné, pour chaque année, au 1/5 du total des salaires bruts versés aux salaires concernés.

La participation obligatoire des salariés aux résultats de l'entreprise

Principes

Ces dispositions, sur la participation obligatoire des salariés aux résultats de l'entreprise, s'appliquent à toute entreprise de plus de 50 salariés.
Les entreprises de moins de 50 salariés peuvent se soumettre volontairement aux dispositions de l'ordonnance. Employeurs et salariés signent des accords définissant les modalités d'application de la participation. Ces accords sont définis de façon très souple, mais chacun doit préciser notamment :
– la période pour laquelle il est conclu (durée déterminée ou indéterminée) ;
– les établissements concernés ;
– les modalités d'intéressement retenues ;
– les critères et modalités servant au calcul et à la répartition des produits de l'intéressement ;
– l'époque des versements ;
– les conditions dans lesquelles le comité d'entreprise ou une commission spécialisée ou les délégués du personnel disposent des moyens d'information sur l'application du contrat ;
– les procédures convenues pour régler les différends pouvant survenir, lors de l'application de l'accord.

Tout projet doit être soumis au comité d'entreprise – quand il en existe un – au moins 15 jours avant la signature.

Le montant de la réserve spéciale de participation est calculé après l'arrêt des comptes de chaque exercice. Il s'établit ainsi :

$$\text{Réserve} = \frac{1}{2}(\text{bénéfice net} - 5\ \%\ \text{des capitaux propres}) \times \frac{\text{salariés}}{\text{valeur ajoutée}}$$

Pour qu'une réserve de participation soit constituée, il faut que l'exercice se traduise par un bénéfice et que ce bénéfice soit supérieur à 5 % des capitaux propres.

Mode de conclusion et formalités

Les accords de participation peuvent faire l'objet, soit d'une convention ou d'un accord collectif de travail, soit d'un accord entre le chef d'entreprise et les représentants d'organisations syndicales représentatives, soit être élaborés au sein du comité d'entreprise, soit être un projet émanant du chef d'entreprise ratifié par le personnel à la majorité des 2/3. Par la suite, les accords de participation doivent être déposés à la direction départementale du travail et de l'emploi.

Droits des salariés

Chaque salarié acquiert un droit sur une part de la réserve de participation. Mais ce droit est bloqué pendant une certaine période d'indisponibilité : en principe, le délai est fixé à 5 ans (exceptionnellement, pas de délai, délai de 3 ans fixé par convention ou délai de 8 ans). Seuls les salariés (ou leurs ayants droit) peuvent demander le déblocage de leurs droits, à l'issue du délai d'indisponibilité.
En principe, tous les salariés de l'entreprise bénéficient de la participation. La répartition du montant de la réserve se fait de façon proportionnelle au salaire, en tenant compte d'un double plafonnement :
– le salaire minimum retenu ne peut dépasser 4 fois le plafond des cotisations de la Sécurité sociale ;
– la somme qui peut être attribuée à un salarié (au cours d'un exercice) ne peut pas dépasser la 1/2 de ce plafond.

Régime fiscal et social

La participation s'accompagne de nombreux avantages fiscaux et sociaux, pour les salariés et pour l'entreprise, à condition que les règles d'indisponibilité soient respectées.

• Pour l'entreprise, possibilité de déduire du bénéfice imposable le montant de la participation.

• Les salariés bénéficient d'une exonération d'impôt sur le revenu, en ce qui concerne le montant de la réserve de participation.

• Les sommes affectées à la réserve spéciale ne constituent pas un élément de salaire. Elles ne sont pas prises en compte dans les calculs d'indemnité de congés payés, primes, gratifications.

Les différentes formes de participation

Les modalités de gestion et l'affectation des sommes de la réserve spéciale résultent de l'accord passé entre les salariés et l'entreprise. Ces modalités peuvent être, au choix :
– l'attribution d'actions de l'entreprise ;
– des placements sur le marché financier (SICAV ou fonds commun de placement) ;
– souscription au capital de sociétés créées par les salariés pour racheter leur entreprise.

Les plans d'épargne d'entreprise

Il s'agit d'un système facultatif d'épargne collectif permettant aux salariés de participer, avec l'aide de l'entreprise, à la constitution d'un portefeuille de valeurs mobilières. Ce plan peut être créé, soit à l'initiative de l'entreprise, soit en vertu d'un accord passé avec le personnel.
Tous les salariés de l'entreprise doivent pouvoir participer au plan d'épargne d'entreprise. Néanmoins, une ancienneté minimale peut être exigée, qui ne peut excéder 6 mois. Les versements annuels de chaque salarié sont plafonnés au 1/4 de sa rémunération annuelle. Ils s'ajoutent à l'aide obligatoire de l'entreprise intitulée « abondement », qui est limitée à environ 2 300 € par salarié et par an, sans pouvoir excéder le triple des versements du bénéficiaire.
Le plan peut également recevoir l'intéressement, la participation des salariés aux résultats de l'entreprise et les versements aux frais salariaux.
Toutes les sommes qui alimentent le plan doivent être employées à l'acquisition de valeurs mobilières. Les actions acquises pour le compte des salariés sont indisponibles pendant 5 ans, sauf survenance de certains événements pour le salarié (mariage, licenciement, mise à la retraite, invalidité, etc.).
Le portefeuille peut être composé de :
– parts de fonds commun de placement ;
– titres émis par les SICAV ;
– actions émises par les sociétés créées par les salariés pour racheter leur entreprise.

5

LES GROUPEMENTS PROFESSIONNELS

I – Les syndicats

Les syndicats, reconnus par la loi du 21 mars 1884, sont des groupements spécialisés de personnes constitués à l'intérieur d'une branche d'activités, d'une catégorie professionnelle, en vue d'assurer la défense commune des intérêts de leurs membres. Il doit s'agir d'intérêts professionnels et non de la poursuite de buts politiques ou de profits financiers.
Ces intérêts sont généralement : pour les syndicats de travailleurs, l'amélioration des conditions de vie et de travail des salariés ; pour les syndicats patronaux, la poursuite d'objectifs d'ordre économique, commercial et la défense de leurs intérêts collectifs.
L'ensemble des syndicats de salariés français groupe, en fait, un nombre assez peu élevé d'adhérents (par rapport à des pays tels que les États-Unis, par exemple) : environ 2 millions, soit à peu près 1/5 des travailleurs.

UNIONS, FÉDÉRATIONS, CONFÉDÉRATIONS

Chaque groupement conservant son autonomie dans le cadre où s'exerce son activité propre et dans lequel il a été créé, les syndicats s'unissent pour favoriser un renforcement de leur influence auprès des employeurs et des pouvoirs publics.
C'est ainsi que :
– des syndicats d'industries différentes peuvent se grouper sur le plan local pour former une « union » (locale ou départementale) ;
– des syndicats de localités et de régions différentes peuvent également se grouper sur le plan professionnel par branche d'activités ou « d'industrie » et forment alors une « fédération » (départementale ou nationale) ;
– unions et fédérations peuvent s'unir à leur tour pour former un groupement supérieur interprofessionnel, la « confédération », dont le but essentiel est d'organiser et de coordonner les actions syndicales pour l'ensemble des syndiqués d'un

groupe de catégories professionnelles (ouvriers, employés, cadres, etc.), et à l'échelon national ;
– enfin, des organisations syndicales existent à l'échelon international comme : la CSM (Confédération syndicale mondiale), la CISL (Confédération internationale des syndicats libres), la CMT (Confédération mondiale du travail).

En France, il faut mentionner 5 grandes centrales syndicales :
– la *CGT* (Confédération générale du travail), créée en 1895 ;
– *FO* (Force ouvrière), créée en 1948 ;
– la *CFDT* (Confédération française démocratique du travail), créée en 1964, issue de la CFTC créée en 1919 ;
– la *CFTC* (Confédération française des travailleurs chrétiens), créée en 1964 ;
– la *CGC-CFE* (Confédération générale des cadres), créée en 1944.

Des syndicats et organisations patronales, tels que, par exemple, le MEDEF, la CGPME.
Les syndicats patronaux poursuivant des objectifs très différents de ceux recherchés par les syndicats de salariés, leurs moyens d'action sont évidemment très différents.

Principe de la liberté syndicale

Ce principe, énoncé et réaffirmé à diverses reprises tant en France que sur le plan international, se traduit d'après plusieurs points de vue.

Du point de vue de la création de l'organisation du syndicat lui-même. La création d'un syndicat est libre : aucune autorisation n'est nécessaire pour sa constitution. La seule formalité exigée est le dépôt des statuts à la mairie de la localité (pour Paris, à la préfecture de Paris). Ces statuts doivent indiquer notamment : l'objet du syndicat (strictement professionnel, et non lucratif ou politique), son siège, le chiffre des cotisations, les conditions d'adhésion, le nom de ses premiers administrateurs. Le reste de leur contenu (les règles intérieures au groupement) est libre.
Le nombre des syndicats n'est pas limité : il peut exister plusieurs syndicats pour une même profession, se proposant de défendre les mêmes intérêts.
Le nombre des adhérents n'est pas limité : il faut toutefois au moins 2 personnes exerçant une même activité professionnelle (il est évident par ailleurs que plus le syndicat groupera d'adhérents, plus il aura d'influence).

Du point de vue des adhérents. Peut librement adhérer ou non au syndicat de son choix (dans sa catégorie professionnelle), et s'en retirer quand il le désire, sans distinction de sexe quiconque exerce une activité professionnelle (qu'elle soit industrielle, commerciale, agricole, libérale...).

Nul employeur ne peut subordonner l'embauchage ou le licenciement d'un travailleur à l'appartenance ou à la non-appartenance à un syndicat (*cf.* « Cas de licenciement abusif », page 205).

Nota. L'admission à un syndicat donne droit à la délivrance d'une carte syndicale ; l'adhérent doit payer régulièrement les cotisations (le non-paiement prolongé des cotisations signifie la démission).

Élection des dirigeants

Elle est faite, à la majorité, par l'assemblée générale des syndiqués. Pour être éligible, il faut :
– être membre du syndicat ;
– jouir de ses droits civils et politiques (c'est-à-dire ne pas être privé de ses droits de citoyen, notamment des droits électoraux).

Capacité des syndicats

À condition de procéder régulièrement au dépôt de ses statuts (voir ci-dessus), le syndicat, comme la fédération ou l'union, jouit de la « personnalité morale », c'est-à-dire, comme toute personne physique :
– il peut posséder des biens propres (distincts toutefois des biens de chacun de ses membres, auxquels il ne peut les distribuer en cas de dissolution), et les gérer comme il l'entend. Il peut conclure des contrats, acheter, vendre ou louer terrains et immeubles nécessaires à ses activités ; engager du personnel... ;
– il peut recevoir des dons ;
– il peut agir en justice pour défendre et représenter l'intérêt collectif de la profession, mais non se substituer à l'un de ses membres pour agir à sa place à titre individuel ;
– il peut également, pour améliorer les conditions de vie de ses adhérents, créer un certain nombre d'œuvres sociales ou éducatives...

La loi lui reconnaît le droit d'organiser la formation de ses membres : l'employeur doit accorder au travailleur qui le demande un congé annuel de 12 jours ouvrables, payés – dit « congé de formation syndicale » – pour lui permettre de suivre des cours de formation syndicale organisés par les grandes confédérations.

Organisations représentatives

Si les travailleurs se sont unis en syndicats, ces derniers en unions et fédérations, puis en confédérations, c'est en particulier pour donner plus de poids à leurs

revendications d'ordre professionnel et social : le groupe a plus de force que l'individu isolé, car il est plus représentatif.
Corrélativement, est née l'idée de « représentativité » des syndicats : que ce soit à l'échelon de l'entreprise, ou à l'échelon local, régional ou national, plus il est représentatif plus le syndicat aura d'influence dans les domaines où il peut faire pression, sur les décisions à prendre.
Généralement et logiquement, la représentativité d'une organisation est appréciée en fonction du nombre de ses adhérents. C'est pourquoi, à l'échelon national, sont considérées comme les plus représentatives les grandes confédérations ouvrières (CGT, FO, CFDT, CFTC), la CGC (cadres), le MEDEF et la CGPME (patronat).
À cette notion de représentativité sont attachées de nombreuses prérogatives qui vont, selon les cas, de la seule voix consultative au véritable pouvoir de décision.
C'est ainsi que :
– *sur le plan national :* lors des grandes négociations, les organisations les plus représentatives sont l'interlocuteur des pouvoirs publics ; elles participent également de droit à certains grands organismes : aux assemblées du Conseil économique et social, de la commission supérieure des conventions collectives ; elles présentent des listes aux élections des administrateurs des caisses de Sécurité sociale ; elles désignent des membres aux conseils d'administration des grandes entreprises nationalisées (EDF, GDF ...) ;
– *sur le plan local :* les syndicats représentatifs siègent également aux diverses assemblées et commissions donnant leur avis aux pouvoirs publics sur des questions d'ordre professionnel et social (conseils d'administration des collèges d'enseignement technique...) ;
– *sur le plan local de l'entreprise :* ces organisations sont seules à pouvoir présenter des listes de candidats au 1er tour des élections des représentants et délégués du personnel (*cf.* « Les comités d'entreprise », page 230) et à négocier les accords sur la réduction du temps de travail. Sur l'exercice du droit syndical dans l'entreprise, voir ci-dessous.

D'une manière générale, les organisations les plus représentatives ont le pouvoir de participer – aux différents échelons national, local ou de l'entreprise – à la réglementation des professions : élaboration des conventions collectives, des accords collectifs d'établissement, etc.

ACTIONS REVENDICATIVES ET DROITS SYNDICAUX

L'essentiel des programmes syndicaux est constitué par des revendications, appuyées sur quatre thèmes principaux :
– l'augmentation du pouvoir d'achat des salariés ;
– la réduction du temps de travail ;
– l'amélioration qualitative du travail ;
– l'abaissement de l'âge de la retraite.

Cette poursuite de l'amélioration des conditions de vie et de travail des salariés conduit les organisations syndicales à négocier avec les employeurs des accords et conventions.

Le syndicat dans l'entreprise – Sections syndicales

L'exercice du droit syndical dans l'entreprise a été reconnu et réglementé, à la suite des accords de Grenelle, par une loi du 27 décembre 1968, réformée ou plus exactement confortée par la loi du 28 octobre 1982 (dite loi Auroux).
En réalité, cette dernière loi accentue la liberté syndicale sans modifier sensiblement les structures de la représentation syndicale dans l'entreprise.
Aujourd'hui, dans toute entreprise, quelles que soient sa nature et son activité, il n'existe pas de quorum minimal pour la création de sections syndicales.
Les syndicats peuvent désigner un délégué du personnel comme délégué syndical (secteur privé uniquement). Ce droit est cependant accordé non seulement aux syndicats reconnus comme représentatifs dans l'entreprise, mais aussi aux syndicats affiliés à une organisation représentative à l'échelon national quelle que soit leur importance, fût-elle minime, dans l'entreprise.

Les délégués syndicaux. Chaque syndicat ayant constitué une section syndicale doit obligatoirement désigner des délégués pour le représenter auprès du chef d'entreprise.
Le nombre de délégués dont dispose chaque section syndicale est fixé comme suit :
- 50 à 1 000 salariés, 1 délégué ;
- 1 001 à 2 000 salariés, 2 délégués ;
- 2 001 à 4 000 salariés, 3 délégués ;
- 4 001 à 10 000 salariés, 4 délégués et 5 au-delà.

Si l'entreprise comporte plusieurs établissements, le nombre des délégués est fixé, pour chacun d'eux, suivant les mêmes critères.
Les délégués syndicaux doivent :
- être âgés de 18 ans au moins ;
- n'avoir encouru aucune condamnation infamante et jouir de leurs droits civils et politiques ;
- travailler dans l'entreprise depuis 1 an au moins.

Leurs nom et prénoms doivent être portés à la connaissance du chef d'entreprise soit par lettre recommandée avec avis de réception, soit par lettre remise directement entre ses mains contre récépissé[1], ainsi qu'à l'inspecteur du travail.

1. Les contestations relatives à la désignation d'un délégué syndical relèvent de la compétence du tribunal d'instance.

Ils doivent être affichés sur les panneaux réservés aux communications syndicales et transmis simultanément à l'inspecteur du travail.
Les mêmes règles sont applicables en cas de remplacement ou de cessation des fonctions de délégué.
Leurs fonctions sont compatibles avec celles de délégué du personnel, de membre du comité d'entreprise ou de représentant syndical au comité d'entreprise.
Leur licenciement ne peut intervenir qu'après avis conforme de l'inspecteur du travail. Si le délégué a commis une faute grave, le chef d'entreprise a toujours la possibilité de prononcer provisoirement sa mise à pied immédiate : il doit la notifier dans les 48 heures à l'inspecteur du travail, en lui indiquant les motifs de sa décision. Si ce dernier refuse le licenciement, la mise à pied et ses effets sont annulés.
Cette protection couvre également les anciens délégués pendant 12 mois à compter de la cessation de leurs fonctions.
Dans les entreprises occupant habituellement moins de 150 salariés, les délégués doivent disposer d'un *temps libre* de 10 heures par mois pour accomplir leur mission ; ces heures ne comprennent pas celles passées en réunions organisées par le chef d'entreprise ; elles sont rémunérées en temps de travail.
Dans les entreprises de plus de 150 salariés, et de moins de 500, ce nombre est porté à 15 heures par mois. Pour les entreprises de plus de 500 salariés, le crédit d'heures est de 20. Un accord avec le chef d'entreprise peut prévoir un temps libre plus important ; si les délégués d'un même établissement décident de répartir ces heures entre eux, ils doivent en informer le chef d'entreprise.
L'employeur ne peut entraver, sous peine de condamnations pénales (amende ou emprisonnement), l'exercice normal de leurs fonctions par les délégués syndicaux.

Activités de la section syndicale. La collecte des cotisations peut être effectuée à l'intérieur de l'entreprise, en dehors des temps et locaux de travail.
L'affichage des communications s'effectue librement sur des panneaux propres à chaque section (selon des modalités fixées en accord avec le chef d'entreprise), et distincts de ceux affectés aux communications des représentants élus du personnel.
Un exemplaire des communications doit être transmis à l'employeur simultanément à l'affichage.
Les publications et tracts syndicaux peuvent être librement distribués dans l'entreprise aux heures d'entrée et de sortie du travail.
Dans les établissements occupant plus de 200 salariés, l'employeur doit mettre à la disposition des sections syndicales un local commun, où les délégués peuvent exercer leurs fonctions ; les modalités d'aménagement et d'utilisation du local sont fixées par accord avec le chef d'entreprise.
Dans les entreprises de plus de 1 000 salariés, l'employeur doit mettre un local à la disposition de chaque section syndicale.
Les adhérents peuvent se réunir une fois par mois dans l'entreprise, en dehors des heures et locaux de travail, selon des modalités fixées en accord avec le chef d'entreprise.

II – Les accords collectifs : conventions collectives et accords d'entreprise

De plus en plus, à l'heure actuelle, les conditions de travail sont réglées non seulement par la loi ou les règlements, mais par des accords conclus collectivement entre employeurs et syndicats de travailleurs, dont le but est de fixer à l'avance, en commun et dans des secteurs déterminés, les conditions de travail et les rapports devant exister entre employeur et salariés dans le cadre de l'entreprise (*cf.* « Le contrat de travail », page 196). Ces accords peuvent être conclus dans presque toutes les professions : industrielles, commerciales, agricoles, libérales, sociétés civiles, syndicats et associations, gens de maison et concierges, travailleurs à domicile, etc. Seuls se voient refuser cette possibilité les établissements et entreprises publics dont le personnel est soumis à un statut législatif ou réglementaire particulier : SNCF, RATP, EDF-GDF, Air France, Charbonnages de France, etc. Mais, dans ces entreprises les organisations syndicales ont signé, avec les pouvoirs publics, des accords touchant notamment les problèmes de rémunération.

III – Les conventions collectives ordinaires

Conditions générales. Peuvent négocier et signer une convention collective :
– du côté patronal, un ou plusieurs employeurs pris individuellement, ou un ou plusieurs groupements ou syndicats d'employeurs ;
– du côté des salariés, une ou plusieurs organisations syndicales représentatives, la représentation fixée par la loi du 13 juillet 1971 étant une condition nécessaire.

L'accord doit être *écrit* et signé par ceux qui l'ont conclu. Par la suite, tout autre syndicat non signataire peut adhérer à la convention collective, à condition de notifier son adhésion.

Dépôt. Le texte de la convention doit être déposé au conseil de prud'hommes ainsi qu'à la direction départementale du travail. La loi de juillet 1971 décide que le chef d'entreprise doit procurer au comité d'entreprise ainsi qu'aux délégués syndicaux et aux délégués du personnel, le texte des conventions collectives et accords applicables dans cette entreprise. Le comité d'entreprise doit tenir ces textes à la disposition des salariés.

Contenu. Chaque convention *doit déterminer son champ d'application,* c'est-à-dire :
– la profession ou la catégorie de professions qu'elle régit ;
– le cadre géographique dans lequel elle s'applique : il peut être local, régional ou national ;

– la durée pour laquelle elle est conclue. Cette durée peut être déterminée : le maximum est alors fixé à 5 ans ; ou indéterminée : dans ce cas, la convention cesse de s'appliquer lorsqu'elle est « dénoncée » par l'une des parties qui doit, toutefois, respecter un délai de préavis (chaque convention prévoit également ce délai).

Les clauses contenues dans une convention (conclue, par exemple, à l'échelon local) *ne peuvent aller à l'encontre de celles prévues par une convention de rang supérieur* (conclue à l'échelon régional) : la première peut seulement adapter la seconde dans un sens plus favorable aux salariés. Les conventions *ne peuvent prévoir des clauses contraires* aux lois et règlements qui touchent l'*ordre public* : elles ne peuvent prévoir, par exemple, la compétence d'un autre tribunal que le conseil de prud'hommes pour régler un conflit individuel de travail entre un salarié et son employeur.
Elles ne peuvent non plus fixer des conditions moins avantageuses pour les travailleurs que celles contenues dans la loi et les règlements : salaire inférieur au SMIC, congés payés inférieurs à 2 jours et demi ouvrables par mois de travail, etc. Dans la limite de ces exigences, le contenu lui-même est libre. Les conventions peuvent contenir toutes dispositions tendant à une amélioration des conditions de travail : allongement des congés payés, du délai de préavis en cas de licenciement, coefficients de salaire par catégorie professionnelle, compléments d'indemmités en matière de Sécurité sociale, etc.

Effets et sanctions. Les clauses contenues dans les conventions collectives ont un effet obligatoire pour ceux qui les ont conclues ; les employeurs doivent notamment les respecter dans les contrats individuels de travail, qui ne peuvent en aucun cas contenir des dispositions moins avantageuses que celles prévues par la convention.

En cas de conflit né entre un salarié et son employeur pour inobservation par ce dernier des clauses de la convention dans le contrat de travail par exemple, deux actions sont possibles.
Le salarié peut agir seul et intenter une action afin d'obtenir l'application des dispositions de la convention collective, ainsi que, le cas échéant, des dommages et intérêts. Les syndicats peuvent exercer l'action à la place du salarié, dès l'instant où ce dernier ne s'y oppose pas.
L'employeur à la suite de cette action peut se voir contraint d'exécuter la convention ou de verser des dommages-intérêts.

IV – Les conventions collectives étendues

Certaines conventions peuvent être, après leur conclusion, « étendues » à un cadre plus large (géographique ou professionnel), par arrêté du ministre du Travail.

Pour être susceptibles d'extension, ces conventions doivent répondre à des impératifs plus sévères que les conventions ordinaires.

Conditions. Ces conventions doivent être conclues par des « commissions mixtes », composées de représentants de toutes les organisations syndicales les plus représentatives d'employeurs et de salariés (et non plus d'employeurs pris individuellement). À la différence des conventions ordinaires, ces conventions ne doivent plus concerner une profession ou une catégorie de professions, mais obligatoirement une branche d'activité, et donc toutes les catégories professionnelles qu'elle englobe (la métallurgie ou le bâtiment, par exemple).

Contenu. Outre les dispositions facultatives prévues par les conventions ordinaires, ces conventions doivent contenir une série de clauses obligatoires concernant notamment : le libre exercice du droit syndical et la libre opinion, les conditions d'embauchage et de licenciement, la fixation du délai-congé, les éléments de salaire applicables par catégorie professionnelle, l'indemnité de licenciement, etc.

Effets. Si elles sont étendues par arrêté ministériel (après avis de la commission nationale de la négociation collective), les effets de ces conventions deviennent obligatoires sur tout le nouveau champ professionnel et territorial prévu par l'arrêté. Les clauses prévues par la convention s'appliqueront obligatoirement non plus seulement aux membres signataires dans la branche d'activité concernée, dans le cadre géographique d'origine, mais également à tous les employeurs et salariés de cette branche d'activité même s'ils ne sont pas affiliés aux syndicats signataires, et sur tout le territoire prévu par l'arrêté ministériel. Ainsi une convention collective nationale s'applique à toutes les entreprises travaillant dans cette branche sur le territoire français. L'employeur doit en tenir un exemplaire à la disposition des salariés et en remettre un au comité d'entreprise. Les conventions collectives nationales sont disponibles sur demande aux services des journaux officiels où chacun peut se les procurer.
L'arrêté d'extension doit être affiché dans les locaux de travail et dans ceux où se fait l'embauchage.
L'arrêté cesse de produire ses effets lorsque la convention elle-même vient à expiration. Il peut être également « retiré » (supprimé) par le ministre du Travail.

Sanctions. Du fait de leur caractère obligatoire généralisé, les conventions collectives étendues donnent lieu à des contrôles de la part de l'inspecteur du travail. Si celui-ci constate des infractions de la part de l'employeur, il dresse procès-verbal. Outre les sanctions prévues en matière de convention ordinaire, l'employeur peut être condamné à payer des amendes.
En effet, des sanctions pénales (tribunal de police) peuvent également être prononcées à l'encontre d'un employeur qui ne respecte pas les conventions collectives, en particulier les salaires minimaux.

V – Accords collectifs spéciaux

Accords d'entreprise ou d'établissement

Ils sont conclus soit dans le cadre d'une entreprise (accord d'entreprise), soit dans le cadre d'un ou plusieurs établissements d'une même entreprise (accord d'établissement), entre l'employeur et les syndicats reconnus comme représentatifs, dans les mêmes conditions que les conventions collectives.
Leur application est donc limitée au cadre de l'entreprise ou de l'établissement, mais elle concerne l'ensemble du personnel syndiqué ou non.
Comme les conventions collectives, ces accords doivent :
– ne pas être en contradiction avec ceux d'un rang supérieur s'il en existe : les accords d'établissement doivent respecter ceux conclus dans le cadre de l'entreprise dont l'établissement fait partie ; les accords d'entreprise doivent respecter les conventions collectives locales (ou régionales, ou nationales) ;
– être rédigés par écrit et prévoir la durée de leur application (limitée ou illimitée) ;
– être déposés au secrétariat du conseil de prud'hommes et affichés dans les lieux de travail et d'embauchage.

Les accords d'établissement et d'entreprise peuvent porter, dans ces conditions, sur de nombreux aspects des conditions de travail : horaires, salaires et accessoires (primes, indemnités…), congés, réduction du temps de travail, etc.

6

LES CONFLITS DU TRAVAIL

I – Conflits individuels et conflits collectifs

Parmi les difficultés nées des rapports du travail entre employeurs et salariés, il est indispensable de distinguer les conflits individuels et les conflits collectifs. Les uns et les autres sont, en effet, soumis à des modes de règlement fondamentalement différents.
Est *individuel* le conflit qui oppose personnellement un salarié à son employeur sur un point de la législation du travail, et plus particulièrement sur l'application des conditions prévues au contrat de travail (qui, on l'a vu plus haut, doivent respecter celles prévues par la loi et les conventions collectives). Le conflit peut avoir pour objet, par exemple, le paiement ou un rappel de salaires, de primes, d'indemnités, ou un licenciement abusif, etc.
Sont également considérés comme individuels les litiges qui opposent, chacun pour sa part, plusieurs salariés d'une entreprise à leur employeur à propos du non-respect de clauses du contrat. Même si tous ces salariés réclament un paiement de salaire, chacun le fera pour son propre compte : chacun aura individuellement un intérêt personnel et un motif de s'élever contre l'employeur.

LES CONFLITS INDIVIDUELS DE TRAVAIL RELÈVENT DE LA JURIDICTION DES CONSEILS DE PRUD'HOMMES

Par contre, est considéré comme *collectif* le conflit qui oppose les salariés eux-mêmes, agissant globalement ou représentés par leurs syndicats, à l'employeur, sur une question d'intérêt collectif. La plupart de ces conflits trouvent leur origine dans la réclamation par les travailleurs, soit de l'application d'une convention collective non respectée par l'employeur, soit d'une révision de réglementations particulières... en vue d'obtenir une amélioration des conditions de travail.
Il en est ainsi des conflits nés, par exemple, du désir insatisfait des salariés de voir augmenter les salaires, réduire l'horaire du travail, supprimer des heures supplé-

mentaires, allonger la durée des congés payés, maintenir le régime des retraites, etc. (ou de voir modifier les accords et conventions collectives sur ces mêmes points).

Ces conflits sont réglés par des procédures particulières et non juridictionnelles ; ce sont la conciliation, la médiation et l'arbitrage.

II – Le règlement de conflits individuels – Le conseil de prud'hommes

Dans tous les cas où un conflit individuel naît à l'occasion du contrat de travail entre un salarié et son employeur, la juridiction compétente est, en dépit de toute convention contraire, le conseil de prud'hommes.

Nota. Pour éclairer les développements ultérieurs, il convient d'indiquer que celui qui intente l'action (le salarié le plus souvent) est appelé « demandeur » ; celui contre qui est dirigée cette action est le « défendeur ». Chacun d'eux est une « partie » au procès.

Notions générales

Les conseils de prud'hommes sont des tribunaux spécialisés dans le règlement des conflits individuels de travail, et composés non de magistrats professionnels mais, en nombre égal, de membres salariés et employeurs élus par leurs pairs.
L'institution des conseils de prud'hommes est étendue à l'ensemble du territoire. Ces tribunaux sont compétents pour tous les différends nés du contrat de travail opposant un employeur à un salarié, cadres compris, dans toutes les professions.

Organisation des conseils de prud'hommes

Chaque conseil est divisé en cinq sections dont quatre correspondent à un groupe de professions (industrie, commerce, agriculture, activités diverses) et une au personnel d'encadrement.
À la tête de chaque section, un *président* et un *vice-président*, élus par les conseillers de leur catégorie, sont alternativement un salarié et un employeur.
Chaque conseil ou chaque section du conseil comprend :
– un bureau de conciliation composé de 2 conseillers : salarié et employeur, présidant alternativement le bureau ;

– un bureau de jugement composé d'un nombre égal de prud'hommes employeurs et de prud'hommes salariés, dont le nombre est fixé par le décret d'institution (au moins deux de chaque catégorie) ; la présidence est également assurée alternativement par un membre de l'une ou l'autre catégorie.

Chaque conseil comprend en outre une formation de référé (pour les cas d'urgence), composée d'un employeur et d'un salarié.

Élection des conseillers prud'homaux

Le conseil de prud'hommes est donc composé d'un nombre égal de salariés (ouvriers ou employés) et d'employeurs ; ces « juges » ou conseillers sont choisis par des électeurs de leur catégorie et de leur qualité.

Pour être électeur. Il faut avoir au moins 16 ans, exercer une activité professionnelle, être sous contrat d'apprentissage ou être involontairement privé d'emploi.
À cette condition, peuvent être électeurs : les ouvriers, chefs d'équipes et contre-maîtres exécutant ou participant personnellement à l'exécution du travail concerné ; les employés du commerce et de l'industrie ayant des fonctions de surveillance et de direction, ainsi que les concierges et gens de maison ; les patrons employant pour leur propre compte un ou plusieurs salariés (ouvriers ou employés), les directeurs et gérants d'entreprises industrielles, les employeurs qui emploient du personnel de maison, etc.
Il faut aussi être inscrit sur les listes électorales prud'homales. Ces listes sont établies par le maire de chaque commune du territoire soumis à la juridiction du conseil : il suffit de se faire inscrire à la mairie du lieu de travail (en général du siège de l'entreprise). Enfin, il faut jouir de ses droits civiques.

Pour être éligible. Il faut répondre aux conditions ci-dessus exigées pour être électeur, avoir plus de 21 ans et être de nationalité française.
Il faut également faire une déclaration de candidature avant le scrutin (cette déclaration se fait à la préfecture ; elle doit être écrite et signée, et indiquer à quelle catégorie – employeur ou salarié – le candidat appartient).

Les élections. Elles ont toujours lieu pendant le temps de travail, à la mairie. Elles se font à la représentation proportionnelle : les électeurs votent exclusivement pour le ou les candidats de leur catégorie.
Les contestations sont portées devant le tribunal d'instance.
Les conseillers sont *élus pour 5 ans*. Le président et le vice-président du conseil ou de chaque section sont élus par les conseillers de leur catégorie à la majorité absolue. Ils doivent prêter serment ; leurs fonctions sont gratuites.

L'employeur doit laisser aux salariés prud'homaux de son établissement le temps nécessaire à l'exercice de leurs fonctions : il ne peut licencier un salarié sous prétexte que celui-ci s'absente pour assister aux séances et réunions du conseil. Les employeurs sont tenus d'accorder aux salariés qui sont conseillers 6 semaines rémunérées durant leur mandat pour suivre la formation organisée par l'État (le salarié doit le demander à son employeur).
Le temps passé à siéger au conseil est rémunéré sous forme de vacations.
Enfin et surtout, le conseiller bénéficie d'une protection très importante, la même que celle des délégués du personnel.

Compétence des conseils de prud'hommes

Elle s'étend à tous les litiges individuels entre employeurs et salariés à l'occasion des contrats de travail ou d'apprentissage, quels que soient la profession, le montant du litige ou le niveau hiérarchique du salarié.
Les conseils de prud'hommes connaissent aussi des différends individuels entre salariés à l'occasion du travail.

La procédure devant le conseil de prud'hommes

Remarques préliminaires. Les parties (salarié et employeur) peuvent se faire assister ou représenter au procès par un avocat ou un délégué syndical (ce dernier doit être muni d'une procuration).

La procédure elle-même. Elle est simple et gratuite. Le demandeur se rend au secrétariat du conseil pour retirer un formulaire. Il doit y indiquer ses nom et prénoms, date et lieu de naissance, profession, domicile. Il doit indiquer certains renseignements concernant son adversaire (nom de l'entreprise, nature de son activité) ainsi que l'objet et le montant de sa demande (salaire, rappel de salaires, certificat de travail, dommages-intérêts). Ce formulaire tient lieu de demande de convocation. Le défendeur est alors convoqué par une lettre du secrétariat du conseil, qui lui indique la demande de son adversaire et le jour et l'heure auxquels il doit comparaître à l'audience de conciliation.
(*Voir, en annexes, le modèle de demande de convocation devant le bureau de conciliation.*)

La tentative de conciliation. Elle est obligatoire et se fait devant le bureau de conciliation. Celui-ci s'efforce d'amener les parties à un accord sanctionné par un procès-verbal de conciliation.
Si le demandeur ne se présente pas, l'affaire est radiée. La demande doit alors être renouvelée.

Si le défendeur ne comparaît pas, l'affaire est renvoyée devant le bureau de jugement.

Le jugement. En cas d'échec de la conciliation, le bureau de jugement est saisi. Les parties sont convoquées à nouveau. Le conseil peut statuer alors soit immédiatement après avoir entendu les parties et (ou) leurs conseils, soit si l'affaire paraît complexe confier le dossier à un conseiller rapporteur. Celui-ci peut procéder à toute mesure susceptible d'éclairer l'affaire (expertise).
L'instruction terminée revient devant le bureau de jugement et la décision est prise à la majorité des conseillers. À l'issue des explications, chaque partie remet au Conseil des prud'hommes un dossier contenant les pièces justificatives sur lesquelles elle s'appuie avec un résumé de ses explications. Ce dossier est ensuite restitué à la partie concernée lorsque la décision est rendue.

Le référé prud'homal. La formation de référé acquiert une place importante. Les parties peuvent en effet toujours saisir la formation de référé toutes les fois qu'il y a urgence, ou en l'absence de contestation sérieuse.

Voies de recours

Le jugement rendu par le conseil de prud'hommes est définitif si la somme en jeu est inférieure à 3 980 €. Sinon, si l'une des parties n'est pas satisfaite du résultat obtenu, elle dispose de possibilités de recours.
Elle peut faire appel devant la cour d'appel si la demande porte sur une somme supérieure à 3 980 € ou si elle n'est pas chiffrée (s'il s'agit, par exemple, de faire annuler un licenciement).
Dans ce cas, le plaideur insatisfait doit, dans un délai maximum de 30 jours après la notification du jugement (15 jours en cas d'ordonnance de référé), faire une déclaration d'appel au greffe de la cour d'appel.
Les plaideurs ont également la possibilité de faire *opposition*, c'est-à-dire de s'opposer au jugement rendu, si :
- le jugement n'est pas susceptible d'appel ;
- la convocation, ou citation à comparaître, n'a pas été délivrée à la personne du défendeur (ou à la personne habilitée s'il s'agit d'une société).

Dans ce cas, il faut faire comparaître l'adversaire à une nouvelle audience, devant le même bureau.
Le plaideur peut enfin s'adresser à la Cour de cassation pour lui demander de « casser » le jugement ou l'arrêt de la cour d'appel.

Dans ce cas, il doit s'adresser à un avocat à la Cour de cassation qui doit introduire le pourvoi devant la Cour de cassation, dans un délai de 2 mois à compter de la signification du jugement, ou de l'arrêt de la cour d'appel.

Si la décision est « cassée » par cette cour, l'affaire est renvoyée pour être à nouveau jugée, devant une juridiction de même degré que celle ayant rendu la décision attaquée (soit un conseil de prud'hommes, soit une cour d'appel).

III – Le règlement des conflits collectifs

Le conflit collectif peut recevoir une solution de deux façons différentes : par l'épreuve de force (la grève) ou par une solution pacifique (conciliation, médiation, arbitrage). Dans la pratique, le passage de l'une de ces deux formes à l'autre est toujours possible.

L'ÉPREUVE DE FORCE : LA GRÈVE

La grève est la cessation concertée du travail par les salariés, en vue de contraindre l'employeur, par ce moyen de pression, à céder aux revendications collectives relatives aux conditions du travail.

Le principe. Le « droit de grève » est reconnu par le préambule de la Constitution du 27 octobre 1946 : « Le droit de grève s'exerce dans le cadre des lois qui le réglementent ». Il a été repris par la Constitution de 1958 et par la Charte sociale européenne.

1. La grève ne constitue pas en soi un délit, ni une faute professionnelle pour le salarié gréviste, même si, du fait même de son objectif qui est d'exercer une pression sur l'employeur, elle a des conséquences néfastes sur la marche de l'entreprise.

2. La grève ne rompt pas le contrat de travail ; ce dernier est seulement suspendu pendant le temps de l'interruption collective, et reprend automatiquement dès le retour au travail.

3. L'employeur qui désirerait licencier un salarié du seul fait qu'il a participé à la grève, prendrait l'initiative d'un licenciement nul. Le salarié ainsi licencié peut donc demander sa réintégration.

4. Par contre, si la grève elle-même est un droit, elle ne rompt pas le contrat de travail et ne justifie pas le licenciement, le salarié lui-même peut commettre, dans l'exercice de son droit, une faute susceptible de motiver son congédiement par l'employeur. C'est le cas, notamment, lorsqu'il commet une *faute lourde*, c'est-à-dire par exemple :

– lorsqu'il porte atteinte à la liberté du travail en faisant usage de la violence, de menaces..., pour contraindre d'autres travailleurs à suivre le mouvement de grève ;
– lorsqu'il commet des actes de sabotage sur le matériel de l'entreprise ;
– lorsqu'il refuse délibérément de répondre à un « ordre de réquisition » (par lequel le gouvernement peut obliger les grévistes à reprendre le travail) ;
– lorsqu'il participe consciemment à une grève illicite.
Dans tous ces cas, c'est à l'employeur de prouver que le salarié a commis une faute lourde, justifiant le licenciement.
Les tribunaux considèrent qu'il y a *grève illicite*, lorsque, par exemple :
– elle émane d'une infime minorité de travailleurs, insuffisamment représentatifs de l'opinion des salariés ; c'est le cas de certaines grèves sauvages ;
– elle poursuit des buts politiques et non professionnels. La grève de solidarité est légitime lorsqu'elle tend à obtenir, par un vaste mouvement collectif, une amélioration des conditions de travail pour les salariés d'une même branche professionnelle. En outre, des salariés n'appartenant pas à une même branche peuvent faire grève pour défendre un droit qui est commun à tous les salariés, comme par exemple, la liberté syndicale. La grève « politique » est déclarée illicite, par opposition à la grève « revendicative » dont le but et le caractère sont prévus par la loi, à savoir la défense des intérêts des salariés.

Dans ce cas, les tribunaux condamnent non pas la grève elle-même, mais son caractère et, par conséquent, les organisateurs qui en ont prévu la forme et le but. Les salariés qui ont participé délibérément à ces grèves illicites peuvent être également considérés comme ayant commis une faute lourde, justifiant leur congédiement.

Le salaire. Correspondant à la durée de la grève, il n'est pas dû en principe, puisqu'il constitue la contrepartie du travail. Cependant, les conventions collectives ou les accords qui mettent fin à la grève peuvent prévoir, soit que le salarié sera payé en totalité ou en partie malgré l'absence de travail, soit que les journées de travail perdues seront « récupérées ».
Par ailleurs, il est admis que la grève, même brève et licite, peut faire perdre le droit aux primes d'assiduité, à condition que toutes les autres absences (maladie, événements familiaux, etc.) aient le même effet.

Le droit de grève dans les services publics. Une réglementation particulière du droit de grève est prévue en ce qui concerne le personnel de l'État, des départements et des communes, aussi bien que celui des organismes, entreprises et établissements publics et privés chargés de la gestion d'un service public.
Sont donc visés non seulement tous les fonctionnaires de l'administration proprement dite, mais également tous les agents et salariés des hôpitaux, des caisses de Sécurité sociale, de la SNCF, de la RATP, de l'EDF-GDF, etc. Dans certains secteurs (radiodiffusion et télévision, certaines catégories de personnels du transport aérien), le droit de grève est limité par l'obligation d'assurer un service minimum.

Dans tous les secteurs concernés, la grève, pour être licite, doit être précédée d'un préavis de 5 jours émanant des syndicats les plus représentatifs et indiquant les motifs, le lieu, la date et l'heure prévus pour le déclenchement de la grève.
La loi interdit donc, sous peine de sanctions pénales, les grèves émanant de la « base », c'est-à-dire des salariés n'ayant reçu aucun mot d'ordre syndical, les grèves tournantes, ainsi que les grèves surprises.

Les sanctions applicables. En cas d'inobservation de ces règles, elles sont pour les fonctionnaires celles prévues par leur statut, c'est-à-dire pouvant aller de l'avertissement à la rétrogradation ou à la révocation.

Les solutions pacifiques

Le conflit collectif peut recevoir une solution avant d'aboutir à une grève. Par ailleurs, la grève elle-même ne résout pas toujours la difficulté qui en est la cause. C'est pourquoi, dans l'un et l'autre cas, la loi a prévu divers modes de règlement ; ces procédures sont applicables dans tous les cas de conflits collectifs survenant dans toutes les professions industrielles, commerciales, agricoles, etc., à l'exception des conflits dans les entreprises publiques dotées d'un statut. En pratique, ces procédures se révèlent souvent peu efficaces, surtout lorsque le conflit revêt une très grande ampleur. Il convient cependant d'en donner un aperçu.

La conciliation. Une tentative de conciliation est facultative dans tous les conflits collectifs de travail, mais elle ne se situe pas forcément avant la grève. De plus la procédure de conciliation ne peut interdire la grève, le droit de grève ayant, depuis la Constitution de 1946, valeur constitutionnelle.
Elle peut être prévue par une convention collective ou par un accord ; elle est alors réalisée dans les formes et conditions prévues, par une commission paritaire – composée en nombre égal de représentants des employeurs et des travailleurs.
À défaut, on applique la procédure réglementaire : la tentative est effectuée par une commission de conciliation (nationale ou régionale) ou par sa section départementale, convoquée par le préfet et comprenant un nombre égal de représentants des employeurs et des salariés, ainsi que des représentants des pouvoirs publics. La commission nationale est convoquée et présidée par le ministre du Travail.
Les parties sont tenues de comparaître devant la commission, sous peine de sanctions pénales.
Si la tentative aboutit à un accord, un procès-verbal de conciliation est dressé, dont le contenu devient obligatoire pour les parties (au même titre qu'une convention collective).
Si, au contraire, elle se solde par un échec, un procès-verbal de non-conciliation constate les points sur lesquels les parties restent en désaccord et la persistance du

conflit, qui peut éventuellement être porté devant un arbitre, ou faire l'objet d'une médiation.
Les procès-verbaux sont déposés dans les 24 heures au secrétariat du conseil de prud'hommes et à la direction départementale du travail.

La médiation. Facultative, en principe, elle devient obligatoire si le président de la commission ou le ministre du Travail décide d'y recourir en cas de non-conciliation.
Le « médiateur » est librement choisi par les parties ou, à défaut, par le ministre lui-même. Il est chargé de réunir tous les éléments économiques et sociaux, qui entrent en jeu dans le conflit (mais il n'est pas compétent sur le plan du droit).
Il propose aux parties une solution au conflit, sous forme de « recommandation », motivée mais non obligatoire. Si les parties l'acceptent, un procès-verbal constate la fin du conflit. Sinon, la recommandation du médiateur et les rejets des parties sont transmis au ministre qui peut les publier au *Journal officiel*.

L'arbitrage. Cette procédure, qui a pour but de faire trancher le litige par un tiers arbitre, est facultative, mais elle a plus de portée car elle règle obligatoirement le conflit. Elle peut être prévue par une convention collective, ou décidée par les parties en cas d'échec de la tentative de conciliation. La « sentence arbitrale » doit être motivée, notifiée aux parties par lettre recommandée, et déposée au secrétariat du conseil de prud'hommes et à la direction départementale du travail. Elle a les mêmes effets obligatoires qu'une convention collective.
Une Cour supérieure d'arbitrage reçoit les recours portés contre les sentences arbitrales et peut les annuler ; dans ce cas, les parties doivent choisir un nouvel arbitre.

Nouvelles tendances. Les conflits sociaux trouvent parfois des solutions pacifiques en dehors des procédés énumérés.
Ainsi, l'inspecteur du travail joue souvent le rôle de conciliateur. De même une autre tendance cherche à prévenir les conflits par la *négociation* (un dialogue s'instaure ainsi entre les partenaires sociaux).

CINQUIÈME PARTIE
LA PROTECTION SOCIALE

1

GÉNÉRALITÉS

I – La protection sociale

Chacun peut connaître le chômage, la maladie, l'infirmité. Partout, il y a des laissés pour compte et des exclus qui ne peuvent subvenir à leurs besoins. Trouver les moyens de limiter ces misères a été un problème social de tous les temps.
La protection contre les malheurs de l'existence a été assurée au cours des âges, avec plus ou moins d'efficacité, par :
– la charité ou bienfaisance ;
– la prévoyance privée, individuelle ou collective, par constitution de réserves ;
– l'assistance, aujourd'hui appelée en France « aide sociale » (depuis 1953), organisée par les collectivités publiques ;
– la prévoyance sociale ou l'intervention de l'État pour inciter ses citoyens à la prévoyance (contrôle, soutien, création d'organismes d'épargne par exemple) ;
– la Sécurité sociale, que l'on peut considérer comme une branche de la prévoyance sociale puisque c'est une assurance organisée par l'État.

Les quatre premiers modes de protection ont souvent coexisté au cours de l'histoire. Le dernier est un fait juridique et social du xxe siècle. Tous les cinq coexistent aujourd'hui en France.

II – Sécurité sociale et aide sociale

Il faut bien distinguer Sécurité sociale et aide sociale, qui constituent deux domaines différents du droit.
Dans le principe, la Sécurité sociale apporte une indemnisation en argent et des prestations en nature aux personnes atteintes par la maladie, la vieillesse, l'accident..., lorsqu'elles versent régulièrement au cours de leur vie de travail des cotisations aux caisses de Sécurité sociale.

Elle est donc un régime de prévoyance, d'assurance et d'assistance auquel les intéressés participent. Au contraire l'aide sociale apporte l'aide de la société à des personnes dans le besoin, qui n'ont pas fait de versements au cours de leur vie ; c'est une aide bénévole de la société.
Mais si la différence de principe est fort nette entre ces deux branches du droit social, elle l'est moins dans la pratique. À titre d'exemples :
– les allocations familiales sont accordées sans cotisations préalables des intéressés ; ce sont les employeurs qui les paient ;
– l'aide sociale peut venir en complément de la Sécurité sociale (donc en faveur de quelqu'un qui a fait des versements à ce dernier titre), etc.

Le développement de la Sécurité sociale eût dû réduire peu à peu le champ d'application de l'aide sociale. C'est le contraire qui s'est produit. En effet si le nombre des bénéficiaires de la Sécurité sociale s'accroît, les prestations sont souvent insuffisantes, et cela malgré le poids très lourd des « charges sociales » supportées par la population active (celle qui travaille contre rémunération, du fait d'une profession salariée ou indépendante). Et les allocations d'aide sociale sont octroyées de plus en plus largement, non plus seulement pour « indigence notoire » comme autrefois, mais aussi pour « privation de ressources suffisantes ».
Le revenu minimum d'insertion (RMI) a été instauré depuis quelques années. Il est destiné à toutes les personnes de plus de 25 ans résidant en France et dont les revenus mensuels sont inférieurs à 411,70 €. Le bénéficiaire doit s'engager, lors du dépôt de sa demande, à participer aux actions d'insertion sociale ou professionnelle, qui sont déterminées dans un contrat d'insertion.

III – La notion de Sécurité sociale

L'expression « sécurité sociale » a été employée pour la première fois aux États-Unis, en 1935, par l'administration Roosevelt.
Elle recouvrait assez peu de choses, mais les USA n'avaient encore à l'époque aucune législation de protection sociale. Elle a été reprise en 1941 en Angleterre puis en France après la Seconde Guerre mondiale.
L'idée que traduit cette expression est une généralisation de l'idée d'assurance : c'est l'assurance des grands risques de la vie. C'est le succès prodigieux de l'assurance, vulgarisée par l'automobile, qui a conduit à penser que l'on pouvait assurer en bloc tous les grands risques de l'existence. C'est-à-dire tous les événements dommageables qu'elle peut apporter du seul fait de vivre : maladie, invalidité, infirmité, accident, chômage, et même charges de famille, le côté dommageable étant seulement alors le côté financier ; encore a-t-on ajouté à cette liste, voyant alors la famille et non plus l'individu, le décès du chef de famille.
Ce sont là les *risques sociaux*.

Les législations de Sécurité sociale des différents États n'indemnisent pas toujours la totalité de ces risques sociaux, mais souvent certains d'entre eux seulement.
En outre la législation peut être scindée. Ainsi en France, l'assurance contre le chômage relève de la réglementation spéciale du chômage et non de la législation générale de la Sécurité sociale.

IV – La Sécurité sociale en France

La réglementation actuelle, dont il faut rappeler qu'il s'agit d'une réglementation d'État, résulte de toute une évolution historique qu'on peut faire remonter à la loi du 1er avril 1898 sur l'assurance maladie, et à celle du 9 avril de la même année sur les accidents du travail. La première ébauche de l'assurance vieillesse date de 1910. L'expression d'« assurances sociales » est apparue avec les lois des 5 avril 1928 et 30 avril 1930. Les allocations familiales, nées dans le secteur privé, ont été généralisées par une loi du 11 mars 1932. La retraite des vieux travailleurs a été instaurée en 1941.
Toute cette législation a fait l'objet d'une révision et d'un remaniement d'ensemble après la Seconde Guerre mondiale, par un certain nombre d'ordonnances et de lois de 1945 et des années suivantes. Ce sont ces textes qui ont fait entrer dans le vocabulaire législatif l'expression de « Sécurité sociale ». Le principal est celui qui a fixé l'organisation générale de la Sécurité sociale, l'ordonnance du 4 octobre 1945.
Ils ont, depuis cette époque, été modifiés à maintes reprises. En 1975, le législateur a posé le principe d'une généralisation de la Sécurité sociale à l'ensemble de la population. Ce principe a fait l'objet d'un certain nombre de mesures ponctuelles : loi n° 75-551 du 2 juillet 1975 relative à la situation des détenus et leurs familles, loi n° 75-1348 du 31 décembre 1975 relative aux artistes, auteurs d'œuvres littéraires, dramatiques, musicales, loi du 27 juillet 1999 sur la couverture maladie universelle (CMU), etc. Depuis la loi n° 78-2 du 2 janvier 1978 qui achève cette généralisation, l'organisation du système est fondée sur le principe de la solidarité nationale en garantissant d'une part les travailleurs et leurs familles contre les risques de toute nature (maladie, invalidité, décès, etc.) susceptibles de réduire ou de supprimer leur capacité de gain, et couvrant d'autre part les charges de maternité et de famille.
Le système assure pour toutes les autres personnes et pour les membres de leur famille résidant sur le territoire français, la couverture des charges de la maladie et de la maternité ainsi que des charges familiales.
Cette garantie s'exerce, soit par l'affiliation des intéressés et de leurs ayants droit à un régime obligatoire, soit, à défaut, par leur rattachement au régime de l'assurance personnelle.
Actuellement, selon qu'ils sont salariés ou indépendants, qu'ils exercent ou non

une profession agricole, les travailleurs sont couverts par des régimes obligatoires différents, dont le principal est le « régime général » – qui concerne essentiellement les salariés des professions industrielles et commerciales.
La réforme de la Sécurité sociale a instauré la couverture maladie universelle (CMU) qui complète le dispositif en accordant une couverture assurance-maladie à des personnes qui ne pouvaient en disposer auparavant.

2

LES PRINCIPES DU RÉGIME GÉNÉRAL DE LA SÉCURITÉ SOCIALE

Le régime général de la Sécurité sociale assure la protection des travailleurs dépendant de l'industrie, du commerce, etc. qui ne bénéficient pas d'un régime spécial (mines, fonctionnaires, SNCF, etc.).
Il assure également la protection de ces mêmes personnes, mais aussi des membres des professions indépendantes (autres qu'agricoles) et même de certaines personnes sans activité contre les charges inhérentes à la famille par la branche des prestations familiales.

Sont obligatoirement assurées au régime général toutes les personnes de nationalité française, quel que soit leur âge, qu'elles soient ou non titulaires d'une pension, sans distinction de sexe, salariées ou travaillant à quelque titre ou en quelque lieu que ce soit pour un ou plusieurs employeurs, et quels que soient le montant et la nature de leur rémunération, la forme, la nature ou la validité de leur contrat. Les travailleurs étrangers remplissant ces conditions sont assurés comme les travailleurs français.
De même, la loi du 31 décembre 1976 permet l'affiliation des travailleurs français détachés à l'étranger (sous réserve de conventions internationales).
La même loi permet également une possibilité d'assurance volontaire pour les Français expatriés.
Pour pouvoir bénéficier de ce régime, les travailleurs doivent être régulièrement immatriculés et participer, ainsi que leurs employeurs, au financement de la Sécurité sociale, par le système des cotisations.
Sont assimilées aux assurés obligatoires et peuvent bénéficier des mêmes avantages que ces derniers soit totalement, soit partiellement, certaines personnes sans activité professionnelle telles que les étudiants, les grands invalides de guerre, les orphelins de guerre, les demandeurs d'emploi, les détenus, les adultes handicapés.
Ajoutons que de nombreuses personnes naguère non couvertes peuvent désormais bénéficier de la couverture maladie universelle (CMU), voir p. 275.

I – L'immatriculation personnelle ou volontaire

Dans le délai de 8 jours précédant l'embauchage de tout travailleur, l'employeur doit faire une déclaration d'emploi à l'URSSAF du lieu de l'établissement où doit s'effectuer le travail.
De plus, l'employeur embauchant un salarié doit remettre à ce dernier un document comportant les mêmes mentions que la déclaration d'emploi (nom, adresse, code APE de la société, état civil du salarié, date et heure d'embauche, nature du contrat de travail, etc.).
L'immatriculation donne droit à la délivrance d'une carte de Sécurité sociale, sur laquelle est inscrit le numéro matricule de l'intéressé. Ce numéro, composé de plusieurs chiffres indique le sexe, l'année et le mois de naissance, le lieu de naissance, le rang d'inscription au répertoire de population de l'INSEE sur la liste annuelle ou mensuelle correspondant à la localité de naissance. Ce numéro reste toujours le même : l'assuré n'a pas à le faire modifier au cas où il vient à être affilié à une autre caisse.

II – Les cotisations

Le régime général de Sécurité sociale est essentiellement et traditionnellement financé par des cotisations professionnelles assises sur les salaires. Celles-ci sont mises pour une part à la charge des employeurs, et pour une autre part à la charge des salariés.

Assiette des cotisations

Rémunérations assujetties à cotisations. Les cotisations sont calculées sur le montant de l'ensemble des rémunérations versées aux travailleurs, en contrepartie ou à l'occasion du travail. Servent donc de base au calcul des cotisations le salaire et ses accessoires, c'est-à-dire :

• Les majorations légales : majorations pour heures supplémentaires, pour heures de nuit ou de dimanche et jours fériés, indemnités versées au titre du repos compensateur en matière d'heures supplémentaires de travail.

• Diverses indemnités constituant des substituts du salaire : indemnités complémentaires versées par l'employeur, en cas d'absence pour maladie ou accident, indemnités de congés payés, indemnité compensatrice de délai-congé, indemnités de préretraite, primes d'attente versées par l'entreprise pendant les périodes de chômage provisoire, etc.

• Les pourboires.

• Diverses gratifications, indemnités ou primes constituant des compléments de salaire :
– en exécution du travail, primes d'assiduité, de bilan, de caisse, d'emprunt, de fin d'année, de production, de rendement, de responsabilité, de sécurité, de vacances, etc. ;
– en raison des conditions de travail, indemnités pour travaux dangereux et insalubres, primes d'amplitude, primes d'altitude, de sédentarité, de dépaysement, etc. ;
– en raison de la situation personnelle du salarié, primes d'ancienneté, prestations familiales extra-légales, etc. ;
– en raison de la situation de l'entreprise, primes d'augmentation de capital, d'anniversaire de l'entreprise, etc. ;

• Les avantages en nature fournis par l'employeur : nourriture, logement, remise de cadeaux d'une valeur non négligeable, etc.
Pour la nourriture et le logement, leur valeur est déterminée forfaitairement sur la base du SMIC à défaut de montants supérieurs fixés par convention collective ou accord de salaire, ou même d'un commun accord entre les travailleurs et leurs employeurs.
Pour les salariés dont la rémunération en espèces est supérieure au plafond, ce principe s'applique faute d'éléments permettant d'apprécier la valeur réelle.
Le montant des autres avantages en nature est fixé dans tous les cas, d'après leur valeur réelle.

Sommes non assujetties à cotisations. Certaines sommes ne sont pas soumises au versement de cotisations, soit en vertu de dispositions spéciales, soit parce qu'elles ne présentent pas le caractère d'éléments de rémunération : prime de transport instituée dans la région parisienne, indemnités de licenciement, indemnités représentatives de frais professionnels, etc.

Frais déductibles. Les remboursements effectués par l'employeur au titre des frais professionnels sont exclus de l'assiette des cotisations lorsque l'indemnisation correspond aux dépenses réelles engagées par le salarié (production de pièces justificatives).
Si l'indemnisation est réalisée sous forme d'allocations forfaitaires, l'exclusion de l'assiette des cotisations est subordonnée à « l'utilisation effective des allocations conformément à leur objet ».
Si le salarié est placé dans des conditions de travail particulières, les allocations forfaitaires qui lui sont allouées pour compenser les dépenses qui en résultent, sont exclues de l'assiette des cotisations pour la part qui n'excède pas un certain montant fixé par référence au minimum garanti.
En deçà de la limite d'exonération, la justification de l'allocation « conformément à son objet » n'est en principe pas nécessaire.

Au-delà de la limite, l'exclusion de l'assiette reste subordonnée à la justification précise des dépenses engagées par le salarié.
Les différentes limites d'exonération sont applicables aux indemnités ou primes de panier dont l'attribution s'effectue toujours sous forme d'allocations forfaitaires ainsi qu'aux frais de repas et de grand déplacement, dont l'indemnisation peut s'effectuer par référence aux dépenses réelles ou par allocations forfaitaires.

Assiette minimum (plancher). Le montant des rémunérations soumises à cotisations ne peut en aucun cas être inférieur au montant du SMIC.

Assiette maximum (plafond). Un plafond au-delà duquel une partie des rémunérations n'est pas soumise à cotisations est fixé chaque année par décret.
Sont déplafonnées les cotisations d'assurance maladie, maternité, les cotisations d'assurance veuvage, accidents du travail, ainsi que la CSG (contribution sociale généralisée) et la contribution au RDS (remboursement de la dette sociale). En revanche, les cotisations dues au titre de l'assurance chômage sont plafonnées.

Le paiement des cotisations

Les cotisations doivent être régulièrement versées par l'employeur :
– dans la première quinzaine de chaque trimestre sur les rémunérations versées au cours du trimestre précédent dans les entreprises occupant moins de 10 salariés ;
– dans la première quinzaine de chaque mois sur l'ensemble des rémunérations, versées au cours du mois précédent pour les entreprises de 10 à 50 salariés ;
– pour les entreprises employant plus de 50 salariés, le règlement doit être effectué au plus tard le 5 du mois suivant le paiement des salaires ;
– dans la deuxième quinzaine de chaque trimestre sur les salaires versés au cours du trimestre précédent pour les employeurs de personnel de maison affiliés à l'URSSAF de Paris.

En outre, les employeurs doivent verser leurs cotisations personnelles dans la première quinzaine du 2e mois de chaque trimestre (ainsi que les travailleurs indépendants). L'employeur qui ne s'acquitte pas du règlement des cotisations dans les délais légaux s'expose au paiement de majorations de retard : 10 % à la date d'exigibilité, et 3 % par trimestre ou fraction de trimestre écoulé après l'expiration d'un délai de 3 mois à compter de la date d'exigibilité.
Il peut également être condamné au remboursement des prestations de maladie de longue durée ou d'accident du travail servies à ses salariés.
En outre, l'organisme de recouvrement a le choix entre diverses procédures de recouvrement forcé : contrainte, action devant le contentieux général de la Sécurité sociale, action devant le tribunal de police ou correctionnel, action devant le tribunal de commerce et le tribunal de grande instance.

Les cotisations salariales sont versées directement par l'employeur, qui opère sur la rémunération due la retenue nécessaire[1] en même temps qu'il règle les cotisations patronales à l'URSSAF.
L'employeur qui opère sur les rémunérations du salarié la retenue de cotisation salariale et qui n'en verse pas, à la date d'exigibilité, le montant à l'organisme de recouvrement, commet une infraction pénale et s'expose à de fortes amendes, voire à une peine d'emprisonnement.

CAS PARTICULIERS

Pour certaines catégories d'assurés, des arrêtés ont fixé forfaitairement, soit la rémunération servant de base au calcul des cotisations, soit le montant des cotisations : tel est le cas notamment des nourrices et gardiennes d'enfants, des employés de maison et femmes de ménage, des chauffeurs de taxis, etc.

1. Le montant de la retenue opérée doit figurer sur la feuille de salaire délivrée au travailleur.

3

LES ASSURANCES SOCIALES

I – L'assurance maladie

Cette assurance couvre non seulement la maladie proprement dite, mais également les frais d'appareillage, d'hospitalisation, de cure, etc. La protection se matérialise d'une part par le remboursement des frais – prestations en nature –, et d'autre part par le versement d'indemnités journalières destinées à compenser les pertes de salaire occasionnées par la maladie ou l'accident non professionnel – prestations en espèces.
À ces prestations légales s'ajoutent, dans certains cas, des prestations supplémentaires pouvant être accordées pour des cas d'une gravité telle qu'ils justifient ce versement supplémentaire.

Prestations en nature : le remboursement des frais

Conditions générales

Bénéficiaires. Ce sont l'assuré social obligatoire ou volontaire, mais également les ayants droit de l'assuré, c'est-à-dire :
– le conjoint non divorcé, non salarié et non affilié lui-même à un régime obligatoire (général ou particulier) ; la personne liée à l'assuré par un pacte civil de solidarité ; le conjoint divorcé bénéficie pendant quatre ans après le divorce des prestations ;
– les enfants de moins de 16 ans vivant à la charge de l'assuré ou de son conjoint. Cet âge est porté à 18 ans pour les enfants placés en apprentissage, et à 20 ans pour ceux poursuivant des études ou pour ceux qui, en raison d'infirmité ou de maladie, sont dans l'impossibilité permanente d'occuper un emploi salarié ;
– l'ascendant, le descendant, le collatéral ou l'allié de l'assuré jusqu'au 3e degré, vivant sous le toit de l'assuré et se consacrant exclusivement aux travaux du ménage et à l'éducation d'au moins 2 enfants de 14 ans à la charge de l'assuré.
Bénéficient également du remboursement des soins :
– les titulaires d'une pension d'invalidité ;
– les titulaires d'une rente accident du travail, lorsque leur incapacité est supérieure à 66 % ;

– les titulaires d'un avantage vieillesse de la Sécurité sociale ;
– les titulaires d'une pension de veuve de guerre ;
– les ayants droit de certaines personnes n'ayant pas la qualité d'assuré social ; il s'agit principalement des ayants droit de personnes effectuant leur service national et des détenus ;
– les bénéficiaires du RMI (revenu minimum d'insertion).

Conditions. Pour bénéficier du remboursement des frais pour lui et ses ayants droit, l'assuré, doit :
– être régulièrement immatriculé à la caisse d'assurance-maladie ;
– avoir eu un emploi salarié pendant 1 200 heures au cours de l'avant-dernière année civile (ou avoir cotisé sur la base d'un salaire égal à 2 030 fois la valeur du SMIC au 1er janvier de l'année de référence) ;
– à défaut d'avoir occupé un tel nombre d'heures annuellement, le salarié pourra bénéficier pendant un an des prestations en nature s'il justifie d'une activité minimale mensuelle ayant donné lieu à cotisation sur la base de 60 fois le SMIC horaire ou ayant travaillé 60 heures ; s'il s'agit d'une base trimestrielle, le calcul se fera sur la base de 120 fois le SMIC horaire ou 120 heures.

Les assurés qui appartiennent à des professions de caractère saisonnier ou discontinu et ne remplissant pas les conditions de durée de travail précitées doivent justifier de l'accomplissement de 800 heures de travail au cours des 12 mois précédant la date des soins ou s'ils ont cotisé pour une somme correspondant au montant des cotisations qui auraient été dues pour un salaire égal à 2 030 fois la valeur du SMIC au 1er janvier de l'année de référence.
Pour tous les salariés nouvellement affiliés, le bénéfice des prestations en nature est suspendu pendant un délai de 3 mois à compter de l'affiliation. À l'issue de ce délai de 3 mois, et pendant une nouvelle période de 3 mois, les nouveaux affiliés âgés de moins de 25 ans pourront bénéficier des prestations dès lors qu'ils justifient de 60 heures de travail.

Formalités à accomplir : le dossier. Pour obtenir le remboursement des soins et frais occasionnés par sa maladie ou celle de ses ayants droit, l'assuré doit constituer un dossier. Celui-ci doit comprendre : la ou les feuilles de soins d'assurance maladie pré-identifiées au nom du praticien ou de l'auxiliaire médical.
Ces feuilles se présentent sous quatre formes :
– feuille de soins comportant un volet de facturation pour pharmaciens, laboratoires, fournisseurs ;
– volet de facturation complémentaire ;
– feuille de soins et prothèses dentaires avec en annexe une carte-lettre pour l'entente préalable éventuelle ;
– feuille de soins pour sage-femme ou auxiliaire médical.

Ces documents doivent être remplis complètement avec exactitude par le praticien traitant, par le pharmacien, le fournisseur (prothèse) ou le laboratoire (facturation), et par l'assuré.
Les vignettes doivent être collées à l'emplacement prévu à cet effet sur les imprimés ; les ordonnances et autres factures acquittées ; l'attestation annuelle d'activité remise par l'employeur au cours du 1er trimestre de l'année (cette attestation doit être jointe à la 1re demande de remboursement postérieure au 1er avril. À défaut il est nécessaire de remettre les bulletins de paye des 3 mois précédant les soins et, en cas de chômage, une attestation du service départemental de la main-d'œuvre) ; en cas d'hospitalisation, un bulletin de séjour à l'hôpital ou à la clinique, et éventuellement le bulletin de convalescence.

Nota. Certaines justifications peuvent être renouvelées, le cas échéant :
– un justificatif prouvant le lien de parenté avec l'ayant droit malade ou, à défaut, présenter le livret de famille à un agent de la caisse ;
– une déclaration de non-salariat du conjoint, s'il s'agit d'une maladie de ce dernier ;
– un certificat de scolarité pour les enfants poursuivant leurs études au-delà de 16 ans, ou un certificat médical pour un enfant infirme ou inapte de plus de 16 ans.
Précisons enfin que depuis l'instauration de la « Carte-santé », certaines de ces formalités ne sont plus requises.

Les prestations

À condition que l'assuré remplisse les conditions exigées ci-dessus, les prestations en nature sont servies sans limitation de durée ; si l'assuré ne remplit plus ces conditions, les prestations cessent 12 mois après la perte de la qualité d'assuré. Toutefois, le chômeur qui s'inscrit comme demandeur d'emploi à l'ANPE, dans le délai de 3 mois, conserve tous ses droits. Il les conserve encore pendant un an après la fin de l'indemnisation.
En cas de décès de l'assuré, ses ayants droit continuent à bénéficier du remboursement des frais pendant 1 an à compter du décès. Il en est de même en cas de divorce, lorsque le conjoint n'est pas garanti par un régime de protection sociale. Rappelons que le délai de 12 mois est prolongé jusqu'à ce que le dernier enfant à charge ait atteint l'âge de 3 ans.
Certains actes médicaux, certains traitements, tels que les cures thermales ou les séances de kinésithérapie, l'admission en maison de repos ou de convalescence, les appareils et couronnes dentaires, la fourniture d'appareils de prothèse ou d'orthopédie, etc., ne font l'objet de remboursement que si la caisse, après avis de son contrôle médical, a accepté au préalable de les prendre en charge. Pour présenter une demande d'entente préalable, l'assuré doit faire remplir par le praticien un imprimé spécial, et l'envoyer lui-même au contrôle médical de la caisse primaire. À défaut d'accord, la caisse peut refuser le remboursement.

En principe, la réponse doit parvenir à l'assuré ou au praticien au plus tard le 15e jour suivant la date d'envoi de l'imprimé. Faute de réponse dans ce délai, la caisse est présumée avoir accepté. Dans le cas de cure thermale ou clinique, nécessitant une demande d'entente préalable, le remboursement est subordonné à l'acceptation expresse de la caisse, sauf cas d'urgence.
En général, le remboursement des frais exposés par l'assuré pour lui-même ou ses ayants droit n'est pas total, car une participation reste à sa charge : c'est le ticket modérateur qui varie d'ailleurs entre 20, 30, 35, 40 et 65 % du montant de la dépense.

Les honoraires des praticiens et auxiliaires médicaux

L'assuré choisit librement son praticien qui lui remet une *feuille de soins* indiquant la nature des actes accomplis et le montant des honoraires.
L'assuré paie lui-même et est remboursé par sa caisse des frais et des honoraires. Toutefois, une part des frais reste à sa charge : elle est de 30 % pour les honoraires. C'est le *ticket modérateur* (sauf pour opérations importantes ou maladies nécessitant un traitement prolongé ou une thérapeutique très coûteuse : dans ce cas le remboursement est à 100 %).
Le remboursement se fait sur la base des *tarifs conventionnels* (il s'agit d'une convention établie entre la Sécurité sociale et les organes représentatifs des médecins) pour les médecins liés par une convention. Dans ce cas, les tarifs de remboursement sont censés correspondre aux honoraires effectivement demandés et acquittés par l'assuré.
Pour les médecins non liés par une convention, le remboursement se fait sur la base d'un tarif forfaitaire, quels qu'aient été les honoraires effectivement demandés et acquittés. Or le taux de remboursement est beaucoup plus bas que celui des tarifs conventionnels.
Enfin, il existe un cas où les médecins peuvent dépasser les tarifs conventionnels. On leur accorde un *droit permanent à dépassement*, dans deux sortes de cas :
– le praticien a une qualité particulière résultant de titres universitaires ou hospitaliers ;
– le praticien a une notoriété accrue (appel en consultation par d'autres confrères, travaux personnels).

Les médicaments

Le remboursement varie selon le type de médicaments. Pour certains jugés indispensables, il est total. Pour ceux ne correspondant pas à une thérapie grave, la participation de l'assuré sera de 65 %.
De nombreux médicaments tendent aujourd'hui, soit à ne pas être remboursés, soit à voir leur part de remboursement réduite.
La classification de ces différents types est établie par arrêté.

Les frais d'analyse médicale et d'examens de laboratoire

À condition d'avoir été prescrits par un médecin, ces frais sont remboursés à 60 %.

Les frais d'hospitalisation

Le principe est que les frais sont directement pris en charge par la Sécurité sociale (Système du tiers payant), sous réserve d'un ticket modérateur (20 %) ultérieurement réglé par l'assuré.
Il importe également d'indiquer qu'il existe en outre un forfait journalier à la charge du malade (actuellement de 10,67 €).

Les frais de déplacement

L'assuré peut demander le remboursement de ses frais de transport médicalement prescrits.

PRESTATIONS EN ESPÈCES : LES INDEMNITÉS JOURNALIÈRES

Bénéficiaires

Les indemnités journalières ayant pour but de compenser les pertes de salaire dues à la maladie ou à l'accident, seul peut en bénéficier *l'assuré lui-même* qui se trouve dans l'impossibilité provisoire de travailler.

Conditions d'attribution

Arrêt de travail de moins de 6 mois. Le droit aux prestations en espèces pendant les 6 premiers mois d'arrêt de travail est ouvert si l'assuré justifie avoir occupé un emploi salarié ou assimilé pendant au moins 200 heures au cours du trimestre civil ou au cours des 3 mois de date à date précédant l'arrêt de travail.

Arrêt de travail supérieur à 6 mois. Lorsque l'arrêt de travail se prolonge sans interruption au-delà du 6e mois, l'assuré doit justifier avoir été immatriculé pendant 12 mois au moins à la date d'arrêt de travail.
Il doit justifier par ailleurs avoir occupé un emploi salarié ou assimilé pendant 800 heures au cours des 4 trimestres civils, ou au cours des 12 mois de date à date précédant l'arrêt de travail, dont 200 heures au cours du 1er des 4 trimestres civils ou au cours des 3 premiers des 12 mois. Le salarié peut également justifier d'un montant de cotisation égal (pour un salaire équivalent) à 2 030 fois le SMIC pendant les 12 mois précédents.
À noter que les périodes assimilées (chômage partiel, maladie, etc.) sont les mêmes que celles des prestations en nature.

L'assuré malade doit, en outre, se soumettre à certaines obligations :
– ne se livrer à aucun travail rémunéré ou non ;
– observer scrupuleusement les prescriptions du médecin, notamment le repos à la chambre s'il a été ordonné ;
– se soumettre à tout contrôle administratif ou médical exercé par la caisse ;
– ne pas quitter la circonscription territoriale de sa caisse, sans l'accord préalable de celle-ci.

Nota. Les indemnités ne sont pas dues lorsque l'état de l'assuré malade ou accidenté résulte d'une faute intentionnelle de sa part.
Elles ne sont pas dues non plus lorsque, à la date d'interruption du travail, le malade a cessé d'être assuré depuis plus de 3 mois.

Formalités

Pour obtenir le versement des prestations, l'assuré doit *informer sa caisse primaire* de son arrêt de travail dans les 48 heures qui suivent le départ de cet arrêt (la même formalité doit être observée en cas de prolongation). Des imprimés d'« avis d'arrêt de travail » sont délivrés dans les mairies, dans les caisses de Sécurité sociale. Cet avis, destiné à permettre à la caisse d'exercer son contrôle et de calculer le point de départ des indemnités, doit être signé par le médecin traitant. Le salarié doit également envoyer à la caisse primaire *la* ou *les feuilles de maladie*, et en cas d'hospitalisation un bulletin de présence indiquant les dates de cette hospitalisation.
Enfin, il doit adresser également à la caisse *une attestation de l'employeur* indiquant notamment la date de cessation du travail, et mentionnant le salaire perçu avant cet arrêt.

Versement des indemnités

Les 3 premiers jours d'incapacité ne sont pas indemnisés : ils constituent un « délai de carence ». L'indemnité n'est versée *qu'à partir du 4ᵉ jour* suivant l'arrêt de travail. Par la suite, elle est due pour tous les jours, même le dimanche, pendant toute la durée d'interruption du travail, avec un *maximum de 360 indemnités* journalières pour une période de 3 années (et ce pour une ou plusieurs maladies).
Lorsque l'assuré est atteint d'une maladie de longue durée (cancer, tuberculose, etc.) ou lorsqu'il est atteint d'une affection entraînant une interruption continue du travail pendant plus de 6 mois, l'indemnité peut être versée pendant 3 ans à compter de la date de constatation de la maladie. Enfin les indemnités journalières peuvent être maintenues en tout ou en partie, en cas de reprise du travail, pendant une durée fixée par la caisse, mais ne pouvant excéder de 1 an le délai de 3 ans :
– si la reprise du travail et le travail effectué sont reconnus comme de nature à améliorer l'état de santé ;
– si l'assuré doit faire l'objet d'une rééducation ou d'une réadaptation professionnelle.

Si l'assuré reprend le travail pendant 1 année continue au moins, un nouveau délai de 3 ans est ouvert.

Montant de l'indemnité journalière

L'indemnité journalière est égale à la moitié du gain journalier de base soumis à cotisations. Toutefois, elle est portée aux 2/3 de ce salaire journalier à partir du 31e jour d'arrêt de travail, si l'assuré a au moins 3 enfants à charge.

II – La couverture maladie universelle (CMU)

La loi du 27 juillet 1999 a permis à environ 6 millions de personnes défavorisées d'avoir un accès aux soins. Cet accès présente deux modalités.

Le régime de base

Toute personne résidant en France de façon stable et régulière relève du régime général lorsqu'elle n'a droit à aucun autre titre aux prestations en nature d'un régime maladie ou maternité. L'intéressé doit justifier qu'il réside en France de manière ininterrompue depuis plus de 3 mois. Toutefois, cette durée ne s'impose pas aux étudiants, aux bénéficiaires de prestations familiales, d'aides pour la garde de jeunes enfants, d'allocations aux personnes âgées, de l'aide sociale, aux handicapés, aux RMistes, etc., ainsi qu'aux réfugiés et aux personnes bénéficiant de l'asile politique. Les personnes de nationalité étrangère doivent être en situation régulière.
Les personnes concernées doivent participer financièrement à ce régime à hauteur de 8 % des revenus qu'elles ont perçus pendant l'année précédente. Toutefois, ces revenus qui servent d'assiette aux cotisations sont minorés d'une somme revalorisée chaque année.
Ce sont les caisses primaires d'assurance maladie qui devront adresser une déclaration de ressources aux personnes concernées. La cotisation fait l'objet d'un paiement trimestriel.

La couverture complémentaire

Elle s'applique aux personnes qui disposent d'un plafond de ressources selon la composition de leur foyer. Celui-ci est constitué de l'intéressé, son conjoint, concubin ou « pacsé » et des personnes à leur charge. Il s'agit de leurs enfants et autres personnes de moins de 25 ans rattachés à leur foyer fiscal, ou vivant sous le même toit, ou encore recevant une pension.

Afin de pouvoir bénéficier de la couverture complémentaire gratuite en 2005, l'intéressé devra avoir eu, entre le 1er octobre 2003 et le 30 septembre 2004, des ressources inférieures à 6 798 € pour une personne seule. Ce plafond de ressources est majoré de 50 % pour la deuxième personne au foyer, 30 % pour les troisième et quatrième, et de 40 % par personne à partir de la cinquième. La personne intéressée doit adresser à la caisse primaire d'assurance maladie dont elle relève un formulaire de demande ainsi que les renseignements relatifs à la composition et aux revenus de son foyer.
La protection complémentaire couvre intégralement le ticket modérateur et le forfait hospitalier sans limitation de durée. Elle dispense d'assurer un certain nombre de frais de santé.

III – L'assurance maternité

Différente des prestations accordées à l'occasion d'une naissance par les caisses d'allocations familiales, l'assurance maternité a pour but de couvrir l'assurée pour les frais, et éventuellement de l'indemniser des pertes de salaire occasionnées par la grossesse et l'accouchement. Une grande partie de sa réglementation rapproche cette assurance de l'assurance maladie.

Bénéficiaires

L'assurance maternité bénéficie seulement à :
– la femme salariée personnellement assurée sociale ;
– l'épouse légitime de l'assuré social ; sa concubine vivant maritalement avec lui ; la personne liée par un pacte civil de solidarité (PACS) ;
– la fille ou les filles à charge de l'assuré qui bénéficient de son chef de l'assurance maladie.

En cas de décès de l'assuré et en cas de divorce, les ayants droit bénéficient des prestations en nature de l'assurance maternité, pendant un délai qui peut être prolongé jusqu'à ce que le dernier enfant à charge ait atteint l'âge de 3 ans.

Conditions d'immatriculation et d'emploi

Prestations en nature. La future mère, si elle est assurée, ou la personne qui lui ouvre droit aux prestations doit justifier avoir exercé une activité salariée ou assimilée, à la date présumée du début de la grossesse dans les mêmes conditions que pour l'assurance maladie.

Prestations en espèces. La future mère doit avoir été immatriculée 10 mois avant la date de l'accouchement.

Formalités à accomplir

La future mère doit faire une déclaration de grossesse à la caisse primaire (ou à la caisse d'allocations familiales), dans les 14 premières semaines de la grossesse. La caisse lui délivre un « guide de surveillance médicale mère et nourrisson » lui donnant toutes les indications nécessaires relatives à ses droits et obligations. Elle doit se soumettre à une surveillance médicale, notamment à des examens médicaux et obstétricaux dans les délais suivants :
– le premier dans les 12 premières semaines de grossesse ;
– un par mois à partir du premier jour du quatrième mois jusqu'à la date présumée de l'accouchement ;
– un examen postnatal doit être fait dans les 2 mois suivant l'accouchement.

Prestations en nature. Les prestations en nature de l'assurance maternité sont en principe les mêmes que celles de l'assurance maladie. Elles comprennent :
– les frais d'examen pré et postnataux ;
– les séances de préparation à l'accouchement sans douleur (maximum 6), sous réserve qu'elles soient effectuées exclusivement par le médecin ou la sage-femme ;
– les frais d'accouchement ;
– la surveillance médicale de l'enfant ;
– les séances de rééducation abdominale pour la jeune mère.

Le remboursement de ces prestations est en principe intégral (le ticket modérateur étant supprimé). Si les examens sont effectués dans un centre prénatal agréé, les actes sont gratuits. En ce qui concerne l'accouchement, les modalités de prise en charge par la caisse primaire varient :
– accouchement dans un hôpital public : les frais de séjour et honoraires médicaux sont remboursés intégralement pour une durée maximale de 12 jours ; la caisse rembourse directement à l'hôpital ; l'assurée n'a pas à faire l'avance des frais ;
– accouchement dans une clinique privée : les frais ne sont remboursés que si l'établissement est agréé par la Sécurité sociale. Le taux du remboursement est variable en fonction des tarifs appliqués par la clinique[1] (le remboursement normal étant effectué sur la base des tarifs conventionnels).

Prestations en espèces. Seule la femme personnellement assurée sociale peut bénéficier des indemnités journalières à l'occasion de sa grossesse. Le montant maximal de l'indemnité journalière est égal à 80 % du gain journalier de base. Cette indemnité est allouée même si l'enfant n'est pas né vivant.
L'assurée doit cesser son travail pendant 16 semaines se répartissant :
– en une période prénatale de 6 semaines ;
– et une période postnatale de 10 semaines.

1. Il convient de consulter la liste de ces établissements et des tarifs appliqués, auprès des caisses primaires.

Sur prescription médicale, une période de 2 semaines supplémentaires maximum peut être attribuée avant l'accouchement. Elle peut débuter dès la déclaration de la grossesse.
Le délai pendant lequel la salariée a le droit de suspendre son contrat de travail est encore allongé dans trois cas :
– en cas de naissances multiples, la période prénatale passe à 12 semaines pour des jumeaux et à 24 semaines pour des triplés ou plus ;
– dans le cas où la salariée ou le ménage assume déjà la charge de 2 enfants, la période postnatale passe à 18 semaines, et la période prénatale à 8 semaines ;
– enfin, si le nombre d'enfants passe de 1 à 3 ou plus, du fait de la naissance, la période postnatale passe à 22 semaines.

IV – L'assurance invalidité

L'assurance invalidité a pour but de compenser les pertes de salaire de l'assuré social en état d'incapacité constatée d'exercer une activité salariée normalement rétribuée. Elle ouvre droit d'une part au remboursement des frais engagés, d'autre part au versement d'une pension.

Définition et appréciation de l'invalidité. Est considéré comme invalide l'assuré social qui se trouve dans « l'impossibilité de se procurer dans une profession quelconque un salaire supérieur au 1/3 de la rémunération normalement perçue par un travailleur de la catégorie à laquelle il appartient », c'est-à-dire l'assuré social dont la capacité de travail ou de gain est réduite au moins des 2/3.
L'état d'invalidité est apprécié en tenant compte de la capacité de travail restante, de l'état général, de l'âge et des facultés physiques et mentales de l'intéressé, ainsi que de ses aptitudes et de sa formation professionnelle :
– soit après consolidation de la blessure en cas d'accident (non professionnel) ;
– soit à l'expiration de la période pendant laquelle l'assuré a bénéficié des prestations en espèces de l'assurance maladie (3 ans au maximum) ;
– soit après stabilisation de son état intervenu avant l'expiration du délai précité ;
– soit au moment de la constatation médicale de l'invalidité, lorsqu'elle résulte de l'usure prématurée de l'organisme.

Conditions. Seul l'assuré social invalide – et non pas ses ayants droit – est bénéficiaire de cette assurance. Il doit :
– être âgé de moins de 60 ans ;
– avoir été immatriculé depuis 12 mois au 1er jour du mois au cours duquel est intervenue l'interruption du travail (accident non professionnel ou maladie), ou la constatation médicale de l'invalidité (en cas d'usure prématurée) ;

– avoir occupé un emploi salarié ou assimilé pendant 800 heures au cours des 4 trimestres civils ou des 12 mois de date à date précédant l'interruption du travail, dont 200 heures au cours du 1er trimestre de ces 12 mois.

Formalités. Lorsque l'assuré ne peut plus bénéficier des prestations de l'assurance maladie ou après stabilisation de son état, la caisse primaire est tenue de prendre toutes mesures en vue de l'admission éventuelle au bénéfice d'une pension d'invalidité des assurés dont la maladie laisse présager une invalidité.
Si la caisse n'agit pas d'elle-même, l'assuré peut déposer lui-même une demande de pension d'invalidité.
Il dispose d'un délai de 12 mois à compter :
– de la date de consolidation de la blessure en cas d'accident non professionnel ;
– de la constatation médicale de l'invalidité résultant d'une usure prématurée de l'organisme ;
– de la date de stabilisation de l'état de l'assuré ;
– de l'expiration de la période d'attribution des prestations en espèces ou la date à laquelle la caisse a cessé de payer lesdites prestations.

L'assuré doit constituer un dossier en remplissant un questionnaire fourni par les caisses primaires.
La caisse statue sur le droit à pension après avis du contrôle médical, dans le délai de 2 mois à compter :
– soit de la date à laquelle elle a notifié à l'assuré sa décision de procéder à la liquidation d'une pension ;
– soit de la demande présentée par l'assuré.

S'il conteste la décision d'ordre médical de la caisse (état d'invalidité, taux de réduction, classement), l'assuré peut porter le litige en première instance devant le tribunal du contentieux de l'incapacité et en appel devant la cour nationale de l'incapacité et de la tarification de l'assurance des accidents du travail.
Si la contestation de l'assuré porte sur les conditions d'ouverture du droit à pension, le litige est porté devant le contentieux général de la Sécurité sociale (tribunal des affaires de Sécurité sociale).
La lettre de réponse de la caisse doit comporter toutes les indications utiles et nécessaires concernant les modalités de recours (délais, indication du tribunal compétent, etc.).

La pension d'invalidité

1. *Montant de la pension*

Le montant de la pension est fonction du *salaire moyen annuel de base*, c'est-à-dire du salaire retenu pour le calcul des cotisations versées au cours des 10 dernières années d'assurance ayant précédé l'accident ou la maladie suivi d'invalidité ou la première constatation médicale de l'usure de l'organisme.

Le montant de la pension varie également selon que l'invalide appartient à l'une des trois catégories suivantes :
– invalides capables d'exercer une activité rémunérée : le taux de la pension est égal à 30 % du salaire moyen annuel de base ;
– invalides absolument incapables d'exercer une profession quelconque : le taux de la pension est égal à 50 % du salaire moyen annuel de base ;
– invalides obligés d'avoir recours à une tierce personne pour accomplir les actes ordinaires de la vie : la pension est égale à 50 % du salaire annuel de base assortis d'une majoration de 40 % pour tierce personne. Cette majoration ne peut être inférieure à un montant revalorisé annuellement.

Les montants des pensions sont revalorisés chaque année au 1er janvier et au 1er juillet, pour tenir compte des variations économiques.
En outre, la pension peut être révisée, suspendue ou supprimée, étant entendu qu'elle est toujours accordée à titre temporaire :
– si l'état de santé s'améliore, ou au contraire s'aggrave, l'invalide peut, à la suite d'un examen médical, être classé dans une catégorie différente de celle où il était classé précédemment ;
– s'il retrouve une capacité de travail supérieure à 50 %, la pension peut être suspendue ou même supprimée ;
– il en est de même s'il reprend une activité professionnelle, le total de la pension et des gains ne devant pas dépasser un certain montant.
Dans tous ces cas, la caisse primaire prend sa décision après un examen médical pratiqué par son médecin-conseil.

2. *Paiement de la pension*

La pension d'invalidité est payée chaque mois, à terme échu.
Elle prend fin lorsque l'assuré atteint l'âge de 60 ans : à partir de là, elle est transformée en pension vieillesse allouée en cas d'inaptitude au travail.

Prestations supplémentaires

Le titulaire d'une pension d'invalidité bénéficie évidemment du *remboursement des frais médicaux* engagés par lui ou par ses ayants droit (honoraires, soins...), dans les mêmes conditions que les bénéficiaires de l'assurance maladie, mais avec suppression du ticket modérateur pour les soins relatifs à l'affection qui a entraîné son invalidité.

Pension de réversion

L'assurance invalidité prévoit enfin qu'en cas de décès du titulaire de la pension, le conjoint survivant lui-même atteint d'une incapacité permanente peut bénéficier d'une partie de la pension versée à l'invalide décédé.

Pour cela, le conjoint survivant doit :
– être âgé de moins de 55 ans, car cette pension est remplacée par une pension vieillesse de veuf ou de veuve à compter de 55 ans ;
– être atteint d'une incapacité permanente.
Par ailleurs il faut justifier que l'assuré décédé était :
– titulaire d'une pension d'invalidité et ouvrait droit à cette pension, s'il est décédé avant 60 ans ;
– titulaire d'une pension vieillesse ou ouvrait droit à cette pension, s'il est décédé après 60 ans.

La pension est égale à 54 % de la pension d'invalidité de 2e catégorie ou de la pension vieillesse que l'assuré percevait ou aurait pu percevoir.
Les règles de variation de la pension sont les mêmes qu'en assurance invalidité.
Elle est majorée de 10 % lorsque le bénéficiaire a eu au moins 3 enfants.
La pension d'invalidité de veuf ou de veuve est supprimée en cas de remariage.
Elle est transformée en pension vieillesse de veuf ou de veuve lorsque le bénéficiaire atteint 55 ans. Le veuf ou la veuve et leurs ayants droit bénéficient du remboursement des soins et traitements de l'assurance maladie (le remboursement est effectué à 100 % pour le titulaire de la pension de réversion), et des charges de la maternité.

V – Le capital décès

L'assurance décès a pour but de garantir le paiement d'un capital aux ayants droit de l'assuré. Ce capital est dû quelle que soit la cause du décès.

Bénéficiaires. Il est versé par priorité aux personnes qui se trouvaient à la charge effective, totale et permanente, de l'assuré au moment du décès, soit par ordre de préférence :
– le conjoint, s'il était à la charge de l'assuré ;
– les descendants ;
– les ascendants ;
– une autre personne (concubine par exemple, personne liée par un PACS).

La demande doit être faite dans le délai de 2 ans à compter du jour du décès. Si aucune de ces personnes n'étant à charge et si aucune priorité n'est invoquée dans le délai précité, le capital peut néanmoins être versé au conjoint, à défaut aux descendants, à défaut aux ascendants.

Conditions d'attribution. Le bénéficiaire du capital décès doit apporter la preuve qu'au jour de son décès, l'assuré pouvait justifier d'un certain nombre d'heures de travail salarié ou assimilé, les mêmes qu'en matière d'assurance maladie.
Les périodes assimilées sont semblables à celles de l'assurance maladie.

Formalités. La demande de capital décès doit être présentée sur un imprimé fourni par la caisse[1]. Il convient de joindre à cette demande :
– un bulletin de décès ;
– la carte d'immatriculation à la Sécurité sociale de l'assuré ;
– un livret de famille.

Montant du capital décès. Le capital décès est égal à 90 fois le gain journalier de base considéré pour le calcul des indemnités journalières de l'assurance maladie. Il ne peut être inférieur à 1 % du montant du plafond annuel retenu pour le calcul de la cotisation « maladie, maternité, invalidité, décès ». Il ne peut être supérieur à trois fois le plafond mensuel de la Sécurité sociale.
Le capital décès attribué aux ayants droit d'assurés sociaux n'est pas soumis aux droits de succession.

VI – L'assurance vieillesse

L'assurance vieillesse a pour but de faire bénéficier les assurés sociaux arrivés à l'âge de la retraite :
– soit de pensions calculées en fonction de la durée de leur activité salariale et des cotisations qu'ils ont versées pendant cette période ;
– soit d'allocations fondées sur l'état de besoin de leurs bénéficiaires.

Aujourd'hui, à l'heure où l'ouvrage est mis sous presse, une nouvelle réforme des retraites est discutée.

Pensions

Conditions

Pour bénéficier d'une pension de retraite, l'assuré doit être âgé d'au moins 60 ans.

Calcul de la pension

Le montant de la pension varie en fonction du nombre d'années pendant lesquelles l'assuré a cotisé, du salaire annuel moyen de base et de l'âge auquel il demande sa retraite. Le salaire de base est obtenu en faisant la moyenne des

1. Aussi disponible sur Internet : http://www.service-public.fr

salaires des 25 années les mieux rémunérées pour l'assuré. Ce salaire est revalorisé au moyen de coefficients, établis par arrêté ministériel, pour tenir compte de la dépréciation de la monnaie et des hausses de salaires. Les retraites sont calculées selon un certain taux, le maximum étant de 50 %.
La pension entière correspond à 37,5 ans de cotisations (150 trimestres). L'assuré qui ne justifie pas de 150 trimestres a droit à une pension proportionnelle à autant de 150e de la pension entière qu'il totalise de trimestres.
Toutefois, l'assuré bénéficie du taux de 50 %, même s'il ne totalise pas 150 trimestres :
- lorsqu'il est reconnu inapte au travail à la date où il demande sa retraite ;
- lorsqu'il est titulaire de la carte de déporté ou d'interné politique ou bien de la Résistance ;
- lorsqu'il est ancien combattant ou ancien prisonnier de guerre ;
- s'il s'agit d'une ouvrière, elle doit avoir élevé au moins 3 enfants et justifier de 30 années d'assurance. (Dans les deux cas, l'activité manuelle doit avoir été exercée pendant au moins 5 ans au cours des 15 années précédant la demande de pension) ;
- s'il a atteint 65 ans.

Les salaires de chaque assuré qui permettent de calculer le salaire annuel moyen sont revalorisés en fonction de l'indice prévisionnel des prix. Le montant de la pension est compris entre une limite minimale fixée au montant de l'allocation aux vieux travailleurs salariés et une limite maximale égale à 50 % du plafond.

Majoration de la pension. Le montant de la pension ainsi défini peut être majoré dans les cas suivants :
- lorsque l'assuré a eu au moins 3 enfants, la majoration est de 10 % ; cette « bonification » est également accordée s'il a élevé des enfants pendant 9 années au moins avant leur 16e anniversaire (enfants à sa charge ou à la charge de son conjoint) ;
- une majoration est accordée pour le conjoint à charge âgé de 65 ans (ou entre 60 et 65 ans s'il est reconnu inapte au travail) ; son montant est fixé par décret (la majoration n'est accordée que si le conjoint ne dispose pas de ressources supérieures à un certain montant) ;
- lorsque l'assuré est obligé de recourir à l'aide d'une tierce personne, une majoration lui est également accordée (*cf.* pension d'invalidité).

Droits du conjoint survivant

Pension de vieillesse de veuf ou de veuve incapable de travailler. Comme cela a été indiqué précédemment, le conjoint survivant de l'assuré ou du titulaire des droits à une pension de vieillesse ou d'invalidité qui est lui-même atteint d'une invalidité permanente, réduisant des 2/3 sa capacité de travail ou de gain a droit, à compter du 1er jour du trimestre civil suivant son 55e anniversaire, à une pension de vieillesse de veuf ou de veuve (avant 55 ans, il s'agit d'une pension d'invalidité de veuf ou de veuve).

Pension de réversion. Le conjoint survivant peut bénéficier d'une pension de réversion lorsqu'il a atteint l'âge de 55 ans. La condition d'âge va peu à peu diminuer, jusqu'à sa disparition totale en 2010.
D'ici là, l'assouplissement se fera de la façon suivante :
– 52 ans pour les pensions prenant effet entre le 1er juillet 2005 et le 30 juin 2007 ;
– 51 ans pour les pensions prenant effet entre le 1er juillet 2007 et le 30 juin 2009 ;
– 50 ans pour les pensions prenant effet entre le 1er juillet 2009 et le 31 décembre 2010.

À partir du 1er janvier 2011, aucune condition d'âge n'existera plus. Quelle que soit la date du décès, les ressources à prendre en compte sont celles des 3 mois civils précédant la date d'effet de la pension. Actuellement elles ne doivent pas dépasser le montant annuel du SMIC calculé sur la base de 2 080 fois le taux horaire.

Montant de ces pensions. La pension de veuf ou de veuve et la pension de réversion sont égales à 54 % de la pension principale dont bénéficiait ou eût bénéficié le défunt.
Elles peuvent être majorées de 10 % si le bénéficiaire a élevé 3 enfants.

Allocations

L'allocation aux vieux travailleurs non salariés (AVTNS)

Conditions. Pour bénéficier de cette allocation, il faut :
– avoir été artisan, industriel ou commerçant et être sans ressources suffisantes ;
– être âgé de 65 ans (ou de 60 ans en cas d'inaptitude) ;
– être de nationalité française ou ressortissant d'un pays ayant passé un accord avec la France, résider en France ;
– avoir occupé un emploi non salarié ou assimilé pendant au moins 25 ans sur le territoire métropolitain ;
– disposer de ressources annuelles inférieures à un plafond fixé chaque année.

Elle peut être majorée pour conjoint à charge (10 %) et bonifiée si le bénéficiaire a eu au moins 3 enfants.

L'allocation aux mères de famille âgées de 65 ans

Pour obtenir cette allocation la femme doit :
– être épouse, veuve, divorcée, séparée ou abandonnée, dont le conjoint a disparu ou remariée (lorsque le second conjoint a la qualité de salarié) ;
– être âgée de 65 ans ou 60 ans en cas d'inaptitude au travail ;
– être de nationalité française ou ressortissante d'un pays ayant passé un accord avec la France, ou d'un État de l'UE ;
– avoir élevé au moins 3 enfants de nationalité française ou de l'UE, à sa charge ou à celle de son conjoint pendant au moins 9 ans avant leur 16e anniversaire ;
– son mari doit avoir eu une activité salariée et être titulaire d'une pension de vieillesse ou de l'allocation aux vieux travailleurs salariés ;
– justifier des mêmes conditions de ressources que pour l'allocation aux vieux travailleurs salariés.
Le montant de cette allocation est semblable à celui de l'allocation aux vieux travailleurs salariés. La mère de famille bénéficie automatiquement de la bonification de 10 % pour avoir élevé au moins 3 enfants.

Formalités à accomplir

Pour bénéficier de l'un des avantages vieillesse précités, l'intéressé doit formuler une demande de liquidation de pension ou d'allocation. Cette demande se fait sur un imprimé spécial mis à la disposition des assurés dans les organismes de Sécurité sociale ou les mairies.
Les personnes inaptes au travail doivent, en outre, justifier de leur incapacité par la production d'un certificat de travail.
La demande doit être adressée à l'une des caisses suivantes, qui en délivre accusé de réception :
– pour la pension et l'allocation aux vieux travailleurs salariés : à la caisse régionale (vieillesse) dans le ressort de laquelle se trouve leur dernier lieu de travail ;
– pour l'allocation aux mères de famille : à la caisse régionale (vieillesse) dans la circonscription de laquelle elles résident ;
– pour la pension de veufs ou de veuves incapables de travailler : à la caisse primaire d'assurance maladie du dernier lieu de travail du défunt ;
– pour la pension de réversion : à la caisse régionale (vieillesse), qui a liquidé (ou aurait dû liquider) la pension vieillesse de l'assuré ;
– pour le secours viager : soit à la caisse régionale (vieillesse) qui réglait un avantage vieillesse au décédé, soit à la caisse régionale (vieillesse) de la résidence de l'intéressé si le défunt ne bénéficiait d'aucun avantage.

Paiement des prestations. Les pensions ou allocations de vieillesse sont payables mensuellement à terme échu. Le versement s'effectue par mandat postal, payable en mains propres. Mais sur demande des intéressés, les arrérages peuvent être virés sur un compte ouvert à leur nom, dans un centre de Chèques postaux, dans un établissement bancaire ou sur un livret de Caisse d'épargne.

VII – L'assurance veuvage

LES PRESTATIONS

Cette assurance permet de garantir au conjoint survivant, selon certaines conditions, une allocation de veuvage pendant un certain temps.

Les conditions

Elles sont relatives pour une part à la personne du conjoint survivant, pour une autre part à ses ressources.
En ce qui concerne le conjoint survivant, il est exigé :
– qu'il réside en France ;
– qu'il ait moins de 55 ans ou, entre le 1er juillet 2005 et le 31 décembre 2010, un âge ne permettant pas l'attribution de la pension de réversion. ;
– qu'il dispose de ressources inférieures à un certain plafond ;
– qu'il ne soit pas remarié, qu'il ne vive pas maritalement, qu'il n'ait pas conclu de PACS ;
– de plus, le conjoint décédé devait être salarié (cotisant au régime général).

Quant au montant de l'allocation, il est établi selon un barème dégressif, accordé sur 2 années.
Cette allocation présente donc un caractère temporaire.

LES COTISATIONS

La couverture des charges de cette assurance est assurée par des cotisations assises sur les rémunérations ou gains perçus par les travailleurs salariés ou assimilés. Le taux est fixé à 0,10 % de ces gains.

4

LES ACCIDENTS DU TRAVAIL ET LES MALADIES PROFESSIONNELLES

Cette assurance a pour but de protéger le travailleur salarié contre les risques et les conséquences des accidents ou maladies survenus par le fait ou à l'occasion du travail.

Conditions. Pour bénéficier de la protection de cette assurance, il faut :
– que la victime accomplisse un travail salarié pour un ou plusieurs employeurs (avec ou sans contrat de travail) ;
– que l'accident se soit produit par le fait ou à l'occasion du travail, soit sur les lieux du travail (entreprise, chantier...), soit sur le parcours normal (aller ou retour) qui mène, sans détour ni interruption pour motif personnel, du lieu de travail à son domicile ou à sa résidence, ou au lieu où le salarié prend habituellement ses repas (cantine, restaurant habituel...) ;
– que la maladie figure sur la liste des maladies professionnelles.

I – Accidents du travail

Formalités à accomplir. La victime d'un accident du travail doit en *informer son employeur* ou son préposé dans les 24 heures – oralement, si l'accident survient sur le lieu du travail, ou par lettre recommandée.
L'employeur – ou son préposé – doit à son tour *faire une déclaration d'accident à la caisse primaire d'assurance maladie dont relève la victime* ; cette déclaration se fait sur un imprimé spécial, établi en 3 exemplaires et adressé par lettre recommandée à la caisse primaire dans les 48 heures qui suivent le moment où il a connaissance de l'accident. Si l'employeur omet de faire cette déclaration dans les 48 heures, il s'expose à de graves sanctions et au remboursement des frais engagés par la Sécurité sociale. Dans ce cas, la victime dispose d'un délai de 2 ans après le jour de l'accident pour faire elle-même cette déclaration.
L'employeur doit remettre au salarié accidenté une *feuille d'accident*[1].

1. Cette feuille peut être obtenue sur Internet : www.cerfa.gouv.fr

Cette feuille que l'assuré doit présenter à son médecin est composée de 3 volets :
– sur le volet n° 1, le médecin indique les actes et les soins donnés : l'assuré doit conserver cette partie pendant toute la durée des soins (il l'adressera ensuite à la caisse) ;
– le médecin, qui ne fait pas payer d'honoraires en cas d'accident du travail, conserve le volet n° 2 pour se faire rembourser par la caisse ;
– le volet n° 3 sera présenté au pharmacien par l'assuré, ou son intermédiaire, pour se faire délivrer gratuitement les médicaments prescrits : le pharmacien conserve lui-même ce volet pour se faire rembourser par la caisse.

Lorsque les soins sont terminés, l'assuré doit faire parvenir à la caisse primaire le volet n° 1 pour obtenir les indemnités journalières en cas d'arrêt de travail.
Le médecin traitant établit, en double exemplaire, sur un imprimé spécial, un *certificat médical.*
Ce certificat indique, s'il y a lieu, la durée probable de l'arrêt de travail : le médecin doit envoyer directement l'original de ce certificat à la caisse primaire, et en donner le double à l'assuré (qui doit le conserver soigneusement).
Le médecin peut également avoir à établir des certificats de prolongation de repos, si l'état de l'accidenté le nécessite : l'assuré (ou son intermédiaire) doit lui-même envoyer immédiatement ces certificats à la caisse et en conserver le double.
En cas de rechute, l'assuré doit faire établir par son médecin et faire parvenir immédiatement à la caisse primaire un *certificat médical de rechute.*
La caisse peut faire procéder à un contrôle par son médecin-conseil, pour déterminer si la rechute est bien consécutive à l'accident ; dans ce cas, elle délivre elle-même une feuille d'accident à l'assuré.
Lorsque l'accident entraîne ou risque d'entraîner le décès ou une incapacité permanente totale de travail, la caisse primaire doit faire procéder à une *enquête* sur les circonstances de l'accident. Cette enquête est effectuée par un agent assermenté.

Prestations en nature. Pendant toute la durée de son incapacité, l'accidenté bénéficie de la gratuité complète des soins.
Il n'a à faire l'avance d'aucune somme : c'est la caisse primaire qui prend en charge la totalité des frais médicaux, pharmaceutiques, d'hospitalisation, de cure thermale, des frais de rééducation professionnelle, ainsi que les frais de déplacement et de transport.

Nota. Lorsque son incapacité est égale ou supérieure à 66 %, il bénéficie également de la gratuité des soins, pour lui et ses ayants droit, en ce qui concerne les frais de maladie et de maternité.

Prestations en espèces. La nature et le montant varient selon les cas.

1. *Incapacité temporaire de travail : indemnités journalières*

Ces indemnités sont dues dès le 1er jour qui suit l'arrêt de travail[1] et pour tous les jours, ouvrables ou non, pendant toute la durée de l'incapacité, jusqu'à la constatation médicale de la guérison ou de la stabilisation de l'état de l'assuré. Le salaire qui sert de base au calcul de l'indemnité journalière est le salaire journalier, c'est-à-dire le salaire obtenu en divisant la rémunération globale (primes et indemnités comprises) perçue pendant le dernier mois de travail par le nombre de jours ouvrables, contenus pendant cette période. Il est plafonné. Le montant de l'indemnité journalière est de 60 % de ce salaire journalier de base pendant les 28 premiers jours, et de 80 % à partir du 29e jour d'arrêt de travail. L'indemnité peut être revalorisée au moyen de coefficients de majoration fixés par arrêté ministériel ; en cas d'augmentation générale des salaires – mais seulement au-delà de 3 mois d'incapacité (à partir du 1er jour du 4e mois d'arrêt de travail).

2. *Incapacité permanente : la rente*

Lorsque, après stabilisation de son état (consolidation de la blessure médicalement constatée), l'accidenté reste atteint d'une incapacité de travail, il a droit au versement d'une rente, dont le montant est fonction du taux de son incapacité ainsi que de son salaire au moment de l'accident.
Le taux d'incapacité est calculé médicalement en pourcentage, d'après des barèmes variables selon la profession exercée (exemple : la perte d'un doigt sera plus importante pour un pianiste que pour un représentant de commerce).
Le salaire pris en considération est le total des rémunérations brutes perçues par la victime pendant toute l'année qui a précédé l'accident.
Pour obtenir le montant de la rente, il y a lieu de multiplier le salaire annuel de base par le taux d'incapacité de travail, compte tenu des limites dans lesquelles le salaire et le taux d'incapacité doivent être retenus.
Suivant le cas, le salaire doit être élevé jusqu'au montant d'un salaire minimum, soit réduit, ou même partiellement négligé :
– si le taux d'incapacité est inférieur à 10 %, la victime perçoit un capital ;
– si la victime est atteinte d'une réduction de capacité de travail d'au moins 10 %, la rente ne peut être, quel que soit le montant de la rémunération réelle, calculée sur un salaire annuel inférieur à un minimum déterminé chaque année ;
– si le salaire annuel ne dépasse pas le double du minimum susvisé, il entre intégralement en compte pour le calcul de la rente, quelle que soit la réduction de capacité subie par la victime ;
– si le salaire réel, quelle que soit la réduction de capacité, dépasse le double du salaire minimum, l'excédent n'est compté que pour 1/3 pour la portion comprise entre 2 et 8 fois le minimum ;

1. Le jour où survient l'accident est payé – salaire intégral – par l'employeur lui-même.

– enfin s'il excède 8 fois le montant du minimum, il n'est pas tenu compte de la fraction dépassant 8 fois le montant dudit minimum.

En ce qui concerne le taux d'incapacité, la fraction qui ne dépasse pas 50 % est préalablement réduite de moitié et la fraction qui excède 50 % est augmentée de moitié. Exemple : soit un taux d'IPP (incapacité professionnelle permanente) de 80 %, il est réduit de moitié pour la fraction égale à 50 % et augmenté de moitié pour l'excédent soit, (50/2) + (30 + 15) = 70 %.
La rente allouée peut être, en outre, diminuée ou augmentée, après avis du contrôle médical, dans le cas d'amélioration ou d'aggravation de l'état du bénéficiaire. Elle peut même être supprimée si l'assuré recouvre sa capacité de travail.

Nota. Si la victime de l'accident est, en plus de son incapacité, obligée de recourir à une tierce personne, le montant de la rente est augmenté de 40 %.

ACCIDENT MORTEL

Frais funéraires. En cas de décès consécutif à un accident du travail ou à une maladie professionnelle, la caisse supporte la charge des frais funéraires et des frais de transport du corps de la victime.
Les frais funéraires comprennent tous les frais nécessités par les funérailles (fourniture et livraison du cercueil, mise en bière, etc.).
Les frais sont remboursés sur justification des dépenses, dans la limite d'un maximum fixé au 1/24 du maximum de rémunération annuelle retenu pour l'assiette des cotisations de Sécurité sociale. La caisse rembourse également les frais de transport du corps au lieu de sépulture en France (et départements d'outre-mer), si la victime a succombé lors d'un déplacement professionnel.

Rentes d'ayants droit

Conjoint survivant. Le conjoint survivant, le concubin ou la personne liée par un PACS a droit à une rente correspondant à 40 % du salaire annuel de la victime. Ce pourcentage est porté à 50 % s'il est âgé de 55 ans ou est atteint depuis 3 mois au moins d'une incapacité de travail de 50 % minimum, c'est-à-dire dans l'impossibilité de se procurer dans une profession quelconque un salaire supérieur à la moitié du SMIC. Le mariage, le concubinage ou le PACS doit avoir duré au minimum 2 ans avant le décès. Aucune condition de durée n'est exigée si le couple a un ou plusieurs enfants.
La rente est fixée à 20 % du salaire annuel de la victime pour le conjoint divorcé ou séparé de corps, qui a obtenu une pension alimentaire.

Descendants. Les enfants légitimes, naturels ou adoptés de la victime d'un accident du travail ont droit à une rente jusqu'à l'âge de 20 ans.
Le taux de cette rente collective est de :
– 25 % du salaire annuel pour un enfant ;
– 50 % pour 2 enfants ;
– 10 % de majoration pour un enfant orphelin de père et mère ;
– 20 % par enfant, pour les familles de plus de 2 enfants, à partir du 3e.

Ascendants. Si la victime ne laisse ni conjoint ni enfant, chaque ascendant peut prétendre à une rente, s'il prouve qu'il aurait pu obtenir de la victime une pension alimentaire. Par contre, si la victime a conjoint et enfants, les ascendants doivent démontrer qu'ils étaient à charge de la victime, soit à la date de l'accident, soit à la date du décès.
Le montant de la rente est de 10 % du salaire annuel de la victime, par ascendant, sans pouvoir excéder 30 %.
L'ensemble des rentes allouées aux différents ayants droit ne peut dépasser 85 % du salaire annuel de la victime.

Capital décès. Il convient de rappeler que le capital décès est dû en matière d'accidents du travail ou de maladies professionnelles, quelle que soit la cause du décès.

ACCIDENT POUR FAUTE

Lorsque l'accident survient par faute intentionnelle du salarié, ce dernier perd son droit aux prestations.
Lorsque l'accident est la conséquence d'une faute inexcusable de l'employeur (ou de son préposé) : d'une part celui-ci doit supporter la charge de tous les frais engagés (normalement pris en charge par la Sécurité sociale), d'autre part l'assuré ou ses ayants droit bénéficient d'une majoration des rentes allouées, qui sont alors calculées non pas sur le taux d'incapacité légal, mais sur le taux réel, et non pas sur le salaire réduit, mais sur le salaire réel (la caisse de Sécurité sociale récupérera la différence auprès de l'employeur fautif, en lui imposant des cotisations supplémentaires).
Comme en matière d'accident sur la voie publique, la victime a droit à réparation du préjudice causé par les souffrances physiques et morales, des préjudices esthétiques et d'agrément, enfin du préjudice résultant de la perte ou de la diminution de ses possibilités de promotion professionnelle.

II – Maladies professionnelles

Toutes les maladies survenues à l'occasion du travail ne sont pas, au regard de la Sécurité sociale, des maladies professionnelles ; seules sont considérées comme telles celles figurant sur une liste dans laquelle elles sont réparties en trois groupes :

– manifestations morbides d'intoxications aiguës ou chroniques ; ces affections doivent avoir été provoquées par un contact prolongé ou fréquent des agents nocifs avec l'organisme. Les travaux mentionnés dans les tableaux correspondant à chaque maladie doivent avoir été habituellement pratiqués et sont énumérés à titre indicatif (par exemple : n° 1 saturnisme professionnel, n° 4 benzolisme professionnel, etc.) ;
– infections microbiennes : le salarié doit avoir été habituellement occupé aux travaux mentionnés à chaque tableau. Mais la liste de ces travaux est limitative et d'application stricte (par exemple : n° 7 tétanos professionnel, n° 18 charbon professionnel, n° 56 rage professionnelle, etc.) ;
– maladies résultant de l'ambiance ou d'attitudes particulières : à l'égard de ces maladies, la condition d'habitude n'est généralement pas nécessaire. Mais la liste des travaux figurant aux tableaux de ces maladies est strictement limitative (par exemple : n° 29 lésions par l'air comprimé, n° 42 affections provoquées par les bruits, etc.).

Le délai de prise en charge de la maladie varie selon chaque affection. Il est mentionné au tableau de chaque maladie. Le point de départ du délai est la date de cessation du travail exposant à la maladie. Son terme est la date de la première constatation médicale de la maladie.
Lorsque la maladie dont il est atteint figure sur la liste, l'assuré social (ou ses ayants droit en cas de décès) bénéficie des mêmes prestations qu'en matière d'accident du travail. Pour obtenir ces prestations, l'assuré (ou son intermédiaire) doit déclarer sa maladie à la caisse primaire, dans les 15 jours qui suivent l'arrêt de travail.
En cas de révisions ou d'adjonctions aux tableaux des maladies professionnelles, ce délai est remplacé par un délai de 3 mois à partir de la date d'entrée en vigueur du nouveau tableau.
L'assuré doit joindre à sa déclaration 2 exemplaires du certificat médical établi par le médecin traitant, et conserver le 3e exemplaire. La caisse délivre elle-même, après contrôle par son médecin-conseil, la feuille de maladie.
Pour le reste, la réglementation est la même que pour les accidents du travail.
À noter que le SIDA n'est pas inscrit au tableau des maladies professionnelles, mais peut être indemnisé comme accident du travail s'il est la conséquence d'un accident survenu pendant le travail.
(*Voir, en annexes, la liste des maladies professionnelles indemnisables.*)

5

LES PRESTATIONS FAMILIALES

Les prestations familiales sont accordées en principe aux chefs de famille résidant en France, en compensation des charges supportées pour élever leurs enfants.

CONDITIONS GÉNÉRALES D'ATTRIBUTION

• L'allocataire, c'est-à-dire la personne qui ouvre le droit aux prestations familiales, doit avoir à sa charge un ou plusieurs enfants résidant en France, sauf en cas de poursuites d'études à l'étranger. Ces enfants ne sont pas nécessairement les propres enfants de l'allocataire ; il suffit que ce dernier en assume l'éducation et l'entretien complets et permanents et qu'il en apporte la preuve. La limite de l'âge de l'enfant est de 20 ans.

• Il doit résider en France (s'il est étranger, il doit posséder un titre de séjour valable). Peuvent également avoir droit aux prestations familiales les personnes détachées temporairement hors du territoire métropolitain, dont la famille quitte également la France : si le pays est lié à la France par une convention de Sécurité sociale (UE, par exemple), les prestations familiales françaises sont versées selon les modalités des conventions passées avec ces pays.
Dans un département ou territoire d'outre-mer ou ex-territoire d'outre-mer qui a maintenu ses rapports avec la France, la famille perçoit les prestations familiales du régime local. Dans un autre pays, si le séjour de la famille est supérieur à 3 mois, aucune prestation familiale ne peut être servie. Aucune condition de ressources n'est exigée pour le versement des allocations familiales.

FORMALITÉS

Pour obtenir le bénéfice des prestations familiales les personnes remplissant les conditions requises doivent constituer un dossier, c'est-à-dire remplir un imprimé spécial

assorti de pièces justificatives (fiches d'état civil, certificats de scolarité, etc.). Une fois le dossier constitué et remis à la Caisse d'allocations familiales compétente, les paiements sont effectués régulièrement. Mais il convient d'avertir la Caisse de tout changement dans la situation, par exemple : mariage, divorce, décès, changement de domicile, modification de la situation professionnelle de l'allocataire (conjoint, concubin), situation des enfants notamment lorsqu'ils cessent d'être à charge, etc.
À l'exception des allocations prénatales, postnatales, toutes les prestations familiales sont versées mensuellement en principe, par virement à un compte bancaire ou à un compte courant postal ou encore à une Caisse d'épargne. À noter qu'un numéro d'immatriculation est attribué à l'allocataire. Ce numéro, différent du numéro de Sécurité sociale, doit être rappelé dans toute correspondance avec la Caisse d'allocations familiales.

I – Les prestations générales d'entretien

Allocations familiales

Conditions d'attribution. Outre les conditions concernant les enfants à charge, leur âge et la résidence en France (voir ci-dessus conditions générales), l'allocataire doit assurer la charge effective et permanente d'au moins 2 enfants ayant moins de 20 ans.

Taux des allocations. Les allocations familiales sont calculées en pourcentage de la base mensuelle de calcul des prestations familiales.
Leurs taux varient selon le nombre d'enfants.

Allocation forfaitaire pour les familles nombreuses

Cette allocation a été créée pour les familles ayant au moins 3 enfants qui perdent en partie leur droit aux allocations familiales en raison de l'âge atteint par un ou plusieurs de leurs enfants. En effet, lorsque l'enfant atteint son 20e anniversaire, les allocations familiales sont supprimées, alors même que l'enfant reste toujours à la charge de ses parents.
Cette allocation forfaitaire s'élève à 70 € par mois et par enfant pendant un an à partir du 20e anniversaire de l'aîné des enfants à charge.

Complément familial

Il est alloué sous conditions de ressources.

Conditions d'attribution. L'octroi de cette prestation est subordonné aux conditions générales de résidence en France et d'enfants à charge. La famille bénéfi-

ciaire devra donc désormais comprendre 3 enfants âgés de plus de 3 ans. Enfin, le complément familial ne sera accordé que si le montant des ressources de l'allocataire (personne seule ou couple) ne dépasse pas un certain plafond variant, d'une part suivant le nombre d'enfants à charge, et d'autre part selon qu'il existe un ou deux revenus professionnels.
Les bénéficiaires du complément familial peuvent être affiliés à l'assurance vieillesse du régime général de la Sécurité sociale.

Allocation de soutien familial

Peut en être bénéficiaire toute personne physique (père, mère ou tiers) assumant la charge d'un enfant orphelin.
Le droit ainsi mis en place pourra être revendiqué lorsque l'enfant dont il s'agit sera :
- orphelin de père, de mère, ou des deux ;
- dans une situation d'abandon de l'un de ses parents (abandon concrétisé par le non-respect de l'obligation alimentaire depuis 2 mois au moins) ;
- lorsque la filiation n'aura pu être établie ;
- avec des parents dont l'un au moins se trouve depuis au moins 2 mois hors d'état de faire face à son obligation d'entretien (chômage, incarcération, débilité...).

Taux de l'allocation. Le montant de l'allocation est fixé en pourcentage de la base mensuelle de calcul des prestations familiales.
Il est plus élevé si l'enfant est orphelin de ses deux parents.
Voir aussi p. 64 pour les pensions alimentaires aux enfants non payées.

Allocation de parent isolé

Cette allocation a pour objectif d'accorder à toute personne isolée, assumant seule la charge d'un ou de plusieurs enfants, un revenu familial dont le montant est fixé par référence à la base mensuelle servant au calcul des allocations familiales.

Conditions d'attribution. Toute personne isolée, résidant en France, exerçant ou non une activité professionnelle et assumant seule la charge d'un ou plusieurs enfants peut bénéficier de l'allocation.
Sont considérées comme isolées les personnes de l'un ou l'autre sexe, célibataires, veuves, divorcées ou séparées de droit ou de fait, abandonnées, vivant seules ou chez de proches parents. Il en est de même des femmes seules en état de grossesse et subissant les examens prévus par la législation. Enfin, sont considérés comme à charge les enfants ouvrant droit aux allocations familiales.

Par ailleurs en ce qui concerne les ressources, il est tenu compte des revenus de toute nature, imposables ou non, de la personne isolée et éventuellement ses enfants à charge (dans ce cas, uniquement revenus mobiliers et immobiliers).
Pour la personne isolée, il s'agit essentiellement :
– des avantages en nature évalués forfaitairement ;
– des salaires ;
– des revenus non salariés ;
– des pensions (pensions alimentaires, rentes, etc.) ;
– des revenus mobiliers et immobiliers.

Calcul de l'allocation. L'allocation est égale à la différence entre le montant plafond du revenu familial retenu par la loi, soit 150 % de la base mensuelle servant au calcul des allocations familiales majoré de 50 % de cette base par enfant à charge, et la totalité des ressources du parent isolé.
L'allocation est due mensuellement depuis le 1er jour du mois au cours duquel est effectuée la déclaration de grossesse jusqu'à ce que le plus jeune enfant ait atteint l'âge de 3 ans. Si tous les enfants ont dépassé l'âge de 3 ans, elle est due pendant 12 mois consécutifs, dans la limite d'un délai de 18 mois à compter du 1er jour du mois au cours duquel la personne s'est trouvée isolée, par suite de veuvage, séparation ou abandon.
L'allocation est versée à compter du 1er jour du mois de la demande.
Si cette dernière est présentée moins de 6 mois après la date de déclaration de grossesse ou la date à laquelle la personne s'est trouvée isolée, le droit est prorogé pendant une durée égale à celle qui s'est écoulée entre la date de l'isolement et celle de la demande.

Allocation parentale d'éducation

Cette allocation est destinée à aider la personne qui, à l'occasion d'une naissance ou d'une adoption, voit le nombre de ses enfants à charge porté à 2 ou plus.

Conditions d'attribution. En ce qui concerne l'allocataire, il doit avoir une activité réduite ou l'avoir arrêtée.
L'allocataire devra cependant avoir travaillé pendant 2 ans dans la période des 5 dernières années précédant la naissance ou l'adoption. Les revenus de cette période devront être suffisants pour ouvrir les droits à une pension de retraite dans un régime de base.

Taux et versement. L'allocation sera versée pendant une période maximale de 36 mois.
En cas de survenance d'un autre enfant, une nouvelle allocation pourra être allouée pendant une semblable période de temps, s'imputant sur la période précédente.

ALLOCATION PARENTALE POUR JEUNE ENFANT

Les familles peuvent se voir attribuer une allocation pour jeune enfant. Cette allocation est servie pour chaque enfant à naître, à partir du 4e mois de grossesse de la mère et, lorsqu'il est né, jusqu'à ce qu'il ait 3 mois, ensuite de 3 mois au 3e anniversaire de l'enfant avec un plafond de ressources qui varie chaque année au 1er juillet. Le versement de l'allocation n'est effectué que si la mère passe les examens prénataux et, après la naissance lorsque les allocations familiales ne sont pas dues, si l'enfant passe des visites médicales.

PRESTATION D'ACCUEIL DU JEUNE ENFANT (PAJE)

Cette allocation concerne les enfants nés après le 1er janvier 2004 et regroupe un certain nombre de prestations.

Les familles verront réunies en une allocation unique cinq prestations existantes. La PAJE se décompose en trois parties :

La prime à la naissance : elle s'élève à 800 € et est versée au septième mois de grossesse.

L'allocation de base d'environ 160 € est versée sous conditions de ressources à toutes les familles qui ont au moins un enfant jusqu'à ce qu'il ait 3 ans. Cette prestation va donc remplacer l'allocation parentale pour jeune enfant, mais le plafond de ressources permettant d'en bénéficier sera abaissé, si bien que davantage de familles pourront en bénéficier. Seules les familles aux revenus mensuels égaux ou supérieurs à 5 fois le SMIC (environ 5 000 €) en sont exclues.

Le complément « retrait d'activité » est attribué aux familles comptant au moins 2 enfants dont un de moins de 3 ans lorsqu'un des parents cesse de travailler (congé parental). Ce complément est versé pendant 3 années, pour un montant d'environ 340 € s'ajoutant à l'allocation de base. Pour un arrêt total d'activité, ce montant est plus ou moins élevé selon la réduction d'activité.

Pour avoir droit à ce complément (qui se substitue au congé parental d'éducation) il faudra avoir travaillé 2 ans dans les 4 dernières années si l'on a 2 enfants ; 2 ans dans les 5 dernières années si l'on a 3 enfants. Un retrait partiel d'activité est également possible et même encouragé.

Dès le 1er enfant, le complément pourra être versé en cas de cessation d'activité pendant 6 mois après le congé-maternité si l'allocataire a travaillé pendant les 2 ans avant la naissance.

ou le complément « mode de garde » destiné à compenser le coût d'un mode de garde individuel par rapport à la garde en crèche. Le montant de ce complément est fonction des revenus de la famille et du mode de garde choisi (assistante maternelle, employé(e) à domicile). Le complément sera versé jusqu'au 6e anniversaire de l'enfant, avec une réduction de 50 % dès que l'enfant sera scolarisé. Ce complément « mode de garde » résulte de la fusion de l'allocation de garde d'enfant à domicile (AGED) et de l'Aide à la famille pour l'emploi d'une assistante maternelle agréée (AFEAMA). Les réductions d'impôt et la prise en charge des cotisations sociales sont maintenues.

II – Prestations à affectation spéciale

ALLOCATION DE RENTRÉE SCOLAIRE

Conditions d'attribution. Cette allocation est attribuée pour chaque enfant né entre le 16 septembre 1984 et le 31 janvier 1997.
En ce qui concerne les ressources, elles ne doivent pas avoir dépassé un certain plafond au cours de l'année civile précédant celle de la rentrée scolaire. Ce plafond varie selon le nombre d'enfants.
L'enfant doit :
– être soumis à l'obligation scolaire donc âgé de 6 à 18 ans ;
– être inscrit dans un établissement d'enseignement public ou privé (la poursuite des études à l'étranger est admise sous certaines conditions).

Taux et versement de l'allocation. Le taux de l'allocation est fixé à 73,22 % de la base mensuelle de calcul des prestations familiales en vigueur au 1er août précédant la rentrée.
Cette allocation est attribuée pour chaque enfant. Elle est versée une fois par an, au plus tard le 31 octobre.

ALLOCATIONS EN FAVEUR DES HANDICAPÉS

1. *Allocation de présence parentale*

Cette prestation est proposée aux personnes (salariées ou non salariées) qui interrompent leur activité professionnelle ou la réduisent lorsque l'un de leurs enfants à charge est atteint d'une maladie ou d'un handicap grave, ou est victime d'un accident grave. Le parent qui souhaite bénéficier de l'allocation de présence parentale doit établir que le handicap ou la maladie de l'enfant nécessite une présence soutenue ou des soins contraignants. L'intéressé se voit verser l'allocation à taux plein lorsqu'il interrompt son activité et à taux partiel s'il la réduit. La durée minimale de présence auprès de l'enfant ou de soins continus est fixée à 4 mois.

2. *Allocation aux adultes handicapés*

Bien que ne faisant pas, à proprement parler, partie des prestations familiales, cette allocation est servie comme une prestation familiale.

Conditions d'attribution. Outre la condition de résidence en France (*cf.* ci-avant conditions générales), le bénéficiaire éventuel de cette allocation doit :
– être de nationalité française et résidant en France, ou ressortissant de l'Union européenne, ou étranger disposant d'un titre de séjour ;
– être âgé d'au moins 16 ans et ne plus être considéré comme enfant à charge (*cf.* ci-avant conditions générales) ;
– présenter un taux d'incapacité permanente d'au moins 80 % ou, si ce taux se situe entre 50 et 80 %, être dans l'impossibilité reconnue par la Commission technique d'orientation et de reclassement professionnel (COTOREP), de se procurer un emploi ;
– ne pas percevoir à un titre quelconque un avantage de vieillesse ou d'invalidité d'un montant égal à l'allocation aux adultes handicapés ;
– disposer de ressources inférieures à un certain chiffre (le même que celui exigé pour l'octroi de l'allocation aux vieux travailleurs salariés).

Montant. Il est égal à celui de l'allocation aux vieux travailleurs salariés, auquel on ajoute l'allocation supplémentaire du Fonds national de solidarité.

ALLOCATION DE LOGEMENT

1. *Allocation de logement – prestation familiale*

Bénéficiaires. Peuvent percevoir l'allocation de logement :
– les ménages ou personnes qui touchent le complément familial (ou allocation de salaire unique, de mère au foyer, allocation pour frais de garde), les allocations familiales, l'allocation d'éducation spéciale ;
– les ménages ou personnes qui ne perçoivent pas ces prestations mais ont une ou plusieurs personnes à charge ;
– les ménages sans enfant sous réserve que chaque époux n'ait pas dépassé 40 ans lors du mariage (allocation pendant 5 ans) ;
– les ménages ou personnes ayant à leur charge et à leur foyer un ascendant, descendant, frère ou sœur, oncle ou tante, neveu ou nièce âgé d'au moins 15 ans et présentant une incapacité d'au moins 80 %.

Conditions d'attribution. Il doit s'agir d'une résidence principale. Outre les conditions générales de résidence en France (territoires d'outre-mer compris) et le cas échéant d'enfants à charge, trois autres conditions doivent être remplies.
Conditions relatives au logement : il doit répondre à des conditions minimales de peuplement et salubrité.
Pour le peuplement il doit avoir une superficie minimale moyenne, variable selon le nombre de personnes (par exemple, pour 2 personnes 16 m^2, plus 9 m^2 par personne en plus, dans la limite de 70 m^2 pour 8 personnes ou plus).

La surface s'obtient en additionnant les superficies des pièces de séjour et sommeil, des pièces de service (cuisines, salles d'eau, WC), des annexes (entrées, couloirs, etc.) auxquelles peuvent être ajoutées les surfaces des combles aménagés, sous-sols aménagés, séchoirs intérieurs, etc.
En cas de surpeuplement (naissance par exemple), l'allocation peut être maintenue 4 ans, mais à un taux réduit les 2 dernières années.
Pour la salubrité le logement doit comporter :
– un poste d'eau potable ;
– des moyens d'évacuation des eaux usées ;
– un WC conforme au règlement sanitaire ;
– des moyens de chauffage.

Conditions relatives au titre de l'occupant : l'occupant doit être locataire ou sous-locataire (le loyer retenu concerne le local, à l'exclusion des charges), ou il doit accéder à la propriété de son logement et justifier du remboursement de prêts contractés à cet effet.
Lorsque le montant du loyer ou de la mensualité de remboursement depasse un certain chiffre plafond, il n'est pas tenu compte de la somme excédant le plafond pour le calcul de l'allocation.
Au loyer ou mensualité ou encore au plafond, s'ajoute des majorations.
Conditions relatives à la participation financière : le chef de famille doit consacrer au logement (loyer ou remboursement de prêt) un pourcentage minimum de ses ressources, qui varie selon le nombre d'enfants ou personnes à charge et le montant des ressources.
Les ressources prises en considération sont les revenus nets imposables de l'ensemble des personnes ayant vécu plus de 6 mois au foyer.

Taux de l'allocation. L'allocation se calcule en appliquant à la différence entre le montant du loyer principal ou de la mensualité de remboursement (dans la limite du plafond) majoré de l'indemnité de chauffage et le montant du loyer minimum, un coefficient de prise en charge variable selon les ressources et la composition de la famille.
L'allocation logement n'est pas attribuée lorsque le montant des ressources en fonction du nombre d'enfants et de personnes à charge dépasse un certain plafond.

2. *Allocation de logement à caractère social*

Bénéficiaires. Peuvent prétendre à cette allocation :
– au titre de leur résidence principale, les personnes qui sont locataires, sous-locataires ou accédant à la propriété ;
– les personnes qui ne bénéficient pas d'une autre indemnité du même type.

En principe cette allocation est réservée aux personnes de nationalité française mais les étrangers peuvent y prétendre s'ils ont un titre de séjour régulier.

Conditions d'attribution. Outre les conditions générales de résidence en France, les bénéficiaires doivent remplir à peu près les mêmes conditions quant au titre d'occupation du local et la participation financière que pour l'allocation logement familial (*cf.* ci-dessus).
Par contre, en ce qui concerne le logement, les conditions sont un peu différentes : sauf dérogation, le logement doit avoir une surface habitable d'au moins 9 m^2 pour une personne seule avec une augmentation de 9 m^2 par personne supplémentaire ; il doit en outre être occupé à titre de résidence principale.
La surface ne peut excéder 40 m^2 pour une personne seule plus 30 m^2 par personne en plus.

Taux de l'allocation. Le calcul est à peu près semblable à celui de l'allocation de caractère familial. Mais au lieu de prendre en considération les ressources et la composition de la famille, on ne retient que les ressources d'une personne seule ou d'un ménage.

Prime de déménagement

Elle est attribuée aux personnes seules ou aux couples ayant à charge au moins 3 enfants et qui s'installent dans un nouveau logement ouvrant droit à l'allocation logement peu avant ou peu après une naissance.
La prime correspond en principe aux dépenses véritablement engagées, mais elle ne peut dépasser un certain plafond.
La demande de prime est adressée auprès de la Caisse d'allocations familiales ou de l'organisme payeur, 6 mois au plus tard après la date de déménagement.

Congé de naissance ou d'adoption

Bénéficiaire. Il s'agit de tout salarié. Ce congé est accordé à l'occasion d'un accouchement ou de l'arrivée d'un enfant en vue d'adoption.

Conditions d'attribution. L'enfant peut être légitime ou naturel, et dans ce cas le père doit l'avoir reconnu et vivre de façon notoire et permanente avec la mère, ou confié à l'adoptant par un service départemental d'aide sociale à l'enfance ou une œuvre d'adoption autorisée.
Le congé limité à 3 jours doit être pris dans un délai raisonnable après la naissance ou l'adoption. Si le salarié est déjà absent de l'entreprise pendant cette période, aucun jour supplémentaire ne lui est accordé.

Allocation de garde d'enfant à domicile (AGED)

Elle est attribuée en France métropolitaine et dans les départements d'outre-mer aux ménages ou aux personnes employant à leur domicile une personne pour garder au moins un enfant de moins de 6 ans lorsque chaque membre du couple ou la personne seule travaille. L'AGED consiste en une prise en charge d'une forte proportion des cotisations sociales (Sécurité sociale, chômage, retraite complémentaire, CSG, RDS) par la caisse d'allocation familiale, dans une certaine limite. Pour les familles à faibles ressources, le taux de prise en charge des cotisations sociales par la CAF est plus élevé.

Les prêts

Prêts destinés à l'amélioration de l'habitat

Peuvent y prétendre les personnes qui perçoivent une ou plusieurs prestations familiales. Ils ne peuvent être accordés que pour des logements à usage d'habitation principale ou mixte.

Conditions d'attribution. Le bénéficiaire doit être soit propriétaire ou accédant à la propriété, soit locataire ou sous-locataire, soit occupant de bonne foi.
Par ailleurs, il doit réaliser certains travaux : assainissement, installation ou modernisation du chauffage, isolation thermique ou phonique, etc.

Montant du prêt. Il peut atteindre 80 % des dépenses réelles dans la limite d'un plafond.
Le prêt est payable en deux fois :
– premier versement, lors de la signature du contrat de prêt et sur présentation du devis ;
– deuxième versement, dans le mois de la production de factures ou mémoires justifiant l'exécution des travaux et l'emploi du premier versement.

Le prêt est remboursable en 36 mensualités. La première est exigible à compter du 6e mois qui suit le paiement de la première fraction. Le taux d'intérêt est de 1 %.

6

LES RÉGIMES AUTRES QUE LE RÉGIME GÉNÉRAL

I – Les régimes spéciaux des salariés non agricoles

À côté du régime général de la Sécurité sociale applicable aux travailleurs salariés des professions non agricoles, il existe de nombreux régimes particuliers et spéciaux. Deux grands groupes peuvent être distingués.

Les régimes qui constituent en fait une extension du régime général :
– grands invalides de guerre ;
– artistes, auteurs d'œuvres littéraires et dramatiques, musicales et chorégraphiques, audiovisuelles et cinématographiques, graphiques et plastiques ;
– praticiens et auxiliaires médicaux conventionnés ;
– sapeurs-pompiers non professionnels ;
– étudiants ;
– ministres des cultes ou membres des congrégations et collectivités religieuses.

Les régimes particuliers ou spéciaux :
– SNCF (Société nationale des chemins de fer français) ;
– régime des Mines ;
– marins ;
– militaires de carrière ;
– agents permanents des départements, communes et établissements publics sans caractère industriel ou commercial ;
– fonctionnaires, magistrats ;
– ouvriers de l'État ;
– industries électriques et gazières ;
– RATP (Régie autonome des transports parisiens) ;
– Compagnie des eaux ;
– théâtres lyriques nationaux et Comédie française ;
– Imprimerie nationale ;
– Banque de France ;

– ALTADIS (ex-SEITA, Société d'exploitation industrielle des tabacs et allumettes) ;
– employés de notaires ;
– chambres de commerce.

Certains régimes sont gérés par la caisse du régime général (étudiants, fonctionnaires, etc.), d'autres par des caisses autonomes (mineurs), d'autres enfin par des groupements mutualistes autonomes ou des associations de la loi de 1901 (Arts graphiques). Il n'est évidemment pas possible, dans un ouvrage général, d'entrer dans le détail au sujet de ces régimes.

II – Le régime des non-salariés

Les travailleurs non salariés, qu'ils soient employeurs ou travailleurs indépendants, qui exercent à titre principal une profession non agricole bénéficient d'un régime maladie et maternité, des prestations familiales lorsqu'ils ont des enfants à charge, ainsi que d'un régime vieillesse.

RÉGIME DES ASSURANCES MALADIE ET MATERNITÉ

Sont obligatoirement affiliés à ce régime d'une part les travailleurs non salariés relevant des professions artisanales, industrielles et commerciales, ainsi que libérales (y compris les avocats), d'autre part les retraités de ces professions ainsi que leurs conjoints survivants titulaires d'une pension de réversion.

Bénéficiaires. Comme pour le régime général, il s'agit de l'assuré, du conjoint, sous réserve qu'il ne bénéficie pas d'un régime obligatoire à titre personnel de la personne « pacsée », des enfants à charge (*cf.* ci-dessus régime général) de moins de 20 ans s'ils poursuivent leurs études ou sont incapables de travailler par suite d'infirmités ou maladies chroniques. Toutefois, ces enfants de moins de 20 ans qui poursuivent leurs études relèvent du régime des étudiants. Enfin, la personne qui vit maritalement avec l'assuré et se trouve à sa charge effective totale et permanente, à condition d'en apporter la preuve peut en bénéficier.

Prestations. Le droit aux prestations de l'assurance maladie et maternité est subordonné à une période minimum d'affiliation comportant l'obligation de cotiser. Cependant, en cas de paiement tardif des cotisations, l'assuré pourra dans un délai de 3 mois après la date d'échéance desdites cotisations, faire valoir ses droits aux prestations dont le paiement ne pourra intervenir qu'à l'issue du règlement de la totalité des cotisations en retard.

Il existe des prestations de base communes à l'ensemble des groupes professionnels, et éventuellement, des prestations supplémentaires propres à un ou plusieurs groupes.

Prestations de base : elles comportent essentiellement la couverture en cas de maladie, accidents (non professionnels), maternité, des frais de médecine générale ou spécialisée, des frais de soins et de prothèses dentaires, des frais pharmaceutiques, d'appareils d'orthopédie et de prothèse, des frais d'hospitalisation et de traitement dans les établissements hospitaliers publics ou privés, des frais d'interventions chirurgicales et de cures thermales.
Le remboursement des soins est effectué sur la base des tarifs applicables en matière d'assurance maladie et maternité du régime général.
En ce qui concerne la maternité, le forfait d'accouchement, par exemple, est pris en charge à 100 %.

Prestations supplémentaires : elle peuvent être choisies parmi celles qui ne sont pas servies par les prestations de base. En ce cas, l'assuré doit souscrire une assurance complémentaire volontaire.

Nota. Il y a prestations en espèces pour les allocations de maternité, ou pour les périodes d'incapacité physique temporaire pour cause de maladie ou d'accident.

FINANCEMENT DU RÉGIME

Pour les prestations de base, les charges sont financées par diverses cotisations et en particulier par la cotisation annuelle de chaque personne assujettie, pour la période allant du 1er octobre de chaque année au 30 septembre de l'année suivante. La cotisation est assise sur l'ensemble des revenus nets de l'avant-dernière année, retenus pour l'assiette de l'impôt sur le revenu.
Pour les prestations supplémentaires, la charge de ces prestations est couverte par des cotisations supplémentaires fixées chaque année par arrêté interministériel.

RÉGIME DE L'ASSURANCE VIEILLESSE

Le régime des professions industrielles et commerciales et le régime des professions artisanales. La loi du 3 juillet 1972 a réalisé l'alignement des prestations et des cotisations sur celles du régime général. Les cotisations sont assises sur le revenu professionnel déclaré, et les prestations sont celles du régime général.

Le régime des professions libérales. Chaque profession a sa propre organisation. Les cotisations sont uniformes pour tous les membres d'une section professionnelle autonome.
Quant aux allocations, elles sont elles-mêmes uniformes.

Régime de l'assurance invalidité, décès

Professions industrielles et commerciales. Ce régime est financé par des cotisations spéciales dues par les personnes assujetties au paiement de la cotisation du régime d'assurance vieillesse de base, même si elles sont dispensées du paiement de cette cotisation.
Sous réserve d'un certain nombre de conditions, l'assuré atteint d'une invalidité totale et définitive l'empêchant de se livrer à une activité rémunératrice quelconque, peut bénéficier d'une pension d'invalidité. Cette pension peut être éventuellement majorée du montant de l'allocation supplémentaire du Fonds national de solidarité. Cette pension n'est pas réversible sur le conjoint survivant.

Professions artisanales. Ce régime obligatoire est financé principalement par des cotisations annuelles calculées sur le même revenu servant d'assiette aux cotisations d'assurance vieillesse.
Le régime garantit une pension d'invalidité à tout assuré de moins de 60 ans reconnu atteint d'invalidité totale, définitive ou temporaire.
La pension est égale à 50 % du revenu servant de base au calcul de la pension de vieillesse. Elle n'est pas réversible sur le conjoint survivant.
Le capital décès est attribué par ordre de préférence, sauf dispositions testamentaires, au conjoint survivant non séparé de droit ou de fait, aux enfants à charge, à toute personne à la charge effective totale et permanente de l'assuré, à tous les descendants (autres que les enfants), aux ascendants. Le montant est évalué en pourcentage du plafond du régime général de la Sécurité sociale.

Prestations familiales

Les travailleurs indépendants et les employeurs bénéficient des prestations familiales du régime général.
Ces prestations sont financées par une cotisation annuelle assise sur le revenu professionnel retenu au titre de l'avant-dernière année pour le calcul de l'impôt sur le revenu mais jusqu'à concurrence, pour une certaine part, du plafond du régime général de la Sécurité sociale.
Sont dispensés du versement de la cotisation personnelle d'allocations familiales :
– les personnes dont le revenu professionnel est inférieur au salaire servant de base au calcul des prestations familiales en vigueur au 1er octobre de l'année précédente ;
– les travailleurs indépendants d'au moins 65 ans ayant élevé au moins 4 enfants jusqu'à l'âge de 14 ans. Cet âge est abaissé à 60 ans pour les femmes veuves, célibataires, séparées, etc., ne vivant pas maritalement.

III – Le régime agricole

Le régime agricole garantit aux salariés et assimilés les mêmes prestations d'assurances sociales et d'accidents du travail qu'aux salariés du régime général, sous réserve de certaines conditions et modalités d'attribution. Les prestations familiales sont versées aux salariés et non-salariés de l'agriculture. Enfin, les employeurs et travailleurs indépendants bénéficient de régimes spéciaux d'assurances sociales et d'assurance vieillesse.

LES ASSURANCES SOCIALES DES SALARIÉS AGRICOLES ET ASSIMILÉS

« Toutes les personnes, en âge de travailler, qui résident en France et qui y exercent une activité salariée dans le secteur agricole, sont *obligatoirement* soumises au régime agricole des assurances sociales ».

Quelles sont ces personnes ?

Les salariés agricoles. Le caractère de profession agricole se lie, selon la Cour de cassation, à « des opérations intéressant la production animale ou végétale ».
Entrent donc dans cette catégorie :
– les salariés travaillant dans une exploitation agricole ou forestière ;
– les salariés travaillant dans des entreprises de battage ou de travaux agricoles ;
– les salariés des artisans ruraux n'employant pas plus de 2 ouvriers de façon permanente (maréchaux-ferrants, sabotiers, scieurs, forgerons, etc.) ;
– les employés des organismes d'assurances sociales et d'allocations familiales agricoles, des caisses d'assurance ou de réassurance mutuelle agricole, des caisses de crédit agricole, des coopératives agricoles, du centre national pour l'aménagement des structures des exploitations agricoles et plus généralement les employés de tous les groupements professionnels agricoles régulièrement constitués ;
– les employés et ouvriers gardes-chasse, gardes forestiers, jardiniers, gardiens de domaines.

Comment se fait l'immatriculation ?

Qui fait la demande ? L'immatriculation doit être faite par l'employeur, dans un délai de 8 jours après l'embauche de toute personne non encore affiliée. Si l'employeur n'a pas fait la demande d'affiliation, elle peut être faite par le salarié lui-même, par des agents de contrôle assermentés des caisses de mutualité sociale agricole ou par des inspecteurs ou contrôleurs des lois sociales en agriculture.

Les formalités. L'immatriculation se fait sur un imprimé fourni par la caisse de mutualité sociale agricole du lieu de travail. Le point de départ de l'immatriculation est la date à laquelle le salarié a commencé à effectuer un travail relevant du régime agricole des assurances sociales. Lorsque l'assuré cesse de remplir les conditions pour bénéficier de ce régime, lui, son employeur, ou le service de l'inspection des lois sociales en agriculture doit faire procéder à la radiation qui prend effet à compter du 1er jour du trimestre civil suivant.

Les cotisations

Où sont-elles versées ? Obligatoirement à la caisse de mutualité sociale agricole agréée pour le département du lieu de travail de l'assuré.

Qui doit effectuer le versement ? C'est à l'employeur qu'il incombe d'effectuer le versement des cotisations, qui est pour partie à la charge de l'employeur et pour partie à celle du salarié. En cas de métayage, c'est le métayer et non le propriétaire qui doit verser les cotisations. Les cotisations trimestrielles doivent être acquittées dans les 10 premiers jours du trimestre civil suivant. Si le salarié quitte son employeur en cours de trimestre, les cotisations doivent être versées au plus tard dans les 10 premiers jours du mois qui suit la date de départ, pour la partie du trimestre écoulée avant cette date.

Quelles sont les prestations ?

Les caisses mutuelles agricoles servent à leurs adhérents, en cas de maladie, d'invalidité, d'accident, de maternité et de décès, les prestations prévues par leurs statuts.

Une assurance maladie. Peuvent bénéficier de l'assurance maladie :
– l'assuré lui-même ;
– son conjoint à condition qu'il ne bénéficie pas d'un autre régime de Sécurité sociale ou qu'il ne tire pas un revenu d'une activité professionnelle non salariée ;
– les personnes titulaires de certaines pensions, rentes ou allocations attribuées au titre du régime agricole des assurances sociales ;
– les titulaires d'une rente d'accident de travail agricole ;
– les titulaires de pensions d'orphelins des assurances sociales agricoles, mais uniquement ceux de père et de mère ayant abandonné leurs droits à pension d'orphelins.

Quelles sont les prestations ?

Elles sont de deux ordres :
– la couverture des frais de médecine générale et spécialisée, des frais de soins et de prothèses dentaires, des frais pharmaceutiques et d'appareils, des frais d'analyse et d'examens de laboratoire, des frais d'hospitalisation et de traitement dans les établissements de cure et des frais de transport, ainsi que des frais d'intervention chirurgicale nécessaires pour l'assuré et les membres de sa famille ;

– l'octroi d'indemnités journalières à l'assuré qui se trouve dans l'incapacité physique, constatée par le médecin traitant, de continuer ou de reprendre son travail.

Une assurance maternité. Peut en bénéficier la femme qui est assurée personnellement ainsi que la femme dont le conjoint est assuré à condition de remplir les conditions de travail salarié et d'immatriculation.

Quelles sont les prestations ?

Sont remboursés les frais entraînés par les examens médicaux, les frais de pharmacie avant l'accouchement et l'accouchement lui-même. Une indemnité journalière de repos est attribuée aux femmes immatriculées *personnellement.* Pour bénéficier de l'assurance maternité, il faut fournir un certificat de grossesse, subir les quatre examens prénataux dans les délais impartis, se soumettre au contrôle médical, respecter les formalités exigées pour l'assurance maladie et envoyer à la caisse un certificat d'accouchement.

Une assurance invalidité. Concédée à titre temporaire, la pension est proportionnelle à un salaire annuel moyen correspondant aux cotisations afférentes aux 10 meilleures années précédant la date de l'accident ou le point de départ des indemnités journalières. Le montant est de 30 ou 50 % de ce salaire selon que l'intéressé est capable ou non de travailler. Elle ne peut en aucun cas être inférieure au minimum légal.

Une assurance décès. Elle est semblable à celle du régime général. Son montant est donc égal à 90 fois le gain journalier de base.

Une assurance vieillesse. L'assuré peut bénéficier d'une pension complète à 60 ans, s'il a cotisé 40. La pension est calculée en fonction du salaire annuel moyen de base, de la durée d'assurance et de l'âge de la retraite. Une pension proportionnelle est prévue pour les assurés qui n'ont pas cotisé pendant la durée maxima.

L'AMEXA (ASSURANCE MALADIE, MATERNITÉ, INVALIDITÉ DES EXPLOITANTS AGRICOLES)

C'est *l'assurance des personnes non salariées.* L'assurance obligatoire maladie, maternité, invalidité des exploitants agricoles, concerne toutes les personnes qui exercent ou ont exercé une activité *non* salariée ainsi leur conjoint et leurs enfants à charge, sur le territoire métropolitain.

Quelles sont les personnes assujetties obligatoirement ?

Certaines conditions doivent être remplies par l'assujetti, et d'autres par l'exploitation ou l'entreprise agricole.

Conditions relatives à l'exploitation. Elle doit être située sur le territoire métropolitain (des dispositions particulières s'appliquent aux territoires d'outre-mer). L'activité exercée dans cette exploitation doit être destinée à la production de produits agricoles. Sont considérées comme telles les exploitations d'élevage, de dressage, d'entraînement, de haras, les « exploitations effectuant des travaux d'abattage, d'ébranchage, de lançage, de schlittage, de transport en forêt, et lorsque ceux-ci sont effectués sur le parterre de la coupe, des travaux de débit, de façonnage, d'écorçage, et de carbonisation », les entreprises de battage et de travaux agricoles, les entreprises de toute nature se rattachant à des exploitations agricoles, forestières, à la condition que l'exploitation agricole constitue le principal établissement.

Conditions relatives aux personnes. Sont assujettis :
– les chefs des exploitations agricoles ou des entreprises remplissant les conditions énoncées ;
– les aides familiaux (ascendants, descendants, frères, sœurs, alliés au même degré), s'ils sont âgés de plus de 16 ans et s'ils ne sont pas salariés ;
– les membres de sociétés agricoles quelle que soit la dénomination de ces sociétés ;
– les titulaires de l'allocation vieillesse, les anciens exploitants et leur conjoint, titulaires de la retraite vieillesse ;
– les titulaires de l'attestation provisoire ouvrant droit à l'IVD ;
– le conjoint et les enfants âgés de moins de 16 ans (20 ans s'ils poursuivent des études autres que celles qui donnent droit au régime d'assurance maladie étudiant) ou qui, par suite d'infirmité ou de maladie chronique, sont dans l'impossibilité de se livrer à une activité rémunératrice.

L'affiliation

L'organisme assureur doit être situé dans le département où se trouve l'exploitation ou l'entreprise. Selon la loi du 25 janvier 1961, l'organisme assureur peut être : la caisse de mutualité sociale agricole, les caisses de réassurances mutuelles agricoles, les sociétés mutualistes régies par l'ordonnance de 1945, les compagnies privées d'assurances.
C'est le chef de l'exploitation ou de l'entreprise agricole qui doit accomplir les formalités d'affiliation. Il doit le faire dans les 30 jours qui suivent la date à laquelle il remplit les conditions pour être assujetti. Au bulletin d'adhésion à l'organisme assureur, il faut joindre une fiche d'état civil. L'affiliation est valable

pour l'année civile en cours et les 2 années suivantes. L'assuré reçoit une carte d'immatriculation, après avoir payé une cotisation dont le montant est fixé annuellement par décret. Si les cotisations ne sont pas versées dans les 2 mois qui suivent leur date d'exigibilité, elles sont majorées de 10 %.

Les prestations

Les assujettis à l'AMEXA sont assurés à l'égard de la maladie, la maternité, l'invalidité.

Assurance maladie. Certaines dépenses sont exclues du droit aux prestations. Ce sont :
– les dépenses occasionnées par des accidents de la vie privée. Cependant, les accidents survenus aux enfants de moins de 16 ans ou assimilés et aux titulaires d'une retraite ou d'une allocation de vieillesse agricole n'exerçant pas d'activité professionnelle, sont pris en charge ;
– les dépenses couvertes à un autre titre que l'AMEXA ou occasionnées par des accidents du travail et des maladies professionnelles.

L'assurance maladie n'est tenue de couvrir l'assuré que pour les dépenses nécessaires ; les frais occasionnés par des soins non destinés à traiter une affection ne peuvent en aucun cas être remboursés. Les *frais pris en charge* sont ceux d'actes médicaux effectués par des docteurs en médecine, chirurgiens, dentistes, sages-femmes ; les frais en établissement de soins publics, à la condition que l'établissement soit régulièrement autorisé à fonctionner par le ministère.

Assurance maternité. Peuvent bénéficier de l'assurance maternité toutes les femmes assujetties à l'AMEXA, la femme du chef d'exploitation ou de l'aide familiale, les titulaires d'une pension de l'AMEXA, la femme et la fille d'un assujetti sous les drapeaux lorsque l'assuré remplissait au moment de son départ sous les drapeaux les conditions ouvrant droit à ces prestations. La couverture partielle des frais de remplacement de la femme de l'agriculteur qui, prenant part de façon constante aux travaux de l'exploitation, est empêchée de les accomplir pour raison de maternité, est également prévue.

Sont pris en charge au titre de l'assurance maternité les examens médicaux avant et après l'accouchement, les frais de pharmacie avant l'accouchement, l'accouchement lui-même. Certaines *formalités* doivent être accomplies :
– l'envoi à l'organisme d'affiliation d'un certificat de grossesse ;
– subir les examens prénataux et l'examen postnatal ;
– se soumettre pendant la grossesse à un contrôle médical ;
– envoyer à l'organisme d'affiliation un certificat d'accouchement.

Assurance invalidité. Peuvent seuls en bénéficier les chefs d'exploitation ou d'entreprise, les aides familiaux, les membres des sociétés d'exploitation ou d'entreprises agricoles. Les conjoints, sauf ceux assimilés à des chefs d'exploitation, et enfants de moins de 16 ans ou assimilés ne peuvent pas bénéficier de l'assurance invalidité. L'assuré bénéficiaire doit être âgé de moins de 60 ans. L'assuré doit être reconnu totalement inapte à la profession agricole à la suite d'une maladie pour laquelle des prestations ont été attribuées.

L'affiliation volontaire à l'AMEXA

Peuvent s'assurer volontairement auprès d'un organisme habilité à gérer l'AMEXA les personnes qui résident en France et qui ne relèvent pas du régime obligatoire de l'AMEXA.

L'ASSURANCE VIEILLESSE

Qui peut en bénéficier ?

Ce sont les chefs d'une exploitation ou entreprise agricole au moins égale ou équivalente à l'exploitation type ; ce sont aussi leurs conjoints à condition qu'ils vivent sur l'exploitation et participent aux travaux.

Quelles sont les prestations ?

Pour avoir droit aux prestations, qui sont de deux sortes, le requérant doit avoir 60 ans (en cas d'inaptitude définitive, médicalement reconnue, la retraite peut être versée même si la durée d'assurance n'est pas remplie), avoir exercé une activité agricole et cotisé pendant au moins 150 trimestres.
Cette retraite comprend :
– une retraite forfaitaire dont le montant est égal à celui de l'allocation aux vieux travailleurs salariés (AVTS) ;
– une retraite proportionnelle déterminée selon le nombre de points de retraite et le nombre d'années de cotisations acquittées.

LES ACCIDENTS DU TRAVAIL ET MALADIES PROFESSIONNELLES

Les salariés agricoles

Donnent droit aux indemnités concernant les accidents du travail, au profit de la victime et payées par la caisse, les accidents et maladies professionnelles survenus par le fait du travail ou à l'occasion de celui-ci *aux ouvriers, aux employés, et aux domestiques* occupés dans les exploitations agricoles de quelque nature qu'elles soient.

L'accident de trajet est-il un accident du travail ?

Oui, car « est considéré comme un accident du travail, l'accident survenu à un travailleur ayant la qualité de salarié, pendant le trajet de la résidence au lieu de travail, et vice versa dans la mesure où le parcours n'a pas été interrompu ou détourné pour un motif dicté par l'intérêt personnel ou indépendant de l'emploi » (article 1148 du Code rural).

Que faut-il entendre par maladies professionnelles ?

Ce sont celles qui sont mentionnées aux tableaux établis ou révisés par des règlements d'administration publique pris après avis de la commission d'hygiène industrielle et d'une commission supérieure des maladies professionnelles.
(*Voir, en annexes, la liste des maladies professionnelles indemnisables.*)

Les exploitants agricoles

La loi du 22 décembre 1966 a créé une obligation d'assurance pour les exploitants. Cette assurance s'applique non seulement aux accidents du travail et aux maladies professionnelles, mais encore aux accidents « de la vie privée ». Cette assurance est destinée à couvrir les frais médicaux, chirurgicaux, de pharmacie ainsi que le paiement des pensions d'invalidité permanente. Elle est financée par les cotisations ou primes que paient les intéressés.

L'affiliation

La liberté du choix de l'organisme assureur permet de s'assurer, soit auprès d'une société d'assurance, soit auprès de la caisse de mutualité sociale agricole. Un double du contrat ou du bulletin d'adhésion doit être remis au chef d'exploitation.

Quelles sont les prestations ?

L'assurance doit « couvrir les dommages résultant des accidents qui sont survenus et des maladies professionnelles qui ont été contractées pour quelque cause que ce soit à l'exclusion de la faute intentionnelle de la victime, dans l'exercice d'une profession agricole non salariée, ou dans la vie privée, pendant la période de validité du contrat ou de l'affiliation éventuellement prolongée sous certaines conditions pour les maladies professionnelles ».
L'accident doit être déclaré dans un délai de 21 jours à partir du moment où l'on en a eu connaissance. Les prestations donnent droit au remboursement des frais pendant toute la durée de la maladie ou de l'accident. Ces frais sont médicaux, chirurgicaux, de pharmacie, d'hôpital, d'appareils de prothèse ou orthopédiques, de réadaptation fonctionnelle, de rééducation professionnelle, de transport de la

victime entre le lieu de l'accident et son domicile ou l'établissement de soins le plus proche, le cas échéant les frais de séjour du tiers dont la présence est nécessaire à la victime en raison de son âge ou de son état.
L'assuré a droit à une *pension d'invalidité* si l'inaptitude totale à l'exercice de la profession agricole est due pour moitié au moins à l'accident ou à la maladie professionnelle. Si la victime, par suite « d'aggravation de son état dont l'origine est imputable à l'accident ou à la maladie professionnelle, devient à nouveau totalement inapte à l'exercice de la profession agricole, le service des arrérages est repris à compter du point de départ de cette inaptitude ».

IV – Le régime des ministres des cultes
(loi du 2 janvier 1978)

Tous les cultes, congrégations, collectivités religieuses, sont dorénavant couverts contre le risque maladie et maternité (caisse mutuelle d'assurance maladie des cultes, CAMAC en abrégé), ainsi que pour l'assurance vieillesse et l'invalidité (caisse mutuelle d'assurance vieillesse des cultes, ou CAMAVIC).

V – Les militaires

Les militaires bénéficient du régime des pensions et des prestations de la Sécurité sociale prévues par le Code des pensions militaires et le Code de la Sécurité sociale.
Ils peuvent également accéder aux soins du service de santé des armées.

7

LE RÈGLEMENT DES LITIGES DE SÉCURITÉ SOCIALE

Toutes les difficultés nées entre un assuré social et un organisme de Sécurité sociale sont susceptibles de recours contentieux et relèvent d'un contentieux général ou de contentieux spéciaux.

I – Le contentieux général de la Sécurité sociale

Il concerne tous les litiges auxquels donne lieu l'application des législations et réglementations de la Sécurité sociale et de la Mutualité sociale agricole qui ne relèvent pas, de par leur nature, d'un contentieux spécial. Par exemple, pour les assurés : affiliation ou refus d'affiliation, caractère professionnel ou non de la maladie ou de l'accident, contestation des prestations, rééducation, faute inexcusable (victime ou employeur), faute intentionnelle, etc. ; pour les employeurs : taux et assiette des cotisations, majorations de retard, remboursement des prestations, etc. ; pour les organismes : différends avec bénéficiaires ou employeurs, etc.

Toute contestation (d'un employeur ou d'un assuré) doit être portée devant une commission de recours amiable composée de membres délégués du conseil d'administration de la caisse intéressée.

La réclamation doit être adressée, par écrit, dans le délai de 2 mois suivant la décision contestée.

Si la commission de recours amiable ne parvient pas à concilier la caisse et l'assuré, celui-ci peut porter le litige devant le Tribunal des Affaires de Sécurité sociale. Si le litige pose un problème d'affiliation entre régime agricole et régime général, il comporte 4 assesseurs (2 professions agricoles, 2 non agricoles).

Il en est de même s'il s'agit d'un problème d'affiliation à une caisse vieillesse des non-salariés : il y aura 4 assesseurs relevant de chacune des organisations autonomes.

Le recours devant le Tribunal des Affaires de Sécurité sociale doit être intenté dans le délai de 2 mois à compter de la date de la notification de la décision prise par la commission de recours amiable.

La décision du Tribunal des Affaires de Sécurité sociale est susceptible d'appel dans un délai d'un mois à compter de la notification devant la cour d'appel si le litige est indéterminé ou porte sur une somme supérieure à 3 830 € (sauf s'il s'agit d'une demande de remise de majorations de retard). En matière de CSG ou de CRDS, l'appel est toujours possible.
Un pourvoi en cassation est enfin ouvert, soit contre les décisions rendues en dernier ressort par le Tribunal des Affaires de Sécurité sociale : litiges portant sur une somme inférieure à 3 830 € ou concernant une remise de majorations de retard, soit contre les arrêts de la cour d'appel.
Le pourvoi doit être effectué dans les 2 mois de la notification de la décision.

II – Les contentieux spéciaux

Contentieux technique. S'il s'agit d'un litige relatif à l'état et au degré d'invalidité en cas de maladie ou d'accident de droit commun ou dépendant du régime agricole, ou s'il s'agit d'une contestation relative à l'état d'incapacité permanente de travail et notamment du taux de cette incapacité en matière d'accident du travail ou maladie professionnelle, ou enfin un refus ou une suppression totale ou partielle de l'allocation d'éducation spéciale, il y a lieu de saisir la commission régionale d'invalidité ou d'incapacité permanente (ou d'inaptitude au travail).
La commission est saisie dans le délai de 2 mois à compter de la date de la notification de la décision de la caisse. Cette décision peut faire l'objet d'un appel dans le délai de 1 mois devant la commission nationale technique.
Le pourvoi en cassation contre la décision de cette commission doit être introduit dans un délai de 2 mois. Les contestations relatives à l'incapacité de travail des salariés agricoles, ou l'état d'inaptitude dans ce même régime, sont susceptibles d'appel devant la commission nationale d'invalidité. L'appel doit être introduit dans le délai de 1 mois à compter de la notification de la décision prise par la commission régionale précitée.
L'arrêt de la commission nationale d'invalidité peut faire l'objet du pourvoi en cassation dans le délai de 2 mois.
Enfin les contestations en matière de tarification des cotisations d'accidents du travail sont portées devant la commission nationale technique, dans les 2 mois de la notification de la décision de la caisse régionale.
Cette commission statue en premier et dernier ressort ; seule voie de recours, le pourvoi en cassation dans les 2 mois.

Contentieux médical. En cas de contestations sur l'état du malade, lorsque le contrôle médical n'est pas d'accord sur le traitement prescrit, le litige est soumis à un médecin expert nommé conjointement par le médecin traitant et le médecin

conseil ou, à défaut d'accord, désigné par le directeur départemental des affaires sanitaires et sociales.
L'expert procède à un examen et donne un avis technique, qui est obligatoire et non susceptible de recours.

Contentieux relatif aux fraudes, fautes et abus, des praticiens et auxiliaires médicaux. Pour l'observation de la réglementation concernant les médecins, sages-femmes, auxiliaires médicaux, chirurgiens-dentistes, pharmaciens, il convient de saisir en première instance le conseil régional de l'ordre compétent dans le délai de 1 an de la date où le plaignant a eu connaissance des faits.
L'appel est porté devant le conseil national de l'ordre compétent et le pourvoi en cassation devant le Conseil d'État.
En cas de litige concernant le droit permanent et le dépassement de tarifs, il y a lieu de saisir la commission paritaire départementale ou nationale (en cas de défaillance de la première ou sur appel).
Le pourvoi en cassation est porté devant le Conseil d'État.

Contentieux administratif. Pour la mise en jeu de la responsabilité des administrations, le cas échéant, il convient de suivre les procédures applicables en droit administratif (tribunal administratif, Cour administrative d'appel et Conseil d'État).

8

LES RÉGIMES COMPLÉMENTAIRES (LA RETRAITE)

I – La généralisation de la retraite complémentaire

L'affiliation de tous les salariés à un régime de retraites complémentaires est obligatoire.
En cas de contentieux, les litiges sont réglés par les juridictions de droit commun de l'ordre judiciaire.

II – Le régime de retraite et de prévoyance des cadres

Les bénéficiaires sont des cadres ou ingénieurs, les personnes exerçant des fonctions de direction, les médecins salariés, les agents de maîtrise.
Toutes les entreprises sont assujetties, à l'exception de celles possédant un régime spécial de retraite (banques, mines, EDF).

Les cotisations

Elles sont assises sur la tranche des rémunérations comprises entre le plafond des cotisations de Sécurité sociale et une limite supérieure fixée à 8 fois le plafond.

Le montant de la retraite

Il est fonction du nombre de points acquis par le bénéficiaire et de la valeur du point de retraite, fixée chaque année par le conseil d'administration de l'ARRCO (Association des régimes de retraites complémentaires).
Le (ou la) veuf (ve) ont droit à une allocation de retraite égale à 60 % des points du conjoint.

De même, les orphelins de père et de mère, âgés de moins de 21 ans, ont également droit à une allocation sur la base de 30 % des points du cadre décédé.

III – Le régime de retraite des salariés non-cadres

Les bénéficiaires sont évidemment tous les salariés non-cadres.
Toutes les entreprises doivent adhérer à une institution de retraite complémentaire (notons les principales : l'UNIRS ou Union nationale des institutions de retraite des salariés et la CNRO ou Caisse nationale de retraite des ouvriers du bâtiment. Ces régimes sont coiffés par l'ARRCO ou Association des régimes de retraites complémentaires).

Le taux des cotisations

Il est fixé à 5 % (part salariale) du salaire dans la limite d'un plafond fixé à 3 fois celui de la Sécurité sociale.

9

LE CHÔMAGE

I – Le chômage total

Notion – Législation

Il y a chômage total lorsqu'une personne qui souhaite travailler, et qui est capable de le faire, ne peut trouver d'emploi.
Depuis 1984, l'idée qui régit désormais la matière est d'organiser le régime de l'assurance chômage à deux niveaux :
– d'une part, en instituant un régime d'assurance destiné à verser aux salariés privés d'emploi une « allocation d'aide au retour à l'emploi » (ARE) dont le versement est soumis à la signature d'un plan d'aide au retour à l'emploi (PARE) ;
– d'autre part, en instituant un régime de solidarité destiné aux chômeurs n'étant plus couverts par le régime précédent.

Les anciens salariés pouvant prétendre aux prestations de l'assurance-chômage sont ceux qui ont fait l'objet d'un licenciement, qu'il soit économique ou pour faute (même grave ou lourde), d'une fin de contrat à durée déterminée, mais non ceux qui ont démissionné.

Assurance chômage

Les revenus de remplacement prennent la forme d'une allocation dite de base, ou d'une allocation de retour à l'emploi (depuis le 1er juillet 2001).

Allocation de base. Elle constitue la prestation normale du chômage. Pour en bénéficier, il faut :
– une rupture involontaire du travail ;
– une durée d'appartenance au régime des salariés égale à 182 jours ;
– être âgé de moins de 60 ans ;
– être inscrit comme demandeur d'emploi.

L'allocation journalière comprend une partie fixe et une partie variable. La partie variable est de 40,4 % du salaire de référence, salaire déterminé en fonction du salaire journalier versé durant les 12 derniers mois ayant précédé la rupture du contrat de travail. En tout état de cause, l'allocation journalière ne peut excéder 75 % du salaire de référence, ni être inférieure à 57,4 %.
L'allocation ainsi versée est dégressive. Pour les chômeurs de moins de 50 ans, cette dégressivité intervient tous les 6 mois à un taux de 83 % de l'allocation précédente. Pour ceux qui ont entre 50 et 55 ans, le taux est de 85 % de l'allocation précédente.
Quand le bénéficiaire est âgé d'au moins 55 ans, le taux de dégressivité est de 92 %.

Le PARE (Plan d'Aide au Retour à l'Emploi). Le PARE et le PAP (Projet d'Action Personnalisé) qui l'accompagne s'appliquent aux chômeurs à compter du 1er juillet 2001. Le travailleur privé d'emploi doit élaborer, avec l'ANPE, un projet d'action personnalisé (PAP) qui définit les mesures d'accompagnement auxquelles il doit participer (évaluations, entretiens, formation) et les types d'emplois qui lui correspondent. Au bout de 6 mois, si le chômeur n'a pas retrouvé d'emploi, le PAP est réactualisé, toujours avec accompagnement personnalisé.
Ce système permet aux chômeurs de percevoir les allocations sans dégressivité.
Des contrôles sont exercés pour vérifier que le demandeur d'emploi effectue bien des recherches afin de retrouver du travail.

Le régime de solidarité

Il institue deux types d'allocations nouvelles.

Allocation d'insertion. Elle peut être attribuée aux personnes qui recherchent un emploi, sont aptes au travail, âgées de moins de 60 ans qui justifient de références de travail insuffisantes pour être indemnisées par le régime d'assurance au-delà d'une certaine durée et qui bénéficient de ressources inférieures à un certain plafond.
En outre, ont droit à cette allocation : les rapatriés, les apatrides ou étrangers réfugiés, les salariés victimes d'accident du travail et les détenus libérés.
L'allocation peut être versée pendant 1 an, par périodes de 6 mois, où est examinée la situation de l'intéressé(e).
Elle ne peut être octroyée que si l'intéressé(e) dispose de ressources inférieures à un plafond mensuel.

Allocation de solidarité spécifique (ASS). Elle remplace le secours exceptionnel destiné à aider les chômeurs de longue durée. Elle interviendra donc à l'épuisement de la période d'assurance chômage donnant lieu à indemnisation.
Pour en bénéficier, les salariés doivent :

– justifier de 5 ans d'activité salariée dans les 10 ans précédant le chômage ;
– démontrer qu'ils sont à la recherche d'un emploi ;
– avoir des ressources inférieures à 70 fois le montant journalier ;
– être âgés d'au moins 50 ans ;
– être apte au travail.

Les droits à la Sécurité sociale

Pour tous les chômeurs. Le chômeur indemnisé conserve tous ses droits à la Sécurité sociale et notamment l'assurance maladie et maternité.
Ces droits sont maintenus pendant 1 an après la fin de l'indemnisation.

Pour les salariés privés qui créent une entreprise. La loi prévoit des mesures en faveur des salariés chômeurs qui créent ou reprennent une entreprise. Les conditions pour bénéficier de ces mesures sont les suivantes :
– être un salarié reprenant ou créant une entreprise industrielle, artisanale, commerciale ;
– agir, soit à titre individuel, soit par une société ou une société coopérative ouvrière de production ;
– détenir individuellement, ou collectivement, au minimum la moitié du capital social, ou bien être dirigeant de la société et détenir le tiers du capital social.

Une demande préalable est obligatoire auprès du directeur départemental du Travail et de l'Emploi ou du chef du service départemental du Travail et de la Protection sociale agricole.
Ces derniers délivrent alors une attestation de « salarié privé d'emploi créateur d'entreprise ».
Quels sont les avantages de cette procédure ? Tout d'abord l'attestation délivrée aux salariés permet le maintien des prestations afférentes au chômage.
Elle permet également la continuation de l'application aux régimes dont ils dépendent pendant les 6 premiers mois de leur nouvelle activité.
Enfin et surtout, outre le fait d'exercer une activité de son choix, cela permet à son bénéficiaire d'être dispensé pendant cette même période de 6 mois des cotisations afférentes aux différentes assurances et aux allocations familiales.

II – Le chômage partiel

Il diffère du chômage total en ce que les relations du travail sont maintenues entre l'employeur et le salarié. Cependant, l'employeur n'assure plus au salarié qu'un nombre d'heures inférieur à la durée légale du travail hebdomadaire.
Les victimes de ce fléchissement d'activité ont vocation à diverses allocations.

Les allocations spécifiques à la charge de l'État

Elles sont dues en cas de fermeture temporaire de l'établissement ou de réduction de l'horaire de travail, si ces événements sont imputables à :
– la conjoncture économique ;
– un sinistre ;
– des difficultés d'approvisionnement ;
– des intemperies exceptionnelles ;
– une transformation, restructuration de l'entreprise ou toute autre circonstance exceptionnelle.

Leur montant s'élève à 2,44 €. Le contingent d'heures indemnisables pour privation partielle d'emploi est actuellement de 600 heures.
Enfin, elles sont versées par l'employeur qui se fait rembourser ensuite.

Les indemnités conventionnelles complémentaires

Les conditions d'octroi sont à peu près identiques aux allocations précédentes. Le montant horaire correspond à peu près à 50 % du salaire brut perdu, diminué du montant des allocations spécifiques.
Le contingent annuel d'heures est le même que pour les précédentes allocations.
Enfin le versement est en principe à la charge de l'entreprise concernée, mais la prise en charge par l'État est acquise et égale à 50 %, 70 %, 80 % ou même 100 % du montant versé, selon les secteurs.

10

L'AIDE SOCIALE

Comme on l'a vu dans les indications générales en tête du présent chapitre, l'aide sociale est attribuée à des personnes qui n'ont jamais fourni de cotisations correspondantes : c'est une aide bénévole de la société. Mais elle peut être attribuée – parfois – en plus des allocations de Sécurité sociale.

I – Les différentes formes de l'aide sociale légale

L'AIDE MÉDICALE

Depuis l'entrée en vigueur de la CMU (Couverture Maladie Universelle), l'aide médicale ne concerne plus que les étrangers en situation irrégulière et les personnes non résidentes accueillies à titre humanitaire. Elle permet de recevoir soit à domicile, soit dans un établissement hospitalier, à la charge totale ou partielle du service de l'aide médicale, les soins que nécessite l'état de la personne qui sollicite l'aide médicale.

L'attribution de cette aide n'est subordonnée à aucun plafond de ressources, l'admission est possible dès lors que les dépenses de soins que doit supporter l'intéressé paraissent hors de proportion avec ses ressources, et que lesdits soins ne sont pas pris en charge à un autre titre. L'aide médicale tend à satisfaire un besoin de soins.

Les conditions d'admission sont essentiellement relatives à la nature des soins, à leur caractère actuel et à la preuve de leur besoin.

La nature des soins est en principe indifférente : maladie, blessures, examens préventifs, convalescence, traitement de désintoxication éthylique, aide aux femmes en couches, aide aux malades mentaux et aux tuberculeux, contraception et interruption volontaire de grossesse.

Il n'est pas nécessaire d'être déjà malade pour demander l'aide médicale, puisque celle-ci peut couvrir des actes préventifs. Mais le besoin de soins doit déjà exister.

La preuve est apportée par un certificat médical (en cas d'hospitalisation) ou par l'indication du nom du médecin traitant. La demande d'aide médicale doit être effectuée auprès d'une caisse primaire d'assurance maladie, d'un centre communal d'action sociale ou d'une association agréée à cet effet. Ces organismes transmettent le dossier à la CPAM. L'admission est accordée, pour un an, par le préfet ou le directeur de la CPAM.
Les prestations d'aide médicale sont de quatre sortes.

La prise en charge des soins à domicile. Il s'agit, entre autres, des visites et consultations, des soins donnés par des auxiliaires médicaux, des traitements spéciaux, des produits pharmaceutiques, des médicaments et objets contraceptifs, etc.
Les malades ont le libre choix de leur médecin à condition que celui-ci soit inscrit sur la liste des praticiens ayant accepté les conditions du règlement départemental d'aide médicale (ce choix ne peut en principe être modifié avant 1 an). Quant au pharmacien, le libre choix est total (sauf à Paris).
Les prestations sont à peu près semblables à celles de la législation de Sécurité sociale. Cependant la liberté thérapeutique est limitée par un plus grand nombre de cas d'entente préalable (sauf cas d'urgence).
Les honoraires médicaux et paramédicaux sont ceux applicables dans chaque département aux assurés sociaux. Ils sont payés directement aux praticiens. De même les frais pharmaceutiques et de prothèse sont réglés directement aux fournisseurs.
L'aide médicale à domicile est l'un des cas où l'aide sociale peut venir en complément de la Sécurité sociale. Les assurés sociaux en bénéficient, en effet, s'ils n'ont pas les moyens de payer le ticket modérateur.

La prise en charge des soins hospitaliers. Les communes sont rattachées par le préfet à un établissement hospitalier public déterminé d'après le secteur géographique et la nature des soins.
Il n'existe donc pas le libre choix de l'hôpital, sauf en cas de force majeure (accident de la route, etc.), traitement spécial ou manque de place. En outre, le malade ne doit être hospitalisé que s'il est impossible de le soigner à domicile.
Il n'existe pas de limitation quant à la nature des soins, mais un contrôle est établi quant à la durée de l'hospitalisation. Comme en matière d'aide à domicile, le remboursement des frais se fait directement à l'établissement, sur production de mémoires présentés tous les mois.
Pour les hospitalisés, l'aide médicale ne règle que le prix de la journée, à l'exclusion des honoraires médicaux.
Pour les assurés sociaux, la Sécurité sociale verse sa participation aux frais. L'aide sociale intervient donc par surcroît.

Nota. L'Administration doit conserver le secret de l'admission pour les femmes enceintes ou récemment accouchées (sauf cas spéciaux comme la recherche de paternité).

L'allocation d'aide médicale. Les malades dont la situation est particulièrement difficile peuvent toucher une allocation mensuelle pendant la durée de leur maladie. Elle est plus élevée en cas d'aide à domicile que d'aide hospitalière.
Pour en bénéficier, il faut avoir au moins 15 ans, ne pas pouvoir travailler à cause de la maladie, et bénéficier de l'aide médicale depuis au moins 3 mois.

La prise en charge des cotisations d'assurance maladie et maternité. L'intéressé qui ne peut assumer la charge des cotisations d'assurance volontaire (devenue assurance personnelle depuis le 2 janvier 1978) peut en demander la prise en charge par l'aide sociale. Elle peut être assurée par l'aide médicale.

L'AIDE AUX PERSONNES HANDICAPÉES

Cette aide concerne les adultes ou les mineurs handicapés (de moins de 15 ans).

Carte d'invalidité. Elle a pour but de constater l'état d'un grand infirme et certaines conséquences de son état. Elle n'est attribuée qu'aux infirmes ayant au moins 80 % d'incapacité permanente.
L'infirmité résultant d'un défaut de vision donne lieu à la mention canne blanche ou cécité, selon que la vision est inférieure à 1/10 ou 1/20 de la vision normale.
Cette carte délivrée par le préfet et attribuée à titre définitif ou pour une durée limitée procure un droit de priorité dans les transports en commun, et certains avantages en matière de taxes fiscales et d'impôts.

Allocation compensatrice. Cette allocation est attribuée au handicapé qui présente une incapacité permanente d'au moins 80 % et qui se trouve dans un état nécessitant l'aide d'une tierce personne pour les actes essentiels de la vie courante, ou exerce une activité professionnelle lui imposant des frais supplémentaires.
L'allocation est calculée dans la limite d'un plafond de ressources : le plafond fixé pour l'allocation aux adultes handicapés augmenté du montant de l'allocation compensatrice accordée. Ce dernier montant est déterminé par référence aux majorations accordées aux invalides du 3e groupe. Il varie selon la nature et la permanence de l'aide ou l'importance des frais supplémentaires exposés.

Prestations en nature

Les placements. Pour un enfant ou un adolescent, le placement peut se faire dans des établissements d'éducation spéciale et professionnelle. Les parents doivent alors verser à ces établissements au moins les allocations familiales. Pour les adultes, il s'effectue dans des établissements de rééducation ou de reclassement (ateliers protégés, centre d'aide par le travail) ou encore dans des établissements d'accueil, de soins, d'hébergement ou placements familiaux. Ainsi, les infirmes aptes à un certain travail peuvent être envoyés dans un centre de rééducation pro-

fessionnelle, après quoi ils reprennent leur place dans la société ou sont envoyés dans un centre d'assistance, où ils exerceront le métier qu'ils ont appris.
Le centre retient une partie de leur gain à titre de pension, l'aide sociale n'intervient qu'à titre complémentaire.
Mais la contribution demandée à l'intéressé ne peut faire descendre ses ressources au-dessous d'un minimum.

L'aide ménagère. Cette prestation est accordée aux personnes handicapées demeurant à leur domicile. Elle est semblable à celle prévue pour les personnes âgées (*cf.* L'aide aux personnes âgées).

L'aide aux personnes âgées

Cette aide est accordée aux personnes âgées de 65 ans (ou 60 ans en cas d'inaptitude au travail) et plus, qui ne bénéficient d'aucune retraite, n'ayant cotisé à aucune caisse de retraite durant leur vie et n'ayant pas droit à une pension de réversion. Cette aide se concrétise par des prestations en nature.

Aide ménagère. L'aide sociale peut, soit fournir une aide ménagère à domicile, soit verser une allocation représentative de services ménagers. Le montant de cette allocation est fixé à 60 % du coût des services ménagers ou 30 heures d'aide ménagère par mois. Les ressources du bénéficiaire ne doivent pas excéder un certain seuil.

Foyers restaurants. L'aide sociale peut prendre en charge les frais de repas (pris dans un établissement agréé par arrêté préfectoral) des personnes âgées assistées.

Placement en établissements publics ou privés ou chez des particuliers. En cas de placement en établissement, la personne âgée participe aux frais de séjour selon ses ressources, et l'aide sociale apporte le complément.
Toutefois l'intéressé doit conserver au moins 10 % de ses ressources au titre « d'argent de poche ».
Si l'entretien est intégralement pris en charge par le service d'aide sociale, celui-ci doit verser à l'assisté un minimum réglementaire.
Lorsque la personne âgée est placée dans une famille, cette dernière touche une pension pour son entretien. Cette pension est au moins égale au montant de l'allocation simple à domicile.
La personne âgée a droit à de l'argent de poche, dans les mêmes conditions que pour un placement en établissement.

Nota. Dans certaines communes, il existe des « résidences pour personnes âgées ». Elles sont destinées aux personnes âgées disposant de quelques ressources. Ils doivent en effet verser un prix de journée qui comprend le logement, le gaz, l'électricité, les frais de surveillance générale et d'infirmière. Ils conservent leurs ressources au-delà de ce prix de journée et vivent comme chez eux (consulter les mairies sur l'existence de ces résidences, ou les « points émeraude » dans les établissements hospitaliers).

II – Procédure d'admission à l'aide sociale

La procédure n'est pas toujours la même mais il convient de commencer par s'adresser à la mairie du lieu de résidence. Celle-ci donnera les indications nécessaires et remettra au demandeur des formulaires à remplir. Toute demande donne lieu à l'établissement d'un dossier général sur lequel sont portés des renseignements concernant la situation de l'intéressé (état civil, situation familiale, ressources, charges, etc.) ; on établit une formule particulière selon la forme d'aide sollicitée. À ces éléments sont jointes des pièces justificatives.

La demande doit être signée du demandeur lui-même, ou de son représentant légal pour un mineur ou incapable. Lorsque le dossier de la demande est complet, il est transmis au bureau d'aide sociale qui vérifie l'ensemble des documents. Le bureau d'aide sociale peut envoyer un visiteur-enquêteur chez le demandeur pour obtenir les documents éventuellement manquants.

Dans le délai de 1 mois à compter de la date à laquelle a été faite la demande, le bureau d'aide sociale transmet le dossier au préfet (service départemental d'aide sociale) aux fins d'instruction. Puis le préfet formule une proposition de décision et remet le dossier à la commission d'admission aux fins de décision.

La décision de cette commission est notifiée à toutes les personnes qui sont en cause : le demandeur, mais également les débiteurs d'aliments, par l'intermédiaire de la mairie.

Un recours est possible devant la commission départementale d'aide sociale. Il doit être exercé dans le délai de 1 mois à compter de la notification de la décision de la commission d'admission.

Enfin, la décision de la commission départementale d'aide sociale est susceptible d'appel devant la commission centrale d'aide sociale, dans le délai de 1 mois.

Dans plusieurs cas très courants, comme l'aide médicale (soins à domicile et hospitalisation), l'aide aux handicapés et aux personnes âgées (hospitalisation ou placement seulement), il existe une procédure d'urgence.

En principe, c'est le maire de la résidence de l'intéressé qui prononce l'admission d'urgence. La décision du maire ou du préfet, est soumise à ratification par la commission d'admission.

La procédure suit ensuite un cours normal, mais toutes mesures ont été déjà prises pour assurer la protection du demandeur.

En cas de rejet de la demande, les frais antérieurs à la décision de rejet restent bien entendu à la charge du demandeur.

III – Les diverses formes dérogatoires de l'aide sociale

Aide sociale à l'enfance

Elle est assurée par le service départemental chargé de protéger les enfants en danger ou abandonnés.
Il prend sous sa protection provisoire :
– les enfants en garde, placés sur ordre des tribunaux ;
– les enfants recueillis temporairement pendant l'hospitalisation de leurs parents ;
– les enfants secourus que les parents ne peuvent élever et pour lesquels est versée une allocation mensuelle en vue de prévenir l'abandon ou assurer l'entretien ;
– les enfants surveillés, placés, hors du domicile de leurs parents, chez un particulier, ou confiés à une œuvre.

Il assure la tutelle des pupilles de l'État qui sont des enfants abandonnés, des enfants trouvés, des orphelins pauvres sans soutien, des enfants maltraités, délaissés.
Ces enfants sont pris en charge jusqu'à 18 ans par l'aide sociale à l'enfance, certains même jusqu'à 21 ans.
L'aide sociale à l'enfance comprend aussi le service de Protection maternelle et infantile (PMI), qui soumet à la surveillance sanitaire et sociale tous les enfants de moins de 6 ans (services de consultations, vaccinations obligatoires, visites à domicile).

Aide juridictionnelle

Elle permet aux usagers du service public de justice, démunis de ressources, d'être dispensés d'acquitter certains frais et honoraires. Elle se concrétise sous trois formes :
– par la remise des frais dus au Trésor ;
– par la dispense de l'avance ou de la consignation des autres frais ;
– par la gratuité du ministère des auxiliaires de justice (avocats, huissiers, avoués).

Elle peut ensuite comporter une aide aux familles (aide financière, intervention de travailleuses familiales, action éducative), des actions tendant à prévenir la marginalisation et faciliter l'insertion sociale des jeunes et des familles, ainsi que des actions de protection et de prévention des mauvais traitements.
La demande d'aide juridictionnelle doit comporter toutes indications utiles sur l'identité du requérant, la nature du litige ou de l'acte pour lequel l'aide est demandée. Elle est adressée au bureau d'aide juridictionnelle établi auprès du Tribunal de Grande Instance du domicile du requérant.
Le dossier de demande doit être retiré dans les mairies ou au bureau d'accueil de l'aide juridictionnelle (pour Paris, 1, quai de la Corse, dans le 4e). Selon le montant des ressources du requérant, l'aide peut être totale ou partielle.

Si elle est totale, le bénéficiaire de l'aide juridictionnelle n'a rien à débourser pour les honoraires des avocats, avoués, huissiers, etc.
Si l'aide est partielle, une partie des honoraires est prise en charge par l'État, l'autre partie – librement négociée et prévue par convention – est réglée par le bénéficiaire.

Bourses d'enseignement

Il s'agit d'aides accordées par la collectivité publique pour permettre à des enfants ou des jeunes gens dépourvus de ressources suffisantes d'engager ou de poursuivre des études. La demande formulée par le père, la mère, le tuteur ou le candidat boursier lui-même, doit comporter :
– un dossier faisant ressortir l'état civil du candidat et sa nationalité française (ou ressortissants d'états étrangers ayant signé des accords), ainsi que sa situation scolaire ou universitaire et la composition de sa famille ;
– une déclaration de ressources ;
– certaines pièces justificatives.

Elle doit être adressée aux services académiques s'il s'agit d'une bourse du second degré, au doyen ou au directeur pour les bourses d'enseignement supérieur.

SIXIÈME PARTIE

MÉTIERS, PROFESSIONS, ACTIVITÉS DIVERSES

En dehors de toute relation de travail proprement dite entre employeur et salarié, il est un grand nombre de professions, de métiers, d'activités diverses, dont l'exercice même est réglementé par la loi. Aux dispositions générales s'ajoutent parfois des dispositions plus particulières, édictées en fonction de nécessités professionnelles ou locales... (exemple : le maire peut prescrire certaines mesures temporaires de police dans sa commune...).
Qu'elles émanent du législateur ou d'une autorité à compétence plus étroite, ces réglementations se traduisent, d'une manière générale et selon les cas, par :
– une interdiction totale d'exercice ;
– l'exigence d'une déclaration, ou d'une autorisation préalable à l'exercice d'une activité ou à l'ouverture d'un établissement ;
– l'obtention de brevets, certificats ou diplômes indispensables pour exercer une profession ou exploiter un établissement.

La possession de licences, de cartes professionnelles..., peut en outre être exigée pour attester du respect de ces conditions préalables. L'ensemble de ces activités réglementées est, en effet, soumis à un contrôle plus ou moins strict, effectué par des agents de l'autorité administrative.

Activités et professions interdites. La loi interdit à quiconque d'exercer à titre privé des activités faisant l'objet de monopole de l'État : nul ne peut ouvrir et exploiter pour son propre compte une entreprise de fourniture de gaz ou d'électricité (EDF – GDF), de tabacs et d'allumettes, etc.
D'autres professions sont interdites et réprimées par la loi, dans le souci d'assurer le maintien de l'ordre public et des bonnes mœurs, comme par exemple l'interdiction du proxénétisme, du trafic de stupéfiants.

1

PROFESSIONS ET ACTIVITÉS SOUMISES À AUTORISATION OU À DÉCLARATION PRÉALABLES

Certaines activités professionnelles ne peuvent être exercées, certains établissements ne peuvent être ouverts et exploités que par des personnes ayant reçu l'autorisation de l'autorité administrative compétente. Cette autorisation peut devoir émaner du gouvernement ; mais le plus souvent, elle doit être donnée, dans chaque département, par le préfet lui-même. Au plan municipal, le maire a également le pouvoir d'accorder certaines autorisations. Il est également des cas dans lesquels une simple déclaration suffit.
L'importance et la rigueur de la réglementation applicable dépendent en fait de la nature de l'activité exercée et de l'établissement exploité : elles varient selon que ces derniers présentent des dangers plus ou moins grands pour la sécurité, la santé et la moralité publiques.
Les mesures prescrites ont essentiellement pour but de vérifier et de garantir l'aptitude morale et professionnelle de la personne intéressée, cette exigence n'impliquant pas, pour autant, de condition particulière de capacité manuelle ou intellectuelle.

I – Tourisme et loisirs

Agences et bureaux de voyages

Une autorisation administrative préalable est nécessaire pour être exploitant ou correspondant d'une agence ou d'un bureau de voyages : cette autorisation est accordée soit sous forme de licence, soit sous forme d'agrément.
Sauf dispense, l'*exploitation* d'une agence ou d'un bureau de voyages *est subordonnée à la possession d'une licence*, délivrée par le ministère du Tourisme.

Catégories de licences. La licence d'agence de voyages, ou licence de plein exercice, permet d'exercer toutes les activités suivantes, relatives aux voyages : organisation de voyages individuels ou en groupes, soit à forfait, soit à la commission ; réservation de chambres d'hôtel, réservation et délivrance de billets et titres de transport ; location de places, location de voitures privées ; organisation de visites individuelles ou en groupes, etc. La licence de bureau de voyages, ou licence limitée, ne permet d'exercer qu'une ou plusieurs, mais non la totalité, de ces activités.

Conditions d'obtention. La licence n'est accordée que si l'exploitant de l'agence ou du bureau de voyages répond aux conditions suivantes. Il doit :
– justifier de sa qualification, c'est-à-dire apporter la preuve qu'il est en possession soit d'un diplôme professionnel, soit d'une expérience professionnelle acquise dans un organisme similaire ;
– présenter toutes garanties de solvabilité et de moralité ;
– n'avoir subi aucune condamnation pénale infamante, et jouir de ses droits civils et politiques ;
– disposer d'une installation matérielle satisfaisante ;
– déposer un cautionnement.

Lorsque l'organisme est exploité par plusieurs personnes (cas des associations...), les mêmes conditions sont requises de chacun des dirigeants.
Sauf dispense, les correspondants des agences et bureaux de voyages *doivent avoir reçu l'agrément* du ministère du Tourisme.
Les demandes de licences et d'agrément doivent être déposées à la préfecture du lieu d'exploitation ; pour Paris, à la préfecture de police. Après examen, le préfet transmet le dossier au ministère du Tourisme.
Afin de réduire les risques encourus par la clientèle de certaines organisations de voyages, un projet de loi vise à obliger ces organisations à souscrire une assurance qui garantirait aux voyageurs l'exécution intégrale des prestations en cas de difficultés financières de l'agence.

Camping

La pratique du camping est libre, à condition que le propriétaire du terrain – ou celui qui en dispose habituellement (le locataire, par exemple) – donne son accord pour l'utilisation de ce terrain à usage de camping.
Cependant, d'une façon générale et sauf autorisation exceptionnelle, *le camping est interdit* :
– sur les routes et voies publiques ;
– sur les rivages de la mer ;
– autour des points d'eau destinés à la consommation publique ;
– dans les sites « classés ».

Les lieux visés dans ces deux derniers cas sont signalés par affichage dans les mairies, ou par des panneaux sur les lieux mêmes de l'interdiction.
En outre, maires et préfets peuvent interdire ou réglementer le camping dans

certaines zones et sur certains terrains. Lorsqu'il n'existe aucune interdiction et selon le nombre de personnes qu'il est disposé à recevoir sur son terrain, le propriétaire doit obtenir l'autorisation préfectorale ou faire une simple déclaration.

1. *Terrain de camping « aménagé » : autorisation préalable*

Doit demander l'autorisation au préfet du département, quiconque se propose de recevoir de façon habituelle sur son terrain *plus de 20 campeurs ou de 6 abris à la fois*[1].
Une première demande doit être adressée au maire de la commune dont dépend le terrain : elle doit indiquer le lieu d'implantation choisi pour installer le camping, les caractéristiques générales du camping, ainsi que la catégorie de classement envisagée. Le maire transmet cette demande au préfet.
Dans le cas d'une réponse favorable, l'intéressé doit fournir au maire – qui le transmet également au préfet – un dossier comportant, en 3 exemplaires, un certain nombre de pièces, notamment :
– des plans du terrain, d'une part en détail, d'autre part vu dans l'ensemble de la région avoisinante ;
– une fiche de renseignements détaillés sur les conditions prévues d'aménagement et de fonctionnement (projets d'alimentation en eau, d'éclairage, d'installations sanitaires, de drainage et d'évacuation des eaux, de clôture des installations, nombre maximum de campeurs prévu, etc.).

L'intéressé doit également indiquer à quel titre il met le terrain à la disposition éventuelle des campeurs, c'est-à-dire s'il en est propriétaire, locataire, etc.
Le préfet donne généralement sa réponse dans les 3 mois après avis des services intéressés et de la commission départementale du tourisme.
Si l'autorisation est accordée, le terrain doit faire l'objet des aménagements prévus (qui deviennent dès lors obligatoires) : il devient « terrain de camping aménagé ». Il ne peut être ouvert et exploité que lorsque les travaux et aménagements sont terminés, et lorsqu'il a été « classé ».

Classement des terrains aménagés. Les terrains de camping aménagés sont classés par catégories : 1 étoile, 2, 3 ou 4 étoiles, selon des critères d'équipement et de fonctionnement établis par le Commissariat au tourisme.
D'après ses prévisions et ses projets d'installations, c'est à l'exploitant lui-même qu'il appartient de demander au préfet, lors du dépôt de son dossier, l'appartenance à l'une ou l'autre de ces catégories. Lorsque le terrain ne correspond pas, ou plus, aux normes prescrites pour la catégorie sollicitée, ou aux prévisions indiquées lors

1. Dans certaines zones, l'autorisation préfectorale est nécessaire pour plus de 10 campeurs et de 3 abris de camping à la fois.

du dépôt du dossier, il peut faire l'objet d'un déclassement ou d'un retrait pur et simple de classement, après avis de la commission compétente du tourisme.

Dispositions diverses. Des panonceaux et insignes, autorisés ou délivrés par le ministère du Tourisme, sont apposés à l'entrée des terrains aménagés.
L'exploitant du camping doit tenir à jour un registre d'inscription des arrivées et départs des campeurs, de la même manière que tout hôtelier, logeur... (*cf.* ces activités). Lorsqu'il fournit aux campeurs certains services de consommation (vente ou distribution de denrées alimentaires, boissons...), le gestionnaire du terrain est également soumis, pour la partie débit de boissons, aux mêmes dispositions et obligations que l'exploitant de tout autre débit de boissons.

Contrôle. Des inspections sont effectuées, même inopinément, par des fonctionnaires désignés. Tout refus de visite par l'exploitant peut entraîner des sanctions (amendes...). Si l'exploitant accueille sur le terrain plus de campeurs qu'il n'avait l'autorisation d'en recevoir, ou s'il ne met pas à leur disposition toutes les installations prévues et exigées dans sa catégorie (notamment les garanties d'hygiène, de sécurité...), le préfet peut, après un 1er avertissement infructueux, ordonner la fermeture du terrain pendant 1 mois, ou plus, jusqu'à l'achèvement des travaux d'aménagement ou des réparations. Dans ce cas, l'exploitant doit demander à la préfecture l'autorisation de réouverture du terrain.

2. *Terrain non aménagé : déclaration préalable*

Lorsqu'une autorisation préalable n'est pas exigée (moins de 10 ou 20 campeurs, et de 3 ou 6 abris à la fois), toute personne qui désire mettre son terrain à la disposition habituelle de campeurs doit en faire la déclaration à la mairie de la commune dont dépend le terrain. Cette déclaration doit indiquer notamment le titre auquel l'intéressé dispose du terrain (sa qualité de propriétaire ou de locataire), ainsi que la manière dont sera assuré l'entretien du terrain.
Le maire en informe le préfet du département ; l'un et l'autre peuvent soumettre l'exploitation du terrain à des conditions particulières, ou même l'interdire.

Villages de vacances

Il s'agit d'organismes collectifs destinés à permettre aux familles de prendre des vacances dans les conditions les plus favorables possibles, en fonction de leurs besoins et possibilités matérielles et familiales.
Lorsqu'ils ne poursuivent *aucun but lucratif*, les villages de vacances bénéficient de prêts et subventions de l'État, des collectivités publiques et de la Sécurité sociale, à condition toutefois d'avoir reçu *l'agrément ministériel* nécessaire à leur installation.

La demande d'agrément doit être adressée au préfet du département dans lequel doit être implanté le village. Après examen, le préfet transmet le dossier, accompagné de son avis, au ministre qui, lui-même, le communique à une commission nationale d'agrément.
L'agrément n'est accordé que si les conditions suivantes sont remplies :
– l'organisme ne doit pas poursuivre de but lucratif et ne recourir à aucune publicité commerciale (ni pratiquer d'opérations commerciales quelconques) ;
– il doit accueillir exclusivement des adhérents et pratiquer les prix dont le maximum est fixé par arrêté ministériel[1] ;
– il doit disposer de conditions minimum d'équipement, et organiser ses services convenablement : organisation des loisirs et repas pour enfants... différents de ceux prévus pour les adultes, etc.

Lorsque ces conditions sont respectées, le ministre accorde, selon les cas :
– soit un agrément définitif ;
– soit un agrément provisoire, valable 1 an et renouvelable une fois ;
– soit un agrément de principe, pour les villages en projet.

Si les conditions exigées ne sont plus remplies, l'agrément ministériel peut être retiré, à titre provisoire jusqu'à accomplissement des aménagements nécessaires, ou à titre définitif.

Piscines

Les piscines et tous les autres établissements de bains destinés au public ne peuvent être ouverts ni exploités avant d'avoir fait l'objet d'une autorisation administrative. Cette autorisation ne peut être accordée que si l'établissement remplit certaines conditions d'hygiène et de sécurité[2], et sur avis conforme du conseil départemental d'hygiène. C'est pourquoi la demande d'ouverture, qui sera déposée à la mairie du lieu d'exploitation, doit être accompagnée d'un dossier comportant notamment :
– les plans de l'établissement avec toutes les indications nécessaires permettant de vérifier leur conformité aux règles prescrites ;
– l'avis motivé du médecin inspecteur départemental de la santé.

En cours d'exploitation, un double contrôle est exercé sur le fonctionnement des installations, la piscine étant placée d'une part sous la responsabilité du chef d'établissement, et d'autre part sous la surveillance technique d'un laboratoire agréé.

1. Les prix à pratiquer doivent faire l'objet d'une demande auprès de la préfecture avant le 15 mars de chaque année.
2. Ces conditions sont relatives aux dimensions des bassins, à la nature et à la quantité des produits utilisés pour purifier et clarifier l'eau de baignade, aux systèmes d'évacuation et de remplissage, aux installations de secours, aux cabines de bains séparées pour hommes et femmes, etc.

Lorsqu'un mauvais fonctionnement est constaté, ou lorsque l'établissement ne remplit pas ou ne remplit plus les conditions d'hygiène et sécurité, le préfet du département peut, sur proposition du maire et du directeur départemental de l'action sanitaire et sociale, mettre l'exploitant en demeure de régulariser sa situation.

En cas d'insuccès de cette mise en demeure, le préfet peut, sur les mêmes propositions et après avis du conseil départemental d'hygiène, ordonner la fermeture provisoire de l'établissement jusqu'à ce que soient réalisés les travaux ou aménagements nécessaires.

Débits de boissons

Les restaurants, bars, cabarets, clubs, dancings..., ainsi que tous les autres établissements où sont servies des boissons à consommer sur place ou à emporter, sont soumis à une réglementation très stricte, dont le but est d'une part la prévention contre l'alcoolisme, et d'autre part le maintien des bonnes mœurs et de l'ordre dans les lieux de consommation publics. La réglementation applicable à ces divers établissements est fonction notamment de la nature et de la catégorie des boissons vendues et consommées.

Différents types de boissons. Il en existe cinq catégories, selon le degré d'alcool :
– 1er groupe – boissons sans alcool : eaux minérales, ou gazéifiées, infusions, thé, café, chocolat, lait, limonades, sirops, jus de fruits ou de légumes non fermentés... ;
– 2e groupe – boissons fermentées non distillées : vin, bière, cidre, certains vins doux, jus de fruits ou de légumes fermentés ne dépassant pas 3 degrés d'alcool... ;
– 3e groupe – vins doux naturels autres que ceux du 2e groupe, apéritifs, liqueurs..., ne dépassant pas 18 degrés d'alcool pur ;
– 4e groupe – rhums, tafias, alcools provenant de la distillation des boissons du 2e groupe et ne dépassant pas 18 degrés d'alcool pur ;
– 5e groupe – toutes les autres boissons alcooliques.

1. *Ouverture d'un débit de boissons*

Déclaration. Toute personne qui désire ouvrir un café, un cabaret, etc., doit en faire, au moins 15 jours à l'avance, la déclaration par écrit à la mairie de la commune où elle désire installer son débit (pour Paris, à la préfecture). Cette déclaration doit contenir :
– les nom, prénoms, date et lieu de naissance, profession et domicile de celui qui se dispose à ouvrir le débit ;
– la situation du débit ;
– la catégorie du débit ;
– le titre auquel sera géré le débit et – si l'exploitant n'est pas propriétaire du fonds – les nom, prénoms, profession et domicile du propriétaire.

Cette déclaration donne lieu au paiement d'une taxe et à la délivrance d'un récépissé de déclaration.

Conditions de capacité de l'exploitant. Celui qui désire exploiter lui-même un débit de boisson, doit :
– être de nationalité française : l'exercice de la profession est interdit aux personnes de nationalité étrangère, à l'exception des ressortissants des pays de l'UE ;
– être majeur : l'exercice de la profession est formellement interdit aux mineurs non émancipés.

Il ne doit pas également faire l'objet d'une interdiction pour condamnation pénale, sauf réhabilitation :
– une interdiction perpétuelle d'exploiter un débit de boisson frappe les individus condamnés pour crime de droit commun ;
– une interdiction temporaire (qui peut cesser au bout de 5 ans s'il n'y a pas eu, entre-temps, nouvelle condamnation à l'emprisonnement) frappe les personnes ayant été condamnées à au moins 1 mois d'emprisonnement, notamment pour vol, escroquerie, outrage public à la pudeur, trafic de stupéfiants, etc.

Situation de l'établissement. Certaines zones sont dites « protégées », dans lesquelles il est strictement interdit d'ouvrir un débit de boissons. Ces zones sont déterminées par arrêté préfectoral, et se situent généralement dans un certain rayon autour de :
– certains édifices et établissements : édifices de culte ; cimetières ; hôpitaux, hospices, établissements de soins, de cure... ; établissements scolaires ; stades, piscines, terrains de sports ; établissements pénitentiaires ; bâtiments et lieux occupés par l'armée... ;
– zones industrielles ou commerciales : l'interdiction est décidée après avis des directions départementales du travail et de la main-d'œuvre, de l'action sanitaire et sociale, en fonction du nombre et des conditions de travail des salariés dans ces zones ;
– grands ensembles d'habitation : le préfet a la possibilité de limiter le nombre de débits autorisés en fonction du nombre d'habitants, et fixer le rayon sur lequel porte l'interdiction.

Nombre de débits. En principe, aucune limitation n'existe pour les établissements vendant seulement des boissons du 1er groupe. Par contre, des limitations interviennent en ce qui concerne l'ouverture de débits de boissons des autres groupes, en fonction du nombre d'habitants de la commune, du quartier, etc. (exemple : en principe, pour les 2e et 3e groupes : un établissement pour 450 habitants).

2. *Exploitation de l'établissement*

Licences. L'autorisation d'exploiter est accordée sous forme de licence délivrée par l'autorité administrative locale dans les conditions suivantes.

L'exploitant d'un débit de boissons à consommer sur place doit posséder la licence correspondant au groupe de boissons qu'il sert :
– la « licence de boissons sans alcool » l'autorise à vendre exclusivement des boissons du premier groupe ;
– la « licence de boissons fermentées » lui permet de vendre des boissons des deux premiers groupes ;
– la « licence restreinte » autorise la vente pour consommation sur place des trois premiers groupes de boissons ;
– la « grande licence » ou « licence de plein exercice » comporte l'autorisation de vendre pour consommer sur place les boissons de tous les groupes.

L'exploitant d'un restaurant, s'il n'est pas titulaire d'une des licences ci-dessus, doit posséder :
– soit la « petite licence restaurant », qui lui donne le droit de vendre pour consommer sur place, uniquement à l'occasion des repas, les boissons des deux premiers groupes ;
– soit la « licence restaurant », qui est valable pour les boissons de tous les groupes, mais seulement à l'occasion des repas.

L'exploitant d'un établissement de vente à emporter doit posséder la licence correspondant aux boissons qu'il vend (*cf.* ci-dessus) ; sinon, il doit acquérir :
– soit « la petite licence à emporter », valable pour les boissons des deux premiers groupes ;
– soit « la licence à emporter », valable pour toutes les boissons dont la vente est autorisée.

Étalage. Dans tous les débits de boissons, un étalage des boissons non alcoolisées mises en vente est obligatoire ; ces boissons doivent être mises en évidence à la vue des consommateurs, et séparées des autres boissons.

Transferts. Tout changement de propriétaire ou de gérant d'un débit de boissons doit faire l'objet d'une déclaration par écrit (comportant les mêmes mentions que pour l'ouverture) 15 jours à l'avance. S'il s'agit d'un transfert pour cause de décès, la déclaration doit être faite dans le mois qui suit le décès. Tout transfert de débit d'un endroit à un autre doit être déclaré au moins 2 mois à l'avance.

Fermeture. La fermeture d'un établissement peut être décidée soit par arrêté préfectoral, soit par jugement. Elle peut être, selon les cas, temporaire ou définitive, et motivée par : infractions à la réglementation, souci de préserver l'ordre et la moralité publics, expropriation (pour cause d'utilité publique – *cf.* en zone protégée), démolition de l'immeuble (avec indemnisation de l'exploitant), ou possibilité de transfert du débit sur le territoire de la même commune, etc.

Interdictions. Tout exploitant qui fait l'objet d'une condamnation pénale (*cf.* ci-dessus : conditions d'ouverture) peut se voir interdire le droit d'exploiter le débit de boissons : dans ce cas, il ne peut davantage être employé, à quelque titre que ce soit, dans l'établissement, même s'il l'a vendu ou loué.

3. *Réglementation concernant les mineurs*

Il est interdit *de vendre, ou même d'offrir gratuitement,* pour consommer sur place :
- des boissons alcoolisées à des mineurs de moins de 14 ans ;
- des boissons des 2ᵉ, 3ᵉ, 4ᵉ et 5ᵉ groupes à des mineurs de moins de 18 ans.

Il est interdit d'*accepter* dans les débits de boissons des enfants de moins de 16 ans non accompagnés de leurs parents, ou d'une personne responsable de leur surveillance. Il est interdit d'*employer* dans un débit de boissons, à quelque titre que ce soit, des femmes de moins de 18 ans, sauf s'il s'agit de l'épouse ou d'une proche parente de l'exploitant.

4. *Dispositions particulières*

Les personnes qui désirent installer un café ou un débit de boissons quelconque, *de façon provisoire*, à l'occasion d'une fête locale par exemple, doivent obtenir l'autorisation de l'autorité municipale : elles ne peuvent, de toute manière, y vendre que des boissons des 1er et 2e groupes.

Les marchands ambulants ne peuvent pas vendre de boissons des 4e et 5e groupes.

Les distributeurs automatiques ne peuvent délivrer que des boissons du 1er groupe. Il est interdit de détenir ou de vendre des alcools dits « *spiritueux rectifiés* », sauf s'ils ne titrent pas plus de 40 degrés, et sont présentés en bouteille capsulée munie d'une étiquette indiquant la provenance (nom et adresse du fabricant).

5. *Sanctions pénales*

Outre l'interdiction d'exploiter et la fermeture de l'établissement (sanctions administratives), toute infraction à la réglementation sur les débits de boissons est punie d'amendes pouvant aller, selon la gravité de la faute, jusqu'à 7 500 € (délivrance à des mineurs de boissons interdites) et, selon les cas, de peines d'emprisonnement.

Hôteliers et logeurs

L'exploitation de logements meublés, hôtels, pensions, maisons familiales de vacances, auberges de la jeunesse, etc., est soumise à l'*autorisation préfectorale*. L'autorisation n'est accordée qu'après examen du dossier joint à la demande et déposé par l'intéressé, et comportant tous les renseignements concernant d'une part le demandeur lui-même (état civil complet, qualité de propriétaire ou non de

l'établissement...), d'autre part l'établissement (situation, aménagements...). En outre, la réglementation relative aux débits de boissons (licences, règlements de police, etc.) est applicable à la partie « débit de boissons » de ces établissements.
Les maires et préfets peuvent, en cas de troubles de l'ordre public, ordonner la fermeture de l'établissement ; cette mesure peut être prise à titre définitif, ou à titre temporaire jusqu'à cessation du trouble.

Jeux et salles de jeux

La pratique des jeux et la tenue d'établissements de jeux sont soumises à une stricte réglementation.

1. *Jeux licites et jeux illicites*

Sont considérés comme illicites tous les jeux de pur hasard, ou les jeux dans lesquels le hasard prédomine sur l'intelligence : poker, loto, petits chevaux... Sont considérés comme licites les jeux où l'intelligence prédomine sur le hasard : billard, bridge, échecs...
L'ouverture au public de salles de jeux illicites (jeux de hasard) est interdite, et susceptible d'entraîner des condamnations pénales.

2. *Casinos*

Peuvent être pratiqués dans les casinos, à condition de respecter les exigences et formalités ci-dessous, les jeux de hasard tels que boule, roulette, baccara, écarté, machine à sous, etc.

Autorisation préalable. Une demande d'autorisation d'ouverture de salles de jeux dans un casino doit être adressée au ministre de l'Intérieur. Cette demande doit être accompagnée d'un cahier des charges approuvé par le conseil municipal de la localité où doivent être ouvertes les salles, et fixant les obligations respectives de l'établissement et de la commune. L'arrêté du ministre, pris après avis de la Commission supérieure des jeux, fixe la durée de l'autorisation, ainsi que les catégories de jeux autorisés dans l'établissement, les personnes admises, les heures d'ouverture et les mesures de surveillance et de contrôle auxquelles l'établissement sera soumis.

Qualités des responsables. Le casino doit avoir un directeur et un comité de direction. Les membres du comité et le directeur doivent être de nationalité française, jouir de leur capacité civile et politique, et avoir fait l'objet d'un agrément par le ministre de l'Intérieur.
Les membres du personnel du casino doivent répondre aux mêmes conditions ; ils doivent en outre ne pas participer au jeu, et porter des vêtements sans poches.

Personnes admises à pratiquer les jeux. Pour accéder aux salles de jeu, il faut :
- avoir 18 ans au moins ;
- ne pas porter l'uniforme (pour les militaires) ;
- ne pas être en état d'ébriété ou dans un état susceptible de provoquer le scandale ;
- ne pas avoir fait l'objet d'une décision d'exclusion des salles de jeu.

Autres conditions. Les jeux doivent être pratiqués sur des appareils dont le modèle est agréé par le ministre de l'Intérieur.
Un registre de contrôle doit être tenu dans chaque établissement sur lequel sont consignées toutes les observations concernant les jeux, les joueurs, le personnel, etc.
Un contrôle est exercé par des fonctionnaires délégués sur le respect des conditions imposées et notamment sur le respect des heures prescrites par l'arrêté d'autorisation, la tenue du registre spécial...
Les sanctions sont variables selon la gravité et la nature de la faute : retrait ou suspension de l'autorisation ministérielle, suppression d'une catégorie de jeu, retrait d'agrément (pour les responsables), exclusion des salles de jeu (pour les joueurs fautifs), amende ou emprisonnement pour détournement du produit des jeux (pour le personnel), etc.

3. *Cercles de jeu*

L'ouverture et la tenue de cercles de jeu sont soumises à une autorisation préalable du ministre de l'Intérieur[1].
La demande d'autorisation doit être déposée à la préfecture du département dans lequel sera ouvert le cercle. Le préfet examine le dossier et le transmet, s'il le juge satisfaisant, au ministre de l'Intérieur qui statue après avis de la Commission supérieure des jeux.
Pour que l'autorisation puisse être accordée, il faut d'une part que la direction et le fonctionnement du cercle soient assurés dans les règles prévues, d'autre part que les locaux soient indépendants de tout hôtel, café, existant dans le même immeuble. Lorsque l'établissement est ouvert, il doit être tenu un registre spécial sur lequel sont mentionnées toutes observations utiles concernant les jeux, les personnes, etc.
Un contrôle est exercé par les autorités de police ; il porte notamment sur la nature des jeux pratiqués, les personnes acceptées dans le cercle, etc., et plus particulièrement sur la tenue du registre de contrôle.
En cas d'infraction constatée, l'autorisation ministérielle peut être retirée, les personnes suspectes exclues du cercle, ou les fonctions des responsables suspendues ou retirées. Les sanctions pénales applicables sont analogues à celles concernant les casinos.

1. Pour les jeux dits « de commerce », une simple autorisation suffit.

II – Santé

Précisons tout d'abord que tous les établissements de santé quels qu'ils soient doivent se préoccuper de façon prioritaire de l'hygiène et de la lutte contre les affections nosocomiales : stérilisation, asepsie optimale du matériel et des locaux, dispositif de surveillance épidémiologique et déclaration des infections nosocomiales.

Établissements pour enfants

• Toute personne qui désire ouvrir un établissement à caractère sanitaire ou social, destiné à accueillir habituellement des enfants[1], doit en demander préalablement l'autorisation au préfet du département du siège de cet établissement.
Une nouvelle autorisation préfectorale est nécessaire dans les mêmes conditions (*cf.* ci-dessous) pour tout transfert du siège de l'établissement à l'intérieur du département, ainsi que pour toute modification de structure, de destination ou de fonctionnement de cet établissement.
La demande d'autorisation doit être déposée à la préfecture du département, accompagnée d'un dossier comportant toutes indications détaillées d'une part sur le projet de création de l'établissement, les installations et leur fonctionnement, et d'autre part sur les garanties personnelles présentées par le directeur ou la directrice et leurs assistants (état civil complet, moralité, etc.).
L'autorisation n'est délivrée par le préfet que si l'établissement prévoit et respecte les conditions d'hygiène et d'équipement prescrites, et sur avis du directeur départemental de l'action sanitaire et sociale, qui en assure – sous l'autorité préfectorale – le contrôle médical et technique.

• Toute personne qui désire exploiter ou diriger un de ces établissements pour enfants à caractère sanitaire, doit en outre avoir, elle-même, *été agréée préalablement* par le préfet du département. Cet agrément n'est accordé qu'au vu du dossier, et après enquête favorable attestant que l'intéressé et son entourage présentent des garanties indispensables de moralité, de santé, etc.

• En plus de cette réglementation générale, applicable à tous les établissements, certains d'entre eux sont soumis à des règles plus particulières.
Les garderies et jardins d'enfants ne peuvent recevoir un nombre d'enfants supérieur au maximum fixé par l'autorisation préfectorale ; ils doivent être placés sous la responsabilité d'un médecin agréé par le directeur départemental de l'action sanitaire et sociale.
Les haltes-garderies ne peuvent être placées que sous la direction d'une personne de plus de 21 ans et de moins de 65 ans, titulaire d'un diplôme d'État, soit de pué-

1. Il s'agit de tous les établissements destinés à assurer la protection, la garde ou le placement des enfants, ainsi que des établissements à caractère plus hospitalier (aériums...).

ricultrice, soit d'assistante sociale, soit de sage-femme, soit d'infirmière, et justifiant d'au moins 1 an de pratique dans un établissement pour enfants.
L'autorisation pour l'ouverture et l'exploitation des centres aérés ne peut être accordée que par le ministre de la Santé, sur avis du directeur départemental de l'action sanitaire et sociale, la demande faisant normalement l'objet d'un dépôt à la préfecture.
Lorsque ces établissements reçoivent des enfants de moins de 6 ans (établissements ci-dessus, crèches, pouponnières, etc.), les directrices doivent tenir régulièrement des registres spéciaux (un registre pour l'établissement, un pour chaque enfant), ainsi que des feuilles d'observations individuelles, et un carnet des préparations alimentaires et menus quotidiens.

Établissements hospitaliers

• Toute personne, ou tout organisme, *ayant l'intention d'ouvrir* une clinique, un hospice, etc., ainsi que tout autre établissement à caractère médical, doit en faire au préalable la *déclaration* à la préfecture du département dans lequel cet établissement doit être ouvert.

• Une autorisation d'exploitation doit, en outre, être accordée par le ministre de la Santé ; la demande d'autorisation doit être adressée à la préfecture, accompagnée d'un dossier comportant des indications détaillées sur le projet de création de l'établissement.
Après examen de ce dossier et avis du directeur départemental de l'action sanitaire et sociale, le préfet transmet le dossier au ministre qui seul a compétence pour délivrer l'autorisation.

• Tout transfert du siège de l'établissement à l'intérieur du département, toute modification de structure ou de fonctionnement doivent faire l'objet des mêmes déclaration et autorisation.

Officines de pharmacie

Outre la possession du diplôme exigé pour exercer la profession de pharmacien elle-même, une autorisation préfectorale est nécessaire pour pouvoir ouvrir, transférer ou exploiter une officine de pharmacie.
Cette autorisation est accordée sous forme de licence : elle est délivrée par le préfet du département après avis du Conseil régional de l'Ordre des pharmaciens[1].
Certaines distances minimum devant ou pouvant être déterminées par le préfet

1. La licence peut être refusée lorsque le nombre limite d'officines prévu et fixé en fonction du nombre d'habitants est atteint ou dépassé.

entre deux pharmacies, la licence fixe l'endroit ou le rayon dans lequel l'officine devra être ouverte.
L'officine de pharmacie doit être ouverte dans le délai maximum de 6 mois suivant le jour où la licence préfectorale est accordée.

Fabrication et vente de produits pharmaceutiques vétérinaires

Malgré le principe général de liberté de la préparation et de la vente, les produits pharmaceutiques pour les animaux ne peuvent être importés, fabriqués, détenus ou distribués sans autorisation du ministre de l'Agriculture, lorsqu'il s'agit de substances vénéneuses ou organiques, de matières virulentes et de produits d'origine microbienne – sérums et vaccins – employés en médecine vétérinaire.
L'autorisation de fabrication est délivrée après enquête par voie d'arrêté du ministre ; elle est individuelle et fixe pour chaque cas des conditions particulières.
Sont toutefois dispensés de cette autorisation :
– les pharmaciens, lorsqu'ils vendent ces produits sur ordonnance d'un vétérinaire exerçant régulièrement sa profession (*cf.* infra) ;
– les vétérinaires, lorsqu'ils administrent eux-mêmes ces produits.

Toute personne qui enfreindrait ces dispositions pourrait se voir condamnée à des peines d'amende ou d'emprisonnement.
En cas de fabrication ou de vente de ces produits sans autorisation, le ministre de l'Agriculture met en demeure l'intéressé de régulariser sa situation ; si cette mise en demeure reste infructueuse, le ministre peut, par voie d'arrêté, ordonner la fermeture de l'établissement de fabrication ou de vente.

III – Activités diverses

Armes et munitions

La législation française classifie les armes et munitions en 8 catégories distinctes, classées en 3 sortes : libres, soumises à déclaration, soumises à autorisation.

1. *Acquisition et détention*

Les personnes peuvent acquérir et détenir librement les catégories 5, 6, 7 et 8 (armes de chasse, armes blanches, armes d'alarme et armes de collection) sous réserve pour certaines d'entre elles de l'obligation de déclaration en préfecture.
Les armes de 1re catégorie (guerre) et de 4e catégorie (défense) ne peuvent être acquises et détenues que par autorisation préfectorale. Ces autorisations qui peu-

vent être suspendues car annulées en cas de manquement grave à la législation pénale ne sont délivrées que pour deux motifs majeurs : la défense du domicile, du local d'habitation ou le sport :
– la défense du domicile : cette autorisation ne concerne que les armes de 4e catégorie (revolvers et certains pistolets). Elle n'est délivrée qu'exceptionnellement par les préfets sur demandes très motivées. Ne concerne que le domicile ou un local professionnel. Elle est unique et sa validité est de 5 ans renouvelables ;
– le sport : cette autorisation nécessite au préalable l'inscription du demandeur dans un club de tir et la délivrance d'un avis favorable de la Fédération française de tir.

Lorsque ces conditions minimales sont réunies, l'autorité préfectorale n'émet aucune restriction quant à la délivrance de l'autorisation. Le nombre d'armes détenues peut être de 12 par personne, la durée individuelle des autorisations est de 3 ans renouvelable.

2. *Port et transport*

Le port et le transport des armes et munitions sont strictement réglementés.
Sont libres : le transport des armes et munitions de 8e catégorie ainsi que le port des armes d'épaule de cette même catégorie.
Sont autorisés :
– le port et le transport des armes et munitions des catégories 5, 6, 7 sous réserve de motif légitime (ex. : chasse, tir, réparation), sports (arts martiaux par exemple) ;
– le transport des armes de poing et de leurs munitions des 1re et 4e catégories détenues légalement à titre sportif, la licence de la FFT valant titre de transport légitime. (Attention ! Les armes doivent être neutralisées et séparées de leurs munitions pendant le transport.)
Sont interdits :
– le port de toute arme de poing des 8 catégories ;
– le port des armes de 6e catégorie ;
– le port des armes d'épaule de 1re catégorie et leurs munitions ;
– le port des armes de poing des 1re et 4e catégories et leurs munitions par les particuliers, même détenues légalement ;
– le port des armes d'épaule des catégories 5 et 7 sans motif légitime.

3. *Fabrication et vente*

Les personnes qui désirent ouvrir, transférer ou fermer un établissement de fabrication ou de vente d'armes et de munitions, doivent au préalable faire une déclaration à la préfecture, en vue d'en obtenir l'autorisation. Elle est, par contre, obligatoire et doit émaner de l'État – qui exerce un contrôle très strict – lorsqu'il s'agit de matériel de guerre ou « de défense » (révolvers, certains pistolets, etc.). Cette autorisation peut être suspendue ou retirée en cas de manquements à la législation sur les armes, ou à la législation du travail (à l'égard des salariés de l'établissement).

Marchands ambulants

Sont considérées comme exerçant une profession ambulante les personnes dont l'activité principale ne s'exerce pas de façon quotidienne dans un local fixe et unique, mais au contraire de façon périodique ou épisodique sur les foires et marchés couverts ou découverts, ou tout simplement dans la rue. Toutes ces personnes doivent exercer personnellement leur profession : elles ne peuvent se faire remplacer par quiconque sur le lieu de vente.
Elles sont classées par catégories et soumises à une réglementation variable selon la catégorie à laquelle elles appartiennent.

1. *Ambulants*

Font partie de cette catégorie les personnes qui ont un domicile ou une résidence fixe, et dont seule l'activité est ambulante. Les « commerçants en étalage » sont ceux qui ont leur place habituelle sur les foires et marchés locaux ou voisins de leur résidence. Les « commerçants ambulants » sont ceux qui se déplacent sur les foires et marchés dans n'importe quelle ville de France.
Ils doivent faire à la préfecture ou à la sous-préfecture de leur domicile ou de leur résidence une déclaration, en échange de laquelle leur est délivré un récépissé. Accompagnée de pièces justificatives, cette déclaration indique leur nationalité, leurs nom, prénoms, domicile ou résidence, date et lieu de naissance.
S'ils ne sont pas français, ils doivent justifier en outre qu'ils résident régulièrement en France depuis 5 années au moins.
Ils doivent aussi se faire immatriculer au registre du commerce et s'inscrire au registre des patentes, et justifier de ces inscriptions lors de la déclaration.

2. *Forains*

Font partie de cette catégorie les personnes qui n'ont pas de résidence fixe, et se déplacent dans toutes les villes de France où ont lieu foires et marchés.
Ils doivent justifier de leur immatriculation au registre du commerce et au registre des patentes, faire une déclaration à la préfecture ou à la sous-préfecture du lieu où ils se trouvent lorsqu'ils commencent à exercer leur profession.
Un carnet d'identité leur est délivré, indiquant leur état civil et leur dernier domicile, ainsi que leur signalement avec photographie.

3. *Petits commerçants de la rue*

Bouquinistes, marchands des quatre saisons, démonstrateurs sur la voie publique, etc., doivent obtenir du préfet ou du maire une autorisation préalable de stationnement.

Brocanteurs

Les brocanteurs, revendeurs de vieux meubles, vieux objets ou marchandises, etc., doivent, pour pouvoir exercer leur profession :
– se faire inscrire sur des registres spéciaux ouverts à cet effet à la préfecture du département dans lequel ils exercent ;
– posséder et tenir à jour un registre spécial coté et paraphé par le commissaire de police ou, à défaut, par le maire de la commune, et sur lequel ils doivent inscrire toutes les opérations d'achat ou de vente qu'ils réalisent, ainsi que des renseignements concernant le vendeur ou l'acheteur ;
– déclarer tout changement de domicile ou de résidence prolongé au commissariat de police de la circonscription, ou à la mairie.

Colporteurs

Quiconque désire exercer la profession de colporteur ou de distributeur – sur la voie publique ou dans tout local public ou privé – de livres, brochures, journaux, photographies, etc., doit en faire la déclaration à la préfecture du département de son domicile ou de sa résidence[1] ; à cette condition, le colporteur peut exercer son activité dans toute la France. Lorsqu'il ne désire vendre ou distribuer que des périodiques, la déclaration peut, exceptionnellement, être faite à la sous-préfecture ou à la mairie ; dans ce cas, la distribution ne peut avoir lieu que dans la commune ou l'arrondissement où a été faite la déclaration. La déclaration doit, en tout cas, contenir l'indication des nom, prénoms, domicile, date et lieu de naissance du colporteur. L'autorité qui la reçoit en délivre récépissé : ce récépissé doit être présenté à toute réquisition.

Cinéastes et photographes-filmeurs

1. *Cinéastes*

L'exercice de la profession de cinéaste est subordonné à l'autorisation du directeur général du Centre national de la cinématographie. Cette autorisation est révocable pour faute professionnelle. Les cinéastes et leurs collaborateurs doivent, en outre, être munis d'une carte d'identité professionnelle, délivrée contre la déclaration par le Centre national.

2. *Photographes-filmeurs*

Quiconque désire exercer la profession de photographe-filmeur sur la voie publique ou dans les établissements ouverts au public, doit en faire la déclaration préa-

1. La même réglementation est applicable aux marchands de journaux, revues, etc., dans les kiosques et bibliothèques de gare.

lable à la préfecture du département dans lequel sera exercée l'activité. Si l'activité ne doit pas être exercée dans des lieux fixes, ou dans une seule localité, cette déclaration peut donner lieu à la délivrance d'un récépissé d'ambulant ou d'une carte d'identité de forain (*cf.* supra : « marchands ambulants ») : le photographe-filmeur est alors soumis à la réglementation des ambulants ou des forains.

EXPOSITIONS COMMERCIALES – FOIRES ET SALONS

Les expositions commerciales, foires et salons, dont le but est de proposer au public – pour en obtenir des commandes – des modèles et échantillons de produits et de services, sont subordonnés à une *autorisation administrative spéciale*. Cette autorisation est délivrée par le préfet du département dans lequel doit se dérouler la manifestation.

La demande d'autorisation doit, dans tous les cas, être déposée à la préfecture : le dossier doit comprendre notamment des indications détaillées sur le règlement de la manifestation prévue. L'autorisation n'est accordée que si le règlement a été approuvé par l'autorité compétente.

Les foires et salons autorisés peuvent également, et à titre supplémentaire, recevoir *l'agrément* du ministre du Commerce et de l'Industrie ; le ministre n'accorde cet agrément que si la manifestation présente un intérêt économique suffisant sur le plan régional, national ou international, si elle répond à un certain nombre de conditions prévues et fixées par arrêté ministériel, et en fonction du nombre et de l'origine des exposants et des visiteurs.

Échappent à cette réglementation administrative :

- les expositions artistiques, éducatives ou scientifiques ;
- les journées, semaines ou quinzaines commerciales organisées localement par les commercants détaillants ;
- les foires agricoles et les fêtes foraines.

TAXIS

En principe, aucune disposition administrative générale n'est édictée concernant la profession de chauffeur de taxi. C'est l'autorité locale qui fixe les conditions particulières nécessaires, en fonction des exigences de la circulation dans la circonscription ou dans le département[1].

Toutefois, outre la possession du permis de conduire correspondant à la catégorie du véhicule utilisé, une autorisation d'exercice de la profession doit être préalablement demandée à la préfecture.

1. Bien entendu, il existe à Paris une réglementation spéciale très importante, dont il ne peut être question de donner le détail dans le cadre de ce livre.

De plus, les entreprises de taxi, ou les propriétaires de véhicules exploitant individuellement, doivent contracter une assurance spéciale.
Ils doivent également payer une taxe de stationnement et respecter pour leurs « courses » les tarifs prévus ; le montant de ces taxes et tarifs, ainsi que les points de stationnement autorisés, sont fixés par le maire de chaque commune.

Hébergement des animaux

Les locaux où se pratiquent l'élevage en vue de la vente, la commercialisation, le toilettage, le transit, la garde de chiens ou de chats sont soumis à des règles sanitaires et d'hygiène. Les responsables de ces locaux doivent souscrire une déclaration à la préfecture et tenir un registre indiquant la provenance et la destination des animaux.

Autres autorisations nécessaires

D'autres activités sont également soumises à un régime d'autorisation ou de déclaration préalables sans que celui qui les exerce soit toutefois tenu de justifier de qualités personnelles particulières.
Il s'agit en particulier de l'exploitation des établissements suivants, pour lesquels aucune autre formalité ni condition n'est prévue, que l'obtention de l'autorisation administrative :
– abattoirs : l'autorisation préfectorale est nécessaire ;
– boulangeries : elles sont soumises au régime de l'autorisation préfectorale ;
– établissements de traitement ou de transformation et de vente du lait et des produits laitiers : l'agrément préfectoral est nécessaire et une déclaration est obligatoire pour les ateliers de stérilisation du lait et de ses dérivés ;
– herboristerie : une autorisation préfectorale et une carte professionnelle délivrée par le groupement interprofessionnel des fleurs et plantes aromatiques sont exigées ;
– parfumeries et fabriques de produits chimiques utilisant l'alcool : l'autorisation préfectorale est nécessaire ;
– magasins à grande surface : une autorisation préfectorale est obligatoire pour leur création et leur ouverture ; elle est accordée après avis de la chambre de commerce du ressort et de certains organismes professionnels, et après dépôt d'un cautionnement dont le montant est proportionnel à la surface d'exploitation du magasin projeté.

Nota. La liste des activités et professions envisagées ci-dessus n'étant pas limitative, il est recommandé, dans certains cas particuliers, de s'adresser à la préfecture du département.

2

PROFESSIONS SUBORDONNÉES À LA POSSESSION D'UN DIPLÔME DE CAPACITÉ

Pour l'exercice d'un grand nombre de professions, la loi requiert non seulement des conditions générales de moralité et de capacité – sanctionnées par l'octroi d'une autorisation administrative (*cf.* supra) –, mais également la preuve préalable que ces conditions, ainsi que celles d'aptitude professionnelle, sont remplies : il est important que cette preuve soit apportée par l'obtention et la possession d'un diplôme, certificat ou brevet qui, seuls, ouvrent la voie à la vie professionnelle.
Cette exigence d'une attestation de capacité existe généralement pour toutes les activités, à l'occasion desquelles ceux qui les exercent fournissent des services personnels à des « tiers » (ou clients). Il en est ainsi notamment chaque fois que l'exercice de la profession peut mettre en cause la sécurité ou la santé physique, morale ou intellectuelle du client.
Tel est le cas, en particulier :
- de la plupart des professions artisanales ;
- de certaines activités sportives et touristiques ;
- de toutes les professions médicales et paramédicales ;
- de la plupart des professions libérales autres que les professions médicales.

1. La liste de toutes les professions exigeant un diplôme de capacité est évidemment fort longue, et – eu égard à certaines exigences matérielles faciles à comprendre – les développements ci-dessous ne peuvent les envisager toutes, ni en donner tous les détails.

2. Indépendamment de la spécialité pratiquée, le principe de qualification étant le même pour certaines catégories de professions (exemple : possession de certificats d'aptitude professionnelle, CAP), il sera seulement indiqué, pour ces professions, le schéma général des conditions d'exercice normales et usuelles.

3. Un chapitre est, en effet, tout spécialement consacré aux conditions particulières d'obtention de la plupart des titres et diplômes (nature des études, examens, etc.).

I – Professions artisanales

Professions artisanales soumises à la possession d'un CAP

L'objet même de leur activité professionnelle étant de fournir personnellement à des tiers des services matériels (vente de marchandises et produits naturels ou transformés, fabrication et réparation d'objets utilitaires, etc.), les personnes désirant exercer l'un des métiers ci-dessous doivent être titulaires d'un certificat d'aptitude professionnelle (CAP), ou d'un diplôme reconnu équivalent. La preuve de leur formation complète est, en effet, nécessaire pour donner aux clients toute garantie sur l'exécution des travaux qu'ils accomplissent.

Voici quelques métiers d'artisans :

Bijoutier joaillier, boucher, boulanger.

Charcutier, charpentier, coutelier, couvreur.

Ébéniste, électricien.

Ferronnier, doreur.

Horloger.

Imprimeur.

Lunetier détaillant (voir aussi « professions paramédicales »).

Maçon, marbrier, mécanicien agricole, mécanicien orthopédiste ou en prothèses dentaires, mécanicien réparateur d'automobiles, de cycles ou de motos, monteur en chauffage central.

Orfèvre.

Parqueteur, pâtissier, photographe, plâtrier, plombier, puisatier.

Radio électricien.

Serrurier.

Tailleur, teinturier, tôlier fumiste, tripier, etc.

Nota. À condition de posséder le diplôme nécessaire, toute personne peut entreprendre, sans autorisation administrative préalable, le métier ou la profession artisanale de son choix.

Réglementations particulières

Elles concernent principalement les *coiffeurs* : une carte de qualification professionnelle de coiffeur – destinée à permettre un contrôle par les autorités compétentes – est nécessaire pour les entreprises et salons de coiffure. De plus :
– pour exercer la profession elle-même, il faut être titulaire d'un certificat d'aptitude professionnelle, ou au minimum d'un diplôme de fin d'apprentissage ;
– pour exercer la gérance technique d'un salon de coiffure, il faut, en outre, être titulaire du brevet de maîtrise, ou au minimum d'un brevet professionnel de coiffeur.

Des diplômes supérieurs au certificat d'aptitude professionnelle, nécessaire pour exercer purement et simplement la profession, sont indispensables pour pouvoir assumer la gérance ou la direction d'autres établissements artisanaux : il s'agit notamment des opticiens lunetiers (voir professions paramédicales).

II – Activités sportives et touristiques

Divers monitorats

Sont considérées comme moniteurs les personnes qui ont pour profession habituelle d'enseigner, de facon régulière et moyennant une rémunération, la pratique d'une technique, d'un art ou d'un sport.
Il en est ainsi en particulier des diverses professions suivantes qui, toutes, exigent de celui qui les exerce la possession d'un diplôme de moniteur.

1. *Moniteurs d'auto-école*

Pour être moniteur de conduite de véhicules automobiles, il faut :
– avoir 19 ans ;
– être titulaire du permis de conduire de la catégorie correspondant à l'enseignement dispensé, ainsi que des permis des véhicules plus légers (depuis 1 an au moins) ;
– avoir subi avec succès les épreuves du certificat d'aptitude professionnelle à l'enseignement de la conduite (CAPEC) ;
– posséder une autorisation d'enseigner qui est un document préfectoral temporaire.

S'il désire *exploiter personnellement* un établissement d'auto-école, le moniteur doit, au préalable, obtenir l'agrément du préfet du département dans lequel il exercera son activité. La demande d'agrément doit être déposée, accompagnée d'un dossier complet, à la préfecture.

2. *Moniteurs sportifs*

Sont considérés comme moniteurs sportifs tous ceux qui font profession d'enseigner la pratique d'un sport, moyennant rémunération. Il s'agit donc :
– des moniteurs de ski ;
– des maîtres nageurs ;
– des professeurs d'éducation physique, de judo, etc.

L'enseignement de la pratique de ces sports est placé sous le contrôle du ministère de la Jeunesse et des Sports, et subordonné à la possession des diplômes ou brevets spécialisés délivrés par le ministre, après avis d'une commission d'examen. Seuls les titulaires de ces diplômes spécialisés peuvent exercer la profession de moniteur, et sont autorisés à porter un insigne spécial dont le modèle est fixé par décret.
Tout titulaire du diplôme exigé, qui ne serait plus en état de donner un enseignement avec des garanties suffisantes de technique et de sécurité, se verrait interdire provisoirement ou définitivement l'exercice de la profession (*cf.* exercice illégal et usurpation).
Dans ce cas, et dans tous les cas où une personne exercerait sans titre la profession de moniteur sportif, il s'agirait d'un enseignement illégal, puni de peines plus ou moins lourdes (allant de l'amende jusqu'à la fermeture de l'établissement lui-même).

GUIDES DE MONTAGNE

Est considérée comme guide de montagne toute personne qui a pour profession habituelle de conduire, moyennant rémunération, d'autres personnes sur les glaciers, rochers et pentes recouvertes de neige.
L'exercice de la profession est soumis à la possession :
– soit du certificat d'aptitude à l'enseignement alpin ;
– soit d'un brevet de guide de haute montagne ;
– soit d'un brevet de guide ordinaire.

Ces certificats et brevets sont délivrés par le ministre de la Jeunesse et des Sports, ou par leur délégué, après avis d'une commission d'examen comprenant obligatoirement des représentants des syndicats de guides et des membres de la Fédération française de la montagne.
Lorsque l'intéressé est titulaire de l'un de ces brevets ou diplômes, il doit en outre obtenir l'autorisation d'exercer sa profession : cette autorisation ne peut être délivrée que par le ministre ou par ses délégués.

Nota. La qualité de moniteur donne droit, dans ces conditions, au port d'un insigne spécial, dont le modèle est fixé par décret.

Guides interprètes du tourisme

Il existe deux catégories de guides interprètes du tourisme :
– les uns exerçant leur profession à titre permanent, ce sont les guides professionnels ;
– les autres n'exerçant cette activité que temporairement, ce sont les guides auxiliaires.
Les uns et les autres doivent, pour accéder à la profession, remplir des conditions générales et justifier de connaissances plus ou moins étendues selon la catégorie à laquelle ils appartiennent.

1. *Conditions générales et formalités*

Tous les guides interprètes doivent :
– être majeurs ;
– présenter toutes garanties de moralité et de bonne conduite.

C'est pourquoi ils doivent formuler une demande de candidature auprès du Commissariat au tourisme ou auprès du préfet (selon le cas), et répondre aux conditions particulières ci-dessous.

2. *Conditions particulières à chaque catégorie*

Guides professionnels. Ils doivent être français ou ressortissants d'un pays ayant passé une convention de réciprocité avec la France, et justifier de leurs connaissances dans les conditions suivantes.

• Guide professionnel national.
Est considéré comme tel celui qui, à titre probatoire ou à titre définitif, peut exercer la profession sur tout le territoire national.

Pour être guide national à titre probatoire, il faut être titulaire :
– soit du brevet de technicien du tourisme, option accueil ;
– soit de la licence d'art et d'archéologie, ou du diplôme de l'école du Louvre, et justifier de connaissances linguistiques suffisantes ;
– soit avoir exercé pendant 5 années consécutives les fonctions de guide auxiliaire, et justifier d'un emploi régulier.

Pour être guide national à titre définitif, il faut :
– soit être titulaire du brevet de technicien du tourisme, option accueil, mention « guide d'art » ;
– soit avoir exercé à titre probatoire pendant 3 années et avoir satisfait à un examen professionnel organisé par le Commissariat au tourisme.

• Guide professionnel local.
Est considéré comme tel celui qui ne peut exercer la profession de guide que dans une région ou une circonscription géographique déterminée.
Pour cela, il faut justifier d'une connaissance suffisante de l'histoire locale et des sites, monuments, curiosités..., en subissant avec succès un examen organisé par le ministère.
Les guides professionnels reçoivent, lorsqu'ils remplissent toutes ces conditions, une *carte professionnelle* délivrée par le Commissariat au tourisme pour les guides nationaux, et par le préfet pour les guides locaux. Cette carte, strictement personnelle, porte la photographie du titulaire, ainsi que l'indication de son état civil. Elle est validée annuellement et donne accès gratuitement aux musées et monuments de l'État relevant de l'administration des Beaux-Arts.

Guides auxiliaires. Ils doivent justifier de connaissances touristiques, historiques, artistiques et linguistiques suffisantes.
Lorsqu'il est agréé, le candidat doit également obtenir du préfet une autorisation temporaire d'exercice de la profession. Cette autorisation est strictement personnelle.

3. *Obligations et sanctions*

Dans l'exercice de leurs fonctions, guides professionnels et guides auxiliaires doivent être porteurs de la carte ou de l'autorisation, et présenter ces documents à toute réquisition.
Les guides interprètes doivent être en possession d'une copie conforme des tarifs prévus, et appliquer strictement ces tarifs : ils ne peuvent solliciter de pourboires.
En cas de faute professionnelle grave, d'incapacité ou de condamnation, la carte professionnelle et l'autorisation peuvent être suspendues ou retirées.

Nota. Les guides interprètes rémunérés par les agences et bureaux de voyages sont soumis à une réglementation identique : ils sont également classés en guides professionnels et auxiliaires. Les guides professionnels doivent être titulaires d'une carte professionnelle, les guides auxiliaires d'une autorisation délivrée par le préfet.
Ils doivent être porteurs de ces titres dans l'exercice de leurs fonctions et les présenter à toute réquisition.

III – Professions libérales

La plupart des professions libérales sont réglementées : les conditions d'accès et d'exercice en sont fixées par la loi, et le respect de ces conditions est assuré et sanctionné par des organismes professionnels. Ces derniers, quoique propres à chacune d'elles, obéissent à des principes à peu près analogues pour l'ensemble des professions.

La majeure partie d'entre elles sont, en effet, organisées en « ordres » professionnels. L'ordre est généralement administré au plan national par un conseil supérieur (ou conseil national), et au plan régional par un conseil régional ayant son siège au chef-lieu de la région.
Chaque conseil a, pour son ressort, un certain nombre d'attributions. C'est ainsi notamment qu'il dresse chaque année le tableau des personnes remplissant les conditions nécessaires et admises à exercer la profession : il s'agit d'une part de conditions de capacité particulières (diplômes, inscriptions au tableau...), et d'autre part de conditions générales relatives à la personnalité même des intéressés ; qu'il s'agisse des professions médicales ou paramédicales, ou des autres professions libérales (avocats, experts...), la loi exige pour l'accès à chacune d'elles la preuve de la moralité, de la probité et de l'honorabilité du candidat ou du praticien.
Le conseil veille à ce que soient respectées par ses membres les règles de la profession (le plus souvent contenues dans un code de déontologie), et maintenus l'honneur, la moralité et la discipline au sein de l'Ordre. Il prononce les peines disciplinaires applicables (suspension, radiation...) pour toute infraction commise par l'un de ses membres.
Il fixe le montant des cotisations, qui doivent être versées régulièrement[1] et en détermine l'affectation : le produit peut en être affecté non seulement au fonctionnement de l'ordre lui-même, mais également à la création, au profit des membres de la profession, d'œuvres sociales : entraide, retraite professionnelle, etc.

PROFESSIONS MÉDICALES

1. *Médecins*

Conditions de capacité. Alors qu'aucune condition d'âge ni de sexe n'est exigée, nul ne peut exercer en France la profession de médecin s'il n'est muni du diplôme français d'État de docteur en médecine, ou d'un diplôme étranger de docteur en médecine s'il est reconnu par la France.

Formalités. Les docteurs en médecine doivent pour pouvoir exercer légalement leur profession :
– faire enregistrer leur titre à la préfecture ou à la sous-préfecture, ainsi qu'au greffe du tribunal de grande instance de leur circonscription. Cet enregistrement, qui doit être effectué dans le mois qui suit l'établissement du praticien[2], donne lieu à l'inscription sur une « liste des médecins » dressée chaque année par le préfet, affichée dans toutes les communes du département.

1. Le défaut de versement des cotisations peut entraîner l'application de peines disciplinaires.
2. Un nouvel enregistrement doit être effectué lors de tout changement d'établissement.

Sur cette liste, dont copie est transmise au ministre de la Santé publique, au conseil national de l'Ordre, et au conseil régional, sont indiqués pour chaque médecin : ses nom, prénoms, adresse professionnelle, date et provenance du diplôme, date d'inscription au tableau de l'Ordre ;
– être inscrits au tableau de l'Ordre : ce tableau est établi et tenu à jour par le conseil de l'Ordre des médecins. La publication en est annuelle, et effectué à la préfecture et au parquet du tribunal.

Discipline. Toute infraction à la législation, au Code de déontologie peut entraîner la radiation du praticien et l'interdiction d'exercer la profession, peines disciplinaires prononcées par le conseil de l'Ordre.

Nota. Sans avoir commis de faute disciplinaire, les médecins peuvent être suspendus de leurs fonctions lorsqu'ils se trouvent temporairement en état d'infirmité ou d'incapacité susceptible de rendre dangereux l'exercice de leur profession.

2. *Vétérinaires*

Conditions de capacité. Nul ne peut exercer en France la médecine vétérinaire s'il n'est :
– citoyen européen ;
– muni du diplôme français d'État de vétérinaire ou de docteur vétérinaire.

Les étrangers ne peuvent exercer leur profession en France que sur autorisation expresse délivrée par arrêté du ministre de l'Agriculture, après avis d'une commission d'examen. Les élèves des écoles nationales vétérinaires, ayant accompli avec succès aux examens 3 années d'études, peuvent exercer la profession à titre temporaire, ou à titre de remplaçant, sur autorisation délivrée pour 3 mois au plus, et renouvelable, par le ministre de l'Agriculture.

Formalités. Les vétérinaires et docteurs vétérinaires doivent pour pouvoir exercer leur profession, et de la même manière que les médecins (voir cette profession) :
– faire enregistrer leur diplôme à la préfecture ou à la sous-préfecture, ainsi qu'au greffe du tribunal de leur circonscription. Cet enregistrement doit être effectué dans le mois de leur établissement, ou du transfert de leur domicile professionnel dans un autre département. Il donne lieu à l'inscription sur la « liste des vétérinaires et docteurs vétérinaires » ;
– être inscrits au tableau de l'Ordre : un certificat d'inscription au tableau doit être présenté à la préfecture 6 mois maximum après l'enregistrement du diplôme.

L'inscription doit être demandée au conseil régional du lieu où sera exercée la profession, sur présentation du diplôme (en original ou copie certifiée conforme) ; elle n'est accordée qu'après vérification des titres ainsi produits.

En cas de changement de domicile professionnel, l'inscription est transférée d'office au tableau dressé pour le département du nouvel établissement.

3. *Chirurgiens-dentistes*

Conditions de capacité. Nul ne peut exercer en France la profession de chirurgien-dentiste s'il n'est :
- muni du diplôme français d'État de chirurgien-dentiste ou de docteur en chirurgie-dentaire ;
- ou d'un diplôme étranger dont la validité est reconnue sur le territoire français.
Des conditions de moralité et une absence de condamnation pénale sont également exigées.

Nota. Des conditions différentes sont exigées des « mécaniciens en appareils et prothèses dentaires » qui, eux, n'exercent pas une profession médicale, mais manuelle et artisanale.

Formalités. Comme les membres des autres professions médicales (voir médecins et vétérinaires), les chirurgiens-dentistes doivent, pour pouvoir légalement exercer leur profession :
- faire enregistrer leur titre à la préfecture ou à la sous-préfecture, et au greffe du tribunal de grande instance, dans le mois qui suit leur établissement ;
- être inscrits au tableau de l'Ordre des chirurgiens-dentistes : la demande d'inscription se fait selon les mêmes principes que pour les médecins et vétérinaires, sur présentation et après vérification de la régularité des diplômes.

La discipline et les sanctions obéissent, pour cette profession, aux mêmes principes que les professions précédentes (exercice illégal et usurpation de fonctions : *cf.* infra).

4. *Pharmaciens*

Conditions de capacité. Pour accéder à l'exercice de la profession de pharmacien, il faut :
- être de nationalité française (sauf accord de réciprocité) ;
- être titulaire du diplôme français d'État de pharmacien ;
- répondre aux conditions habituelles de moralité professionnelle.

Pour être pharmacien d'officine, il faut en outre :
- être âgé de 25 ans révolus ;
- être propriétaire du fonds de pharmacie ;
- exercer personnellement la profession.

Formalités. Pour exercer légalement la profession de pharmacien, il faut, comme pour les professions précédentes :
– être inscrit au tableau de l'ordre des pharmaciens : l'inscription se fait dans les mêmes conditions (*cf.* supra) ;
– faire enregistrer son titre à la préfecture ou à la sous-préfecture, et au greffe du tribunal (*cf.* professions précédentes).

Nota. Pour ouvrir, exploiter ou transférer une officine de pharmacie, il faut en outre respecter certaines formalités administratives : voir « professions et activités soumises à autorisation ou à déclaration préalables, page 335 ».

5. *Laboratoires d'analyses médicales*

Sont considérés comme laboratoires d'analyses médicales, les établissements dans lesquels sont effectués des examens destinés à faciliter le diagnostic médical, le traitement et la prophylaxie des maladies humaines.

Conditions de capacité. Nul ne peut exercer la profession, ni ouvrir, exploiter ou diriger un laboratoire d'analyses s'il n'est muni de l'un au moins des diplômes exigés, et dont la liste est établie par décret ministériel.

Formalités. Quiconque désire ouvrir ou exploiter un laboratoire d'analyses médicales doit en faire la déclaration écrite au préfet du département dans lequel se situera le laboratoire.
Cette déclaration doit indiquer, outre les renseignements relatifs à l'exploitant lui-même, la dénomination, l'adresse et les caractéristiques de l'établissement.
Un récépissé de la déclaration est délivré au praticien, et une copie adressée au ministre de la Santé publique, qui donne à chaque demande un numéro d'enregistrement.

Obligations du praticien. Le numéro d'enregistrement donné par le ministère doit figurer sur tous les documents émanant du laboratoire.
Le praticien doit, en outre, tenir à jour un registre spécial, coté et paraphé par le maire et le commissaire de police, et sur lequel figurent les renseignements concernant toutes les analyses effectuées : numéro d'ordre de l'analyse, date, nature, nom et adresse du client, etc.

Contrôle. Un contrôle du respect de ces obligations par le praticien est opéré régulièrement dans chaque laboratoire par des inspecteurs divisionnaires adjoints du ministère de la Santé publique.
L'inobservation des prescriptions peut donner lieu, selon les cas, à l'application de sanctions pénales ou administratives (allant jusqu'à la fermeture de l'établissement).

6. *Sages-femmes*

Cette profession est réglementée. D'une manière générale, l'exercice de la profession comporte « la pratique des actes nécessaires au diagnostic, à la surveillance de la grossesse, et à la préparation psychoprophylactique à l'accouchement, ainsi qu'à la surveillance et à la pratique de l'accouchement et des soins postnatals en ce qui concerne la mère et l'enfant » (art. L. 374 du Code de la santé publique).

Conditions d'accès, formalités. L'exercice de cette profession est subordonné à la détention du diplôme d'État de sage-femme. Les sages-femmes titulaires d'un diplôme étranger dont la validité est reconnue par la France peuvent également exercer.
Par ailleurs dans le mois suivant l'acquisition de ce diplôme, les sages-femmes devront faire enregistrer leur diplôme auprès de la préfecture, et au greffe du tribunal de grande instance.

Déontologie. Il est à noter que l'exercice de cette profession, quoique proche des différentes activités médicales avec lesquelles elle sera amenée à coopérer, ne doit en aucun cas dépasser le cadre de ses attributions légales, sous réserve de sanctions (exercice illégal de la profession).

PROFESSIONS PARAMÉDICALES

1. *Infirmiers et infirmières*

Sont considérées comme exerçant la profession d'infirmier ou d'infirmière toutes les personnes qui dispensent, de façon habituelle, soit à domicile, soit dans des établissements publics ou privés (hôpitaux, cabinets de praticiens...), des soins prescrits ou conseillés par un médecin.

Conditions de capacité. Nul ne peut exercer la profession s'il n'a régulièrement obtenu le diplôme d'État français d'infirmier, ou s'il n'est muni d'un brevet ou diplôme reconnu équivalent.

Exceptions. Une personne, même non titulaire du diplôme d'État, peut exceptionnellement exercer la profession lorsqu'elle donne les soins en qualité d'auxiliaire polyvalent, – ou lorsqu'elle est munie d'un titre, certificat ou attestation figurant sur la liste établie par arrêté du ministre de la Santé publique. Sont également dispensés temporairement des conditions de capacité légales, les élèves préparant le diplôme d'État : cette dispense ne leur est accordée que pendant la durée de leurs études, et à condition qu'ils donnent les soins exclusivement dans des établissements ou services agréés pour l'accomplissement des stages.

Nota. La possession du diplôme d'État donne droit à l'attribution d'un insigne dont le modèle est fixé par décret.

2. *Masseurs kinésithérapeutes et pédicures*

Ces deux professions étant réglementées de façon analogue, il suffit d'en indiquer sous une même rubrique les conditions d'exercice.

Conditions de capacité. Nul ne peut exercer en France la profession de pédicure ou de masseur kinésithérapeute (massage et gymnastique médicale), ni en porter le titre, s'il n'est :
- citoyen français ;
- muni du diplôme français d'État de masseur kinésithérapeute, ou du diplôme, brevet ou certificat de pédicure.

Formalités. (Voir professions médicales). Masseurs kinésithérapeutes et pédicures doivent faire enregistrer leur titre à la préfecture dans le mois qui suit leur établissement[1].
Cet enregistrement donne lieu à l'inscription sur une liste professionnelle dressée annuellement par le préfet, remise au directeur régional de la Santé, et dont copie est adressée au ministère de la Santé publique.
L'accomplissement de ces formalités et conditions donne droit à la délivrance d'une *carte professionnelle* (qui doit être présentée lors de tout contrôle par les autorités compétentes), et au port d'*insignes* professionnels, dont le modèle est fixé par le ministre de la Santé publique.

3. *Orthophonistes et aides orthophonistes*

Il s'agit de personnes qui, non titulaires du diplôme d'État de docteur en médecine, sont spécialisées dans l'art de la rééducation (voix, langages...), et pratiquent habituellement leur art hors de la présence du médecin.
Orthophonistes et aides-orthophonistes ne peuvent exécuter ces actes de rééducation que sur ordonnance médicale.
Pour accéder à la profession, ils doivent être titulaires :
- pour les orthophonistes, d'un certificat de capacité d'orthophoniste, ou de l'un des diplômes ou attestation d'études d'orthophonie, dont la liste est établie par le ministre de l'Éducation nationale, s'ils ont obtenu leur titre avant la création du certificat de capacité ;
- pour les aides-orthophonistes, du certificat de capacité d'aide-orthophoniste.

1. Un nouvel enregistrement est nécessaire pour tout changement de résidence professionnelle hors du département.

4. *Opticiens lunetiers*

Seul le certificat d'aptitude professionnelle (CAP) de lunetier détaillant est, en principe, exigé pour accéder à l'exercice de la profession.
Cependant, certains diplômes sont en outre nécessaires pour pouvoir assurer la direction ou bien la gérance d'un établissement d'opticien lunetier.
Il s'agit notamment soit d'un brevet professionnel, soit du diplôme d'élève breveté d'une école nationale professionnelle (section optique lunetterie), soit de tout autre titre reconnu équivalent et désigné par le ministre de la Santé publique.

AUTRES PROFESSIONS LIBÉRALES RÉGLEMENTÉES

1. *Architectes*

La réglementation concernant la profession d'architecte est à peu près analogue à celle concernant les professions envisagées ci-dessus.

Conditions de capacité. Nul ne peut exercer en France la profession d'architecte, ni en porter le titre s'il ne remplit pas toutes les conditions suivantes. Il faut :
– être de nationalité française (sauf accord de réciprocité) ;
– jouir de ses droits civils et politiques ; être titulaire du diplôme français d'architecte[1].

Formalités. L'architecte diplômé ne peut entrer en fonctions que s'il a été admis à faire partie de l'Ordre des architectes, et s'il est inscrit au tableau de cet Ordre.
La demande d'inscription doit être adressée par le candidat au conseil régional de l'ordre, accompagnée de toutes les pièces justificatives (diplôme en original ou copie certifiée conforme...). Le conseil ne prend sa décision qu'après examen du dossier et vérifications concernant la moralité du demandeur.
Tout comme de nombreuses professions libérales, les architectes peuvent exercer leur profession en société. Là encore, le projet d'association doit être soumis à l'agrément du conseil de l'Ordre.

2. *Experts*

La qualité d'expert étant, par définition, attribuée à des spécialistes en une matière, la profession recouvre une grande diversité de branches : arts, lettres, sciences et techniques, etc.

1. Ce diplôme sera dispensé désormais par les unités pédagogiques spéciales d'architecture qui remplacent la section d'architecture de l'École nationale des beaux-arts, écoles d'architecture créées dans certaines villes de province, et l'École spéciale d'architecture de Paris (les architectes sont diplômés par le gouvernement DPLG – ou par l'École spéciale – DESA).

Certains experts peuvent exercer leur activité parallèlement à une activité professionnelle principale...
Les experts près des tribunaux et cours d'appel sont assermentés.
Mais, il s'agit là de règles générales n'édictant aucune disposition particulière d'accès à la profession.
Deux catégories d'experts sont plus particulièrement soumises à une réglementation spécifique :
– les géomètres experts ;
– les experts-comptables.

Conditions communes d'accès à la profession. Pour exercer la profession de géomètre expert, ou celle d'expert-comptable ou de comptable agréé, il faut :
– être de nationalité française ou naturalisé (sauf accord de réciprocité) ;
– remplir les conditions habituelles de moralité et d'honorabilité, notamment ne pas avoir subi de condamnation pour infraction aux bonnes mœurs et à la probité, et n'avoir pas été déclaré en état de faillite ou de liquidation judiciaire.

Conditions particulières. Les géomètres experts doivent en outre :
– être âgés de 25 ans au moins ;
– être titulaires, soit du diplôme décerné par le ministre de l'Éducation nationale, soit du diplôme d'ingénieur-expert d'une école reconnue par l'État, à condition que ce diplôme ait été contresigné par le ministre de l'Éducation nationale ;
– être inscrits au tableau de l'ordre des géomètres experts.

À ces conditions, les géomètres experts peuvent procéder à toutes opérations techniques, ou études se rapportant à la topographie des biens fonciers, ou à la fixation des limites de ces biens, etc.
Lorsque ces opérations ont pour but l'établissement de documents, procès-verbaux, plans..., destinés à être annexés à des actes authentiques (constats, états des lieux..., administratifs ou judiciaires), elles ne peuvent être accomplies que par des géomètres experts qualifiés par le gouvernement.

Les experts-comptables et comptables agréés doivent, pour pouvoir exercer leur profession, être titulaires :
– du diplôme d'expert-comptable délivré par le ministre de l'Éducation nationale, pour les experts-comptables ;
– du diplôme ou brevet professionnel de comptable, ou justifier de 3 années de pratique professionnelle et subir l'examen préliminaire au stage d'expert- comptable, pour les comptables agréés.

En outre, ils doivent être inscrits au tableau de l'ordre des experts-comptables et comptables agréés : l'inscription est accordée selon les mêmes principes que pour toutes les professions libérales réglementées (*cf.* supra).

3. *Notaires*

Ces officiers publics sont nommés par arrêté du garde des Sceaux, et exercent leurs fonctions sous le contrôle du ministère public.

Conditions de capacité. Nul ne peut accéder à la profession de notaire s'il ne remplit toutes les conditions suivantes ; il faut :
– être français ou naturalisé depuis 5 années au moins, et jouir de ses droits civils et politiques : la justification de cette condition doit être apportée par la production d'un certificat établi par la mairie du domicile de l'intéressé ;
– avoir accompli un stage en qualité de clerc de notaire, et avoir subi avec succès l'examen professionnel de notaire : la production d'un diplôme atteste que ces conditions sont bien remplies ;
– répondre à de strictes conditions de moralité : un avis de la chambre de discipline du ressort où sera exercée la profession, ainsi qu'un certificat de chaque chambre dans le ressort de laquelle il a travaillé, doivent être fournis par le candidat.

Formalités. Lorsque les conditions préalables sont effectivement remplies, et attestées par la réunion des documents indiqués, le parquet transmet le dossier au ministre de la Justice.
Le candidat doit, en effet, être présenté à l'agrément du gouvernement par son prédécesseur ; lorsque ce dernier est décédé, la présentation doit être faite par ses ayants droit.
Le ministre ne donne son agrément et ne prend son arrêté de nomination qu'après examen favorable du dossier.
Dans le mois de sa nomination, le notaire doit prêter serment, et, avant d'entrer en fonctions, déposer sa signature et son paraphe au greffe de chaque tribunal de grande instance de son département, ainsi qu'à la mairie de sa résidence.

4. *Avocats*

Une profession unique dont les membres portent le titre d'avocat s'est substituée aux professions d'avocat et de conseil juridique.
La profession d'avocat est libérale et indépendante, mais peut aussi s'exercer comme salarié ou collaborateur non salarié.
Les avocats doivent :
– être titulaires d'au moins une maîtrise en droit, du certificat d'aptitude à la profession d'avocat ;
– ne pas avoir été auteurs de faits donnant lieu à une sanction disciplinaire, ni d'une faillite personnelle.

Les candidats doivent effectuer un stage de 2 années, sanctionné par un certificat de fin de stage.

Pour donner ou rédiger des consultations juridiques, il faut être avocat, sous peine d'exercice illégal de la profession d'avocat.
Toute personne peut se faire communiquer la liste des avocats (et la date de leur inscription à l'Ordre) en se renseignant au palais de justice dont elle dépend.

5. *Huissiers de justice*

Ils sont chargés de la signification et de l'exécution forcée des actes de justice, dans les procédures judiciaires et extra-judiciaires.
On exige d'eux, soit le diplôme de l'École nationale de procédure de la chambre nationale des huissiers de justice, soit le diplôme de la licence en droit ou du DEUG, avec un certain nombre d'années de stage, et un examen professionnel.

3

L'ATTEINTE AUX RÈGLES PROFESSIONNELLES

Les réglementations légales propres à chacune des professions envisagées aux paragraphes I et II ont pour but, non seulement de garantir l'ordre public ou la sécurité des tiers et clients, mais aussi et surtout de protéger les professions elles-mêmes – et ceux qui les exercent – contre toute atteinte qui pourrait leur être portée par des personnes non qualifiées.
C'est pourquoi ces atteintes – qui peuvent prendre des formes très différentes sont sanctionnées de plusieurs manières.

Sanctions disciplinaires. Les conseils de l'Ordre, ou les institutions équivalentes des professions organisées, ont le pouvoir de prononcer à l'encontre de l'un de leurs membres qui aurait enfreint les règles professionnelles ou porté atteinte à l'honneur ou à la discipline de la profession (violation du secret professionnel...), des sanctions dont l'importance varie selon la gravité de la faute commise : dans les professions libérales, par exemple, il peut s'agir de la suspension, de la radiation du tableau de l'Ordre, etc.

Sanctions pénales. Lorsqu'ils ont commis, dans l'exercice de leurs fonctions, des fautes particulièrement graves ou préjudiciables à des tiers, les membres des professions organisées peuvent également être condamnés à des sanctions pénales (amende, emprisonnement...)[1].
Tombent également sous le coup de la loi pénale toutes les personnes étrangères à la profession qui porteraient atteinte, d'une manière quelconque, à une profession dont l'exercice est protégé par la loi, ou aux droits et prérogatives de l'un de ses membres.
Ces atteintes se concrétisent le plus souvent par une usurpation des titres, des fonctions, des attributs..., ou par l'exercice illégal de la profession.

1. Les tribunaux civils peuvent également avoir à prononcer dans ces cas des sanctions civiles : réparation du préjudice en dommages-intérêts...

L'action en justice. Le principe de l'action en justice demeure le même quelle que soit la nature de l'atteinte portée : toutes les personnes directement intéressées par le délit, les membres de la profession, les conseils de l'Ordre régionaux ou nationaux, et chambres départementales, régionales ou nationales, les syndicats et groupements professionnels régulièrement constitués, peuvent saisir les tribunaux.
Lorsque la poursuite est directement engagée par le ministère public, ces personnes et groupements ont également la faculté de se porter partie civile, dès lors qu'elles peuvent justifier d'un intérêt suffisant à l'action intentée.
Ces principes posés, il apparaît utile d'indiquer, ci-dessous, à l'aide d'exemples, en quoi peuvent consister les atteintes aux réglementations envisagées aux paragraphes I et II du présent chapitre.

I – Exercice illégal des professions

Se rend coupable du délit d'exercice illégal d'une profession toute personne qui, bien que ne remplissant pas les conditions exigées, se livre occasionnellement ou bien habituellement à des actes et pratiques auxquels seuls peuvent se livrer ceux qui répondent à toutes les conditions nécessaires de capacité et d'aptitude.
Peu importe, pour que le délit soit constitué, le résultat obtenu (succès ou échec de l'acte pratiqué illégalement).
Peu importent également l'absence ou l'existence d'une rémunération, ainsi que l'absence ou l'existence d'une intention frauduleuse : le délit est constitué même lorsque la personne qui exerce illégalement n'a pas l'intention de tromper sur sa qualité ou son aptitude. *C'est la matérialité de l'acte*, et non l'intention qu'il faut retenir. Ainsi exerce illégalement la profession de banquier celui qui manipule l'argent de tiers, même si ceux-ci ne subissent aucune perte financière.

Exemples

En application de ces principes, commet le délit d'exercice illégal celui qui exerce la profession alors qu'il n'est pas titulaire du diplôme exigé. Tel est le cas notamment des personnes non titulaires des diplômes français de docteur en médecine ou de vétérinaire, qui prennent part, de façon habituelle, à l'établissement de diagnostics et au traitement des maladies, ou qui prescrivent des traitements pour une maladie contagieuse.
La Cour de cassation (chambre criminelle – 21 novembre 1951) a condamné pour le délit d'exercice illégal de la profession de vétérinaire le maréchal-ferrant non pourvu du diplôme de vétérinaire, qui, alors qu'il savait pertinemment qu'une épidémie sévissait dans la même région, a vacciné des bovins contre la fièvre aphteuse.

Commet le délit d'exercice illégal la personne titulaire du diplôme qui exerce la profession sans avoir fait procéder régulièrement à son inscription au tableau de l'Ordre, pour les professions dans lesquelles cette inscription est obligatoire (avocats, médecins, pharmaciens...), – ou sans avoir fait enregistrer son diplôme dans les délais, lorsque cet enregistrement est obligatoire.
De même pour celui qui continue d'exercer son art ou sa profession de façon habituelle, alors qu'il a fait l'objet d'une suspension de ses fonctions.
Il faut noter, à ce sujet, que la suspension peut être prononcée pour d'autres raisons que pour faute disciplinaire : elle peut également, sans avoir de caractère disciplinaire, être décidée pour incapacité physique temporaire (prenons, par exemple le cas d'un moniteur sportif ne présentant plus, à la suite d'un accident ou bien d'une maladie, toutes les garanties suffisantes de sécurité dans son enseignement).
Commettent le délit d'exercice illégal les personnes qui, sans avoir reçu les autorisations nécessaires, exercent une profession pour laquelle une autorisation administrative est indispensable.
Tel est le cas, par exemple, de l'étranger qui exercerait en France la profession de vétérinaire sans avoir reçu d'autorisation du ministre de l'Agriculture, ou malgré le refus de celui-ci.
De même pour les personnes qui pratiqueraient un art ou une profession à l'aide de méthodes ou de procédés non reconnus légalement. Les exemples les plus frappants sont ceux d'exercice illégal de la médecine dont se rendent coupables les personnes qui, pour examiner, diagnostiquer ou guérir, font usage de pratiques telles que l'hypnotisme, l'imposition des mains, l'utilisation de l'énergie magnétique, le spiritisme, le port d'amulettes, etc.
La Cour de cassation (chambre criminelle – 23 novembre 1956) a condamné pour ce délit un individu qui, utilisant une sorte de fluide, agissait par la méthode dite « d'imprégnation médiumnique » sur des clients qui venaient le consulter ou qui, tout simplement, s'adressaient à lui par téléphone ou par correspondance.
La même Cour a condamné pour le même délit le magnétiseur qui, sans établir de diagnostic ni prescrire de médicaments, traitait les maladies par le seul contact de ses mains sur le corps de ses consultants.
La loi prévoit une peine d'un an d'emprisonnement et 15 000 € d'amende pour les personnes qui font usage, sans droit, de diplômes ou de qualités réglementées pour l'exercice d'une de ces professions.
Ces dispositions protègent tous les titres et diplômes appartenant aux professions légalement réglementées, c'est-à-dire ceux d'avocat, de médecin, de chirurgien-dentiste, de sage-femme, de vétérinaire, de masseur kinésithérapeute, de pédicure, d'assistante sociale, ainsi que ceux d'expert-comptable et de géomètre expert, de courtier, d'artisan, de guide montagne, de moniteur sportif, d'ingénieur, d'architecte, etc. Sous peine de se rendre coupables du délit d'usurpation, tous les possesseurs de l'un de ces titres ou diplômes doivent préciser, s'il y a lieu, l'origine ou la spécialité de leur diplôme.

Ces indications doivent figurer notamment sur tous les documents utilisés dans l'exercice de leurs fonctions (plaques, papiers à lettres...).
C'est ainsi, par exemple, que :
– les ingénieurs doivent, sous peine de commettre le délit, faire suivre immédiatement la mention d'ingénieur du titre ou diplôme précis qu'ils ont obtenu et qui ne peut être qu'un titre d'ingénieur délivré ou reconnu par l'État, ou l'un des titres d'ingénieur légalement déposés[1] ;
– les médecins doivent indiquer la nature ou la provenance exactes de leur diplôme : usurperait le titre de docteur en médecine celui qui, muni du seul diplôme d'université, ferait usage d'un papier à lettres portant imprimée la mention « docteur de la faculté de médecine de Paris », – ou l'étranger qui n'indiquerait pas si son diplôme est français ou étranger.

Le délit est également constitué lorsque celui qui se prévaut du titre ou de la qualité ne remplit pas les conditions requises pour le porter, ou lorsqu'il a cessé de remplir ces conditions :
– constitue, par exemple, le délit d'usurpation de titre le fait, pour une personne non titulaire des diplômes nécessaires, de se dire publiquement « avocat », « avocat conseil », « avocat agréé » s'il n'est pas maître en droit et pourvu du CFPA, ou de se dire « architecte » alors qu'il n'est que paysagiste ou décorateur d'intérieur ;
– de même encore, constitue le délit le fait, pour une personne exerçant la profession d'agent d'affaires, de faire figurer ou de laisser figurer sur des prospectus, annonces, plaques, papier à lettres... utilisés dans le cadre de son activité, sa qualité d'ancien magistrat (ou de magistrat honoraire), d'ancien avocat (ou d'avocat honoraire), d'ancien notaire (ou notaire honoraire), etc.

Les titres et diplômes universitaires sont également protégés et nul ne peut s'attribuer, sans avoir obtenu le diplôme nécessaire, la qualité de licencié, docteur, agrégé...
Les agents de la fonction publique et officiers ministériels enfin, sont évidemment protégés par les mêmes dispositions, et est puni des peines de un an de prison et 15 000 € d'amende quiconque s'attribue sans droit la qualité d'inspecteur de police, de maire d'une localité ou porte un uniforme ou des documents ressemblant à ceux qu'utilisent ces derniers. En effet, l'attribution des décorations et insignes, qu'ils soient civils ou militaires, français ou étrangers, est un privilège des autorités publiques.
Dès lors, commet le délit d'usurpation quiconque porte, sans en avoir le droit et en public, des décorations ou insignes officiels : insignes de gendarme, écharpes, rosettes..., ou des décorations ou insignes civils (insignes de moniteur, de guide interprète, d'infirmier, etc.).

1. Le titre peut être désigné en entier, ou à l'aide d'abréviations officiellement admises.

Il en est de même pour toute personne portant une décoration, un insigne, un honneur, auxquels elle n'a plus droit ; ou une décoration, un insigne étrangers, lorsque le port en est réglementé ; ou une décoration ou un insigne inventés, mais ressemblant à un attribut officiel réglementé.

II – Usurpation de fonctions, de costumes et uniformes

Il y a délit d'usurpation dès lors qu'une personne fait usage en public de ce qui ne lui appartient pas : le critère essentiel de l'usurpation est la publicité.
Il suffit, pour qu'il y ait délit, qu'un ensemble de faits constituent une mise en scène de nature à créer une méprise ou bien une confusion dans l'esprit du public, et à faire croire à l'aptitude aux fonctions ou à la possession de la qualité usurpée.

Usurpation de fonctions

Quiconque aura, sans titre ni qualité, accompli des actes de fonctions publiques, civiles ou militaires réglementés, encourt des peines de 3 ans de prison et de 45 000 € d'amende.
Commettent donc le délit d'usurpation de fonctions les personnes qui persuadent faussement une autre personne qu'elles ont le pouvoir et la qualité pour accomplir certains actes.

Exemples :
– la Cour de cassation a condamné un notaire destitué qui voulait continuer d'exercer ses fonctions et qui, s'intitulant agent d'affaires, persuadait ses clients qu'il avait le pouvoir de gérer leurs affaires et de dresser des actes ayant valeur d'actes notariés ;
– la même Cour a condamné pour le même délit (chambre criminelle – 15 novembre 1967) un individu qui s'était présenté à plusieurs reprises sur les lieux d'un accident et qui, voulant faire croire à une qualité qu'il n'avait pas, avait procédé à des opérations et vérifications, utilisé une voiture portant des inscriptions illusoires et des formules rappelant celles utilisées par les huissiers, l'ensemble de ces manœuvres pouvant prêter à confusion sur la qualité réelle de celui qui, en réalité, n'avait aucun pouvoir pour agir ainsi.

Usurpation de costumes et uniformes

Il en est ainsi notamment :
– de la robe d'avocat : seuls ont le droit de la porter ceux qui ont obtenu le diplôme nécessaire à l'exercice de la profession (CFPA), ont prêté serment et sont régulièrement inscrits au barreau.

Dès lors, commet le délit d'usurpation l'agréé qui se présente à l'audience revêtu de la toge réglementaire des avocats ;
– de la robe des officiers ministériels, magistrats, etc., dont le port est protégé de la même manière ;
– de la robe des professeurs d'universités ou de facultés.

Le délit est constitué dès lors qu'une personne a porté, sans en avoir le droit, ces uniformes ou costumes dans un lieu public, ou qu'elle a porté des uniformes ou costumes ayant une très grande ressemblance avec des attributs officiels et réglementés, et que cette ressemblance était telle qu'elle pouvait entraîner une confusion dans l'esprit du public.

III – Falsifications

Sont également réprimées par la loi pénale toutes les altérations frauduleuses de la vérité.
Il peut s'agir d'altérations verbales (faux témoignages...), mais la loi réprime particulièrement les altérations écrites. Peu importe d'ailleurs la forme matérielle du document falsifié, ce peut être :
– une fausse déclaration : fausse déclaration d'un médecin, d'un pharmacien..., en vue de son inscription au tableau de l'Ordre ;
– l'apposition d'une fausse signature : signature du nom d'une autre personne, ou à la place d'un homonyme ;
– imitation de l'écriture d'une autre personne ;
– suppression d'une partie d'un document pour en falsifier le contenu ;
– supposition de personne : tel est le cas, par exemple, lorsque le rédacteur d'un acte indique la présence ou la comparution d'une personne absente ou inexistante, etc.
Se rendent coupables du délit de faux non seulement les personnes qui ont falsifié le document, mais également celles qui ont utilisé frauduleusement le document falsifié.
Il peut s'agir de deux sortes de faux.

Faux administratifs. Faux passeports, fausses cartes d'identité, faux récépissés, faux permis, etc.

Faux civils. Faux certificats : il y a fausse attestation, par exemple, lorsqu'un praticien signe une feuille de maladie pour des actes qu'il n'a pas accomplis ; faux bulletins de paye.

SEPTIÈME PARTIE

L'UNION EUROPÉNNE ET L'EURO

L'Union européenne (UE) est aujourd'hui une réalité pour chacun d'entre nous ; l'entrée en vigueur d'une monnaie unique en janvier 2002 en est l'illustration la plus probante. Outre l'euro, l'Union européenne recèle un ensemble d'institutions et de termes techniques qu'il est devenu indispensable de comprendre, étant donnée l'importance grandissante de l'Europe dans notre quotidien.

Le présent chapitre vise à présenter sommairement les différentes institutions de l'Union européenne, ses principes les plus fondamentaux, ainsi que la monnaie commune à certains de ses membres, dont la France : l'euro.

1

L'UNION EUROPÉENNE

I. Historique

À l'origine, l'Union européenne avait pour but la création d'une zone de coopération économique, afin de prévenir un nouveau conflit armé, menace qui hantait les esprits au lendemain de la Seconde Guerre mondiale.
Le 18 avril 1951, à l'initiative de Jean Monnet et de Robert Schuman, ministre français des Affaires Étrangères, est signé le Traité CECA qui prévoit la mise en commun des ressources de charbon et d'acier entre l'Allemagne, la France, l'Italie et le Bénélux (Belgique, Pays-Bas et Luxembourg) dans une organisation ouverte aux autres pays d'Europe.
Devant le succès de la CECA, ces six pays signent le Traité de Rome instituant la Communauté Économique Européenne (CEE) d'une part, et la Communauté Européenne de l'Énergie Atomique (EURATOM) d'autre part, le 25 mars 1957. Ces textes entrent en vigueur le 1er janvier 1958.
Quinze ans plus tard, le Danemark, l'Irlande et le Royaume-Uni rejoignent la CEE. Ils seront suivis le 10 janvier 1981 par la Grèce puis par le Portugal et l'Espagne le 1er janvier 1986. L'Europe compte à ce moment-là douze États membres.
Entre-temps, en juin 1985, les Accords de Schengen sont signés par la France, l'Allemagne, la Belgique, les Pays-Bas et le Luxembourg. Ils prévoient une suppression graduelle des frontières communes et la libre circulation des personnes, mais ces Accords n'entrent en vigueur qu'à partir du 26 mars 1995 dans les cinq pays signataires outre l'Espagne et le Portugal. L'Italie rejoindra les Accords de Schengen en 1997 avant que, deux ans plus tard, le Traité d'Amsterdam ne les rende applicables à l'ensemble des États membres (le Danemark, l'Irlande et le Royaume-Uni mis à part).
Le 28 février 1986, les Douze signent l'Acte Unique Européen, qui modifie le Traité de Rome. Ce texte est destiné à accélérer la réalisation du marché intérieur et entre en vigueur le 1er juillet de l'année suivante.
La chute du Mur de Berlin et l'effondrement du régime soviétique vont alors bouleverser la structure du continent européen, sans pour autant fragiliser les fondations de la CEE.

Le 7 février 1992, les Ministres des Affaires Étrangères des États membres signent le Traité de Maastricht que la France ratifiera, après approbation par voie de référendum, le 20 septembre 1992. Avec ce texte, entré en vigueur le 1er janvier 1993, la CEE devient l'Union européenne (UE). Cette transformation est destinée à exprimer la transformation qualitative d'une communauté d'abord purement économique en une union politique dont les compétences sont élargies.
Le 1er janvier 1995, l'Autriche, la Finlande et la Suède rejoignent l'UE, laquelle compte alors quinze États membres.
Le Traité d'Amsterdam du 2 octobre 1997 a, pour sa part, modifié les dispositions du Traité de Maastricht, en y ajoutant notamment un chapitre sur l'emploi, afin de préparer l'élargissement de l'UE à de nouveaux États membres.
Cet élargissement s'est réalisé le 1er mai 2004 puisque, à cette date, Chypre, l'Estonie, la Hongrie, la Lettonie, la Lituanie, Malte, la Pologne, la Slovaquie, la Slovénie et la République tchèque ont rejoint les quinze membres « originaires »; la Roumanie et la Bulgarie les ont imités le 1er janvier 2007.
L'UE compte donc aujourd'hui vingt-sept États membres et se trouve confrontée à un nouveau défi : sortir de la crise institutionnelle qu'elle connaît depuis les « non » français et néerlandais au referendum sur la ratification du projet de Traité constitutionnel en juin 2005. C'est pourquoi, un Traité de Réforme, moins ambitieux, mais sans doute salvateur, sera signé prochainement par les chefs d'États et de gouvernements des États membres afin d'être ratifié par la voie parlementaire.

II. Les organes et les institutions communautaires

Le Conseil européen

Cet organe rassemble les plus hauts responsables nationaux européens : il est en effet composé des chefs d'État et de gouvernement des États membres, assistés des ministres des Affaires étrangères, ainsi que du président de la Commission européenne. Il se réunit à Bruxelles deux fois par an en moyenne, sous la présidence du chef de l'exécutif de l'État qui préside le Conseil de l'UE.
Souvent décrit comme le « moteur politique » de l'Union européenne, le Conseil européen en définit les orientations politiques générales. À titre d'exemple, c'est le Conseil européen qui a établi en 1998 la liste des États qualifiés pour l'euro.
C'est aussi un lieu d'échanges de vues libres et informels entre les principaux chefs d'États et de gouvernements des vingt-sept États membres ; à ce titre, il contribue dans une large mesure à éliminer d'éventuels blocages politiques qui pourraient surgir.
Par sa composition et par son rôle, le Conseil européen est en quelque sorte le gouvernement politique de l'Union.

Le Conseil de l'Union européenne (ou Conseil des ministres de l'UE)

Le Conseil de l'UE constitue l'organe représentatif des États membres dont il exprime les intérêts particuliers dans la mesure où il est constitué par les ministres des États membres. Il apparaît à cet égard comme le Conseil des ministres de l'UE. Sa présidence est exercée à tour de rôle par chaque État pour une durée de 6 mois selon un ordre de passage fixé par le Conseil lui-même.

Le Conseil se réunit à Bruxelles dans des formations différentes selon la nature des problèmes abordés : il connaît en effet une pluralité de formations qui correspondent aux grands champs de compétence de l'Union (la plus importante est celle chargée des affaires générales et des relations extérieures, car elle réunit les ministres des Affaires étrangères). Il y a en tout neuf formations en fonction des sujets traités (affaires sociales, affaires économiques et financières, environnement, etc.). Ses réunions sont très fréquentes (environ tous les deux jours) et durent souvent très longtemps.

Parmi toutes les institutions communautaires, c'est le Conseil qui est investi des fonctions les plus importantes. Ainsi adopte-t-il le budget de l'UE et les actes de droit communautaire (soit seul, soit avec le Parlement, selon les circonstances) et dispose-t-il du pouvoir de mise en ?uvre de ces actes. C'est encore le Conseil qui définit la position de l'Union en matière de politique étrangère (Iraq, Darfour, Moyen-Orient, etc.).

À bien des égards, le Conseil constitue l'institution décisionnelle majeure de l'UE.

La Commission européenne

Institution supranationale, la Commission européenne s'entend comme l'institution représentant l'intérêt général de l'UE.

La Commission européenne est composée d'un Président (le portugais José Manuel Barroso dont le mandat expirera en 2009) et de 26 Commissaires (un par État membre) assistés d'environ 22 000 fonctionnaires ; son siège est à Bruxelles. Le Commissaire français est actuellement Jacques Barrot, qui, outre sa fonction de Vice-Président de l'institution, s'est vu attribué la Direction générale (DG) des transports. Le Président et l'ensemble des Commissaires se réunissent à huis clos au moins une fois par semaine (le mercredi, en principe).

La Commission exerce ses fonctions en toute neutralité. Elle ne sollicite ni n'accepte d'instruction de la part des États membres, lesquels s'engagent, de leur côté, à ne pas chercher à influencer les Commissaires.

De nombreuses attributions ont été confiées à la Commission par les Traités fondateurs : élaborer les actes communautaires ensuite adoptés par le Conseil de l'UE (le cas échéant avec le Parlement), veiller à la bonne exécution des actes communautaires par les États membres, négocier et conclure les accords internationaux passés entre l'Union et des États tiers. La Commission est aussi chargée de gérer la politique de la concurrence, ce qui l'amène régulièrement à imposer des amendes à des entreprises dont le comportement serait contraire au droit européen (entre 2004 et 2006, le fabricant américain de logiciels informatiques Microsoft a ainsi accumulé près de 777,5 M? d'amendes !).

Le Parlement européen

Seule institution communautaire élue au suffrage universel direct (tous les cinq ans depuis 1979), le Parlement européen représente les peuples des États membres de l'Union européenne : les 785 députés qui y siègent représentent en effet près d'un demi-milliard de citoyens européens. Ils ont pour Président l'Allemand Hans-Gert Pöttering.

Les députés européens ne siègent pas par délégation nationale mais en groupes politiques transnationaux ; il y en a huit au total. Les deux principaux sont le parti socialiste européen (PSE) et le parti populaire européen (PPE). A la différence de la situation que l'on connaît dans les Parlements nationaux, le Parlement européen ne connaît pas de véritable système majorité/opposition.

Le Parlement européen présente la particularité de voir ses activités réparties dans plusieurs villes. Strasbourg accueille le siège de cette institution ainsi que la plupart des sessions plénières, soit une dizaine de réunion durant trois à quatre jours chaque année. Les sessions extraordinaires et les commissions parlementaires ont lieu à Bruxelles. Enfin, le secrétariat général du Parlement européen est situé à Luxembourg.

Vingt commissions parlementaires permanentes (affaires étrangères, affaires sociales et de l'emploi, pèche, droits de l'homme...) composées de 28 à 86 Eurodéputés préparent les travaux des sessions plénières au cours desquelles le Parlement adopte des décisions.

Les travaux du Parlement sont importants, car, dans de nombreux domaines d'action, la législation européenne est adoptée à la fois par le Parlement et le Conseil des ministres, dans des domaines d'action clés tels que la protection de l'environnement, les droits des consommateurs, les transports.... À titre d'exemple, c'est sous son impulsion que les opérateurs téléphoniques ont été obligés avant l'été 2007 de mettre fin à leur pratique de sur-tarification des communications téléphoniques transfrontalières par téléphone (roaming).

Au titre de ses compétences figure également celle d'arrêter le budget de l'UE, pouvoir qu'elle partage avec le Conseil.

Enfin, le Parlement européen peut mandater des « commissions temporaires d'enquête » pour faire le point sur un sujet (comme cela avait par exemple été le cas en 1996 sur la maladie dite de la « vache folle ».

La Cour de justice des Communautés européennes (CJCE)

La CJCE est l'organe juridictionnel de l'Union européenne qui veille au respect du droit communautaire. Son siège est à Luxembourg.
Afin que chaque État membre y soit représenté, elle est composée de vingt-sept juges qui élisent parmi eux le Président de la Cour, lequel dirige les travaux et préside les audiences et les délibérations pendant trois années (fonction exercée à ce jour par le Grec Vassilios Skouris). Il est toutefois rare que les juges siègent tous en même temps à l'occasion d'une affaire.
La Cour est assistée dans sa mission par huit avocats généraux qui sont chargés de présenter un avis juridique motivé (« conclusions ») sur les affaires soumises à la Cour. Nommés d'un commun accord par les États membres pour un mandat de six ans renouvelable, juges et avocats généraux sont des personnes dont l'impartialité est au-dessus de tout soupçon ; ils disposent de qualifications et de compétences nécessaires pour pouvoir être nommés aux postes judiciaires les plus élevés dans leur pays d'origine.
Parmi les nombreuses attributions juridictionnelles dont elle est investie, la CJCE s'assure avant tout que le droit de l'Union européenne est interprété et appliqué de la même manière par tous les États membres, évitant ainsi que les tribunaux nationaux ne se prononcent de façon différente sur un même problème de droit communautaire. Elle a compétence pour connaître certains des litiges juridiques nés entre les États membres, les institutions européennes, les entreprises et les particuliers.
En 1989, un Tribunal de première instance des Communautés européennes (TPICE) a été créé pour aider la Cour de justice à traiter le grand nombre d'affaires qui lui sont soumises. Le TPICE est plus particulièrement chargé de se prononcer sur les recours introduits par des personnes privées. Composée de vingt-sept juges autres que ceux siégeant à la CJCE, elle a pour Président le Danois Bo Vesterdorf.
Enfin, depuis 2004, un Tribunal de la fonction publique de l'Union européenne (TFPUE) statue sur les contentieux entre l'UE et ses fonctionnaires. Composé de sept juges, le TFPUE est rattaché au Tribunal de première instance.
La Cour rend des arrêts sur les affaires qui lui sont soumises. Les trois types d'affaires les plus courants sont le renvoi préjudiciel, le recours en manquement et le recours en annulation.

1. *Le renvoi préjudiciel*

Les juridictions des États membres doivent veiller à ce que la législation européenne soit correctement appliquée dans leur pays. Le risque existe toutefois que les juridictions des différents États membres donnent une interprétation différente du droit communautaire. Une procédure dite de « renvoi préjudiciel » a donc été prévue pour éviter cette situation : ainsi, si une juridiction nationale a un doute sur l'interprétation ou la validité d'un acte législatif européen, elle peut et même doit, dans certaines circonstances, solliciter l'avis de la Cour de justice (question préjudicielle). Cet avis est rendu sous la forme d'un « arrêt préjudiciel ».

2. *Le recours en manquement*

La Commission peut entamer cette procédure si elle a des raisons de penser qu'un État membre ne s'acquitte pas des obligations que lui impose le droit communautaire. Cette procédure peut également être déclenchée par un État membre à l'encontre d'un autre. Dans un cas comme dans l'autre, la Cour examine les moyens et arguments invoqués et rend un arrêt. S'il est effectivement constaté en défaut, l'État membre incriminé doit immédiatement rectifier la situation. Si la Cour constate que l'État membre n'exécute pas l'arrêt, elle peut frapper le pays concerné d'une amende.

3. Le recours en annulation

Si un État membre, le Conseil, la Commission ou, sous certaines conditions, le Parlement pense qu'un acte législatif européen est illégal, ils peuvent demander à la Cour de Luxembourg de l'annuler. Ce « recours en annulation » peut également être introduit par une personne physique qui voudrait que la Cour annule une disposition particulière parce qu'elle la concerne et la lèse directement et individuellement. Si la Cour constate que l'acte litigieux n'a pas été adopté correctement ou n'est pas correctement fondé sur les traités, elle peut le déclarer nul et non avenu.

4. Le recours en carence

Le traité impose au Parlement européen, au Conseil et à la Commission, de prendre certaines décisions dans certaines circonstances. S'ils ne se conforment pas à cette obligation, les États membres, les autres institutions de l'Union et, dans certaines conditions, des personnes physiques ou des entreprises peuvent saisir la Cour afin que cette carence soit reconnue officiellement.

Les autres organes

L'Union européenne est également dotée d'une institution de contrôle financier : la Cour des comptes des Communautés européennes, ainsi que de nombreux autres organes, tels que le Comité économique et social et le Comité des Régions, tous deux associés au processus d'élaboration des actes communautaires.
De son côté, la Banque centrale européenne (BCE), dont le siège est à Francfort, met en œuvre la politique monétaire de l'UE.

III – Les actes communautaires

Les règlements

Différents organes de l'Union européenne sont dotés d'un pouvoir de décision : le Conseil de l'Union européenne, la Commission et la Banque centrale européenne.
Lorsqu'ils promulguent un règlement (l'équivalent d'une loi), ce règlement s'applique de façon directe et obligatoire dans les États membres. Il a donc une validité automatique dans l'ensemble des pays de l'Union.

Les directives

Les États membres de l'Union sont liés par la directive quant au résultat à atteindre, mais les instances nationales disposent d'une certaine latitude quant à la manière de l'appliquer.
Les États membres doivent transcrire la directive dans leurs droits nationaux, selon un délai précisé par la directive.

Les décisions

Il s'agit d'actes d'une portée générale qui s'appliquent aux destinataires qu'elle désigne (individu, entreprise ou État membre).

Les recommandations ou les avis

Ce sont des actes qui constituent de simples opinions et qui n'ont pas de force obligatoire.

IV – Les principes du droit communautaire

À tous ces actes s'applique un certain nombre de principes que chacun d'entre nous a entendu évoquer :
– le principe d'immédiateté : il signifie que le droit communautaire produit ses effets directement dans le droit interne des États membres sans qu'il soit besoin de le transposer par une loi propre au pays ;
– le principe d'applicabilité directe : en vertu de ce principe, le droit communautaire crée des droits et des obligations à l'égard de tous ceux qui lui sont soumis. Toute personne peut demander au juge de son pays d'appliquer le droit commu-

nautaire, à condition que les normes communautaires soient suffisamment précises et claires ;
– le principe de primauté : c'est la supériorité du droit communautaire sur les droits nationaux. Le juge national doit, s'il le faut, ne pas appliquer une disposition nationale qui serait contraire au droit communautaire ;
– le principe de subsidiarité : en vertu de ce principe souvent invoqué, le droit communautaire n'intervient que lorsque les États membres ne peuvent pas agir de façon suffisante. Dans les domaines où à la fois la Communauté et le droit national ont compétence, c'est la loi nationale qui s'appliquera. Dans le concert des États européens, la France est très attachée au principe de subsidiarité : il permettra à chaque pays de conserver son identité nationale, ses traditions culturelles et régionales.

2

L'EURO

Le 1er janvier 2002, les pièces et billets sont devenus tous indentiques dans les pays de l'Union européenne et le change d'une monnaie à l'autre n'existe plus. Chacun s'est senti concerné par cet extraordinaire bouleversement monétaire qui s'est fait volontairement, fait unique dans l'histoire.
Depuis le 1er janvier 1999, les monnaies nationales des onze États membres qui ont adopté l'euro n'étaient plus que les expressions de l'euro sous des noms différents. La Grèce a rejoint la zone euro le 1er janvier 2001, puis tout récemment la Slovénie et Malte.
Ces pays qui ont rempli les critères de convergence sont, outre la France, l'Allemagne, l'Italie, l'Espagne, l'Autriche, la Finlande, l'Irlande, le Portugal, la Belgique, la Hollande, le Luxembourg, la Grèce, la Slovénie et Malte. En outre, n'ont pas voulu intégrer l'euro la Suède, le Danemark et le Royaume-Uni.
Pourtant, pendant 3 ans à partir du 1er janvier 1999, l'euro n'a pas été une véritable monnaie puisque billets et pièces n'ont pas été disponibles partout.
C'était la période du « ni-ni » (ni obligation, ni interdiction).
Du 1er janvier au 1er juillet 2002 a existé une période de double circulation.
Au cours de ces 6 mois (durée maximale qui a été abrégée en France), les billets et pièces en euros ont remplacé peu à peu les monnaies nationales, mais les paiements pouvaient encore être faits dans ces monnaies : en francs, par exemple. Les échanges des francs contre des euros se sont effectués aux guichets des banques jusqu'au 1er juillet 2002.
La valeur de l'euro a été située à hauteur de 6,55957 F (en arrondi : 6,56 F).
Pour la conversion des francs en euros et des euros en francs, seuls deux chiffres après la virgule sont admis, en arrondissant au cent ou centième supérieur ou égale à 5 et au cent ou centième inférieur dans l'autre cas.

Exemple : 155,581 euros arrondi à 155,58
155,585 euros arrondi à 155,59

Dans la pratique il y a eu une époque transitoire : les particuliers ont dû continuer à remplir leur déclaration en francs, et ce jusqu'à l'an 2002, car l'administration fis-

cale n'a pas été équipée pour les calculs en euros avant cette période (déclaration 2002 portant sur les revenus 2001).
Pendant la période de transition 1999-2002, les commerçants ont pu afficher leurs prix dans les deux monnaies, mais ce double affichage ne signifiait pas qu'ils étaient obligés d'accepter les euros.
Dès 1999, les étrangers voyageant en France et les Français en déplacement à l'étranger ont pu régler leurs achats en euros, par l'utilisation de chèques en euros ou de cartes bancaires.
De même depuis 1999, les virements bancaires en euros d'un pays à l'autre ont été exonérés de frais de change et les marchés de change utilisaient l'euro ainsi que les organismes boursiers (la Bourse de Paris notamment), mais les ordres pouvaient être donnés en francs, les banques se chargeant de la conversion. Les salaires ont été payés en francs jusqu'au 31 décembre 2001, les fiches de paye pouvant porter la double mention, pour habituer les intéressés à la nouvelle monnaie.
Quant aux entreprises, elles ont pu continuer à compter en francs jusqu'au 1er janvier 2002, date à laquelle elles ont dû basculer sur l'euro. Les pièces de monnaie libellées en centimes sont pourvues d'une face européenne et d'une face nationale. À compter du 17 février 2002, le franc n'a plus eu cours du tout en France. Toutefois, la Banque de France ou le Trésor Public ont pu échanger les pièces en francs jusqu'au 17 février 2005 et les billets pourront l'être jusqu'au 17 février 2012, à l'exception de certains billets dont l'échange s'arrêtera plus tôt. Ainsi le billet de 500 Francs à l'effigie de Pascal ne sera échangé que jusqu'au 1er mars 2007, le 200 Francs Montesquieu jusqu'au 1er avril 2008, le 100 Francs Delacroix jusqu'au 31 janvier 2009, et le 50 Francs Quentin de La Tour ne l'est plus depuis le 30 novembre 2005.
L'instauration de l'euro représente, pour le commerce des marchandises entre pays européens, des avantages importants puisque le coût des commissions de change représente 0,4 % de produit intérieur brut de l'ensemble de l'Union européenne.
De plus, l'incertitude née des variations monétaires (par exemple, brutale dévaluation d'une monnaie) a disparu, ce qui permet aux entreprises de prévoir leurs marges bénéficiaires et d'obtenir ainsi de meilleurs résultats commerciaux.

HUITIÈME PARTIE
LA VIE À LA CAMPAGNE

1

L'EXPLOITATION OU LA PROPRIÉTÉ RURALE

I – La propriété

La propriété est un droit réel, c'est-à-dire un droit unissant une personne et un bien.

Éléments

Traditionnellement, le droit de propriété comporte trois éléments.

L'abusus. Qui se définit comme le droit qu'a le propriétaire de disposer de sa chose, soit par des actes matériels, soit par des actes juridiques (actes susceptibles de restreindre, de démembrer, d'anéantir son droit).

L'usus. Qui se définit comme le droit d'usage appartenant au propriétaire. Le propriétaire peut se servir de ce droit d'usage directement pour lui-même ou le conférer à un tiers, à titre gratuit ou onéreux, en prêtant ou louant le bien.

Le fructus. Qui se définit comme le droit de recueillir et de disposer des fruits et des produits de la chose.
Les fruits sont les objets nés d'une chose, périodiquement, sans destruction de sa substance (récoltes, produits du jardin).
Les produits comprennent les objets issus de la chose, sans périodicité, avec diminution de la substance (coupes de bois exceptionnelles, matériaux extraits du sol).
La distinction entre fruits et produits ne présente aucun intérêt lorsque le fonds est aux mains du propriétaire, mais elle est importante en cas de démembrement. En effet, l'usufruitier a droit aux fruits, non aux produits.

Caractères du droit de propriété

Le droit de propriété est en principe *absolu* : c'est le droit de jouir et de disposer des choses de la manière la plus entière qui soit. C'est un droit *exclusif* conférant à son titulaire un véritable monopole sur la chose qui en est l'objet. C'est ce caractère qui permet au propriétaire de s'opposer à l'utilisation de son bien par des tiers.
C'est un droit *perpétuel*, qui ne disparaît pas par le non-usage, qui se transmet, et dure aussi longtemps que son objet.

Restrictions au droit de propriété

Les réserves foncières communes. Lors d'un remembrement, les communes ont le pouvoir d'exproprier les terrains nécessaires à la réalisation d'équipements communaux.

1. *Quelles sont les hypothèses qui peuvent se présenter ?*

La commune *dispose* de terrains suffisants : elle fait apport de ces terrains à l'opération de remembrement. Les propriétaires seront dépossédés des terrains les mieux situés, en particulier pour la construction, mais recevront des terrains de compensation ; la commune ne pourra pas demander à bénéficier de terrains supplémentaires.
La commune *ne dispose pas* de terrains suffisants. La commission communale de réorganisation foncière et de remembrement prélèvera des surfaces complémentaires sur les attributions faites aux propriétaires fonciers, après le remembrement. Ce prélèvement ne devra pas excéder 2 % de la superficie comprise à l'intérieur du périmètre de remembrement.

2. *Les propriétaires concernés*

Les seuls propriétaires intéressés sont ceux qui sont compris dans le *périmètre de remembrement.* En vertu de l'article L. 123-2 du nouveau Code rural, doivent être réattribués à leurs propriétaires, sauf accord contraire, et ne subir que des modifications de limites indispensables à l'aménagement :
– les terrains clos de murs, qui ne sont pas en état d'abandon caractérisé ;
– les immeubles où se trouvent des sources d'eau minérale ;
– les mines et les carrières ;
– les terrains qui, en raison de leur situation à l'intérieur des périmètres d'agglomérations, peuvent être considérés comme terrains à bâtir ;
– de façon générale, les immeubles dont les propriétaires ne peuvent bénéficier de l'opération de remembrement en raison de leur utilisation spéciale.

3. *La déclaration d'utilité publique*

Pour que les terrains puissent être attribués à la commune, il faut que le projet de réalisation de constructions ou d'équipements communaux ait fait l'objet, *au préalable*, d'une déclaration d'utilité publique. La déclaration d'utilité publique est prise en général par arrêté préfectoral. Cet arrêté est affiché à la mairie, et notifié à chaque intéressé par lettre recommandée avec accusé de réception. Cet arrêté peut être attaqué, devant le tribunal administratif, par chaque propriétaire ou locataire *intéressé*.

4. *Le paiement d'une indemnité*

C'est la commune qui doit notifier, par lettre recommandée avec accusé de réception, les *offres* d'indemnités à l'association foncière qui groupe l'ensemble des propriétaires. L'association foncière fera connaître son acceptation ou son refus. En cas de refus, le montant des indemnités est fixé par le juge de l'expropriation. C'est l'association foncière qui doit répartir les indemnités reçues, entre les propriétaires et locataires des terrains inclus dans le périmètre du remembrement, au prorata des apports de chacun.

Les servitudes. L'article 637 du Code civil définit la servitude comme une « charge imposée à un héritage pour l'usage et l'utilité d'un héritage appartenant à un autre propriétaire ».

1. *Les servitudes d'eau*

• La servitude de *passage des eaux utiles.*
Toute personne, physique ou morale, qui veut user, pour l'alimentation en eau potable, pour l'irrigation ou pour les besoins de son exploitation, des eaux dont elle a le droit de disposer, peut obtenir le passage par conduite souterraine de ces eaux sur les fonds intermédiaires, dans les conditions les plus rationnelles et les moins dommageables à l'exploitation présente et future de ces fonds, à charge d'une juste et préalable indemnité. Les maisons sont, en tout cas, exemptées de cette servitude. En sont également exemptés les cours et jardins attenant aux habitations.

• La servitude d'*écoulement des eaux nuisibles.*
Tout propriétaire qui veut assainir son fonds, par le drainage ou un autre mode d'assèchement, peut, moyennant une juste et préalable indemnité, en conduire les eaux souterrainement ou à ciel ouvert à travers les propriétés qui séparent ce fonds d'ouvrage de collecte et d'épuration.

Sont exemptés de cette servitude les maisons, cours, jardins, parcs et enclos attenant aux habitations.
Les contestations auxquelles peuvent donner lieu l'établissement et l'exercice de la servitude, la fixation du parcours des eaux, l'exécution des travaux de drainage ou d'assèchement, les indemnités et les frais d'entretien, sont portées en premier ressort devant le tribunal d'instance.

• La servitude d'*appui*.
La loi du 11 décembre 1992 crée une servitude d'appui au profit du propriétaire qui veut utiliser l'*eau* d'une rivière à l'aide d'un *barrage* appuyé sur les deux rives, à charge d'une juste et préalable indemnité. Ce barrage peut être édifié, en dépit de l'opposition du propriétaire de l'autre rive, à condition qu'il le soit pour l'irrigation. Le riverain sur les fonds duquel l'appui est demandé peut toujours réclamer l'usage commun du barrage, à condition qu'il contribue pour moitié aux frais d'établissement et d'entretien.

2. *La servitude de passage en cas d'enclave* (*article 682 du Code civil*)

Le propriétaire, dont les fonds sont enclavés, et qui n'a sur la voie publique aucune issue ou une issue insuffisante, soit pour l'exploitation agricole, industrielle ou commerciale de sa propriété, soit pour la réalisation d'opérations de construction ou de lotissement, est fondé à réclamer un passage pour assurer la desserte complète de ses fonds. Le passage doit être pris du côté où le trajet est le plus court, du fonds enclavé à la voie publique. Si l'assiette du passage ne peut être définie par les intéressés, elle devra l'être par le juge.
Le propriétaire du fonds enclavé doit payer à son voisin une indemnité, dont le montant est fixé par le tribunal civil, en fonction de la nature et de la longueur du passage. Les travaux doivent être exécutés aux frais du propriétaire enclavé.

3. *La servitude d'aqueduc*

Cette servitude a été instaurée par la loi du 28 avril 1845. Elle a été réformée par la loi du 11 décembre 1992. « Toute personne physique ou morale qui veut user pour l'alimentation en eau potable, pour l'irrigation ou plus généralement pour les besoins de son exploitation, des eaux dont elle a le droit de disposer, peut obtenir le passage par conduite souterraine de ces eaux sur les fonds intermédiaires, dans les conditions les plus rationnelles et les moins dommageables à l'exploitation de ces fonds. « Ce droit donne lieu à une « juste et préalable indemnité », fixée par le magistrat.

4. *La servitude de vaine pâture*

La vaine pâture communale est « le droit, qui appartient à la généralité des habitants ou propriétaires d'une commune, d'envoyer paître leurs bestiaux sur l'ensemble des terrains de la commune lorsqu'ils ne sont pas ensemencés ou chargés de récolte ».
La vaine pâture est autorisée sur tous les terrains non clos qui ne sont pas à l'état de « production actuelle ou préparée ». En aucun cas, la vaine pâture ne peut s'exercer sur des prairies artificielles. La vaine pâture s'exerce, soit par troupeau séparé, soit au moyen du troupeau en commun, conformément aux usages locaux.

5. *Les ouvertures des jours et vues*

« Le propriétaire d'un mur non mitoyen, joignant immédiatement l'héritage d'autrui, peut pratiquer dans ce mur des jours ou fenêtres à fer maillé et verre dormant. Ces fenêtres doivent être garnies d'un treillis de fer, dont les mailles auront un décimètre d'ouverture au plus, et d'un châssis à verre dormant » (article 676 du Code civil).

« Ces fenêtres ou jours ne peuvent être établis qu'à vingt-six décimètres au-dessus du plancher ou sol de la chambre que l'on veut éclairer, si c'est au rez-de-chaussée, et à dix-neuf décimètres au-dessus du plancher pour les étages supérieurs » (article 677 du Code civil).

« On ne peut avoir des vues droites ou fenêtres d'aspect, ni balcons ou autres saillies, sur un héritage clos ou non clos de son voisin, s'il n'y a dix-neuf décimètres de distance entre le mur où on les pratique et ledit héritage… » (article 678 du Code civil).

« On ne peut avoir des vues par côté ou obliques sur le même héritage s'il n'y a pas six décimètres de distance » (article 679 du Code civil).

6. *La distance à observer pour les plantations* (*article 671 du Code civil*)

Elle dépend de la hauteur des arbres. Elle est de 50 centimètres pour les arbres et arbustes dont la hauteur est inférieure à 2 mètres et de 2 mètres pour ceux dont la hauteur dépasse 2 mètres. On doit calculer cette distance à partir de la séparation des deux propriétés, ou bien, si les deux fonds sont séparés par une clôture, à partir du milieu de celle-ci. Ceci, sous réserve de règlements particuliers ou d'usages constants qui peuvent être différents.

Lorsque les règles de distance ne sont pas observées, que les arbres aient poussé spontanément ou qu'ils aient été plantés, le propriétaire du fonds voisin a le droit d'exiger qu'ils soient arrachés ou réduits à la hauteur déterminée.

Notons qu'à Paris et dans la région parisienne, ainsi que dans certaines localités, il n'existe aucune distance imposée, notamment en raison de l'exiguité des jardins urbains.

Dans le cas d'*arbres plantés à la distance réglementaire, mais dont les branches ou les racines avancent sur le fonds voisin*, le propriétaire du fonds sur lequel avancent ces branches ou ces racines peut couper lui-même les racines, mais non les branches. Il peut contraindre le propriétaire de l'arbre à couper les branches.

Dans tous les cas, même si l'arbre est planté à une distance réglementaire, le propriétaire est responsable des dommages causés par les racines s'étendant sur les héritages voisins. Dans l'hypothèse d'une *clôture* constituée par un mur mitoyen, des arbres peuvent être plantés de chaque côté, mais ils ne doivent en aucun cas dépasser la crête du mur. Si, par contre, le mur n'est pas mitoyen, seul le propriétaire peut y appuyer ses espaliers.

Les obligations réelles rurales accessoires au droit de propriété

Obligation de se borner. L'article 646 du Code civil dispose que « tout propriétaire peut obliger son voisin au bornage de leurs propriétés contiguës. Le bornage se fait à frais communs ». L'action en bornage peut être intentée par le propriétaire de *tout* fonds de terre, à la condition que les héritages soient contigus. La jurisprudence décide qu'il n'y a pas contiguïté lorsque les deux propriétés sont séparées par un cours d'eau naturel navigable et flottable. Tout propriétaire peut clore son héritage, sauf exception portée en l'article 682 du Code civil, qui énonce : « tout propriétaire dont les fonds sont *enclavés*, qui n'a sur la voie publique aucune issue..., peut réclamer un passage sur le fonds de ses voisins ».

Mitoyenneté. Quelle que soit la nature de la clôture, haies, fossés ou murs, la question de la mitoyenneté se pose dès lors que cette clôture sépare deux héritages. L'article 653 du Code civil énonce donc : « *dans les villes et les campagnes, tout mur servant de séparation entre bâtiments,* jusqu'à l'héberge[1], ou entre cours et jardins, et même entre enclos dans les champs, *est présumé mitoyen,* s'il n'y a titre ou marque du contraire ». La mitoyenneté des clôtures et des fossés situés à limite séparative de deux fonds est présumée (article 666 du Code civil). La présomption de mitoyenneté est une présomption simple, c'est-à-dire que l'on peut en apporter facilement la preuve contraire, et ce, nous dit l'article 653 du Code civil, par « titre ou marque ».
La réparation et la reconstruction du mur mitoyen sont à la charge de tous ceux qui y ont droit, et proportionnellement au droit de chacun. L'article 661 du Code civil, tel qu'il a été modifié par la loi du 17 mai 1960, permet à un propriétaire d'obliger son voisin à lui céder la mitoyenneté du mur placé à la limite de leurs fonds.
Cet article énonce en effet : « tout propriétaire joignant un mur a la faculté de le rendre mitoyen en tout ou en partie, en remboursant au maître du mur la moitié de la dépense qu'il a coûté, ou la moitié de la dépense qu'a coûté la portion du mur qu'il veut rendre mitoyenne et la moitié de la valeur du sol sur lequel le mur est bâti. La dépense que le mur a coûté[2] est estimée à la date de l'acquisition de sa mitoyenneté, compte tenu de l'état dans lequel il se trouve ».
La mitoyenneté est perpétuelle, mais le législateur autorise le propriétaire à faire cesser l'indivision, le partage n'étant jamais possible : l'intéressé « ne peut que céder au propriétaire voisin, si celui-ci y consent, la mitoyenneté de la clôture, qui devient alors *propriété privative* du voisin ; en cas de refus du voisin, il a le droit d'*abandonner* la mitoyenneté sans indemnité ».

1. Arête des constructions les moins hautes.
2. L'accord des participes est conforme au Code. Il serait aujourd'hui incorrect.

II – Les baux ruraux

Lorsqu'un ensemble immobilier est composé de terres, bâtiments et maisons, faisant l'objet d'une exploitation agricole, sa location constitue un bail rural. Compte tenu, notamment, du fait que la valeur de l'immeuble rural dépend largement de la façon dont il est exploité, le législateur a voulu accorder à l'exploitant agricole des droits étendus, qui sont normalement refusés au locataire d'un immeuble d'habitation ou même d'un commerce. Le régime juridique existant protège donc d'abord le preneur. C'est la loi du 1er août 1984 qui porte « statut du fermage et du métayage ».
Ces textes ont été repris et codifiés dans le livre IV du nouveau Code rural, sauf en ce qui concerne les tribunaux paritaires.

Le domaine d'application du statut du fermage et du métayage

C'est un statut « du fermage et du métayage ». On dit souvent que les textes auxquels il vient d'être fait allusion forment le « statut des baux ruraux ». C'est inexact, puisqu'il existe d'autres modalités de location que le fermage et le métayage. Mais l'erreur est significative : ces deux contrats sont, en effet, les plus fréquents et leur application est extrêmement générale. Il convient donc de les définir, puis d'énumérer les modalités de location rurale auxquelles ne s'applique pas le statut du fermage et du métayage.

1. *Définition du fermage et du métayage*

Le fermage (lui-même employé de manière quatre fois plus fréquente que le métayage) est « un contrat par lequel le propriétaire d'un fonds le donne à bail à un preneur, appelé fermier, pour une durée déterminée, et moyennant un prix, nommé fermage, aux fins de l'exploitation agricole du fonds » (Mazeaud et de Juglart). Il se concrétise par l'apport, fait par le fermier, du capital technique, et le paiement au propriétaire d'une certaine somme en contrepartie des risques assumés par celui-ci. Sous un autre angle, on peut dire encore que le fermage « s'analyse en un contrat avec engagement réciproque : le propriétaire du sol cède l'usage à un locataire (le fermier) à charge pour ce dernier de payer chaque année au propriétaire un loyer fixe, établi à l'avance, et indépendant des résultats bons ou mauvais de la gestion » (J. Milhau). Le métayage est, par contre, un contrat par lequel « le propriétaire foncier cède l'usage de sa terre à un locataire, le métayer, moyennant une rétribution représentant un certain pourcentage de produits obtenus dans l'exploitation ».

2. *Autres modalités de location rurale*

Le nouveau Code rural traite également du bail à cheptel, du bail à domaine congéable, du bail à complant et du bail emphytéotique, qui sont donc exclus de l'application des règles relatives au fermage et au métayage. Il en est de même pour les baux de chasse et de pêche et les locations de jardins d'agrément et d'intérêt familial qui ne concernent pas une exploitation agricole.

Le bail à cheptel (article 1800 à 1831 du Code civil repris par l'article L. 421-1 du nouveau Code rural) est « un contrat par lequel l'une des parties donne à l'autre un fonds de bétail pour le garder, le nourrir et le soigner sous les conditions convenues entre elles ». Il en existe plusieurs sortes, et le code règle, en l'absence de convention des parties, les problèmes de l'attribution du profit des animaux (croît, laine, etc.) et du risque du bétail. Ce contrat fut très pratiqué au XIXe siècle. Il l'est beaucoup moins aujourd'hui et, la plupart du temps, il apparaît comme accessoire à une convention de fermage ou de métayage.

Le bail à domaine congéable (article L. 431-1 à L. 431-23 du nouveau Code rural) se rencontre surtout dans l'ouest de la Bretagne. Le « domanier » est propriétaire des édifices et superficies. Le « foncier » ne garde que la propriété du tréfonds, mais peut congédier le tenancier. Une loi du 16 septembre 1947 a étendu à ce type de contrat les principaux avantages consentis aux fermiers et métayers par le statut précité.

Le bail à complant (article L. 441-1 à L. 431-13 du nouveau Code rural) est, lui aussi, en voie de raréfaction. Il est parfois encore utilisé pour permettre la mise en culture de la vigne.

Le bail emphytéotique (article L. 451-1 à L. 451-13 du nouveau Code rural) est plus fréquent. Il est d'une durée variable de 18 à 99 ans, et confère au preneur un véritable droit « réel », susceptible d'hypothèque, de cession, de saisie, etc. En contrepartie, le preneur ne peut bénéficier d'une indemnité pour toute construction ou amélioration apportées au fonds par ses soins : celles-ci restent acquises au bailleur. Pendant la durée de la location, le preneur est « tenu de toutes les contributions et charges de l'héritage » (article L. 451-8 du nouveau Code rural).

La location de jardins familiaux (article L. 471-1 du nouveau Code rural) concerne « ceux que leurs exploitants cultivent personnellement en vue de subvenir aux besoins de leur foyer, à l'exclusion de tout usage commercial ». Les dispositions du Code, auxquelles nous renvoyons, s'appliquent notamment aux terrains répartis par les associations dites des « jardins ouvriers ».

Le bail de chasse et de pêche est passé librement quant aux conditions relatives à la durée, au renouvellement, au préavis, etc. Mais il est parfois délicat de le distinguer de certains baux soumis au statut du fermage. C'est le cas des *baux d'élevage*, la distinction s'opérant suivant que les animaux sont destinés à la vente ou à la chasse et la pêche. Mais les élevages d'huîtres ont expressément un caractère com-

mercial, cependant que les baux d'élevage avicole ou les baux d'étangs servant à l'élevage piscicole sont explicitement soumis au statut du fermage.
En cas de litige relatif à l'un de ces baux, le tribunal compétent sera toujours celui, paritaire, des baux ruraux, sauf en ce qui concerne la location des jardins familiaux et le bail de chasse et de pêche, le juge de droit commun retrouvant alors sa compétence.

Ce statut n'est applicable que s'il s'attache à un objet agricole. Pour que le statut s'applique, il convient que l'exploitation louée à ferme ou à métayage le soit dans un *but* agricole.
Une telle exploitation est celle qui est destinée à la production végétale ou animale, ce qui implique que le preneur ait à effectuer des travaux de culture ou d'entretien du fonds.
Le juge ne tiendra donc pas compte de la profession principale du locataire. Dans les cas douteux (ainsi en est-il des laitiers nourrisseurs ou des éleveurs et marchands de bestiaux, par exemple), il examinera les conditions exactes dans lesquelles s'effectue l'exploitation. De même il analysera la volonté des parties, au moment de la conclusion du contrat, c'est-à-dire le caractère qu'elles ont entendu donner au bail. De ces divers éléments, il déduira la *qualification* exacte de celui-ci, qui peut n'être pas celle qui figure au document conventionnel. Un problème toujours délicat à résoudre est celui des « locations mixtes ». Ainsi une maison peut être accompagnée d'une terre. Le contrat est-il alors un bail rural ou un bail à loyer ? Le juge répondra après une étude, cas par cas, en se fondant sur le principe que l'objet agricole doit constituer la *destination essentielle* du fonds, pour que celui-ci puisse être soumis à un contrat de fermage ou de métayage.
Dans quelques cas, toutefois, le statut du fermage lui-même a résolu le problème en prévoyant que certains baux étaient assimilables à des baux agricoles (article L. 415-10 du nouveau Code rural). C'est le cas des baux d'élevages avicole et apicole, d'étangs servant à l'élevage piscicole, d'établissements horticoles, de cultures maraîchères et de champignons.
À l'inverse, la loi du 5 août 1960, dite d'orientation agricole, a entendu ne pas appliquer aux *baux passés par les sociétés d'aménagement foncier*, les SAFER, les dispositions du statut concernant leur durée, leur renouvellement et le droit de préemption.

3. *L'action des SAFER*

Les étrangers ne peuvent pas bénéficier du statut des baux ruraux, sauf si leurs enfants sont français. Les étrangers ressortissant d'un pays dont la législation offre aux Français les avantages analogues bénéficient également du statut des baux ruraux. De même, en bénéficient également les exploitants étrangers ressortissant des États membres de la CEE.
Les SAFER, dont le but est d'améliorer les structures, d'accroître la superficie de certaines exploitations agricoles et de faciliter la mise en culture du sol et l'instal-

lation d'agriculteurs à la terre, ont, dans cette perspective, la possibilité d'acquérir, par préemption, des biens ruraux, en vue de les réunir en exploitations agricoles. Elles peuvent aussi les rétrocéder et, avant cela, les louer pendant une période de 5 ans. Le fait de ne pas être soumises aux conditions générales du statut vise naturellement à faciliter ces opérations, mais au détriment des locataires, si ceux-ci n'entendent pas acquérir la propriété lors de la rétrocession.
Les SAFER constituent un moyen essentiel pour réaliser, dans un cadre tracé par le législateur, un aménagement foncier important. Ce sont des sociétés d'économie mixte, sans but lucratif, mais commerciales par leur forme. Elles sont soumises à un agrément ministériel.
Pour réaliser leur but, qui est exclusivement d'améliorer les structures agraires, d'accroître la superficie de certaines exploitations agricoles et de faciliter la mise en culture du sol et l'installation d'agriculteurs à la terre, elles peuvent acquérir des terres et des exploitations, aménager les immeubles acquis et les rétrocéder. À cet égard, elles bénéficient, quant à l'acquisition, d'un droit de préemption que nous retrouverons lorsque nous examinerons celui du fermier. On sait déjà que les baux qu'elles peuvent passer, pour une durée de 5 ans, avec leurs locataires, ne sont pas considérés comme relevant du statut du fermage.

4. *Le remembrement rural*

Il a naturellement des incidences sur les baux en cours. Il pose d'abord une question de report, qui ne soulève pas de difficulté au niveau du principe puisque les droits du fermier, résultant d'un bail, sont reportés sur les nouvelles parcelles, mais est moins simple quant à l'application pratique. Si le *transfert* est facile lorsqu'il y a bailleur et preneur uniques, sous réserve que le preneur peut toujours demander la résiliation totale ou partielle du bail, il n'en est plus de même s'il existe plusieurs preneurs pour les terres d'un même bailleur. Celui-ci devra déterminer quelles parcelles attribuer en location à chacun et le faire dans des conditions d'équité appréciées par le juge (le tribunal paritaire des baux ruraux), toujours extrêmement délicates.
D'un autre côté, on estime qu'en dépit de la plus-value acquise, le bailleur ne peut augmenter le *prix* en cours de bail, et que la *taxe* de remembrement n'est pas récupérable sur le preneur.

Le fermage

Il constitue le bail rural de droit commun. La plupart des règles qui lui sont applicables le sont également aux autres baux ruraux et, notamment, au métayage. Par voie de conséquence, les développements concernant le fermage seront affectés d'une portée plus générale, ceux consacrés au métayage ne décriront que les particularismes de ce type de contrat, les dispositions valables pour l'un et l'autre étant examinées sous cette rubrique « fermage ».

Conclusion du bail. La loi pose deux conditions.

La nécessité d'un *écrit*, qui doit être *enregistré.* Il n'y est fait exception que pour les petites parcelles ou les fonds qui ne constituent pas un corps de ferme. Mais le bail verbal n'est pas nul pour autant : il est simplement « censé avoir été conclu » pour une durée de 9 ans, aux conditions fixées par un contrat type établi par la commission consultative des baux ruraux dans le département, et homologué par le préfet. Ce contrat type a notamment pour but de préciser la portée de la réglementation locale qu'il complète, en se fondant sur les usages. Les baux peuvent être passés sous seing privé, mais ne sont opposables aux tiers qu'une fois enregistrés.

Un *état des lieux* qui doit être dressé contradictoirement et à frais communs, dans le mois qui précède ou dans le mois qui suit l'entrée en jouissance. L'état des lieux a pour objet de permettre de déterminer ultérieurement les améliorations qui auront été apportées par le preneur, ou les dégradations constatées aux constructions, au fonds, et aux cultures. Passé ce délai d'un mois, la partie la plus diligente établit un état des lieux qu'elle notifie à l'autre partie par courrier recommandé avec A.R.

Cette dernière dispose d'un délai de 2 mois pour faire ses observations ou accepter l'état des lieux. Passé ce délai, son silence vaut accord et l'état des lieux devient définitif.

Le tribunal paritaire « section fermage » est compétent pour juger tout litige découlant du bail rural.

La *preuve* du bail n'apparaît guère difficile dans la mesure où l'écrit consigne les intentions des parties, et où l'existence d'un état des lieux joue à titre de précaution supplémentaire. Mais ces deux conditions ne se rencontrent pas toujours. Le juge s'efforcera donc de connaître la volonté réelle des contractants. Il examinera ensuite si les éléments essentiels du bail sont réunis : désignation de la chose louée, prix du bail, date d'entrée en jouissance. Si le fait même de l'accord sur la conclusion du bail est contesté, la preuve devra être apportée selon les principes de l'article 1715 du Code civil qui dispose : « Si le bail fait sans écrit n'a reçu aucune exécution et que l'une des parties le nie, la preuve ne peut être reçue par témoins, quelque modique qu'en soit le prix, et quoiqu'on allègue qu'il y a eu des arrhes données. Le serment peut seulement être déféré à celui qui nie le bail ». Cette règle a pour conséquence qu'en dehors d'un écrit, la seule preuve possible de l'existence d'un bail est de déférer le serment à celui qui nie qu'il y ait eu accord. Si néanmoins le bail a reçu un commencement d'exécution, le juge sera plus enclin à admettre alors une simple preuve par témoins.

En tout état de cause, un *occupant sans titre* ne peut bénéficier du statut du fermage. Si un délai de grâce lui est accordé, il devra verser une indemnité, et le propriétaire pourra obtenir l'expulsion, prononcée par le juge.

Exécution du bail. Indépendamment des règles applicables à tout contrat (exécution réciproque des obligations, exécution de bonne foi, etc.), le fermage connaît des particularités, qui fixent les droits et devoirs de chacune des parties.

1. *Le prix*

Le prix de chaque fermage est établi en fonction notamment de la durée du bail, de l'état et de l'importance des bâtiments d'exploitation, de la qualité des sols et de la structure parcellaire des biens loués. Le prix est constitué, d'une part, du loyer des bâtiments d'habitation et, d'autre part, du loyer des bâtiments d'exploitation et des terres nues. Le loyer des bâtiments d'habitation est fixé en monnaie entre des minima et des maxima arrêtés par l'autorité administrative.
Le loyer des terres nues et des bâtiments d'exploitation est déterminé par référence au prix de certaines denrées, choisies sur une liste établie dans chaque département par arrêté préfectoral.
Le prix du bail est payable en espèces. Toutefois, pour les cultures permanentes viticoles, arboricoles, oléicoles ou agrumicoles et, par accord entre les parties, le prix du bail est payable en nature ou partie en nature et partie en espèces. Sauf si le bailleur, en accord avec le preneur, a réalisé des investissements dépassant ses obligations légales, ou lorsque des investissements sont imposés au bailleur par une personne morale de droit public, ou encore lorsque le bailleur a supporté définitivement l'indemnité due au preneur sortant, le fermage ne peut comprendre, en sus du prix, aucune redevance ou service de quelque nature que ce soit.
Le preneur ou le bailleur qui, lors de la conclusion du bail, a contracté à un prix supérieur ou inférieur d'au moins un dixième à la valeur locative, peut, au cours de la troisième année de jouissance, saisir le tribunal paritaire qui fixe, pour la période du bail restant à courir, le prix normal du fermage.

2. *Les réparations et améliorations*

Les grosses réparations sont à la charge exclusive du propriétaire. Les réparations locatives ou de menu entretien sont à celle du preneur, à la condition qu'elles n'aient été occasionnées ni par la vétusté, ni par un vice de construction ou de matière, ni par force majeure.
Le sujet a donné lieu à une jurisprudence abondante. La Cour de cassation estime que le bailleur ne peut être obligé à reconstruire la chose louée en cas de perte totale ou partielle, cette dernière se définissant comme « celle qui ne peut plus être conservée sans dépense exagérée » et qui « devient ainsi impropre à l'usage auquel elle était destinée ».
Dans ces hypothèses, la résiliation du bail peut être prononcée par le tribunal à la demande de l'une ou l'autre des parties.

Si le preneur a entrepris, de sa propre autorité et sans autorisation, des réparations sur le fonds, il ne pourra en obtenir le remboursement, sauf s'il s'agit de travaux urgents et indispensables à la chose louée, exécutés aux moindres frais, ou, depuis la loi du 12 juillet 1967, s'il s'agit de travaux destinés à améliorer les normes de salubrité, de sécurité, d'équipement, de confort et d'économie d'énergie des locaux d'habitation.

Il conviendra donc d'aviser le propriétaire 2 mois avant l'exécution, par lettre recommandée avec accusé de réception ou par exploit d'huissier.
Dans les autres hypothèses, le preneur devra obtenir une *autorisation préalable* du bailleur.
En cas de *désaccord* sur les travaux envisagés, ou sur les modalités de leur exécution, le bailleur saisira le tribunal d'instance dans un délai de 2 mois. Le bailleur ne pourra justifier son opposition que par un motif « sérieux et légitime ». En cas d'*accord*, le propriétaire surveille l'exécution des travaux. Si les travaux affectent le gros œuvre, le propriétaire peut exiger qu'ils soient effectués sous la surveillance d'un homme de l'art.
Le propriétaire est tenu de rembourser au locataire quittant les lieux le coût des travaux dont il a assumé la charge, évalué à la date de sa sortie, réduit de 6 % par année écoulée depuis leur exécution. Toutefois, l'indemnité n'est due que dans la mesure où les aménagements conservent une valeur effective d'utilisation. Les installations qui ont un caractère somptuaire ou qui n'ont pas été faites au juste prix ne donnent lieu à remboursement que comme s'il s'agissait d'installations normales et réalisées au juste prix.
La part des travaux dont le financement a été assuré par une subvention ne donne pas lieu à indemnité. Pour le paiement de l'indemnité, le juge pourra accorder au propriétaire des délais de plus d'une année.

3. *Les autres principaux droits et obligations du fermier*

Le fermier a un droit *personnel de chasser* sur le fonds loué. Il peut y renoncer, pour toute la durée du bail, par une clause expresse du contrat ou par lettre recommandée avec accusé de réception avant le 1er juillet précédant la campagne de chasse considérée.
Le droit du fermier est exercé concurremment avec celui du bailleur, qui peut louer sa chasse à une société ou à des particuliers. Le preneur est donc une sorte « d'invité légal » du propriétaire (Savatier).
S'il désire adhérer à une société civile d'exploitation agricole pour le temps de son bail, le fermier en avisera au préalable le propriétaire par lettre recommandée avec accusé de réception. Sinon, le propriétaire a le droit de rentrer en jouissance.
Il pourra, s'il le désire, effectuer des *échanges ou locations de parcelles*, en vue d'une meilleure exploitation, mais ces opérations ne porteront évidemment que sur la jouissance et non sur la propriété. En tout état de cause, ces opérations devront obtenir l'agrément préalable du propriétaire.
Quant aux autres obligations du fermier, le statut des baux ruraux a maintenu les règles générales du Code civil relatives aux obligations culturales. Le fermier ne peut pas changer la destination du bien loué. Il doit garnir le domaine des bestiaux et ustensiles nécessaires à l'exploitation, cultiver en bon père de famille, effectuer les réparations locatives, employer la chose à l'usage auquel elle est destinée, avertir le propriétaire d'éventuelles usurpations, rendre l'exploitation en fin de bail dans l'état où il l'a prise.

Le preneur ne peut céder ou sous-louer le bail. Seule est autorisée, avec l'accord du bailleur, la cession de bail à un enfant du preneur ou à certaines sociétés d'exploitation agricole dans des conditions fixées par les textes, qui réglementent l'exploitation rurale commune.
L'exécution du bail peut être interrompue, et la résiliation anticipée demandée par le bailleur, qui doit obtenir un jugement du tribunal paritaire pour des retards réitérés dans le paiement des fermages, des agissements du fermier contraires à la bonne exploitation du fonds, ou un refus par le fermier d'appliquer les mesures d'amélioration de la culture et de l'élevage.

4. *Les autres principales obligations du bailleur*

Aux termes du Code civil, le bailleur doit :
– délivrer au preneur la chose louée, l'entretenir en état de servir à l'usage pour lequel elle a été louée, en faire jouir paisiblement le preneur pendant la durée du bail, assurer la permanence et la qualité des plantations (article 1719 du Code civil) ;
– assurer au preneur la garantie pour tous les vices ou défauts de la chose louée qui en empêchent l'usage, quand bien même le bailleur ne les aurait pas connus lors du bail (article 1721 du Code civil) ;
– assurer la garantie des troubles de droit mais non de fait provenant d'un tiers (articles 1725 et 1726 du Code civil) ;
– assurer la garantie de la surface dans les mêmes conditions que la vente (article 1765 du Code civil).

Expiration et résiliation du bail. Le preneur d'un bail a droit au *renouvellement* automatique de celui-ci, c'est-à-dire à la reconduction pour une durée de 9 ans, ce qui ne signifie pas qu'il ne puisse y avoir débat sur des clauses nouvelles. Le fermage conduit donc à instaurer un bail à durée indéterminée, avec possibilité pour l'une des parties de donner congé à l'autre, à l'expiration d'une période de 9 ans, si certaines conditions légales sont réunies. Toutefois, des exceptions à ce principe ont été apportées.
Les principales dérogations à l'automaticité du renouvellement sont :
– la possibilité pour le bailleur de ne pas renouveler le bail s'il veut reprendre le bien pour lui ou son descendant. Toutefois, lorsque le preneur est à moins de 5 ans de l'âge d'obtention de l'indemnité viagère de départ, il peut s'opposer à la reprise jusqu'à ce qu'il ait atteint cet âge.
La reprise si elle est possible doit être faite moyennant un préavis de 18 mois avant la date prévue pour le renouvellement ;
– la faculté pour le bailleur de refuser le renouvellement à une personne ayant atteint l'âge de la retraite (65 ans ou 60 ans pour les inaptes à l'emploi), ou de limiter le renouvellement à l'expiration de la période triennale au cours de laquelle le preneur atteint ledit âge.

5. *La résiliation peut intervenir dans d'autres hypothèses*

À la demande du bailleur :
– s'il invoque des « motifs graves et légitimes » à l'encontre du preneur (le juge se prononcera) ; ce sera le cas de défaut de paiement du fermage, d'agissements susceptibles de compromettre la bonne exploitation du fonds, de manquements aux stipulations du bail ou aux obligations des Codes civil et rural ;
– pour des motifs d'urbanisme, dans des conditions réglementairement prévues.

À la requête du preneur ou de ses héritiers, s'ils invoquent un « obstacle dans la poursuite de l'exploitation ».
Si les biens compris dans le bail ont péri par cas fortuit (incendie, inondation), le bail est résilié de plein droit.

6. *La vente ne constitue plus aujourd'hui une cause de résiliation et le preneur est protégé*

S'il ne désire pas acheter lui-même le bien vendu, il pourra rester en place jusqu'à la fin de la période de 9 ans prévue au bail. Le renouvellement jouera d'ailleurs si le nouvel acquéreur ne peut ou ne veut pas reprendre lui-même l'exploitation.

S'il désire acheter, la loi lui accorde un droit de *préemption*, c'est-à-dire qu'il bénéficie d'une priorité lors de la mise en vente du fonds qu'il cultive. Ce droit est d'ordre public. Il s'applique au fermier en place mais aussi au conjoint et à ses enfants. Il est nécessaire que le conjoint ou l'enfant ait exercé la profession agricole pendant au moins 3 ans ou soit titulaire d'un diplôme d'enseignement agricole.
Lorsqu'un propriétaire veut vendre, le notaire doit faire connaître au preneur qui bénéficie du droit de préemption, par lettre recommandée avec accusé de réception ou par acte d'huissier, les prix, les charges, les conditions et les modalités de la vente. Cette communication vaut offre de prix. Le preneur dispose d'un délai de 2 mois pour faire connaître, dans les mêmes formes, au vendeur son refus ou son acceptation de l'offre. Le silence du preneur équivaut à une renonciation au droit de préemption. Après avoir exercé la préemption, l'ex-fermier devra cultiver les biens acquis, personnellement, pendant au moins 9 ans, et habiter les lieux.
Les SAFER peuvent également exercer un droit de préemption. Ce droit ne peut s'exercer contre le preneur en place que si celui-ci exploite le bien concerné depuis moins de 3 ans (cette condition peut être remplie par son conjoint, ou par un ascendant de lui-même ou de son conjoint).

Le métayage

C'est un contrat par lequel « le propriétaire foncier cède l'usage de sa terre à un locataire, le métayer, moyennant une rétribution représentant un certain pourcen-

tage de produits obtenus dans l'exploitation ». Dans le métayage, la rémunération du bailleur et la charge financière du preneur sont incertaines et variables. Le métayage repose sur un partage de frais et de récoltes.
Le métayage obéit donc aux règles générales exposées pour le fermage. Cependant, il connaît certaines particularités du fait, notamment, qu'il est « à la fois une association de personnes et une association de capitaux ».
On appelle le métayage également « bail à colonat partiaire ». Il est résiliable tous les 3 ans à la volonté du preneur qui doit donner préavis dans les délais conformes aux usages locaux avant l'expiration de chaque période triennale.
Si, pendant le métayage, la totalité ou une partie de la récolte disparaît par cas fortuit, le métayer n'a pas d'indemnités à réclamer au bailleur. Chacun d'eux supporte sa portion correspondante dans la perte commune.

Le partage des apports. Le propriétaire apporte le « capital foncier », et le métayer, quant à lui, apporte le « capital travail ». Ce capital travail peut n'être qu'un travail d'exécution, le bailleur conservant les pouvoirs de direction.

Le partage des frais. Des *contrats types* départementaux sont établis. La plupart adoptent la répartition suivante : le métayer a à sa charge exclusive les frais d'exploitation et ceux de main-d'œuvre, tandis que le bailleur devra supporter les grosses réparations et certaines dépenses culturales importantes (par exemple, les plantations). Quant aux autres dépenses, elles sont communes aux deux parties : il en est ainsi pour les frais d'engrais, d'insecticides, de l'achat de la nourriture pour les animaux.

Le partage des récoltes. Depuis la loi du 13 avril 1946, la part du propriétaire ne peut être supérieure au 1/3 de l'ensemble des produits. C'est la règle du « tiercement » qui s'applique sauf décision contraire du tribunal. C'est sur l'ensemble des produits que doivent être calculées les parts revenant au propriétaire et au métayer. De plus, les dépenses doivent être partagées dans les mêmes proportions.

L'interdiction des redevances accessoires. « Le preneur ne peut être astreint, en sus de la part des produits revenant au bailleur, à aucune redevance, prestation ou service, soit en nature, soit en argent, soit en travail, quelle qu'en soit la forme ou l'origine ».

La conversion du métayage en bail à ferme

Si le propriétaire ou le preneur en fait la demande par acte extrajudiciaire (exploit d'huissier), le métayer peut être converti en bail à ferme, en fin de bail ou à l'expiration de chaque année culturale à partir de la troisième année du bail initial, en respectant un préavis de 12 mois.
À défaut d'accord entre les parties, l'on peut recourir au tribunal paritaire (*cf.* infra) qui peut ordonner cette conversion. La conversion s'applique à l'ensemble de l'exploitation, cheptel compris.

En cas de contestation, le tribunal paritaire ordonne la conversion dans l'un des cas suivants :
– lorsque le propriétaire n'entretient pas les bâtiments ;
– lorsqu'il se refuse à participer selon sa part aux investissements en cheptel ou en matériel ;
– lorsque le preneur est propriétaire de plus des 2/3 de la valeur du cheptel et du matériel ;
– lorsqu'une constante collaboration entre les parties n'a pu être assurée.

Ces dispositions tendent à accélérer la disparition du métayage.

Le tribunal paritaire des baux ruraux

Compétence. Selon l'article 1 du décret du 22 décembre 1958, « il est créé, au siège de chaque tribunal d'instance, un tribunal paritaire des baux ruraux qui est seul compétent pour connaître des contestations entre bailleurs et preneurs ». Cette appellation de « baux ruraux » est de portée générale.

Composition et organisation. Présidé par le juge d'instance (ex-juge de paix), le tribunal des baux ruraux, généralement réuni dans un cadre cantonal, est composé en nombre égal de bailleurs non-preneurs et de preneurs non-bailleurs, répartis, s'il y a lieu, en deux sections comprenant chacune 4 assesseurs. L'une est composée de 2 bailleurs et de 2 preneurs à ferme, l'autre de 2 bailleurs et de 2 preneurs à métayage.

Comment ses membres sont-ils élus ? Il est dressé chaque année entre le 10 et le 20 septembre, à la diligence des maires, sur invitation du préfet, des listes électorales. Pour être inscrit sur les listes, il faut : être de nationalité française ou ressortissant d'un État membre de l'UE si l'on exerce une activité d'exploitant agricole ; avoir 18 ans accomplis ; jouir de ses droits civils, civiques et professionnelles ; être domicilié dans le ressort du tribunal paritaire ou y résider. Sont éligibles les électeurs de nationalité française, âgés de 26 ans au moins, possédant depuis 5 ans la qualité de bailleur ou de preneur de baux à ferme ou à métayage, et ayant fait une déclaration de candidature. Comment faire une déclaration de candidature ? Cette déclaration doit comporter les nom, prénoms, date et lieu de naissance, domicile et profession du candidat. Elle doit être adressée, revêtue de la signature du candidat, au préfet, dans un délai de 8 jours à compter de la publication des listes électorales. Un récépissé est délivré au déclarant.
La *durée du mandat* est de 6 ans.

Décision et procédure. Le tribunal est saisi à la requête de l'une quelconque des parties, par huissier ou par lettre recommandée avec accusé de réception adressée au greffe du tribunal d'instance. Il convient d'indiquer les noms des parties à convoquer et l'objet du différend.

Le tribunal est saisi pour statuer directement au fond. Le tribunal statue en dernier ressort sur les litiges portant sur des sommes inférieures à 3 720 €.
L'*appel* est possible, pour les litiges portant sur des sommes supérieures à 3 720 € dans un délai de 1 mois devant la cour d'appel dans le ressort de laquelle le tribunal se trouve situé. Le pourvoi en *cassation* sera fondé sur l'excès de pouvoir, la violation de la loi, etc. Le délai est de 2 mois.
Dans tous les cas d'urgence, ou lorsqu'il s'agit de statuer provisoirement sur les difficultés relatives à l'exécution d'un jugement des tribunaux paritaires, la demande sera portée devant le président du tribunal paritaire qui rendra une ordonnance de *référé*, susceptible d'appel dans un délai de 15 jours.

III – La garantie des agriculteurs contre les calamités

Un régime de garantie contre les calamités agricoles a été instauré par la loi du 10 juillet 1964. Afin de favoriser le développement de l'assurance individuelle contre les risques agricoles assurables, de créer un système de garantie pour l'indemnisation des dommages matériels des calamités naturelles, un fonds national de garantie des calamités agricoles a été créé.

Qu'appelle-t-on calamité agricole ?

Sont considérés comme des calamités agricoles les dommages *non assurables*, d'importance exceptionnelle, dus à des variations anormales d'intensité d'un agent naturel, lorsque les moyens techniques de lutte préventive ou curative employés habituellement dans l'agriculture n'ont pu être utilisés, ou se sont révélés insuffisants ou inopérants. D'une manière traditionnelle, on considère comme assurables l'incendie, la grêle, et la mortalité du bétail.

Les conditions de l'indemnisation

Sont considérées comme exploitations agricoles celles dont l'objet principal est d'obtenir des produits animaux ou végétaux par la mise en valeur de biens ruraux, les établissements d'ostréiculture, de mytiliculture, pisciculture, etc. En revanche, ne relèvent pas des mesures de garantie les dégâts causés aux bois ou aux forêts.

Le fonds national de garantie des calamités agricoles

Créé par la loi du 10 juillet 1964, le FNGCA a pour ressources le produit d'une cotisation additionnelle aux primes ou cotisations relatives aux conventions d'assurances couvrant les risques assurables ainsi qu'une subvention inscrite au budget de l'État. La gestion comptable et financière du FNGCA est assurée par la Caisse centrale de réassurance.

À côté de ce fonds, sont créés une *Commission* nationale des calamités agricoles et des *services départementaux d'expertise.*

La Commission. Composée de fonctionnaires, de représentants des organismes d'assurances et des grandes organisations professionnelles agricoles, elle a pour mission : l'information du Fonds en ce qui concerne la prévention des risques et la détermination des conditions de prise en charge des calamités ; la présentation de propositions en ce qui concerne le taux de la contribution additionnelle et les conditions d'indemnisation, la fixation d'un montant maximum susceptible d'être alloué à chaque sinistré, etc.

Les comités départementaux d'expertise. Ils examinent tous les dossiers afin de :
- proposer éventuellement la fixation et le taux d'une franchise applicable au montant des dommages ;
- constater le caractère de calamité agricole des dommages subis dans le département ;
- déterminer ceux des demandeurs qui ont satisfait à l'obligation d'assurance ;
- évaluer le montant de dommages subis par chacun ;
- signaler le cas où ils estiment que la somme totale touchée par le sinistré est supérieure au montant du dommage ;
- donner son avis sur les dossiers litigieux.

Le régime de l'indemnisation

Pour que les dommages soient indemnisés :
- il faut que le dommage causé l'ait été à une exploitation agricole, comme on l'a vu ;
- il faut que les dommages soient localisés dans l'une des régions définies par décret ;
- il faut que le dommage ait été causé par l'une des calamités énoncées par un décret ;
- il faut que le dommage soit d'une certaine importance ; en effet, les dossiers relatifs à des dommages faibles ne sont pas pris en considération ;
- il faut que l'exploitation ait été assurée.

Que faut-il prendre en considération ? Pour évaluer le dommage, on retiendra : les bâtiments ; le cheptel mort ; le cheptel vif ; les sols, y compris les ouvrages, travaux et immeubles par destination indispensables à leur utilisation ; les cultures permanentes ; les cultures saisonnières et les récoltes. Si la remise en culture peut être effectuée dans des conditions normales de production et de commercialisation, on retient les frais de cette remise en culture. Si la remise en culture ne peut être réalisée, on retient la valeur marchande des produits détruits.

Quelles démarches doit-on effectuer ? À peine de forclusion, la démarche doit être faite dans les 10 jours qui suivent la publication en mairie de l'arrêté fixant l'aire géographique et la calamité pour lesquelles l'indemnité est prévue.

Qui doit effectuer la démarche ? C'est l'exploitant si les dommages affectent les récoltes, les cultures ou le cheptel mort ou vif. C'est conjointement le bailleur et le preneur, en cas de métayage. C'est le propriétaire si les dommages affectent les bâtiments ou le sol.
La demande doit être adressée par lettre recommandée avec accusé de réception au maire de la commune sur le territoire de laquelle sont situés les biens.
Dans le mois qui suit la publication en mairie de l'arrêté interministériel de reconnaissance de calamité agricole, le réclamant doit compléter son dossier par :
– une déclaration des dommages subis avec la réponse à un questionnaire que l'on se procure à la mairie ;
– un document délivré par le maire du lieu d'exploitation attestant que le demandeur est preneur ou propriétaire du bien sinistré ;
– l'engagement d'effectuer les réparations lorsque le dommage porte sur un immeuble ;
– les diverses attestations d'assurances si le demandeur est assuré auprès de plusieurs organismes ;
– une fiche descriptive de l'exploitation ;
– les copies de déclaration de récolte pour l'année du sinistre.

IV – L'indemnité viagère de départ, l'indemnité annuelle de départ et l'indemnité d'attente

Pour faciliter le regroupement des exploitations trop petites et favoriser l'installation des jeunes agriculteurs, en un mot « réaliser l'équilibre de l'emploi et l'aménagement harmonieux du territoire », la loi du 4 juillet 1980 a prévu à côté de l'indemnité viagère de départ pour l'exploitant agricole âgé, une indemnité annuelle de départ et une indemnité d'attente.

L'indemnité viagère de départ (IVD)

Elle a le caractère d'un complément de retraite attribué aux titulaires de l'indemnité annuelle de départ à compter de la date à laquelle ils perçoivent leur retraite.

L'indemnité annuelle de départ

Le Fonds d'action sociale pour l'aménagement des structures agricoles est chargé d'allouer une indemnité annuelle de départ aux agriculteurs, qui rendent disponibles des terres répondant à des conditions de superficie.
Cette indemnité est attribuée en tenant compte de la situation de famille de son bénéficiaire.
Pour toucher cette indemnité, il faut toutefois avoir entre 60 et 65 ans, ramené à 55 si le taux d'invalidité de la personne bénéficiaire est égal à 50 % ou si, par la suite du décès du conjoint, le bénéficiaire a repris l'exploitation.

L'indemnité d'attente

Un arrêté du 23 février 1970 a précisé les conditions d'application du décret du 11 avril 1969 en ce qui concerne l'attribution d'une indemnité d'attente. Celle-ci, qui est une allocation annuelle et temporaire, est réservée à certains agriculteurs de régions défavorisées, en attendant qu'ils puissent prétendre à l'IVD. Elle présente un caractère contractuel et permet d'amorcer une réorientation ou une limitation de certaines productions agricoles.

Conditions d'attribution. L'exploitation du demandeur doit être située dans une zone à économie rurale dominante ou dans une zone d'économie montagnarde. Elle doit avoir une « faible structure », c'est-à-dire une surface comprise entre 3 hectares et la surface minimale d'installation retenue dans la région pour l'application de l'IVD, ou bien il doit s'agir d'une exploitation comportant des cultures « spécialisées » de surface équivalente. Le demandeur doit être âgé de 55 ans au moins, justifier de sa qualité de chef d'exploitation par son inscription sur les contrôles de la mutualité sociale agricole (depuis au moins 5 années consécutives, précédant immédiatement, et sans interruption, la campagne agricole au cours de laquelle il présente sa demande), ne pas disposer de revenus extérieurs supérieurs de plus de la moitié aux revenus que lui procure l'exploitation, ne pas avoir de successeur présent sur l'exploitation et n'employer de façon permanente aucun salarié ni membre de sa famille, si ce n'est son conjoint. En cas de métayage, le bailleur ne peut prétendre à l'indemnité d'attente.

Formalités. Le demandeur doit d'abord s'engager à solliciter l'IVD, complément de retraite, dès qu'il aura atteint l'âge de 60 ans ; à céder alors ses terres dans les conditions prévues à cet effet ; à ne pas modifier, jusqu'à cet âge de 60 ans, la consistance de son exploitation sauf hypothèse de reprise partielle par le propriétaire ; à se conformer à toutes les prescriptions qui lui seront imposées en ce qui concerne l'orientation des cultures, la commercialisation de certaines productions, etc.
La demande doit être présentée au plus tôt. Elle doit être déposée auprès de

l'ODASEA (organisme départemental pour l'aménagement des structures d'exploitations agricoles), qui instruit le dossier, procède à toutes les vérifications aux fins de formuler un avis avant de le transmettre à la préfecture ou au service administratif habilité par le préfet pour examen.
L'indemnité est alors accordée ou refusée. La décision d'attribution est « un contrat par lequel l'indemnité d'attente est accordée à titre définitif (sous la réserve que soient respectées les prescriptions relatives à la production et à la commercialisation, si toutes les garanties ont déjà été fournies) ou à titre conditionnel (sous réserve que soient apportées les garanties qui manquent au moment de l'établissement du contrat) ».
Tous renseignements sur l'IVD ou l'indemnité d'attente peuvent être obtenus auprès de l'ODASEA dont la préfecture communiquera l'adresse.

2

LA PROTECTION DE LA NATURE

En France, la forêt qui couvre 14 millions d'hectares, représente 25 % du territoire national. La gestion et l'équipement des forêts domaniales sont assurés par l'Office national des forêts. Cet établissement public industriel et commercial s'occupe également du régime forestier dans les forêts privées, de la commercialisation du bois produit, stationnement, pistes cavalières, pistes de ski de fond, sentiers de randonnées, aires d'accueil, parcs animaliers, etc.

I – Protection de la forêt

Protection contre l'incendie

La loi protège les massifs forestiers particulièrement exposés aux incendies. Elle institue de sévères mesures de police. Interdiction est faite à tout autre que le propriétaire ou ses ayants droit de porter ou d'allumer un feu à l'intérieur ou jusqu'à 200 mètres des bois et des forêts, ainsi que des landes ou des maquis soumis à l'article 185 du Code forestier (terrains ravagés par un incendie et replantés). Les préfets peuvent même, à l'égard des propriétaires ou de leurs ayants droit, prendre une série de prohibitions pouvant aller jusqu'à l'interdiction de fumer, en passant par certaines obligations de débroussaillement dans un périmètre de 50 ou bien 100 mètres autour des maisons, chantiers, usines, camping…
Ces mesures restrictives peuvent ne jouer que pendant certaines périodes de l'année ; elles peuvent être prises par arrêté spécial. La sanction de l'inobservation des mesures ordonnées est une amende pouvant aller jusqu'à 3 750 €. Si les mesures d'urgence sont prises, pendant l'été par exemple, elles sont diffusées par voie de presse, radio, etc.

Toute personne auteur volontaire d'un incendie est passible d'un emprisonnement de 5 à 10 ans et/ou d'une amende de 750 € à 30 000 €.

Reconstitution de la forêt

Les travaux de boisement étant considérés comme d'intérêt général, c'est le ministre de l'Agriculture qui fixe l'organisation des travaux de boisement et de reboisement, la mise en valeur et la conservation des terrains boisés. Les opérations de reconstitution foncière financées par le Fonds forestier national ont pour but d'assurer le boisement ou le reboisement des terrains privés, soumis ou non au régime forestier. Pour ce faire, le Fonds peut intervenir, soit par l'attribution de subventions en nature ou en espèces, soit par l'exécution directe de travaux, soit en accordant des prêts. Le Fonds forestier national a pour objet le financement d'opérations d'amélioration ou de développement des forêts. Le Fonds accorde des subventions en nature (plants ou graines), en espèces, en bons ou encore des prêts, aux propriétaires qui désirent effectuer des travaux d'amélioration, de reconstitution ou d'extension forestières.

II – Protection des parcs naturels

Parcs nationaux

Une loi du 22 juillet 1960 a organisé la création des parcs nationaux. Cette loi, en son article 1er, prévoit que « peut être classé par décret en Conseil d'État en parc national, le territoire de tout ou partie d'une ou plusieurs communes, lorsque la conservation de la faune, de la flore, du sol, du sous-sol, de l'atmosphère, des eaux et en général du milieu naturel, présente un intérêt général et qu'il importe de préserver ce milieu contre tout effet de dégradation naturelle et de le soustraire à toute intervention artificielle susceptible d'en altérer l'aspect, la composition et l'évolution ». Le décret créant le parc national, pris après enquête publique et consultation, peut soumettre le parc à un régime particulier et y interdire certaines activités (chasse, pêche, circulation du public) ou au contraire favoriser la réintroduction de certaines espèces (castor dans les Cévennes, gypaète barbu dans les Alpes).

Cette législation a reçu application, par exemple, par la création des parcs nationaux de la Vanoise, des Cévennes, des Écrins, de la Guadeloupe, du Mercantour, de Port-Cros, des Pyrénées. Il est envisagé de créer d'autres parcs nationaux : en Guyane, en mer d'Iroise et en Corse. Les informations peuvent être obtenues au service des parcs nationaux, direction de la nature et des paysages, ministère de l'Environnement, 20, avenue de Ségur, 75007 Paris (tél. : 01 42 19 20 21).

INFRACTIONS À LA PROTECTION DES PARCS NATIONAUX

1. *Qui peut les constater ?*

Peuvent constater les infractions à la protection des parcs nationaux, les agents assermentés, commissionnés par le ministère de l'Agriculture. Ces constatations ont lieu par procès-verbaux non soumis à affirmation et faisant foi jusqu'à preuve du contraire. Les procès-verbaux ainsi dressés sont remis au procureur de la République dans les 5 jours au plus tard, y compris celui « où le fait objet du procès-verbal a été constaté, et ce à peine de nullité ».

2. *Quelles sont les infractions à la réglementation des parcs ?*

Elles sont prévues par les articles 36 à 42 du décret de 1961.

Article 36
Seront punis d'une amende ceux qui, en infraction à la réglementation du parc : 1° auront abandonné, déposé ou jeté en dehors des lieux spécialement désignés à cet effet, des papiers, boîtes de conserve, bouteilles, ordures ou détritus de quelque nature que ce soit ; 2° auront utilisé un appareil récepteur radiophonique, un phonographe ou tout autre instrument dont le bruit est susceptible de troubler le calme et la tranquillité des lieux.

Article 37
Seront punis d'une amende : 1° ceux dont les véhicules, animaux de charge ou de monture, seront trouvés, en infraction à la réglementation du parc, hors des routes et chemins ouverts à la circulation publique ; 2° ceux qui auront bivouaqué, campé ou stationné dans une remorque habitable ou tout autre abri de camping, en infraction à la réglementation du parc.

Article 38
Seront punis d'une amende et pourront l'être, en outre, d'un emprisonnement de 1 à 8 jours, ceux qui, en infraction à la réglementation du parc : 1° auront, sans autorisation, détruit, coupé, mutilé, arraché, enlevé des végétaux non cultivés ou leurs fructifications, ou qui, à l'intérieur ou en dehors du parc national dont ils proviennent, les auront sciemment transportés, colportés, mis en vente, vendus ou achetés ; 2° auront apporté ou introduit, sans autorisation, à l'intérieur du parc national, des graines, semis, plants, greffons ou boutures de végétaux quelconques ; 3° auront apporté ou introduit, sans autorisation, à l'intérieur du parc national, des œufs d'animaux non domestiques ou ces animaux eux-mêmes ; 4° auront allumé du feu, sauf par les moyens et dans les lieux autorisés ; 5° auront, sans autorisation, par quelque procédé que ce soit, fait des inscriptions, des signes ou des dessins sur des pierres, arbres ou tout autre bien, meuble ou immeuble ; 6° auront sciemment troublé ou dérangé des animaux par des cris ou bruits, des pro-

jections de pierres ou chutes de pierres, provoquées ou de toute autre manière ; 7° auront amené ou introduit des chiens en un lieu interdit à ceux-ci.

Article 39
Seront punis d'une amende et d'un emprisonnement de 10 jours à 1 mois, ou de l'une de ces deux peines seulement, ceux qui, en infraction à la réglementation du parc : 1° auront, sans autorisation, détruit ou enlevé des œufs ou des nids, blessé, tué ou enlevé des animaux non domestiques ou qui, à l'intérieur ou en dehors du parc national dont ils proviennent, les auront, vivants ou morts, transportés, colportés, mis en vente, vendus ou achetés sciemment ; 2° seront trouvés porteurs, détenteurs ou receleurs d'une arme à feu ; 3° se livreront à une activité agricole, pastorale, forestière ou de pêche maritime interdite ; 4° érigeront des constructions nouvelles, modifieront des bâtiments existants ou effectueront des travaux de construction quelconque même dispensés du permis de construire ; 5° sans autorisation extrairont, emporteront ou apporteront des matériaux, détourneront des eaux, ouvriront de nouvelles voies de communication ou implanteront des équipements mécaniques ; 6° se livreront, sans autorisation, à une activité industrielle ou commerciale ; 7° feront une publicité par quelque moyen que ce soit ; 8° utiliseront, sans autorisation, à des fins publicitaires, la dénomination « parc national », à l'intérieur ou en dehors du parc ; 9° se livreront à des activités cinématographique, radiophonique ou de télévision ; 10° sans autorisation, survoleront le parc à une hauteur moindre de 1 000 mètres.

Article 40
Seront également punis des peines prévues à l'article précédent : 1° ceux dont les bestiaux seront trouvés en contravention à la réglementation du parc ; en cas de récidive, ces peines pourront être portées contre le gardien du troupeau s'il est le même ; 2° ceux qui se seront opposés à la visite de leurs véhicules, sacs, poches à gibier, boîtes à herboriser par les agents habilités à constater les infractions prévues par le présent décret ; 3° ceux qui auront dans la zone périphérique fait de la publicité en infraction aux obligations résultant de l'article 29.

Article 41
En cas de récidive ou d'infraction commise dans une réserve intégrale, les peines prévues aux articles précédents seront toujours portées au double.

Article 42
Le jugement de condamnation pourra ordonner soit la restitution, soit la remise à l'établissement des animaux, végétaux et objets de quelque nature que ce soit, enlevés frauduleusement dans les parcs nationaux. Il pourra prononcer la confiscation des engins et instruments dont les contrevenants se seront servis et des véhicules qu'ils auront utilisés pour commettre l'infraction. Il pourra, en cas de condamnation prononcée pour l'un des motifs énoncés aux 4°, 5° et 7° de l'article 39 et au

3° de l'article 40, ordonner la démolition des constructions irrégulières ou la suppression immédiate des installations, affiches et inscriptions interdites, en vue du rétablissement des lieux dans leur état antérieur.

Parcs régionaux

Le décret n° 75 983 du 24 octobre 1975 permet la création de parcs naturels régionaux sur « le territoire de tout ou partie d'une ou plusieurs communes lorsqu'il présente un intérêt particulier par la qualité de son patrimoine naturel et culturel, pour la détente, l'éducation, le repos des hommes et le tourisme, et qu'il importe de le protéger et de l'organiser ». Les dispositions juridiques sont particulières à chaque parc régional. Il convient donc de se reporter chaque fois au texte constitutif.

III – Protection des terrains de montagne

Déjà une loi du 4 avril 1882 prescrivait l'exécution de certains travaux et restreignait le droit de jouissance du propriétaire afin de prévenir et de limiter les effets de l'érosion sur les terrains de montagne.

Restauration

Ces travaux sont de deux sortes.

Des travaux obligatoires qui ont le caractère de travaux publics : ils font l'objet d'une déclaration d'utilité publique. Ces travaux sont exécutés, soit par les propriétaires intéressés et suivant les directives du service forestier, soit, en cas de refus du propriétaire, par l'État après acquisition des terrains.

Des travaux facultatifs qui sont exécutés à l'initiative des propriétaires : ces travaux peuvent être *subventionnés* par l'État, mais en contrepartie les propriétaires doivent se soumettre au contrôle du service forestier.

Conservation

Les propriétaires des terrains dont la stabilité est menacée peuvent se voir restreindre leur droit de jouissance résultant, soit de la « mise en défense » (elle emporte suspension de tout droit de jouissance dérivant du droit de propriété pour une durée n'excédant pas 10 ans), soit d'une réglementation des pâturages communaux.

IV - Lutte contre la pollution

Un décret du 25 septembre 1970 interdit le déversement dans les eaux superficielles, souterraines et les eaux de mer de tout produit détergent appartenant à l'une des catégories suivantes : anionique, cationique, ampholyte, non ionique, lorsque la biodégradabilité de ces produits n'atteint pas 80 %.
Un arrêté du 30 juin 1970 réglemente les émissions de gaz polluants par les moteurs à essence des véhicules. Les véhicules nouveaux doivent être conformes à certaines normes mécaniques et chimiques.
Les véhicules ayant un kilométrage d'au moins 3 000 km pourront être soumis à des contrôles ayant pour but de vérifier que la teneur en monoxyde de carbone des gaz d'échappement émis au régime de ralenti, ne dépasse pas 4,5 %.
La loi du 7 juillet 1980 a institué l'« Agence pour la qualité de l'air » chargée de faciliter et de réaliser des actions de surveillance, de prévention et d'information en matière de pollutions atmosphériques.
Depuis une dizaine d'années, la lutte contre la pollution s'intensifie en France, pour preuve la création d'un ministère de l'Environnement ou de l'Écologie et la montée en force d'« associations » écologiques et de partis politiques tournés vers la protection de la nature.

3

LA CHASSE

« Est considérée comme acte de chasse toute poursuite exercée contre un animal sauvage, en vue de le mettre à mort ou de le capturer vivant ».

I – Conditions d'exercice

L'ouverture et la clôture

C'est le ministère qui détermine, pour chaque zone et pour chaque année, la date d'ouverture et de clôture de la chasse.

Le permis

Quel que soit le gibier chassé, quel qu'en soit le mode, la chasse est subordonnée à la délivrance préalable d'un permis, sauf dans un cas (*cf.* infra le paragraphe « dans un enclos attenant à une habitation »). Le permis de chasser est délivré par le préfet et visé annuellement par lui ou le maire, dans le cas où un permis à titre permanent est accordé. L'obtention en est d'ailleurs subordonnée à un examen. Des limites sont posées pour les étrangers non résidants. Sur leur demande, ils pourront obtenir une licence de chasse qui sera délivrée pour une durée de 48 heures sur présentation d'une attestation d'assurance (couvrant leur responsabilité civile). Enfin, le permis de chasse est refusé aux alcooliques présumés dangereux, aux condamnés à plus de 6 mois de prison pour rébellion ou violence envers les agents de la force publique. Cette interdiction vise aussi tout condamné pour délit d'association illicite, de fabrication, débit, distribution de poudre, armes ou munitions.

Le lieu de l'exercice du droit de chasse

Sur le terrain d'autrui

1. *Chasse proprement dite*

Les articles L. 222-1 et L. 228-1 du Code rural font interdiction à quiconque de chasser sur le terrain d'autrui sans son consentement, sous peine d'une amende de 3 750 €. Le droit de chasse sur le terrain d'autrui peut résulter d'une autorisation tacite du propriétaire. Selon la jurisprudence de la Cour de cassation, il suffit, pour que le délit de chasse sur le terrain d'autrui soit constitué, que le gibier sur lequel on tire se trouve sur un terrain appartenant à autrui, même si le chasseur a tiré d'un chemin public. Ne peut donc chasser sur un terrain déterminé que celui qui est propriétaire de ce terrain, ou bien locataire du droit de chasse, ou celui qui a obtenu l'autorisation de celui auquel appartient ce droit. L'article 858 du Code rural a reconnu un droit de chasse au fermier, droit qui lui est strictement personnel et qu'il ne peut déléguer, fût-ce aux membres de sa famille.

2. *Destruction des nuisibles*

Les articles L. 227-8 et L. 227-10 du Code rural donnent au propriétaire d'un terrain, au possesseur ou au fermier, le droit de détruire, en tout temps, les animaux malfaisants ou nuisibles à l'exception des sangliers et, dans les départements où existe un plan de chasse, des gros gibiers. Il confie au ministre de l'Agriculture le soin de préciser, par arrêté, les conditions d'exercice de ce droit, notamment les moyens propres à assurer cette destruction (emploi d'armes à feu, de furet, etc.). La jurisprudence admet que ce droit peut être délégué, à toute personne, mais il faut que cette délégation soit « certaine ». Elle reconnaît que la destruction des nuisibles peut être effectuée de jour comme de nuit, et sans permis de chasse.

Dans un enclos attenant à une habitation. En tout temps, la chasse est permise sur un enclos attenant à une habitation, sous réserve que l'enclos et l'habitation soient la possession d'une même personne. Aucun permis n'est alors exigé.

Sur les routes, chemins, fleuves et rivières. En principe, la chasse y est autorisée, mais pour des raisons de sécurité publique, des arrêtés préfectoraux peuvent l'interdire.
Sur les portions de routes qui traversent une forêt domaniale, le droit de chasse est réservé au fermier de la chasse. Ces portions de routes sont considérées comme faisant partie de la forêt elle-même.

Réserves de chasse. Avec l'approbation du ministre de l'Agriculture, l'on peut créer des réserves de chasse. Les sociétés locales utilisent souvent cette possibilité.

II – Vente, transport et colportage du gibier

Cette matière est régie par l'article L. 224-6 du Code rural : « La mise en vente, la vente, l'achat, le transport ou le colportage du gibier pendant le temps où la chasse n'est pas permise dans le département sont réglementés par l'autorité administrative ». Pendant le temps où la chasse est permise, le préfet peut, à titre exceptionnel, en interdire la mise en vente, l'achat, le transport en vue de la vente ou du colportage, pour une période n'excédant pas 1 mois. La loi du 12 novembre 1964 permet au ministre de l'Agriculture, le Conseil national de la chasse entendu, « en vue d'assurer la survivance d'espèces de gibiers de montagne menacées dans l'existence même, d'interdire totalement et pour une durée maximum de 3 ans, la mise en vente, la vente et l'achat sous toutes leurs formes et notamment celle de pâtés et conserves, le transport en vue de la vente ou le colportage de ces gibiers ».

III – Les infractions de chasse

La constatation

Les procès-verbaux constatant les infractions peuvent être dressés par un garde champêtre, un garde particulier ou un fonctionnaire des contributions indirectes. Ces procès-verbaux doivent, à peine de nullité, être « affirmés » dans les 24 heures par le juge d'instance ou par le maire du lieu du délit ou du lieu de résidence de l'agent verbalisateur. L'on peut apporter la preuve contraire à ces procès-verbaux, par écrit ou par témoins. Les délits de chasse peuvent être constatés :
– par les maires, les adjoints, les commissaires de police sur le territoire de leur commune ;
– par les officiers et sous-officiers de gendarmerie et par les gendarmes ;
– par les préposés forestiers dans le ressort des tribunaux où ils sont assermentés ;
– par les gardes champêtres communaux ;
– par les gardes particuliers, s'ils sont assermentés, dans les propriétés dont ils ont la surveillance.

La poursuite

Par qui est-elle exercée ? Elle est exercée d'office par le *ministère public*.
La poursuite pour chasse sur le terrain d'autrui est subordonnée à la plainte de la partie lésée. Dans un bois soumis au régime forestier, toute infraction de chasse peut être poursuivie d'office par l'Administration des eaux et forêts.

Devant quel tribunal ? Le tribunal est saisi par voie de citation directe du prévenu. La plupart des infractions de chasse constituent des contraventions.
Le tribunal correctionnel territorialement compétent peut être celui du domicile du prévenu ou celui de la commission du délit (article 382 du Code de procédure pénale).
Le seul *tribunal de police* compétent est, sauf cas de connexité, celui du ressort dans l'étendue duquel la contravention a été commise (article 522 du Code de procédure pénale).

Les pénalités

Elles peuvent être les suivantes :
– celui qui aura chassé sans être porteur de son permis ou de sa licence encourt une amende de 11 à 38 € ;
– le chasseur non titulaire du permis ou de la licence encourt une amende allant de 375 à 750 € ;
– la personne qui chasse en dehors des temps prévus encourt une amende de 180 à 450 € et un emprisonnement de 15 jours à 1 mois ;
– enfin risque la suspension du permis de chasse, le chasseur qui commet un homicide involontaire ou des coups et blessures involontaires ; de même celui qui chasse la nuit sur le terrain d'autrui avec un véhicule à moteur ; celui qui chasse dans les parcs nationaux ; le destructeur d'animaux d'espèces protégées ; enfin celui qui adresse des menaces à l'encontre des personnes, commises à l'occasion de la constatation d'une infraction de chasse.

IV – Responsabilité civile en matière de chasse

Du fait des personnes

Tout chasseur est responsable du dommage qu'il cause à autrui par son imprudence, ou lorsque le dommage est causé par l'emploi d'un fusil sans qu'il ait commis aucune faute. Le chasseur ne peut s'exonérer de cette responsabilité qu'en prouvant la force majeure ou une faute de la victime. Conformément au droit commun, les délits de chasse commis par un mineur engagent la responsabilité de son père, de sa mère, ou de son tuteur. De même, les maîtres et commettants sont responsables des dommages occasionnés par leurs préposés au cours du travail pour lequel ils les emploient.

Responsabilité du fait du gibier

« Les propriétaires ou usufruitiers d'un terrain giboyeux et les titulaires d'un droit de chasse sur un tel terrain sont responsables, dans certaines limites, des dégâts causés aux voisins par les gibiers sortis de leur fonds. »
Ces dégâts ne font encourir de responsabilité que s'ils *dépassent les troubles normaux de voisinage*. Ces troubles sont appréciés souverainement par les tribunaux.

Indemnisation des accidents corporels

La loi du 11 juillet 1966 dispose que le Fonds de garantie prend en charge l'indemnisation des dommages corporels occasionnés par tout acte de chasse dès lors qu'ils sont le fait, soit d'un auteur demeuré inconnu, soit insolvable. Sont exclus du bénéfice du Fonds de garantie le conjoint, les ascendants et les descendants de l'auteur de l'accident.

4

LA PÊCHE

La pêche fluviale se définit comme l'ensemble des moyens à l'aide desquels on cherche à s'emparer, dans les eaux courantes, de poissons d'eau douce, de frai et d'alevins, ou d'autres produits vivants destinés à l'alimentation de l'homme comme les écrevisses, crustacés, grenouilles etc., dans quelque but que ce soit, loisir ou professionnel.

I – Le droit de pêche

Dans les rivières

Rivières domaniales. Le droit de pêche s'exerce au profit de l'État dans toutes les sections des fleuves, rivières, canaux navigables, dont l'entretien incombe à l'État ou à ses ayants droit (article L. 231-4 du Code rural). La pêche au profit de l'État est exploitée, soit par voie d'adjudication publique, soit par concession de licence à prix d'argent.

Rivières non domaniales. Dans les eaux où le droit de pêche n'appartient pas à l'État, ce droit appartient aux propriétaires riverains, chacun d'eux pour la moitié qui lui est propre (article L. 232-2 du Code rural). Ce droit est lié au fonds, non au titulaire d'un bail sur ce fonds. Mais ce droit est détachable du fonds, et peut donc être aliéné seul.

Dans les étangs et enclos

Les dispositions de la loi du 15 avril 1829 ne sont pas applicables aux enclos aménagés en eau courante, à condition que la circulation du poisson entre les eaux artificiellement closes et les eaux libres soit efficacement interceptée. Les autorisations d'enclos ne peuvent être accordées qu'à certaines personnes pour 30 ans au plus, après avis du Conseil général. Le poisson des étangs et enclos appartient au propriétaire.

II – L'exercice du droit de pêche

Nul ne peut se livrer à la pêche, dans les eaux libres, canaux, ruisseaux ou cours d'eau, exception faite pour les enclos aménagés :
– s'il ne fait pas partie d'une association de pêche et de pisciculture agréée par le préfet, dans les conditions fixées par arrêté du ministre de l'Agriculture ;
– s'il n'a pas versé sa cotisation et une taxe annuelle (article L. 236-1 du Code rural). La taxe piscicole est fixée par le décret du 30 décembre 1981.

Sont dispensés de l'appartenance à une association piscicole et de la redevance de la taxe, les titulaires de la carte d'économiquement faibles, les grands invalides de guerre ou du travail titulaires d'une pension d'au moins 85 %, les mineurs de 16 ans, les anciens inscrits maritimes, les conjointes des membres des associations, les jeunes gens incorporés sous les drapeaux pendant la durée de leurs permissions. Ces catégories de personnes ne peuvent pêcher qu'à l'aide d'une seule ligne flottante « tenue à la main ».

III – La police de la pêche

Les diverses infractions

Pêche en milieu prohibé. Toute pêche en tout temps est interdite dans les réserves piscicoles. Il est interdit de pêcher dans les parties de cours d'eau et canaux dont le niveau est abaissé artificiellement. Le Code rural prohibe tout fait de pêche sans la permission de celui auquel ce droit appartient (État, propriétaires riverains) sous peine d'une amende et de la confiscation des poissons et instruments de pêche.

Pêche en un temps prohibé. L'article L. 236-5 du Code rural dispose que « des décrets en conseil d'État rendus après avis du Conseil supérieur de la pêche déterminent les conditions dans lesquelles sont fixés, éventuellement par bassin, les temps, saisons, heures, pendant lesquels la pêche est interdite ». La pêche pendant les temps, saisons et heures prohibés, est un *délit* puni d'une amende avec confiscation obligatoire du poisson. La pêche ne peut s'exercer plus d'une demi-heure avant le lever du soleil, ni plus d'une demi-heure après son coucher, aux termes de l'article 10 paragraphe 1 du décret du 16 septembre 1958. Par dérogation préfectorale, l'anguille, la lamproie et les espèces nuisibles peuvent être pêchées toute la nuit.

Engins prohibés. Est interdite la pêche par le « jet dans les eaux de drogues ou appâts de nature à enivrer le poisson ou à le détruire » (article L. 236-7 du Code rural). Les dimensions des filets, engins et instruments de pêche sont indiquées aux articles 14 à 24 du décret du 16 septembre 1958.
Est prohibé :
– l'emploi ou usage de tous engins, tels que foënes, harpons, fourches, tridents, crochets permettant de darder, harponner ou accrocher le poisson autrement que par la bouche. L'emploi de la gaffe ou de l'épuisette est autorisé pour retirer de l'eau le poisson déjà ferré ;
– l'emploi d'armes à feu, d'engins électriques, de fagots, lacets ou collets, de lumières ou de feux, de lunettes ou masques de pêche sous-marine.

Poursuites

Recherche et constatation. Sont habilités à constater les infractions :
– les ingénieurs et agents techniques des Eaux et Forêts ; les ingénieurs et agents qualifiés des services de la navigation ; les gardes-pêche commissionnés par décision ministérielle ; les gardes champêtres et tous officiers de police judiciaire ;
– les agents des douanes, des contributions indirectes et agents autorisés à verbaliser en matière de pêche côtière par le décret du 9 janvier 1852, mais seulement en matière de colportage, transport, vente ou achat de poissons ;
– les gardes-pêche particuliers pour les infractions qui portent préjudice aux « fermiers » de la pêche, aux porteurs de licence et aux propriétaires riverains.

Procès-verbaux. Le Code rural réglemente minutieusement les formes que doivent remplir les procès-verbaux. À défaut de procès-verbaux, ou en cas d'insuffisance de ceux-ci, la preuve par témoins est admise. Les procès-verbaux sont transmis, à peine de nullité, au parquet dans les 4 jours qui suivent leur « affirmation ».

Saisies et visites domiciliaires. Les agents verbalisateurs peuvent saisir les filets et instruments prohibés, ainsi que le poisson pêché en délit ; ce poisson doit alors être vendu dans les formes prévues par l'article 458 du même code ; la confiscation du poisson saisi devra être prononcée par jugement. Les gardes-pêche ne peuvent jamais s'introduire dans les maisons et enclos y attenant, pour la constatation des autres infractions aux lois sur la pêche, les perquisitions sont possibles suivant les règles du droit commun. La recherche du poisson illicite, mais seulement en temps de fermeture, peut se faire librement, même en l'absence d'un officier de police judiciaire, dans tous les lieux publics (tels qu'hôtels, auberges, halles, etc.), et chez tous les marchands de denrées comestibles, mais non chez les particuliers ou dans les paniers que ceux-ci transportent.

Concrétisation des poursuites

1. *Devant quel tribunal ?*

Selon le taux de la pénalité, la poursuite des infractions relève soit de la compétence du tribunal de police, soit de celle du tribunal correctionnel ; les jugements des tribunaux de police sont toujours susceptibles d'appel.

2. *Qui poursuit ?*

Quand les poursuites relèvent des Ponts et Chaussées, le parquet poursuit seul, après avis de cette administration. En ce qui concerne les infractions commises dans les cours d'eau autres que les canaux et rivières canalisées, l'administration des Eaux et Forêts a le droit de poursuivre conjointement avec le parquet. Lorsque les infractions portent atteinte à un droit de pêche d'un propriétaire riverain, le parquet ne poursuit que sur plainte de la partie lésée.

3. *Transaction*

Les administrations chargées de la surveillance de la pêche ont le droit de transiger même après citation. Si la transaction est accordée avant ou au cours de la poursuite, dès versement de la somme exigée, l'action publique est éteinte. La procédure de l'amende de composition ne s'applique pas en matière de pêche aux infractions de la compétence des tribunaux de police.

4. *Effet des jugements*

Hormis les peines prévues pour les diverses infractions, tout jugement ou arrêt qui prononcera une condamnation pour délit de pêche devra exclure le délinquant des associations dc pêche et pisciculture pour une durée de 3 mois à 2 ans.

5

LA CIRCULATION RURALE

I – Les piétons

UN PIÉTON ISOLÉ

Aucune obligation n'est faite, par le Code, aux piétons, de circuler à droite. La seule prescription est de ne pas circuler au milieu de la chaussée et de marcher le long des bords de celle-ci. C'est la prévention rurale qui, dès 1955, se fondant sur une longue expérience, préconisa la marche à gauche.
Sont assimilés à des piétons les personnes qui poussent un landau, un vélo ou un scooter, et les utilisateurs de patins ou planche à roulettes.

LES PIÉTONS EN GROUPE

Ils doivent circuler du côté droit de la chaussée, de telle manière que la circulation puisse s'effectuer dans les deux sens. La nuit, les piétons ou assimilés piétons doivent signaler la présence du groupe par une lumière blanche à l'avant et rouge à l'arrière.

II – La conduite des troupeaux

DISPOSITIONS GÉNÉRALES

Le Code de la route dispose que la conduite de troupeaux ou d'animaux isolés doit être assurée de telle sorte que ceux-ci ne constituent pas une entrave à la circulation. Aucun texte ne l'impose, mais la protection rurale recommande que, dans tous les cas, que ce soit à la sortie de la ferme ou au débouché d'une pâture ou d'un chemin quelconque, le gardien d'un troupeau qui va aborder la route se place en tête de ses animaux et prévienne les usagers à l'aide d'un fanion rouge de signalisation.
Lorsque le troupeau emprunte une voie publique, le conducteur doit maintenir ses bêtes le plus près possible du bord droit de la route.

La circulation nocturne

Le Code de la route fait obligation au conducteur de troupeaux ou d'animaux isolés de porter, dès la chute du jour et très visiblement, une lanterne. La prévention rurale recommande par prudence de compléter ce dispositif en équipant le convoyeur, d'un brassard ou d'une ceinture réfléchissant une lumière rouge.

Les troupeaux transhumants

Chaque année, la transhumance des troupeaux fait l'objet d'arrêtés préfectoraux, dont chacun peut prendre connaissance à la mairie de sa résidence.

III – Les véhicules

Aucune disposition particulière ne s'applique aux « deux roues ». Mais il n'en est pas de même pour :

Les véhicules à traction animale

Ces véhicules doivent respecter certaines prescriptions particulières.

Chargement. La largeur du chargement ne doit pas, en principe, dépasser 2,50 mètres. Les véhicules à traction animale à usage agricole, transportant des récoltes, de la paille ou du fourrage sur le parcours des champs à la ferme, et des champs ou de la ferme au marché ou lieu de livraison situé dans un rayon de 25 kilomètres, ne sont pas soumis à cette limitation de 2,50 mètres.
Le chargement et les pièces de grande largeur doivent être solidement amarrés ; les pièces de grande longueur ne « doivent pas déborder le contour latéral extérieur du véhicule ».

Freinage. Le Code de la route prescrit que les véhicules à traction animale doivent être munis d'un frein ou d'un dispositif d'enrayage, mais « seulement si le relief de la contrée l'exige ».

Éclairage. « Les véhicules à traction animale à usage agricole peuvent être signalés par un feu unique placé du côté opposé à l'accotement ou au trottoir, émettant vers l'avant une lumière blanche ou jaune et vers l'arrière une lumière rouge. Ce feu peut être fixé au véhicule ou porté à la main par un convoyeur se trouvant immédiatement à côté et à gauche du véhicule ».

Dispositifs réfléchissants. À l'arrière, les véhicules à traction animale doivent porter deux dispositifs réfléchissants. « Lorsque, chargement compris, la longueur du véhicule dépasse 6 mètres ou sa largeur 2 mètres, ces dispositifs doivent être situés à la limite du gabarit du véhicule qui doit, en outre, porter à l'avant deux dispositifs réfléchissant une lumière blanche et placés également à la limite du gabarit ». Ces feux et dispositifs réfléchissants doivent être placés de telle sorte que leur efficacité ne soit paralysée par aucune partie du véhicule. En cas de transport d'une longue charge, qui dépasse de plus de 1 mètre l'arrière du véhicule, il faut obligatoirement fixer à son extrémité un catadioptre cylindrique.

Les tracteurs

Selon l'article R. 138 du Code de la route, les tracteurs agricoles se définissent comme des « véhicules automoteurs spécialement conçus pour tirer ou actionner tous matériels normalement destinés à une exploitation agricole ou forestière. Est exclu de cette définition tout véhicule automoteur aménagé en vue du transport du personnel ou de marchandises, et celui dont la vitesse instantanée de marche peut excéder par construction 25 km/h par palier ».

Équipement. Un avertisseur sonore est obligatoire pour tout tracteur. Un rétroviseur est exigible pour les tracteurs pourvus d'une cabine. Un essuie-glace est obligatoire pour les tracteurs munis d'un pare-brise. Un phare de travail ou de recul est nécessaire, mais son usage est interdit sur la route ou sur toute voie où il peut être une cause d'éblouissement.

Le tracteur et le permis de conduire. La conduite des tracteurs est autorisée à toute personne âgée de 16 ans. Aucun permis n'est exigé. Cependant celui-ci sera obligatoire :
– si le tracteur est aménagé en vue du transport de personnes ou de matériel ;
– lorsque celui-ci peut excéder, par construction, 25 km/h par palier ;
– lorsqu'il est attelé à une remorque ou semi-remorque si celle-ci sert au transport de produits, matériels, matériaux ou marchandises ne provenant pas d'une exploitation agricole ou ne lui étant pas destinés.

Le conducteur doit être alors titulaire du permis B si le poids total en charge du tracteur n'est pas supérieur à 3 500 kg, du permis C si le poids total en charge du tracteur dépasse 3 500 kg, du permis E si le poids total en charge de la remorque excède 750 kg.

Éclairage et signalisation

1. *Le tracteur lui-même*

Tout tracteur agricole, qu'il circule ou qu'il soit en stationnement, doit être muni selon l'article R. 150 du Code de la route de moyens d'éclairage et de signalisation.
À l'avant :
– de 2 feux de position émettant vers l'avant une lumière blanche ou jaune, visible à 150 mètres sans être éblouissante ;
– de 2 feux de croisement émettant vers l'avant une lumière blanche ou jaune, éclairant sur une distance de 30 mètres.

À l'arrière :
– de 2 dispositifs réfléchissants (catadioptres), qui doivent être visibles à une distance de 100 mètres lorsqu'ils sont éclairés par les feux de route des autres véhicules ;
– de 1 ou de 2 feux rouges dont la lumière doit être visible à une distance de 150 mètres.

2. *Appareil agricole précédant un tracteur*

« Si le tracteur meut ou porte à sa partie antérieure un appareil agricole susceptible de masquer vers l'avant les dispositifs d'éclairage, cet appareil devra porter à l'avant un feu blanc surmonté verticalement d'un feu orange ». « Lorsque l'extrémité de l'appareil déborde de plus de 0,20 mètre la largeur hors tout du tracteur, cette extrémité doit porter un dispositif réfléchissant une lumière rouge visible à l'arrière ».

3. *Instruments portés à l'arrière d'un tracteur*

Lorsqu'un tracteur porte à l'arrière un appareil agricole susceptible de masquer plus ou moins le dispositif d'éclairage et de signalisation, il sera fixé, à moins de 0,60 mètre de l'extrémité gauche de la largeur hors tout de cet appareil, un dispositif réfléchissant vers l'arrière une lumière rouge. Lorsqu'une extrémité de l'appareil porté déborde de plus de 0,20 mètre de largeur hors tout du tracteur, cette extrémité doit porter un dispositif réfléchissant une lumière blanche visible de l'avant et un dispositif réfléchissant une lumière rouge visible de l'arrière.

Les bétaillères

Lorsque le poids total en charge de la remorque excède 750 kg, l'attache principale doit être complétée par une attache de secours. Le crochet d'attelage doit comporter un système de verrouillage.

Le permis de conduire. Le permis de la catégorie E est exigé de tout conducteur d'une bétaillère attelée à une automobile ou à un camion, en outre de celui, B, C, ou D, dont il peut être titulaire, suivant la catégorie à laquelle appartient le véhicule tracteur.

Les freins. Si le poids total autorisé en charge est supérieur à 750 kg, l'installation de freinage devra être constituée par :
– un frein continu ou un frein agissant par inertie (ce dernier est interdit si le poids total autorisé en charge de la remorque dépasse 1250 kg) ;
– un dispositif assurant automatiquement l'arrêt en cas de rupture de l'attelage ;
– un frein de parcage.

L'éclairage et la signalisation. L'ensemble doit comprendre :
– 2 dispositifs réfléchissants triangulaires ;
– 2 feux rouges arrière ;
– l'éclairage de la plaque d'immatriculation ;
– 2 signaux de freinage ;
– 2 feux de gabarit, si la longueur d'ensemble excède 6 mètres, ou si la largeur, chargement compris, est supérieure à 2,10 mètres ;
– si ceux du véhicule tracteur sont cachés par la remorque, 2 indicateurs de changement de direction ;
– des feux de stationnement.

LES MACHINES AGRICOLES AUTOMOTRICES

Elles se définissent, selon l'article R. 138 du Code de la route, comme des « appareils pouvant évoluer par leurs propres moyens, normalement destinés à une exploitation agricole et dont la vitesse de marche ne peut excéder, par construction, 25 km/h par palier ». Font partie de cette catégorie les moissonneuses-batteuses automotrices et les motoculteurs. Pour ce genre de véhicule, aucun permis n'est exigé. L'ensemble du dispositif réfléchissant et lumineux est le même que celui des tracteurs.
Pour les motoculteurs dont la conduite est assurée par une personne marchant à pied, un feu unique placé du côté opposé à l'accotement est nécessaire ; il doit émettre vers l'avant une lumière blanche ou jaune, et vers l'arrière une lumière rouge. Pour la circulation des moissonneuses-batteuses, les préfets peuvent prendre des arrêtés fixant des dispositions particulières.

6

LES ANIMAUX

I – La protection des animaux

Le décret du 7 septembre 1959 a abrogé la loi Grammont du 2 juillet 1850 qui punissait de peines de simple police « ceux qui auront exercé publiquement et abusivement des mauvais traitements envers les animaux domestiques ». Cependant la loi prohibe les mauvais traitements et les cruautés envers les animaux.

La jurisprudence définit l'animal domestique comme « celui qui vit sous la surveillance de l'homme, est élevé, est nourri et se reproduit par ses soins ».

Mauvais traitements

La loi incrimine tous ceux qui se rendent coupables envers les animaux de mauvais traitements, sans nécessité, publiquement ou non. Selon ce texte, il importe peu que l'auteur soit propriétaire ou gardien. Est incriminé *tout* auteur de mauvais traitements à animaux, qu'il s'agisse d'animaux domestiques ou d'animaux apprivoisés ou tenus en captivité.

C'est ainsi que le décret du 1er octobre 1980 prohibe, dans la conduite des animaux domestiques, l'usage de l'aiguillon ; l'*aiguillon* étant défini comme « tout objet terminé à l'une de ses extrémités d'une fine pointe métallique ou d'une lame acérée susceptible de blesser les animaux et de provoquer des coupures ou des perforations de la peau ». Le même décret fait obligation, sauf urgence nécessitant l'abattage sur place ou égorgement rituel, d'étourdir préalablement à la saignée les animaux des espèces ovine, bovine, caprine et porcine.

Le décret du 1er octobre 1980 ajoute qu'il est interdit de laisser les animaux sans soins, en cas de maladie ou blessure.

De même, le transport des animaux, dans des conditions inadéquates à les protéger des intempéries et impossibles par manque d'espace et d'aération, est formellement interdit.

Actes de cruauté

Le rapporteur de la loi sur la protection des animaux, lors du débat à l'Assemblée, évaluait ainsi le critère de l'acte de cruauté : « Celui qui procède d'un instinct pervers. Il est accompli délibérément et gratuitement pour la satisfaction que la souffrance et la mort procurent ».
La loi n'a prévu que deux exceptions aux mauvais traitements à animaux : les *courses de taureaux* et les *combats de coqs*, lorsque « une tradition locale ininterrompue peut être invoquée ». La preuve de cette tradition se fait le plus généralement par la présence d'arènes et de gallodromes. Ces combats ne doivent s'accompagner d'aucun acte de cruauté tel que, par exemple, le désempennage.
Ajoutons aux actes de cruauté le fait d'abandonner volontairement un animal domestique, apprivoisé ou tenu en captivité. Cet abandon est puni, depuis la loi du 10 juillet 1976, d'une amende de 30 000 € et/ou d'un emprisonnement de 15 jours à 6 mois.

Dommages causés aux animaux

L'empoisonnement est l'« administration de substances qui peuvent donner la mort plus ou moins promptement, de quelque manière que ces substances aient été employées ». Les animaux protégés sont les chevaux, les bêtes de voiture, de monture, de charge, les bestiaux à cornes, les moutons, les chèvres et les porcs, les poissons des étangs, viviers et réservoirs.
La destruction délictuelle est celle qui a lieu « sans nécessité ». Par contre, la destruction d'un animal est nécessaire « si l'on doit protéger la vie ou garantir l'intégrité corporelle d'une personne ou d'un animal ou lorsqu'il y a lieu de garantir les propriétés ». La loi du 9 novembre 1942 a prohibé la destruction des colonies d'abeilles par étouffage afin de récupérer le miel ou la cire. Seule la destruction des colonies fondées par des essaims volages et constituant une gêne pour l'homme ou les animaux domestiques, est autorisée. La destruction des *nuisibles* a été examinée à la rubrique relative à la chasse.

II – Responsabilité du fait des animaux

L'article 1385 du Code civil édicte une obligation de surveillance pour les animaux appropriés, qu'ils soient domestiques ou sauvages. La personne responsable des animaux est le gardien, c'est-à-dire celui « qui en a l'usage que comporte l'exercice de sa profession » ou celui « qui en a l'usage, la direction et le contrôle ». Mais selon la jurisprudence, il semble que le propriétaire ne cesse pas d'être responsable du seul fait qu'il ait préposé quelqu'un à la surveillance des animaux.

La loi prohibe la divagation des animaux malfaisants ou féroces. Il y a divagation « lorsqu'un animal malfaisant ou féroce est *abandonné sans précaution suffisante* non seulement sur la voie publique, mais à l'intérieur des lieux publics ».
Celui dont les volailles passent sur la propriété voisine et y causent des dommages est tenu de les réparer. Celui qui a souffert de ces dommages peut tirer les volailles, mais à condition que ce soit sur le lieu et au moment du dégât. Il ne peut se les approprier. Si, après un délai de 24 heures, les volailles ne sont pas enlevées par celui auquel elles appartiennent, elles doivent être enfouies sous terre.
D'autre part les maires peuvent ordonner, dans leur commune, que les chiens soient tenus en laisse et/ou muselés, mais également faire payer des amendes aux propriétaires des chiens qui ont fait leurs déjections sur les trottoirs.
En outre le Code pénal punit d'une amende de 3 750 € « ceux qui n'auraient pas retenu leurs chiens lorsqu'ils attaquent ou poursuivent les passants, même s'il n'en est résulté aucun mal ni dommage ».

III – L'identification des animaux

L'identification obligatoire des chiens et chats comporte :
– le marquage de l'animal par tatouage (généralement effectué par un vétérinaire) ;
– l'inscription, sur un fichier national, des indications permettant de connaître le nom et l'adresse du propriétaire.

NEUVIÈME PARTIE

LES AFFAIRES ET LA FRAUDE DANS LES AFFAIRES

1

LES SOCIÉTÉS COMMERCIALES

I – Notions générales

L'article 1832 du Code civil définit ainsi la société : « La société est instituée par deux ou plusieurs personnes qui conviennent par un contrat d'affecter à une entreprise commune des biens ou leur industrie en vue de partager le bénéfice ou de profiter de l'économie qui pourra en résulter. Elle peut être instituée, dans les cas prévus par la loi, par l'acte de volonté d'une seule personne. Les associés s'engagent à contribuer aux pertes. »
Deux conditions sont donc requises : la mise en commun des apports et la vocation de tous les associés au partage des bénéfices ou à la jouissance d'une économie. À ces deux conditions législatives, il est ajouté une troisième condition par la tradition : l'*affectio societatis*. Revenons sur ces conditions.

La mise en commun des apports

Chaque associé doit fournir un apport. Ce peut être un apport en numéraire encore appelé apport en espèces (c'est-à-dire un apport en argent). Ce peut être également un apport en nature (meuble, immeuble, fonds de commerce, droit au bail, créance, etc.). L'apport en nature peut être fait en pleine propriété (la société en devient propriétaire), ou bien en jouissance (l'apporteur demeure propriétaire : c'est une situation voisine de l'usufruit). À côté des apports en numéraire et en nature, il peut y avoir enfin des apports en industrie (c'est-à-dire en travail) et des apports en crédit (crédit commercial : la solvabilité de certains associés). Il faut noter que la valeur des apports en industrie et celle des apports en crédit sont exclues du capital social. La valeur des seuls apports en numéraire et en nature entre dans ledit capital. Par conséquent, le capital social est constitué par l'ensemble des apports en numéraire et en nature, porté au passif du bilan.
La contrepartie logique de la mise en commun des apports est, évidemment, la vocation au partage des bénéfices...

La vocation au partage des bénéfices

Cela signifie, en premier lieu, que la société doit rechercher des bénéfices. L'arrêt des chambres réunies de la Cour de cassation du 11 mars 1914 définit ainsi la notion de bénéfice : « gain pécuniaire ou gain matériel qui ajoute à la fortune des associés ». C'est d'ailleurs cette recherche des bénéfices qui distingue la société de l'association ou du syndicat. Aucun associé ne peut être exclu totalement du partage des bénéfices. Il suffit qu'il ait droit à une certaine part, si minime soit-elle.

La vocation au partage des bénéfices appelle l'obligation de contribuer aux pertes, même dans une très faible mesure. Les pactes léonins (associés privés de tout bénéfice ou dispensés de toute perte) sont donc interdits.

L'*affectio societatis*

La mise en commun des apports et la vocation au partage des bénéfices sont deux éléments législatifs. L'*affectio societatis* est un élément ajouté par la tradition.

On peut traduire *affectio societatis* par « volonté d'être en société », c'est-à-dire volonté de collaboration.

Le contrat de société crée un être nouveau, un être distinct de la personne des associés qui composent la société. Cet être nouveau, c'est la société elle-même. On traduit cette idée en disant que la société est une « personne morale ». Le principe de la personnalité morale des sociétés comporte un certain nombre de conséquences. Ainsi, le patrimoine social est distinct du patrimoine des associés. La société a la capacité de conclure des contrats, d'ester en justice, d'acquérir, d'encourir des responsabilités... Naturellement, elle agit par l'intermédiaire de ses représentants, qui sont des personnes physiques : gérants, administrateurs, présidents-directeurs généraux. Enfin, la société a un nom propre (la raison sociale), un domicile propre (le siège social), ainsi qu'une nationalité.

Les sociétés commerciales sont régies par les articles du Code civil et du Code de commerce, par des lois particulières notamment par la grande loi réformatrice et générale du 24 juillet 1966, complétée par un décret du 23 mars 1967.

Mais quelles sont ces sociétés commerciales ? Il est une classification classique qui consiste à distinguer les sociétés de personnes (constituées en fonction de la personne des associés) ou sociétés « par intérêts » (la part de chaque associé est un intérêt), des sociétés de capitaux (constituées en vue de la mise en commun des capitaux) ou sociétés « par actions » (la part de chaque associé est une action).

Sociétés de personnes ou « par intérêts »

Il faut citer la société en nom collectif et la société en commandite simple.

Sociétés de capitaux ou « par actions »

Citons pour cette seconde catégorie la société en commandite par actions et la société anonyme. Mais, il existe une société d'une nature hybride, n'appartenant à aucune de ces deux catégories : la société à responsabilité limitée.

II – La société en nom collectif (SNC)

La société en nom collectif était autrefois la plus répandue. Elle fut ensuite supplantée par la société à responsabilité limitée. Mais, pour des motifs fiscaux, la société en nom collectif semble connaître actuellement une certaine renaissance. La loi du 24 juillet 1966 souligne le caractère essentiel de cette société : « Les associés en nom collectif ont tous la qualité de commercants et répondent indéfiniment et solidairement des dettes sociales » (article L. 221-1 du Code de commerce). Cela signifie que les associés en nom collectif doivent avoir la capacité commerciale (ne pas avoir été condamnés pour crimes ou délits de droit commun, délits économiques, délits fiscaux ; ne pas être faillis non réhabilités, etc.). Cela signifie aussi qu'ils doivent avoir pris une inscription personnelle au registre du commerce. Cela signifie, enfin, que la faillite de la société entraîne la faillite de chaque associé.
Le capital de la société en nom collectif est constitué de parts sociales qui ne sont pas négociables. Elles ne peuvent être cédées qu'avec le consentement de tous les associés, car la société en nom collectif est une société de personnes, c'est-à-dire constituée en fonction de la personne des associés et non de la mise en commun des capitaux. La société en nom collectif est le type même de la société dite « de famille ».
La raison sociale de la société en nom collectif doit être composée du nom de tous les associés ou du nom de l'un ou plusieurs d'entre eux suivi de « et compagnie » ou encore porter un nom de fantaisie ou en rapport avec l'objet social. Cette société, comme toutes les autres, obéit à des règles de constitution, de fonctionnement et de dissolution.

Constitution

Parmi les règles constitutives, on trouve des conditions de forme et des conditions de fond.

Conditions de forme. Il est nécessaire de rédiger un acte écrit qui peut être authentique (c'est-à-dire dressé par un officier public) ou sous seing privé (rédigé par les parties elles-mêmes). Cet écrit doit comprendre un certain nombre de mentions obligatoires qui sont : la forme de la société (ici, société en nom collectif), sa durée (au maximum 99 ans), sa raison sociale, son siège social, son objet social (nature de l'exploitation) et les noms et états civils des associés tenus indéfiniment des

dettes sociales. Lorsque les statuts ont ainsi été rédigés, ils doivent faire l'objet d'un avis dans un journal d'annonces légales. Enfin, il doit être procédé à l'immatriculation de la société au registre du commerce. Cette immatriculation est suivie d'une publicité dans un journal d'annonces légales.
Récapitulons ces conditions de forme auxquelles doivent obéir, outre la société en nom collectif, toutes les autres sociétés commerciales :
– rédaction des statuts ;
– avis dans un journal d'annonces légales ;
– déclaration de conformité ;
– immatriculation au registre du commerce et publicité dans un journal d'annonces légales.

En fait, les formalités sont effectuées par les CFE (Centres de formation des entreprises).

Conditions de fond. À l'image des conditions de forme, les conditions de fond ne sont pas propres à la société en nom collectif : elles s'étendent à toutes les autres sociétés commerciales. Nous n'y reviendrons donc pas. Ces conditions sont au nombre de trois :
– consentement des associés exempt de vices : dol, violence, erreur ;
– capacité des associés ;
– objet licite (la nature de l'exploitation doit être conforme à la loi).

FONCTIONNEMENT

Sous cette rubrique nous allons étudier la gérance, l'assemblée des associés et les résultats financiers de la société en nom collectif.

La gérance. L'article 12 de la loi du 24 juillet 1966 (article L. 221-3 du Code de commerce) dispose que « tous les associés sont gérants, sauf stipulation contraire des statuts qui peuvent désigner un ou plusieurs gérants, associés ou non, ou en prévoir la désignation par un acte ultérieur ». Ainsi, on peut trouver deux sortes de gérants dans une société en nom collectif : le gérant associé et le gérant non associé. Dans le silence des statuts, tous les associés sont donc gérants. On les qualifie de gérants « - légaux » par opposition aux gérants « statutaires », désignés par les statuts, et aux gérants « non statutaires », désignés par un acte ultérieur conformément aux dispositions des statuts. La révocation d'un gérant associé, soit légal, soit statutaire, entraîne la dissolution de la société, sauf décision des autres associés de continuer entre eux ou avec l'ex-gérant devenu simple associé.
En ce qui concerne les pouvoirs des gérants, il faut distinguer ceux qu'ils détiennent dans les rapports entre associés et ceux qu'ils détiennent dans les rapports avec les tiers.

Dans les rapports entre associés, et en l'absence de la détermination de ses pouvoirs par les statuts, le gérant peut faire tous actes de gestion dans l'intérêt de la société. En cas de pluralité de gérants, ceux-ci détiennent séparément le pouvoir de faire tous actes de gestion dans l'intérêt de la société, mais chaque gérant a le droit de s'opposer à toute opération projetée par un autre gérant avant qu'elle soit conclue. Dans les rapports avec les tiers, le gérant engage la société par les actes entrant dans l'objet social (« l'objet social » est une notion moins large que « l'intérêt de la société »). L'opposition formée par un gérant aux actes d'un autre gérant est sans effet à l'égard des tiers, à moins qu'il ne soit établi qu'ils en ont eu connaissance.

Les associés. En principe, les décisions des associés sont prises en assemblée. La réunion en assemblée est obligatoire pour l'approbation des comptes annuels ; 15 jours au moins avant la date de cette réunion, les documents comptables doivent être adressés aux associés. L'inventaire doit être tenu au siège social à la disposition des associés. À l'exclusion de cette assemblée obligatoire, les statuts fixent les conditions dans lesquelles les décisions collectives pourront être prises : par voie d'assemblée ou de consultation écrite. Tout associé peut demander la réunion d'une assemblée. Enfin, les associés non gérants ont le droit, deux fois par an, d'obtenir communication des livres et documents sociaux et de poser par écrit des questions sur la gestion sociale, auxquelles il doit être répondu également par écrit.

Les résultats financiers. Les résultats financiers de la société apparaissent lors de l'établissement du bilan. Les associés ont droit au dividende. On appelle dividende le bénéfice distribuable, c'est-à-dire le bénéfice net, éventuellement diminué des pertes antérieures ou augmenté de sommes prélevées sur les réserves. Il doit s'agir de bénéfices réels et non fictifs. En contrepartie de ce droit sur les bénéfices, les associés doivent supporter les pertes subies par la société.

Dissolution

La société en nom collectif peut être dissoute, soit pour des causes communes à toutes les sociétés, soit pour des causes qui sont propres aux sociétés de personnes.
Les causes de disparition communes à toutes les sociétés sont :
– l'expiration du temps pour lequel elle a été constituée ;
– la réalisation ou l'extinction de son objet ;
– l'annulation du contrat de société ;
– la dissolution anticipée décidée par les associés ;
– la dissolution anticipée prononcée par le tribunal à la demande d'un associé pour justes motifs, notamment en cas d'inexécution de ses obligations par un associé ou de mésentente entre associés paralysant le fonctionnement de la société ;

– la dissolution anticipée prononcée par le tribunal si toutes les parts sont réunies entre les mêmes mains ;
– l'effet d'un jugement ordonnant la liquidation judiciaire ou la cession totale des actifs de la société ;
– toute autre cause prévue dans les statuts ;
– enfin, à titre de sanction pénale pour des infractions très graves.

La réunion de toutes les parts ou actions en une seule main n'entraîne pas automatiquement la dissolution de plein droit de la société. Tout intéressé peut alors demander cette dissolution si la situation n'a pas été régularisée dans le délai de 1 an.
Le tribunal peut alors accorder à la société un délai maximal de 6 mois pour régulariser la situation (article 1844-5 du Code civil).

Les causes de dissolution propres aux sociétés de personnes (société en nom collectif, société en commandite simple) sont les suivantes :
– la révocation d'un gérant associé légal ou statutaire (voir la gérance de la société en nom collectif) ;
– le décès d'un associé sauf clause contraire ;
– le prononcé d'une mesure de liquidation judiciaire, l'interdiction d'exercer le commerce ou l'incapacité frappant l'un des associés, sauf décision à l'unanimité des autres associés de continuer entre eux ;
– enfin le défaut de transformation, dans le délai de 1 an, de la société en nom collectif en société en commandite simple, ainsi que la loi de 1966 l'oblige en cas de continuation de la société avec un ou plusieurs héritiers mineurs non émancipés d'un associé décédé.

III – La société en commandite simple

Les sociétés en commandite simple sont rarement choisies car elles présentent un certain nombre d'inconvénients : les parts sociales sont difficilement cessibles, leur fonctionnement est lourd et le gérant, s'il est associé, ne bénéficie pas du régime général de la Sécurité sociale. En fait, cette forme de société présente certains avantages : elle permet l'association de chefs d'entreprises (les commandités) avec des investisseurs (les commanditaires). Autres avantages : une grande liberté dans la rédaction des statuts et la sécurité du gérant.
Cette société groupe deux sortes d'associés : les associés commandités et les associés commanditaires. Les commandités ont le statut des associés en nom collectif. Quant aux commanditaires, ils ne répondent des dettes sociales qu'à concurrence de leur apport. C'est dire qu'ils ne répondent pas indéfiniment et solidairement des dettes sociales comme les associés en nom collectif et, par conséquent, les commandités, sauf s'ils s'immiscent dans la gestion.

Constitution

La société en commandite simple obéit aux règles de constitution des sociétés en nom collectif sur lesquelles il n'est pas nécessaire de revenir. On peut cependant noter quelques petites modifications opérées par la loi du 24 juillet 1966. Les associés commanditaires ne peuvent faire d'apports en industrie.
Si la raison sociale comporte le nom d'un associé commanditaire, – elle n'est composée, en principe, que du nom des associés commandités –, celui-ci doit alors répondre indéfiniment et solidairement des dettes sociales. En outre, la raison sociale (mention sur le papier à lettre, par exemple) doit comporter les mots « société en commandite simple ». Les statuts de la société doivent contenir les indications suivantes :
– la dénomination sociale ;
– le montant ou la valeur des apports de tous les associés ;
– la part, dans ce montant ou cette valeur, de chaque associé commandité ou commanditaire ;
– la part globale des associés commandités et la part de chaque associé commanditaire dans la répartition des bénéfices et dans le boni de liquidation.

Fonctionnement

Les décisions sont prises dans les conditions fixées par les statuts. Toutefois, la réunion d'une assemblée de tous les associés est de droit, si elle est demandée, soit par un commandité, soit par le 1/4 en nombre et en capital des commanditaires. L'associé commanditaire ne peut faire aucun acte de gestion externe, même en vertu d'une procuration. Deux fois par an, les associés commanditaires ont le droit d'obtenir communication des livres et des documents sociaux et de poser par écrit des questions sur la gestion sociale, auxquelles il doit être répondu également par écrit. Enfin, les parts sociales ne peuvent être cédées qu'avec le consentement de tous les associés, sauf certaines clauses statutaires contraires.

Dissolution

Depuis la loi de 1966, la société en commandite simple continue malgré le décès d'un commanditaire. En effet, seul le décès d'un commandité peut mettre un terme à cette société. Cependant, il faut noter que certaines dispositions statutaires peuvent permettre la continuation de la société malgré le décès dudit commandité. Ainsi, les statuts peuvent stipuler que, malgré le décès de l'un des commandités, la société continue avec ses héritiers. Si ceux-ci sont des mineurs non émancipés, ils deviennent commanditaires.
Il faut en outre noter que si l'associé décédé était le seul commandité et si ses héri-

tiers sont tous mineurs non émancipés, il doit être procédé à son remplacement par un nouvel associé commandité, ou bien il doit être procédé à la transformation de la société en SARL ou en société anonyme dans le délai de 1 an à compter du décès.

IV – La société en commandite par actions

À l'heure actuelle, on ne trouve plus guère de société en commandite par actions. Cette société, comme d'ailleurs la société en commandite simple, comprend deux sortes d'associés : les commandités et les commanditaires. Les commandités sont responsables indéfiniment et solidairement des dettes sociales, tandis que les commanditaires ne sont responsables de ces dettes que jusqu'à concurrence de leur apport.

CONSTITUTION

Sauf quelques petites exceptions, les règles applicables aux sociétés en commandite simple et aux sociétés anonymes sont applicables aux sociétés en commandite par actions. Mais certaines règles particulières demeurent, qui sont :
– le nombre des associés commanditaires ne peut être inférieur à 3 ;
– le ou les gérants sont généralement le ou les associés commandités. Le ou les premiers gérants sont désignés dans les statuts.

FONCTIONNEMENT

Le gérant est investi des pouvoirs les plus étendus pour agir en toute circonstance au nom de la société. Il est révoqué dans les conditions prévues par les statuts. Mais il est aussi révocable par le tribunal de commerce pour cause légitime, à la demande de tout associé de la société.
Dans les conditions fixées par les statuts, l'assemblée générale ordinaire nomme un conseil de surveillance. Ce conseil est composé de 3 membres au moins, choisis parmi les commanditaires.
Un associé commandité ne peut être membre du conseil de surveillance, ni participer à la désignation des membres de ce conseil. Le conseil de surveillance assume, entre autres, le contrôle permanent de la gestion de la société, il peut convoquer l'assemblée générale des actionnaires... Quant aux commissaires aux comptes, ils sont désignés par l'assemblée générale ordinaire. Cette institution d'un commissariat aux comptes dans les sociétés en commandite par actions est d'ailleurs une innovation de la loi du 24 juillet 1966.
Il faut en outre préciser que les commanditaires ont droit de communication des

documents sociaux, dans les mêmes conditions que les actionnaires des sociétés anonymes.
Les commandités non gérants, quant à eux, peuvent, deux fois par an, obtenir communication des livres et des documents sociaux. Ils peuvent également poser des questions écrites sur la gestion de la société, auxquelles il doit être répondu également par écrit.

Transformation

La loi de 1966 favorise la transformation de la société en commandite par actions en société anonyme ou en société à responsabilité limitée. Mais faut-il encore que cette transformation soit décidée par l'assemblée générale extraordinaire des actionnaires, avec l'accord de la majorité des associés commandités.

V – La société anonyme (SA)

La société anonyme ainsi que, d'ailleurs, la société en commandite par actions sont des sociétés par actions, c'est-à-dire des sociétés de capitaux, par opposition aux sociétés par intérêts qui sont des sociétés de personnes.
L'importance des sociétés par actions est considérable, du fait notamment que ces sociétés permettent la réunion d'énormes capitaux.
Ces sociétés sont régies par la loi du 24 juillet 1867, remaniée le 24 juillet 1966, puis lors du décret du 23 mars 1967, par la loi du 30 décembre 1981, la loi du 2 juillet 1996 et, plus récemment, par les lois des 15 mai 2001 et 26 juillet 2005. Les sociétés par actions émettent des actions et des obligations. Il s'agit de titres au porteur ou nominatifs. L'émission de parts bénéficiaires ou parts de fondateurs est interdite depuis l'entrée en application de la loi de 1966. Les actions ne sont négociables qu'après l'immatriculation de la société au registre du commerce ou après l'inscription de la mention modificative à la suite d'une augmentation de capital. Le montant nominal des actions est fixé dans les statuts. Lorsque les sociétés par actions ont besoin de se procurer des fonds, elles peuvent émettre des obligations. Les obligations sont des titres négociables qui confèrent des droits de créance, alors que l'action confère des droits d'associés. L'émission d'obligations n'est permise qu'aux sociétés par actions ayant 2 années d'existence et qui ont établi deux bilans régulièrement approuvés par les actionnaires, à moins que l'émission ne soit garantie, notamment, par l'État. Mais faut-il encore que le capital de la société soit entièrement libéré. L'obligataire (le porteur de l'obligation) a droit à des intérêts et au remboursement du capital ainsi prêté à la société. Dans certains cas, il a également droit à la conversion de ses obligations en actions. Actions et obligations sont donc les titres émis par les sociétés par actions. Au titre de ces sociétés, envisageons la société anonyme selon le schéma classique : constitution, fonctionnement, dissolution.

Constitution

La société anonyme est la société dont le capital est donc divisé en actions et qui est constituée entre des associés, qui ne supportent les pertes qu'à concurrence de leurs apports. D'autre part, le nombre des associés ne peut être inférieur à 7. Selon que la société anonyme fait ou non appel public à l'épargne, les règles de constitution diffèrent.
Constitution de la société anonyme, qui fait appel public à l'épargne. Un exemplaire du projet des statuts doit être déposé au greffe du tribunal de commerce du lieu du siège social. D'autre part, une notice contenant les renseignements essentiels sur le projet de société doit être publiée dans un journal d'annonces légales. Enfin, le capital doit être intégralement souscrit et les fonds provenant de la souscription des actions en numéraire déposés chez un notaire, ou une banque, ou bien encore à la Caisse des dépôts et consignations. Le capital social doit être de 225 000 € au moins. Une déclaration des fondateurs contenue dans un acte notarié doit constater ces souscriptions ainsi que les versements. À la suite de cette déclaration, les fondateurs convoquent les souscripteurs en assemblée générale constitutive.
C'est là l'essentiel des règles constitutives des sociétés anonymes faisant appel public à l'épargne. Mais il peut ne pas y avoir appel public à l'épargne…

Constitution de la société anonyme ne faisant pas appel public à l'épargne. Le capital social doit être de 37 000 € au moins. Outre les formalités classiques dont nous avons déjà parlé, sont obligatoires le dépôt des fonds provenant des souscriptions en numéraire, la déclaration des fondateurs, l'interdiction de retirer les fonds avant l'immatriculation de la société au registre du commerce. Les premiers administrateurs ou membres du conseil de surveillance, les commissaires aux comptes de la société anonyme ne faisant pas appel public à l'épargne sont désignés dans les statuts. Précisons qu'actuellement les CFE (Centre de formalité des entreprises) se chargent de ces démarches.

Fonctionnement

1. *Les organes de direction et d'administration*

La société anonyme est traditionnellement administrée par un conseil d'administration et dirigée par le président de ce conseil d'administration.
Les statuts de la société anonyme peuvent néanmoins prévoir que la société sera administrée par un directoire et un conseil de surveillance.

a) *Société anonyme avec conseil d'administration et direction générale*

Le conseil d'administration. Le conseil d'administration est composé de 3 membres au moins et de 18 membres au plus. Les premiers administrateurs sont nommés par l'assemblée générale constitutive (sociétés faisant appel public à l'épargne) ou bien désignés par les statuts (sociétés ne faisant pas appel public à l'épargne). Les administrateurs sont ensuite renouvelés par l'assemblée générale ordinaire. Chaque administrateur doit être propriétaire d'un nombre d'actions de la société déterminé par les statuts. Une même personne ne peut appartenir simultanément à plus de 8 conseils d'administration de sociétés anonymes en France, sauf quelques rares exceptions. L'article 98 de la loi de 1966 (article L. 225-35 du Code de commerce) dispose : « Le conseil d'administration détermine les orientations de l'activité de la société et veille à leur mise en œuvre. Sous réserve des pouvoirs expressément attribués aux assemblées d'actionnaires, et dans la limite de l'objet social, il se saisit de toute question intéressant la bonne marche de la société et règle par ses décisions les affaires qui la concernent. »

Le président du conseil d'administration et le directeur général. La loi sur les nouvelles régulations économiques (dite « loi NRE ») du 15 mai 2001 a mis en place le gouvernement d'entreprise. Cela signifie que la loi opère une dissociation entre le président du conseil d'administration et le directeur général. De ce fait, toutes les sociétés anonymes, qu'elles soient ou non cotées en bourse, ont disposé d'un délai de dix-huit mois à compter de la loi pour « opter » entre la formule traditionnelle d'un président qui serait en même temps le directeur général de la société (formule du PDG) et la formule d'une présidence dissociée de la direction générale (formule dite du « PCA » pour « président du conseil d'administration »).

• Si la société opte pour la concentration des pouvoirs entre les mains du président (formule PDG)
Les dispositions de la loi désormais consacrées à la direction générale s'appliqueront au président pris en sa qualité de directeur général (article L.225-51-1 alinéa 3 du Code de Commerce), à l'exception de la question de sa révocation. Effectivement, la révocation du directeur général (dissocié) doit intervenir pour de justes motifs (article L. 225-55 du Code de Commerce), alors que celle du président directeur général continuera de pouvoir être décidée ad nutum (ceci signifie que la révocation peut intervenir sans motifs particuliers, selon la volonté du conseil d'administration).

• Si la société opte pour la dissociation (nouvelle formule PCA)
Les pouvoirs du directeur général et du président du conseil d'administration sont répartis comme suit :
Le directeur général (qui peut ne pas être associé de la société ni administrateur) est indépendant dans sa gestion et ses actes, lesquels peuvent engager la société. Sa nomination comme sa révocation relèvent du pouvoir du conseil d'administration. Il agit au nom de la société, c'est lui qui représente la société dans ses rapports avec les tiers. Il peut demander la convocation du conseil d'administration. La société est engagée par tous les actes du directeur général, même ceux qui ne relè-

vent pas de l'objet social. Le directeur général peut se faire entourer de directeurs généraux délégués qui seront nommés par le conseil d'administration sur sa proposition. Il ne peut y avoir plus de 5 directeurs généraux délégués.
Le président du conseil d'administration représente le conseil d'administration. Il est un organe de liaison entre le conseil d'administration et le directeur général. Le président doit veiller au bon fonctionnement des organes de la société. Il dirige les travaux du conseil d'administration et en rend compte à l'assemblée générale. Il détermine les orientations de l'activité et veille à leur mise en œuvre.

b) *Société anonyme avec directoire et conseil de surveillance*

C'est là le régime original instauré par la loi du 24 juillet 1966. À tout moment au cours de son existence, la société anonyme peut décider d'avoir recours à ce directoire et conseil de surveillance, ou bien de l'abandonner.
Le directoire est composé de 5 membres au plus. Mais dans les sociétés anonymes dont le capital est inférieur à 150 000 €, les fonctions dévolues au directoire peuvent être exercées par une seule personne. Cette personne prend alors le titre de directeur général unique. Les membres du directoire sont nommés par le conseil de surveillance, qui confère à l'un d'eux la qualité de président. Il faut noter que les membres du directoire peuvent être choisis en dehors des actionnaires. Le directoire est investi des pouvoirs les plus étendus pour agir en toute circonstance au nom de la société. Il exerce lesdits pouvoirs dans la limite de l'objet social, et sous réserve de ceux expressément attribués par la loi au conseil de surveillance et aux assemblées d'actionnaires.
Le conseil de surveillance est composé de 3 à 18 actionnaires. Les conditions de nomination sont identiques à celles des membres du conseil d'administration. Le conseil de surveillance élit en son sein un président et un vice-président qui sont chargés de convoquer le conseil et d'en diriger les débats.

2. *Les assemblées d'actionnaires*

Nous ne reviendrons pas sur l'assemblée générale constitutive. L'assemblée générale extraordinaire est seule habilitée à modifier les statuts et à changer la nationalité de la société. Elle nécessite une majorité des deux tiers. L'assemblée générale ordinaire prend toutes les autres dispositions. Elle autorise, notamment, les émissions d'obligations. Elle statue à la majorité de la moitié des voix plus une dont disposent les actionnaires présentés ou représentés.

3. *Le commissaire aux comptes*

Le contrôle est exercé, dans chaque société anonyme, par un ou plusieurs commissaires aux comptes. Dans les sociétés optant pour le régime à directoire et conseil de surveillance, il est également exercé par le conseil de surveillance. Les commissaires aux comptes sont nommés pour 6 exercices, soit par l'assemblée constitutive si la société est constituée avec appel public à l'épargne, soit par les statuts si la société n'est pas constituée avec appel public à l'épargne. Leurs attributions sont les suivantes : ils contrôlent la régularité et la sincérité des comptes sociaux, ils tiennent les dirigeants et les actionnaires informés, enfin ils doivent mettre en œuvre une procédure d'alerte lorsqu'ils relèvent un fait de nature à compromettre la continuité de l'exploitation.

Dissolution

La dissolution anticipée de la société est prononcée par l'assemblée générale extraordinaire. Mais le tribunal de commerce peut, à la demande de tout intéressé, prononcer la dissolution de la société si le nombre des actionnaires est réduit à moins de 7 depuis plus de 1 an. Enfin en cas de perte de la moitié du capital social, le conseil d'administration ou le directoire, selon le cas, est tenu dans les 4 mois qui suivent l'approbation des comptes ayant fait apparaître cette perte, de convoquer l'assemblée générale extraordinaire à l'effet de décider s'il y a lieu à dissolution anticipée de la société.

VI – La société à responsabilité limitée (SARL)

La société à responsabilité limitée (SARL) a été introduite dans notre législation par la loi du 7 mars 1925. Depuis, maints textes ont apporté des modifications aux règles initiales, notamment la grande loi du 24 juillet 1966.
La société à responsabilité limitée, très répandue en France, est une société hybride, intermédiaire entre les sociétés de personnes et les sociétés de capitaux. En effet dans une telle société, les associés ne sont pas tenus au-delà de leur mise, ce qui la rapproche de la société anonyme, mais les parts sociales ne sont pas des titres négociables et cessibles, ce qui la rapproche des sociétés de personnes.
Voyons les conditions de constitution, de fonctionnement et de dissolution de cette société.

Les SARL de type familial

Il y a lieu d'indiquer qu'il existe la possibilité d'utiliser la forme juridique d'une SARL pour créer une société dite de famille.
Ce type de sociétés se caractérise par le fait qu'elle est constituée, soit entre héritiers ou successibles en ligne directe du précédent exploitant entre eux, soit entre les précédemment cités et le conjoint survivant de l'ancien exploitant.
Si au plan civil ce type de société obéit aux règles du droit commun exposées ci-

dessous, elle présente des spécificités fiscales qui rendent son application d'un intérêt pratique incontestable (notamment imposition différée des plus-values). Dans ces cas, l'établissement de statuts notariés est recommandé.

Constitution

Nous ne reviendrons pas sur les conditions de forme communes à toutes les sociétés, qui ont été exposées pour la société en nom collectif. En outre, la SARL obéit aux conditions de forme prévues pour les sociétés anonymes ne faisant pas appel à l'épargne, à savoir : mise en dépôt des fonds versés avec interdiction de les retirer avant l'immatriculation de la société au registre du commerce ; évaluation, dans les statuts, de chaque apport en nature ; dispense d'assemblée constitutive, mais intervention de tous les associés à l'acte constitutif de la société. (*Voir, en annexes, modèle de statuts d'une SARL.*)
Renvoi également aux conditions de fonds exposées pour les sociétés en nom collectif, mais il faut cependant ajouter d'autres conditions propres à la SARL. Ainsi, cette société est désignée par une dénomination sociale à laquelle peut être incorporé le nom d'un ou plusieurs associés qui doit être précédée ou suivie immédiatement des mots « société à responsabilité limitée » ou les initiales « SARL », et de l'énonciation du capital social. Quant à ce capital, depuis la Loi pour l'initiative économique entrée en application le 6 août 2003, il est librement fixé, sans minimum comme autrefois. Le capital d'une SARL peut donc ne s'élever qu'à 1 € symbolique.
Ajoutons encore que le nombre de ses associés doit être au minimum de deux et au maximum égal à cent. Une SARL peut être constituée entre deux époux. Enfin le gérant peut domicilier le siège social de sa SARL à son domicile pendant 5 ans.

Fonctionnement

La gérance. La SARL peut être gérée par un ou plusieurs gérants, associés ou non, mais qui doivent être obligatoirement des personnes physiques. En l'absence de disposition contraire des statuts, les gérants sont nommés pour la durée de la société. Ils sont révocables par décision des associés représentant plus de la moitié du capital ou par le tribunal pour cause légitime. Les pouvoirs des gérants des SARL sont identiques à ceux des gérants des sociétés en nom collectif, tant en ce qui concerne les rapports entre associés qu'à l'égard des tiers. Le gérant a le pouvoir d'engager la société et est responsable de ses décisions. S'il détient 50 % maximum du capital de la société, il est considéré comme un salarié. En revanche, s'il détient plus de 50 % du capital, il devient donc un gérant majoritaire et est considéré comme un travailleur indépendant. Depuis 1997, la loi a rendu déductible des impôts et des charges de la société les rémunérations du gérant majoritaire.

Les associés non gérants. Leurs décisions sont prises en assemblée. Il faut noter que les comptes doivent être obligatoirement soumis à une assemblée ordinaire annuelle. Avant cette assemblée, les documents comptables doivent être communiqués aux associés. D'autre part, les associés ont droit de communication permanent sur les documents sociaux des 3 derniers exercices.

L'approbation des comptes

Après l'approbation des comptes par l'assemblée générale ordinaire, le ou les gérants doivent respecter un certain nombre d'obligations : dépôt en double exemplaire au greffe du tribunal de commerce dans le délai d'un mois des comptes annuels, du rapport de gestion, de celui, le cas échéant des commissaires aux comptes, ainsi que la proposition d'affectation du résultat soumise à l'assemblée.

Les commissaires aux comptes. La nomination d'un commissaire aux comptes est obligatoire pour les SARL qui, à la clôture d'un exercice, dépassent un certain seuil pour deux des postes suivants : montant du chiffre d'affaires (hors taxes), total du bilan, nombre de salariés. Les seuils de désignation obligatoire sont, pour chacun de ces postes :
– montant du chiffre d'affaires hors taxes supérieur à 3 100 000 € ;
– nombre moyen de salariés permanents : 50 ;
– total du bilan supérieur à 1 550 000 €.

Par conséquent, quel que soit le montant du capital d'origine, si deux de ces critères sont réunis, il conviendra de procéder à la désignation d'un commissaire aux comptes et d'un suppléant.

Dissolution

Selon la loi du 24 juillet 1966, la SARL n'est pas dissoute par la faillite ou l'incapacité frappant l'un des associés. Elle n'est pas non plus dissoute par le décès d'un associé, sauf stipulation contraire dans les statuts.
Enfin, en cas de perte de la moitié du capital social, les associés décident, dans les 4 mois qui suivent l'approbation des comptes ayant fait apparaître cette perte, s'il y a lieu à continuation ou dissolution. La loi du 25 janvier 1985 (décret d'application du 27 décembre 1985 n° 85295) a réorganisé l'ensemble du régime de ce qu'on appelle communément, et du reste improprement, les faillites des sociétés commerciales. Au terme de cette législation, la procédure de redressement judiciaire et de liquidation des sociétés est organisée de la façon suivante. À la suite de l'ouverture d'une procédure de redressement judiciaire s'ouvre une

première période, dite période d'observation des 3 mois, au cours de laquelle est désigné par le tribunal de commerce un administrateur judiciaire aux fins de dresser un bilan économique et financier de la société et tenter de procéder à un bilan de redressement de l'entreprise en difficulté.
À l'expiration de cette période d'observation, le tribunal de commerce saisi de la procédure de redressement judiciaire dispose, au vu des conclusions de l'administrateur, de deux possibilités :
- soit arrêter un bilan de redressement de l'entreprise ;
- soit au contraire, si la situation l'exige, prononcer la liquidation judiciaire de celle-ci.

Cette procédure uniforme peut être simplifiée lorsque l'entreprise est de faible importance.
Le second point fondamental de cette réforme réside dans le fait que les anciennes fonctions de syndic ont été dissociées en deux fonctions distinctes, puisque le législateur a entendu confier les responsabilités de la procédure de faillite à :
- d'une part, un administrateur judiciaire qui est chargé de la société elle-même ;
- d'autre part, un représentant des créanciers chargé de recevoir l'ensemble des propositions émanant de tiers.

En revanche, du moins dans son principe, les conséquences de la liquidation et de redressement, notamment en ce qui concerne l'extension de la procédure au dirigeant, la faillite personnelle ou les poursuites individuelles restent semblables au régime antérieur à la loi de 1985.

VII – L'entreprise unipersonnelle à responsabilité limitée (EURL)

Aux termes de la loi du 11 juillet 1985, il a été créé une nouvelle forme de société à responsabilité limitée dénommée EURL – entreprise unipersonnelle à responsabilité limitée.
La caractéristique de cette société est qu'elle peut n'avoir qu'un seul associé, soit dès sa création, soit du fait de la réunion en une seule main de l'intégralité des parts sociales d'une SARL précédemment pluripersonnelle. La loi a prévu deux cas de sociétés unipersonnelles :
- d'une part, l'EURL proprement dite ;
- d'autre part, l'exploitation agricole à responsabilité limitée (EARL).

Cette profonde innovation du droit des sociétés est destinée à améliorer le statut de l'entreprise individuelle, et entre dans le cadre d'une politique globale aidant à la création d'entreprise.
Du point de vue fonctionnel, ce type de sociétés s'apparente totalement au régime des SARL tel qu'il a été succinctement décrit auparavant.

Les règles relatives au gérant sont identiques, les règles de fonctionnement et de dissolution sont également identiques.
Le gérant de l'EURL, du point de vue social et fiscal, n'est pas considéré comme un salarié, mais comme le gérant majoritaire de SARL, il est assimilé à un travailleur indépendant.
Une EURL ne peut pas être l'associée unique de plusieurs autres EURL.

VIII – Le Groupement d'intérêt économique (GIE) et le Groupement d'intérêt économique européen (GIEE)

Le GIE qui bénéficie de la personnalité morale est intermédiaire entre une société et une association. Il a pour but de faciliter et de développer l'activité économique de ses membres.
Le GIE peut être constitué sans capital et, si un capital est prévu, aucun minimum n'est imposé. Il s'agit d'une structure très souple qui peut avoir, par exemple, pour objet de mettre en commun les moyens de plusieurs sociétés pour l'organisation ou la rationalisation de services (exemples GIE Carte bleue, GIE Airbus, etc.). Mais attention : dans un GIE les membres sont tenus solidairement des dettes engagées par les autres.

IX – La société en participation

Il s'agit d'une société non immatriculée, sans personnalité morale, simplement voulue par ses fondateurs. La société en participation peut être civile ou commerciale. Elle peut être occulte ou révélée au tiers. Si la participation reste secrète, seul le gérant agira en son nom et sous sa responsabilité aux yeux des tiers. Si les associés se révèlent aux tiers, chacun est donc censé avoir agi solidairement avec ses associés. Il s'agit d'une structure souple, sans formalisme, mais qui nécessite la confiance entre associés.

X – La société par action simplifiée

La SAS a un capital minimum de 37 000 €. C'est une forme de société qui présente beaucoup de souplesse, les statuts pouvant prévoir des modalités très diverses. Le formalisme régissant les sociétés anonymes (SA) et les sociétés à responsabilité limitée (SARL) est abandonné au profit d'une grande liberté statutaire. La SAS est dirigée par un président qui, normalement, bénéficie du régime général des salariés vis-à-vis de la Sécurité sociale.

La société par action simplifiée est issue d'une loi du 12 juillet 1999 sur l'innovation et la recherche. Elle a été mise en place pour les sociétés innovantes, et notamment les « start-up ». La SAS constitue également une opportunité pour les petites et moyennes entreprises.
Il existe également une société par action simplifiée unipersonnelle (SASU), dont la situation est comparable à l'EURL. Pour la SASU comme pour la SAS, le capital minimum s'élève à 37 000 €.

2

LES CONTRATS COMMERCIAUX

L'article 1101 du Code civil définit ainsi le contrat : « Le contrat est une convention par laquelle une ou plusieurs personnes s'obligent, envers une ou plusieurs autres, à donner, à faire ou à ne pas faire quelque chose ». Le contrat est donc un accord de deux ou plusieurs volontés tendant à créer des obligations, à la charge des parties contractantes.
Les règles qui régissent les contrats du droit civil s'appliquent également aux contrats commerciaux. Cependant les contrats commerciaux font souvent l'objet d'une réglementation plus souple du fait des particularités de la vie des affaires.
Les contrats commerciaux sont nombreux, mais nous n'envisagerons parmi ces contrats que la vente et le gage.

I – La vente

Le contrat de vente obéit à des règles particulières de formation et entraîne une conséquence essentielle : le transfert de propriété.

La formation du contrat de vente

Pour qu'il y ait contrat de vente, il faut que l'offre de l'une des parties soit acceptée par l'autre partie : que l'offre du vendeur soit acceptée par l'acheteur... En principe, l'offre ne peut plus qu'être expresse ou tacite. Le fait, pour un commerçant, d'exposer des marchandises dans une vitrine est une offre tacite : il doit donc servir tout acheteur qui se présente. En définitive, le contrat de vente est un accord des volontés entre deux parties, accord qui devra se faire, à la fois sur la chose objet de la vente (l'un ne doit pas désirer vendre un cheval et l'autre acheter une vache) et sur son prix.

Les contrats par correspondance soulèvent des problèmes du fait de la distance entre vendeur et acheteur. Il est alors difficile de déterminer où et quand le contrat a été conclu. Ces questions d'une réelle importance sont tranchées souverainement et pour chaque cas particulier par les magistrats.

Il est indispensable que le consentement des deux parties soit exempt de tout vice : dol, erreur, violence.

L'échange des consentements ou accord des volontés est quelquefois assorti d'une modalité : l'acheteur paie le prix convenu, emporte l'objet ainsi acquis, mais le vendeur s'engage à reprendre cet objet s'il ne convient plus.

En vertu de l'article L. 110-3 du Code de commerce, le contrat de vente (ainsi que, d'ailleurs, tous les autres contrats commerciaux) se prouve par tous moyens. C'est dire que les parties sont dispensées de recourir à la preuve écrite, bien que, dans la majorité des cas, la preuve se fasse par la correspondance des parties. Ainsi la preuve par témoins comme la preuve par présomptions sont admissibles.

Les factures doivent être établies en double exemplaire et conservées pendant 5 ans. Tout le monde est libre de vendre et d'acheter. C'est là un grand principe classique.

Et pourtant, ce grand principe est de plus en plus battu en brèche, en raison, notamment, de considérations économiques. Ainsi certains procédés de vente sont subordonnés à des conditions restrictives, ou carrément prohibés. Signalons en particulier que les ventes avec primes (primes en nature, timbres-primes...) et les ventes forcées (vente avec envoi d'un objet que le destinataire est invité à régler ou à renvoyer) sont strictement prohibées.

Signalons encore que les commerçants ont le droit de procéder à des soldes. Ces soldes peuvent en principe avoir lieu à deux périodes de l'année au maximum, chaque période n'excédant pas 2 mois. Les dates de début des périodes sont fixées, dans chaque département, par le préfet.

Nous venons d'énumérer un grand nombre de procédés de vente, mais il reste encore à citer le contrat d'exclusivité.

C'est un contrat par lequel le vendeur s'engage à réserver sa marchandise à tel acheteur. Ce contrat est licite. Cependant, la loi du 14 octobre 1943 limite à 10 ans les clauses d'exclusivité insérées dans un contrat de vente ou un contrat de location de meubles.

Le monde des affaires utilise fréquemment la promesse de vente. Il faut la distinguer de la vente elle-même. La promesse de vente est un contrat par lequel un vendeur s'engage à vendre une certaine chose, à un certain prix, à un certain acquéreur lorsque celui-ci désirera l'acheter. Généralement, la promesse de vente est assortie d'un délai. Ce n'est donc que lorsque l'acheteur le désire, c'est-à-dire lorsqu'il « lève l'opinion » que la vente est réalisée. Si le candidat acheteur a versé, au moment de la promesse, une indemnité d'immobilisation, et qu'il ne désire pas lever l'option, l'indemnité d'immobilisation reste acquise au vendeur.

Ce paiement sera, pour le vendeur, la contrepartie de la perte qu'il a subie en immobilisant son bien.
Si la promesse de vente contient une condition suspensive (par exemple : autorisation administrative, obtention d'un prêt bancaire) et que celle-ci n'est pas réalisée, dans ce cas, le contrat est caduc et l'indemnité d'immobilisation doit être restituée au candidat acheteur.
Le contrat de vente n'obéit pas seulement à des règles de formation, il entraîne aussi une conséquence essentielle qui est le transfert de propriété...

Conséquence du contrat de vente : le transfert de propriété

La conséquence essentielle de la vente est de transférer la propriété de la chose de la personne du vendeur à celle de l'acheteur. Quand s'opère le transfert de propriété ?
Il faut distinguer entre les corps certains et les choses de genre. Les corps certains sont des choses individuellement déterminées (par exemple : une voiture d'occasion individualisée par son numéro d'immatriculation, un immeuble sis au numéro 42 de telle rue, etc.).
Par contre, les choses de genre ne sont déterminées que par leur qualité et leur quantité (ainsi : une voiture neuve commandée au concessionnaire et, par conséquent, non encore identifiée par un numéro d'immatriculation ; 500 kilos de café du Cameroun...). L'intérêt de la distinction entre corps certain et choses de genre est le suivant : lorsqu'il s'agit d'un corps certain, la livraison doit porter sur la chose même qui a été vendue, le vendeur ne pouvant en substituer une autre sans l'accord de l'acheteur. S'il y a une contestation, c'est à l'acheteur de prouver que la chose ou le matériel qui lui sont livrés ne sont pas conformes à ce qu'il a voulu acheter. Lorsqu'il s'agit d'une chose de genre, la marchandise doit avoir la même origine, la marque, le type, les caractéristiques et la quantité prévus dans le contrat. Si la qualité n'est pas précisée, elle doit être « loyale et marchande ».
En matière de transports maritimes, il nous faut faire une nouvelle distinction entre vente CAF et vente FOB. CAF est une abréviation pour désigner le coût, l'assurance et le fret.
Cela signifie que la vente CAF est conclue pour une somme comprenant à la fois le prix de la marchandise, le montant de l'assurance et les frais de transport.
C'est le vendeur qui traite, pour le compte de l'acheteur, avec le transporteur et l'assureur. Mais l'acheteur devient propriétaire de la marchandise dès l'embarquement. Elle voyage donc à ses risques ; risques, il est vrai, couverts par l'assurance.
Dans la vente FOB (de l'anglais « free on board »), c'est à l'acheteur à s'occuper du transport et de l'assurance : le vendeur livre simplement les marchandises à quai.

La vente à tempérament

La vente dite à tempérament est une vente à crédit dans laquelle le prix est payable en plusieurs échéances.

Bien que née aux États-Unis, cette forme de vente connaît de plus en plus la faveur du consommateur français. Désormais, on peut tout acheter à tempérament : de l'appartement au téléviseur, de l'automobile aux 15 jours de vacances aux Baléares...

La vente à tempérament doit être stipulée par écrit. Le vendeur ou l'établissement financier qui a consenti le crédit, doit remettre à l'acheteur l'attestation des clauses de l'opération et conserver pour lui le double de cette attestation revêtu de la signature de l'acheteur.

L'ordonnance du 30 juin 1945 assimile l'absence de cet écrit à la pratique de prix illicite : d'où, nullité de la vente. Le décret du 4 août 1956 précise que le montant et la durée maximale du crédit susceptible d'être consenti par les entreprises et personnes effectuant directement ou indirectement des ventes à crédit, ne peuvent pas dépasser le montant et la durée maximum du crédit susceptible d'être consenti par les banques et établissements financiers, en application des décisions du conseil national du crédit et des instructions de la Banque de France.

Ces décisions sont publiées au *Journal officiel* au fur et à mesure de leur mise en œuvre. Signalons que la loi du 10 janvier 1978 sur la protection du consommateur en matière de crédit a posé deux principes de protection.

Le consommateur doit avoir connaissance dans l'offre de crédit du coût total de ce dernier.

Un délai de 7 jours lui est accordé pour rétracter son acceptation. Passé ce délai, l'acheteur devient propriétaire du bien vendu à tempérament. Par conséquent, il peut revendre le bien comme bon lui semble et quand bien même il n'aurait pas payé le vendeur.

Ce dernier, en revanche, ne peut, s'il n'est pas payé, reprendre l'objet vendu sous peine de vol.

Il doit s'adresser au tribunal et obtenir (à moins que des délais de paiement soient accordés) la résolution judiciaire de la vente accompagnée de dommages-intérêts. La loi prévoit pour certaines catégories de vendeurs une protection spéciale. Ainsi, le vendeur d'automobiles conserve un *droit de gage* sur la chose vendue jusqu'au paiement intégral.

L'acheteur qui revendrait l'automobile commettrait alors un détournement de gage, délit puni par les tribunaux.

Pour se garantir préventivement des risques de non-paiement, certains commerçants pratiquent des « locations-ventes ». La personne reçoit l'objet au titre d'une location moyennant des versements périodiques appelés loyers. Seul le dernier versement transforme la location en vente. Ce contrat présente un double avantage en cas de non-paiement par le « locataire ». En cas de défaillance de ce dernier, l'autre partie est en droit d'exiger, outre la restitution du bien, le paiement des loyers échus et non réglés, ainsi qu'une indemnité qui dépend de la durée restant à courir sur le contrat.

En cas de défaillance du « locataire » et dans le cas où le bien aurait été revendu, l'autre partie peut s'adresser aux tribunaux répressifs et faire condamner le locataire pour abus de confiance (article 408 du Code pénal). Il restera au juge répressif à qualifier le contrat pour savoir s'il s'agit bien d'une location ou plutôt d'une vente déguisée. Or, outre le fait que seul le dernier versement transforme le contrat initial en vente, il peut s'appuyer sur le montant du dernier versement.
S'il paraît égal aux précédents, il y a de fortes chances qu'il s'agisse bel et bien d'une vente dissimulée sous une autre qualification et donc bien une vente à tempérament.
Il refusera donc de condamner pour abus de confiance.
Un autre contrat, en revanche, est une véritable location. C'est le « crédit-bail » ou *leasing*. Sa réglementation en a été fixée par la loi du 2 juillet 1966. Par crédit-bail, il faut entendre toute opération de location de biens d'équipement ou de matériel d'outillage, qui ne donne au locataire qu'une possibilité d'acquérir tout ou partie des biens loués. Ce contrat s'est beaucoup développé.

Le refus de vente

Un commerçant qui propose au public des articles à vendre n'a pas le droit de refuser de les vendre. Lorsque le motif de ce refus est discriminatoire, c'est-à-dire fondé sur un motif lié à la religion, l'origine ethnique, l'âge ou aux mœurs du client, le commerçant se rend coupable d'un délit. Si ce délit est commis dans un lieu accueillant du public ou afin d'en interdire l'accès (boîte de nuit, restaurant, etc.) les peines encourues sont 5 ans de prison et 75 000 € d'amende, et si l'auteur du délit est une personne morale (société par exemple), l'amende est de 375 000 €.

II – Le gage

Le gage est un contrat conclu en vue de garantir une dette civile ou une dette commerciale. Seul le gage commercial retiendra notre attention. Il est régi par les articles 91, 92 et 93 du Code de commerce, ainsi que par des textes de 1937, 1945, 1953 et la loi n° 80-525 du 12 juillet 1980.
Il y a deux sortes de gage commercial :
- le gage avec dépossession ;
- le gage sans dépossession.

Le gage avec dépossession

En vertu de l'article L. 521-2 du Code de commerce, le débiteur est dépossédé du bien remis en gage. C'est le créancier ou bien un tiers choisi par les parties, qui doit détenir ce bien. Le gage commercial se prouve par tous moyens, c'est-à-dire par cor-

respondance, témoignages ou même simples présomptions. Cependant, on a le plus souvent recours à la preuve par écrit (échange de lettres, par exemple).
À défaut de paiement à l'échéance, l'article 93 du Code de commerce prévoit que le créancier peut, 8 jours après une simple signification faite au débiteur, faire procéder à la vente publique des objets donnés en gage. On ne saurait conclure sur le gage avec dépossession, sans parler des marchandises entreposées dans les magasins généraux. Ce sont de vastes locaux où les industriels, les commerçants, les agriculteurs, les artisans peuvent déposer des matières premières, des marchandises, des denrées... Ils reçoivent un récépissé énonçant leur nom, profession, domicile ainsi que différentes indications relatives à la marchandise entreposée. À chaque récépissé de marchandises est annexé un bulletin de gage contenant les mêmes mentions que le récépissé. On appelle ce bulletin « warrant ».
Récépissé et warrant circulent par voie d'endossement. L'endossement est une signature au dos d'un titre, signature qui transmet la propriété de ce titre à une autre personne.
Ainsi, lorsque la marchandise entreposée dans un magasin général trouve un acquéreur, le propriétaire endosse récépissé et warrant au profit de l'acheteur. C'est donc au moyen de ce double endossement que l'acheteur acquiert la propriété de la marchandise. Mais si aucun acquéreur ne se présente et si le propriétaire de la marchandise entreposée a besoin de liquidités, il peut emprunter en donnant ladite marchandise en gage. Il endossera alors, au profit du prêteur, le warrant seul détaché du récépissé.
En vertu de l'article 25 de l'ordonnance du 6 août 1945, l'endossement du récépissé et du warrant, transférés ensemble ou séparément, doit être daté. L'endossement du warrant séparé du récépissé doit, en outre, énoncer le montant intégral, en capital et intérêts, de la créance garantie, la date de son échéance et les nom, profession et domicile du créancier. Enfin, l'endossement du warrant doit être transcrit sur les registres du magasin. Le warrant est donc un excellent exemple de gage avec dépossession. Mais il existe aussi des gages sans dépossession.

Le gage sans dépossession

Différents textes autorisent désormais le gage sans dépossession. En effet, il est souvent difficile, si ce n'est impossible, au propriétaire d'un bien de s'en séparer et pourtant il peut désirer le mettre en gage. Le propriétaire garde donc la possession du bien, mais perd le droit de l'aliéner. Les cas de gage sans dépossession sont les suivants : les warrants pétrolier, hôtelier, industriel, agricole ; la vente à crédit des automobiles (le gage peut être constitué au profit, soit du vendeur de l'automobile, soit de celui qui a prêté les fonds) ; le nantissement de l'outillage et du matériel d'équipement professionnel (dans l'hypothèse de vente à crédit de cet outillage et de ce matériel, le gage peut être constitué au profit, soit du vendeur, soit de celui qui a prêté les fonds) ; enfin, les nantissements des fonds de commerce et des films cinématographiques bien que, à vrai dire, il s'agisse plutôt là d'hypothèques que de véritables gages.

3

LES INTERMÉDIAIRES

I – La société de bourse

Le statut d'agent de change a été complètement réformé par la loi n° 88-70 du 22 janvier 1988, qui a transféré leurs fonctions à des sociétés de bourse.
Pour de plus amples informations, le lecteur se référera à cette loi, qui a été complétée par un décret d'application n° 88-254 du 17 mars 1988.
Il s'agit là du deuxième volet de la réforme entreprise par le législateur pour réorganiser les bourses des valeurs françaises en vue de résister à la concurrence américaine et japonaise.
Ces sociétés de bourses, sociétés commerciales, peuvent être contactées par toute personne désirant acquérir des actions financières et, plus généralement effectuer des opérations en bourse.

II – L'agent commercial

Le statut de l'agent commercial est régi par une loi du 25 juin 1991. L'agent commercial est un mandataire qui, à titre de profession habituelle et indépendante, négocie et éventuellement conclut des achats, des ventes, des locations ou des prestations de services, au nom et pour le compte de producteurs, d'industriels ou de commercants, moyennant une commission. Mais, définir l'agent commercial comme un mandataire oblige à expliquer, même rapidement, le mécanisme du mandat. Le mandat est un contrat par lequel une personne donne à une autre le pouvoir de la représenter. Il y a donc une personne qui représente et une personne qui est représentée. On appelle « mandataire » la personne qui représente, et « mandant » la personne qui est représentée. Le mandataire est tenu par les termes du contrat : il ne peut aller au-delà des dispositions dudit contrat. Le mandant est tenu, quant à lui, d'exécuter les engagements (en l'occurrence : achats, ventes, locations...) contractés par le mandataire conformément au pouvoir qui lui a été conféré. Le mandataire doit avoir la volonté de représenter le mandant, c'est-à-dire d'agir pour le compte de celui-ci et non pour son propre compte. S'il laisse ignorer qu'il traite en qualité de mandataire, il n'engage pas le mandant mais s'engage personnellement vis-à-vis de la personne avec qui il traite.

L'agent commercial (ou mandataire) n'a pas la qualité de commerçant, à moins qu'il effectue des opérations commerciales pour son propre compte. Bien que non-commerçant, il doit prendre une immatriculation sur un registre spécial tenu au greffe du tribunal de commerce dans le ressort duquel il est domicilié, ou bien au greffe du tribunal de grande instance qui en tient lieu. Le numéro d'immatriculation de l'agent commercial audit registre doit figurer sur son papier à lettres ainsi que sur tous les autres imprimés qu'il utilise pour les besoins de sa profession.

Le contrat qui lie l'agent commercial-mandataire à ses mandants doit être écrit. Il peut être à durée déterminée ou indéterminée. Il peut contenir certaines conventions dont une convention d'exclusivité. Sauf, justement, convention d'exclusivité, l'agent commercial a le droit d'accepter la représentation de nouveaux mandants sans être tenu d'en référer. Il est bien évident qu'il ne saurait accepter la représentation d'une entreprise concurrente à celle d'un de ses mandants sans obtenir, au préalable, l'autorisation de celui-ci. L'agent commercial qui n'a pas commis de faute a droit à une indemnité en cas de résiliation du contrat par le mandant.

Enfin, l'agent commercial peut employer, sans aucune autorisation, des sous-agents rémunérés par lui.

4

LES EFFETS DE COMMERCE

Il sera fait, ici, une toute première place à la lettre de change. Chèques et, surtout, billets à ordre seront étudiés plus rapidement.

I – La lettre de change

La lettre de change, nommée en pratique traite, est un écrit par lequel une personne, appelée tireur, donne l'ordre à une personne appelée tiré de payer une certaine somme à une certaine échéance, à une troisième personne appelée preneur ou bénéficiaire ou bien à l'ordre de celle-ci.
Les trois acteurs essentiels de la lettre de change sont donc :
– le tireur qui donne l'ordre de payer et qui signe la traite ;
– le tiré qui reçoit cet ordre et qui, par conséquent, paiera à l'échéance ;
– le preneur ou bénéficiaire à qui, comme son nom l'indique, sera effectué le paiement.

Il est bien évident que des rapports de débiteur à créancier existent entre ces trois personnes : ainsi, le tireur est le créancier du tiré, comme le bénéficiaire est le créancier du tireur. Cela peut paraître quelque peu compliqué mais, en fait, c'est très simple : il y a, initialement, deux dettes. Une première dette qui lie le tiré au tireur et une deuxième dette qui lie le tireur au bénéficiaire. La lettre de change va substituer à deux règlements successifs un seul règlement, le tiré payant, aux lieu et place de tireur, au bénéficiaire. D'un même coup, la lettre de change éteint donc deux dettes. C'est pourquoi on dit qu'elle est un instrument de paiement. Mais en tant qu'instrument de paiement, la lettre de change est supplantée par le chèque. La lettre de change est aussi un instrument de change et un instrument de crédit. Prenons des exemples : la lettre de change est un instrument de change pour le commerçant français qui a un débiteur en Angleterre et qui, ne désirant pas recevoir des livres sterling tire sur lui ladite lettre au bénéfice de son banquier, qui lui remet des euros. La lettre de change est, enfin, un instrument de crédit pour le vendeur qui consent un crédit à l'acheteur mais qui désire, néanmoins, rentrer immédiatement dans ses fonds : le vendeur tire alors une lettre de change sur l'acheteur au bénéfice du banquier qui l'escompte, c'est-à-dire qui remet au vendeur le montant de la lettre moins le taux d'escompte. Interdiction est faite d'utiliser des traites, pour constater un crédit à la consommation (loi du 10 janvier 1978) ou dans les opérations de crédit immobilier (loi du 13 juillet 1979).

Mentions devant figurer obligatoirement sur la lettre de change

En vertu de l'article L. 511-1 du Code de commerce, la lettre de change doit contenir les mentions suivantes.

Elle doit porter la dénomination de lettre de change, insérée dans le texte même du titre et exprimée dans la langue employée pour la rédaction de ce titre.

L'échéance doit être indiquée. Trois sortes de paiement sont possibles : à date fixe (le jour de l'échéance est déterminé), à vue (la traite est payable sur présentation), ou bien à délai de vue (la traite est payable à l'expiration d'un délai qui court de l'acceptation ou du protêt « faute d'acceptation »).

Il doit y avoir mandat pur et simple de payer une somme déterminée. Ainsi : « Au 25 octobre prochain, payez contre cette lettre de change... ». La somme à payer peut être inscrite en lettres ou en chiffres. Généralement, on la trouve en lettres dans le texte même avec un rappel en chiffres en haut et à droite. En cas de différence entre le montant en lettres et celui en chiffres, c'est le montant en lettres qui fait foi.

Le nom de celui qui doit payer, c'est-à-dire du tiré, doit être mentionné.

Il y a indication, également, du lieu où le paiement doit s'effectuer, les date et lieu de la création de la lettre, et enfin, signature de celui qui émet la lettre, c'est-à-dire signature du tireur.

(*Voir, en annexes, modèle de lettre de change.*)

La provision de la lettre de change

L'article L. 511-7 du Code de commerce définit ainsi la provision : « Il y a provision si, à l'échéance de la lettre de change, celui sur qui elle est fournie est redevable au tireur, ou à celui pour le compte de qui elle est tirée, d'une somme au moins égale au montant de la lettre de change ». Disons plus simplement que la provision est la créance en argent que possède le tireur sur le tiré, créance qui doit être au moins égale au montant de la lettre.

La provision peut ne pas exister lors de l'émission de la traite : il suffit qu'elle existe à l'échéance (Chambre civile de la Cour de cassation – 19 novembre 1928).

La propriété de la provision est transmise de droit aux porteurs successifs de la lettre de change. Enfin, l'acceptation suppose la provision.

L'ACCEPTATION

Jusqu'à l'échéance, le porteur peut présenter la lettre de change au tiré pour acceptation. L'acceptation est obligatoire ou facultative. Obligatoire, notamment, lorsque la lettre de change est créée en exécution d'une convention relative à des fournitures de marchandises entre commerçants ; si le tireur a satisfait à ses obligations, c'est-à-dire s'il a livré la marchandise, le refus d'acceptation entraîne de plein droit la déchéance du terme aux frais et dépends du tiré. Dans tous les autres cas, l'acceptation est facultative. Mais, dans la lettre de change, le tireur peut stipuler qu'elle devra être présentée à l'acceptation. Par contre il peut interdire, dans la lettre, la présentation à l'acceptation, à moins qu'il ne s'agisse d'une lettre de change payable chez un tiers ou bien d'une lettre payable dans une localité autre que celle du domicile du tiré, ou bien encore d'une lettre tirée à un certain délai de vue. La lettre tirée à un certain délai de vue doit être présentée à l'acceptation dans le délai de 1 an à partir de sa date. Le tireur peut aussi stipuler que la présentation à l'acceptation ne pourra avoir lieu avant un terme indiqué. Le tiré, quant à lui, peut demander qu'une seconde présentation lui soit faite le lendemain de la première. Le porteur n'est pas obligé de se dessaisir de sa lettre.
L'acceptation résulte de la mention « accepté », ou de tout autre mot équivalent suivi de la signature du tiré.
Mais l'acceptation peut encore résulter de la simple signature du tiré apposée au recto de la lettre.
Par l'acceptation, le tiré s'oblige à payer la lettre de change à l'échéance. Il ne peut plus se prévaloir des exceptions qu'il aurait pu invoquer contre le tireur ou les endosseurs. Il est désormais justiciable du tribunal de commerce.
En cas de refus d'acceptation, le porteur fait constater officiellement ce refus par un acte d'huissier que l'on appelle protêt « faute d'acceptation ». Ce protêt permet au porteur d'exercer ses recours contre les signataires : tireur, endosseurs.

L'ENDOSSEMENT DE LA LETTRE DE CHANGE

La lettre de change circule par voie d'endossement. L'endossement résulte d'une mention écrite au dos du titre. Il y a trois sortes d'endossement :
– l'endossement translatif par lequel l'endossataire, c'est-à-dire le nouveau porteur, acquiert la lettre de change ; l'endossement translatif, que l'on appelle également régulier ou normal, transfère donc la propriété de la lettre ;
– l'endossement de procuration ne transfère pas la propriété de la traite. Il donne simplement mandat à l'endossataire de recouvrer le montant de la lettre pour le compte de l'endosseur, c'est-à-dire de l'auteur de l'endossement ;
– l'endossement à titre de garantie ou pignoratif par lequel la lettre de change est donnée en gage à l'endossataire.

L'aval

L'article L. 511-21 du Code de commerce dispose que le paiement d'une lettre de change peut être garanti pour tout ou partie de son montant par un aval.
L'aval est une garantie de la signature du tireur ou d'un endosseur. La forme en est très simple. Elle peut se limiter à la formule « bon pour aval » ou à toute autre formule équivalente. Mais elle peut aussi comprendre l'indication de la personne en faveur de qui l'aval est donné. Cette formule peut figurer directement sur la lettre de change ou faire l'objet d'un acte séparé. Si le donneur d'aval précise pour qui il intervient, l'aval ne peut profiter qu'à la personne désignée. Dans le cas contraire, il est réputé donné pour le tireur. L'aval est un acte grave.
En effet, si l'aval est porté sur la lettre de change « le donneur d'aval est tenu de la même manière que celui dont il s'est porté garant », le porteur peut donc se retourner contre lui en cas de défaillance de la personne avalisée. Cependant si l'aval est donné par acte séparé, il ne vaut que dans les rapports de l'avaliseur et de l'avalisé (cas fréquent dans la pratique bancaire, la banque demandant l'aval du porteur d'une lettre de change qu'elle escompte ; en ce cas seul, le banquier a droit d'invoquer l'aval).

Le paiement

Le tiré est, de par sa signature, tenu au paiement. Sa dette est certaine. Cependant le porteur ne dispose pas d'un moyen d'exécution immédiate pour se faire régler. Il est obligé d'avoir recours aux tribunaux. Et pour conserver sa possibilité de recours contre le tiré, les endosseurs coobligés ou donneurs d'avals, il doit avoir recours à un huissier. Celui-ci doit intervenir dans les 10 jours qui suivent le jour d'échéance. Il se présente au domicile du tiré, constate le refus de payer et établit un protêt, faute de paiement.

II – Le chèque bancaire

Le chèque peut être considéré comme une forme de la lettre de change. En effet, comme elle, il met dès le début trois personnes en cause : le tireur, le tiré (mais c'est toujours une banque ou un établissement assimilé), enfin le bénéficiaire. Il diffère cependant de la lettre de change type :
– parce que le tiré ne peut être qu'une banque ;
– parce qu'il n'est pas un titre de crédit, la possibilité de son encaissement n'est pas reportée à une date ultérieure.

Pour être valable, le chèque doit porter les mentions suivantes :
– dénomination de « chèque » dans le texte même du titre ;

– ordre de payer (somme en chiffres et en lettres) ;
– nom du tiré (appellation de la banque qui a fourni le carnet, dans la pratique cette appellation est toujours imprimée sur le titre) ;
– lieu du paiement (indication de l'adresse de la banque, siège central ou succursale) ;
– nom du bénéficiaire ;
– date de l'émission ;
– signature du tireur.

Le chèque peut se transmettre par endossement comme la lettre de change.
La provision du chèque doit nécessairement exister dès son émission puisqu'il est obligatoirement payable à vue. Normalement, dès qu'un chèque est remis à son bénéficiaire, il doit être payé. La provision doit donc être suffisante, présente au moment où le chèque est émis et maintenue jusqu'au paiement.
En vertu de la loi dite Murcef de décembre 2001, la banque est tenue d'alerter par tout moyen approprié (téléphone, courrier, fax, mail), le client dont le compte est débiteur afin de lui épargner les frais de rejet du chèque. Si le client n'a pas approvisionné son compte, le chèque est rejeté, la procédure d'interdiction bancaire est enclenchée.
Contrairement à ce que croient certains, on ne peut pas faire opposition à un chèque lorsque l'on regrette son achat. En effet, les cas d'opposition autorisés par la loi sont très précis : perte ou vol du chèque, utilisation frauduleuse du chèque et redressement ou liquidation judiciaire du commerçant bénéficiaire.
Il est également interdit, lorsqu'on regrette d'avoir émis un chèque, de retirer la provision aussitôt, et avant que le bénéficiaire ne se présente à la banque. S'il n'existe plus de délit d'émission de chèque sans provision, le fait de faire indûment opposition, ou celui de retirer la provision, constituent des délits sévèrement réprimés par une amende et/ou un emprisonnement de 1 à 5 ans. La sanction pour un chèque sans provision est désormais l'interdiction de chéquier pendant 5 ans. Néanmoins, l'interdit pourra, à tout moment pendant la période, régulariser sa situation en acquittant le chèque et en payant une amende. Préalablement, le banquier aura adressé une injonction à l'émetteur du chèque et, si la situation est régularisée dans les 30 jours de l'injonction, l'émetteur du chèque pourra échapper à l'amende. Lorsque le montant d'un chèque rejeté pour défaut de provision est faible (moins de 50 €, l'ensemble des frais sera de 30 € maximum, outre une amende de 5 €).
Le paiement par chèque ou virement est obligatoire pour tout règlement supérieur à 3 000 €. Les commerçants, quant à eux, doivent payer par chèque ou virement les salaires au-dessus de 1 500 € et toute autre transaction au-dessus de 750 €.

III – Le billet à ordre

Le billet à ordre ne met en jeu que deux personnes : le souscripteur qui s'engage à payer et le bénéficiaire. C'est un titre différent de la lettre de change puisqu'il

ne fait intervenir que deux personnes au lieu de trois, mais dans un autre sens il est plus proche de la lettre de change que le chèque, car c'est un titre de crédit : le souscripteur s'engage à payer à une certaine date ; la présentation du titre à l'encaissement est donc différée.
Tous les billets à ordre ne sont pas des effets de commerce. Il y a des billets purement civils. Ils ne sont effets de commerce que s'ils portent sur des opérations commerciales. Le billet à ordre peut se transmettre par endossement, comme la lettre de change. Au reste, c'est là l'origine de son appellation car il porte la mention « à M. X ou à son ordre », c'est-à-dire à la personne à qui le billet sera transmis. Le billet à ordre est soumis à la réglementation de la lettre de change d'une façon générale. Ainsi pour pouvoir entamer un recours en cas de non-paiement, il faut faire dresser un protêt.
(*Voir, en annexes, modèle de billet à ordre.*)

IV – Note sur les warrants

Ce sont des titres spéciaux qui comportent une garantie matérielle : des marchandises déposées dans des entrepôts contrôlés par l'Administration, dits magasins généraux.
Un warrant comprend deux parties accolées.
Le récépissé est la constatation du dépôt de la marchandise.
Le warrant proprement dit est un billet à ordre comportant la formule : « bon pour transfert... à l'ordre de... pour garantir la somme de... francs, payable le... ».
Lorsque le détenteur de l'effet vend la marchandise qu'il a déposée, il remet à l'acheteur les deux parties du titre en endossant le récépissé à son nom. Le transfert de l'effet complet vaut donc transfert de la propriété de la marchandise.
Mais il peut aussi ne transmettre que le warrant seul. Dans ce cas, le warrant n'est qu'un billet à ordre avec gage matériel. Le dépositaire de la marchandise en reste propriétaire. S'il peut payer son créancier à la date convenue la marchandise lui reste.

V – La facture protestable transmissible

Pour éviter aux fournisseurs de trop longs retards dans le paiement de factures qui correspondent à des livraisons, une ordonnance du 28 septembre 1967 a institué les factures protestables.
Pour que ces factures soient des effets de commerce, il faut qu'elles puissent circuler : il n'y a pas d'effet de commerce sans négociabilité. Précisément, un décret du 22 décembre 1967 a prévu que les factures protestables pourraient être établies sous une forme qui les rendrait transmissibles. Une facture protestable peut être émise à deux conditions :

– il faut que le débiteur soit un commerçant ;
– sa dette doit correspondre à une fourniture de marchandises, à une exécution de travaux ou à une prestation de services.

Trois situations peuvent se présenter pour le débiteur, qui reçoit une facture protestable :
– il ne refuse pas la facture, ne fait aucune réserve et paie à l'échéance indiquée : en principe, le paiement est alors acquis ;
– il refuse la facture ou fait des réserves. Dans ce cas, la facture n'a aucun effet par elle-même ;
– il ne refuse pas la facture et ne fait pas de réserves, mais ne paie pas à l'échéance.

Le refus de paiement par le débiteur entraîne soit un protêt, soit, si la créance est transférée à un banquier ou à un établissement financier, une procédure d'injonction de payer (devant le tribunal de commerce), éventuellement un recours en garantie contre le fournisseur, tenu au paiement avec son débiteur.

5

LA FRAUDE DANS LES AFFAIRES

I – L'émission de chèque sans provision

Rappelons que le chèque est un écrit par lequel une personne, qu'on appelle le *tireur*, donne l'ordre à un banquier, le *tiré*, de payer à vue une somme déterminée à une troisième personne, appelée le *bénéficiaire* ou le *porteur*, ou à son ordre.
C'est un instrument de paiement très commode qui évite le maniement de l'argent. Il peut être envoyé par la poste et il sert de preuve du paiement.
Mais le chèque n'est pas un instrument de crédit. Lorsque quelqu'un signe un chèque, il doit au préalable s'assurer qu'il existe à son compte en banque une somme suffisante pour couvrir le montant du chèque ; on dit qu'il faut qu'il y ait une *provision* suffisante (voir page 467).
Le délit d'émission de chèque sans provision n'existe plus. Il a en effet été remplacé par le principe d'une amende s'élevant à 18 € par tranche de 150 € ou fraction de tranche.
L'inscription au fichier central de la Banque de France interdit d'émettre des chèques et contraint à restituer les chéquiers au banquier. Toutefois, le titulaire du compte peut recouvrer ses droits, après avoir acquitté une pénalité libératoire, versée au Trésor, et calculée sur la fraction non provisionnée du chèque rejeté. À compter du 15 décembre 2002, cette pénalité est fixée à 5 € pour un chèque dont la fraction non provisionnée est inférieure à 50 €, et à 22 € par tranche de 150 € pour les autres chèques.
En vertu d'un décret du 25 mars 2002, les banques ne peuvent plus facturer plus de 30 € les opérations de rejet d'un chèque d'un montant inférieur ou égal à 50 €. Les tarifs pour les chèques d'un montant supérieur doivent être préalablement portés à la connaissance des clients.
Si la situation est régularisée dans les deux mois suivant l'incident, aucune pénalité n'est due, à condition qu'aucun incident de paiement n'ait été enregistré dans les 12 mois précédents.

En revanche, il existe toujours un délit en cas d'opposition hors les cas expressément prévus par la loi et qui sont le vol ou la perte du chèque, l'utilisation frauduleuse du chèque ou enfin la mise en redressement ou en liquidation judiciaire du commerçant bénéficiaire du chèque. Le délit est également constitué pour les émetteurs de chèques qui retirent la provision aussitôt après avoir émis le chèque, afin d'empêcher le bénéficiaire de se faire payer. Dans ces deux cas, la peine peut aller jusqu'à 375 000 € d'amende et/ou de 1 à 5 ans de prison. Enfin, l'interdiction d'émettre des chèques ou d'utiliser une carte de crédit peut également être prononcée.

L'organisation du chèque barré

La loi du 29 décembre 1978 a réglementé et organisé le chèque barré.
Toutes les formules des chéquiers sont *prébarrées*. On veut ainsi faire échec au vol. En effet, cela permet de retrouver les traces du voleur puisqu'il lui faut endosser le chèque à sa banque, s'il en a une, pour se faire payer.
Quant aux chèques qui ne sont pas barrés d'avance, le fisc a connaissance de l'identité des titulaires de ces comptes chèques ordinaires.

II – Les filouteries

Celui qui se fait servir un repas dans un restaurant et n'a pas d'argent sur lui ne sera pas arrêté pour vol, car il ne se sera rendu coupable d'aucune soustraction, mais il aura commis le délit de filouterie d'aliments et de boissons, puni par l'article 313-5.
Cet article dispose que quiconque, sachant qu'il est dans l'impossibilité absolue de payer, se fera servir des boissons ou des aliments qu'il aura consommés, en tout ou en partie, dans des établissements à ce destinés, même s'il est logé dans lesdits établissements, sera puni :
- d'un emprisonnement de 6 mois ;
- d'une amende de 7 500 €.

Mais la filouterie suppose qu'au moment de consommer on savait qu'on n'avait pas d'argent, que l'on a agi intentionnellement. Si l'on a simplement oublié son portefeuille, on n'a pas commis un délit. Pour prouver sa bonne foi et pour éviter tout ennui, il suffit de montrer au restaurateur une pièce d'identité, de lui donner son adresse et d'aller chercher l'argent qui manque le plus rapidement possible (on peut laisser un gage).
La même peine que celle prévue pour filouterie d'aliments sera applicable à celui qui, sachant qu'il est dans l'impossibilité absolue de payer, se sera fait attribuer une ou plusieurs chambres dans un hôtel ou auberge et les aura effectivement occupées. C'est la *filouterie de logement*. On exige cependant une certaine prudence de la part de l'hôtelier. S'il n'exige pas d'être payé dans un délai de 10 jours, il ne pourra plus se retourner contre son client malhonnête, on estime qu'il a fait crédit à ses risques.

Il nous faut encore citer une autre forme de filouterie. Si l'on fait remplir le réservoir de sa voiture en sachant que l'on ne peut pas payer le garagiste, on commet le délit de *filouterie de carburants et de lubrifiants*, puni des mêmes peines que les autres filouteries.
Il faut dire enfin que, dans tous les cas cités, le délit de filouterie n'est pas constitué si l'on a de l'argent sur soi mais qu'on refuse de payer pour une raison ou une autre, notamment parce qu'on n'est pas content du service rendu.

III – L'escroquerie

Comme le voleur, le but de l'escroc est de s'approprier quelque chose qui appartient à autrui. Mais tandis que le voleur réalise cette appropriation par une soustraction en prenant matériellement l'objet du vol, l'escroc obtient par la ruse la remise de l'objet par la victime de l'escroquerie elle-même. Que nous enseigne le Code pénal à propos de l'escroquerie ? Aux termes de l'article 313-1 « quiconque, soit en faisant usage de faux nom ou de fausses qualités, soit en employant des manœuvres frauduleuses pour persuader l'existence de fausses entreprises, d'un pouvoir ou d'un crédit imaginaire, ou pour faire naître l'espérance ou la crainte d'un succès, d'un accident ou de tout autre événement chimérique, se sera fait remettre ou délivrer, ou aura tenté de se faire remettre ou délivrer des fonds, des meubles ou des obligations, dispositions, billets, promesses, quittances ou décharges, et aura, par un de ces moyens, escroqué ou tenté d'escroquer la totalité ou partie de la fortune d'autrui, sera puni d'un emprisonnement d'un an au moins et 5 ans au plus et d'une amende de 375 000 €.
Si le délit a été commis par une personne ayant fait appel au public en vue de l'émission d'actions, obligations, bons, parts, ou titres quelconques, soit d'une société, soit d'une entreprise commerciale ou industrielle, l'emprisonnement pourra être porté à 7 années et l'amende à 750 000 €.
Dans tous les cas, les coupables pourront être en outre frappés pour 10 ans au plus de l'interdiction de certains droits civiques, civils et de famille ; ils pourront aussi être frappés de l'exclusion des marchés publics. »
De cette définition de l'escroquerie, il faut tout d'abord retenir que n'est pas escroquerie le fait de se faire remettre une chose par n'importe quel moyen. Les trois moyens énumérés par la loi : l'usage d'un faux nom, l'usage d'une fausse qualité, le recours à des manœuvres frauduleuses sont les seuls qui entrent en compte. Ce que l'on peut très bien moralement qualifier d'escroquerie ne l'est donc pas nécessairement au sens pénal. En effet, les simples mensonges civils ou commerciaux de toutes sortes, les astuces de toute nature auxquelles on a si facilement recours dans les transactions commerciales, les dissimulations et exagérations qui sont si courantes lorsque l'on souhaite vendre quelque chose, ne sont en principe pas incriminés par la justice pénale. L'explication de cette conception restrictive de l'escroquerie est facile

à donner : d'une part, le législateur n'a pas voulu trop restreindre la liberté du commerce, d'autre part il n'a pas voulu encombrer les tribunaux répressifs d'un nombre infini de procès. On exige aussi dans la vie des affaires un minimum de prudence et de perspicacité. Pour la victime d'une duperie commerciale ou d'un simple mensonge, il reste cependant la possibilité de demander réparation devant les tribunaux civils. Nous passerons en revue les trois moyens constitutifs de l'escroquerie.
En principe, le simple fait de se servir d'un *faux nom* n'est pas punissable. Il faut, pour qu'il y ait délit, que l'usage de ce faux nom ait déterminé la victime à remettre à l'escroc la chose qu'il souhaite obtenir. Il y a escroquerie, par exemple, si, à l'aide d'une fausse pièce d'identité, quelqu'un parvient à toucher un mandat postal à la place du véritable destinataire. Peu importe, d'ailleurs, que le faux nom soit imaginaire ou usurpé à un tiers, pourvu qu'il ait eu pour résultat de provoquer la remise d'une chose et notamment d'une somme d'argent.
L'utilisation d'une *fausse qualité* consiste selon la jurisprudence en un mensonge concernant soit la fonction, la profession ou le métier exercé, soit l'état civil, à savoir la naissance, les liens de famille, la nationalité, soit les titres que l'on possède, notamment les diplômes.
Citons quelques exemples :
– le fait de se présenter chez quelqu'un en se disant faussement inspecteur d'assurance pour obtenir des souscriptions ;
– le fait de prendre la qualité de chômeur pour réussir à obtenir des allocations de chômage ;
– le fait de se présenter comme mandataire de quelqu'un pour se faire remettre des fonds.

Notons que le simple fait de se dire créancier de quelqu'un n'est qu'un mensonge et ne constitue pas la prise d'une fausse qualité.
Mais la forme la plus courante d'escroquerie est celle qui consiste en l'emploi de *manœuvres frauduleuses*. Si dans les deux hypothèses précédentes, le mensonge est par lui-même constitutif du délit, il faut ici pour qu'il y ait escroquerie que ce mensonge s'accompagne d'une machination ou d'une manœuvre quelconque, d'un acte ou d'un fait extérieur. La manœuvre consiste à présenter des faits d'une manière tout à fait particulière, à arranger des stratagèmes, à organiser des ruses. La manœuvre est une mise en scène, une technique destinée à tromper les tiers.
Les manœuvres incriminées doivent en premier lieu avoir été déterminantes de la remise de la chose. Par là, il faut entendre qu'elles doivent avoir été suffisamment caractérisées pour pouvoir influencer une personne sensée et même prudente.
Mais il ne suffit pas qu'il existe entre les manœuvres et la remise une relation de cause à effet, il faut en second lieu que les manœuvres aient eu pour but de persuader la victime, soit de l'existence d'une fausse entreprise, soit d'un pouvoir ou d'un crédit imaginaire, ou de faire naître l'espérance ou la crainte d'un succès, d'un accident ou d'un événement chimérique. Quelques explications complémentaires s'imposent pour chacune de ces hypothèses.

Fausse entreprise

Il y a fausse entreprise, notamment, en cas de création d'une société de façade en vue d'obtenir une remise de fonds. Citons le cas d'un escroc ayant reçu une commande de meubles qui amène son client chez un ébéniste en lui faisant croire qu'il s'agit de son propre atelier, cela pour justifier la demande d'un acompte. Il y a ici simulation d'entreprise. Le terme entreprise doit être entendu dans un sens large : on englobe dans cette forme d'escroquerie notamment l'exploitation de la charité publique. Les tribunaux considèrent par exemple comme fausse entreprise, le fait pour un commerçant de vendre des produits en faveur de prétendues œuvres sociales en laissant croire qu'il s'agit d'un commerce d'intérêt national. On peut également qualifier d'escroquerie le fait, pour décider des tiers à souscrire des actions, de les nommer administrateurs d'une société qui n'existe pas.

Pouvoir ou crédit imaginaire

On entend par là le fait de faire croire à un tiers que l'on possède une puissance ou une influence que l'on n'a pas en réalité, ou de faire croire à une fausse solvabilité ou une fortune imaginaire.

Un cas type de *pouvoir imaginaire* est le fait de persuader sa victime que l'on peut obtenir les faveurs d'une autorité ou d'un tribunal. C'est l'hypothèse de l'escroc qui obtient la remise d'argent, prétendument pour le donner à un tribunal pour qu'il rende un jugement dans tel ou tel sens, ou de celui qui se fait remettre de l'argent pour obtenir une certaine décision administrative.

Cette forme d'escroquerie ressemble au trafic d'influence ou à la corruption de fonctionnaires. Elle s'en distingue en ce sens que l'escroc ment en disant qu'il lui est possible d'obtenir tel ou tel résultat, alors que le fonctionnaire, en cas de corruption, a une activité réelle.

L'exploitation de certaines superstitions constitue également le délit d'escroquerie. C'est le cas de ceux qui prétendent pouvoir révéler l'avenir ou guérir certaines maladies. Ainsi les vendeurs de talismans, les cartomanciennes, les faiseurs d'horoscopes, les devins sorciers peuvent être poursuivis pour escroquerie s'ils ont essayé de faire croire à un pouvoir imaginaire à l'aide d'un moyen frauduleux. Mais se rend coupable d'escroquerie, par exemple, celui qui vend des ceintures électriques en persuadant faussement le public, par une publicité tapageuse, que ces appareils peuvent infailliblement guérir toutes sortes de maladies, même des cas désespérés.

Bien des escroqueries sont commises par des individus, qui essaient de faire croire à une *solvabilité imaginaire*. Il s'agit de manœuvres tendant à faire croire que l'on possède tel ou tel bien afin d'amener des tiers à conclure diverses transactions, par exemple un prêt ou un achat à tempérament. Ainsi, le fait de produire une facture fictive d'achat d'un véhicule automobile, en vue de se faire consentir un prêt, constitue une escroquerie.

Événements illusoires

Les manœuvres frauduleuses ont fréquemment pour but de faire croire à un événement illusoire. Les tricheries au jeu entrent notamment dans cette catégorie d'escroquerie. On peut également citer l'escroquerie au mariage, si la promesse de mariage s'accompagne de manœuvres frauduleuses. Les ventes fournissent aussi des occasions de faire naître des espérances chimériques (objets de pacotille vendus cher au prétexte qu'ils auraient un pouvoir de guérir).
Ayant vu le but des manœuvres frauduleuses, il peut être intéressant d'en voir les principales applications pratiques.

Mise en scène et machinations

Les hypothèses de mise en scène sont très diverses. L'« escroquerie à l'assurance » en constitue un exemple typique. C'est le cas, par exemple, de ceux qui simulent un cambriolage, un accident, des blessures, etc., pour obtenir une indemnité d'assurance.
Le « carambouillage » est également une escroquerie souvent pratiquée. Il s'agit de simuler l'existence d'une entreprise commerciale pour obtenir des marchandises payables à terme que l'on revend aussitôt, souvent à un prix très bas, pour essayer ensuite de disparaître avant l'échéance des effets souscrits pour les marchandises en question.
Les magiciens et astrologues, qui s'entourent de boules de cristal et d'un décor particulièrement suggestif, ont également recours à une mise en scène.
C'est aussi fréquemment par mise en scène que les escrocs obtiennent la conclusion de contrats de vente ou de prêts.

La production d'écrits ou de pièces

Il ne s'agit pas simplement d'un mensonge fait par écrit, lequel ne serait pas constitutif d'escroquerie, mais de la production de pièces, vraies ou fausses, afin de corroborer un autre mensonge, en lui donnant une apparence de vérité. Il peut s'agir de la production de fausses factures pour obtenir un remboursement de frais, de la présentation d'une comptabilité truquée pour faire croire à la prospérité d'une entreprise.
La production de faux certificats pour obtenir une indemnité d'assurance, un remboursement indu de la Sécurité sociale, le versement d'une prestation des allocations familiales est également constitutif d'escroquerie.
« L'escroquerie au jugement » fournit un autre exemple de ce type de manœuvres frauduleuses. C'est le fait de produire des faux documents en justice pour obtenir, en « trompant la religion des juges », des dommages-intérêts ou la restitution d'une somme d'argent. Mais cette forme d'escroquerie n'est concevable qu'en

matière civile. Le fait d'actionner quelqu'un frauduleusement devant les juges répressifs en vue d'obtenir tant une condamnation à des dommages-intérêts qu'une condamnation pénale injuste, serait qualifié de dénonciation calomnieuse, même si le but est de se faire remettre une somme d'argent.
L'escroquerie est finalement souvent commise à l'aide d'effets de commerce et notamment de traites. Nous pensons ici surtout aux traites de complaisance, c'est-à-dire aux traites qui sont émises sur un débiteur qui ne doit rien, mais qui accepte la traite pour rendre service. Le commerçant tireur, muni de cette traite, peut la présenter à la banque pour escompte, ce qui lui permettra d'obtenir immédiatement, en liquide, les fonds dont il a un besoin pressant. Il compte bien, certes, pouvoir rembourser son ami avant que la banque ne lui réclame le montant de la traite. S'il y parvient, l'escroquerie ne sera pas découverte ; dans le cas contraire, si la traite est protestée, elle risque d'éclater au grand jour. Cette forme d'escroquerie est souvent appelée « cavalerie ».
Il arrive parfois que deux commerçants se font mutuellement de telles traites de complaisance afin d'obtenir de l'argent de leurs banques respectives. De tels procédés risquent de se terminer par une faillite frauduleuse.

La publicité mensongère

Si le mensonge commis par voie de publicité, même si elle est tapageuse, excessive et répétée, ne constitue pas une manœuvre frauduleuse mais reste un mensonge, il en est autrement lorsque cette publicité fait partie d'une véritable mise en scène. Certes la publicité mensongère peut déjà être punissable en tant que fraude, mais si elle a en plus déterminé des remises de fonds, la qualification d'escroquerie peut en outre être retenue. On peut, à titre d'exemple, citer « l'escroquerie au cautionnement ». On fait paraître une annonce dans le journal demandant des employés de toute confiance, par exemple des comptables. On installe un bureau luxueux simulant une entreprise florissante. Lorsque les candidats à l'emploi se présentent, on leur fait des offres alléchantes, on fait semblant de les engager, mais on se voit dans la nécessité de demander une caution importante étant donné qu'il s'agit d'un poste de grande responsabilité. Heureux d'avoir trouvé un emploi lucratif, les candidats paient, mais lorsqu'ils reviennent pour prendre leurs fonctions, l'entreprise a disparu et avec elle les sommes d'argent versées. Une forme moins élaborée d'escroquerie à l'annonce est celle qui consiste à offrir du travail à domicile contre l'achat du matériel nécessaire pour l'effectuer. Si quelqu'un envoie la somme demandée, il reçoit en échange un matériel complètement inutilisable ne lui permettant en aucune façon de gagner l'argent promis. Mentionnons aussi la vente par correspondance de produits miracles à l'aide d'une publicité ronflante, faite au nom d'un faux docteur savant, muni de titres impressionnants, ou d'un institut scientifique inexistant. C'est plus qu'une mise en scène, c'est une véritable organisation.

L'intervention de tiers

Les escrocs ont souvent recours à des tiers complaisants pour donner plus de crédibilité à leurs allégations mensongères. Si l'intervention d'un tiers est déterminante pour provoquer la remise des fonds, si l'intervention est consécutive à la demande de l'escroc et si le tiers agit en son nom propre, tous les éléments requis pour transformer le simple mensonge en manœuvre frauduleuse sont réunis. Si la coopération est inconsciente, le tiers n'est pas punissable. Si, par contre, il a agi de mauvaise foi, c'est-à-dire en sachant très bien les conséquences de son aide, il peut être condamné comme coauteur d'escroquerie ou comme complice.

L'abus d'une qualité vraie

Il arrive que l'escroc arrive à gagner la confiance de sa victime en donnant à l'aide de ses fonctions, de sa qualité véritable, une apparence de sincérité à ses mensonges. Citons le cas du fonctionnaire qui, en abusant de son autorité, fait croire à un pouvoir imaginaire, qui promet d'intervenir contre le versement d'une certaine somme pour obtenir une faveur alors que ce n'est nullement dans ses possibilités. C'est aussi le cas du médecin qui réclame des honoraires majorés ou du dentiste qui se fait remettre de l'or en vue d'un traitement chimérique.
Remarquons pour terminer que l'escroquerie suppose nécessairement la remise ou la tentative de remise matérielle d'une chose, qui doit être comprise dans la liste donnée par l'article 405. Cette énumération est toutefois énoncée de façon très large et n'exclut pratiquement que les immeubles et les papiers sans valeur.

IV – L'abus de confiance

Si le voleur se rend coupable d'une soustraction frauduleuse, si l'escroc parvient à se faire remettre un objet par ruse ou manœuvres frauduleuses, commet l'abus de confiance celui qui dissipe ou détourne frauduleusement une chose qui lui a été volontairement remise. Cette remise volontaire constitue dans le cas de l'abus de confiance une condition préalable de tout délit.
Mais tout détournement d'un objet qui a été remis n'exposerait pas aux poursuites pour abus de confiance. Le législateur a en effet édicté des conditions très strictes que nous allons essayer d'expliquer.
On peut en premier lieu distinguer trois conditions préalables : l'abus de confiance ne pourra être commis qu'à la suite de la *remise* d'une *chose* en vertu d'un *contrat*. La remise de la chose doit avoir été faite volontairement, à titre précaire, à charge, pour celui qui l'a eue entre les mains, de la rendre ou de la représenter ou en vue d'un emploi déterminé.

Quant à la chose objet du détournement, la loi précise qu'il ne peut s'agir de n'importe quel objet ; il faut que ce soient des effets, deniers, marchandises, billets, quittances ou tous autres écrits contenant ou opérant obligation ou décharge. Mais cette énumération est des plus extensives et vise pratiquement tout objet mobilier ayant une valeur pécuniaire. Jusqu'ici, il n'y a guère de difficultés. Il faut par contre faire très attention quant à la troisième condition : le contrat ayant donné lieu à la remise. Il doit obligatoirement s'agir de l'un des six contrats suivants : louage, dépôt, mandat, nantissement, prêt à usage, travail salarié ou non.
On pourrait donc dire qu'il existe six formes distinctes de détournement frauduleux constitutif d'abus de confiance. La première forme est l'abus de confiance commis par la violation d'un contrat de louage portant sur un objet mobilier. C'est le cas d'une chose louée qui est gardée alors qu'elle doit être rendue, et cela dans le but de la vendre ou de la mettre en gage : il y a alors détournement ou dissipation frauduleuse. L'abus de confiance peut en deuxième lieu être commis par le détournement d'un dépôt : le dépôt étant, aux termes de l'article 1915 du Code civil, « l'acte par lequel on reçoit la chose d'autrui, à la charge de la garder et de la restituer en nature ».
L'abus de confiance est fréquemment, en troisième lieu, commis par le détournement d'un objet remis à titre de mandat. Le mandat est « un acte par lequel une personne donne à une autre le pouvoir de faire quelque chose pour le mandant et en son nom » (article 1948 du Code civil). Le mandat peut être à titre gratuit ou onéreux, conventionnel ou légal, tacite ou exprès. Citons, à titre d'exemple, le fait pour un tuteur de détourner les biens de son pupille, le fait pour un mandataire chargé de la vente d'un objet de dissiper le produit de la vente, le détournement de biens sociaux par l'administrateur d'une société, le fait pour un employé de détourner en partie les sommes remises par la maîtresse de maison pour effectuer des achats, le fait pour un caissier de procéder à des prélèvements personnels sur l'argent qu'il doit encaisser, le fait pour un employeur de dissiper les cotisations qu'il a prélevées sur les salaires de ses employés au lieu de les verser aux assurances sociales. On cite souvent comme exemple plus pittoresque, le détournement du montant d'un lot par le détenteur d'un billet de loterie acheté en commun avec plusieurs personnes.
Le nantissement, qui constitue le quatrième contrat protégé par le législateur, est, aux termes de l'article 2071 du Code civil, « un contrat par lequel un débiteur remet une chose à son créancier pour sûreté de sa dette ». On a voulu par là protéger le débiteur contre le détournement par le créancier de l'objet remis en gage. Dans cette hypothèse, il s'agit de protéger le créancier contre le détournement d'un objet gagé qui est resté en possession du débiteur.
Les employeurs se font parfois remettre à titre de garantie une certaine somme par leurs employés, un cautionnement. Le détournement de ce cautionnement constituerait un abus de confiance.
L'abus de confiance se conçoit en cinquième lieu en matière de prêt. Mais il doit s'agir d'un prêt à usage, à savoir le contrat par lequel l'une des parties livre une

chose à l'autre pour s'en servir, à la charge pour le preneur de la rendre après s'en être servi. Par contre, le détournement d'un objet remis à titre de prêt de consommation ne rentre pas dans les prévisions de la loi.

La loi punit finalement, en sixième lieu, le détournement d'un objet remis à un ouvrier ou à un tiers en vue d'un certain travail. Si, par exemple, il est remis un tissu à une couturière pour qu'elle en fasse une robe et que celle-ci vende la robe, il y a abus de confiance. Mais il ne s'agit pas nécessairement d'un travail salarié : si quelqu'un remet sa radio en panne à un ami complaisant qui s'offre de la réparer gracieusement et qu'ensuite « l'ami » conserve l'appareil, il se rend coupable d'abus de confiance.

Après avoir montré quelles sont les conditions préalables nécessaires pour qu'il puisse y avoir abus de confiance, il faut parler des éléments constitutifs du délit à proprement parler. Car il est facile de comprendre que tant qu'il n'y a pas eu violation d'une façon ou d'une autre d'un des six contrats prévus par la loi, il ne peut pas y avoir de délit.

L'abus de confiance suppose en effet le *détournement* ou la *dissipation*, dans une *intention frauduleuse*, au *préjudice* des propriétaires, possesseurs ou détenteurs de l'objet remis.

Les deux derniers éléments : l'intention coupable et le préjudice au détriment d'une personne qui a la qualité de propriétaire, de possesseur ou de détenteur, ne pose pas de problème. Par contre, on peut s'interroger sur le sens des mots dissipation et détournement.

La dissipation est le fait de se mettre dans l'impossibilité de restituer la chose remise, soit par un acte matériel de consommation, soit par un acte juridique de disposition, comme la vente, la mise en gage ou la donation. Si l'objet remis est une chose individualisée, il y a abus de confiance par sa dilapidation seule. Si par contre on a remis une chose dont il faut simplement restituer l'équivalent, l'abus de confiance n'est consommé que si l'on ne peut restituer ; c'est le cas courant des sommes d'argent. Mais il faut que la dissipation soit réalisée de façon consciente et non, seulement, par négligence ou imprudence. Nous retrouvons là l'élément nécessaire qu'est la volonté coupable. Le détournement est un terme bien plus difficile à définir. On parle de détournement lorsque la chose remise fait l'objet d'un usage abusif, lorsqu'elle est détournée de son affectation normale, de son usage normal. C'est un refus de restituer, qui se manifeste souvent par une appropriation injuste : on transforme la possession précaire en une possession définitive, comme si l'on était le véritable propriétaire de l'objet. Tandis que la dissipation consiste en un fait matériel extérieur, le détournement résulte souvent simplement d'une intention coupable.

En matière de preuve, il faut distinguer entre la preuve du détournement et la preuve du contrat qui a été violé. Dans le premier cas, la preuve se fait par tous les moyens, tandis que la preuve du contrat obéit aux règles du droit civil, c'est-à-dire qu'il faut en principe un écrit si la valeur du contrat excède 750 € (article 1341 du Code civil).

Quelles sont les peines encourues ? La loi prévoit un emprisonnement de 2 mois à 2 ans et une amende de 375 000 €. Le coupable risque en outre de perdre pour 10 ans l'exercice de ses droits civiques, civils et de famille, de même qu'il peut être frappé de l'interdiction de séjour. Si l'abus de confiance a été commis par une personne faisant appel au public afin d'obtenir, soit pour son propre compte, soit comme directeur, administrateur ou agent d'une société ou d'une entreprise commerciale ou industrielle, la remise de fonds ou valeurs à titre de dépôt, de mandat ou de nantissement, la durée de l'emprisonnement pourra être portée à 10 ans et l'amende à 750 000 €. La même peine de 10 ans est également appliquée aux courtiers, intermédiaires, conseils professionnels ou rédacteurs d'actes, si l'abus de confiance a porté sur le prix de vente d'un immeuble ou d'un fonds de commerce, le prix de souscription, d'achat ou de vente d'actions ou de parts de sociétés immobilières, ou sur le prix de cession d'un bail lorsqu'une telle cession est autorisée par la loi. Les officiers publics ou ministériels, qui ont commis des détournements sur les fonds ou objets qui leur ont été confiés en raison de leur qualité, risquent une peine de réclusion de 10 ans.

V – L'abus des besoins d'un mineur

L'ancien article 406 du code pénal, qui traitait des peines applicables au délit d'abus de confiance, incriminait l'abus des besoins, des faiblesses ou des passions d'un mineur. Mais cette infraction était depuis longtemps tombée en désuétude, c'est pourquoi l'article 313-4 du nouveau code pénal la reprend et la modernise. En effet, les nouvelles dispositions s'appliquent désormais non seulement au mineur mais aussi à l'abus frauduleux de l'état d'ignorance, ou de la situation de faiblesse d'une personne dont la particulière vulnérabilité due à son âge, à une maladie, à une infirmité, à une déficience physique ou psychique ou à un état de grossesse est apparente et connue de son auteur.
L'article 313-4 prévoit donc que l'abus frauduleux de l'état d'ignorance ou de faiblesse, soit d'un mineur, soit d'une personne d'une particulière vulnérabilité, pour obliger cette personne à un acte ou à une abstention qui lui sont gravement préjudiciables, est puni de trois ans d'emprisonnement et de 375 000 € d'amende.
Le coupable encourt également les 7 peines complémentaires de l'article 314-10 du Code Pénal, c'est-à-dire l'interdiction des droits civiques, civils et de famille, l'interdiction d'exercer l'activité professionnelle ou sociale à l'occasion de l'exercice de laquelle l'infraction a été commise, et l'exclusion des marchés publics pour une durée de 5 ans au plus.
Le législateur a par là voulu protéger les mineurs contre des engagements qu'ils pourraient souscrire sans en mesurer la portée. Par mineur, il faut entendre les mineurs non émancipés ; l'émancipation ayant pour résultat de rendre le mineur capable, comme un majeur, de tous les actes de la vie civile. Pour que le délit soit

constitué, la loi exige la souscription d'un engagement à titre de prêt. Une vente, même ruineuse, ne pourrait donc pas être prise en considération.
Par contre, si le prêt est simplement dissimulé en une vente, le tribunal devra rétablir la véritable qualification.
L'engagement contracté par le mineur doit être susceptible de lui causer un préjudice : peu importe qu'il s'agisse d'un préjudice éventuel ou simplement moral.
La loi exige finalement qu'il y ait eu abus des besoins ou faiblesses du mineur, commis en connaissance de cause, dans une intention frauduleuse. Cela suppose la connaissance de la minorité de la victime.
Les peines encourues sont un emprisonnement de 2 mois à 2 ans et une amende de 375 000 €.
L'amende peut cependant être portée au 1/4 des restitutions et des dommages-intérêts, s'il est supérieur au maximum prévu ci-dessus.

VI – L'abus de blanc-seing

L'abus de blanc-seing, c'est-à-dire l'abus d'une signature donnée d'avance sur un papier blanc, ou sur une page où des blancs ont été laissés à dessein pour être remplis par la suite, incriminé par l'article 407 de l'ancien Code pénal, ne fait plus l'objet d'une disposition spécifique dans le nouveau Code pénal. En conséquence, l'auteur de tels faits commet, selon les cas, un abus de confiance ou un faux.

VII – Le recel

L'article 321-3 du Code pénal punit ceux qui, sciemment, auront recelé, en tout ou partie, des choses enlevées, détournées ou obtenues à l'aide d'un crime ou d'un délit, d'un emprisonnement de 3 mois au moins et de 5 ans au plus et, le cas échéant, d'une amende qui sera de 375 000 € au plus. Cette amende pourra même être élevée au-delà de 375 000 € jusqu'à la moitié de la valeur des objets recelés.
Nous voyons donc que le recel est un délit très grave dont les peines peuvent être très élevées. Mais de quoi s'agit-il ?
Le recel est le fait de détenir une chose dont on sait qu'elle provient d'un crime ou d'un délit. On pense alors assez souvent à un marchand plus ou moins suspect installé dans un quartier discret, qui achète à bas prix des bijoux ou autres objets de valeur dont il ignore la provenance ou dont il se doute qu'ils proviennent d'un cambriolage. En effet, rares sont les romans policiers où le receleur n'a pas sa place. Mais il peut y avoir recel dans des circonstances moins immorales. Quiconque achète un objet à l'un de ses amis alors qu'il sait que celui-ci l'a lui-même acheté avec un chèque sans provision, pour lui rendre service et peut-être pour lui permettre de remettre de l'argent à son compte, se rend coupable de recel. Même

l'acceptation comme cadeau, en connaissance de cause, d'un objet de provenance illicite, constitue le délit de recel. Le recel peut être constitué non seulement par la détention de la chose acquise de façon illicite elle-même, mais également par la détention du produit de la chose. Cela veut dire que si quelqu'un a volé ou détourné de l'argent et qu'il a ensuite acheté certains objets à l'aide de ces sommes, celui qui détient, ne serait-ce que pour peu de temps, ces objets, est également coupable de recel. Il ne faut donc jamais se laisser aller à rendre service, de quelque façon que ce soit, à des amis indélicats.

Citons, à titre d'exemple, le cas d'une jeune personne qui avait volé une montre, l'avait vendue, et avait remis l'argent ainsi obtenu à un ami, lequel, en connaissance de cause, avait employé la somme à festoyer avec ladite jeune personne. Celle-ci fut condamnée pour vol, et l'ami pour recel.

Mais il faut bien noter que l'on n'est coupable de recel que si l'on connaît l'origine délictueuse du bien que l'on détient. Quiconque achète de toute bonne foi un objet volé, ne devient pas receleur pour autant. Mais attention : il peut y avoir recel à « retardement » si l'on apprend plus tard que la chose que l'on détient provient d'un crime ou d'un délit et si on la conserve néanmoins. Il en est autrement s'il s'agit d'un objet volé que l'on a acheté de bonne foi dans une foire, dans un marché, dans une vente publique ou chez un marchand vendant les mêmes choses. Dans ce cas, les dispositions générales du Code civil sur la possession des biens mobiliers s'appliquent intégralement et le recel n'est pas constitué.

VIII – L'usure

Le délit d'usure existant dès l'Antiquité, plus tard l'Église prohiba longtemps les prêts d'argent à intérêt, frappant même ceux qui les pratiquaient d'excommunication. Autorisée en 1789, la stipulation d'intérêts fut réglementée pour la première fois par une loi de 1807. Actuellement, l'article L. 313-3 du Code de la consommation considère que : « Constitue un prêt usuraire tout prêt conventionnel consenti à un taux effectif global qui excède, au moment où il est consenti, de plus du tiers le taux effectif moyen pratiqué au cours du trimestre précédent par les établissements de crédit pour des opérations de même nature comportant des risques analogues… Les crédits accordés à l'occasion de ventes à tempérament sont, pour l'application du présent texte, assimilés à des prêts conventionnels et considérés comme usuraires dans les mêmes conditions que les prêts d'argent ayant le même objet. »

Nous voyons donc que le texte s'applique tant aux prêts d'argent à proprement parler qu'aux achats à crédit d'objets mobiliers ou d'immeubles ; peu importe s'il s'agit d'une affaire civile ou d'une affaire commerciale.

Pour savoir si un prêt est usuraire ou non, il faut donc comparer d'une part le taux global effectif du prêt et d'autre part le taux effectif moyen pratiqué par les banques pour des opérations de même nature et comportant les mêmes risques.

Il est important de noter qu'il faut ajouter aux intérêts les frais, commissions et rémunérations de toute nature qui s'ajoutent au prêt à proprement parler. Ne sont pas compris dans le taux effectif global les charges liées aux garanties de crédit et les honoraires des notaires.
Quant aux taux moyens pratiqués par les banques, ils sont publiés au *Journal officiel* au début de chaque trimestre, pour les 3 mois qui suivent. Deux chiffres sont cités dans chaque catégorie d'opérations, le premier concernant une opération effectuée avec très peu de risque et le second correspondant à un risque sérieux.
Pour qu'il y ait délit d'usure, il faut d'une part que le prêteur ait pratiqué un taux plus élevé que ceux indiqués ci-dessus, et d'autre part qu'il l'ait fait avec une intention coupable. Comme actuellement les taux en question sont publiés, la preuve est assez facile à apporter. La prescription est de 3 ans après la dernière perception, soit d'intérêts, soit de capital. Quelles sont les sanctions en cas de prêt usuraire ?
La loi prévoit un emprisonnement de 2 ans et une amende de 45 000 €, ou l'une ou l'autre de ces peines seulement.
La victime d'une opération usuraire a, en outre, la possibilité d'obtenir que les perceptions d'intérêt excessives soient imputées sur les intérêts normaux échus, puis sur le capital. Si elle a déjà remboursé l'intégralité de son prêt, elle peut obtenir le remboursement de ce trop-perçu par rapport au décompte des intérêts au taux légal.

IX – La concurrence déloyale

En vertu de la liberté du commerce et de l'industrie, la libre concurrence est en elle-même parfaitement licite. La loi de l'offre et de la demande joue et chaque commerçant est tout à fait dans son droit en essayant d'attirer vers lui les clients de ses concurrents, qui exercent la même activité.
Cette libre concurrence a cependant des limites. La jurisprudence a tenté de réprimer certains abus tendant à l'appropriation de clientèle ; de son côté, le législateur, par l'ordonnance du 1er décembre 1986, a sanctionné des ententes prohibées et l'abus de position dominante. Ce sont ces deux aspects que nous allons examiner.

L'appropriation de clientèle

L'activité concurrentielle exercée en vue d'attirer la clientèle d'autrui n'engage la responsabilité de son auteur que si elle est fautive. Les moyens utilisés sont multiples.

Il peut s'agir du dénigrement. C'est le fait de détruire la bonne opinion qu'ont les autres d'une personne ou d'un produit ; ainsi le fait d'affirmer la supériorité de son produit sur celui d'un ou plusieurs autres produits bien déterminés.

Il peut s'agir de la confusion. Il s'agira, par exemple, d'avoir recours à une publicité identique ou d'user du même nom commercial.

Il peut s'agir également de la désorganisation interne de l'entreprise. Le cas le plus simple consiste à débaucher ou corrompre le personnel de l'entreprise, ou encore supprimer la publicité faite par une entreprise en la recouvrant d'autres annonces publicitaires.

Dans tous ces cas, les tribunaux, s'ils l'estiment abusive, condamnent cette concurrence déloyale en allouant à la victime des dommages-intérêts en se fondant sur l'article 1382 du Code civil qui énonce que : « Tout fait quelconque de l'homme, qui cause à autrui un dommage, oblige celui par la faute duquel il est arrivé à le réparer ».

Les ententes prohibées et l'abus de position dominante

Les prohibitions. Aux termes de l'article L. 420-1 du Code de commerce, sont prohibées les ententes, c'est-à-dire les actions concertées, les coalitions, les conventions sous quelque forme et quelque cause que ce soit, ayant pour objet ou pouvant avoir pour effet d'empêcher, de restreindre ou de fausser le jeu de la concurrence (par exemple, en favorisant la hausse ou la baisse artificielle des prix).

L'abus de position dominante. Aux termes de l'article L. 420-2 du Code de commerce, sont prohibées les activités d'une entreprise ou d'un groupe d'entreprises occupant sur le marché intérieur, ou sur une partie substantielle de celui-ci, une position dominante caractérisée par une situation de monopole, lorsque ces activités ont pour objet ou peuvent avoir pour effet d'entraver le fonctionnement normal du marché.

Les exceptions. Elles sont au nombre de deux :
– lorsque ces ententes ou activités résultent de l'application d'un texte législatif ou réglementaire ;
– dans la mesure où leurs auteurs peuvent en justifier, lorsqu'elles ont pour effet d'assurer le développement du progrès économique, notamment par l'accroissement de la productivité.

Procédure et sanctions. L'ordonnance du 18 septembre 2000, qui a modifié et abrogé une partie de l'ordonnance du 1er décembre 1986, a fait reculer le droit pénal en la matière. En effet, les sanctions sont désormais le plus souvent de nature administrative. Cependant les ententes irrégulières constituent toujours un délit punissable d'un emprisonnement de 4 ans et d'une amende de 75 000 €, avec facultativement, la publication de la décision dans les journaux aux frais du

condamné (article L. 420-6 du Code de commerce). Le tribunal correctionnel peut être saisi soit par le Procureur, soit par le Conseil de la concurrence, étant précisé que les poursuites pénales peuvent être déclenchées en l'absence de toute procédure devant le Conseil de la concurrence.
Les règles particulières de procédure sont prévues en la matière par les articles L. 462-5 et suivants et les articles L. 450-1 et suivants du Code de commerce. L'organe essentiel est ici le Conseil de la concurrence. Il dispose de pouvoirs de contrôle et de répression. Il peut être saisi par le ministre de l'Économie et des Finances, par des organisations professionnelles ou syndicales, ou encore par ces entreprises. Enfin, il peut se saisir d'office.
Le Conseil peut soit infliger une sanction pécuniaire, soit transmettre au ministère public, enfin faire des injonctions sanctionnées pécuniairement en cas de non-respect.
Actuellement, ce contentieux économique revêt une très grande importance.

X – La contrefaçon et la « piraterie »

Aux termes de l'article 335-2 du Code de la propriété intellectuelle, toute édition d'écrits, de composition musicale, de dessin, de peinture ou de toute autre production, imprimée ou gravée en entier ou en partie, au mépris des lois et règlements relatifs à la propriété des auteurs, est une contrefaçon ; et toute contrefaçon est un délit.
La loi considère également comme un délit, l'exportation et l'importation des ouvrages contrefaits.
Elle dispose par ailleurs que toute reproduction, représentation ou diffusion, par quelque moyen que ce soit, d'une œuvre de l'esprit, en violation des droits d'auteur tels qu'ils sont définis et réglementés par la loi, constituent le délit de contrefaçon. Il en va de même à propos des logiciels.
Le délit de contrefaçon suppose en premier lieu une *édition* de l'œuvre. Ce terme doit ici être entendu dans le sens d'une fabrication, notamment par reproduction. La reproduction consiste dans la fixation matérielle de l'œuvre par tous procédés, qui permettent de la communiquer au public d'une manière indirecte.
Elle peut s'effectuer notamment par imprimerie, dessin, gravure, photographie, moulage et tout procédé des arts graphiques et plastiques, enregistrement mécanique, cinématographique ou magnétique. Il faut que la reproduction constitue une imitation de l'œuvre. Peu importe que la reproduction soit totale ou partielle.
La solution est identique en ce qui concerne la représentation ou la diffusion de l'œuvre. La représentation consiste dans la communication directe de l'œuvre au public, notamment par voie de récitation publique, exécution lyrique, représentation dramatique, présentation publique, diffusion, par quelque procédé que ce soit, des paroles, des sons ou des images, projection publique, transmission de l'œuvre

radiodiffusée par le moyen d'un haut-parleur et éventuellement d'un écran de radiotélévision placé dans un lieu public.

Ce que la loi punit, c'est bien entendu la reproduction ou la représentation illicite, faite *sans l'autorisation de l'auteur*, de même que l'atteinte au *droit moral* de l'auteur.

Pour qu'il y ait délit de contrefaçon, il faut en troisième lieu que l'édition porte sur une *œuvre de l'esprit protégée par la loi*. Le Code de la propriété intellectuelle donne une énumération très longue de ce qu'il faut entendre par œuvre de l'esprit, énumération qui n'est d'ailleurs pas limitative. Relevons notamment les livres, brochures et autres écrits littéraires, artistiques et scientifiques ; les conférences, sermons et plaidoiries ; les œuvres dramatiques ; les œuvres chorégraphiques ; les compositions musicales ; les œuvres cinématographiques ; les œuvres de dessin, de peinture, d'architecture, de sculpture, de gravure, de lithographie ; les œuvres photographiques de caractère artistique et documentaire ; les illustrations, les cartes géographiques. À cette liste, il faut ajouter le titre de l'œuvre et, depuis 1985, les logiciels.

L'œuvre protégée doit présenter un certain caractère d'originalité quant à la *forme*. Par contre, les idées elles-mêmes ne sont, en principe, pas protégées.

Toutefois, s'il s'agit d'une œuvre étrangère, il faut appliquer le principe de réciprocité. Cela veut dire que si, dans un pays donné, les œuvres divulguées pour la première fois en France n'y sont pas protégées d'une façon suffisante, les œuvres divulguées pour la première fois dans ce pays ne sont pas protégées en France.

Le délit de contrefaçon suppose comme toute infraction pénale, une *intention coupable*, mais il faut noter que la mauvaise foi est présumée. Si, dès que la matérialité de la contrefaçon a été constatée, le délit est supposé avoir été commis sciemment, le contrefacteur a toutefois la possibilité de prouver sa bonne foi, mais ce ne sera pas aisé.

Notons aussi qu'il n'est nullement nécessaire que le contrefacteur ait agi dans un but intéressé.

Le réseau Internet n'est pas à l'abri des principes que l'on vient d'évoquer. Diverses décisions judiciaires sont venues condamner les responsables de la mise en ligne sur pages « web » d'œuvres protégées, musicales (Jacques Brel, Michel Sardou,...) ou littéraires (Raymond Queneau). Signalons que les auteurs de pages « web » originales peuvent revendiquer l'application des principes énoncés ci-dessus.

L'action en contrefaçon peut, comme pour tout délit, faire l'objet d'une procédure pénale avec la possibilité pour la partie lésée, c'est-à-dire l'auteur ou ses ayants droit, de se constituer partie civile. Notons que l'action publique peut être déclenchée par le ministère public même sans plainte préalable de la partie lésée.

La contrefaçon en France d'ouvrages publiés en France ou à l'étranger est punie d'un emprisonnement de 2 ans et de 150 000 € d'amende.

La loi prévoit également des peines complémentaires. Les coupables seront en effet condamnés à la confiscation de sommes égales au montant des parts de recet-

tes produites par la reproduction, la représentation ou la diffusion illicite ainsi qu'à la confiscation de tout matériel spécialement installé en vue de la reproduction illicite, et de tous les exemplaires et objets contrefaits.
En outre, le tribunal peut ordonner la publication des jugements de condamnation de même que l'affichage desdits jugements.
Le matériel ou les exemplaires contrefaits, ainsi que les recettes ou parts de recettes ayant donné lieu à confiscation, seront remis à l'auteur ou à ses ayants droit pour les indemniser d'autant du préjudice qu'ils auront souffert ; le surplus de leur indemnité, ou l'entière indemnité s'il n'y a eu aucune confiscation, sera réglé par les voies ordinaires.
De plus, en cas de récidive, la fermeture temporaire ou définitive des établissements exploités par le contrefacteur d'habitude ou ses complices, pourra être prononcée.
Outre les sanctions pénales, la loi prévoit la possibilité d'une saisie.
Les commissaires de police et, dans les lieux où il n'y a pas de commissaire de police, les juges du tribunal d'instance sont tenus, à la demande de tout auteur d'une œuvre protégée par la loi, ou ses ayants droit, de saisir les exemplaires constituant une reproduction illicite de cette œuvre.
Si la saisie doit avoir pour effet de retarder ou de suspendre des représentations ou des exécutions publiques en cours ou déjà annoncées, une autorisation doit être obtenue du président du tribunal civil, par ordonnance rendue sur requête.
Le président du tribunal de grande instance peut également, dans la même forme, ordonner la suspension de toute fabrication en cours tendant à la reproduction illicite d'une œuvre, la saisie à n'importe quelle heure des exemplaires constituant une reproduction illicite de l'œuvre, déjà fabriqués ou en cours de fabrication, des recettes réalisées, ainsi que des exemplaires illicitement utilisés ; la saisie des recettes provenant de toute reproduction, représentation ou diffusion, par quelque moyen que ce soit, d'une œuvre de l'esprit, effectuée en violation des droits de l'auteur.
Le président du tribunal peut ordonner la constitution préalable par le saisissant d'un cautionnement convenable.
Dans les 30 jours de la date du procès-verbal de la saisie ou de la date de l'ordonnance, le saisi ou le tiers saisi peut demander au président du tribunal de grande instance de prononcer la mainlevée de la saisie ou d'en cantonner les effets, ou encore d'autoriser la reprise de la fabrication ou celle des représentations ou exécutions publiques, sous l'autorité d'un administrateur constitué séquestre, pour le compte de qui il appartiendra, des produits de cette fabrication ou de cette exploitation.
Le président du tribunal statuant en référé peut, s'il fait droit à la demande du saisi ou du tiers saisi, ordonner à la charge du demandeur la consignation d'une somme affectée à la garantie des dommages-intérêts auxquels l'auteur pourrait prétendre.
Faute par le saisissant de saisir la juridiction compétente dans les 30 jours de la saisie, mainlevée de cette saisie pourra être ordonnée à la demande du saisi ou du tiers saisi par le président du tribunal, statuant en référé.

Mentionnons aussi qu'une loi du 9 février 1895 punit ceux qui ont frauduleusement apposé un nom usurpé sur une œuvre de peinture, de sculpture, de dessin, de gravure ou de musique, de même que ceux qui imitent la signature de l'auteur, cela afin de tromper l'acheteur.
Signalons pour terminer que la loi du 3 juillet 1985, aujourd'hui intégrée dans le Code de la propriété intellectuelle, est venue moderniser le statut des œuvres audiovisuelles et conférer un régime de protection aux artistes interprètes ainsi qu'aux producteurs de phonogrammes et de vidéogrammes, par quoi il faut entendre tous supports de son, associés ou non à des images : il s'agit là de droits voisins du droit d'auteur. Cette loi renforce la répression pénale de la « piraterie » sonore et audiovisuelle : les peines sont à l'identique de la contrefaçon à proprement dite. C'est dire, s'agissant du réseau Internet, que les fameux fichiers MP3 ne sont pas à l'abri de poursuites dès lors que leurs diffuseurs n'ont pas obtenu les autorisations nécessaires pour leur exploitation, même si cette dernière est désintéressée. On ne saurait trop mettre en garde à cet égard.
Avec les marques et les brevets dont la réglementation est dorénavant inclue également dans le Code de la propriété intellectuelle, la propriété littéraire et artistique, et les droits voisins du droit d'auteur, est un domaine particulièrement pointu.
On ne saurait trop recommander en toutes ces matières le recours à un avocat spécialisé en cas de difficulté[1].

1. On peut en dire autant des litiges relatifs à une diffamation par voie de presse et/ou d'atteinte à la vie privée ou au droit à l'image des personnes et des biens, toutes matières qu'il n'a pas été possible de traiter dans le cadre du présent ouvrage.

DIXIÈME PARTIE

LES LOISIRS

1

LES ASSOCIATIONS

Les associations rencontrent en France un grand succès puisqu'on en compte environ 700 000. Elles sont régies par une loi du 1er juillet 1901 qui consacre la liberté d'association en permettant à 2 ou plusieurs personnes de mettre en commun leurs connaissances ou leur activité dans un but autre que le partage des bénéfices. Les associations sont le plus souvent actives dans les domaines sociaux, de l'éducation ou de la recherche ou encore de la culture et des loisirs.

La loi de 1901 a fêté son centenaire. Malgré son ancienneté, elle a gardé toute son efficacité, du fait de la très grande liberté du mouvement associatif qui avait été prévu dès son origine. Les mouvements associatifs contemporains s'intègrent donc parfaitement dans le cadre souple et ouvert de la loi.

Les associations permettent à tous ceux qui veulent mener une activité en commun de le faire sans grandes formalités (amateurs d'un sport, anciens élèves d'un établissement scolaire, etc.) et de se regrouper efficacement.

Pour créer une association, il suffit de rédiger des statuts (voir page 643), puis de déposer un dossier à la préfecture ou à la sous-préfecture et de procéder à une publication dans le *Journal officiel.*

Les petites associations qui emploient au plus un salarié à temps plein peuvent désormais le rémunérer grâce au chèque-emploi associatif. Les formalités de déclaration et de paiement des cotisations (URSSAF et autres) se trouvent aussi simplifiées.

2

LES VOYAGES

I – La carte nationale d'identité

Comment obtenir la carte nationale d'identité. Les pièces (d'état civil ou d'identité) à présenter sont différentes selon le sexe et pour les femmes, selon leur situation familiale[1].

1. *Demandeurs du sexe masculin*

Extrait d'acte de naissance, ou extrait d'acte de mariage, ou livret de famille (les mineurs non émancipés doivent être accompagnés de leur père ou de leur mère ou de leur tuteur, qui donne son autorisation).

2. *Demandeurs du sexe féminin*

Mariées : extrait d'acte de naissance, ou extrait d'acte de mariage, ou livret de famille (la femme mariée peut obtenir sur sa demande expresse une carte établie à son seul nom patronymique de jeune fille et ne comportant pas la mention habituelle « épouse X... »).

Divorcées : si l'établissement de la carte est demandé sous le seul nom patronymique, il faut un extrait d'acte de naissance, ou extrait d'acte de mariage, ou livret de famille (personnel ou des parents).
Si l'établissement de la carte est demandé avec la mention « divorcée X... » à la suite du nom patronymique, il faut :
– soit un extrait d'acte de naissance, ou un extrait d'acte de mariage, ou livret de famille, si ces pièces mentionnent le divorce ;

1. Précisons que les fiches d'état civil ont été récemment supprimées.

– soit l'une des pièces susvisées ne mentionnant pas le divorce, et une expédition du jugement de divorce.

Veuves : si l'établissement de la carte est demandée sous le seul nom patronymique, il faut un extrait d'acte de naissance, ou extrait d'acte de mariage, ou livret de famille. Si l'établissement est demandé avec la mention « veuve X… », il faut :
– soit un acte de naissance mentionnant le mariage, ou un acte de mariage, ou un livret de famille ne mentionnant pas le décès du mari (et en plus de ces pièces l'acte de décès du mari, ou acte de naissance du mari mentionnant le mariage et le décès) ;
– soit un livret de famille mentionnant le décès du mari.

Les extraits d'acte de naissance doivent comporter l'indication de la filiation.
Pour une demande de carte nationale d'identité, les personnes nées ou devenues étrangères doivent présenter la justification de la nationalité française (certificat de nationalité, décret de naturalisation, etc.).
En sus des pièces d'état civil indiquées, les demandeurs doivent fournir :
– 3 photographies d'identité de dimensions 3,5 × 4 cm, récentes, tête nue, de face ou maximum de 3/4 ;
– la justification de leur domicile (original d'une quittance de loyer, note de gaz ou d'électricité, etc.).

3. *Dépôt des demandes*

Le demandeur doit se présenter personnellement à la mairie de son domicile. Pour Paris, les mairies sont désormais compétentes et délivrent ou renouvellent la carte dans les 24 heures, parfois immédiatement.

4. *Remplacement*

Perte ou vol : produire un récépissé de déclaration délivré par un commissariat de police.
Détérioration : produire le document à remplacer.
Dans les deux cas, les pièces requises pour la délivrance du document seront exigées.

5. *Renouvellement* (la carte d'identité est valable 10 ans)

Si l'état civil n'a pas changé, produire 3 photographies d'identité et la justification du domicile ; si l'état civil a changé, produire les mêmes pièces que s'il s'agissait de l'obtention d'une première carte. Toutefois, les femmes dont l'état civil a subi un changement à la suite d'un mariage, d'un divorce ou d'un veuvage, n'ont pas à présenter la justification de ce changement si elles demandent le renouvellement sous leur nom patronymique.

6. *Retrait*

Le demandeur doit se présenter *personnellement*. Cette règle est absolue.
Depuis le décret du 31 juillet 1980, il est délivré ou renouvelé une carte d'identité fabriquée dans des centres dont la liste est fixée par arrêté du ministre de l'Intérieur.
Auprès de chacun de ces centres, un fichier informatisé est constitué.
Il ne retient en mémoire que l'état civil, le sexe, la nationalité, à l'exception de la photographie et de la signature.
Ces fichiers de gestion ne sont, en théorie, interconnectés avec aucun autre fichier.

II – Le passeport

Comment obtenir le passeport français. Il est désormais valable 10 ans. Les pièces (d'état civil ou d'identité) à présenter sont les suivantes :

• Première demande.
Carte nationale d'identité en cours de validité :
– fournir votre carte d'identité ;
– remplir un formulaire ;
– 2 photos d'identité (sans lunettes noires, ni chapeau… donc tête nue) ;
– 2 justificatifs de domicile de moins de 3 mois.

Si vous n'avez pas de carte d'identité :
– copie de l'acte de naissance ;
– ou livret de famille des parents ;
– ou livret de famille personnel ;
– 2 photos d'identité ;
– 2 justificatifs de domicile de moins de 3 mois.

• Renouvellement.
Si vous avez un passeport vieux de moins de 10 ans :
– 2 photos d'identité ;
– ancien passeport ;
– 2 justificatifs de domicile.

Si vous avez une carte d'identité et un passeport vieux de plus de 10 ans :
– carte d'identité ;
– 2 photos ;
– 2 justificatifs de domicile.

Si vous avez un passeport vieux de plus de 10 ans :
– mêmes documents que pour une première demande.

Dans tous les cas : timbre fiscal.

3

LES JEUX ET LES PARIS

Ni le jeu ni le pari ne sont, en eux-mêmes, punis par la loi pénale. Celle-ci ne frappe que certaines formes de jeu ou de pari et, de façon plus générale, d'une part les établissements de jeux de hasard dans un lieu public et d'autre part la tenue de maisons de jeux de hasard. Il faut savoir qu'en cas de gain à un jeu ou un pari non autorisé et si le partenaire ne veut pas payer sa dette, il est inutile de s'adresser à la justice pour obtenir le paiement : la loi n'accorde aucune action pour une dette de jeu ou pour le paiement d'un pari. Depuis 1936, les loteries sont, en principe, prohibées dans notre pays. Toutefois, dans certaines conditions, les loteries peuvent être autorisées.

I – Les cartes à jouer

Les fabricants de cartes à jouer doivent obligatoirement déposer au ministère de l'Intérieur 10 exemplaires de chacun des modèles de dessins qu'ils ont prévus pour le dos de leurs cartes. Le ministre a la possibilité, soit d'exiger pour la fabrication le respect de certaines conditions, soit d'interdire la fabrication de tel ou tel modèle s'il estime qu'il risque de donner lieu à un emploi frauduleux. Le contrevenant à ces dispositions risque une amende.

II – Les jeux de hasard

Qu'est-ce qu'un jeu de hasard ? C'est un jeu dans lequel la *chance* l'emporte sur l'adresse et l'intelligence comme, par exemple, le loto, le poker, le baccara, mais non le billard, le bridge, les mots croisés, etc., où l'adresse joue le rôle principal. Il en est autrement s'il s'agit d'un véritable tripot de jeu.

III – Les jeux de hasard dans un lieu public

La loi punit d'un emprisonnement de 3 mois au plus et d'une amende de 3 000 € ou de l'une de ces deux peines, tous ceux qui auront établi, ou tenu, sur la voie publique et ses dépendances ainsi que dans les lieux publics ou ouverts au public et dans les dépendances, même privées, tous jeux de hasard non autorisés par la loi dont l'enjeu est en argent (article 410 du Code pénal). Par lieu public, il faut entendre non seulement la rue ou les jardins publics mais tout lieu où le public a librement accès, comme notamment les débits de boissons. C'est ainsi que le propriétaire d'un café qui accepte que l'on joue au poker, par exemple, dans son établissement, se rend coupable de la contravention, même s'il a simplement prêté les cartes et même s'il ne prélève aucun bénéfice sur les enjeux. Les joueurs, eux, n'encourent aucune peine[1]. Le matériel est saisi et confisqué.

IV – Les appareils à sous

C'est un décret-loi de 1937 qui interdisit sur la voie et dans les lieux publics, et notamment dans les débits de boissons, l'installation de tous appareils distributeurs d'argent, de jetons de consommation et, d'une manière générale, de tous appareils dont le fonctionnement repose sur l'adresse ou le hasard et qui sont destinés à procurer un gain ou une consommation moyennant enjeu.
C'était la condamnation des « appareils à sous ».
La loi du 12 juillet 1983 est encore plus sévère puisque « sont interdites l'importation, la fabrication de tout appareil dont le fonctionnement repose sur le hasard et qui permet, éventuellement par l'apparition de signes, de procurer moyennant un enjeu un avantage direct ou indirect de quelque nature que ce soit, même sous forme de partie gratuite ». Étaient également interdites la détention et la mise à disposition de tiers, l'installation et l'exploitation de ces appareils sur les lieux publics et dans ses dépendances, même privées, ainsi que dans les lieux privés.
Depuis quelques années, le ministère de l'Intérieur autorise l'installation de machines à sous dans les casinos et dans certaines maisons de jeux.

V – Les maisons de jeux

Le Code pénal punit ceux qui auront tenu une maison de jeux de hasard et y auront admis le public, soit librement, soit sur la présentation d'affiliés, les banquiers de

1. Il est bien évident que cette réglementation ne vise que le jeu avec mise d'argent.

cette maison, tous ceux qui auront établi ou tenu des loteries non autorisées par la loi, tous administrateurs, préposés ou agents de ces établissements (article 410 de l'ancien Code pénal). La peine prévue est un emprisonnement de 2 à 6 mois et une amende de 45 € à 3 750 €.
Cet article incrimine plus spécialement les maisons privées transformées en maisons de jeu clandestines, mais il s'applique aussi aux lieux publics comme les hôtels, débits de boissons, etc., où le jeu est pratiqué de façon habituelle et permanente.
Il faut encore qu'il s'agisse d'un jeu d'argent et que le lieu où le jeu est pratiqué soit ouvert au public. Le fait qu'un droit d'entrée soit exigé ne change rien.
La notion d'accès du public est très importante. Si donc on organise une réunion purement privée pour des amis, rien n'empêche, pour s'amuser, d'organiser des jeux de hasard.
Mais si on lance par trop généreusement des invitations, même nominatives ou personnelles, de telle façon qu'il ne s'agisse manifestement plus d'une réunion purement amicale, on peut présumer une tentative de tourner la loi.

VI – Les casinos et cercles de jeux

Par dérogation à l'article 410 du Code pénal, il pourra être accordé aux cercles et casinos des stations balnéaires, thermales ou climatiques, l'autorisation temporaire, d'ouvrir au public des locaux spéciaux, distincts et séparés, où seront pratiqués certains jeux de hasard.
Les stations ne peuvent bénéficier de cette disposition que sur l'avis conforme du conseil municipal. Les autorisations sont accordées par le ministre de l'Intérieur, après enquête, et en considération d'un cahier des charges établi par le conseil et approuvé par le ministre. L'arrêté d'autorisation fixe la durée de la concession ; il détermine la nature des jeux de hasard autorisés, leur fonctionnement, les mesures de surveillance et de contrôle des agents de l'autorité, les conditions d'admission dans les salles de jeux, les heures d'ouverture et de fermeture.
Cette autorisation peut être révoquée par le ministre de l'Intérieur en cas d'inobservation du cahier des charges ou des clauses de l'arrêté ministériel. La révocation peut être demandée par le conseil municipal au ministre, pour les mêmes causes.
Sont autorisés notamment les jeux suivants : la boule, le baccara sous ses différentes formes, la roulette et le trente et quarante. Pour certains d'entre eux, il faut être muni d'une carte d'entrée nominative.
Les règles de la comptabilité ainsi que les conditions de responsabilité du directeur et du comité de direction des casinos, sont étroitement réglementées.
Les *cercles de jeux* sont des associations de caractère privé, ayant un nombre limité de membres payant des cotisations.
Les jeux de hasard ne peuvent y être pratiqués qu'en vertu d'une autorisation tou-

jours révocable du ministre de l'Intérieur que la direction et le fonctionnement des jeux soient assurés en conformité avec certaines règles, qu'un impôt sur le produit des jeux soit versé au Trésor et que les propriétaires ou directeurs des cercles se soumettent aux contrôles de l'Administration qui peuvent avoir lieu à toute heure.
Une loi du 9 juin 1977 impose que le directeur, les membres du comité de direction et toute personne employée dans les salles de jeux soient français ou ressortissants de la CEE, majeurs et jouissant de leurs droits civils et politiques.

VII – Les courses de chevaux

En principe, le pari sur les courses de chevaux sous quelque forme que ce soit (pari à la cote, pari au livre, poule, pari mutuel) est interdit. La loi pénale punit en effet quiconque aura, en quelque lieu et sous quelque forme que ce soit, offert de recevoir ou reçu des paris sur les courses de chevaux, soit directement, soit par intermédiaire, d'un emprisonnement de 2 mois à 2 ans et d'une amende de 7 500 €.
En outre, la loi répute comme complice de ce délit :
– tout intermédiaire pour les paris dont il s'agit, tout dépositaire préalable des enjeux ou toute personne qui aura sciemment facilité, sous une forme quelconque, l'exploitation des paris ;
– tout propriétaire, gérant ou tenancier d'établissement accessible au public, qui aura sciemment laissé exploiter le pari dans son établissement ;
– quiconque aura, en vue de paris à faire, vendu des renseignements sur les chances de succès des chevaux engagés ou qui, par des avis, circulaires, prospectus, cartes, annonces, ou par tout autre moyen de publicité, aura fait connaître l'existence, soit en France, soit à l'étranger, d'établissements, d'agences ou de personnes vendant des renseignements ;
– quiconque aura engagé ou confié un pari aux personnes citées plus haut, ou à leurs intermédiaires.

Noter que l'interdiction de la vente des pronostics ne s'applique bien entendu pas aux rubriques hippiques des grands journaux. Il s'agit en effet de réprimer les petites publications plus ou moins douteuses, qui se vendent sur les champs de course et qui essaient de tirer bénéfice de la crédulité des gens en leur faisant miroiter la possibilité de gains importants.
Par exception à ce principe d'interdiction, les *sociétés de courses* régulièrement autorisées peuvent engager des paris.
En effet, à condition d'avoir une autorisation spéciale et toujours révocable du ministre de l'Agriculture, et de ne tirer aucun bénéfice de l'opération (sauf pour rembourser les frais), les sociétés de courses peuvent organiser des paris mutuels sur leurs champs de course.
Qu'est-ce qu'un pari mutuel ? Chaque parieur engage une certaine somme sur un

cheval de son choix. Tous les joueurs qui ont misé sur le cheval gagnant répartissent ensuite, après la course, l'ensemble des enjeux au prorata de leurs mises respectives.
Il convient de citer d'une part le *Pari mutuel sur les hippodromes* (PMH) et d'autre part le *Pari mutuel urbain* (PMU). Dans cette dernière société, les paris sont pris gagnants, placés, jumelés, tiercés, et quartés. En cas de pari clandestin, il convient de le souligner, la loi punit non seulement le bookmaker ou son intermédiaire mais également le joueur lui-même.

VIII – Les loteries

Nous avons déjà mentionné que le Code pénal punit tous ceux qui auront établi ou tenu des loteries non autorisées par la loi d'un emprisonnement de 2 à 6 mois et d'une amende maximale de 30 000 €. La loi répute loteries et interdites comme telles : les ventes d'immeubles, de meubles ou de marchandises effectuées par la voie du sort, ou auxquelles auraient été réunis des primes ou autres bénéfices dus, même partiellement, au hasard, et généralement toutes opérations offertes au public, sous quelque dénomination que ce soit, pour faire naître l'espérance d'un gain qui serait acquis par la voie du sort.
Qu'est-ce qu'une loterie ? C'est une opération par laquelle on offre par la voie du sort à une ou plusieurs personnes un avantage ou un gain quelconque. Le mot sort, ou hasard, est capital. Il peut s'agir d'un tirage au sort à proprement parler (cartes, dés, roues, etc.) ou de diverses questions posées au public, comme celle de savoir combien il y a de petits pois dans un certain bocal, ou de questions subsidiaires à un concours d'adresse (par exemple : combien de personnes vont donner la bonne réponse à telle ou telle question ?). Peu en importe la forme, à condition que le hasard intervienne, ne serait-ce que partiellement.
Par contre, les concours d'intelligence ou d'adresse comme les mots croisés ou les rébus ne sont pas considérés comme loteries et sont, par conséquent, licites.
Dans la pratique, sont autorisées les loteries dans lesquelles les participants n'apportent aucune mise de fonds. En revanche, sont sanctionnées les loteries pour lesquelles les participants doivent apporter une contribution financière que ce soit par l'achat d'articles comportant un bulletin de participation, ou même par le seul fait de devoir timbrer l'enveloppe contenant le bulletin.
D'autre part, les loteries réalisées par voie d'écrit sont strictement réglementées. À l'obligation de gratuité s'ajoutent des obligations de formalisme très précises : le règlement de la loterie doit être déposé chez un huissier, certaines mentions doivent figurer sur le bulletin de participation, etc.
Certains types de loteries sont expressément autorisées si elles respectent certaines conditions : il s'agit des loteries foraines, des loteries autorisées par le Préfet et des lotos traditionnels.

Les lotos traditionnels sont ceux qui sont pratiqués dans un cercle restreint et dans un but social, culturel, scientifique, éducatif, sportif ou d'animation locale. Ce sont le plus souvent les associations qui les organisent. Il faut que les mises des joueurs soient faibles (inférieures à 20 €), que les lots ne soient pas des sommes d'argent et ne soient pas remboursables. Les lots peuvent consister en des bons d'achat à condition qu'ils ne soient pas remboursables.

4

L'ALCOOL ET LE TABAC

Nous avons déjà plusieurs fois parlé des boissons alcooliques et de l'ivresse, notamment à propos des débits de boissons. Nous voulons ici faire quelques observations complémentaires en laissant de côté le point de vue administratif.
Est-il utile de rappeler en premier lieu que l'alcool cause de graves troubles de santé lorsqu'il est consommé de façon excessive. Ceci explique les mesures prises par le législateur en matière de réglementation des débits de boissons, de fabrication et vente des boissons alcooliques et de lutte contre l'alcoolisme en général. C'est en effet une question de santé et de salubrité publiques.
Sans être alcoolique, il peut arriver qu'une personne s'enivre au point de ne plus savoir ce qu'elle fait. Ou, sans aller jusque-là, elle peut perdre une bonne partie de son discernement et se livrer à des actes tapageurs et violents.
Que dire des ravages causés par le tabac, qui est la cause de plus de 30 000 décès par an ? Là encore des mesures drastiques ont été prises par les autorités pour mettre à mal ce fléau. Voilà quelques points qu'il nous a paru utile de développer.

I – L'ivresse

L'ivresse qui enlève toute faculté de discernement peut-elle, comme c'est le cas pour la démence, supprimer la responsabilité pénale ? Autrement dit, lorsqu'une personne commet un crime ou un délit sous l'empire de l'alcool en ne sachant plus ce qu'elle fait, peut-elle néanmoins être punie pour l'acte qu'elle a commis ?
Pendant longtemps on a considéré que l'ivresse provoquant l'inconscience effaçait l'intention criminelle. Certes, disait-on, le fait même de s'enivrer constitue une faute, une imprudence qui doivent être sanctionnées, mais on ne peut retenir à la charge de l'ivrogne le crime ou le délit qu'il a commis ensuite. Cette solution bienveillante n'est plus retenue, et la jurisprudence actuelle admet que la responsabilité pénale subsiste malgré l'ivresse. On considère que l'individu qui s'est enivré devait et pouvait prévoir les conséquences délictueuses éventuelles de l'absorption

de la boisson. En langage technique on dit qu'il a commis un « dol éventuel » dont il doit répondre. Mais il n'y a pas de solution absolument catégorique. L'influence de l'état d'ivresse sur la responsabilité pénale doit être examinée en chaque cas d'espèce, compte tenu des circonstances particulières de l'affaire.
Nous envisagerons ici les deux principaux cas où l'ivresse est répréhensible : l'ivresse au volant et l'ivresse publique.

L'IVRESSE DU CONDUCTEUR

Depuis une loi de février 2003, ce n'est plus seulement l'ivresse alcoolique du conducteur qui est réprimée mais également l'ivresse due à la prise de stupéfiants, également appelée « ivresse cannabique ». Pour présenter clairement les différentes peines encourues, nous distinguerons en fonction de la survenance ou non d'un accident de la route.
En l'absence d'accident, les sanctions prévues diffèrent selon le taux d'alcool dans le sang. Quand un conducteur est arrêté avec un taux d'alcool dans le sang supérieur ou égal à 0,5 (ce qui représente 2 verres d'alcool) et inférieur à 0,8 gramme pour mille, il doit payer une amende de 750 € et perd automatiquement 3 points sur son permis. Quand ce même taux est supérieur ou égal à 0,8 gramme pour mille, le conducteur risque 2 ans d'emprisonnement, 4 500 € d'amende ainsi que la réduction de plein droit de 6 points sur son permis. Les mêmes peines sont encourues par le conducteur qui se trouve sous l'emprise de stupéfiants. Si les analyses font la preuve que le conducteur était en état d'ivresse alcoolique et cannabique, celui-ci risque 3 ans d'emprisonnement, 9 000 € d'amende ainsi que la perte automatique de 6 points sur son permis. Pour l'ensemble de ces infractions, des peines complémentaires telles que l'immobilisation du véhicule, le retrait ou l'annulation du permis, des travaux d'intérêt général… sont prévues.
La tolérance est moindre encore pour les conducteurs de véhicules de transport en commun. En effet, depuis un décret d'octobre 2004, le taux d'alcoolémie maximal toléré pour ces conducteurs est passé de 0,5 à 0,2 gramme d'alcool par litre de sang.

En présence d'un accident de la route, l'état d'ivresse, alcoolique ou cannabique, constitue toujours une circonstance aggravante aux délits d'homicide involontaire et d'atteinte involontaire à l'intégrité de la personne ; ceci a pour effet d'augmenter considérablement le quantum des peines normalement encourues. Lorsqu'un conducteur, en état d'ivresse due à la prise d'alcool ou de stupéfiants, cause des blessures qui entraînent pour la victime une incapacité totale de travail de moins de trois mois, celui-ci risque 3 ans d'emprisonnement et 45 000 € d'amende. Dans l'hypothèse où l'incapacité totale de travail de la victime dépasse les trois mois, le conducteur encourt une peine de 5 ans d'emprisonnement et 75 000 € d'amende. Si le conducteur ivre s'est rendu coupable du délit d'homicide involontaire, il risque 7 ans d'emprisonnement et 100 000 € d'amende. Il nous faut encore préciser que si le conducteur cumule les deux formes d'ivresse, alcoolique et cannabique, il encourt alors la peine du niveau supérieur, sachant qu'en cas d'homicide involontaire les peines sont portées à 10 ans d'emprisonnement et à 150 000 € d'amende. Des peines complémentaires telles que la suspension et l'annulation du permis de conduire sont bien entendu prévues. Enfin, le conducteur qui refuserait de se soumettre aux analyses permettant de déceler la présence d'alcool ou de stupéfiants dans le sang risque 2 ans d'emprisonnement et 4 500 € d'amende ».

L'IVRESSE PUBLIQUE

L'ivresse peut aussi constituer un délit par elle-même. En effet, aux termes de la loi, « Une personne trouvée en état d'ivresse dans les rues, chemins, places, cafés, cabarets ou autres lieux publics, est, par mesure de police, conduite à ses frais au poste le plus voisin ou dans une chambre de sûreté, pour y être retenue jusqu'à ce qu'elle ait recouvré la raison ». Cette personne encourt également une amende d'un montant de 150 €.

La loi prévoit également des pénalités pour ceux qui poussent les mineurs à la boisson. Ainsi, quiconque a fait boire jusqu'à l'ivresse un mineur est puni d'une amende de 3 750 €. En cas de récidive dans les 5 ans suivant la première condamnation, la peine passe alors à 1 an d'emprisonnement et 7 500 € d'amende. En outre, l'auteur d'une telle infraction encourt des peines complémentaires telles que la perte des droits civiques, civils et de famille (droit de vote, éligibilité, droit d'exercer une fonction juridictionnelle...) ou encore la déchéance de l'autorité parentale. Il existe bien entendu des règles spéciales pour les débits de boissons dans ce domaine.

Le législateur interdit encore aux personnes en état d'ivresse l'accès à une enceinte sportive sous peine de payer une amende de 7 500 €. Est passible de 1 an d'emprisonnement et de 15 000 € d'amende la personne en état d'ivresse qui s'est rendue coupable, dans une enceinte sportive, de violences ayant entraîné pour la victime une incapacité totale de travail d'une durée inférieure ou égale à 8 jours.

Rappelons, pour terminer, que le législateur réprime sévèrement la fabrication frauduleuse d'alcool.

II – Le tabac

La lutte antitabagisme représente depuis plusieurs années une des priorités de la santé publique.

Cette lutte a été récemment renforcée à travers l'adoption de diverses mesures, parmi lesquelles l'augmentation des prix des produits du tabac et surtout, plus récemment, l'interdiction de fumer dans les lieux de travail.

Le législateur français est intervenu à plusieurs reprises pour tenter d'atténuer les effets néfastes de ce fléau moderne : les lois du 9 juillet 1976 (dite « loi Veil »), du 10 janvier 1991 (dite « loi Evin ») ainsi que celle du 31 juillet 2003 constituent les débuts de la législation actuelle.
Il nous faut également mentionner le rôle du législateur européen qui, avec une directive du 5 juin 2001 (transposée en France en mars 2003), a fait progresser la lutte contre le tabac à l'échelle communautaire.
Toute mesure de publicité pour le tabac, directe ou indirecte, est interdite.
On entend par publicité indirecte, par exemple, l'utilisation d'un logo qui rappelle une marque de tabac, ce logo étant utilisé pour vendre ou promouvoir autre chose que le tabac.
Les lois Veil et Evin ont imposé deux types de mentions obligatoires devant figurer sur les paquets de cigarettes : d'une part, l'indication de la teneur en goudron, en nicotine et monoxyde de carbone et, d'autre part, l'inscription d'un message sanitaire à caractère dissuasif (« Nuit Gravement à la santé » ou encore « Fumer nuit à votre entourage »). Le législateur européen a, pour sa part, fixé des teneurs maximales en goudron (10 mg par cigarette), nicotine (1 mg) et en monoxyde de carbone (10 mg). S'agissant des mentions sanitaires obligatoires, il faut dorénavant employer celles imposées par l'Union européenne. Ainsi, sur la face avant de tout paquet de cigarettes doit figurer l'une des deux mentions suivantes : « Fumer tue » ou « Fumer nuit gravement à votre santé et à celle de votre entourage » ; cette mention encadrée et écrite en noir sur fond blanc doit occuper 30 % de cette face. Sur le dos du paquet, dans des caractères identiques, doit figurer un avertissement spécifique devant couvrir 40 % de cette face ; les avertissements peuvent alors être : « Les fumeurs meurent prématurément », « Fumer bouche les artères et provoque des crises cardiaques et des attaques cérébrales », « Fumer provoque le cancer mortel du poumon », « Fumer pendant la grossesse nuit à la santé de votre enfant », « Fumer crée une forte dépendance, ne commencez pas », « Fumer peut nuire aux spermatozoïdes et réduit la fertilité », « La fumée contient du benzène, des nitrosamines, du formaldéhyde et du cyanure d'hydrogène », etc.
Instruit par de tels avertissements, le consommateur ne peut raisonnablement pas se plaindre auprès des fabricants de cigarettes dans l'hypothèse où sa santé se dégrade. C'est ce qu'a confirmé la Cour de cassation dans un arrêt en date du 20 novembre 2003 : elle a ainsi débouté les héritiers d'un fumeur décédé d'un cancer du poumon de l'action qu'ils avaient intentée à l'encontre de la SEITA (devenue la société Altadis).
Enfin, il est prévu au niveau communautaire d'interdire sur les paquets de cigarettes l'emploi de certains termes tels que « léger », « ultra-léger », « mild », etc. En effet, ces termes sont de nature à induire le consommateur en erreur quant à la nocivité réelle du produit.
Il est interdit de fumer dans les lieux affectés à un usage collectif, dans tous les lieux fermés et couverts, qui accueillent du public ou qui constituent des lieux de travail (locaux d'accueil, salles de restauration collective des salariés, salles de

réunion, de sport, etc.). L'interdiction s'applique également dans les transports collectifs et, en ce qui concerne les écoles, dans les lieux fréquentés par les élèves. La loi dispose que les personnes en charge des locaux précités doivent délimiter des endroits spéciaux pour les fumeurs permettant une ventilation suffisante.
Dans les trains, des emplacements peuvent être réservés aux fumeurs avec un maximum de 30 % des places assises dans des wagons distincts. Il est à noter que depuis la fin de l'année 2003, la SNCF a retiré tous les wagons fumeurs de ses TGV.
À compter du 1er février 2008, il est interdit de fumer dans les bars, débits de boisson, cercles de jeux, hôtels et restaurants.
Toute personne trouvée en train de fumer dans un lieu à usage collectif hors d'un emplacement mis à la disposition des fumeurs est passible d'une amende de 450 €. La loi du 31 juillet 2003 a élaboré des mesures destinées à prévenir et restreindre la consommation du tabac par les mineurs.
À cette fin, elle punit d'une amende de 150 € toute personne vendant ou offrant à des mineurs de moins de 16 ans des produits contenant du tabac ou destinés à en contenir (papier à rouler). Elle interdit également la vente de paquets de moins de 19 cigarettes ; il n'est ainsi plus possible d'acheter des paquets de 10 cigarettes considérés comme attractifs pour les jeunes du fait de leur taille et de leur prix. En outre, elle oblige les établissements scolaires du primaire et du secondaire à organiser des opérations de sensibilisation au risque tabagique.
Précisons enfin que les hôpitaux proposent des consultations en tabacologie, afin d'aider les fumeurs qui souhaitent arrêter de fumer.
Nous terminerons en indiquant que chaque année un « Jour sans tabac » est célébré : il s'agit du 31 mai.

ONZIÈME PARTIE

LE DROIT DE LA ROUTE
ET DE
LA VOIE PUBLIQUE

1

LA RÉGLEMENTATION ESSENTIELLE

I – Le permis

« Nul ne peut conduire un véhicule automobile ou un ensemble de véhicules s'il n'est porteur d'un permis de conduire. » *Vous devez passer le permis de conduire : lequel choisir ?*

Les différentes catégories

Elles ont été modifiées par le décret du 30 novembre 1984. Les catégories de permis sont les suivantes.

Véhicules à deux roues

Soit toutes les motocyclettes, soit seulement les motocyclettes légères, soit seulement les tricycles et quadricycles à moteur.

Véhicules à quatre roues

Catégorie B – Véhicules automobiles affectés au transport de personnes, et comportant, outre le siège du conducteur, 8 places au maximum, ou véhicules automobiles affectés au transport des marchandises et ayant un poids total autorisé en charge qui n'excède pas 3 500 kg. Aux véhicules de cette catégorie peut être attelée une remorque n'entraînant pas le classement dans la catégorie E.

Catégorie C – Véhicules lourds, c'est-à-dire véhicules affectés au transport de marchandises, dont le poids total autorisé en charge excède 3 500 kg et va jusqu'à 19 000 kg pour les véhicules isolés et 12 500 kg pour les ensembles routiers.

Catégorie D – Transport de personnes.
Le terme « transport en commun » désigne le transport de plus de 8 personnes, non compris le conducteur, les enfants de moins de 10 ans comptant pour une demi-personne, lorsque leur nombre n'excède pas 10. Le poids total autorisé en charge du véhicule est supérieur à 3 500 kg. Ce véhicule comportera, outre le siège du conducteur, plus de 8 places assises.

Catégorie E – Véhicules automobiles d'une catégorie B, C ou D, attelés d'une remorque dont le poids total en charge excède 750 kg.
Ce permis est délivré sans examen : il faut être titulaire du permis C ou D.

Les catégories de permis A, B, C, D peuvent être délivrées aux personnes atteintes d'un handicap physique, nécessitant l'aménagement du véhicule.

II – L'obtention du permis

Vous désirez obtenir le permis de conduire de la catégorie que vous avez choisie. Il est à noter que depuis le 1er mars 2004, les conducteurs novices ne peuvent obtenir qu'un permis probatoire. Quelles sont les formalités à accomplir ?

Vous devez constituer un dossier

Mais d'abord, à partir de quel âge un permis peut-il être délivré ? À partir de :
– 16 ans pour la catégorie A limitée aux motocyclettes légères ou seulement aux tricycles et quadricycles à moteur ;
– 18 ans pour les catégories A (toutes motocyclettes) et B ;
– 18 ans pour la catégorie C, sous certaines conditions ;
– 21 ans pour la catégorie C (sauf si le candidat de 18 ans révolus est porteur d'un certificat prouvant sa formation de conducteur de transport par route) ;
– 21 ans pour la catégorie D ;
– pour la catégorie E, l'âge minimum est celui prévu pour la catégorie du véhicule tracteur (article R. 125 du Code de la route).

Donc, inutile, si vous ne remplissez pas ces conditions, de constituer plus avant le dossier. Sinon, que faire alors ? Il est possible à toute personne de plus de 16 ans de conduire un véhicule de catégorie B, accompagnée d'un conducteur adulte, si cette personne a réussi l'épreuve du code de la route, suivi une formation d'au moins 20 heures dans une auto-école et obtenu de l'auto-école une attestation de fin de formation initiale. Les propriétaires du véhicule sur lequel la conduite s'effectuera devront ensuite obtenir un accord exprès de leur compagnie d'assurance.

L'examen pratique du permis de conduire pourra être présenté dès que le conducteur aura effectué plus de 3 000 kilomètres, si, bien entendu, il a atteint l'âge de 18 ans.

Rassembler les éléments suivants :
– un formulaire spécial, dûment rempli, délivré à la préfecture ou dans une auto-école ;
– une pièce prouvant votre identité (extrait d'acte de naissance) ;
– une attestation de domicile récente ;
– deux photographies d'identité, de face, au dos desquelles seront inscrits vos nom et prénoms ;
– deux enveloppes timbrées portant vos nom et adresse pour les convocations aux examens théorique et pratique ;
– une demande spéciale au commissaire de la République (arrêté 28 juin 1982) ;
– un certificat d'achèvement de la formation ;
– le montant du droit d'examen (même arrêté) ;
– et en outre, pour toute personne désirant obtenir un permis C, D, E une enveloppe supplémentaire, timbrée et portant vos nom et adresse, en vue de la convocation à l'examen médical obligatoire pour ces permis, ainsi qu'un timbre fiscal ;
– un timbre fiscal pour chaque examen.

Les candidats qui demandent un permis C, D, E ou qui sont, à leur connaissance, atteints d'une incapacité physique apparemment incompatible avec l'obtention du permis qu'ils demandent, doivent fournir un certificat médical, délivré par un médecin agréé et portant la mention « favorable ». Doivent fournir ce certificat les personnes :
– atteintes d'une incapacité physique ;
– atteintes de la perte de vision d'un œil ;
– titulaires à titre civil militaire d'une pension d'invalidité ou ayant fait l'objet d'une décision de réforme définitive ou temporaire, de manière à vérifier que ce ne soit pas pour l'une des causes mentionnées ci-dessus.

Votre dossier est désormais constitué. Vous vous sentez apte à affronter les épreuves et...

Vous allez passer l'examen du permis de conduire

Celui-ci comporte deux parties.
L'une audiovisuelle, en salle et théorique, consiste en une interrogation sur la signalisation routière, le code de la route et la réglementation routière et administrative locale : 40 diapositives sont présentées au candidat qui doit fournir

35 réponses justes pour être reçu. Il pourra alors présenter l'épreuve suivante. Celle-ci, pratique, consiste en une épreuve de conduite d'environ 20 minutes en ville, comportant notamment 2 ou 3 manœuvres, et sur route. Seuls peuvent subir l'épreuve pratique les candidats ayant obtenu un résultat favorable à l'épreuve théorique.
En cas d'échec à l'une ou l'autre de ces épreuves, les candidats sont convoqués dans les délais les plus courts compte tenu des nécessités du service national des examens du permis de conduire (SNEPC).
Les candidats ayant obtenu un résultat favorable à l'épreuve théorique ne conservent le bénéfice de leur admissibilité que pour 5 épreuves pratiques, et à condition qu'un délai supérieur à 2 ans ne se soit pas écoulé depuis l'obtention de l'admissibilité.
Les candidats au permis de conduire de la catégorie B peuvent demander à subir l'épreuve sur un véhicule muni d'un embrayage automatique. Dans ce cas, et après avoir satisfait à cette épreuve, ils reçoivent du préfet un permis de conduire les véhicules de la catégorie B, valable seulement pour la conduite de véhicules munis d'un embrayage automatique. L'article R. 123-1 du Code de la route énonce que les personnes ayant obtenu à l'étranger, alors qu'elles y avaient leur domicile, l'autorisation de conduire un véhicule automobile, peuvent être dispensées de l'obligation de l'épreuve du permis de conduire, dans les conditions et selon les modalités définies par le ministre de l'Équipement après avis du ministre des Affaires étrangères et du ministre de l'Intérieur. (Pour tous renseignements détaillés à ce sujet, vous pouvez vous adresser à votre commissariat de police.)

Le permis probatoire

Depuis le 1er mars 2004, les « conducteurs novices » de toutes les catégories de véhicules (y compris les motos), à savoir non seulement les conducteurs qui ont obtenu leur permis pour la première fois, mais aussi ceux qui ont dû le repasser après une annulation, se voient attribuer un permis dit « probatoire » doté de 6 points au lieu de 12.
Si, à l'issue d'une période probatoire de 3 ans et de 2 ans en cas de conduite accompagnée, ces conducteurs n'ont commis aucune infraction entraînant un retrait de points, les 12 points leur seront attribués.
Si le novice perd des points pendant la période probatoire, il devra suivre un stage de « sensibilisation à la sécurité routière » de deux jours dans un centre agréé. À l'issue de ce stage, une attestation lui sera remise qui lui permettra de demander le remboursement de l'amende à laquelle il avait été condamné. Le stage permet de gagner jusqu'à 4 points, sans pouvoir dépasser le plafond de 6 points. Il n'est possible de suivre qu'un stage tous les 2 ans au maximum.
S'il perd 6 points pendant la période probatoire, il devra repasser l'examen complet (code et conduite).

Ces formalités sont-elles suffisantes pour les conducteurs de poids lourds ?

Non. Pour être autorisés à circuler, un décret du 30 novembre 1984 fait obligation, outre l'obtention du permis, aux conducteurs de poids lourds et de caravanes, ainsi qu'aux infirmes, de passer une visite médicale :
- tous les 5 ans jusqu'à 60 ans ;
- tous les 2 ans à partir de 60 ans ;
- tous les ans au-delà de 76 ans.

Vous êtes donc titulaire d'un permis régulièrement délivré.
Quels contrôles peuvent être exercés à votre égard ? À quelles sanctions êtes-vous exposé ?

III – Les sanctions

Les contrôles

Quelles sont les catégories d'agents habilités à constater les infractions à la police de la circulation routière ? Ce sont :
- les officiers de police judiciaire ;
- les gendarmes n'ayant pas la qualité d'officiers de police judiciaire et les officiers de police adjoints ;
- les commandants, officiers, gradés et sous-brigadiers de la police nationale ;
- les gardiens de la paix de la police nationale comptant 2 ans de service effectifs dans les formations en tenue ;
- les personnels assermentés de l'Office national des forêts lorsque les contraventions prévues à l'article R. 248 sont commises sur les chemins forestiers ouverts à la circulation publique ;
- les gardes champêtres des communes et agents de police, etc. dans certains autres cas (articles R. 250 et R. 250-1 du Code de la route).

La constatation se fait par procès-verbal. Les divers agents doivent faire celle-ci directement, au moment où l'infraction est commise, « et non par des déductions ou hypothèses a posteriori ».
Si les agents verbalisateurs ne sont pas assermentés (agents autres que ceux prévus aux articles R. 249 à R. 251), ils devront prêter serment devant le juge du tribunal de police de leur résidence. Les procès-verbaux font foi jusqu'à preuve du contraire et ne sont pas soumis à « l'affirmation » (article R. 253).

Quelles pièces devez-vous fournir à toute réquisition des agents de l'autorité ? La carte grise de la voiture et éventuellement celle de la remorque si le poids total autorisé en charge excède 500 kg.

Le permis : les articles R. 137 et R. 187 du Code de la route font obligation de présenter le permis à toute réquisition de l'agent de l'autorité compétente. Si une personne se rend coupable d'une non-présentation involontaire du permis, elle sera punie d'une amende. En revanche, s'il y a refus de présentation, le conducteur récalcitrant s'expose aux peines de l'article L. 4 du Code de la route qui prévoit un emprisonnement de 3 mois et une amende de 3 750 €, ou l'une de ces deux peines seulement.
L'attestation d'assurance : la loi prévoit une amende à l'encontre de tout conducteur qui n'a pas été en mesure de présenter un document faisant présumer que l'obligation d'assurance a été satisfaite. Si le conducteur refuse de justifier qu'il est assuré, il est passible des peines prévues à l'article L. 4 du Code de la route (*cf.* ci-dessus). L'assureur qui reçoit demande de ces documents doit les délivrer dans un délai de 15 jours, à peine d'une amende. Le Code des assurances énonce que l'attestation reste valable pendant les 2 mois qui suivent la date d'expiration du contrat.
Le fait de présenter une attestation périmée depuis plus de 2 mois constitue l'infraction du défaut de présentation.
La vignette : sa possession est obligatoire. Néanmoins certains tribunaux considèrent que ce document étant de type fiscal, la non-présentation aux autorités de police n'est pas sanctionnable en tant que telle.

Certains accessoires donnent lieu à une réglementation particulière. Le poste récepteur radiophonique : un décret du 29 décembre 1960 dispose que le détenteur d'un poste récepteur radiophonique n'a, quels qu'en soient le nombre et le lieu d'utilisation, qu'une seule redevance à acquitter, justifiée par un seul récépissé. En accord avec la radiodiffusion télévision française, les services de police, chargés du contrôle de la circulation, sont dispensés, depuis 1961, de procéder eux-mêmes à cette vérification.
L'ouverture du coffre : cette ouverture peut constituer l'une des vérifications prescrites concernant le véhicule. Le conducteur est tenu de s'y soumettre, sous peine des sanctions prévues à l'article L. 4 du Code de la route. Cependant, la Cour de cassation (chambre criminelle, 23 juin 1964) a décidé que l'article L. 4 « ne saurait autoriser les fonctionnaires ou agents chargés de constater les infractions à la circulation, à exiger sous peine de sanctions pénales l'ouverture du coffre d'un véhicule, hors le cas d'investigations entreprises dans les formes légales ».

Des formalités complémentaires sont exigées au passage des frontières. Le contrôle aux frontières et hors des frontières étant soumis à variation, il est prudent avant le départ de vous renseigner au *consulat* ou à l'*office du tourisme* des pays que vous voulez visiter ou simplement traverser.
Vous devrez très souvent vous munir d'un permis de conduire international. Vous pouvez vous renseigner et le demander à la préfecture de votre domicile, sur présentation de votre permis de conduire, d'une carte d'identité et de 2 photos. Vous devrez aussi contracter une assurance spéciale (voir ce chapitre).

Les infractions : les contraventions

On appelle infraction « toute violation d'une disposition légale ou réglementaire, dont l'inobservation est sanctionnée par une peine ».
Il existe trois catégories d'infractions : les crimes, les délits et les contraventions, qui se déterminent d'après la peine encourue. La majorité des infractions routières sont des contraventions relevant de la compétence du tribunal de police.

Constatation et preuves. Les règles applicables ont été énoncées précédemment, à la rubrique relative aux contrôles.

Les diverses contraventions. En donner une liste serait fastidieux, mais on peut les ranger sous dix grandes rubriques : – stationnement – conduite du véhicule – sens imposé à la circulation – vitesse – croisement et dépassement – intersection – usage des dispositifs d'éclairage et de signalisation – usage des voies publiques – équipement des véhicules – les autres contraventions prévues par le Code pénal ou d'autres textes tels que des arrêtés municipaux.
À cet égard, la prudence élémentaire consiste à se reporter au Code de la route.

Le paiement. L'amende forfaitaire évite au contrevenant de comparaître devant le tribunal de police. Cette formule est possible :
– quand la contravention est punie d'une amende de 180 € au maximum ;
– quand la contravention n'a entraîné aucun dommage aux personnes ou aux biens ;
– à la condition que le contrevenant ne soit pas un récidiviste ;
– si le procès-verbal ne constate pas plus de deux contraventions à la charge de la personne verbalisée.

Les agents verbalisateurs sont habilités à percevoir les amendes forfaitaires lorsqu'ils sont porteurs du « carnet à souches ». Le paiement entre les mains de l'agent verbalisateur donne lieu alors à la délivrance d'une quittance extraite du carnet à souches. Un procès-verbal sommaire est dressé et transmis au procureur de la République.
Le paiement de l'amende forfaitaire entre les mains de l'agent verbalisateur est facultatif. En cas de refus, un procès-verbal est dressé et l'affaire est suivie conformément aux dispositions du Code de procédure pénale.
Le paiement de l'amende forfaitaire peut s'effectuer depuis le 1er juillet 1967 au moyen du *timbre amende*. L'agent verbalisateur remet au conducteur ou laisse sur le pare-brise un avis de contravention, qui comprend deux parties :
– l'une à conserver par l'automobiliste ;
– l'autre, la carte de paiement, à expédier.

La partie à envoyer doit être collée au recto de la carte de paiement. Seul le timbre amende est actuellement valable.

On peut se le procurer chez les trésoriers payeurs généraux, les receveurs des finances, les percepteurs et chez de nombreux débitants de tabac. La carte de paiement sera envoyée au service destinataire indiqué. Elle doit parvenir dans un délai de 30 jours suivant la constatation de l'infraction.

Le casier des contraventions de circulation. Ce casier a été institué par l'arrêté du 9 janvier 1960 en application de l'article L. 22 du Code de la route. Il est entré en vigueur le 1er mars 1960.
Comment fonctionne ce casier ? Les contraventions sont désormais centralisées et répertoriées. Les fiches relatives aux condamnations pour contravention de circulation sont versées à un casier spécial appelé casier des contraventions de circulation tenu au service du casier judiciaire national automatisé.
Le bulletin du casier des contraventions de circulation, qui est le relevé intégral des fiches, ne peut être communiqué qu'aux autorités judiciaires ou au préfet saisi d'une infraction pouvant donner lieu à la suspension administrative du permis. Deux ans après la condamnation, le greffier en chef du tribunal de grande instance et le magistrat du parquet chargé des questions relatives au casier judiciaire procèdent à l'épuration du casier.
Quelles sont les décisions donnant lieu à l'établissement d'une fiche ? Ce sont les contraventions dont la répression est prévue par un certain nombre d'articles du Code pénal qu'il serait fastidieux d'énumérer. Précisons cependant que seront fichées toutes les infractions pour non-respect des sens imposés à la circulation, ou des dimensions du chargement ou bien encore des dimensions des plaques d'immatriculation.

Les infractions : les délits

Sont des délits toutes les infractions que la loi punit d'une peine d'amende supérieure à 3 750 € ou d'une peine d'emprisonnement supérieure à 2 mois et égale ou inférieure à 5 ans. En matière routière, les délits peuvent se regrouper autour de cinq idées :

Infractions à la conduite de véhicules ou des animaux. Ce sont :
– l'homicide involontaire ;
– les blessures involontaires ayant entraîné une incapacité de travail de plus de 3 mois ;
– la conduite en état d'ivresse ;
– le délit de fuite ;
– le refus d'obtempérer, qui est le fait « par un conducteur d'omettre volontairement de s'arrêter à la suite d'une sommation émanant d'un agent habilité, muni des insignes extérieurs et apparents de sa qualité » ;
– le refus de se soumettre à des vérifications concernant le véhicule ou la personne.

À titre d'exemple, nous examinerons l'hypothèse de la *conduite en état d'ivresse.* Ayant déjà évoqué cette question dans le chapitre intitulé « L'alcool et le tabac » nous nous contenterons ici d'exposer les modalités du contrôle de l'état d'ivresse.

La preuve : il faut distinguer deux types de contrôle, à savoir les dépistages et les vérifications. Les dépistages sont opérés au moyen d'instruments mesurant le taux d'alcool dans l'air expiré (alcootest ou éthylotest) alors que les vérifications supposent soit l'utilisation d'un appareil plus précis appelé l'éthylomètre, soit une prise de sang.

Les cas où la recherche de l'alcoolémie est prescrite. S'agissant des dépistages, les textes sont assez obscurs pour permettre ce type de contrôle en toutes circonstances. S'agissant des vérifications, l'article L. 3354-1 du Code de la santé publique précise que *:*
– en cas d'accident mortel, les vérifications sont obligatoires sur la personne de l'auteur présumé de l'infraction ;
– en cas d'accident de la circulation, on doit procéder aux vérifications s'il apparaît que l'accident a été causé sous l'empire de l'état alcoolique ;
– on doit procéder à toutes les vérifications sur la personne de la victime, si les premiers éléments de l'enquête laissent supposer que celle-ci était sous l'empire d'un état alcoolique.

Qui est habilité à faire ce contrôle ? Les officiers de police judiciaire et agents de police judiciaire ou administrative font procéder aux vérifications destinées à établir la présence d'alcool dans l'organisme. Ils le font dans les conditions prévues et énoncées aux articles R. 234-1 et suivants du Code de la route.

Le refus de se soumettre aux contrôles. Toute personne refusant de faire l'objet d'un simple dépistage peut être soumis aux techniques de contrôle prévues en matière de vérification du taux d'alcoolémie dans le sang. Quiconque refuse de se soumettre aux vérifications prescrites par l'article L. 3354-1 du Code de la santé publique encourt une peine de 2 ans d'emprisonnement et de 4 500 € d'amende.

Infractions concernant les plaques et inscriptions des véhicules à moteur. Cela concerne :
– le défaut de plaques d'immatriculation ;
– l'usage d'une plaque ou d'une inscription portant de fausses indications ;
– le défaut de plaques ou d'inscriptions, avec cette circonstance que la personne aura, en outre, fait sciemment de fausses déclarations (numéro, nom, domicile) ;
– l'utilisation d'une plaque ou d'une inscription ne correspondant pas à la qualité du véhicule ou à celle de l'utilisateur.

Infractions aux règles concernant les conditions administratives de la circulation des véhicules et leur conducteur. Infractions aux règles concernant l'usage des voies ouvertes à la circulation. Cela vise :
– l'organisation des courses de véhicules à moteur mécanique sans autorisation de l'autorité administrative ;
– l'entrave ou gêne à la circulation, lorsqu'on place ou tente de placer sur une voie ouverte à celle-ci un objet faisant obstacle au passage des véhicules. Le fait d'avoir employé un moyen quelconque pour y mettre obstacle est assimilable à la situation précédente ;
– la signalisation irrégulièrement apposée.

Enseignement de la conduite des véhicules à moteur. L'article L. 29 du Code de la route dispose que « les infractions aux dispositions réglementaires concernant l'enseignement de la conduite des véhicules à moteur seront punies d'une amende de 3 750 € et, en cas de récidive, d'une amende de 7 500 €. La privation du droit d'enseigner à titre temporaire ou définitif et la confiscation du matériel ayant servi à la pratique illégale de l'enseignement pourront en outre être prononcées ».

La suspension et le retrait du permis de conduire

Les causes. L'article R. 266 du Code de la route définit les infractions graves qui, en dehors des délits routiers, sont susceptibles d'entraîner une suspension du permis de conduire, dès la première infraction :
– circulation sur la partie gauche de la chaussée en marche normale ;
– chevauchement ou franchissement d'une ligne continue seule ou, si elle est doublée d'une ligne discontinue, dans les cas où cette manœuvre est interdite ;
– changement important de direction, sans que le conducteur se soit assuré que la manœuvre est sans danger pour les autres usagers et sans qu'il ait averti ceux-ci de son intention ;
– vitesse excessive dans les cas où elle doit être réduite et, notamment, pour les titulaires de permis de moins de 1 an, dépassement de la limite des 90 km/h ;
– dépassement dangereux ;
– accélération d'allure par le conducteur d'un véhicule sur le point d'être dépassé ;
– non-respect de la priorité ;
– non-respect de l'arrêt imposé par le panneau « stop » ou par un feu de signalisation ;
– arrêt ou stationnement dangereux ;
– maintien des feux de route et des feux antibrouillard à la rencontre de véhicules ;
– circulation ou stationnement sur la chaussée, la nuit ou par temps de brouillard, en un lieu dépourvu d'éclairage public d'un véhicule sans signalisation et éclairage ;
– manœuvres interdites sur une autoroute ;
– utilisation de matériel antiradar ;
– non-respect de l'obligation d'assurance ;

– circulation en sens interdit ;
– non-respect des dispositions concernant les barrières de dégel et le passage des ponts.

En quel cas suspend-on le permis de conduire ? La suspension du permis de conduire peut être ordonnée comme *peine complémentaire* par les tribunaux statuant en matière correctionnelle ou de police, lorsque le conducteur s'est rendu coupable :
– d'homicide involontaire ;
– de blessures involontaires ayant entraîné une incapacité de travail supérieure à 3 mois ;
– de conduite en état d'ivresse ou sous l'empire d'un état alcoolique (plus de 0,5 g par litre de sang) ;
– de délit de fuite après accident ;
– de refus d'obtempérer ;
– de refus de se soumettre aux vérifications concernant le véhicule ou la personne ;
– d'entrave volontaire de la circulation ;
– de défaut de plaque d'immatriculation ;
– d'infraction fiscale ;
– de transport frauduleux d'alcool ;
– de proxénétisme.

Cette peine ainsi que sa durée sont mentionnées sur la fiche du casier judiciaire. De même, le tribunal de police peut ordonner la suspension du permis, lorsqu'il condamne le contrevenant à une peine principale, et ce, dans deux hypothèses :
– blessures involontaires ayant entraîné une incapacité inférieure ou bien égale à 3 mois ;
– une des infractions à l'article R. 266 du Code de la route (précédemment cité).

Enfin le tribunal, par jugement, peut prononcer la suspension du permis pendant 3 ans ou plus, en cas de condamnation prononcée à l'occasion de la conduite d'un véhicule pour l'une des infractions suivantes :
– conduite sous l'emprise d'un état alcoolique ;
– le fait d'avoir contrevenu sciemment aux dispositions réglementaires concernant les barrières de dégel, etc. ;
– infractions d'homicide ou blessures involontaires ;
– contraventions à la législation ou à la réglementation sur la police de la circulation routière, limitativement énumérées par un règlement d'administration publique pris sur le rapport du garde des Sceaux, du ministre de l'Intérieur, du ministre des Travaux publics, des Transports et du Tourisme.

La double procédure de retrait ou de suspension du permis. Le conducteur qui a été mis en cause pour une infraction grave à la circulation routière est sanctionné par une double procédure.

• La procédure administrative : le procès-verbal est transmis au préfet qui engage une poursuite contre le contrevenant devant la commission de suspension. Dix jours au moins avant la séance, le conducteur reçoit une convocation à comparaître devant la commission. Il peut se faire assister notamment par un avocat. La commission écoute les arguments du conducteur fautif qui peut faire valoir, le cas échéant, qu'il a besoin de circuler en voiture pour son travail. La commission rend ensuite un avis sur la sanction à prendre et, en fonction de cet avis, le préfet peut prononcer la suspension du permis pour 6 mois voire un an. L'arrêté préfectoral est notifié au conducteur soit par la police, soit par la gendarmerie et c'est alors que l'intéressé doit remettre, contre récépissé, son permis de conduire. Le délai de suspension commence à courir le jour de cette remise.
Il existe également une procédure administrative d'urgence qui permet au préfet, après consultation d'un délégué de la commission, de suspendre immédiatement le permis de conduire pour une durée maximale de 2 mois. Cette procédure d'urgence est mise en œuvre quand le maintien du conducteur au volant constitue une menace grave et immédiate pour la sécurité des usagers de la route.

• La procédure judiciaire : lorsqu'il reçoit le procès-verbal, le procureur peut soit classer sans suite, soit renvoyer le conducteur devant le tribunal correctionnel ou le tribunal de police selon la gravité de l'infraction. Par la suite, les juges peuvent prononcer la suspension du permis de conduire avec ou sans sursis et pour une durée maximale de 3 ans (6 ans en cas de récidive), pour conduite en état alcoolique ou en cas de récidive. Si c'est l'annulation du permis qui est prononcée, le tribunal fixe un délai pendant lequel l'automobiliste ne peut pas solliciter de nouveau permis (maximum 5 ans).

Le permis à points

En vertu d'une loi du 10 juillet 1989, applicable à compter du 1er juillet 1992, modifiée par deux décrets du 23 novembre 1992, le permis de conduire se trouve affecté de 12 points qui disparaissent au fil des infractions commises par le titulaire du permis. Au bout de 3 années, si le condamné n'a pas commis de nouvelle infraction lui faisant perdre de nouveaux points, les points perdus lui sont automatiquement restitués. Une restitution partielle peut aussi intervenir si le conducteur se soumet à une formation destinée à éviter les accidents de la route. En outre, même avec de nouvelles condamnations portant perte de points et en l'absence de stage de formation, les points perdus sont automatiquement restitués après 10 ans.
Le retrait de points ne peut avoir lieu qu'après le paiement de l'amende forfaitaire et lorsque la décision devient définitive, c'est-à-dire lorsque toutes les voies de recours sont épuisées. Le retrait de points est notifié au conducteur par une lettre qui lui est adressée et dont les termes ne sont communiqués ni à la compagnie d'assurance, ni à l'employeur.

Une récente réforme permet à l'automobiliste d'être mieux informé sur le nombre de points qu'il détient. Désormais, le conducteur qui a moins de 6 points sera prévenu par un courrier recommandé avec A.-R. et il lui sera proposé d'effectuer un stage pour récupérer au moins une partie des points perdus. En outre, sur Internet, il sera également possible de connaître l'état de ses points (service « télépoints » sur le site du ministère de l'Intérieur www.interieur.gouv.fr), après communication par l'administration d'un code confidentiel. Ce code peut être obtenu dans les préfectures soit en s'y rendant, soit en demandant par courrier.

Le barème est le suivant :
• 6 points :
– homicide ou blessures involontaires entraînant une incapacité de travail de plus de 3 mois ;
– conduite en état d'alcoolémie de plus de 0,8 g ou refus de se soumettre au test d'alcoolémie ;
– délit de fuite, refus d'obtempérer ;
– entrave ou gêne à la circulation ;
– défaut volontaire de plaques d'immatriculation, fausses plaques ou fausses déclarations ;
– conduite sans permis.

• 4 points :
– blessures involontaires n'entraînant pas une incapacité de travail de plus de 3 mois ;
– circulation en sens interdit ;
– dépassement de 40 km/h ou plus d'une vitesse maximale autorisée ;
– non-respect de la priorité ;
– non-respect du panneau stop ;
– circulation sans éclairage ni signalisation la nuit ou dans le brouillard ;
– manœuvre interdite sur une autoroute (marche arrière ou demi-tour).

• 3 points :
– circulation sur la bande d'arrêt d'urgence ;
– excès de vitesse si le conducteur a son permis depuis moins de 2 ans ;
– dépassement de la vitesse maximale autorisée compris entre 30 et 40 km/h ;
– dépassement dangereux ;
– stationnement de nuit sans éclairage ;
– changement de direction imprudent ;
– franchissement d'une ligne continue ;
– circulation à gauche ;
– conduite avec un taux d'alcoolémie compris entre 0, 5 et 0, 8 g ;
– utilisation d'un téléphone portable au volant ;
– défaut de port d'un casque homologué pour les cyclomotoristes ;
– défaut du port de la ceinture de sécurité.

• 2 points :
– circulation ou stationnement sur le terre-plein central d'autoroute ;
– dépassement de la vitesse maximale autorisée compris entre 20 et 30 km/h ;
– accélération lorsque l'on est sur le point d'être dépassé.

• 1 point :
– chevauchement d'une ligne continue ;
– dépassement de moins de 20 km/h de la vitesse maximale autorisée ;
– maintien des feux de route gênants ;
– non-respect d'un sens interdit.
En cas de retrait d'un point une seule fois dans l'année, le point pourra être restitué au bout d'un an.

2

LE VÉHICULE

I – L'acquisition

L'achat

1. *Le véhicule neuf*

Au comptant. Si vous achetez un véhicule *neuf*, outre le bon de commande, vous devrez signer une demande d'immatriculation. Vous devrez déposer celle-ci, mais également une photo et une pièce d'identité. À la demande d'immatriculation seront joints un certificat de conformité délivré par le constructeur, attestant que le véhicule n'a subi aucune modification notable ainsi qu'un certificat de vente. Ce dernier ne comportera ni rature, ni surcharge. Si le certificat a été rempli à la machine à écrire, le vendeur fera précéder sa signature de la mention « lu et approuvé ».

2. *Le véhicule d'occasion*

Au comptant. Toute personne qui entend céder à un non-professionnel une voiture dont la date de mise en circulation remonte à plus de 5 ans doit soumettre ce véhicule à un contrôle technique (excepté le cas où un tel contrôle a déjà été fait dans les 6 mois précédant la vente). Cette règle est applicable à tous les véhicules dits de tourisme, aux véhicules utilitaires dont le poids total autorisé en charge n'excède pas 3,5 tonnes, aux taxis, aux voitures auto-école, etc., mais non aux voitures de collection reconnues comme telles.
Ce contrôle est aux frais du vendeur, qui doit y faire procéder dans les 6 mois précédant la date du dépôt à la préfecture de police du dossier de carte grise de l'acquéreur. Si le délai n'est pas respecté, l'immatriculation sera refusée. Le contrôle technique peut être effectué dans n'importe quel centre agréé par l'État. Il porte sur 52 points (pneus, freins, suspension...), et se conclut par un rapport sur lequel figurent toutes les anomalies constatées, celles-ci pouvant donner lieu à deux appréciations distinctes : à corriger sans contre-visite ou à corriger avec

contre-visite obligatoire (celle-ci devra être faite dans un délai de 2 mois..., sauf à reprendre toute la procédure à zéro !).
Lorsque le véhicule a subi le contrôle et est jugé apte à la vente, le contrôleur appose le cachet « A » sur la carte grise et remet au vendeur un récépissé. Un macaron doit ensuite être apposé sur le pare-brise.

À crédit. Les formalités d'immatriculation sont les mêmes que pour la vente au comptant. De plus, il faut procéder à une demande de crédit dont les modalités vous seront indiquées par votre vendeur. En cas de non-paiement des sommes dues, le vendeur bénéficie d'un privilège, qui lui permet de faire procéder à la vente publique du bien gagé (article 3 du décret du 30 septembre 1953), ou nanti (article 14 de la loi du 18 janvier 1951). S'il le préfère, il peut aussi poursuivre l'attribution du gage à son profit en vertu de l'article 278 du Code civil. Les barèmes de crédit sont différents selon que le véhicule est acheté neuf ou d'occasion.

La location

Selon l'article 1709 du Code civil, « le louage de choses est un contrat par lequel l'une des parties s'oblige à faire jouir l'autre d'une chose, pendant un certain temps, et moyennant un certain prix que celle-ci s'oblige à lui payer ». Dans le louage de véhicules, on se trouve donc en présence d'une société de location de voitures qui met à la disposition d'un particulier un véhicule moyennant rétribution. Les conditions varient d'un loueur à l'autre. Il est donc prudent de se renseigner auprès de chacun sur les dispositions applicables.

II – L'état du véhicule

Les véhicules à quatre roues

Certains *accessoires* sont *obligatoires*. Si le véhicule est muni d'un pare-brise, il doit avoir un dispositif lave-glace et un essuie-glace de surface suffisante pour que le conducteur puisse, de son siège, voir distinctement la route.
Un miroir rétroviseur, disposé de façon à permettre au conducteur de surveiller la route vers l'arrière et un rétroviseur extérieur, un indicateur de vitesse en bon état de fonctionnement, un indicateur de changement de direction, des ceintures de sécurité. À l'arrière comme à l'avant, le véhicule doit être muni de dispositifs d'éclairage et de signalisation.

Les avertisseurs. Les avertisseurs sonores doivent être conformes à un type homologué. Leur usage est interdit en agglomération, sauf péril imminent.

Les plaques. Un véhicule automobile doit porter :
– 2 plaques d'immatriculation (à l'avant et à l'arrière). Elles doivent être de dimension réglementaire, de couleur noire et porter en blanc le numéro minéralogique figurant sur la carte grise. Fixées en évidence, elles seront aussi inamovibles ;
– 1 plaque de constructeur portant le nom ou la marque de celui-ci, l'indication du type et le numéro dans la série, le poids total en charge ;
– 1 plaque de tare, si le véhicule est destiné au transport de marchandises ;
– 1 plaque de nationalité si vous circulez à l'étranger ; cette plaque est obligatoire depuis l'arrêté du 7 juin 1967; elle est constituée d'un « F majuscule latin noir sur fond blanc elliptique dont le grand axe est horizontal ».

Les marques non réglementaires (EUR-BZH-etc.), qui peuvent être confondues avec des signes officiels, sont interdites, mais la jurisprudence est encore divisée quant à la régularité de cette mesure.
Les conducteurs, quel que soit leur âge, titulaires du permis de conduire depuis moins de 1 an, ne doivent pas dépasser une vitesse de 90 km/h. Aussi ont-ils l'obligation d'apposer, à l'arrière de la voiture, à gauche, un disque blanc de 15 centimètres de diamètre indiquant la lettre A (pour « apprentissage »). Ce disque ne doit gêner en aucun cas ni la visibilité des plaques, ni celle des feux, ni le champ de vision du conducteur.

Les dispositifs d'éclairage obligatoires. Tout véhicule doit être muni :
– *à l'avant :* de 2 feux de position, l'un à gauche, l'autre à droite, émettant une lumière non éblouissante, visible à 150 mètres, la nuit, par temps clair ; d'au moins 2 feux de route éclairant efficacement la route, à 100 mètres minimum, par temps clair ; de 2 feux de croisement, éclairant efficacement la route à 30 mètres minimum, par temps clair, mais non éblouissants et de lumière jaune ;
– *à l'arrière :* de 2 feux émettant une lumière rouge non éblouissante, visible la nuit, par temps clair, à une distance de 150 mètres ; d'1 dispositif lumineux rendant visible, à 20 mètres minimum, la nuit et par temps clair, le numéro de la plaque d'immatriculation ; de 2 signaux de freinage de lumière rouge non éblouissante ; de 2 dispositifs réfléchissant une lumière rouge, visibles la nuit par temps clair et à 100 mètres quand ils sont éclairés par les feux de route du véhicule suivant.

À l'avant comme à l'arrière, sont également obligatoires des indicateurs de changement de direction, à position fixe et à lumière clignotante.
Notons que les feux de lumière jaune, actuellement admis en France, sont susceptibles de devenir à lumière blanche, pour une harmonisation au sein de l'UE.

La visite technique. Pour certaines catégories de véhicules de transport de marchandises, entrant dans les catégories ci-après :
– véhicules automobiles dont le poids total autorisé en charge est supérieur à 6 tonnes ;

– semi-remorques dont le poids total autorisé en charge est supérieur à 6 tonnes ;
– remorques dont le poids total autorisé en charge est supérieur à 6 tonnes.

Les visites techniques sont prévues aux articles R. 118 à R. 122 du Code de la route, pour la première fois sitôt après avoir fait l'objet de la déclaration de mise en circulation prévue à l'article R. 110 du Code de la route, et, par la suite, de façon périodique.
L'arrêté du 18 avril 1974 a étendu ces dispositions aux véhicules de transport de marchandises dont le poids total autorisé en charge excède 3,5 tonnes, sans dépasser 6 tonnes. Leur propriétaire dispose toutefois d'un délai maximum de 1 an pour les présenter à la première visite technique, après leur immatriculation.

Le contrôle technique des véhicules. Pour améliorer la sécurité routière, le principe du contrôle technique des véhicules a été affirmé par la loi n° 89-469 du 10 juillet 1989.
Seront soumises à un contrôle technique périodique, les voitures particulières âgées de plus de 4 ans.
Ce contrôle sera obligatoire tous les 2 ans, et non plus seulement en cas de revente du véhicule. Le propriétaire aura l'obligation de réparer les principaux organes de sécurité.
Les fonctions de contrôleur et de réparateur seront obligatoirement indépendantes l'une de l'autre.

Les véhicules à deux roues

Les accessoires obligatoires. Tout vélomoteur ou motocyclette doit être muni d'un indicateur de vitesse, maintenu en bon état de fonctionnement, et placé bien en vue du conducteur, d'un rétroviseur de dimension suffisante, d'un silencieux ou pot d'échappement, pour amortir les explosions du moteur (le niveau sonore ne doit pas dépasser 80 décibels pour le vélomoteur) et de dispositifs d'éclairage :
– *à l'avant :* 1 lanterne s'il s'agit d'un cycle ou d'un cyclomoteur ; 1 ou 2 feux de position, 1 feu de route, 1 feu de croisement, pour un vélomoteur ou une motocyclette ;
– *à l'arrière :* 1 feu rouge et 1 ou plusieurs dispositifs réfléchissants de couleur rouge, s'il s'agit d'un cycle ou d'un cyclomoteur ; 1 ou 2 feux rouges, 1 dispositif lumineux destiné à éclairer la plaque minéralogique, un catadioptre, pour un vélomoteur ou une motocyclette.

Les avertisseurs. Tout cycle doit être muni d'un appareil sonore ou grelot audible à 50 mètres au moins.

Les plaques. À compter du 1er janvier 2004, tous les scooters doivent être immatriculés. L'immatriculation de ces véhicules de moins de 50 cm^3 sera effectuée par les vendeurs et les cartes grises seront adressées directement au domicile de l'acheteur. Tout cycle ou cyclomoteur doit porter une plaque indiquant le nom et l'adresse du propriétaire. Sur le moteur des cyclomoteurs, doit être fixée une plaque indiquant le nom du constructeur, le type de véhicule, sa cylindrée, le lieu et la date de réception du véhicule par le service des Mines. Tout vélomoteur ou motocyclette doit porter, de façon apparente, une plaque du constructeur. Tout vélomoteur ou motocyclette doit porter, à l'arrière, une plaque d'immatriculation.

Les freins. Le freinage doit être assuré par deux freins indépendants et efficaces.

Le casque. Tout conducteur et passager de motocyclette ou de vélomoteur est tenu de porter un casque ayant une estampille de conformité.
Il en va de même pour les conducteurs de cyclomoteur.

3

LA REMORQUE, LA CARAVANE, LE TRANSPORT DES ENFANTS

I – Le permis

Aucun permis spécial autre que celui de la voiture n'est nécessaire si le poids total en charge n'excède pas 750 kg. Au-delà, il est obligatoire de posséder le permis E.

II – La carte grise

Si la caravane pèse plus de 500 kg de poids total en charge, elle est soumise à une immatriculation particulière, lui octroyant une carte grise séparée.

III – Les rétroviseurs

Il faut obligatoirement un rétroviseur extérieur à gauche. Il en faut aussi un à droite si la remorque masque le champ du rétroviseur intérieur ou si la largeur de la remorque dépasse celle de la voiture.

IV – Les freins

Si la remorque a un poids total en charge qui dépasse soit 750 kg, soit la moitié du poids du véhicule tracteur, elle doit être équipée d'un frein de parcage et d'un frein de route qui freinent la remorque et assurent l'arrêt en cas de rupture de l'attelage. Jusqu'à 1 500 kg, le système de sécurité en cas de rupture peut être remplacé par une attache secondaire (chaîne ou câble).

V – Les signalisations

La remorque doit être équipée d'une plaque d'immatriculation arrière qui est identique à celle du véhicule tracteur lorsque son poids total en charge est inférieur ou égal à 500 kg. Au-delà, la remorque doit être équipée – de manière inamovible – d'une plaque d'immatriculation arrière différente (ainsi qu'il a été dit). Dans tous les cas, il faut un dispositif d'éclairage permettant de lire la plaque d'immatriculation la nuit. Enfin, la plaque du constructeur doit être apposée sur la remorque quel que soit son poids.

L'arrière de la remorque doit en outre être équipé :
- de deux feux de position ;
- de deux ou trois feux de stop lorsque le poids total en charge de la remorque est supérieur à 500 kg ; un ou deux feux de stop sont également nécessaires lorsque le chargement d'une remorque (dont le poids total en charge est inférieur ou égal à 500 kg) masque les feux de stop du véhicule tracteur (deux feux de stop sont obligatoires si la largeur de la remorque dépasse 1,30 mètre) ;
- d'un ou deux feux de brouillard ;
- de deux feux d'encombrement si la largueur de la remorque excède 2,10 mètres (également obligatoire à l'avant) ;
- de deux clignotants lorsque le poids total en charge de la remorque est supérieur à 500 kg et lorsque le chargement d'une remorque (dont le poids total en charge est inférieur ou égal à 500 kg) masque les clignotants du véhicule tracteur ; néanmoins, il semble que les clignotants soient en tout état de cause obligatoires puisque toute remorque doit être équipée d'un signal de détresse ;
- de deux catadioptres de couleur rouge et de forme triangulaire.

Enfin, l'avant de la remorque doit être équipé :
- de deux feux de position avant si sa largeur dépasse soit 1,60 mètre soit la largeur du véhicule tracteur de plus de 20 cm ;
- de deux catadioptres non triangulaires de couleur blanche.

VI – La caravane et l'assurance

L'assurance est obligatoire pour les caravanes. En général, l'assurance du véhicule tracteur couvre l'attelage d'une remorque inférieure à 750 kg. Néanmoins, par prudence, une vérification s'impose auprès de votre compagnie d'assurances. En outre, la garantie ne couvre généralement pas les dommages subis par la remorque lors d'un accident causé par le véhicule tracteur.
Au-delà de ce poids, il convient de prendre une assurance complémentaire, laquelle – si elle n'est pas souscrite auprès de l'assureur de votre véhicule –

doit être portée à sa connaissance (étant rappelé qu'il faut disposer du Permis E).
Il faut également mentionner l'existence de contrats spéciaux, dits « contrats de caravaning », pouvant couvrir tous risques concernant ce type de véhicule.

VII – La circulation et le stationnement

Actuellement, aucune limite de vitesse n'est en vigueur pour les caravanes, néanmoins la vitesse maximale conseillée est de 90 km/heure. Sur les voies rapides et autoroutes, les caravanes et les véhicules tractant une remorque ne peuvent utiliser que les deux voies de droite. En circulation, le transport des personnes est strictement interdit dans les caravanes et remorques.
S'agissant du stationnement des caravanes et camping-cars, d'une manière générale, il est interdit partout où il n'est pas spécifiquement autorisé. Au niveau national, il est interdit de stationner sur les rivages de la mer, dans les sites classés ainsi que dans un rayon de 200 mètres autour des sources naturelles d'eau utilisée pour la consommation. Au niveau local, le maire a toute latitude pour prendre des arrêtés interdisant ou autorisant le stationnement des caravanes et camping-cars sur certains endroits de sa commune.
Si la caravane est mise sur cales, le délai de stationnement ne peut excéder 3 mois. Sinon, la caravane peut être considérée comme installation fixe, et être soumise à autorisation de séjour auprès du service départemental de l'équipement.

VIII – Le transport des enfants

Rappelons d'abord que le port de la ceinture est obligatoire tant pour le conducteur que pour les passagers. L'infraction est punie par une amende de 750 €.
Les enfants ne peuvent être placés sur le siège avant du véhicule à moins d'être installés dos à la route dans un siège prévu à cet usage (auquel cas il ne faut pas oublier de stopper le système d'airbag s'il en existe un).
Jusqu'à l'âge de 10 ans, les enfants doivent être attachés par un système homologué adapté à leur poids et à leur morphologie. Ces systèmes sont le lit-nacelle ou le siège « dos à la route » pour les nourrissons de 0 à 9 mois (moins de 9 kg), le siège-baquet à harnais ou le siège harnais à réceptacle pour les enfants de 9 mois à 3/4 ans (de 9 à 18 kg environ), et enfin le siège rehausseur (qui s'utilise en combinaison avec les ceintures arrière du véhicule) ou le harnais (ou ceinture) trois sangles (relié aux ancrages inférieurs des ceintures arrière) pour les enfants de 4 à 10 ans.

4

LES ASSURANCES

I – Qui est assujetti ?

Le décret du 16 juillet 1976 dispose que « toute personne physique ou morale, dont la responsabilité civile peut être engagée en raison des dommages corporels ou matériels causés à des tiers par un véhicule terrestre à moteur ainsi que par des remorques ou semi-remorques, doit, pour faire circuler lesdits véhicules, être couverte par une assurance garantissant cette responsabilité » (article L. 211-1 du Code des Assurances).

II – La conclusion du contrat

Le contrat d'assurance est un contrat consensuel. Il est réalisé par l'accord des parties.

À QUEL MOMENT LE CONTRAT EST-IL DÉFINITIVEMENT CONCLU ?

Les assureurs subordonnent généralement la perfection du contrat à la signature de la police par l'assuré et au paiement de la première prime. Des dispositions particulières plus favorables peuvent être consenties.

À QUEL MOMENT LE CONTRAT EST-IL MIS EN VIGUEUR ?

Cette date est très importante à déterminer, puisque c'est à partir de celle-ci que le contrat produira des effets entre les parties. En principe, il produit des effets dès sa conclusion. Là encore, des clauses spéciales peuvent déroger à la règle traditionnelle.

Comment faire la preuve du contrat ?

Bien que le contrat soit consensuel, la loi prohibe la preuve par témoins, même en présence d'un commencement de preuve par écrit. En pratique, l'assurance se prouve par la police.
Certaines conditions sont imposées. Les polices doivent être rédigées en langue française, pour les contrats conclus et exécutés en France, et elles doivent être rédigées en caractères apparents. Elles doivent obligatoirement contenir certaines mentions : le nom des parties, les risques, la prime ou cotisation, la somme assurée, la date de souscription, la date de prise d'effet, la durée du contrat.
De manière à protéger les souscripteurs, et à vérifier qu'il n'y ait pas de dérogations à l'application de la loi générale de 1930 sur les assurances, toutes les conditions générales des polices d'assurance de véhicule doivent avoir été agréées par le ministère des Finances (direction des assurances). La mention M.F. ou D.A. sera alors portée, en caractères gras, sur la police, et suivie de la date d'agrément. Toute exclusion doit également figurer en caractères gras. S'il n'est pas établi immédiatement un document justifiant que l'obligation d'assurance a été remplie, « l'entreprise d'assurance délivrera sans frais, à la souscription du contrat, une attestation provisoire, qui établira la présomption pendant 20 jours » (article 19 du décret du 7 janvier 1959).

III – La garantie

Le décret fixe les garanties de l'assurance.

Quant aux personnes garanties

Ce sont les souscripteurs du contrat, le propriétaire du véhicule, et toute personne ayant, avec leur autorisation, la garde ou la conduite du véhicule, à l'exception des garagistes, des vendeurs et réparateurs de véhicules.

Quant aux dommages garantis

L'obligation d'assurance s'applique à la réparation des dommages corporels et matériels résultant, à l'occasion de la circulation :
– des accidents, incendies ou explosions causés par le véhicule, les accessoires, et produits servant à son utilisation, les objets et substances qu'il transporte ;
– de la chute de ces accessoires, objets ou produits. Cette notion de chute a donné lieu à de nombreux litiges, la détermination du moment et la définition étant fondamentales pour le choix du régime de responsabilité applicable, celui de droit commun en matière civile ou celui, décrit ici, des assurances.

IV – L'assurance de la caravane

Nous renvoyons sur ce point à la rubrique « Caravane ».
Chaque compagnie d'assurances donnera, d'autre part, les indications particulières aux contrats qu'elle est susceptible de passer à ce sujet.

V – L'assurance et les voyages en pays étrangers

La « carte internationale d'assurance automobile », appelée communément « carte verte », est un certificat international d'assurance. Elle comporte quatre feuillets : un original et trois doubles. Votre assureur vous l'enverra sur simple demande.
La carte verte n'est valable que dans certains pays. Mais, pour être couvert, il est nécessaire que le contrat d'assurance soit, lui aussi, valable dans le pays considéré.
La carte verte est exigée à l'entrée, même si vous ne faites que transiter, de tous les pays dans lesquels l'assurance est obligatoire. Pour plus de renseignements, adressez-vous aux services consulaires du pays dans lequel vous souhaitez vous déplacer avec votre véhicule.
Si vous vous rendez dans un pays où l'assurance est obligatoire, et que vous n'ayez pas la carte verte, vous devrez souscrire « une assurance frontière ». Cette assurance est souscrite auprès du poste de douane. Elle couvre les sinistres causés pendant la durée de la garantie dans le pays à visiter. La carte verte n'est pas exigée dans les pays où l'assurance n'est pas obligatoire, mais elle est fortement recommandée.
Dans le cas de l'*Espagne*, compte tenu du fait que la procédure locale prévoit que l'on peut saisir le véhicule en cas de dommages matériels, ou emprisonner le conducteur, sauf dépôt d'une caution, en cas de dommages corporels (présomption de responsabilité, qui ne tombe que par l'établissement de la preuve de non-responsabilité), vous avez tout intérêt à demander à la compagnie d'assurances une « fianza », qui est l'équivalent et la contrepartie de la caution éventuelle.

VI – L'assurance et les accidents

Vous êtes l'auteur ou la victime d'un accident. Comment faire pour préserver vos droits ? Comment faire pour être indemnisé ?

Les formalités à accomplir sur-le-champ

Il peut s'agir d'un accident résultant d'une infraction au Code de la route ou d'une imprudence dont vous êtes l'auteur ou la victime. Mais, sans être l'auteur du dommage, il se peut aussi que vous soyez légalement responsable de la personne (enfant mineur, employés, etc.), voire de l'animal ou de la chose, générateurs ou victimes du sinistre. Il convient de distinguer suivant que l'accident est matériel ou corporel.

Un accident matériel. Vous devez avoir, dans votre véhicule, les imprimés de *constat amiable*, qui comportent, pour les deux parties, tous les renseignements sur le véhicule, le conducteur, le propriétaire, et les circonstances de l'accident. Ce constat doit être signé par les deux parties. Il est établi en deux exemplaires, un pour chacune.
En cas de contestation, il faut prendre l'identité des témoins éventuels. Le principe est qu'il est nécessaire de recueillir le maximum d'éléments permettant de prouver la matérialité des faits et d'en imputer la responsabilité. Pour ce faire, vous devez toujours relever :
– le nom et l'adresse de l'auteur ;
– le nom et l'adresse de sa compagnie d'assurances et son numéro de police ;
– l'identité précise des témoins ;
– la topographie des lieux de l'accident, la vitesse, l'éclairage, etc.

Pour les petits accidents automobiles, la *convention d'indemnisation directe des assurés (IDA)* est applicable pour les *dommages matériels ne dépassant pas* un faible montant. Elle a pour but de permettre aux sociétés d'assurances d'indemniser *immédiatement et directement* leurs propres assurés, dans la mesure où la responsabilité incombant au conducteur adverse est prouvée et sans avoir, auparavant, à exercer le recours contre l'assureur de l'autre partie (c'est-à-dire sans attendre le paiement par la compagnie du responsable).

Il ne s'agit pas là d'une garantie supplémentaire, mais d'un service nouveau que l'assureur procure à son client. L'assuré reste toujours libre de ne pas accepter le règlement qui sera présenté par son assureur en application de la convention IDA. Cette dernière s'applique uniquement aux accidents :
– survenus en France métropolitaine, Corse comprise, ou dans la principauté de Monaco ;
– résultant d'une collision entre deux véhicules à moteur, y compris ceux à « deux roues », à l'exception des véhicules de transport en commun de plus de 8 places ;
– n'entraînant *que* des dommages matériels ne dépassant pas un certain montant pour le véhicule assuré.

Les collisions en chaîne sont exclues de la convention IDA et font l'objet d'accords particuliers. D'un autre côté, il faut naturellement que l'un et l'autre véhicules soient identifiés et assurés par des compagnies ayant adhéré à la convention IDA (mais c'est le cas de 99 % d'entre elles).

Un accident corporel. Ce sont les autorités de police ou de gendarmerie, qui interviennent alors obligatoirement dès qu'elles sont avisées, ce que vous devez faire si vous êtes témoin de cet accident ou si, accidenté vous-même, vous êtes cependant en mesure de vous déplacer. Elles procèdent à l'audition des témoins. Elles dressent les procès-verbaux relatant les circonstances de l'accident et les transmettent au parquet. L'affaire est alors nécessairement entre les mains de la justice.

LES FORMALITÉS À ACCOMPLIR AU REGARD DE VOTRE COMPAGNIE D'ASSURANCES

Vous devez, dans les 5 jours, déclarer le sinistre à votre compagnie, en lui transmettant, s'il y a lieu, le constat amiable et en lui indiquant : la date, le lieu, l'heure, les circonstances, l'autorité qui a fait le constat ou établi le procès-verbal, le nom et l'adresse des victimes le cas échéant. Si l'accident n'a été porté à votre connaissance qu'après un délai de 5 jours, l'auteur de l'accident dont vous êtes responsable ne vous ayant pas averti, il vous faut transmettre à votre assureur la réclamation qui vous a appris l'accident. Il vous faudra aussi, dans les plus brefs délais, transmettre à votre compagnie tous les papiers se rapportant à l'accident en question (lettre, avis, exploit d'huissier, etc.).

LES MODALITÉS DE L'ACTION EN RESPONSABILITÉ

Si les parties n'ont pu parvenir à un accord amiable, la victime pourra exercer son recours devant les juridictions civiles ou les juridictions répressives.

1. *L'action civile devant la juridiction civile*

Les tribunaux d'instance (si la demande n'excède pas 7 600 €) et de grande instance (si la demande est supérieure à 7 600 €) ont compétence exclusive pour statuer sur les actions en responsabilité tendant à la réparation de dommages causés par un véhicule quelconque.

2. *L'action civile devant les tribunaux répressifs*

Si l'auteur de l'accident est poursuivi devant un tribunal répressif, la victime, qui en est informée par le parquet, peut se constituer partie civile pour obtenir réparation de son préjudice. Elle peut, après l'accident, porter plainte contre l'auteur, se constituer partie civile devant le juge d'instruction et intervenir ensuite à l'audience du tribunal correctionnel ou de police. Dans les deux cas, la victime doit s'adresser à un avocat en lui remettant les pièces justifiant l'importance de son dommage. En principe, la procédure devant le tribunal répressif est plus rapide et moins coûteuse que devant le tribunal civil.

Depuis une loi du 31 décembre 1957, les tribunaux judiciaires sont compétents pour statuer sur les actions en responsabilité des dommages causés par un véhicule quelconque, donc, également, pour ceux relatifs aux véhicules appartenant à l'administration.

Évaluation du préjudice. Il peut s'évaluer selon deux cas : ou la personne est atteinte d'incapacité, ou elle est décédée.
Du préjudice en cas d'*incapacité.*

1. *Incapacité temporaire*

Deux notions entrent en jeu pour déterminer la perte pécuniaire. C'est d'une part la durée, déterminée par les certificats médicaux, les indications de la Sécurité sociale, ou par l'expert désigné par le tribunal. C'est aussi l'évaluation des gains perdus. L'importance du préjudice résulte de la production des bulletins de salaire précédant la période de l'accident. Si la victime n'est pas salariée, elle doit faire la preuve des sommes réclamées. Aux termes de l'article 3 de la loi du 4 août 1962, toute juridiction saisie d'une action tendant à la réparation pécuniaire peut ordonner la communication des documents fiscaux. Si la victime n'exerce aucune profession, elle devra faire la preuve du préjudice subi.

2. *Incapacité permanente*

Il faut déterminer le taux de l'incapacité permanente partielle, et ensuite évaluer le préjudice correspondant. L'indemnité peut être accordée sous forme de rente ou de capital.

Le *pretium doloris* ou « prix de la douleur » permet à la victime de demander une indemnité au titre des souffrances que les blessures ont entraînées. Selon l'intensité et la durée des souffrances, les experts apprécient l'importance du *pretium doloris* en le qualifiant de : très léger, modéré, moyen, assez important, important, très important.
La victime peut obtenir une indemnité au titre du *préjudice esthétique* quand les blessures ont laissé des cicatrices ou des mutilations entraînant une disgrâce définitive. L'évaluation du préjudice esthétique est, comme celle du *pretium doloris*, très variable : elle est fonction du sexe, de l'âge, de la situation matrimoniale, de la profession, de la situation sociale de la victime.

Le préjudice d'agrément, qui se présente comme une atteinte traduite par « l'impossibilité de s'adonner à des divertissements et délassements auxquels chaque individu peut prétendre », peut être réparé, selon les résultats de l'expertise médicale.

Du préjudice en cas de *décès*.
En principe quiconque peut faire la preuve de l'aide pécuniaire que lui apportait le défunt, ou des liens affectifs qui l'unissaient à lui, est fondé à réclamer une indemnité au responsable de l'accident.
En ce qui concerne les concubins, les derniers arrêts de la Cour de cassation alignent la jurisprudence de la chambre civile sur celle de la chambre criminelle : les concubins *peuvent* donc demander réparation du préjudice, mais ne l'obtiendront pas dans tous les cas.
Le décès d'une victime peut entraîner deux sortes de conséquences :
– un préjudice *matériel* consistant dans la privation de ressources que le défunt mettait à la disposition de ses ayants droit ;
– un préjudice *moral* représenté par le chagrin consécutif à la disparition d'un être cher.

Le privilège de la victime sur l'indemnité d'assurance. La loi du 28 mai 1913 a institué, au profit de la victime, un privilège sur l'indemnité qui lui est due par l'assureur. Toute personne lésée par un accident doit donc, dans tous les cas, s'il lui faut saisir une juridiction civile (tribunal d'instance ou tribunal de grande instance), assigner en même temps assuré et assureur, afin de pouvoir disposer plus tard d'un titre exécutoire contre les deux. Devant les juridictions répressives (tribunal de police ou tribunal correctionnel), cette action directe contre l'assureur n'est pas possible.

Le Fonds de garantie automobile. La loi de finances du 31 décembre 1961 a institué « un fonds de garantie, chargé dans les cas où le responsable des dommages demeure inconnu ou se révèle totalement ou partiellement insolvable, ainsi qu'éventuellement son assureur, de payer les indemnités allouées aux victimes d'accidents corporels ou à leurs ayants droit, lorsque ces accidents ouvrant droit à réparation ont été causés par des véhicules circulant sur le sol, y compris les cycles à moteur, ainsi que les remorques ou semi-remorques de ces véhicules, mais à l'exclusion des chemins de fer et des tramways ».
« Les indemnités doivent résulter, soit d'une décision judiciaire exécutoire, soit d'une transaction ayant reçu l'assentiment du fonds de garantie ».
Du bénéfice du Fonds de garantie, sont exclus dans tous les cas :
– le propriétaire, le conducteur et tout gardien du véhicule instrument du dommage ;
– le conjoint, les ascendants et descendants de l'assuré ou du conducteur responsable de l'accident ;
– les salariés ou préposés durant leur service.
Si ces personnes sont victimes du *fait d'un tiers* usant d'un véhicule à moteur, elles auront recours au Fonds de garantie en cas de non-assurance ou d'insolvabilité du tiers responsable.

Quand le responsable d'un accident causé par un véhicule à moteur demeure inconnu, la victime dispose d'un recours contre le Fonds de garantie pour sa demande, dans un délai de 1 an à dater de l'accident, ou d'un délai de 3 ans pour prendre transactionnellement accord avec le Fonds ou l'assigner en justice.

Pièces à fournir pour être indemnisé. À peine de déchéance, sauf cas fortuit ou force majeure, la déclaration d'accident adressée à votre compagnie d'assurances doit être faite par lettre recommandée, dans les 5 jours qui suivent l'accident. Si vous devez faire examiner votre voiture, vous devez, par lettre recommandée, prévenir la compagnie d'assurances de votre adversaire de l'endroit où se trouve votre véhicule et du temps que vous l'y laisserez, en vue de cet examen. Mais les compagnies ont généralement passé des conventions entre elles à ce sujet.

Si vous êtes *piéton* :
- prenez note des nom, prénoms, et adresse du conducteur, du propriétaire, de la marque et du type de véhicule, de son numéro d'immatriculation ;
- relevez le nom et l'adresse des témoins ;
- si besoin est, faites établir un constat par la police ou un huissier ;
- avertissez votre compagnie, si vous êtes assuré contre les accidents.

Si vous êtes *assuré social*, vous devez, pour être indemnisé, réunir les pièces suivantes :
- les feuilles de maladie ;
- les bulletins de salaire justifiant 200 heures de travail au cours des 3 mois qui précèdent l'accident, ou 20 heures au cours du mois civil ou du mois de date à date précédant l'accident (60 heures seulement de salariat pour les nouveaux immatriculés n'ayant pas 25 ans) ;
- éventuellement la feuille d'arrêt de travail ;
- toutes pièces pouvant servir de justificatifs à un remboursement (note de laboratoire, de radio, de transport en ambulance avec un certificat médical attestant la nécessité de celui-ci).

Si vous êtes affilié à une *mutuelle* : celle-ci, selon des modalités variables, prend en charge une partie des frais non remboursés par la Sécurité sociale. C'est donc votre mutuelle qui vous donnera tous renseignements pour la constitution de votre dossier.

Si vous agissez *contre le tiers responsable*, il vous faut joindre à votre dossier établissant le montant du préjudice, la photocopie de votre dossier de Sécurité sociale et éventuellement celui de votre mutuelle; il faudra y ajouter le décompte des sommes reçues, tant par la Sécurité sociale que par la mutuelle.

LES ACCIDENTS SURVENUS À L'ÉTRANGER

Si vous êtes titulaire de la carte verte, vous devez déclarer l'accident au bureau central groupant les assureurs du pays considéré ou au bureau local de votre compagnie d'assurances.
Cette déclaration doit être faite par lettre recommandée avec accusé de réception. Dans un délai de 5 jours, par lettre recommandée, vous devez aussi faire une déclaration à votre assureur en France.

Si vous avez souscrit une « assurance-frontière » ou un contrat avec une société d'assurances locale, vous devez, dans les plus brefs délais, prévenir cet organisme. Il est de même fortement conseillé de prévenir votre assureur en France. L'*indemnité* est versée par le bureau central qui règle directement, ou par délégation à une société d'assurances, les accidents causés aux tiers dans lesquels sont impliqués des étrangers. Dans les pays où la carte verte est obligatoire, le bureau central peut régler directement le sinistre.

L'INDEMNISATION DES ACCIDENTS CAUSÉS EN FRANCE PAR LES ÉTRANGERS

En cas d'accident, les victimes ont des possibilités de recours contre les automobilistes étrangers, qu'ils soient assurés ou non.

Si l'étranger ne peut pas présenter de carte verte à la frontière, c'est la section « association pour l'assurance frontalière » de l'association générale des sociétés d'assurances, qui a pour objet de garantir la responsabilité civile des automobilistes étrangers qui entrent en France dans cette situation. C'est l'administration des douanes qui délivre les certificats d'assurance, qui se présentent sous la forme de tickets délivrés pour 2, 7 ou 21 jours.

Si l'étranger est titulaire de la carte verte : pour être indemnisée, la victime doit être en mesure de justifier de l'existence et de la validité de la carte verte du conducteur étranger. En cas d'accident, la victime doit donc demander l'un des trois duplicatas de cette carte. Les accidents seront réglés selon les normes juridiques françaises : la victime pourra, soit assigner l'automobiliste étranger devant les tribunaux français qui jugeront selon les lois et la jurisprudence françaises, soit présenter à l'amiable une réclamation au bureau central français.

5

L'UTILISATION DE LA ROUTE, DOMAINE PUBLIC

I – La circulation sur le domaine public terrestre

Les véhicules ordinaires et leur caravane

Les règles générales de la circulation sont énoncées dans le Code de la route. Nous renvoyons sur ce point aux fascicules que l'on se procure dans toute auto-école. Les principales dispositions susceptibles d'intéresser le lecteur ont été exposées ailleurs lors des développements précédents relatifs à « la réglementation essentielle ». Par contre, il existe certains régimes particuliers qu'il convient de présenter dans ce chapitre.

Les régimes particuliers

Les voitures de place. Il existe deux sortes de voitures de place : les voitures dites voitures de petite remise, et celles connues sous le nom de taxis. Ces deux catégories de voitures doivent stationner à des endroits qui leur sont spécialement réservés. Elles sont toutes deux assujetties au régime du permis de stationnement. C'est la loi du 20 janvier 1995 qui fixe les conditions de l'organisation de l'industrie du taxi.
L'utilisation de la voie publique par les taxis est soumise à l'obtention d'une *autorisation administrative préalable.* Celle-ci est délivrée par le maire, en vertu des articles 97 et 98 du Code d'administration communale. À Paris, ce permis de stationnement et de circulation est délivré par le préfet de police. Certaines conditions sont nécessaires pour en bénéficier : la possession du permis de conduire, le passage d'un examen médical, un certificat de capacité délivré par une commission spéciale d'examen (à Paris seulement). Enfin certaines caractéristiques peuvent être exigées, à Paris, avant la mise en circulation du véhicule.
Les autorisations de stationnement sont personnelles au conducteur de taxi. Leurs titulaires peuvent cependant les transmettre à un successeur à titre onéreux (droit de présentation ou tour de faveur).

Les *conditions d'exploitation* donnent également lieu à des dispositions particulières. Des compléments peuvent être apportés par les autorités administratives chargées de la police de la circulation.

Le transport des personnes. Par contrat de transport de voyageurs, « un transporteur professionnel s'engage, moyennant le paiement d'un prix, à acheminer une personne déterminée, d'un lieu défini à destination d'un lieu défini ». Trois éléments sont donc caractéristiques de ce contrat : le déplacement d'une personne *vivante*, la direction de l'opération par le transporteur, le caractère « professionnel » du transporteur.
La formation du contrat de transport est purement consensuelle. Celui qui prend un abonnement « noue une série de contrats » ; celui-ci forme donc une sorte de bloc contractuel, et, à chaque usage du titre, le contrat sera couvert par l'abonnement. Le contrat d'abonnement est formé au lieu où ce dernier a été conclu. Au contraire, la délivrance d'un carnet de tickets « ne noue pas une série de contrats », et chaque usage forme donc un contrat particulier.
Le titre de transport remplit une double fonction : il établit la preuve de l'existence du contrat et celle de l'acquittement du prix du transport. L'exécution du contrat impose des obligations aux voyageurs et aux transporteurs. Le voyageur doit acquitter le prix, se présenter au départ dans les conditions prévues au tarif ou au contrat, occuper la place de la classe qu'il a choisie, respecter les consignes de sécurité. Le transporteur doit « assurer la sécurité du transport », obligation que la Cour de cassation a précisée en énonçant que : « l'exécution du contrat de transport comporte l'obligation de conduire sain et sauf le voyageur à destination ». L'obligation de sécurité qui pèse sur le transporteur commence du moment où, sur la présentation de son billet, le voyageur a pénétré dans la gare de départ, et elle prend fin au moment où il franchit le portillon de sortie. Le transporteur sur lequel pèse une présomption de responsabilité ne pourra s'exonérer qu'en prouvant que « l'inexécution de cette obligation provient d'une cause étrangère qui ne peut lui être imputée », ou encore en prouvant que le fait dommageable a pour cause exclusive la faute de la victime. L'action en responsabilité contre le transporteur est soumise au droit commun. Elle se prescrit par 30 ans, sauf si le contrat était commercial pour le voyageur, auquel cas la prescription est de 10 ans.

Les transports en commun dans les agglomérations. Les services de transport en commun relèvent des pouvoirs de police des autorités locales. Comme les voitures de place, ils peuvent être assujettis à une *autorisation administrative préalable.*
Celle-ci est délivrée par les autorités administratives chargées de la police de la circulation ; sauf exception donc, par le maire dans le cadre de la commune, et par le préfet si les services de transport en commun fonctionnent sur le territoire de plusieurs communes d'un département. Aux termes d'un arrêt du Conseil d'État (arrêt Beaumont, 11 juillet 1934), cette autorisation préalable doit être justifiée « par des circonstances spéciales ».

Quelles sont les *conditions d'exploitation* ? Dans les limites de leurs compétences respectives, le préfet et le maire ont le droit de déterminer les conditions auxquelles doit satisfaire l'exploitation des transports en commun, pour ce qui a trait à l'utilisation de la voie publique et à l'exécution du service. Les mesures prescrites doivent être motivées par l'intérêt général.
À Paris et dans certaines banlieues, le monopole de l'exploitation des réseaux de transport a été confié à la Régie autonome des transports parisiens (RATP) par une loi du 21 mars 1948. Certaines catégories de transports sont soustraites au système du plan de transport départemental. Ce sont :
– les transports par *ambulance* ;
– les transports *privés.*

Le décret du 20 mai 1960 énumère les quatre conditions nécessaires pour qu'un transport soit qualifié de « privé » :
– le transport est effectué avec un véhicule appartenant à celui qui y procède ;
– outre le conducteur, seules les personnes attachées à l'établissement de celui pour le compte de qui le transport est effectué peuvent y avoir place ;
– le transport doit servir exclusivement aux besoins d'exploitation de l'établissement intéressé ;
– le transport bénévole, qui se définit comme celui qui s'exécute « à titre gracieux avec une voiture particulière ou dans la cabine de conduite d'un camion de marchandises ».

Les véhicules tout-terrain

La vogue des sports motorisés s'est développée, souvent au détriment de l'environnement ou des autres usagers.
Aussi, la loi n° 91-2 du 3 janvier 1991 a-t-elle prévu que la circulation des véhicules à moteur était interdite en dehors des voies du domaine public routier, des chemins ruraux et des voies privées ouvertes à la circulation publique.
En revanche, les véhicules utilisés pour remplir une mission de service public (lutte contre l'incendie, par exemple), ou à des fins d'entretien des espaces naturels, sont toujours autorisés.
D'autre part, les maires ou les préfets peuvent interdire l'accès de certaines voies aux véhicules dont la circulation risque de compromettre, soit la tranquillité publique, soit la protection des espaces naturels.

Le transport routier de marchandises

« C'est le contrat qui a pour objet le déplacement de marchandises définies, sur une relation donnée, par un voiturier de profession ». Le déplacement, qui constitue l'objet principal du contrat, s'accomplit entre un point de départ où la marchandise est prise en charge par le voiturier et un point de destination où elle est livrée par lui.

Le contrat. C'est un contrat consensuel, soumis aux règles générales des contrats. Son objet essentiel est le transport des marchandises, dont certaines peuvent être sujettes à des conditions spéciales. Ainsi, le transport des marchandises « dangereuses ou infectes » est-il réglementé. On pense aux déchets nucléaires dont le transport est sévèrement réglementé.

Les différents transports. Le transport public routier de marchandises ne peut être effectué que par une entreprise inscrite au registre départemental des transporteurs routiers ou au secrétariat du comité technique départemental des transports.
Il faut également faire une demande au préfet du département afin d'obtenir un titre permanent de circuler. Il est établi une feuille de route pour chaque expédition ; elle doit indiquer les caractéristiques et le prix du transport. Le défaut de feuille constitue une contravention punie d'une amende.
Le transporteur public est tenu de doter chaque chauffeur d'un carnet individuel de route, qui doit être présenté à toute réquisition et régulièrement tenu.
L'inspection du travail contrôle l'application des dispositions de la réglementation du transport dans les entreprises de transport.
Le transport privé de marchandises est possible, sans autorisation, par des véhicules dépourvus de toute licence ou de récépissé de déclaration. Les juristes considèrent qu'un transport est privé si quatre conditions sont réunies :
– que le véhicule appartienne à l'agriculteur, à l'industriel, ou au commerçant qui opère, ou du moins qu'il l'ait loué dans des conditions qui lui en assurent la disposition exclusive et régulière au regard des règles de la location ;
– que la personne effectue le transport pour son propre compte ou dans le cadre d'un contrat passé par plusieurs entreprises en vue d'un travail commun ;
– que le transport apparaisse comme accessoire ou complémentaire des activités principales de cette personne ;
– que la marchandise lui appartienne ou qu'il en soit vendeur, emprunteur, locataire, producteur, transformateur, réparateur ou façonnier.

L'exécution du contrat de transport. Le contrat de marchandises crée, à la charge du voiturier, des obligations, de même qu'il en crée à la charge du cocontractant.

Quant au voiturier, il doit assumer l'acheminement de la marchandise. Pour ce faire, il peut demander à vérifier la nature et l'état de la marchandise contenue dans un colis. S'il ne vérifie pas la marchandise et délivre récépissé, il est réputé avoir reçu celle-ci dans l'état et l'importance décrits par le déclarant. Il est à noter, cependant, qu'il pourra administrer la preuve de la fausseté des indications de ce dernier. L'acte juridique par lequel le voiturier accepte la marchandise est la prise en charge.

Quand le chargement incombe à l'expéditeur, le transporteur a le devoir de vérifier le chargement. En cas de dommages subis par la marchandise, c'est à l'expéditeur qu'ils incomberont. Celui-ci devra réparer en outre les dommages éventuellement causés aux installations et aux engins du voiturier.
Quand le chargement incombe au voiturier, c'est lui qui supportera le poids de tous les dommages causés, tant à ses propres installations qu'à la marchandise de l'expéditeur.
Pour les transports routiers l'itinéraire est indifférent, mais la marchandise doit arriver à destination dans un délai raisonnable. Enfin, le voiturier doit naturellement remettre au destinataire, qui l'accepte, la marchandise transportée.

Quant à l'expéditeur, indépendamment de l'engagement de sa responsabilité qui vient d'être évoquée, sa principale obligation est celle de payer le prix.

Les piétons

Le Code de la route (articles 217 à 219-4) édicte, à l'endroit des piétons, une série de règles destinées à assurer leur sécurité. Voici les principales :
– utiliser toutes les fois que cela est possible les emplacements réservés ou praticables aux piétons ;
– si la chaussée reste le seul endroit où se déplacer, marcher près de l'un des bords ;
– quand il s'agit de traverser, utiliser les endroits réglés par des feux tricolores ; de plus, regarder si aucun danger immédiat n'est visible ;
– enfin, utiliser les passages protégés lorsqu'il en existe à moins de 50 mètres.

II – Les activités complémentaires

Les distributeurs de carburant

Certains des appareils distributeurs de carburant sont soumis à un simple permis de stationnement. D'autres, parce que réalisant une occupation de la voie publique avec emprise, sont soumis à une permission de voirie.

Distributeurs soumis au permis de stationnement. Ce sont les appareils mobiles sur chariot et les distributeurs muraux. Noter qu'ils sont actuellement en voie de disparition.
Pour être autorisés, les *appareils mobiles sur chariot* doivent être destinés à l'alimentation des moteurs à deux temps. Après chaque opération, l'appareil doit être rangé contre la façade de l'exploitant. Si le trottoir a une largeur infé-

rieure à 2 mètres, l'exploitant doit réintégrer l'appareil dans le magasin après chaque opération.
Le carburant ne peut être délivré aux engins et véhicules stationnant sur le trottoir. De même, le remplissage du réservoir ou le mélange du carburant-huile ne peut absolument pas être effectué sur la voie communale (article 33 du décret du 14 mars 1964).

Les *distributeurs muraux* « comportent une borne distributrice pourvue d'une ou plusieurs conduites rigides de distribution, traversant le trottoir et se terminant chacune par un flexible à l'aplomb du trottoir. Les conduites, situées au minimum à 2,5 mètres de hauteur, doivent être replacées contre le mur après chaque opération, sans pouvoir faire une saillie supérieure à 0,16 mètre » (article 34 du décret précité).

Qui délivre ce permis ? C'est l'autorité chargée de la police de la circulation qui délivre le permis, c'est-à-dire le maire en bordure des voies communales et des routes nationales situées à l'intérieur de son agglomération. Pour que ce permis puisse être délivré, le demandeur doit remplir les conditions exigées par l'article 31 du décret du 14 mars 1964 relatif aux alignements, à la conservation et à la surveillance des voies communales, qui dispose :
« Avant de délivrer une permission de voirie relative à l'installation de distributeurs de carburant en bordure des voies communales ou de pistes établies sur ces voies pour y donner accès, le maire doit s'assurer que le pétitionnaire remplit les conditions exigées par la réglementation concernant respectivement les établissements dangereux et insalubres et la création ou l'extension des installations de distribution de produits pétroliers. Les réservoirs alimentant les appareils doivent être hors des emprises de la voie communale. La couleur des appareils est agréée par le maire. Les organes de l'installation : appareils distributeurs, conduits, ajustages, robinets, doivent être bien étanches et disposés de manière à ne pouvoir être manœuvrés que par la personne chargée de leur fonctionnement. Le pétitionnaire doit joindre, à sa demande, les dessins détaillés des ouvrages qu'il se propose d'établir sur et sous la voie communale. Les appareils distributeurs doivent satisfaire aux conditions imposées par le service des poids et mesures, en vue d'assurer la fidélité du débit. L'installation doit être entretenue en bon état et ses abords toujours parfaitement propres. Il est interdit au bénéficiaire de l'autorisation d'apposer ou encore de laisser apposer sur les distributeurs aucun panneau, emblème ou bien mention quelconque de publicité. Sont exceptées de cette interdiction les indications relatives à la marque, à la qualité, ou au prix du carburant mis en vente. Ces indications ne sont toutefois tolérées que sur la surface même de ces appareils distributeurs ou sur des pancartes accrochées à ces appareils et ne dépassant pas sensiblement leur gabarit. L'indication sur les appareils de la mise en vente de tout autre produit (pièces détachées, pneumatiques, huiles de graissage, par exemple) est formellement

interdite. L'arrêté d'autorisation comporte une durée de validité de 5 ans au maximum en ce qui concerne les appareils ou ouvrages situés sur le domaine public ».

Distributeurs soumis à la permission de voirie. Les distributeurs fixes de carburant sont de deux sortes : les postes de distribution installés sur les dépendances du domaine public et les stations-service, qui le sont sur des terrains privés. Les garages, disposant d'appareils distributeurs à l'intérieur des bâtiments sans pistes d'accès, sont assimilés à des postes de distribution.
L'autorisation est soumise à certaines conditions techniques.
Sur les dépendances du domaine public, les conditions essentielles sont contenues dans deux circulaires du ministre des Travaux publics (6 mai 1954 et 12 janvier 1955).

Les principales d'entre elles sont relatives :
– pour toute *nouvelle installation*, à l'obligation de la faire en terrain privé avec aménagement de postes conformes aux schémas types annexés à la circulaire du 6 mai 1954 ;
– pour les *installations existantes* sur le domaine public, à leur enlèvement, si elles constituent une gêne, ou à leur transformation, conformément à des schémas types (circulaire du ministre des Travaux publics du 15 juillet 1960, n° 58).

Sur les dépendances des *voies départementales*, les principales dispositions sont contenues dans les circulaires du 31 octobre 1950 n° 333 (ministre de l'Intérieur) et du 5 juillet 1951 n° 103 (ministre de l'Intérieur et ministre des Travaux publics).
Sur les *voies communales*, l'installation des postes de carburant est soumise aux conditions des articles 31 et 32 du décret du 14 mars 1964. Ce dernier dispose :
« Aucune installation ne peut être autorisée :

1. Dans les voies où le stationnement est interdit ou réglementé par alternance de côtés.

2. Dans les voies dont la largeur totale est inférieure à 10 mètres et, quelle que soit la largeur totale, lorsque celle de la chaussée est inférieure à 6 mètres.

3. Dans les carrefours (croisements ou bifurcations) à une distance inférieure à 15 mètres de l'alignement de la voie adjacente ; cette distance est calculée à partir du distributeur le plus proche ou de l'extrémité la plus proche de la piste éventuellement prévue.

4. Lorsque la largeur du trottoir est inférieure à 2 mètres, quelles que soient la largeur de la chaussée et la largeur totale de la voie ».

Lorsqu'aucune de ces exigences ne vient s'y opposer, le maire peut autoriser, par arrêté, le pétitionnaire à installer des distributeurs de carburant en bordure du trottoir. Si ce dernier n'existe pas, le pétitionnaire est tenu d'en construire un à ses frais et sur une longueur minimum de 3 mètres.
Si deux ou plusieurs bornes successives sont autorisées, elles doivent conserver entre elles un intervalle libre d'au moins 2 mètres.
Les parties les plus saillantes de chaque distributeur et, éventuellement, de son socle doivent être distantes de 0,50 mètre de l'aplomb du bord du trottoir. La projection en plan du distributeur, socle compris, ne doit pas dépasser la section de 0,45 mètre carré pour les appareils distribuant une seule qualité de carburant ; les deux côtés parallèles à la bordure du trottoir ne doivent pas dépasser 1 mètre et les deux autres 0,66 mètre.
Pour les appareils distribuant deux qualités de carburant, ces dimensions sont au maximum de 0,55 mètre carré en ce qui concerne la section, la longueur des côtés parallèles à la bordure ne devant pas excéder 1,30 mètre et celle des côtés perpendiculaires restant fixée à 0,66 mètre. La hauteur de la borne, socle compris, ne doit pas excéder 3 mètres.
La borne est éclairée, si c'est reconnu nécessaire, au moyen d'un dispositif offrant toutes garanties de sécurité.
Nonobstant le 1° ci-dessus et si la largeur du trottoir le permet, compte tenu des nécessités de circulation des piétons ou éventuellement des cyclistes, la cote de 0,50 mètre fixée ci-dessus pour l'implantation du distributeur peut être augmentée, de façon à permettre l'établissement d'une piste de stationnement totalement hors chaussée, constituée de façon à résister à la circulation qu'elle doit supporter. Les dimensions et la forme de cette piste sont fixées par l'arrêté d'autorisation. Elle est limitée par une bordure basse dont le nez passe à 0,50 mètre en avant des parties les plus saillantes du distributeur.
Le bon écoulement des eaux de ruissellement doit toujours être assuré. L'exploitant d'une installation comprenant une piste hors chaussée doit refuser de servir un usager dont le véhicule stationne sur la chaussée. Dans tous les cas, la conduite reliant la borne au réservoir sera normale à la bordure du trottoir, et enterrée dans ce dernier à 0,40 mètre au moins de profondeur.
La distribution entre la borne et le véhicule à ravitailler est faite au moyen d'un flexible qui, en dehors des moments d'emploi, doit être fixé le long de la borne.
Sur les *routes nationales*, les permissions sont délivrées ou refusées par les autorités administratives chargées de la gestion du domaine public national, qui ont délégation permanente du préfet (ces autorités sont les ingénieurs des Ponts et Chaussées).
Il en est de même pour les voies *départementales*.
Par contre, sur les voies *communales*, les permissions sont accordées par le maire. En tout état de cause, les autorisations, accordées aux exploitants des appareils distributeurs de carburant ne doivent pas porter atteinte aux droits des tiers.

Les parcs de stationnement

Il existe deux catégories de parcs de stationnement. Les uns « constituent de simples emplacements soustraits à la circulation générale et réservés aux automobilistes sur des parties de voie publique ou de place publique ». Les autres sont « des emplacements spécialement aménagés et gardés, situés en dehors des chaussées ». Si ces parcs sont couverts, on se trouve en présence de « garages ».

Création et utilisation

1. *Règles applicables à tous les parcs de stationnement*

Il faut distinguer l'arrêt du stationnement.
L'*arrêt* est une immobilisation momentanée du véhicule pour effectuer certaines opérations (montée et descente des personnes, chargement et déchargement des marchandises). En règle générale, l'arrêt est toujours permis.
Le *stationnement* est, au contraire, un abandon du véhicule sur la voie publique. Il peut faire l'objet de mesures prohibitives ou restrictives. La création de parcs de stationnement est un droit, non une obligation, des autorités administratives. Certaines conditions sont nécessaires à la création des parcs de stationnement :
– cette création doit correspondre à une nécessité ;
– dans les rues où sont établis des parcs de stationnement, les droits des riverains doivent être sauvegardés ;
– les parcs de stationnement doivent être ouverts à tous.

2. *Les parcs de stationnement payants*

La légalité des parcs de stationnement payants a été admise par le Conseil d'État. Pour les parcs de stationnement aménagés et surveillés, le paiement des taxes constitue la rémunération d'un service rendu aux automobilistes. Pour les parcs qui sont de simples emplacements réservés sur la voie publique, la taxe correspond à une occupation excédant l'usage normal de celle-ci. L'usage des parcs de stationnement payants ne doit être obligatoire, ni en droit ni en fait. Les taxes perçues à l'occasion de l'usage des parcs doivent être les mêmes pour tous.

Modes de gestion. Les parcs de stationnement sont gérés, soit directement par les collectivités publiques, soit exploités sous le régime des concessions délivrées par l'autorité publique responsable. Dans de nombreuses grandes villes où la circulation est intense et le stationnement difficile, des sociétés privées immobilières construisent, lorsque cela est possible et après autorisations nécessaires, des parcs de stationnement en sous-sol des immeubles. Les habitants de ces immeubles, ou même des personnes n'y demeurant pas, peuvent alors acquérir (ou louer) une place dans ces parkings.

Mise en fourrière des automobiles

Lorsqu'un véhicule entrave l'exécution de certains services publics, et notamment la possibilité de circuler normalement, il peut être mis en fourrière. D'autre part, les véhicules laissés en stationnement en un même point de la voie publique ou ses dépendances, pendant une durée excédant 7 jours consécutifs, peuvent être mis en fourrière.

Sont réputés abandonnés les véhicules laissés en fourrière à l'expiration d'un délai de 45 jours à compter de la mise en demeure faite au propriétaire d'avoir à retirer son véhicule.

Les voitures abandonnées tombent dans le domaine de l'État.

DOUZIÈME PARTIE

L'ÉLECTRICITÉ ET LE GAZ

I – L'ouverture du marché

À compter du 1er juillet 2007, l'électricité et le gaz naturel sont en libre concurrence dans les pays de l'Union européenne.
Pour les 12 millions de foyers alimentés en gaz et les 27 millions de foyers alimentés en électricité, ceci signifie qu'on peut désormais librement choisir son fournisseur d'électricité et de gaz. Ce libre choix était déjà, depuis le 1er juillet 2004, ouvert à tous les professionnels français.
En fait, pour assurer un approvisionnement sécurisé, seules la production et la commercialisation de l'énergie sont ouvertes à la concurrence, alors que le transport et la distribution restent des activités réglementées avec des tarifs réglementés par les pouvoirs publics.
Au 1er juillet 2007, deux possibilités s'offrent donc au consommateur :
– soit il demeure bénéficiaire du tarif « réglementé » tel qu'il existait jusqu'à présent chez EDF ou GDF et ne change donc rien à ses contrats ;
– soit il opte pour le tarif « prix du marché » et souscrit un nouveau contrat. Ce choix « prix du marché » est irréversible et interdit de revenir vers le tarif « réglementé » puisque la loi en a décidé ainsi.

II – Tarif réglementé et tarif « prix du marché »

Le consommateur s'interroge parfois sur les conséquences du choix qu'il doit effectuer.
Un consommateur qui demeure au tarif « réglementé » va connaître les mêmes règles que celles qu'il connaissait jusqu'à présent : les tarifs de l'électricité ou du gaz qu'il consomme demeurent stables car fixés (« réglementés ») par l'État. Certes, le consommateur demeurant au tarif réglementé a peu de chance de voir ses factures diminuer, mais il ne connaîtra pas non plus de grosses fluctuations à la hausse.

Pour rester au tarif réglementé, le consommateur n'a aucune démarche à effectuer. Sans avis de sa part, EDF ou GDF considèrera qu'il souhaite demeurer au tarif réglementé.
En revanche, le consommateur peut vouloir profiter du jeu de la concurrence et opter pour les tarifs « prix du marché ». Dans ce cas, les tarifs sont soumis aux fluctuations de l'offre et de la demande. Aux alentours du 1er juillet 2007, pour tenter les consommateurs, des tarifs bas ont été proposés, mais ils peuvent parfaitement augmenter plus rapidement que le tarif réglementé. Un avis négatif d'associations de consommateurs a dissuadé beaucoup de foyers de basculer sur le tarif « prix du marché ». En effet, les associations de consommateurs ont craint que, après une première tarification alléchante parce que basse, le prix de l'énergie n'augmente de façon incontrôlée.
En tarif « prix du marché », le consommateur ne peut pas revenir vers le tarif réglementé, mais il peut changer de fournisseur à sa guise.

III – Les fournisseurs en France

La liste des fournisseurs d'énergie (électricité ou gaz) peut être consultée sur le site internet www.energie-info.fr
Pour l'électricité, EDF (Électricité de France) propose soit le tarif réglementé, soit le tarif « prix du marché ».
Les autres fournisseurs d'électricité qui se proposaient au tarif « prix du marché » au 1er juillet 2007 sont :
- Alterna ;
- Direct-Energie ;
- Electrabel-Groupe-Suez (avec une offre écologique 100 % énergies renouvelables) ;
- Enercoop (coopérative à laquelle participent les associations écologistes Les Amis de la Terre, Greenpeace et Agir pour l'Environnement, qui propose des tarifs plus élevés mais garantit une production privée d'origine éolienne, solaire ou hydraulique) ;
- Gaz-de-France-Dolce-Vita ;
- GEG-Source-d'Énergies ;
- Poweo (avec une offre écologique 100 % énergies renouvelables) ;
- Proxelia.

Pour le gaz, Gaz-de-France-Dolce Vita propose soit le tarif réglementé, soit le tarif « prix du marché ».
Les autres fournisseurs de gaz naturel sont :
- Altergaz ;
- EDF ;
- Poweo.

IV – Quelques questions pratiques

La libéralisation et l'ouverture au marché concurrentiel des énergies aussi indispensables que l'électricité et le gaz a amené le consommateur à se poser quelques questions pratiques :

• **Le changement de fournisseur est-il gratuit ?** Il est gratuit, sauf mention expresse de frais de résiliation dans le contrat.

• **Le changement de fournisseur est-il irréversible ?** On peut changer de fournisseur comme on le souhaite. Rappelons en revanche que le passage du tarif réglementé au tarif « prix du marché » est irréversible. Le consommateur qui a abandonné le tarif réglementé pour le tarif libre ne peut plus faire machine arrière.

• **Que se passe-t-il lorsqu'on emménage dans un nouveau logement ?** C'est l'occupant du logement qui opte pour passer, le cas échéant, au tarif « prix du marché ». Une fois ce choix effectif, le logement restera soumis à ce régime. Les nouveaux occupants pourront seulement changer de fournisseurs, mais ils ne pourront pas revenir au tarif réglementé.

• **Que se passe-t-il pour les logements en construction qui ne seront achevés qu'après le 1er juillet 2007 ?** Ces logements, s'ils sont raccordés au réseau d'électricité avant le 1er juillet 2010, pourront bénéficier du choix entre les deux tarifs. En revanche, pour le gaz, ce sera uniquement le tarif « prix du marché ».

ANNEXES

I – LA FAMILLE

1. LE MARIAGE

**MODÈLE D'UN CONTRAT DE MARIAGE
RÉGIME DE LA SÉPARATION DE BIENS**

PARDEVANT, Maître .... notaire associé soussigné, membre de la société ...., notaires associés (société civile professionnelle titulaire d'un office notarial), dont le siège est à ....

ONT COMPARU

Monsieur ....

Né à ....

De nationalité ....

Demeurant à ....

FUTUR ÉPOUX STIPULANT ET CONTRACTANT POUR LUI ET EN SON NOM PERSONNEL

D'UNE PART

ET : ....

Née à ....

De nationalité ....

Demeurant à ....

FUTURE ÉPOUSE STIPULANT ET CONTRACTANT POUR ELLE ET EN SON NOM PERSONNEL

D'AUTRE PART

Lesquels, en vue du mariage projeté entre eux et dont la célébration doit avoir lieu prochainement à la mairie de .... en ont arrêté les clauses et conditions civiles de la manière suivante :

Article un – Régime

Les futurs époux déclarent adopter le régime de la séparation de biens, tel qu'il est établi par les articles 1536 et 1541 du Code civil, modifiés par la loi du 13 juillet 1965.
En conséquence, chacun d'eux conservera la propriété, l'administration, la jouissance et la libre disposition des biens meubles et immeubles qui peuvent lui appartenir actuellement, ou qui pourront lui advenir par la suite, à quelque titre que ce soit.
Ils ne seront pas tenus des dettes l'un de l'autre, créées avant ou pendant le mariage, ou grevant les successions et libéralités recueillies par eux.
L'épouse aura sur ses biens tous les droits et pouvoirs accordés par la loi à la femme séparée de biens, sans aucune restriction.

Article deux – Preuves et présomptions de propriété

Chacun des époux établira la propriété de ses biens par tous les moyens de preuve prévus par la loi. Toutefois, à défaut de preuve légale contraire :

1. Les effets, bijoux, fourrures et objets à l'usage personnel de l'un ou l'autre des époux seront présumés appartenir à celui d'entre eux à l'usage personnel ou plus particulier duquel la nature de ces biens indiquera qu'ils doivent servir. Chacun des époux restera cependant propriétaire des bijoux de famille qu'il possédait avant le mariage ou qui proviendront des successions par lui recueillies, ou des dons ou legs à lui faits et ce, bien que ces bijoux soient à l'usage personnel de l'autre époux.

2. Les meubles meublants et objets mobiliers à l'usage commun du ménage, qui se trouveront dans les lieux où les époux demeureront ou résideront en commun (quel que soit le propriétaire de l'immeuble ou le titulaire du bail), seront présumés appartenir à chacun d'eux par moitié. Chaque époux sera cependant propriétaire de la vaisselle ou de l'argenterie à son chiffre ou à celui de sa famille.

3. Les titres et valeurs nominatifs, parts et droits sociaux, ainsi que les créances, seront présumés appartenir au titulaire; les valeurs au porteur en dépôt et les espèces en dépôt ou en compte courant, à celui des époux titulaire du compte ou du dépôt ; les valeurs, sommes ou objets qui se trouveraient dans un coffre-fort tenu en location, à l'époux locataire dudit coffre et aux deux si la location est faite à leurs deux noms.

4. Les immeubles et fonds de commerce seront présumés appartenir à celui des époux au nom duquel l'acquisition aura été faite, et aux deux, si l'acquisition a été faite au nom des deux.

5. Enfin, les valeurs au porteur et deniers comptants trouvés dans les lieux occupés en commun par les époux seront présumés appartenir à chacun d'eux par moitié.
Ces diverses présomptions seront opposables aux tiers qui n'auront été saisis d'aucune revendication dans les formes légales.

Article trois – Contributions aux charges du ménage

Conformément aux dispositions de l'article 214 du Code civil, les époux contribueront aux charges du mariage à proportion de leurs facultés respectives.
Ces charges seront réputées avoir été réglées jour par jour.

Article quatre – Faculté d'acquisition ou d'attribution

En cas de dissolution du mariage par décès, et dans ce cas seulement, le survivant des époux aura la faculté d'acquérir ou, le cas échéant, de se faire attribuer dans le partage de la succession du prémourant, pour autant que ce dernier n'en aura pas disposé autrement, les biens et droits personnels du prémourant ci-après indiqués :

1. Les immeubles alors occupés par les époux, tant à titre d'habitation principale que d'habitation secondaire, ainsi que les droits sociaux donnant vocation à la jouissance ou à l'attribution de ces immeubles.

2. Les meubles meublants et objets mobiliers, de quelque nature qu'ils soient, sans exception, qui garniront ces habitations.

3. Toutes voitures automobiles à l'usage personnel de l'époux prédécédé.

4. Et tout fonds de commerce ou établissement commercial, industriel, financier ou agricole appartenant au prémourant, avec tous les éléments corporels ou incorporels en dépendant, ou encore les droits que le prémourant possédera dans une société ayant pour objet une exploitation de même nature, à l'exclusion toutefois des actions inscrites à une cote officielle.

Conformément aux dispositions de l'article 1390 du Code civil, l'acquisition ou l'attribution des biens ci-dessus énoncés aura lieu, à charge par l'époux survivant d'en tenir compte à la succession du prémourant, d'après la valeur qu'ils auront au jour où la faculté sera exercée. La détermination de cette valeur se fera dans les conditions fixées à l'article six ci-après.

Article cinq – Fonds exploité dans un immeuble de la succession obligation pour les héritiers de consentir un bail

Dans le cas où l'époux survivant, en application de l'article quatre du présent contrat, demandera à acquérir ou se faire attribuer un fonds ou un établissement exploité dans un ou des immeubles dépendant de la succession du prémourant, il aura le droit d'exiger qu'il lui soit fait bail des lieux nécessaires à l'exploitation desdits fonds et établissements, pour une durée de neuf années, moyennant un loyer et sous les charges et conditions qui seront fixées, soit à l'amiable, soit par le tribunal de grande instance du lieu de l'ouverture de la succession.

Article six – Condition d'exercice de la faculté d'attribution ou d'acquisition

L'époux survivant acquerra ou se fera attribuer les biens ci-dessus visés à l'article quatre, dans les conditions prévues aux articles 1391 et 1392 du Code civil.
En application des dispositions dudit article 1392 du Code civil, la faculté accordée à l'époux survivant sera caduque si ledit époux ne l'a pas exercée par une notification faite aux héritiers du prédécédé dans le délai d'un mois à compter du jour où ceux-ci l'auront mis en demeure de prendre parti. Cette mise en demeure ne pourra avoir lieu avant l'expiration du délai prévu par le Code civil au titre « des successions », pour faire inventaire et délibérer.
En outre :

1. Pour se libérer des soultes qu'il pourra devoir aux héritiers du prédécédé, l'époux survivant aura terme et délai de trois années à compter du partage (amiable ou judiciaire), pour faire le paiement par tiers, chaque année, avec intérêts au taux légal, lesdits intérêts payables en même temps que chaque fraction de capital.
Pour se libérer du prix d'acquisition des biens du prédécédé, l'époux survivant disposera de ce même délai de trois ans, avec intérêts au taux légal. Ce délai commencera à courir :
a) si l'acquisition est faite à l'amiable, en dehors de toute notification, à compter de la date du contrat constatant la mutation ;
b) si l'acquisition résulte de la notification prévue par l'article 1392 du Code civil, à compter de la date de cette notification.

2. En garantie des sommes qui leur seront dues, les héritiers de l'époux prédécédé pourront exiger de l'époux survivant et à ses frais la remise en gage et nantissement des fonds de commerce, établissement ou droits sociaux acquis ou attribués. Sur les immeubles acquis ou attribués, il appartiendra aux héritiers de l'époux prédécédé d'inscrire à leur profit et aux frais de l'époux survivant, suivant le cas, soit le privilège de vendeur, soit le privilège de copartageant, prévus à l'article 2103 du Code civil.

3. Les sommes dues par l'époux survivant aux héritiers de l'époux prédécédé deviendront immédiatement et de plein droit exigibles, en cas d'aliénation à titre onéreux ou gratuit des biens acquis ou attribués, en cas de décès de l'époux survivant avant son entière libération, comme aussi dans le cas où il viendrait à convoler.

4. La faculté d'attribution et d'acquisition stipulée à l'article quatre ci-dessus ne pourra être exercée si le décès du conjoint se produit au cours d'une instance de divorce ou de séparation de corps, postérieurement à la date de l'ordonnance de non-conciliation.

Telles sont les conventions des parties.

<u>DONT ACTE</u>

Établi sur ....

À PARIS ....

L'AN DEUX MIL TROIS,

Le.....................

Avant de clore et conformément à la loi, le notaire associé soussigné a porté à la connaissance des futurs époux les dispositions des articles 2135 à 2141 du Code civil, et leur a délivré le certificat prescrit par l'article 1394 du même Code, pour être remis à l'officier de l'état civil, avant la célébration du mariage.
En outre, il leur a indiqué qu'aux termes du dernier alinéa de cet article 1394, si l'un des époux est commercant ou le devient ultérieurement, le présent contrat devra être publié, dans les conditions et sous les sanctions prévues par les règlements relatifs au registre du commerce.
Et après lecture faite, les parties ont signé avec le notaire associé soussigné.

MODÈLE D'UN CONTRAT DE MARIAGE RÉGIME DE LA COMMUNAUTÉ DE BIENS RÉDUITE AUX ACQUÊTS

PARDEVANT, Maître .... notaire associé soussigné, membre de la société. .... notaires associés (société civile professionnelle titulaire d'un office notarial), dont le siège est à ....

ONT COMPARU

M ....

FUTUR ÉPOUX STIPULANT ET CONTRACTANT POUR LUI ET EN SON NOM PERSONNEL

D'UNE PART

ET M ....

FUTURE ÉPOUSE STIPULANT ET CONTRACTANT POUR ELLE ET EN SON NOM PERSONNEL

D'AUTRE PART

Lesquels, en vue du mariage projeté entre M .... et M .... et dont la célébration doit avoir lieu incessamment en la mairie de ...., ont arrêté ainsi qu'il suit, les clauses et conditions civiles de leur union.

Article premier – Régime

Les futurs époux adoptent pour base de leur union le régime de la communauté de biens réduite aux acquêts, tel qu'il est établi par les articles 1400 et suivants du Code civil, sous réserve des modifications pouvant résulter du présent contrat.
En conséquence :

1. La communauté comprendra :
a) activement, les acquêts faits par les époux ensemble ou séparément durant le mariage, et provenant tant de leur industrie personnelle que des économies faites sur les fruits et revenus de leurs biens propres ;
b) passivement, les dettes nées pendant la communauté ainsi qu'il est prévu par les articles 1409 et suivants du Code civil.

2. Seront exclus de la communauté et appartiendront en propre à chaque époux, sauf récompense s'il y a lieu, les biens suivants, même s'ils ont été acquis au cours du mariage :
a) les vêtements, linge, bijoux à l'usage personnel de chaque époux, les actions en réparation d'un dommage corporel ou moral, les créances et pensions inaccessibles et, plus généralement, tous les biens qui auront un caractère personnel et tous les droits exclusivement attachés à la personne ;
b) les instruments de travail nécessaires à la profession de l'un des époux, à moins que ces instruments ne soient l'accessoire d'un fonds de commerce ou d'une exploitation faisant partie de la communauté ;
c) les biens meubles ou immeubles que chaque époux possédera au jour du mariage et ceux qui pourront lui advenir par la suite par successions, donations ou legs ; et, plus généralement, tous les biens dont le caractère propre résulte d'une disposition légale.

Article deuxième – Administration et disposition des biens

Les futurs époux ne pourront, l'un sans l'autre, disposer des droits par lesquels sera assuré le logement de la famille, ni des meubles meublants dont il sera garni.
Sous cette réserve :
Chacun des époux aura l'administration et la libre disposition de ses biens propres, de ses revenus et de ses gains et salaires. Il devra contribuer aux charges du mariage à proportion de ses facultés, sans que les tiers puissent se prévaloir de cette obligation pour refuser à l'un ou à l'autre des époux le versement sur sa seule quittance des revenus lui appartenant. La communauté sera administrée conformément aux dispositions des articles 1421 et suivants du Code civil.

Article troisième – Remploi

Le remploi des biens propres à l'un ou à l'autre des futurs époux, aliénés ou remboursés pendant le mariage, se fera conformément à la loi, sans que les tiers aient à s'en préoccuper, ni à s'y immiscer.

Article quatrième – Reprises

Lors de la dissolution de la communauté, chacun des époux ou ses héritiers et représentants reprendra tous les biens qu'il possédait au jour du mariage et tous ceux qui lui seront échus et advenus par la suite à titre personnel.
Ces reprises s'effectueront de la manière suivante au besoin par dérogation aux règles légales.

1. Chaque époux reprendra en nature, sauf récompense s'il y a lieu :
a) les vêtements, linge et bijoux à son usage personnel, les instruments de travail ainsi que tous les autres biens ou créances ayant un caractère personnel et tous les droits exclusivement attachés à sa personne ;
b) les créances, rentes, actions, obligations et autres valeurs mobilières propres qui se retrouveront en nature, y compris les valeurs nouvelles et autres accroissements s'y rattachant ;
c) et les immeubles, fonds de commerce ou d'industrie et autres meubles corporels non aliénés, ainsi que ceux acquis en remploi ou à titre d'accessoires.

2. La reprise aura lieu au choix de l'époux bénéficiaire ou de ses héritiers, soit en nature, soit en deniers en ce qui concerne les biens meubles corporels. La reprise aura lieu au choix de l'époux bénéficiaire ou de ses héritiers, soit en deniers, soit par prélèvements sur les biens de communauté, dans les conditions prévues par l'article 1471 du Code civil en ce qui concerne les biens meubles incorporels et les immeubles qui auraient été aliénés sans remploi.

3. L'époux qui prétendra à une reprise en deniers devra faire la preuve de l'encaissement par la communauté des deniers propres, conformément au droit commun. Cette preuve rapportée, la reprise s'effectuera de la manière suivante, sauf preuve contraire.
En ce qui concerne les biens meubles corporels, la reprise sera déterminée par l'estimation qui leur aura été donnée dans tout inventaire, partage, état de bonne forme et acte quelconque en constatant la nature et la consistance.
Pour les valeurs mobilières propres qui ne se retrouveront pas, la reprise en résultant sera, soit du prix de la vente ou du remboursement justifié par toute pièce de nature à en établir le montant, soit, à défaut de ces justifications, du montant pour lequel elles auront été attribuées si elles proviennent de partage et, s'il n'y a pas eu de partage, du montant de leur valeur au jour de l'événement qui leur aura fait advenir à l'un ou l'autre des époux, montant qui sera déterminé, s'il s'agit de valeurs de bourse par le cours de la Bourse de Paris, ou à défaut de toute autre Bourse où elles seraient cotées.

4. Le montant des récompenses dues par les époux à la communauté ou par la communauté à chacun d'entre eux sera déterminé conformément aux règles, prescrites par l'article 1469 du Code civil.

5. Les stipulations qui précèdent s'appliqueront aux époux eux-mêmes et à leurs héritiers et représentants.

Article cinquième – Préciput – Partage de la communauté

La dissolution de la communauté arrivant par le décès de l'un des époux, le survivant prendra et prélèvera, à titre de préciput, sur les biens meubles de la commu-

nauté et avant tout partage, toutes les provisions de ménage, y compris vins et liqueurs, et, toujours audit cas, le surplus des biens de la communauté, toutes dettes payées et reprises exercées, se divisera en deux moitiés dont l'une appartiendra au survivant des époux et l'autre aux héritiers et représentants du prédécédé. Toutefois, le survivant des époux conservera sa vie durant l'usufruit de cette dernière moitié.
La disposition du présent article ne peut être réputée une donation, mais seulement une convention de mariage et entre associés.

Article sixième – Conditions de l'usufruit

Pour jouir de l'usufruit stipulé par l'article cinquième ci-dessus, le survivant des époux ne sera tenu de fournir caution ni de faire emploi, mais il devra faire dresser un inventaire aux frais de la communauté.
Le survivant des époux ne sera pas tenu d'avancer pour les héritiers de son conjoint les droits de mutation dus à l'État sur la nue-propriété des biens soumis à son usufruit.
Ces droits seront acquittés par prélèvement sur la masse des biens de la succession existant au décès, et l'époux survivant devra subir cette réduction du capital soumis à son usufruit.
Par ailleurs, les parties stipulent que les avantages ci-dessus accordés sous l'article cinquième ne pourront s'exercer que pour le cas seulement de dissolution de la communauté par le décès de l'un des époux et à condition que cette dissolution n'ait pas été précédée d'une assignation de séparation de corps ou en divorce, suivie d'une instance encore en cours au jour du décès.

Article septième – Conservation du droit au bail

Au décès de l'un des époux, le survivant aura la faculté de conserver pour son compte personnel et sans indemnité le droit à la location des lieux qui serviront à l'habitation commune des époux, à charge de payer les loyers et d'exécuter les conditions de la location, de manière que les héritiers de l'époux prédécédé ne soient jamais inquiétés à cet égard.
La présente clause ne s'appliquera qu'aux locaux utilisés pour l'habitation principale des époux.

Article huitième – Faculté de prélèvement

En cas de dissolution de la communauté par le décès de l'un des époux, le survivant d'eux aura la faculté de prélever et de conserver pour son compte personnel, dans les conditions précisées aux articles ci-après, tout ou partie des biens suivants qui dépendront de cette communauté.

1. Les meubles meublants et les objets mobiliers corporels qui se trouveront, au moment du décès, dans l'habitation commune, tant principale que secondaire.

2. Les droits par lesquels sera assuré le logement principal de la famille, mais seulement si ces droits résultent d'une location ou de la possession de parts ou actions de société donnant vocation à la jouissance ou à la propriété du local.

3. L'immeuble ou appartement dans lequel les époux auront, au moment du décès, leur habitation commune et principale, même si les locaux sont utilisés accessoirement pour l'exercice de la profession du survivant. Toutefois, la faculté d'acquisition ou d'attribution sera exclue si les locaux ayant cette destination font partie d'un ensemble non divisé en copropriété.

4. Tout fonds de commerce et tout établissement commercial, industriel, financier ou agricole avec tous les éléments corporels ou incorporels en dépendant, spécialement en ce qui concerne l'exploitation agricole, le matériel, les instruments aratoires, chevaux, bestiaux, fruits et fourrages coupés ou pendants par branches ou par racines, et autres accessoires.

5. Les droits dans une société exploitant un fonds de commerce ou un établissement de la nature sus-indiquée, même si ces droits sont établis au nom d'un seul des époux, le tout dans les limites permises par les statuts.

Article neuvième – Faculté d'acquisition ou d'attribution de certains biens dépendant de la succession du prémourant

En cas de dissolution de la communauté par le décès de l'un des époux, le survivant d'eux aura la faculté d'acquérir et éventuellement de se faire attribuer par partage, tout ou partie des biens énumérés dans l'article précédent qui dépendront de la succession du conjoint prédécédé.

Article dixième – Délai d'option

Le survivant des époux qui voudra se prévaloir des dispositions de l'un ou l'autre des deux articles précédents sera tenu, à peine de déchéance, de notifier son option aux héritiers dans le délai d'un mois à compter du jour où ceux-ci l'auront mis en demeure de prendre parti, cette mise en demeure ne pouvant elle-même avoir lieu avant l'expiration du délai de trois mois et quarante jours fixé par la loi pour faire inventaire et délibérer.

En cas de renonciation, expresse ou tacite, par l'époux survivant à la faculté de conserver le fonds de commerce ou l'établissement commercial, ou industriel dépendant de la communauté ou de la succession, il ne pourra, pendant les cinq années qui suivront la dissolution de cette communauté, s'intéresser directement ou indirectement dans aucun fonds de commerce ou établissement similaire L'interdiction sera cantonnée dans l'espace d'un commun accord entre les parties et, à défaut, par un mandataire commun désigné à l'amiable ou par ordonnance de Monsieur le Président du tribunal de grande instance qui aura compétence, à la requête de la partie la plus diligente.

Article onzième – Évaluation des biens prélevés ou acquis

Les biens dont l'époux survivant demandera le prélèvement, l'acquisition ou l'attribution en application des clauses précédentes seront évalués d'un commun accord entre les parties et, à défaut, par un mandataire commun désigné à l'amiable ou par ordonnance de Monsieur le Président du tribunal de grande instance qui aura compétence, à la requête de la partie la plus diligente.
Toutefois, s'il s'agit d'une exploitation agricole dépendant de la communauté :

1. Le survivant n'aura rien à payer pour le droit au bail, qui lui appartiendra exclusivement à titre de convention de mariage.

2. L'estimation de la récolte pendante par branches ou par racines comprendra uniquement les frais préliminaires de culture et le prorata de fermage représentatif de cette récolte couru au jour de la prise de possession annuelle à celui de la dissolution de la communauté.

Article douzième – Bail des lieux d'exploitation des biens prélevés ou acquis

En usant de la faculté de prélèvement qui lui est accordée par les articles huitième et neuvième ci-dessus, le survivant aura seul droit au bail des immeubles utilisés pour l'exploitation du fonds ou de l'établissement prélevé ou acquis et des lieux où les époux auront leur habitation, à charge d'en payer les loyers et d'en exécuter les conditions à compter du jour où il aura la jouissance privative du fonds ou de l'établissement, de manière que les héritiers et représentants du conjoint prédécédé ne soient jamais inquiétés à ce sujet.
Et si le fonds ou l'établissement prélevé ou acquis est exploité dans les immeubles dépendant de la communauté ou de la succession du prédécédé, le survivant pourra exiger qu'il soit fait bail de ces immeubles pour neuf années du jour de la jouissance privative résultant de l'attribution ou de l'acquisition, aux conditions du droit commun et moyennant un loyer qui, à défaut d'accord amiable, sera fixé par un mandataire commun désigné d'un commun accord ou par ordonnance de Monsieur le Président du tribunal de grande instance, à la requête de la partie la plus diligente.

Article treizième – Imputation ou délai de paiement

Le survivant des époux imputera les sommes dont il serait débiteur ou comptable envers la communauté, à un titre quelconque et notamment à raison des prélèvements par lui effectués en exécution de l'article huitième ci-dessus, d'abord sur sa part dans la communauté, puis sur ses droits dans la succession du prédécédé en commençant par ses droits en propriété.
Les sommes dues pour l'acquisition autorisée par l'article neuvième ci-dessus s'imputeront sur les droits de l'époux survivant dans la succession de son conjoint prédécédé, en commençant par les droits en propriété.
Les sommes restant dues après ces imputations seront payables dans un délai de quatre ans, partant du jour où le survivant aura eu la jouissance privative des biens pour lui prélevés ou acquis. Le paiement aura lieu par quart chaque année avec intérêts au taux légal alors en vigueur, payables trimestriellement.
Toutefois, ce délai cesserait de plein droit et sans mise en demeure, en cas d'aliénation à titre gratuit ou à titre onéreux des biens conservés ou acquis de cessation d'exploitation, d'apport en société, d'expropriation, de faillite, de règlement judiciaire, de décès ou de convol de l'époux débiteur.
À défaut de paiement à l'échéance exacte d'un seul terme de capital ou d'intérêts, tout ce qui sera alors dû deviendra immédiatement et de plein droit exigible, un mois après une sommation de payer faisant connaître la volonté d'user du bénéfice de la présente clause.

Article quatorzième – Apport du futur époux

Le futur époux déclare apporter en mariage et se constituer personnellement en dot :
Les vêtements, linge, bijoux et autres objets à son usage personnel, non décrits ni estimés à raison de la reprise en nature ci-avant stipulée, mais évalués à ...
Duquel apport franc et quitte de toutes dettes et charges, il a été donné connaissance à la future épouse qui le reconnaît.

Article quinzième – Apport de la future épouse

La future épouse déclare apporter en mariage et se constituer personnellement en dot :
Les vêtements, linge, bijoux et autres objets à son usage personnel, non décrits ni estimés à raison de la reprise en nature ci-avant stipulée, mais évalués à ...

Duquel apport franc et quitte de toutes dettes et charges, il a été donné connaissance au futur époux qui le reconnaît et consent à en demeurer chargé par le seul fait de la célébration du mariage,

<u>DONT ACTE</u>

Établi sur ....

À ....

L'AN DEUX MIL SIX,

Le ....

Avant de clore et conformément à la loi, le notaire associé soussigné a porté à la connaissance des futurs époux les dispositions des articles 2135 du Code civil et leur a délivré le certificat prescrit par l'article 1394 du Code civil pour être remis, ainsi qu'elles en sont averties, à l'officier de l'état civil avant la célébration du mariage.
Et après lecture faite, les parties ont signé avec le notaire associé soussigné.

2. LE TESTAMENT

MODÈLES DE FORMULES CONCERNANT LES TESTAMENTS[1]

• Legs universel simple en l'absence d'héritier réservataire

Exemple 1

Je soussigné (prénom, nom du testateur) déclare par ce testament léguer à (prénom, nom du légataire) l'universalité de ma succession.

Fait à .... date et signature

Exemple 2

J'institue pour mon légataire universel M ..... (prénom, nom du légataire)

Fait à .... date et signature

Exemple 3

Je désire qu'après mon décès, l'ensemble de ma succession revienne à (prénom et nom du légataire) qui sera ainsi mon légataire universel.

Fait à .... date et signature

• Legs universel en présence d'héritier réservataire

Exemple 1

J'institue M .... (prénom et nom du légataire universel) pour mon légataire universel.

Fait à .... date et signature

Exemple 2

J'institue M ...., légataire de l'ensemble de la quotité disponible avec vocation à l'ensemble de ma succession en cas de renonciation de mes héritiers.

Fait à .... date et signature

1. Exemples de formules tirés de *Les Testaments-Bien les rédiger pour mieux transmettre son patrimoine*, de Daniel Fauquet, aux Éditions De Vecchi, 1991.

Exemple 3

J'entends que mes héritiers réservataires ne reçoivent que leur réserve, le surplus devra être attribué à mon légataire universel M ....

Fait à .... date et signature

• Legs universel conjoint

Exemple 1

J'institue pour mes légataires universels conjoints M. A. et M. B. Chacun a vocation au tout, notamment en cas de prédécès ou de renonciation de l'autre.

Exemple 2

J'institue pour mes légataires universels conjoints M. A. pour 1/2 et M. et Mme B. pour 1/4 chacun, sans que l'attribution de part n'ait un caractère principal et dispositif.
En cas de prédécès ou renonciation de M. ou Mme B., sa part accroîtra au survivant de M. ou Mme B., en cas de prédécès ou renonciation de M. et Mme B., leur part accroîtra à M. A.
En cas de prédécès de M. A., sa part accroîtra à M. et Mme B. ou le survivant d'eux.

Fait à .... date et signature

• Legs universel avec attribution de biens

J'institue M. A., légataire universel, en lui attribuant notamment la maison située à ....

Fait à .... date et signature

• Legs universel cumulé avec un legs particulier

J'institue M. A., légataire universel.
Par ailleurs et indépendamment du legs universel, je l'institue légataire de la maison située à (ou de tel tableau, tel bijou).

Fait à .... date et signature

• **Legs à titre universel**

Exemple 1 : une fraction de la succession

Je lègue à M. A. la moitié de la succession. Cette assignation de part est principale et disponible et M. A. ne saurait recevoir plus.

ou

Je lègue à M. A. la moitié de ma succession, à M. et Mme B. l'autre moitié. M. et Mme B. auront une faculté d'accroissement l'un à l'égard de l'autre, mais M. A. d'une part et M. et/ou Mme B. d'autre part ne devront pas recevoir plus de la moitié, l'assignation de parts étant principale et dispositive.

Fait à .... date et signature

Exemple 2 : legs de tous les immeubles ou meubles ou fraction de ceux-ci

Je lègue à M. A. tous mes biens immobiliers sans y inclure les biens qui y sont contenus.

Je lègue à M. B. tous mes biens mobiliers sans exception (meubles meublants, bijoux, tableaux, comptes bancaires et valeurs mobilières, etc.).

Fait à .... date et signature

Exemple 3 : legs de l'usufruit ou de la nue-propriété

Je lègue à Mme A. l'usufruit de l'ensemble de ma succession.

ou

Je lègue à M. B. la nue-propriété de l'ensemble de ma succession.

Fait à .... date et signature

• **Legs particuliers (ni universel, ni à titre universel)**

Je lègue à M. A. tel tableau.

Je lègue à Mme B. l'ensemble des actions dont je serai propriétaire à mon décès.

ou

Je lègue à M. C. l'usufruit de ma maison située à ....

ou

Je lègue à M. D. la nue-propriété de l'appartement situé à ....

Fait à .... date et signature

• **Formules d'exhérédation** (pour écarter de la succession une personne qui y viendrait par l'effet de la loi, ou serait susceptible d'y venir)

Exemple 1 : exhérédation d'un héritier non réservataire

Je désire que M. A. ne reçoive aucun droit dans ma succession.

ou

J'exhérède M. A. de tout droit dans ma succession

Fait à .... date et signature

Exemple 2 : exhérédation d'un héritier réservataire

Je prive M. A. héritier réservataire de tout droit dans la quotité disponible.

ou

J'exhérède M. A. de tout droit dans la quotité disponible, il ne devra recevoir que sa réserve.

Fait à .... date et signature

• **Testament-partage**

Ceci est mon testament-partage.
Je tiens à répartir mes biens entre mes héritiers réservataires de la façon suivante :
Je souhaite que la maison située à .... soit attribuée à mon fils M. A.
Je souhaite que le terrain situé à......... soit attribué à mon autre fils M. B.
Je désire que l'appartement situé à .... soit attribué à mes petits-enfants D. et E., venant par représentation de leur mère prédécédée ma fille Mme C.
La collection de tableaux sera attribuée à ma fille F., mais dans la mesure où celle-ci a une valeur très supérieure aux autres lots, elle devra verser à ses cohéritiers la somme de .... €, à partager en trois entre M. A. pour 1/3 ; M. B. pour 1/3 ; et D et E pour 1/3.
Si l'un de mes héritiers venait à contester cette répartition devant les tribunaux, je le prive de tout droit dans la quotité disponible.

Fait à .... date et signature

MODÈLES DE CLAUSES TESTAMENTAIRES SPÉCIFIQUES[1]

• Clause pénale

Si l'un – quelconque – de mes héritiers ou légataires venait à contester les legs (ou la répartition, ou les charges) figurant dans ce testament, je le prive de tout droit dans la succession (ou dans la quotité disponible, s'il s'agit d'un héritier réservataire).

• Clause d'administration des biens

Je lègue tous mes biens à mon enfant M. A. à condition qu'ils soient gérés par M. B., mon frère, et soustraits à l'administration légale de son père (ou de sa mère).

• Clause supprimant la jouissance légale

Je lègue tous mes biens à M. A. S'il est mineur au jour de son décès, j'entends soustraire ces biens à la jouissance de ses parents (ou de son père ou de sa mère).

• Clause de tutelle testamentaire

En cas de vie des deux parents

Je souhaite qu'à mon décès, si le père (ou la mère) de mon enfant est décédé avant moi, mon enfant soit confié à la garde de ma sœur Mme B. (ou M. X. un ami, etc.).

En cas de prédécès connu de l'autre parent

Je désire qu'à mon décès mon enfant soit confié à la garde de Mme B.

• Clause concernant la représentation testamentaire

Si M. A., que j'ai institué légataire, décédait avant moi, ou même renonçait à son legs, je souhaite que son legs profite à ses héritiers présomptifs au jour de mon décès.

1. Exemples de clauses tirés de *Les Testaments-Bien les choisir pour mieux transmettre son patrimoine*, de Daniel Fauquet, aux Éditions De Vecchi, 1991.

• **Clause d'inaliénabilité**

Exemple 1

Je lègue à M. A., mon fils, notre maison familiale située à .... avec interdiction de la vendre pendant cinq ans afin de maintenir la maison dans la famille.

Exemple 2

Je lègue à Mme B. l'usufruit de ma maison et à M. A. la nue-propriété de celle-ci. M. A. ne pourra pas vendre la nue-propriété tant que Mme B. sera usufruitière du bien.

• **Clause de substitutions permises**

Exemple 1

Je lègue à M. A., mon fils, la maison familiale à charge pour lui de la conserver et de la transmettre à ses propres enfants à son décès.

Exemple 2

Je lègue mon appartement à M. B., mon frère, à charge pour lui de le conserver et de le transmettre à tous ses enfants à son décès.

• **Clause de legs de résiduo**

Je lègue à M. A. l'ensemble de mes biens, dont il pourra librement disposer (sauf par donation). Ce qui restera de mes biens à son décès (s'il en reste) devra revenir à Mme B. si elle est encore en vie.

• **Clause de legs d'usufruit et/ou de nue-propriété**

Exemple 1

Je lègue l'usufruit de l'ensemble de ma succession à mon conjoint.

Exemple 2

Je lègue l'usufruit de notre maison d'habitation à mon conjoint et la nue-propriété à mon fils M. A.

Exemple 3

Je lègue l'usufruit de mon appartement à M. A. et la nue-propriété de cet appartement au fils de M. A.

Exemple 4

Je lègue l'usufruit de ma maison à Mme A. pour 20 ans.

• Clause de legs du droit d'usage et d'habitation

Je lègue à M. A. le droit d'usage et d'habitation dans mon appartement situé à ...., et ce sa vie durant.

• Clause de nomination d'un exécuteur testamentaire

(*Avec saisine*)

Je nomme M. A. exécuteur testamentaire. Il aura la saisine de ma succession et devra veiller à la bonne exécution des legs. C'est lui qui procédera à la vente de mes biens mobiliers afin que puissent être payés les legs de somme d'argent.

(*Avec diamant*)

Je nomme M. A. exécuteur testamentaire, il devra veiller à la bonne exécution de ce testament. Il recevra à titre de remerciement un diamant sous la forme d'une somme de X euros.

MODÈLES DE FORMULES CONCERNANT LA RÉVOCATION D'UN TESTAMENT[1]

• Révocation de toutes les dispositions antérieures

Je soussigné(e) .... déclare révoquer toutes dispositions testamentaires antérieurement prises par moi.

Fait à .... date ....
et signature ....

• Révocation partielle

Je soussigné(e) .... déclare révoquer le testament du .... (déposé chez Maître ...., notaire à ....), mais seulement en ce qui concerne le legs fait à M. ....

Toutes les autres dispositions restent valables.

Date et signature

• Rétractation d'une révocation expresse

Je soussigné(e) .... déclare rétracter la révocation en date du .... du testament rédigé le .... (déposé chez Maître ...., notaire à ....). Le testament devra donc avoir son plein effet.

Date et signature

1. Modèles de formules tirés de *Les Testaments-Bien les choisir pour mieux transmettre son patrimoine*, de Daniel Fauquet, aux Éditions De Vecchi, 1991.

II – LA VIE QUOTIDIENNE

LE BAIL D'HABITATION ET LE LOYER

Avec l'aimable autorisation
de la papeterie Tissot

CONTRAT DE LOCATION

Loi n°89- 462 du 6 juillet 1989
LOCAUX VACANTS NON MEUBLÉS

☐ **HABITATION PRINCIPALE**
☐ **PROFESSIONNEL et HABITATION PRINCIPALE**

Entre les soussignés

BAILLEUR

dénommé "LE BAILLEUR"

MANDATAIRE (le cas échéant)

et

LOCATAIRE(S)

dénommé(s) "LE LOCATAIRE" (au singulier)

Il a été convenu et arrêté ce qui suit :
Le bailleur loue les locaux et équipements ci-après désignés au locataire qui les accepte aux conditions suivantes.

LOCAUX

Adresse ……

Consistance

☐ Appartement
☐ Maison individuelle
☐ ……

Dépendances

☐ Garage n° ……
☐ Place de station[t] n° ……
☐ Cave n° ……
☐ ……

Désignation des locaux et équipements privatifs

Enumération des parties et équipements communs

☐ Gardiennage	☐ Ascenseur	☐ Antenne collective	☐ Chauffage collectif	☐ ……
☐ Interphone	☐ Vide-ordures	☐ Espace(s) vert(s)	☐ Eau chaude collective	☐ ……

FIXATION du LOYER ***(Montant du loyer : page 4)***

Le montant du loyer indiqué en page 4 est fixé en application de l'article 17.-a) ou de l'article 17.-b) de la loi :

Art. 17.-a) ☐ **Librement fixé entre les parties,** le logement entrant dans l'une des catégories suivantes :
- ☐ Logement neuf.
- ☐ Logement vacant ayant fait l'objet de travaux de mise ou de remise aux normes définies par le décret n° 87-149 du 6 mars 1987.
- ☐ Logement conforme aux normes définies par le décret n° 87-149 du 6 mars 1987 et faisant l'objet d'une première location.
- ☐ Logement conforme aux normes définies par le décret n° 87-149 du 6 mars 1987 et ayant fait l'objet depuis moins de 6 mois de travaux d'amélioration, portant sur les parties privatives ou communes, d'un montant au moins égal à une année de loyer antérieur.

Art. 17.-b) ☐ **Identique au dernier loyer du précédent locataire,** éventuellement révisé en fonction de l'indice national I.N.S.E.E. du coût de la construction.

☐ **Fixé par référence aux loyers habituellement constatés dans le voisinage** pour des logements comparables dans les conditions définies à l'art. 19 de la loi, s'il est supérieur au dernier loyer exigé du précédent locataire.
Aux présentes est annexée la liste des références ayant servi à fixer le loyer ainsi que la reproduction de l'art. 19.

Le montant du loyer sera payable au domicile du bailleur. Il sera révisé chaque année en fonction de l'indice national I.N.S.E.E. du coût de la construction *(voir page 4).*

Imprimé N° 34

CONDITIONS GÉNÉRALES

I - DUREE - RESILIATION - RENOUVELLEMENT (art. 10, 11, 12, 15 et 17 de la loi) — INDIQUÉS EN PAGE 4

A - CONTRAT D'UNE DURÉE MINIMALE DE 3 OU 6 ANS

- **DURÉE INITIALE :** *(article 10 de la loi)* Le contrat est conclu pour une durée au moins égale à trois ans *(bailleur « personne physique »)*, ou à six ans *(bailleur « personne morale »)*.
- **RÉSILIATION - CONGÉ :** *(article 15 de la loi)*
  Il pourra être résilié par lettre recommandée avec A.R. ou par acte d'huissier :
  - *PAR LE LOCATAIRE*, à tout moment, en prévenant le bailleur 3 mois à l'avance, délai ramené à un mois en cas de mutation ou de perte d'emploi ou en cas de congé émanant d'un locataire âgé de plus de 60 ans dont l'état de santé justifie un changement de domicile, ou d'un locataire bénéficiaire du revenu minimum d'insertion.
  - *PAR LE BAILLEUR*, en prévenant le locataire 6 mois au moins avant le terme du contrat. Le congé devra être fondé, soit sur sa décision de reprendre ou de vendre le logement, soit sur un motif légitime et sérieux, notamment l'inexécution par le locataire de l'une des obligations lui incombant.

  Le congé devra indiquer le motif allégué et :
  - **en cas de reprise,** les nom et adresse du bénéficiaire de la reprise qui ne peut être que le bailleur, son conjoint, son concubin notoire depuis au moins un an à la date du congé, ses ascendants, ses descendants ou ceux de son conjoint ou concubin notoire ;
  - **en cas de vente,** le prix et les conditions de la vente projetée, ce congé valant offre de vente au profit du locataire.
- **RENOUVELLEMENT:** *(articles 10, 11 et 17 § c de la loi)*
  Six mois au moins avant le terme du contrat, le bailleur pourra faire une proposition de renouvellement par lettre recommandée avec A.R. ou par acte d'huissier :
  - soit à l'effet de proposer un nouveau contrat d'une durée réduite (au moins égale à un an) pour raisons professionnelles ou familiales justifiées *(bailleur « personne physique »)* ;
  - soit à l'effet de réévaluer le loyer pour le cas où ce dernier serait manifestement sous-évalué, le contrat étant renouvelé pour une durée au moins égale à 3 ans *(bailleur « personne physique »)* ou à 6 ans *(bailleur « personne morale »)* ;
    Dans ce cas, le bailleur pourra proposer au locataire un nouveau loyer fixé par référence aux loyers habituellement constatés dans le voisinage pour des logements comparables, dans les conditions fixées à l'article 19 de la loi.
- **TACITE RECONDUCTION :** *(article 10 de la loi)*
  A défaut de renouvellement ou de congé motivé donné dans les conditions de forme et de délai prévues ci-avant, le contrat parvenu à son terme sera reconduit tacitement aux CONDITIONS ANTERIEURES, pour une durée égale à celle du contrat initial *(ou, si la durée du contrat initial est inférieure, au moins égale à 3 ans en cas de bailleur « personne physique » ou à 6 ans en cas de bailleur « personne morale »)*.

B - CONTRAT D'UNE DURÉE INFÉRIEURE A 3 ANS

POUR RAISONS PROFESSIONNELLES OU FAMILIALES JUSTIFIÉES : *(art. 11 de la loi)*.

- **DURÉE INITIALE :** Les parties peuvent conclure un contrat d'une durée inférieure à 3 ans mais d'au moins un an, quand un événement précis justifie que le bailleur « personne physique » ait à reprendre le local pour des raisons professionnelles ou familiales mentionnées au contrat.
- **CONGÉ :** Le congé devra être notifié par lettre recommandée avec avis de réception ou par acte d'huissier :
  - *PAR LE LOCATAIRE*, à tout moment, en prévenant le bailleur 3 mois à l'avance, délai ramené à un mois en cas de mutation ou de perte d'emploi, ou en cas de congé émanant d'un locataire âgé de plus de soixante ans dont l'état de santé justifie un changement de domicile, ou d'un locataire bénéficiaire du revenu minimum d'insertion.
  - *PAR LE BAILLEUR*, en confirmant la réalisation de l'événement familial ou professionnel deux mois avant le terme du contrat. Si la réalisation de l'événement est différée, le bailleur pourra, dans le même délai, proposer le report du terme du contrat, ce report n'étant possible qu'une seule fois.
    Lorsque l'événement s'est produit et est confirmé, le locataire est déchu de plein droit de tout titre d'occupation au terme prévu dans le contrat.
- **TRANSFORMATION EN CONTRAT DE TROIS ANS :**
  Lorsque l'événement ne s'est pas produit ou n'est pas confirmé, le contrat de location est réputé être de 3 ans.

II - CLAUSE PARTICULIERE CONCERNANT LES LOCAUX VACANTS CONSTRUITS AVANT LE 1.9.1948

Conformément à l'article 25 de la loi N° 86-1290 du 23.12.86 *(modifié 1989)*, les locaux vacants à compter du 23.12.1986 *(hormis ceux classés en catégorie IV)* et satisfaisant aux normes minimales de confort et d'habitabilité fixées par décret après avis de la commission nationale de concertation ne sont pas soumis aux dispositions de la loi n° 48-1360 du 1.9.1948.

Ils sont désormais régis par les chapitres Ier à III du Titre Ier de la loi n° 89-462 du 6 juillet 1989.

Si les locaux loués depuis le 23 décembre 1986 ne satisfont pas aux normes précitées, le locataire peut demander au propriétaire leur mise en conformité avec ces normes sans qu'il soit porté atteinte à la validité du contrat de location en cours.

A défaut d'accord entre les parties, le juge saisi détermine, le cas échéant, la nature des travaux à réaliser et le délai de leur exécution, qu'il peut même d'office assortir d'une astreinte. Il peut également se prononcer sur une demande de modification du loyer fixé par le bailleur ou proposé par le locataire.

A défaut de mise aux normes effectuées dans les conditions précitées, le loyer des locaux soumis au présent article est fixé conformément à l'article 17 *§ b* de la loi n° 89-462 du 6 juillet 1989.

III - CHARGES (art. 23 de la loi) — INDIQUÉES EN PAGE 4

En sus du loyer, le locataire remboursera au bailleur sa quote-part dans les charges réglementaires, conformément à la liste définie par décret en Conseil d'Etat.

Les charges récupérables, sommes accessoires au loyer principal, sont exigibles en contrepartie :

- des services rendus liés à l'usage des différents éléments de la chose louée ;
- des dépenses d'entretien courant et des menues réparations sur les éléments d'usage commun de la chose louée ;
- du droit de bail et des impositions qui correspondent à des services dont le locataire profite directement.

Ces charges seront réglées en même temps que le loyer principal, par provisions mensuelles ou trimestrielles et feront l'objet d'une régularisation au moins annuelle.

Le montant des charges sera fixé chaque année par le bailleur en fonction des dépenses réellement exposées l'année précédente ou du budget prévisionnel, le montant de chaque provision étant réajusté en conséquence.

Un mois avant l'échéance de la régularisation annuelle, le bailleur adressera au locataire un décompte par nature de charges ainsi que, dans les immeubles collectifs, le mode de répartition entre tous les locataires. Pendant ce mois, les pièces justificatives seront tenues à la disposition des locataires.

IV - DEPOT DE GARANTIE (art. 22 de la loi) — SON MONTANT EST INDIQUE EN PAGE 4

Conformément à l'article 22 de la loi, le dépôt de garantie éventuellement demandé par le bailleur au locataire afin de garantir la bonne exécution de ses obligations ne pourra excéder deux mois de loyer net de charges.

Non productif d'intérêts, il ne sera révisable ni en cours de contrat initial, ni lors du renouvellement éventuel.

Il sera rendu au locataire dans un délai maximum de deux mois à compter de la restitution des clés, déduction faite le cas échéant, des sommes restant dues au bailleur et des sommes dûment justifiées dont celui-ci pourrait être tenu pour responsable aux lieu et place du locataire *(le départ étant entendu après déménagement, exécution des réparations locatives, résiliation des abonnements de gaz, électricité et eau, présentation au bailleur de la quittance « taxe d'habitation » (art. 1686 du C.G.I.), établissement de l'état des lieux contradictoire en fin de contrat et remise des clés)*.

A défaut de restitution dans le délai de deux mois, le solde restant dû après arrêté des comptes produira intérêt au taux légal au profit du locataire.

Ce dépôt ne pourra sous aucun prétexte être affecté par le locataire au paiement des derniers mois de loyer.

V - TRAVAUX EVENTUELS ENTRAINANT MODIFICATION DE LOYER (art. 6 et 17 de la loi) — INDIQUÉS EN PAGE 4

▷ *TRAVAUX éventuellement EXÉCUTÉS PAR LE LOCATAIRE (article 6 § a de la loi) :*

Conformément à l'art. 6 de la loi, si le logement répond aux normes minimales de confort et d'habitabilité prévues à l'art. 26 de la loi, les parties peuvent convenir par une clause expresse, que certains travaux incombant au bailleur, seront exécutés par le locataire, la réduction de loyer, la durée de cette réduction et, en cas de départ anticipé du locataire, les modalités de dédommagement sur justification des dépenses effectuées, sont indiquées en page 4 du présent contrat.

▷ *TRAVAUX D'AMÉLIORATION ÉVENTUELLEMENT EXÉCUTÉS PAR LE BAILLEUR (art. 17 § e de la loi) :*

Conformément à l'art. 17 de la loi, les parties peuvent convenir par une clause expresse de travaux d'amélioration du logement que le bailleur fera exécuter. Cette clause fixe la majoration du loyer consécutive à la réalisation de ces travaux.

VI - ETAT DES LIEUX (art. 3 de la loi)

L'ÉTAT DES LIEUX EST ANNEXÉ AU CONTRAT

Conformément à l'art. 3 de la loi, un état des lieux contradictoire sera établi lors de la remise des clés au locataire et lors de leur restitution. A défaut, il sera établi par huissier à l'initiative de la partie la plus diligente, les frais étant partagés par moitié. Pendant le premier mois de la période de chauffe, le locataire peut demander que l'état des lieux soit complété par l'état des éléments de chauffage.

VII - OBLIGATIONS DU BAILLEUR (art. 6 de la loi)

Le bailleur est tenu des obligations principales suivantes :

1 - Délivrer au locataire le logement en bon état d'usage et de réparation, ainsi que les équipements mentionnés au contrat en bon état de fonctionnement (hormis les travaux faisant l'objet de la clause expresse stipulée au chapitre V ci-avant).

2 - Assurer au locataire la jouissance paisible du logement et, sans préjudice des dispositions de l'article 1721 du Code Civil, le garantir des vices ou défauts de nature à y faire obstacle (hormis ceux qui, consignés dans l'état des lieux, auraient fait l'objet de la clause expresse de travaux stipulée au chapitre V ci-avant).

3 - Entretenir les locaux en état de servir à l'usage prévu et y faire toutes les réparations nécessaires autres que locatives.

4 - Ne pas s'opposer aux aménagements réalisés par le locataire et ne constituant pas une transformation de la chose louée.

5 - Délivrer un reçu dans tous les cas où le locataire effectue un paiement partiel.

6 - Remettre gratuitement une quittance au locataire lorsqu'il en fait la demande.

7 - Communiquer au locataire, lorsque l'immeuble est soumis au statut de la copropriété, les extraits du règlement de copropriété concernant la destination de l'immeuble, la jouissance et l'usage des parties privatives et communes et précisant la quote-part afférente au lot loué dans chacune des catégories de charges.

VIII - OBLIGATIONS DU LOCATAIRE (art. 7 de la loi)

Le locataire est tenu des obligations principales suivantes :

1 - Payer le loyer et les charges récupérables aux termes convenus. Le paiement mensuel est de droit s'il en fait la demande.

2 - User PAISIBLEMENT des locaux et équipements loués suivant la destination prévue au contrat.

3 - Répondre des dégradations et pertes survenant pendant la durée du contrat dans les locaux dont il a la jouissance exclusive, à moins qu'il ne prouve qu'elles ont eu lieu par cas de force majeure, par la faute du bailleur ou par le fait d'un tiers qu'il n'a pas introduit dans le logement.

4 - Prendre à sa charge l'entretien courant du logement et des équipements mentionnés au contrat, les menues réparations et l'ensemble des réparations locatives définies par décret en Conseil d'Etat *(et provisoirement par le décret n° 87-712 du 26 août 1987)*, sauf si elles sont occasionnées par vétusté, malfaçon, vice de construction, cas fortuit ou force majeure.

5 - Souscrire un contrat d'entretien auprès d'une entreprise spécialisée (ou en rembourser le coût au bailleur si ce dernier en assure le paiement) pour faire entretenir au moins une fois par an les équipements individuels *(chauffage gaz, brûleurs gaz...)* et en justifier à première demande du bailleur.

6 - Informer immédiatement le bailleur de tout sinistre et des dégradations se produisant dans les lieux loués, même s'il n'en résulte aucun dommage apparent.

7 - Laisser exécuter dans les lieux loués les travaux d'amélioration des parties communes ou des parties privatives du même immeuble, ainsi que les travaux nécessaires au maintien en état et à l'entretien normal des locaux loués ; les dispositions des deuxième et troisième alinéas de l'article 1724 du Code Civil étant applicables à ces travaux.

8 - Ne pas transformer sans l'accord écrit du bailleur les locaux loués et leurs équipements ; le bailleur pourra, si le locataire a méconnu cette obligation, exiger la remise en l'état des locaux et des équipements au départ du locataire ou conserver les transformations effectuées sans que le locataire puisse réclamer une indemnité pour les frais engagés ; le bailleur aura toutefois la faculté d'exiger aux frais du locataire la remise immédiate des lieux en l'état si les transformations mettent en péril le bon fonctionnement des équipements ou la sécurité du local.

9 - Respecter le règlement intérieur de l'immeuble, affiché dans les parties communes des immeubles collectifs.
Exécuter strictement toutes les dispositions du règlement de copropriété dont des extraits lui ont été communiqués par le bailleur en application de l'article 3 de la loi.

10 - S'assurer contre les risques locatifs dont il doit répondre en sa qualité de locataire : incendie, dégât des eaux... et en justifier à la remise des clés, puis chaque année, à la demande du bailleur, par la production de la police et des quittances.
À DÉFAUT, LE BAILLEUR POURRA RÉSILIER le contrat en application de la clause résolutoire.

11 - Ne pas céder le contrat de location, ni sous-louer le logement sauf avec l'accord écrit du bailleur, y compris sur le prix du loyer. En cas de cessation du contrat principal, le sous-locataire ne pourra se prévaloir d'aucun droit à l'encontre du bailleur, ni d'aucun titre d'occupation.

12 - Laisser visiter, en vue de la vente ou de la location, les lieux loués deux heures par jour pendant les jours ouvrables.
L'horaire de visite sera défini par accord entre les parties ; à défaut d'accord, les visites auront lieux entre 17 h et 19 h.

IX - CLAUSE RESOLUTOIRE ET CLAUSES PENALES (art. 7 § g et 24 de la loi)

Le présent contrat sera RÉSILIÉ IMMÉDIATEMENT ET DE PLEIN DROIT, sans qu'il soit besoin de faire ordonner cette résolution en justice :

- **Deux mois** après un commandement demeuré infructueux à défaut de paiement aux termes convenus de tout ou partie du loyer et des charges dûment justifiées ou en cas de non-versement du dépôt de garantie éventuellement prévu au contrat.
- **Un mois** après un commandement demeuré infructueux à défaut d'assurance contre les risques locatifs.

Une fois acquis au bailleur le bénéfice de la clause résolutoire, le locataire devra libérer immédiatement les lieux. S'il s'y refuse, son expulsion aura lieu sur simple ordonnance de référé.

Il est bien entendu qu'en cas de paiement par chèque, le loyer ne sera considéré comme réglé qu'après encaissement.

En outre, et sans qu'il soit dérogé à la précédente clause résolutoire, le locataire s'engage formellement à respecter les deux clauses pénales qui suivent :

1 - En cas de non-paiement du loyer et des charges aux termes convenus et dès le premier acte d'huissier, les sommes impayées porteront intérêt au taux légal en vigueur pour la période courant de la date d'exigibilité à celle du paiement effectif.
En outre, le locataire devra rembourser au bailleur les frais et honoraires exposés pour la mise en recouvrement desdites sommes, sans préjudice de l'application judiciaire de l'article 700 du Nouveau Code de Procédure Civile.

2 - Si le locataire déchu de tout droit d'occupation ne libère pas les lieux, résiste à une ordonnance d'expulsion ou obtient des délais pour son départ, il devra verser par jour de retard, outre les charges, une indemnité conventionnelle d'occupation égale à deux fois le loyer quotidien, ceci jusqu'à complet déménagement et restitution des clés.
Cette indemnité est destinée à dédommager le bailleur du préjudice provoqué par l'occupation abusive des lieux loués faisant obstacle à l'exercice des droits du bailleur.

X - SOLIDARITE INDIVISIBILITE - ELECTION DE DOMICILE

Pour l'exécution de toutes les obligations résultant du présent contrat, il y aura solidarité et indivisibilité :

- entre les parties ci-dessus désignées sous le vocable « le locataire »,
- entre les héritiers ou représentants du locataire venant à décéder *(sous réserve de l'art. 802 du Code Civil)* et entre toutes les personnes pouvant se prévaloir de la transmission du contrat en vertu de l'article 14 de la loi.

Les parties signataires font élection de domicile : le bailleur en sa demeure et le locataire dans les lieux loués.

XI - FRAIS - HONORAIRES (art. 5 de la loi)

INDIQUÉS éventuellement EN PAGE 4

Les honoraires de négociation et de rédaction des présentes seront supportés par moitié entre les parties.
Il en sera de même pour les frais d'huissier, éventuellement appelé pour établir l'état des lieux *(article 3 de la loi)*.

Outre les conditions générales, le présent contrat de location est consenti et accepté aux prix, charges et conditions suivantes :

Durée initiale du contrat *(voir Conditions Générales Chapitre I)*	**BAILLEUR « PERSONNE PHYSIQUE » :** ☐ *3 ANS AU MOINS, soit*..................*ans.* ☐ *INFÉRIEUR à 3 ANS* (mais d'au moins 12 mois), *soit*..................*mois, durée motivée par l'événement suivant :* RAISONS PROFESSIONNELLES OU FAMILIALES DU BAILLEUR « PERSONNE PHYSIQUE » : .... **BAILLEUR « PERSONNE MORALE » :** ☐ *6 ANS AU MOINS, soit*..................*ans.*
Date de prise d'effet	*Le contrat prendra effet le :* ....
Renouvellement-Congé *(Préavis par le bailleur)*	*S'il veut renouveler ou résilier le contrat, le bailleur devra avertir le locataire dans les conditions de forme et de délai prévues au chapitre I des conditions générales, soit au plus tard le* ....
Montant des paiements *(voir page I)*	*Somme en toutes lettres* — *Somme en chiffres*
LOYER MENSUEL..........	..................*Frs* — ....*Frs*
TAXE « Droit de bail »....	..................*Frs* — ....*Frs*
....	..................*Frs* — ....*Frs*
PROVISIONS sur CHARGES	..................*Frs* — ....*Frs*
TOTAL MENSUEL..........	..................*Frs* — ....*Frs*
Termes de paiement	*Cette somme sera payable d'avance et en totalité le*..................*de chaque mois.*
Révision de loyer	*Le loyer sera révisé chaque année le*.................. *INDICE de RÉFÉRENCE* [....*trimestre 19*.... / *Valeur :*..........]
Dépôt de garantie *(C.G. Chapitre IV)*	*Somme en toutes lettres* ....*Frs* — *Somme en chiffres* ....*Frs*
le cas échéant **Clause expresse de travaux entraînant une modification de loyer** *(C.G. Chapitre V)*	*Travaux exécutés par :* ☐ *le locataire* ☐ *le bailleur* *Nature des travaux* .... *Imputation sur le loyer* ....
Le cas échéant **Clause particulière**	....
le cas échéant **Honoraires à partager par moitié** *(C.G. Chapitre XI)*	*Honoraires de transaction :* ....*Frs* *Honoraires de rédaction :* ....*Frs* *Frais d'état des lieux* : ....*Frs*
Documents annexés	☐ Etat des lieux établi lors de la remise des clés au locataire (contradictoire ou par huissier). ☐ Liste des réparations locatives définie par décret en Conseil d'Etat. ☐ Liste des charges récupérables définie par décret en Conseil d'Etat. ☐ Copie des extraits du règlement de copropriété (destination de l'immeuble, jouissance et usage des parties communes et privatives, quote-part afférente au lot loué dans chacune des catégories de charges). ☐ Acte de caution solidaire ☐ **Pour la fixation du loyer :** références des loyers du voisinage (voir page 1)
Clés remises	*Nombre de clés remises au locataire :*

SIGNATURE DES PARTIES

RAYES NULS .... *mots* .... *lignes*

Fait et signé à.................. *le*..................

en..................*originaux dont un remis à chacune des parties qui le reconnait.*

LE BAILLEUR OU SON MANDATAIRE	LE(S) LOCATAIRE(S)	LA CAUTION
Signature précédée de la mention manuscrite « lu et approuvé »	*Signature précédée de la mention manuscrite « lu et approuvé »*	*Signature précédée de la mention manuscrite « lu et approuvé. Reconnais avoir pris connaissance du présent contrat pour lequel je me porte caution par acte séparé et annexé.*

RENSEIGNEMENTS FOURNIS PAR LE(S) CANDIDAT(S) - LOCATAIRE(S)

à l'attention des bailleurs ou de leurs mandataires

Locataire
M.

Bailleur
M.
Réf. des locaux loués

	LOCATAIRE	CONJOINT ou CO-LOCATAIRE	CAUTION SOLIDAIRE
Identité			
Nom			
Prénoms			
Date de naissance			
Lieu de naissance			
Nationalité			
C. identité ou séjour (n°, préfect.)			
Situation de famille (Célibataire, concubin, marié, divorcé, veuf...)			
Nb. et âge des enfants (vivant dans les lieux loués)			
Situation professionnelle			
Profession ou emploi occupé			
Depuis quelle date ?			
Employeur — Nom			
Employeur — Adresse			
Employeur — ☎			
Revenus			
Salaire Net ☐ annuel ☐ mensuel			
Allocations familiales			
Autres revenus			
REVENU GLOBAL NET			
Renseignements bancaires			
Banque ou C.C.P. — Etablissement			
Banque ou C.C.P. — N° Compte			
Banque ou C.C.P. — Agence			
Banque ou C.C.P. — ☎			
Précédente adresse			
Adresse du domicile précédent			
☎ du domicile précédent			
Bailleur ou gérant précédent — Nom			
Bailleur ou gérant précédent — Adresse			
Bailleur ou gérant précédent — ☎			
Divers			

PIÈCES à FOURNIR

- ☐ *Fiche d'état civil, Carte d'identité ou de séjour.*
- ☐ *Relevé d'identité bancaire.*
- ☐ *Dernière quittance de loyer + E.D.F.*
- ☐ *Attestation de règlement de la taxe d'habitation (art. 1686 du C.G.I.).*
- ☐ ***Salariés** : 3 derniers bulletins de salaire, ou en cas d'embauche récente, attestation d'emploi.*
- ☐ ***Non salariés** : dernier avertissement d' I.R.P.P.*

Dans les 15 jours de la signature du bail :

- ☐ *Attestation de souscription d'une police d'assurance multirisque relative au logement loué.*
- ☐ *Copie du contrat d'entretien relatif aux équipements individuels.*

QUELQUES CONSEILS PRATIQUES

- *En principe, il est demandé au locataire de justifier d'un revenu au moins égal à 3 fois le montant du loyer (charges comprises).*
- *Si les revenus du locataire, des conjoint ou co-locataires ne sont pas suffisants, le bailleur peut exiger une caution solidaire qui devra justifier à elle seule du revenu nécessaire.*
- *Conserver une copie des justificatifs joints à la présente fiche, notamment concernant le revenu.*

SIGNATURE(S)

précédée(s) de la mention manuscrite "certifié sincère et exact"

Imprimé n° 24

Caution signataire du présent engagement

Nom et prénoms : ....

Domicile : ....

Acte de caution solidaire

(articles 2016 et 2021 du Code Civil)

Bailleur

nom et prénoms, adresse

....

Locataire(s)

nom(s) et prénoms

....

La caution déclare prendre connaissance du contrat de location conclu entre le bailleur et le(s) locataire(s) aux conditions suivantes :

CONDITIONS DU CONTRAT DE LOCATION

Date de signature du contrat .... 19......	Adresse :	
Durée du contrat initial		
Montant du loyer initial	*Somme en toutes lettres* .... F	*Somme en chiffres* .... F
Montant des charges initiales	.... F	.... F

Après avoir pris connaissance du contrat et des conditions de location :

La caution signataire du présent engagement déclare se porter caution solidaire et s'engage à ce titre au profit du bailleur qui accepte, à satisfaire à toutes les obligations du locataire *(obligations résultant du bail)*, sans bénéfice de discussion pour le paiement :

- des loyers éventuellement révisés, indemnités d'occupation, charges récupérables,
- des dégradations et des réparations locatives,
- et des frais éventuels de procédure.

Le présent cautionnement est donné pour la durée du bail initial et de son premier renouvellement, soit : → *Durée du cautionnement* ....

et à concurrence de .... → *Somme en chiffres* .... **F**

La caution confirme sa connaissance de la nature et de l'étendue de ses obligations en recopiant de sa main la mention ci-après :

"Bon pour caution solidaire pour le paiement des loyers éventuellement révisés, indemnités d'occupation, charges récupérables, des dégradations et réparations locatives, et des frais éventuels de procédure, ces obligations résultant du bail dont un exemplaire m'a été remis, et en parfaite connaissance de la nature et de l'étendue de l'obligation contractée, pour une durée de ..., et à concurrence de ... F** (somme en toutes lettres)**".

Mention manuscrite de la caution :

....

Fait à ...., le ....

LA CAUTION
Signature précédée de la mention manuscrite " lu et approuvé, bon pour caution solidaire"

ATTENTION *veuillez signer séparément chaque exemplaire*

LE BAILLEUR OU SON MANDATAIRE
Signature précédée de la mention manuscrite " lu et approuvé, bon pour acceptation"

Pièces à joindre : copie carte nationale d'identité, copie livret de famille et R.I.B. de la caution.

ETAT DES LIEUX

☐ **ENTREE** du locataire à la date du :

☐ **SORTIE** du locataire à la date du :
Nouvelle adresse :

BAILLEUR ou MANDATAIRE

LOCATAIRE

LOCAUX

Adresse

Désignation des locaux et équipements privatifs

Consistance

☐ Appartement
☐ Maison individuelle

Dépendances

☐ Garage n°
☐ Place de station[t] n°
☐ Cave n°
☐ Jardin

Relevé des compteurs

		dates
☐ E.D.F.		
☐ G.D.F.		
☐ eau chaude		
☐ eau froide		
☐ calories		

Etat des éléments de chauffage

	bon état	état d'usage	mauvais état
☐ chaudière individuelle gaz			
☐ chaudière individuelle fuel			
☐ ...... radiateurs eau			
☐ ...... convecteurs électriques			

Clés remises

nombre :

numéro(s) :

EQUIPEMENT

Cuisine

	bon état	état d'usage	mauvais état	observations complémentaires
☐ hotte aspirante				
☐ évier				
☐ ventilation				

Salle de bains

	bon état	état d'usage	mauvais état	observations complémentaires
☐ baignoire				
☐ lavabo				
☐ bidet				
☐ douche				
☐ W.C.				
☐ robinetterie				
☐ chauffe-eau				
☐ ventilation				

Divers

	bon état	état d'usage	mauvais état	observations complémentaires
☐ terrasse				
☐ balcon				
☐ sonnerie				
☐ boite aux lettres				
☐ antenne T.V.				
☐ interphone				

	Murs			Sols				Plafonds			Huisseries - Serrureries						Electricité			Divers		observations complémentaires
											Fenêtres - Portes			Volets - Stores								
	bon état	état d'usage	mauvais état	P = parquet M = moquette C = carrelage	bon état	état d'usage	mauvais état	bon état	état d'usage	mauvais état	bon état	état d'usage	mauvais état	bon état	état d'usage	mauvais état	**Nb. de prises**	bon état	défectueuse			
entrée																						
séjour																						
s. à manger																						
cuisine																						
chambre n°1																						
chambre n°2																						
chambre n°3																						
s. de bain n°1																						
s. de bain n°2																						
W.C.																						

Le présent état des lieux établi contradictoirement entre les parties, fait partie intégrante du contrat de location dont il ne peut être dissocié.

Fait à ...., le ....

en .... exemplaires, dont un remis dès à présent au locataire qui le reconnait.

Le bailleur ou son mandataire
Signature précédée de la mention manuscrite « lu et approuvé »

ATTENTION :
Veuillez signer séparément chaque exemplaire

Le locataire
Signature précédée de la mention manuscrite « lu et approuvé »

CHARGES RÉCUPÉRABLES

DÉCRET N° 87-713 DU 26 AOUT 1987

Liste à annexer aux contrats de location

DÉCRET N° 87-713 DU 26 AOUT 1987 (extraits)

Article 2 – Pour l'application du présent décret :

a) Il n'y a pas lieu de distinguer entre les services assurés par le bailleur en régie et les services assurés dans le cadre d'un contrat d'entreprise. Le coût des services assurés en régie inclut les dépenses de personnel d'encadrement technique. Lorsqu'il existe un contrat d'entreprise, le bailleur doit s'assurer que ce contrat distingue les dépenses récupérables et les autres dépenses.

b) Les dépenses de personnel récupérables correspondent à la rémunération et aux charges sociales et fiscales.

c) Lorsque l'entretien des parties communes et l'élimination des rejets sont assurés par un gardien ou un concierge, les dépenses correspondant à sa rémunération, à l'exclusion du salaire en nature, sont exigibles au titre des charges récupérables à concurrence des trois quarts de leur montant.

d) Lorsque l'entretien des parties communes et l'élimination des rejets sont assurés par un employé d'immeuble, les dépenses correspondant à sa rémunération et aux charges sociales et fiscales y afférant sont exigibles, en totalité, au titre des charges récupérables.

e) Le remplacement d'éléments d'équipement n'est considéré comme assimilable aux menues réparations que si son coût est au plus égal au coût de celles-ci.

I - ASCENSEURS ET MONTE CHARGES

1 – DÉPENSES D'ÉLECTRICITÉ.

2 – DÉPENSES D'EXPLOITATION, D'ENTRETIEN COURANT, DE MENUES RÉPARATIONS :

a) Exploitation :
- visite périodique, nettoyage et graissage des organes mécaniques,
- examen semestriel des câbles et vérification annuelle des parachutes,
- nettoyage annuel de la cuvette, du dessus de la cabine et de la machinerie,
- dépannage ne nécessitant pas de réparations ou fournitures de pièces,
- tenue d'un dossier par l'entreprise d'entretien mentionnant les visites techniques, incidents et faits importants touchant l'appareil.

b) Fournitures relatives à des produits ou à du petit matériel d'entretien (chiffons, graisses et huiles nécessaires) et aux lampes d'éclairage de la cabine.

c) Menues réparations :
- de la cabine (boutons d'envoi, paumelles de portes, contacts de porte, ferme-portes automatiques, coulisseaux de cabine, dispositif de sécurité de seuil et cellule photo-électrique),
- des paliers (ferme-porte mécaniques, électriques ou pneumatiques, serrures électromécaniques, contacts de porte et boutons d'appel),
- des balais du moteur et fusibles.

II - EAU FROIDE, EAU CHAUDE ET CHAUFFAGE COLLECTIF des LOCAUX PRIVATIFS & PARTIES COMMUNES

1 – DÉPENSES RELATIVES :
- à l'eau froide et chaude des locataires ou occupants du bâtiment ou de l'ensemble des bâtiments d'habitation concernés,
- à l'eau nécessaire à l'entretien courant des parties communes du ou desdits bâtiments, y compris la station d'épuration,
- à l'eau nécessaire à l'entretien courant des espaces extérieurs.
  Les dépenses relatives à la consommation d'eau incluent l'ensemble des taxes et redevances ainsi que les sommes dues au titre de la redevance d'assainissement, à l'exclusion de celles auxquelles le propriétaire est astreint en application de l'article L 35-5 du Code de la Santé Publique.
- aux produits nécessaires à l'exploitation, à l'entretien et au traitement de l'eau,
- à l'électricité,
- au combustible ou à la fourniture d'énergie quelle que soit sa nature.

2 – DÉPENSES D'EXPLOITATION, D'ENTRETIEN COURANT ET DE MENUES RÉPARATIONS :

a) Exploitation et entretien courant :
- nettoyage des gicleurs, électrodes, filtres et clapets des brûleurs,
- entretien courant et graissage des pompes de relais, jauges, contrôleurs de niveau ainsi que des groupes moto-pompes et pompes de puisards,
- graissage des vannes et robinets et réfection des presse-étoupes,
- remplacement des ampoules des voyants lumineux et ampoules de chaufferie,
- entretien et réglage des appareils de régulation automatique et de leurs annexes,
- vérification et entretien des régulateurs de tirage,
- réglage des vannes, robinets et tés ne comprenant pas l'équilibrage,
- purge des points de chauffage,
- frais de contrôles de combustion,
- entretien des épurateurs de fumée,
- opérations de mise en repos en fin de saison de chauffage, rinçage des corps de chauffe et tuyauteries, nettoyage des chaufferies y compris leurs puisards et siphons, ramonage des chaudières, carneaux et cheminées,
- conduite de chauffage,
- frais de location d'entretien et de relevé des compteurs généraux et individuels,
- entretien de l'adoucisseur, du détarteur d'eau, du surpresseur et du détendeur,
- contrôles périodiques visant à éviter les fuites de fluide frigorigène des pompes à chaleur,
- vérification, nettoyage et graissage des organes des pompes à chaleur,
- nettoyage périodique de la face extérieure des capteurs solaires,
- vérification, nettoyage et graissage des organes des capteurs solaires.

b) Menues réparations dans les parties communes ou sur des éléments d'usage commun :
- réparation de fuites sur raccords et joints,
- remplacement des joints, clapets et presse-étoupes,
- rodage des sièges de clapets,
- menues réparations visant à remédier aux fuites de fluide frigorigène des pompes à chaleur,
- recharge en fluide frigorigène des pompes à chaleur.

III - INSTALLATIONS INDIVIDUELLES

CHAUFFAGE ET PRODUCTION D'EAU CHAUDE, DISTRIBUTION D'EAU DANS LES PARTIES PRIVATIVES

Ces dépenses sont récupérables lorsqu'elles sont effectuées par le bailleur au lieu et place du locataire

1 – DÉPENSES D'ALIMENTATION COMMUNE DE COMBUSTIBLE.

2 – EXPLOITATION ET ENTRETIEN COURANT, MENUES RÉPARATIONS :

a) Exploitation et entretien courant :

- réglage de débit et température de l'eau chaude sanitaire,
- vérification et réglage des appareils de commande, d'asservissement, de sécurité d'aquastat et de pompe,
- dépannage,
- contrôle des raccordements et de l'alimentation des chauffe-eau électriques, contrôle de l'intensité absorbée,
- vérification de l'état des résistances, des thermostats, nettoyage,
- réglage des thermostats et contrôle de la température d'eau,
- contrôle et réfection d'étanchéité des raccordements eau froide - eau chaude,
- contrôle des groupes de sécurité,
- rodage des sièges de clapets des robinets,
- réglage des mécanismes de chasses d'eau.

b) Menues réparations :

- remplacement des bilames, pistons, membranes, boîtes à eau, allumage piezo-électrique, clapets et joints des appareils à gaz,
- rinçage et nettoyage des corps de chauffe et tuyauteries ;
- remplacement des joints, clapets et presse-étoupes des robinets,
- remplacement des joints, flotteurs et joints cloches des chasses d'eau,

IV - PARTIES COMMUNES INTÉRIEURES au BATIMENT où à L'ENSEMBLE DES BATIMENTS D'HABITATION

1 – DÉPENSES RELATIVES :

- à l'électricité,
- aux fournitures consommables, notamment produits d'entretien, balais et petit matériel assimilé nécessaires à l'entretien de propreté, sel.

2 – EXPLOITATION ET ENTRETIEN COURANT, MENUES RÉPARATIONS :

- a) Entretien de la minuterie, pose, dépose et entretien des tapis,
- b) Menues réparations des appareils d'entretien de propreté tels qu'aspirateur.

3 – ENTRETIEN DE PROPRETÉ : FRAIS DE PERSONNEL *(selon les dispositions du décret reproduit au début de la présente liste).*

V - ESPACES EXTÉRIEURS AU BATIMENT OU A L'ENSEMBLE DES BATIMENTS D'HABITATION

(VOIES DE CIRCULATION, AIRES DE STATIONNEMENT, ABORDS ET ESPACES VERTS, AIRES ET EQUIPEMENTS DE JEUX)

1 – DÉPENSES RELATIVES :

- à l'électricité,
- à l'essence et huile,
- aux fournitures consommables utilisées dans l'entretien courant : ampoules ou tubes d'éclairage, engrais, produits bactéricides et insecticides, produits tels que graines, fleurs, plants, plantes de remplacement, à l'exclusion de celles utilisées pour la réfection de massifs, plates-bandes ou haies.

2 – a) EXPLOITATION ET ENTRETIEN COURANT :

- opérations de coupe, désherbage, sarclage, ratissage, nettoyage et arrosage concernant :
  - les allées, aires de stationnement et abords,
  - les espaces verts (pelouses, massifs, arbustes, haies vives, plate-bandes),
  - les aires de jeux,
  - les bassins, fontaines, caniveaux, canalisations d'évacuation des eaux pluviales,
- entretien du matériel horticole,
- remplacement du sable des bacs et du petit matériel de jeux.

b) PEINTURE ET MENUES RÉPARATIONS DES BANCS DE JARDINS ET DES ÉQUIPEMENTS DE JEUX ET GRILLAGES.

VI - HYGIENE

1 – DÉPENSES DE FOURNITURES CONSOMMABLES :

- sacs en plastique et en papier nécessaires à l'élimination des rejets,
- produits relatifs à la désinsectisation et à la désinfection, y compris des colonnes sèches de vide-ordures.

2 – EXPLOITATION ET ENTRETIEN COURANT :

- entretien et vidange des fosses d'aisance,
- entretien des appareils de conditionnement des ordures.

3 – ÉLIMINATION DES REJETS : FRAIS DE PERSONNEL *(selon les dispositions du décret reproduit au début de la présente liste).*

VII - ÉQUIPEMENTS DIVERS DU BATIMENT OU DE L'ENSEMBLE DES BATIMENTS D'HABITATION

1 – FOURNITURE D'ÉNERGIE NÉCESSAIRE A LA VENTILATION MÉCANIQUE.

2 – EXPLOITATION ET ENTRETIEN COURANT :

- ramonage des conduits de ventilation,
- entretien de la ventilation mécanique,
- entretien des dispositifs d'ouverture automatique ou codées et des interphones,
- visites périodiques à l'exception des contrôles règlementaires de sécurité, nettoyage et graissage de l'appareillage fixe de manutention des nacelles de nettoyage des façades vitrées.

3 – DIVERS :

- abonnement des postes de téléphone à la disposition des locataires.

VIII - IMPOSITIONS ET REDEVANCES

- droit de bail,
- taxe ou redevance d'enlèvement des ordures ménagères,
- taxe de balayage.

ENTRETIEN ET RÉPARATIONS LOCATIVES

DÉCRET N° 87-712 DU 26 AOUT 1987

Liste à annexer aux contrats de location

DÉFINITION DE LA NOTION « ENTRETIEN COURANT ET RÉPARATIONS LOCATIVES »
(Extraits du Décret du 26 Août 1987)

Art. 1er – Sont des réparations locatives les travaux d'entretien courant et, de menues réparations, y compris les remplacements d'éléments assimilables auxdites réparations, consécutifs à l'usage normal les locaux et équipements à usage privatif. Ont notamment le caractère de réparations locatives les réparations énumérées ci-après.

I - PARTIES EXTÉRIEURES DONT LE LOCATAIRE A L'USAGE EXCLUSIF

A. JARDINS PRIVATIFS :
- Entretien courant, notamment des allées, pelouses, massifs, bassins et piscines ; taille, élagage, échenillage des arbres et arbustes ;
- Remplacement des arbustes ; réparation et remplacement des installations mobiles d'arrosage.

B. AUVENTS, TERRASSES ET MARQUISES :
- Enlèvement de la mousse et des autres végétaux.

C. DESCENTES D'EAU PLUVIALES, CHÊNEAUX ET GOUTTIERES :
- Dégorgement des conduits.

II - OUVERTURES INTÉRIEURES ET EXTÉRIEURES

A. SECTIONS OUVRANTES TELLES QUE PORTES ET FENETRES :
- Graissage des gonds, paumelles et charnières ;
- Menues réparations des boutons et poignées de portes, des gonds, crémones et espagnolettes ; remplacement notamment de boulons, clavettes et targettes.

B. VITRAGES :
- Réfection des mastics ;
- Remplacement des vitres détériorées.

C. DISPOSITIFS D'OCCULTATION DE LA LUMIERE TELS QUE STORES ET JALOUSIES :
- Graissage ;
- Remplacement notamment de cordes, poulies, ou de quelques lames.

D. SERRURES ET VERROUS DE SÉCURITÉ :
- Graissage ;
- Remplacement de petites pièces ainsi que des clés égarées ou détériorées.

E. GRILLES :
- Nettoyage et graissage ;
- Remplacement notamment de boulons, clavettes, targettes.

III - PARTIES INTÉRIEURES

A. PLAFONDS, MURS INTÉRIEURS ET CLOISONS :
- Maintien en état de propreté ;
- Menus raccords de peintures et tapisseries ; remise en place ou remplacement de quelques éléments des matériaux de revêtement tels que faïence, mosaïque, matière plastique ; rebouchage des trous rendu assimilable à une réparation par le nombre, la dimension et l'emplacement de ceux-ci.

B. PARQUETS, MOQUETTES ET AUTRES REVETEMENTS DE SOL :
- Encaustiquage et entretien courant de la vitrification ;
- Remplacement de quelques lames de parquets et remise en état, pose de raccords de moquettes et autres revêtements de sols notamment en cas de tâches et de trous.

C. PLACARDS ET MENUISERIES TELLES QUE PLINTHES, BAGUETTES ET MOULURES.
- Remplacement des tablettes et tasseaux de placard et réparation de leur dispositif de fermeture ; fixation de raccords et remplacement de pointes de menuiseries.

IV - INSTALLATIONS DE PLOMBERIE

A. CANALISATIONS D'EAU :
- Dégorgement ;
- Remplacement notamment de joints et de colliers.

B. CANALISATIONS DE GAZ :
- Entretien courant des robinets, siphons et ouvertures d'aération ;
- Remplacement périodique des tuyaux souples de raccordement.

C. FOSSES SEPTIQUES, PUISARDS ET FOSSES D'AISANCE :
- Vidange.

D. CHAUFFAGE, PRODUCTION D'EAU CHAUDE ET ROBINETTERIE :
- Remplacement des bilames, pistons, membranes, boîtes à eau, allumage piezo-électrique, clapets et joints des appareils à gaz ;
- Rinçage et nettoyage des corps de chauffe et tuyauteries ;
- Remplacement des joints, clapets et presse-étoupes des robinets ;
- Remplacement des joints, flotteurs et joints cloches des chasses d'eau.

E. EVIERS ET APPAREILS SANITAIRES :
- Nettoyage des dépôts de calcaire, remplacement des tuyaux flexibles de douches.

V - ÉQUIPEMENTS D'INSTALLATIONS D'ÉLECTRICITÉ

- Remplacement des interrupteurs, prises de courant, coupe-circuits et fusibles, des ampoules, tubes lumineux ; réparation ou remplacement des baguettes ou gaines de protection.

VI - AUTRES ÉQUIPEMENTS MENTIONNÉS AU CONTRAT DE LOCATION

A. ENTRETIEN COURANT ET MENUES RÉPARATIONS DES APPAREILS TELS QUE :
- Réfrigérateurs, machines à laver le linge et la vaisselle, sèche-linge, hottes aspirantes, adoucisseurs, capteurs solaires, pompes à chaleur, appareils de conditionnement d'air, antennes individuelles de radiodiffusion et de télévision, meubles scellés, cheminées, glaces et miroirs ;

B. MENUES RÉPARATIONS nécessitées par la dépose des bourrelets ;

C. GRAISSAGE ET REMPLACEMENT des joints des vidoirs ;

D. RAMONAGE des conduits d'évacuation des fumées et des gaz et conduits de ventilation.

LISTE DES RÉFÉRENCES
ayant servi à fixer le loyer

(Art. 17 § b et 19 - Loi n° 89-462 du 6 juillet 1989)

BAILLEUR (Propriétaire ou gérant)

LOCATAIRE (Adresse des locaux loués)

RÉFÉRENCES DU CONTRAT DE LOCATION

Date de prise d'effet ....

Mentions de l'enregistrement *(le cas échéant)* :

....

Madame, Monsieur,

Conformément à l'article 17 § b de la loi n° 89-462 du 6 juillet 1989 et en application de l'article 19 de cette même loi (reproduits intégralement au verso), je vous prie de bien vouloir trouver ci-après les éléments de référence ayant servi à fixer le loyer.

- **ÉLÉMENTS DE RÉFÉRENCE AYANT SERVI À FIXER LE LOYER :**

(choisis conformément au décret n° 90-780 du 31 août 1990)

Le nombre minimal des références à fournir par le bailleur est de trois. Toutefois, il est de six dans les communes, dont la liste est fixée par décret, faisant partie d'une agglomération de plus d'un million d'habitants.

Les références notifiées par le bailleur doivent comporter, au moins pour deux tiers, des références de locations pour lesquelles il n'y a pas eu de changement de locataire depuis trois ans.

	ADRESSE DU LOGEMENT *(N° précis ou dans la dizaine concernée)* N°	RUE	ETAGE DU LOGEMENT ETAGE	ASCEN-SEUR	SURFACE HABITABLE	Nombre de pièces princi-pales	Désignation des annexes éventuelles *(garage, parking...)*	EQUIPEMENT W.C. int.	Salle d'eau	Chauf-fage cen-tral	Qualité et époque de construction de l'immeuble	Changement de locataire DEPUIS moins de 3 ans	plus de 3 ans	LOYER MENSUEL HORS CHARGES
1				☐	m²			☐	☐	☐		☐	☐	Frs
2				☐	m²			☐	☐	☐		☐	☐	Frs
3				☐	m²			☐	☐	☐		☐	☐	Frs
4				☐	m²			☐	☐	☐		☐	☐	Frs
5				☐	m²			☐	☐	☐		☐	☐	Frs
6				☐	m²			☐	☐	☐		☐	☐	Frs

En cas de non-respect par le bailleur des dispositions de l'article 19 *(reproduit au verso)*, le locataire dispose, sans qu'il soit porté atteinte à la validité du contrat en cours, d'un délai de deux mois pour contester le montant du loyer auprès de la commission de conciliation.

Fait à .... le ....

en .... originaux pour être joints aux contrats de location remis à chacune des parties *(art. 3 de la loi)*

Le bailleur ou son mandataire
Signature précédée de la mention manuscrite "Lu et approuvé"

ATTENTION veuillez signer séparément chaque exemplaire

Le locataire
Signature précédée de la mention manuscrite "Lu et approuvé"

Imprimé n° 35

VEUILLEZ LIRE ATTENTIVEMENT LE VERSO (Reproduction des dispositions légales) →

DISPOSITIONS LÉGALES
(extraits de la loi n° 89 - 462 du 6 juillet 1989)

Art. 17. § b. - Le loyer des logements vacants ou faisant l'objet d'une première location qui ne sont pas visés au *a* ci-dessus est fixé par référence aux loyers habituellement constatés dans le voisinage pour des logements comparables dans les conditions définies à l'article 19, s'il est supérieur au dernier loyer exigé du précédent locataire.

Les dispositions de l'alinéa précédent sont applicables pendant une durée de cinq ans à compter de la date de publication de la présente loi. Avant l'expiration de ce délai, le Gouvernement présentera au Parlement un rapport d'exécution permettant d'établir la comparaison entre l'évolution des loyers des logements vacants selon qu'ils relèvent du *a* ou du *b* du présent article.

En cas de non-respect par le bailleur des dispositions de l'article 19, le locataire dispose, sans qu'il soit porté atteinte à la validité du contrat en cours, d'un délai de deux mois pour contester le montant du loyer auprès de la commission de conciliation.

A défaut d'accord constaté par la commission, le juge, saisi part l'une ou l'autre des parties, fixe le loyer.

Art. 19. - Pour l'application de l'article 17, les loyers servant de références doivent être représentatifs de l'ensemble des loyers habituellement constatés dans le voisinage pour des logements comparables, situés soit dans le même groupe d'immeubles, soit dans tout autre groupe d'immeubles comportant des caractéristiques similaires et situé dans la même zone géographique. Un décret en Conseil d'Etat définit les éléments constitutifs de ces références.

Le nombre minimal des références à fournir par le bailleur est de trois. Toutefois, il est de six dans les communes, dont la liste est fixée par décret, faisant partie d'une agglomération de plus d'un million d'habitants.

Les références notifiées par le bailleur doivent comporter, au moins pour deux tiers, des références de locations pour lesquelles il n'y a pas eu de changement de locataire depuis trois ans.

Décret n° 90-780 du 31 août 1990 (art.1)

Art. 1 . - Les références à fournir par le bailleur en application de l'article 19 de la loi du 6 juillet 1989 susvisée mentionnent pour chaque logement loué :

a) Le nom de la rue et la dizaine de numéros où se situe l'immeuble;

b) La qualité et l'époque de construction de l'immeuble;

c) L'étage du logement et la présence éventuelle d'un ascenseur;

d) La surface habitable du logement et le nombre de ses pièces principales;

e) L'existence éventuelle d'annexes prises en compte pour le loyer;

f) L'état d'équipement du logement : notamment, W.C. intérieur, salle d'eau, chauffage central;

g) L'indication selon laquelle le locataire est dans les lieux depuis plus ou moins de trois ans;

h) Le montant du loyer mensuel hors charges effectivement exigé.

III – LES PROBLÈMES DE TRAVAIL

1. LE CONTRAT DE TRAVAIL

MODÈLE D'UN CONTRAT DE TRAVAIL À DURÉE INDÉTERMINÉE

Contrat à durée indéterminée

Entre les soussignés :
La Société X au capital de ...., dont le siège social est situé à .... immatriculée au Registre du commerce sous le numéro ....
représentée par ....
ayant tous pouvoirs à l'effet des présentes

D'une part,

Et Monsieur Y

D'autre part,

Il a été convenu et arrêté ce qui suit :

Article 1 – Engagement

La Société X engage, aux termes du présent contrat de travail, et sous réserve des résultats de la visite médicale, Monsieur Y en qualité de : ....

Article 2 – Fonctions et attributions

Monsieur Y exercera les fonctions suivantes : ....

Article 3 – Horaire de travail

Le présent contrat est conclu et accepté pour un horaire de trente-cinq heures (35 h) par semaine, réparties ainsi :
....

Article 4 – Rémunération

En contrepartie de l'accomplissement de ce travail, Monsieur Y percevra un salaire mensuel fixe brut de : .... € (............ euros).

Article 5 – Durée du contrat

Le présent contrat est conclu pour une durée indéterminée.
Cependant, il ne sera définitif qu'à l'issue d'une période d'essai de .... mois.

Article 6 – Obligations professionnelles

Monsieur Y s'engage expressément à observer toutes les instructions et consignes particulières de travail qui lui seront données, ainsi que la plus entière discrétion sur l'activité de l'entreprise.

Article 7 – Convention collective

Le présent contrat est régi par les dispositions du Code du travail ainsi que par la Convention collective de ....

Fait à ....
Le ....
en deux originaux.

L'employeur

Le salarié

MODÈLE D'UN CONTRAT DE TRAVAIL À TEMPS PARTIEL[1]

Contrat à temps partiel

Entre :

Nom ....
Prénom ....
Adresse ....

d'une part ;

et

Nom ....
Prénom ....
Adresse ....

d'autre part ;

il a été convenu ce qui suit à la demande de Madame...

Madame .... travaillera à temps partiel.

Elle effectuera l'horaire suivant : 8 heures – 12 heures du lundi au vendredi inclus.

Elle demeure dactylo au coefficient 135, et conserve bien entendu toute son ancienneté.

Fait à ....
le .../.../...
en deux exemplaires.

La salariée — L'employeur

1. Modèle tiré de *Modèles de contrats types de l'entreprise, PME, PMI*, de Annie Mouthier, aux Éditions De Vecchi, 1992.

2. LA RUPTURE DU CONTRAT DE TRAVAIL

MODÈLE D'UNE LETTRE DE DÉMISSION

Monsieur ....
(*adresse*)

À ....
le ....

Société ....
(*adresse*)

Lettre recommandée avec accusé de réception

Messieurs,

Je vous confirme les termes de notre entrevue du ...., au cours de laquelle je vous ai informés de ma décision de présenter ma démission.

Cette dernière deviendra effective à compter du ...., c'est-à-dire à l'issue du préavis.

Veuillez agréer, Messieurs, l'expression de ma considération distinguée.

(*signature*)

MODÈLE D'UN CERTIFICAT DE TRAVAIL

Certificat de travail

Je soussigné ....
Directeur de la société ....

Certifie avoir employé Monsieur .... demeurant à ....

en qualité de ....
du ...... au ....,
qui nous quitte ce jour libre de tout engagement.

Fait à ....,
le ....

(*signature*)

MODÈLE D'UNE LETTRE DE CONVOCATION À L'ENTRETIEN PRÉALABLE

Société X

À........
le........

Monsieur ....
(*adresse*)

Lettre recommandée avec accusé de réception
ou remise en main propre contre décharge

Monsieur,

Nous vous informons que nous sommes amenés à envisager à votre encontre une mesure de licenciement.

Conformément aux dispositions de l'article L 122-14 du Code du travail, nous vous prions de bien vouloir vous présenter le .... à ....,[1]
dans le bureau de ....
pour un entretien concernant cette éventuelle mesure.

Nous vous précisons que vous avez la possibilité de vous faire assister lors de cet entretien par une personne de votre choix appartenant au personnel de l'entreprise (ou inscrite sur la liste départementale établie à cet effet ; la liste peut être consultée à l'Inspection du travail ou à la mairie du lieu de l'entreprise ou du domicile du salarié).[2]

Nous vous prions d'agréer, Monsieur, l'expression de nos salutations distinguées.

(*signature*)

1. Prévoir un délai de 8-10 jours entre l'envoi de la lettre et la date de l'entretien.
2. Préciser les adresses de la mairie et de l'inspection du travail.

MODÈLE D'UNE LETTRE DE LICENCIEMENT

Société X

À........
le........

Monsieur ....
(*adresse*)

Lettre recommandée avec accusé de réception

Monsieur,

Pour les motifs qui vous ont été précédemment exposés lors de l'entretien préalable du ...., nous vous notifions par la présente votre licenciement.

Les motifs que nous avançons consistent en .... (*énumération*).

La date de première présentation de ce courrier marquera le point de départ de votre préavis d'une durée de .... mois.

Nous vous prions d'agréer, Monsieur, l'expression de nos salutations distinguées.

(*signature*)

3. LES CONDITIONS DE TRAVAIL

LISTE DES MALADIES PROFESSIONNELLES INDEMNISABLES

- Affections dues au plomb et à ses composés
- Maladies professionnelles causées par le mercure et ses composés
- Intoxication professionnelle par le tétrachlorétane
- Hémopathies provoquées par le benzène et tous les produits en renfermant
- Affections gastro-intestinales provoquées par le benzène, le toluène, les xylènes et tous les produits en renfermant
- Affections liées au contact avec le phosphore et le sesquisulfure de phosphore
- Affections provoquées par les rayons ionisants
- Tétanos professionnel
- Affections causées par les ciments (alumino-silicates de calcium)
- Affections dues aux dérivés halogénés des hydrocarbures aromatiques
- Ulcérations et dermites provoquées par l'acide chromique, les chromates et bichromates alcalins, le chromate de zinc et le sulfate de chrome
- Affections respiratoires provoquées par l'acide chromique, les chromates et bichromates alcalins
- Affections cancéreuses causées par l'acide chromique et les chromates et bichromates alcalins ou alcalinoterreux ainsi que par le chromate ou zinc
- Intoxication professionnelle par le tétrachlorure de carbone
- Affections dues aux dérivés halogènes des hydrocarbures aliphatiques
- Intoxications professionnelles par les dérivés nitrés et chloronitrés des carbures benzéniques

- Affections provoquées par les dérivés nitrés du phénol, par le pentachlorophénol, les pentachlorophénates et dérivés halogénés de l'hydroxybenzonitrile

- Affections provoquées par les amines aromatiques, leurs sels et leurs dérivés notamment hydroxylés, halogénés, nitrosés, nitrés et sulfonés

- Allergies provoquées par les amines aromatiques, leurs sels, leurs dérivés notamment hydroxylés, halogénés, nitrosés, nitrés et sulfonés et les produits qui en contiennent à l'état libre

- Lésions prolifératives de la vessie provoquées par les amines aromatiques et leurs sels et le N-Nitroso-dibutylamine et ses sels

- Affections cutanées ou affections des muqueuses provoquées par les goudrons de houille, les huiles, les brais de houille et les suies de combustion du charbon

- Affections cancéreuses provoquées par les goudrons de houille, les huiles de houille, les brais de houille et les suies de combustion du charbon

- Charbon

- Spirochétoses (à l'exception des tréponématoses)

- Affections professionnelles provoquées par l'arsenic et ses composés minéraux

- Cancer bronchique primitif provoqué par l'inhalation de poussières ou de vapeurs arsenicales

- Cancer bronchique primitif provoqué par l'inhalation de poussières ou de vapeurs renfermant des arseno-pyrites aurifères

- Intoxication professionnelle par l'hydrogène arsénié

- Sulfocarbonisme professionnel

- Nystagmus professionnel

- Brucelloses professionnelles

- Affections consécutives à l'inhalation de poussières minérales avec de la silice libre

- Intoxication professionnelle par le bromure de méthyle

- Intoxication professionnelle par le chlorure de méthyle

- Ankylostomose professionnelle

- Lésions provoquées par des travaux effectués dans des milieux où la pression est supérieure à la pression atmosphérique

- Affections consécutives à l'inhalation des poussières d'amiante

- Cancer broncho-pulmonaire provoqué par l'inhalation de poussières d'amiante

- Maladies professionnelles engendrées par les aminoglycosides, notamment par la streptomycine, par la néomycine et leurs sels

- Affections provoquées par le fluor, l'acide fluorhydrique et ses sels minéraux

- Maladies professionnelles dues au beryllium et à ses composés

- Affections professionnelles provoquées par les phosphates, pyrophosphates et thiophosphates d'alcoyle, d'aryle ou d'alcoylaryle et autres organophosphorés anticholinestérasiques ainsi que par les phosphoramides et carbamates hétérocycliques anticholinestérasiques

- Affections provoquées par les huiles et graisses d'origine minérale ou de synthèse

- Affections cutanées cancéreuses provoquées par les dérivés suivants du pétrole : extraits aromatiques, huiles minérales utilisées à haute température dans les opérations d'usinage et de traitement des métaux, suies de combustions des produits pétroliers

- Affections cutanées professionnelles causées par les oxydes et les sels de nickel

- Affections respiratoires causées par les oxydes et les sels de nickel

- Cancers provoqués par les opérations de grillage des mattes de nickel

- Maladies professionnelles engendrées par la chloropromazine

- Maladies professionnelles engendrées par le bioxyde de manganèse

- Affections professionnelles dues aux bacilles tuberculeux et à certaines mycobactéries atypiques

- Maladies engendrées par les pénicillines et leurs sels et les céphalosporines

- Surdité provoquée par les bruits lésionnels

- Affections provoquées par l'aldéhyde formique et ses polymères
- Sidérose (inhalation de poussières ou de fumées d'oxyde de fer)
- Infections d'origine professionnelles par les virus des hépatites A, B, C, D et E
- Mycoses cutanées
- Maladies professionnelles provoquées par les bois
- Affections provoquées par les amines aliphatiques et alicycliques
- Affections provoquées par la phénylhydrazine
- Maladies provoquées par les résines époxydiques et leurs constituants
- Affections provoquées par le chlorure de vinyle monomère
- Affections dues aux rickettsies
- Poliomyélite
- Affections professionnelles dues aux amibes
- Rage professionnelle
- Affections périarticulaires provoquées par certains gestes et postures de travail
- Affections professionnelles provoquées par le travail à haute température
- Intoxications professionnelles par l'hexane
- Maladies professionnelles provoquées par le cadmium et ses composés
- Affections professionnelles provoquées par les isocyanates organiques
- Affections provoquées par les enzymes
- Intoxication professionnelle par l'oxyde de carbone
- Lésions eczématiformes de mécanisme allergique
- Affections respiratoires de mécanisme allergique

- Lésions de la cloison nasale provoquées par les poussières de chlorure de potassium dans les mines de potasse et leurs dépendances

- Tularémie

- Affections provoquées par les vibrations et chocs transmis par certaines machines-outils, outils et objets et par les chocs itératifs du talon de la main sur les éléments fixes

- Affections provoquées par le cobalt et ses composés

- Affections respiratoires dues aux poussières de carbures métalliques frittés ou fondus contenant du cobalt

- Affections cancéreuses broncho-pulmonaires primitives causées par l'inhalation de poussières de cobalt associées au carbure de tungstène avant frittage

- Affections oculaires dues au rayonnement thermique

- Affections oculaires dues au rayonnement thermique associé aux poussières

- Maladies résultant de l'exposition aux dérivés nitrés des glycols et du glycérol

- Maladies professionnelles causées par l'antimoine et ses dérivés

- Affections professionnelles provoquées par le furfural et l'alcool furfurylique

- Affections résultant de l'exposition au sélénium et à ses dérivés minéraux

- Maladies infectieuses ou parasitaires contractées en milieu d'hospitalisation à domicile

- Perionyxis et onyxis

- Affections provoquées par le chlorure de sodium dans les mines de sel et leurs dépendances

- Lésions chroniques du ménisque

- Kératoconjonctivites virales

- Affections malignes provoquées par le bis (chlorométhyle) éther

- Affections provoquées par le méthacrylate de méthyle

• Lésions provoquées par les travaux effectués dans un milieu où la pression est inférieure à la pression atmosphérique et soumise à variations

• Affections dues aux solvants organiques liquides à usage professionnel

• Affections provoquées par l'un des produits suivants : N-méthyl N'nitro N-nitrosoguanidine, N-éthyl N-nitrosoguanidine, N-méthyl N-nitrosourée, N-éthyl N-nitrosourée

• Pasteurelloses

• Ornithose-Psittacose

• Rouget du porc

• Affection provoquée par l'halothane

• Affections respiratoires consécutives à l'inhalation de poussières textiles végétales

• Lésions chroniques du segment antérieur de l'œil provoquées par l'exposition à des particules en circulation dans les puits de mine de charbon

• Broncho-pneumopathie chronique obstructive du mineur de fer

• Affections allergiques provoquées par les protéines du latex (ou caoutchouc naturel)

• Fièvres hémorragiques avec syndrome rénal dues aux agents infectieux du groupe hantavirus

• Affections chroniques du rachis lombaire provoquées par des vibrations de basses et moyennes fréquences transmises au corps entier

• Affections chroniques du rachis lombaire dues à la manutention manuelle de charges lourdes

4. LES CONFLITS DE TRAVAIL
CONVOCATION DEVANT LE CONSEIL DE PRUD'HOMMES

MODÈLE D'UN FORMULAIRE DE DEMANDE DE CONVOCATION DEVANT LE BUREAU DE CONCILIATION

Demande de convocation devant le bureau de conciliation
(Écrire en lettres capitales, très lisiblement)

DEMANDEUR (vous-même)

NOM (Monsieur, Madame, Mademoiselle)[1]
(Pour un mineur assisté de son tuteur, indiquer les nom et prénom du tuteur)
PRÉNOM..
PROFESSION..
DOMICILE..
Assisté de..
(L'assistance est permise, elle n'est pas obligatoire)
Adresse..
....

DÉFENDEUR (votre adversaire)

1°
a) <u>IL S'AGIT D'UNE SOCIÉTÉ</u>
FORME ET RAISON SOCIALE..
(S.A.R.L., Société anonyme, etc.)
ACTIVITÉ DE L'ENTREPRISE..
CODE A.P.E.[2]..
ADRESSE DU SIÈGE SOCIAL OU DE L'ÉTABLISSEMENT.......
....

b) <u>IL S'AGIT D'UNE PERSONNE PHYSIQUE</u>
NOM .... PRÉNOM..............................
ACTIVITÉ DE L'ENTREPRISE..
CODE A.P.E.[2]..
DOMICILE OU ADRESSE DE L'ÉTABLISSEMENT..................
....

2°
....
....

1. Rayer la mention inutile.
2. Ce renseignement n'est pas obligatoire, son absence ne nuit pas à la validité juridique de la demande.

<u>AU VERSO, OBJET DE LA DEMANDE</u>

Objet de la demande

☒ Marquez d'une croix vos demandes et <u>inscrivez les sommes réclamées</u>

	Euros	Centimes
☐ Salaire		
☐ Rappel de salaire		
☐ Primes		
☐ Prime de transports		
☐ Commissions		
☐ Indemnité de congés payés		
☐ Indemnité de préavis		
☐ Indemnité de licenciement		
☐ Indemnité de clientèle		
☐ Indemnité de déplacement		
☐ Indemnité pour inobservation de la procédure de licenciement		
☐ Indemnité pour licenciement sans cause réelle et sérieuse, ou abusif		
☐ Remise de certificat de travail		
☐ Indemnité de retard à la remise du certificat		
☐ Remise de bulletins de paye		
☐ Remise de déclaration pour l'ASSEDIC ou dommages-intérêts		
☐ Remise d'attestation pour la Sécurité sociale		
☐ Remise de la lettre de licenciement		
☐		
☐		
☐ Exécution provisoire		
☐ Intérêt légal		

IV – LES AFFAIRES

1. LES SOCIÉTÉS COMMERCIALES

MODÈLE DE STATUTS D'UNE SARL[1]

STATUTS

Société à responsabilité limitée ....
Au capital de ....
Siège social ....

Les soussignés :
Nom .... Prénom ....
né le ....
à.............
de nationalité ....
demeurant à ....

marié sous le régime de ....
avec ....
ou célibataire

Nom ...... Prénom ....
né le ....
à ....
de nationalité ....
demeurant à ....

marié sous le régime de ....
avec ....
ou célibataire

ont établi, ainsi qu'il suit, les statuts de la société à responsabilité limitée qu'ils sont convenus d'instituer.

1. Statuts tirés de *Modèles de contrats types de l'entreprise, PME, PMI*, de Annie Mouthier, aux Éditions De Vecchi, 1992.

TITRE PREMIER
Forme – Objet – Dénomination – Durée – Exercice social – Siège

Article 1 – Forme

La société est une société à responsabilité limitée.

Article 2 – Objet

La société a pour objet, en France et dans tous pays : ....
et plus généralement : ....

Article 3 – Dénomination

La dénomination de la société est : ....

Article 4 – Durée de la société – Exercice social

1. La durée de la société est fixée à ... années, sauf prorogation ou dissolution anticipée.

2. L'année sociale commence le .... et finit le ....

Exceptionnellement, le premier exercice social comprend le temps écoulé depuis l'immatriculation de la société au registre du commerce et des sociétés jusqu'au ....

En outre, les actes accomplis pour son compte pendant la période de formation et repris par la société seront rattachés à cet exercice.

Article 5 – Siège social

Le siège de la société est fixé à : ....

Il peut être transféré en vertu d'une décision collective extraordinaire des associés.
La gérance peut créer des succursales partout où elle le juge utile.

TITRE DEUXIÈME
Apports – Capital social – Parts sociales

Article 6 – Apports

Les associés font apport à la société, à savoir :

• Apports en numéraire

M. A .... et M. B .... font apport à la société des sommes ci-après à savoir :
– M. A. .... d'une somme de .... € ;
– M. B. .... d'une somme de .... € ;
soit ensemble la somme totale de .... €.

Cette somme de .... € a été, dès avant ce jour, déposée sur un compte ouvert au nom de la société en formation, sous le numéro ....
Elle sera retirée par la gérance sur présentation du certificat du greffe du tribunal de commerce attestant l'immatriculation de la société au registre du commerce et des sociétés.

• Apports en nature

M. C. .... apporte à la société, en s'obligeant à toutes les garanties ordinaires et de droit, le fonds de commerce dont la désignation suit.

Désignation : ....
Modalités de l'apport : ....

Il a été procédé à l'évaluation de l'apport en nature ci-dessus au vu du rapport annexé aux présents statuts, établi le .... par M ...., commissaire aux apports désigné à l'unanimité des futurs associés.

• Apports en industrie

M......., qui participe depuis plusieurs années à l'exploitation du fonds dont il fait l'apport, s'engage à poursuivre cette collaboration.

Sa mission consistera à : ....

En rémunération de cet apport, il lui est attribué .... parts sociales donnant droit au partage des bénéfices.

Cet apport est évalué à .... €.

Article 7 – Capital

Le capital social est fixé à .... € divisé en .... parts de .... € chacune, entièrement libérées, souscrites en totalité par les associés, numérotées de 1 à .... et attribuées à chacun d'eux en proportion de leurs apports respectifs, à savoir :
– M. A. .... à concurrence de ...... parts, numéro .... à .... ;
– M. B. .... à concurrence de ...... parts, numéro .... à .... ;
– M. C. .... à concurrence de ...... parts, numéro .... à ....

Article 8 – Augmentation et réduction de capital

Toute modification du capital social sera décidée et réalisée dans les conditions et avec les conséquences prévues à cet effet par les dispositions législatives et réglementaires en vigueur.

Article 9 – Droits attachés aux parts sociales

1. La propriété des parts résulte simplement des présents statuts, des actes ultérieurs qui pourraient modifier le capital social, et des cessions et attributions qui seraient régulièrement réalisées.

2. Chaque part sociale confère à son propriétaire un droit légal dans les bénéfices de la société et dans tout l'actif social. Elle donne droit à une voix dans tous les votes et délibérations.
La propriété d'une part emporte de plein droit l'adhésion aux présents statuts et aux décisions collectives des associés.

3. La réunion de toutes les parts sociales en une seule main n'entraîne pas la dissolution de la société qui continue d'exister avec un associé unique. Dans ce cas, l'associé unique exerce tous les pouvoirs dévolus à l'assemblée des associés.

Article 10 – Cession et transmission des parts sociales

1 – Forme

La cession des parts sociales s'opère par un acte authentique ou sous signatures privées. Pour être opposable à la société, elle doit lui être signifiée ou être acceptée par elle dans un acte notarié. Toutefois, la signification peut être remplacée par le dépôt d'un original de l'acte de cession au siège social contre remise par la gérance d'une attestation de ce dépôt.

La cession n'est opposable aux tiers qu'après l'accomplissement de ces formalités et, en outre, après publicité au registre du commerce et des sociétés. Le projet de cession est notifié à la société et à chacun des associés. Toutefois, les opérations de toute nature réalisées par l'associé unique sont libres.

2 – Cession à des tiers

Lorsque la société comporte plus d'un associé, les parts sociales ne peuvent être cédées à des tiers étrangers à la société qu'avec le consentement de la majorité en nombre des associés représentant au moins les trois quarts des parts sociales, cette majorité étant en outre déterminée compte tenu de la personne et des parts de l'associé cédant.

3 – Cession entre associés

Les cessions entre associés sont libres.

4 – Cession entre conjoints, ascendants, descendants

Les cessions entre conjoints, ascendants, descendants sont libres.

5 – Transmission par décès ou liquidation de communauté

Les parts sociales sont librement transmissibles par voie de succession ou en cas de liquidation de communauté de biens entre époux.

Article 11 – Agrément du conjoint commun en biens

En cas d'apports de biens ou de deniers communs, ou encore d'acquisition de parts sociales au moyen de deniers communs, le conjoint de l'apporteur ou de l'acquéreur peut revendiquer personnellement la qualité d'associé pour la moitié des parts souscrites et ce, dans les conditions et selon les modalités prévues par la loi.

Article 12 – Décès – Interdiction – Faillite d'un associé

La société n'est pas dissoute lorsque la faillite personnelle, l'interdiction de gérer ou une mesure d'incapacité est prononcée à l'égard de l'un des associés. Elle n'est pas non plus dissoute par le décès d'un associé. Mais si l'un de ces événements se produit en la personne d'un gérant, il entraînera la cessation des fonctions de ce gérant.

Article 13 – Versement en compte courant

Les associés peuvent décider de mettre ou laisser à la disposition de la société des sommes dont celle-ci peut avoir besoin et qui produiront ou non des intérêts.
Les conditions de rémunération et de remboursement de ces sommes seront décidées par décisions collectives des associés.

Article 14 – Nantissement des parts sociales

Tout nantissement des parts sociales ne peut être effectué qu'avec le consentement des associés dans les mêmes conditions que celles prévues pour les cessions de parts à un tiers.
Le nantissement des parts sociales doit être rédigé par acte sous seing privé ou authentique. Il doit être notifié à la société et à chacun des associés.

TITRE TROISIÈME
Administration – Contrôle

Article 15 – Gérance

La société est gérée par une ou plusieurs personnes physiques, choisies parmi les associés ou en dehors d'eux. Elles sont nommées en cours de vie sociale sur décision des associés prise à la majorité de la moitié des parts.
Le premier gérant de la société est M ...., qui déclare accepter la fonction qui lui est confiée et affirme n'être frappé d'aucune incompatibilité ou interdiction s'opposant à l'exercice de cette mission.

Article 16 – Pouvoirs des gérants

Chacun des gérants engage la société, sauf si ces actes ne relèvent pas de l'objet social et que la société prouve que les tiers en avaient connaissance. Il a les pouvoirs les plus étendus pour agir au nom de la société en toutes circonstances, sans avoir à justifier de pouvoirs spéciaux. Il a la signature sociale.
Dans leurs rapports entre eux et avec leurs coassociés et à titre de mesure d'ordre

intérieur, les gérants ont les pouvoirs nécessaires, dont ils peuvent user ensemble ou séparément – sauf le droit pour chacun de s'opposer à toute opération avant qu'elle ne soit conclue – pour faire toutes les opérations se rattachant à l'objet social, dans l'intérêt de la société.
Toutefois les emprunts, à l'exception des crédits en banque et des prêts ou dépôts consentis par des associés, les achats, échanges et ventes d'établissements commerciaux ou d'immeubles, les hypothèques et nantissements, la fondation de sociétés et tous apports à des sociétés constituées ou à constituer, ainsi que toute prise d'intérêt dans ces sociétés, ne peuvent être faits ou consentis qu'avec l'autorisation des associés aux conditions de majorité ordinaire, sans toutefois que cette limitation de pouvoirs, qui ne concerne que les rapports des associés entre eux, puisse être opposée aux tiers.
Chaque gérant a droit à une rémunération dont les modalités sont déterminées par une décision collective ordinaire des associés.
Sauf disposition contraire de la décision qui les nomme, les gérants ne sont tenus de consacrer que le temps nécessaire aux affaires sociales.
Les gérants peuvent, d'un commun accord et sous leur responsabilité, constituer des mandataires spéciaux et temporaires pour la réalisation d'opérations déterminées.

Article 17 – Responsabilité des gérants

Les gérants sont responsables individuellement ou solidairement, en cas de faute commune, envers la société ou envers les tiers, soit des infractions aux dispositions législatives ou réglementaires applicables aux sociétés à responsabilité limitée, soit des violations des présents statuts, soit des fautes commises dans leur gestion.
Si plusieurs gérants ont coopéré aux mêmes faits, le tribunal détermine la part contributive de chacun dans la réparation du dommage.

Article 18 – Décès – Démission – Révocation des gérants

La mission du gérant (ou des gérants) prend fin par son décès, sa démission, sa révocation, ou son incapacité légale ou physique le mettant dans l'impossibilité d'exercer son mandat.
Tout gérant, associé ou non, nommé ou non dans les statuts, est révocable par décision ordinaire de la collectivité des associés représentant plus de la moitié des parts sociales.
Le ou les gérants peuvent renoncer à leur mandat. Ils doivent néanmoins informer les autres gérants et les associés de leur décision six mois à l'avance par lettre recommandée avec accusé de réception.

En cas de cessation de fonctions par l'un des gérants pour un motif quelconque, la gérance reste assurée par le ou les autres gérants. Si le gérant qui cesse ses fonctions était seul, la collectivité des associés aura à nommer un ou plusieurs autres gérants, à la diligence de l'un des associés et aux conditions de majorité prévues par la loi.

Article 19 – Commissaires aux comptes

Un ou plusieurs commissaires aux comptes titulaires et suppléants peuvent ou doivent être nommés. Ils exercent leur mission de contrôle conformément à la loi. Les commissaires aux comptes sont désignés pour six exercices.

TITRE QUATRIÈME
Décisions des associés

Article 20 – Mode de consultation des associés

La volonté des associés s'exprime par des décisions collectives qualifiées d'extraordinaires quand elles concernent tout objet pouvant entraîner directement ou indirectement une modification des statuts, et d'ordinaires dans tous les autres cas.
Ces décisions sont prises au choix de la gérance, soit en assemblée générale, soit par consultation écrite des associés. Toutefois, la réunion d'une assemblée est obligatoire pour statuer sur l'approbation des comptes de chaque exercice ou la réduction du capital social.

Article 21 – Convocation

Les assemblées générales sont convoquées par la gérance, ou à défaut par le commissaire aux comptes s'il en existe un, ou encore à défaut par un mandataire désigné en justice à la demande de tout associé.
Pendant la période de liquidation, les assemblées sont convoquées par le ou les liquidateurs.
Un ou plusieurs associés représentant le quart en nombre, ou la moitié en parts sociales, peuvent demander la réunion d'une assemblée.
Les assemblées générales sont réunies au siège social ou en tout autre lieu indiqué dans la convocation.
Les associés sont convoqués par le gérant par lettre recommandée avec accusé de réception, quinze jours avant la date de la réunion.

Article 22 – Consultation écrite

En cas de consultation écrite, la gérance adresse à chaque associé, à son dernier domicile connu et par lettre recommandée, le texte des résolutions proposées ainsi que les documents nécessaires à l'information des associés.
Les associés disposent d'un délai de quinze jours, à compter de la date de réception du projet de résolutions, pour émettre leur vote par écrit ; le vote étant, pour chaque résolution, formulé par les mots « oui » ou « non ».
La réponse est adressée à l'auteur de la consultation par lettre recommandée. Tout associé n'ayant pas répondu dans le délai ci-dessus est considéré comme s'étant abstenu.

Article 23 – Voix – Représentation des associés

Chaque associé a le droit de participer aux décisions et dispose d'un nombre de voix égal au nombre de parts sociales qu'il possède, et ceci sans limitation.
Un associé peut se faire représenter par son conjoint, sauf si la société ne comprend que les deux époux.
Il peut aussi se faire représenter par un autre associé justifiant de son pouvoir, à condition que le nombre des associés soit supérieur à deux.

Article 24 – Majorité

Les décisions sont adoptées par un ou plusieurs associés représentant plus de la moitié des parts sociales.
Si la majorité n'est pas atteinte, les associés seront consultés une seconde fois et les décisions seront alors adoptées à la majorité des votes quel que soit le nombre des associés ayant participé au vote.
Toutefois :
– toute modification des statuts requiert une majorité des associés représentant les trois quarts des parts sociales ;
– les cessions ou transmissions de parts qui nécessitent l'agrément de la société sont autorisées par la majorité des associés représentant au moins les trois quarts des parts sociales ;
– la nomination d'un gérant est décidée à la majorité de la moitié des parts ;
– la révocation d'un gérant est décidée par les associés représentant plus de la moitié des parts sociales ;
– le changement de nationalité de la société, sa transformation en société en nom collectif ou en société en commandite simple, l'augmentation des engagements des associés ne peuvent se décider qu'à l'unanimité des associés.

TITRE CINQUIÈME
Affectation des résultats – Répartition des bénéfices

Article 25 – Arrêté des comptes sociaux

À la clôture de chaque exercice, il est dressé par les soins de la gérance un inventaire de l'actif et du passif de la société et des comptes annuels, conformément aux dispositions du *Titre II du Livre 1er du Code de commerce.*
La gérance établit un rapport de gestion sur la situation de la société, et l'activité de celle-ci pendant l'exercice écoulé.
Chaque année, dans les six mois de la clôture de l'exercice, les associés sont réunis par la gérance pour statuer sur les comptes dudit exercice et l'affectation des résultats.

Article 26 – Affectation et répartition des bénéfices

Les produits nets de l'exercice, déduction faite des frais généraux et autres charges de la société y compris tous amortissements et provisions, constituent le bénéfice.
Sur ce bénéfice, diminué le cas échéant des pertes antérieures, sont prelevées tout d'abord les sommes à porter en réserve en application de la loi ou des statuts.
Le bénéfice est réparti entre tous les associés, proportionnellement au nombre de parts appartenant à chacun d'eux.
Toutefois, après prélèvement des sommes portées en réserve et en application de la loi et des présents statuts, les associés peuvent, sur proposition de la gérance, reporter à nouveau tout ou partie de la part leur revenant dans le bénéfice, ou affecter tout ou partie de cette part à toutes réserves générales ou spéciales dont ils décident la création et déterminent l'emploi s'il y a lieu.
Les pertes, s'il en existe, sont imputées sur les bénéfices reportés des exercices antérieurs ou reportées à nouveau.

TITRE SIXIÈME
Prorogation – Transformation – Dissolution – Liquidation

Article 27 – Prorogation

Un an au moins avant la date d'expiration de la société, la gérance doit provoquer une réunion de la collectivité des associés à l'effet de décider, dans les conditions requises pour la modification des statuts, si la société doit être prorogée.

Article 28 – Capitaux propres inférieurs à la moitié du capital social

Si, du fait de pertes constatées dans les documents comptables, les capitaux propres de la société deviennent inférieurs à la moitié du capital social, la gérance doit, dans les quatre mois qui suivent l'approbation des comptes ayant fait apparaître cette perte, consulter les associés afin de décider, s'il y a lieu, la dissolution anticipée de la société.
L'assemblée délibère aux conditions de majorité prévues pour la modification des statuts.
Si la dissolution n'est pas prononcée, le capital doit être, dans le délai fixé par la loi, réduit d'un montant égal au montant des pertes qui n'ont pu être imputées sur les réserves si, dans ce délai, les capitaux propres n'ont pas été reconstitués à concurrence d'une valeur au moins égale à la moitié du capital social.
La réduction du capital à un montant inférieur au minimum légal ne peut être décidée que sous la condition suspensive d'une augmentation de capital destinée à amener celui-ci au moins à ce montant minimum.
En cas d'inobservation des prescriptions de l'un ou de plusieurs des alinéas qui précèdent, tout intéressé peut demander en justice la dissolution de la société. Il en est de même si les associés n'ont pu délibérer valablement.

Article 29 – Transformation

La société peut être transformée en une société d'une autre forme par décision collective des associés statuant aux conditions de majorité prévues pour la modification des statuts.
Toutefois la transformation en société en nom collectif, en commandite simple ou en commandite par actions, exige l'unanimité des associés.
La transformation en société anonyme ne peut être décidée si la société n'a pas établi et fait approuver par les associés le bilan de ses deux premiers exercices sociaux. Toutefois et sous ces réserves, elle peut être décidée par les associés représentant la majorité des parts sociales, si les capitaux propres au dernier bilan excèdent le montant fixé par la loi.
La décision de transformation en société anonyme est précédée des rapports des commissaires déterminés par la loi. Le commissaire aux comptes de la société peut, sur décision unanime des associés, être désigné comme commissaire à la transformation. Les associés doivent statuer sur l'évaluation des biens composant l'actif social et l'octroi des avantages particuliers ; ils ne peuvent les réduire qu'à l'unanimité.
À défaut d'approbation expresse des associés, mentionnée au procès-verbal, la transformation est nulle.

Article 30 – Dissolution – Liquidation

La société est dissoute par l'arrivée de son terme – sauf prorogation – par la perte totale de son objet, par l'effet d'un jugement ordonnant la liquidation judiciaire ou la cession totale des actifs, par décision judiciaire pour justes motifs.
La dissolution anticipée peut aussi résulter d'une décision collective extraordinaire des associés. En cas de dissolution, la société entre en liquidation.
Toutefois, cette dissolution ne produit ses effets à l'égard des tiers qu'à compter du jour où elle a été publiée au registre du commerce et des sociétés.
La personnalité de la société subsiste pour les besoins de la liquidation et jusqu'à la clôture de celle-ci. La mention « société en liquidation » ainsi que le nom du ou des liquidateurs doivent figurer sur tous les actes et documents émanant de la société.
La liquidation est faite par un ou plusieurs liquidateurs nommés à la majorité des parts sociales, pris parmi les associés ou en dehors d'eux. La liquidation est effectuée conformément à la loi.
Le produit net de la liquidation est employé d'abord à rembourser le montant des parts sociales qui n'aurait pas encore été remboursé. Le surplus est réparti entre les associés, au prorata du nombre de parts appartenant à chacun d'eux.
Lorsque la société ne comprend qu'un seul associé, la dissolution, pour quelque cause que ce soit, entraîne dans les conditions prévues par la loi, la transmission du patrimoine social à l'associé unique, sans qu'il y ait lieu à liquidation.

Article 31 – Contestations

Toutes contestations susceptibles de surgir pendant la durée de la société ou après sa dissolution pendant le cours des opérations de liquidation, soit entre les associés, les organes de gestion et la société, soit entre les associés eux-mêmes, relativement aux affaires sociales ou à l'exécution des dispositions statutaires, seront jugées conformément à la loi et soumises à la juridiction des tribunaux compétents.

TITRE SEPTIÈME
Personnalité morale – Formalités constitutives

Article 32 – Jouissance de la personnalité morale

1. La société jouira de la personnalité morale à dater de son immatriculation au registre du commerce et des sociétés.

2. Toutefois, les associés approuvent les actes accomplis avant ce jour, pour le compte de la société en formation, par M .... tels que ces actes sont relatés dans l'état ci-annexé avec précision des engagements qui en sont la conséquence.
M .... est expressément autorisé à passer et à souscrire, pour le compte de la société en formation, les actes et engagements suivants entrant dans l'objet social et conformes à l'intérêt social : ....
Toutes ces opérations et engagements en résultant seront réputés avoir été faits et souscrits dès l'origine par la société, qui les reprendra à son compte par le seul fait de son immatriculation au registre du commerce et des sociétés.

3. La gérance est expressément habilitée à passer et à souscrire dès ce jour, pour le compte de la société en formation, les actes et engagements entrant dans l'objet social et conformes à l'intérêt social, à l'exclusion de ceux pour lesquels il est requis, pendant le cours de la vie sociale et dans les rapports entre associés, une autorisation de la collectivité des associés.
Ces actes et engagements seront réputés avoir été faits et souscrits dès l'origine par la société après vérification par l'assemblée des associés, postérieurement à l'immatriculation de la société au registre du commerce et des sociétés, de leur conformité avec le mandat ci-dessus défini, et au plus tard à l'approbation des comptes du premier exercice social.

4. Les associés et le gérant, s'il n'est pas associé, signeront ou donneront mandat à l'un ou plusieurs d'entre eux de signer la déclaration de conformité déposée, conformément à la loi, à l'appui de la demande d'immatriculation de la société au registre du commerce et des sociétés, après l'accomplissement des autres formalités de constitution.

Article 33 – Publicité – Pouvoirs

Tous pouvoirs sont donnés à M .... à l'effet d'accomplir toutes les formalités prescrites par la loi, et notamment à l'effet de faire insérer l'avis de constitution dans un journal habilité à publier les annonces légales dans le département du siège social.

Fait à ....
le .../.../........

En quatre originaux dont un
pour être déposé au siège social
et les autres
pour l'exécution des formalités.

LES STATUTS D'UNE SCI

Société civile immobilière

TITRE PREMIER
Forme – Objet – Dénomination – Siège – Durée

Article 1 – Forme

Il est formé par les présentes, entre les propriétaires des parts sociales ci-après créées et de celles qui pourraient l'être ultérieurement, une société civile qui sera régie par les articles 1832 à 1870-1 nouveaux du Code civil, et par les présents statuts.

Article 2 – Objet

La société a pour objet :

1° L'acquisition de tous immeubles et de tous terrains et notamment des biens et droits mobiliers ou immobiliers afférents à un immeuble sis cadastré.

2° L'administration et l'exploitation, par location ou autrement, des biens susdésignés.

3° L'entretien, l'aménagement de ces biens, et généralement, toutes opérations se rattachant directement ou indirectement à cet objet, à la condition que ces opérations ne modifient pas le caractère essentiellement civil de la société.

Article 3 – Dénomination

La société prend la dénomination de « SCI xxx ».

Article 4 – Siège

Le siège de la société est fixé au...

Article 5 – Durée

La durée de la société est fixée à 99 ans à dater de son immatriculation au registre du commerce et des sociétés, sous réserve des cas de dissolution anticipée ou de prorogation prévus aux présents statuts.
Le décès, l'absence, la démission ou l'exclusion d'un ou plusieurs associés n'entraînera pas la dissolution de la société. Celle-ci continuera de plein droit entre les associés restants, tant qu'ils seront au nombre de deux au moins.

TITRE DEUXIÈME
Apports – Capital social – Parts sociales

Article 6 – Apports

Les associés font apport à la société..........
La libération du capital s'effectuera par les apports à la société, nécessaires à l'acquisition des biens immobiliers et encore des charges qu'elle pourrait supporter, ainsi que par l'incorporation des bénéfices.

Article 7 – Capital social

Le capital social de fondation est fixé à la somme de .... €, montant des apports ci-dessus indiqués.
Il est divisé en 100 parts de .... € chacune, libérées comme il est dit précédemment et attribuées aux associés susnommés proportionnellement à leurs apports, à savoir :

– Monsieur	parts
– Madame	parts
Total des parts	100 parts

Il ne sera délivré aucun titre représentant les parts sociales. Les droits de chaque associé résulteront seulement des présents statuts et des actes ultérieurs modifiant le capital social ou constatant les cessions régulièrement consenties.
Il sera tenu, au siège de la société, un registre coté, paraphé et signé de la gérance, sur lequel seront inscrites, par ordre chronologique, les adhésions des associés avec indication du capital souscrit.
La société pourra se procurer les fonds dont elle aura besoin au moyen d'emprunts ou d'avances en compte courant. Les conditions de ces emprunts ou avances seront fixées lors de chaque opération.

Article 8 – Modification du capital

Le capital social pourra être augmenté par des rapports effectués par les associés originaires et par des nouveaux membres, ou par incorporation de compte courant, par décision de l'Assemblée générale extraordinaire.
Le capital social pourra également être diminué par la reprise totale ou partielle des apports résultant du retrait, de l'exclusion ou du décès d'un ou plusieurs associés.

Article 9 – Cession de parts, agrément

1. Toute cession de parts sociales doit faire l'objet d'un acte notarié ou sous seing privé et être signifiée à la société selon les formes de l'article 1690 du Code civil. Elle n'est opposable aux tiers qu'après accomplissement de ces formalités et après publication, conformément aux dispositions réglementaires.

Si deux époux sont simultanément membres de la société, les cessions faites par l'un d'eux à l'autre, pour être valables, doivent résulter d'un acte notarié ou d'un acte sous seing privé ayant acquis date certaine autrement que par le décès du cédant. Toute cession de parts sociales devra faire l'objet d'un dépôt au registre du commerce et des sociétés.

2. Toute cession de parts sociales – titre onéreux ou gratuit – entre associés, intervient librement. Toute autre cession doit recevoir au préalable l'agrément du gérant. Le projet de cession doit être notifié, avec demande d'agrément, à la société par lettre recommandée avec accusé de réception, en indiquant les nom et prénoms, profession, domicile et nationalité du cessionnaire, le nombre de parts cédées, leur prix et, le cas échéant, leurs numéros.
Dans le mois de la réception de cette lettre recommandée, la gérance notifie sa décision à l'associé cédant par lettre recommandée avec accusé de réception. La décision n'est pas motivée. Faute par la gérance d'avoir fait connaître sa décision dans ce délai, l'agrément du cessionnaire est réputé acquis.
Si la cession est autorisée, elle doit être réalisée dans les trente jours qui suivent la date de réception de la notification de la décision. À défaut de régularisation dans ce délai, la cession doit à nouveau être soumise à l'autorisation, dans les conditions ci-dessus indiquées. Les frais de cession seront à la charge du ou des cessionnaires.
En cas de refus d'agrément du cessionnaire proposé, tous les associés doivent en être avisés préalablement, par lettre recommandée avec accusé de réception adressée par le gérant dans le délai de dix jours à compter de la notification du cédant les avisant de la cession projetée, en leur rappelant les dispositions des articles 1862 et 1863 du Code civil, ainsi que celles du présent article.
Chacun des associés du cédant dispose alors d'un délai de dix jours pour exprimer, par lettre recommandée avec accusé de réception, sa volonté d'exercer sa faculté de rachat prévue par l'article 1862 du Code civil, étant entendu que s'ils sont plusieurs, ils seront réputés acquéreurs à proportion du nombre de parts qu'ils détenaient au jour de la notification du projet de cession.
Les parts qui n'auront pu être réparties par suite de l'insuffisance des offres ou de l'impossibilité d'opérer une affectation en nombres entiers seront offertes par le gérant à toute personne de son choix, à moins qu'il ne propose aux associés de faire racheter tout ou fraction de ces parts par la société elle-même en vue d'être annulées.
En même temps que la décision de refus d'agrément, le gérant notifie au cédant la ou les offres de rachat retenues, avec indication du nom du ou des acquéreurs proposés, associés ou tiers, ou l'offre de rachat par la société ainsi que le prix offert qui, en cas de désaccord, sera déterminé selon les modalités prévues à l'article 10 ci-après. Le prix est payable comptant en cas de rachat par un tiers, associés ou non ; dans le délai de six mois en cas de rachat par la société.
Le gérant fera procéder d'office à toute régularisation de l'acte de cession en cas de défaillance ou de refus dûment constatés de l'une des parties. Cette régularisa-

tion aura lieu devant le notaire désigné par le gérant, avec ou sans le concours ni la présence du défaillant.
Si aucune offre d'achat n'est faite au cédant dans un délai d'un mois à compter de la notification du projet de cession ci-dessus prévue, l'agrément à la cession est réputé acquis, à moins que les autres associés ne décident, dans le même délai, la dissolution de la société.
Dans ce dernier cas, le cédant peut rendre caduque cette décision en faisant connaître qu'il renonce à la cession dans le délai d'un mois à compter de ladite décision.
Les formalités prévues ci-dessus ne seront pas observées dans le cas où le gérant interviendrait à l'acte de cession en y donnant son accord.

Article 10 – Évaluation annuelle des parts

Les parts sociales sont évaluées chaque année, à la majorité simple, lors de l'assemblée générale ordinaire appelée à statuer sur les comptes de l'exercice écoulé.
Cette évaluation est déterminée d'après la situation active et passive de la société telle qu'elle résulte du bilan approuvé, sans tenir compte des résultats non encore définitifs de l'exercice en cours.
Le rachat des parts sociales par la société, les associés ou des tiers, en cas de retrait d'un associé et/ou de non-agrément d'un projet de cession, a lieu moyennant un prix fixé selon les modalités ci-dessus déterminées.
À défaut d'accord entre les intéressés, le prix sera déterminé par expert – choisi par les parties ou désigné à la requête de la partie la plus diligente par le Président du tribunal de grande instance du lieu du siège social – conformément aux dispositions de l'article 1843-4 du Code civil, le tout sans préjudice du droit du cédant de conserver ses parts.

Article 11 – Nouveaux associés

L'admission de nouveaux associés est soumise à l'agrément du gérant.

Article 12 – Retrait

Sans préjudice des droits des tiers, un associé peut se retirer de la société, sous réserve de l'accord unanime des autres associés. Ce retrait peut également être autorisé pour justes motifs par une décision de justice.
La demande de retrait doit être notifiée par lettre recommandée avec accusé de réception à la société qui, dès réception, la notifiera dans les mêmes formes à chacun des associés.
L'associé qui se retire a droit au remboursement de la valeur de ses parts sur la base d'un prix déterminé selon les modalités prévues à l'article 10 ci-dessus.

Article 13 – Nantissement

Les parts sociales peuvent faire l'objet d'un nantissement constaté soit par acte authentique, soit par acte sous seing privé signifié à la société ou accepté par elle dans un acte authentique et donnant lieu à une publicité dont la date détermine le rang des créanciers nantis.
Toute réalisation forcée de parts sociales doit être notifiée au gérant au moins un mois avant la vente. Le gérant peut alors acquérir les parts au prix de rachat tel que déterminé par la dernière assemblée générale ordinaire. En cas de vente aux enchères publiques en vertu d'une décision de justice – à moins que l'adjudicataire ne soit expressément agréé par le gérant dans un délai de cinq jours – la société procède au rachat des parts adjugées par réduction du capital social.

Article 14 – Décès d'un associé

En cas de décès d'un associé, la société continuera avec les associés restants. Les ayants droit de l'associé décédé seront seulement créanciers de la société et n'auront droit qu'à la valeur des droits sociaux de leur auteur.
Pour devenir associé, l'héritier qui le demanderait devra être agréé par le gérant ou son remplacant visé à l'article 9.
À défaut d'agrément, les parts de l'associé décédé devront être rachetées à un prix déterminé comme il est dit ci-dessus à l'article 9.

Article 15 – Droits attachés aux parts

Chaque part donne droit, dans la propriété de l'actif social et dans la répartition des bénéfices, à une fraction proportionnelle au nombre de parts existantes.
Les droits et obligations attachés à chaque part la suivent dans quelque main qu'elle passe.
La propriété d'une part emporte de plein droit adhésion aux présents statuts et aux résolutions prises par l'assemblée générale des associés.
Chaque part est indivisible à l'égard de la société. Les copropriétaires indivis sont tenus, pour l'exercice de leurs droits, de se faire représenter auprès de la société par un seul d'entre eux, ou par un mandataire commun pris parmi les associés.
À défaut d'entente, il appartient à la partie la plus diligente de se pourvoir ainsi que de droit, pour faire désigner par justice un mandataire chargé de représenter tous les copropriétaires indivis.
Les ayants cause ou créanciers d'un associé ne peuvent, sous quelque prétexte que ce soit, requérir l'apposition des scellés sur les biens et papiers de la société, en demander le partage ou la licitation, ni s'immiscer d'aucune manière dans les actes de son administration.

Dans ses rapports avec ses coassociés, chacun des associés n'est tenu des dettes sociales que dans la proportion du nombre de parts lui appartenant.
À l'égard des tiers, les associés répondent indéfiniment des dettes sociales à proportion de leur part dans le capital social à la date de l'exigibilité ou au jour de la cessation des paiements.
L'associé qui n'a apporté que son industrie est tenu comme celui dont la participation dans le capital social est la plus faible.
Les créanciers ne peuvent poursuivre le paiement des dettes sociales contre un associé qu'après avoir préalablement et vainement poursuivi la société, conformément aux prescriptions légales et réglementaires applicables en la matière.

TITRE TROISIÈME
Administration de la société

Article 16 – Gérance

La société est administrée par un ou plusieurs gérants, personne morale ou physique, nommés par l'assemblée générale ordinaire, parmi les associés ou en dehors d'eux, pour une durée déterminée ou non.
Le gérant pourra, en cette qualité, agir au nom de la société, dans les limites fixées par les articles 17 et 18 ci-dessous.

Article 17 – Nomination – Révocation – Démission

La décision nommant le ou les gérants fixe la durée de leurs fonctions. Celles-ci cessent par les décès ou l'absence du gérant, son incapacité civile, sa condamnation à une peine criminelle, sa mise en règlement judiciaire ou en liquidation de biens, sa faillite personnelle, sa déconfiture, sa révocation ou sa démission.
Le mandat du ou des gérants peut être renouvelé une ou plusieurs fois. Au cas où l'un des gérants viendrait à cesser ses fonctions, la société serait administrée par le ou les gérants restés en fonction jusqu'à ce qu'il soit décidé par l'assemblée générale du remplacement du gérant dont les fonctions auront ainsi cessé.
Au cas où la gérance deviendrait vacante, il serait procédé à la nomination d'un ou de plusieurs nouveaux gérants, par une assemblée générale des associés, convoquée dans un délai de deux mois à compter de la vacance, par l'associé le plus diligent.
L'assemblée générale ordinaire qui prononce la révocation du ou des gérants procède immédiatement à leur remplacement.
Les associés peuvent mettre fin au mandat du gérant par décision prise en assemblée générale ordinaire.
La signature sociale appartient au gérant unique ou aux cogérants. Ils peuvent la déléguer, conformément aux dispositions de l'article 18 ci-après.

Lorsqu'il y a pluralité de gérants, la décision qui les nomme précise les opérations qu'ils peuvent accomplir ensemble ou séparément et celles pour lesquelles ils ne peuvent agir que conjointement.
Toutefois, le ou les gérants ne peuvent, sans y avoir été préalablement autorisés par décision de l'assemblée générale extraordinaire, prise à la majorité des 3/4 du capital social :

1° Aliéner un immeuble.

2° Contracter des emprunts, à l'exception de celui ou de ceux rendus nécessaires à l'acquisition d'un immeuble par la société.

3° Conférer une hypothèque ou tous autres droits réels sur les biens de la société, hormis celle et ceux rendus nécessaires pour l'acquisition de l'immeuble susvisé.

4° Se rendre caution ou donner aval au nom de la société.

5° Faire une remise de dette.

6° Donner ou prendre à bail un immeuble pour une durée supérieure à douze ans.
Toutefois, le ou les gérants peuvent réaliser les immeubles appartenant à la société dans le cas où la société, obligée de racheter les parts sociales, ne disposerait pas des liquidités suffisantes.

Préalablement à la réalisation dudit immeuble, le ou les gérants devront :
– proposer aux associés de verser les fonds nécessaires, au prorata de leurs droits, dans le capital social ;
– convoquer une assemblée générale extraordinaire pour décider, le cas échéant, de contracter un nouvel emprunt permettant le rachat desdites parts et éviter ainsi la vente de l'immeuble.

Le gérant peut démissionner sans avoir à justifier de sa décision, sauf à s'exposer à des dommages-intérêts envers la société si cette démission cause un préjudice à la société.
La démission du gérant ne prend effet qu'à compter de la signification aux associés et n'est recevable, en cas de gérant unique, que si elle est accompagnée d'une convocation de l'assemblée des associés en vue de la nomination d'un ou de plusieurs nouveaux gérants.

Article 18 – Pouvoirs du gérant

Sous les réserves formulées ci-après, le ou les gérants sont investis des pouvoirs d'administration les plus étendus pour agir au nom de la société, dans les limites de son objet.
Ils peuvent ouvrir des comptes bancaires ou postaux au nom de la société et opérer

tout dépôt ou retrait sur ce ou ces comptes, sous leur seule signature individuelle. Ils ont tous pouvoirs pour signer tous actes et, généralement, faire le nécessaire pour acquérir tout immeuble et contracter les emprunts correspondants, et déclarer dans l'acte d'acquisition ainsi que dans les actes d'emprunt, le cas échéant, que dans le cas où la société ne serait pas immatriculée au registre du commerce et des sociétés et, par suite, si elle n'acquérait pas la personnalité morale, ledit achat et lesdits emprunts seraient réputés faits par chaque associé à titre personnel dans la proportion de ses droits dans ladite société.
Le ou les gérants statuent sur les demandes d'agrément des cessions de parts sociales.
Le ou les gérants arrêtent les comptes qui doivent être soumis à l'assemblée générale, décident des propositions à lui soumettre, arrêtent son ordre du jour et exécutent ses décisions.
Le ou les gérants peuvent conférer à telle personne que bon leur semble tous pouvoirs pour un ou plusieurs objets déterminés, dans la limite de ceux qui leur sont attribués.

Article 19 – Rémunération du gérant

Le gérant n'est pas rémunéré, sauf décision contraire prise à la majorité des présents à l'assemblée générale ordinaire annuelle.

Article 20 – Nomination du premier gérant

M. .... né le .... à ....
profession ...., demeurant ...., est nommé gérant pour une durée indéterminée.

TITRE QUATRIÈME
Assemblées générales

Article 21 – Convocation – Ordre du jour – Registre des délibérations

L'assemblée générale ordinaire se réunit chaque année, sur la convocation de la gérance, aux jour, heure et lieu indiqués dans l'avis de convocation.
En outre, l'assemblée générale ordinaire est convoquée extraordinairement par la gérance lorsque celle-ci le juge utile ou lorsqu'elle en est requise par un ou plusieurs associés représentant le quart au moins du capital social ou de la majorité en nombre des associés.
Dans ce dernier cas, l'ordre du jour est établi par les requérants et l'assemblée doit se tenir dans le mois de la réquisition.
L'assemblée générale extraordinaire est convoquée dans les conditions prévues aux deux alinéas précédents.

Les convocations à toute assemblée générale sont faites par la gérance au moyen de lettres recommandées avec accusé de réception indiquant l'ordre du jour, et adressées, au moins quinze jours à l'avance, à chacun des associés, au dernier domicile qu'il ait fait connaître à la société.
À la lettre de convocation sont joints le texte du projet de résolution, le ou les rapports établis pour être présentés à l'assemblée ainsi que, s'il y a lieu, tout autre document nécessaire à l'information des associés.
L'assemblée générale peut aussi se réunir sur convocation verbale et sans délai, si tous les associés sont présents ou représentés.
Les assemblées générales se réunissent au siège social. Tout associé a le droit d'assister aux assemblées générales et peut s'y faire représenter par un autre associé de son choix.
L'assemblée générale est présidée par le gérant ou par l'un des autres gérants, assisté d'un secrétaire désigné par l'assemblée et qui peut être pris en dehors des associés.
Il est tenu une feuille de présence indiquant les nom, prénoms et domicile des associés présents ou représentés, le nombre de parts sociales possédées par chacun d'eux, et les nom, prénoms et domicile des mandataires ou représentants des associés.
Cette feuille, dûment émargée par les associés présents ou leurs mandataires ou représentants, est certifiée exacte par le bureau de l'assemblée.
L'ordre du jour est arrêté par la gérance.
Chaque membre de l'assemblée générale a autant de voix qu'il possède ou représente de parts sociales.
Les délibérations des assemblées générales sont constatées par des procès-verbaux établis sur un registre spécial et signés par le président de l'assemblée et le secrétaire.
Des copies ou extraits de ces procès-verbaux, à produire en justice ou ailleurs, sont signés par le ou les gérants.
Après dissolution de la société et pendant sa liquidation, des copies ou extraits de ces procès-verbaux sont signés par le liquidateur.
L'assemblée générale, régulièrement constituée, représente l'universalité des associés. Ses délibérations, prises conformément aux statuts, obligent tous les associés, même absents, dissidents ou incapables.

Article 22 – Assemblée générale ordinaire

L'assemblée générale ordinaire discute, approuve ou redresse les comptes et statue sur l'affectation et la répartition des bénéfices après avoir entendu le rapport de la gérance sur les affaires sociales.
Elle fixe le prix de cession de parts en application de l'article 10 ci-dessus.
Elle nomme, remplace ou réélit les gérants et fixe leur rémunération s'il y a lieu.
Les décisions de l'assemblée générale ordinaire sont valablement prises pour autant

qu'elles ont été adoptées par les associés représentant plus de la moitié des présents.
Dans les deux mois qui suivent la clôture de l'exercice, le ou les gérants doivent convoquer les associés en assemblée générale pour statuer sur les comptes de l'exercice écoulé.

Article 23 – Assemblée générale extraordinaire

L'assemblée générale extraordinaire peut, sur la proposition de la gérance ou à la demande d'un ou plusieurs associés représentant le quart au moins du capital social ou la majorité en nombre d'associés, modifier les statuts dans toutes leurs dispositions.
Elle prend également les décisions qui sont de sa compétence expresse aux termes des présents statuts.
Les décisions de l'assemblée générale extraordinaire ne sont valablement prises pour autant qu'elles ont été adoptées à la majorité des 3/4 des voix représentant le capital social et à la majorité en nombre des associés.

Article 24 – Décisions collectives unanimes

Les associés peuvent, d'un commun accord et à tout moment, prendre à l'unanimité toutes les décisions collectives qui leur apparaîtront nécessaires, par acte notarié ou sous seing privé, sans être alors tenus d'observer les règles prescrites pour la réunion des assemblées.

TITRE CINQUIÈME
Année sociale – Inventaire

Article 25 – Exercice social

L'année sociale commence le 1er janvier et se termine le 31 décembre.
Par exception, le premier exercice comprendra le temps écoulé depuis la constitution de la société jusqu'au 31 décembre 2003.

Article 26 – Documents comptables

Il est établi chaque année, par les soins de la gérance, un inventaire arrêté au 31 décembre contenant l'indication de l'actif et du passif de la société, ainsi qu'un compte de profits et pertes et un bilan.
L'inventaire, le bilan et le compte de profits et pertes sont soumis à l'assemblée

générale ordinaire annuelle qui doit être convoquée dans les deux mois suivant la clôture de l'exercice.
Une copie du bilan et du compte de profits et pertes est jointe à l'avis de convocation des associés à l'assemblée générale annuelle.

Article 27 – Résultats – Affectation

Les bénéfices nets sont constitués par les produits nets de l'exercice, déduction faite des frais généraux, de la rémunération du gérant, des charges sociales, ainsi que des échéances des emprunts, le cas échéant, et de tous les amortissements de l'actif social et de toutes les provisions, ainsi qu'ils apparaissent dans la comptabilité tenue par la gérance.
Ces bénéfices, sauf la partie qui serait mise en réserve ou reportée à nouveau par l'assemblée générale ordinaire, seront distribués entre les associés proportionnellement au nombre de parts possédées par chacun d'eux à l'initiative de la gérance.
Les pertes, s'il en existe, seront supportées par les associés dans les mêmes proportions.

TITRE SIXIÈME
Prorogation – Liquidation

Article 28 – Prorogation

Un an au moins avant la date d'expiration de la société, la gérance devra provoquer une réunion de l'assemblée générale extraordinaire, à l'effet de décider si la société doit être prorogée.
À défaut, tout associé pourra, huit jours après une mise en demeure adressée à la gérance par lettre recommandée et restée infructueuse, demander au Président du tribunal de grande instance du siège social, statuant sur requête, la désignation d'un mandataire de justice chargé de provoquer la réunion et la décision prévues ci-dessus.

Article 29 – Liquidation

L'assemblée générale extraordinaire peut décider la liquidation et nommer un liquidateur.
L'assemblée générale ordinaire ou extraordinaire, régulièrement constituée, conserve, pendant la liquidation, les mêmes attributions qu'au cours de la vie sociale.

L'assemblée générale ordinaire a notamment le pouvoir d'approuver les comptes de la liquidation, de donner quitus au liquidateur et de délibérer sur tous les intérêts sociaux.
L'assemblée générale extraordinaire peut modifier les pouvoirs conférés au liquidateur et procéder à leur remplacement. Elle peut aussi modifier les statuts, mais dans la mesure seulement où ces modifications sont imposées par la liquidation de la société.
Elle se réunit à l'initiative de l'associé le plus diligent ou du liquidateur.
À défaut de fixation de leurs pouvoirs par l'assemblée générale extraordinaire, le ou les liquidateurs ont les pouvoirs les plus étendus à l'effet de réaliser, même à l'amiable, tout l'actif de la société et d'éteindre son passif.
Le produit net de la liquidation, après le règlement du passif, est réparti entre les associés, proportionnellement au nombre de parts possédées par chacun d'eux.
Après extinction du passif, le ou les liquidateurs font approuver les comptes définitifs de liquidation par les associés qui constatent la clôture des opérations de liquidation. Comptes et décisions font l'objet d'une publication.
Le ou les liquidateurs disposent de tous pouvoirs, à cet effet, d'opérer les répartitions nécessaires.

Article 30 – Actes à accomplir pour le compte de la société en formation, pouvoirs

Par les présentes, mandat est donné au gérant statutaire ci-dessus désigné, à l'effet de prendre et réaliser les engagements suivants pour le compte de la société avant son immatriculation au registre du commerce et des sociétés de :
– l'acquisition de tous immeubles et de tous terrains et notamment des biens et des droits mobiliers ou immobiliers afférents à un bien immeuble sis, lots n°... ;
– contracter, le cas échéant, en une ou plusieurs fois, les emprunts nécessaires pour l'acquisition des biens immobiliers visés à l'alinéa qui précède, aux conditions et charges qu'il avisera ;
– engager la réalisation de tous travaux d'aménagement de cet immeuble ;
– déclarer, dans le cas où la société ne serait pas immatriculée au registre du commerce et des sociétés et, par suite, si elle n'acquérait pas la personnalité morale, que lesdits emprunts et acquisitions seraient réputés faits par chaque associé à titre personnel, dans la proportion de ses droits dans le capital social de la société ;
– procéder à toutes formalités de constitution.

Ces actes seront repris par la société par le seul effet de son immatriculation au registre du commerce et des sociétés.

TITRE SEPTIÈME
Personnalité morale – Contestations

Article 31 – Personnalité morale

La société ne jouira de la personnalité morale qu'à dater de son immatriculation effectuée selon les prescriptions réglementaires.
Jusqu'à l'intervention de l'immatriculation, les relations entre associés seront régies par les dispositions de l'article 1842 du Code civil.

Article 32 – Contestations

Toutes contestations opposant les associés entre eux ou avec la société devront être portées devant le tribunal de grande instance du lieu du siège social.

Fait à,
le
en six exemplaires

2. LES EFFETS DE COMMERCE

MODÈLE DE LETTRE DE CHANGE

Contre cette lettre de change,
stipulée sans frais,
veuillez payer la somme indiquée ci-dessous,
à l'ordre de :
Monsieur Gilles DURAND, 7, rue Jacques, 75006 Paris
À Paris le

montant pour contrôle	date de création	échéance	montant
30 050 €	20/09/2005	30/04/2006	30 050 €

RIB du tiré	nom et adresse du tiré		Domiciliation
30066.52		Paul Girard 6, rue Quentin 75018 Paris	Banque Ledu 20, rue Paye 75006 Paris

Signature du tireur

MODÈLE DE BILLET À ORDRE

Paris le 15/09/2005
Au quinze mars prochain,
contre ce billet,
je paierai à l'ordre de Monsieur Gilles DURAND, 7, rue Jacques à Paris 6°, la somme de 15 050 € (quinze mille cinquante euros).

Signature du souscripteur

V – LES ASSOCIATIONS

MODÈLE DE STATUTS D'UNE ASSOCIATION À BUT NON LUCRATIF

Article 1

Il est formé entre les soussignés et toute autre personne adhérant aux présents statuts une association régie par la loi du 1er juillet 1901, le décret du 16 août 1901 et les présents statuts, sous le nom de

ASSOCIATION (*Nom*)

Son siège social est fixé : (*Adresse*)
Il pourra être transféré par simple décision du conseil d'administration. La ratification par l'assemblée générale sera nécessaire.
Sa durée est illimitée.

Article 2

L'association a pour objet d'assurer (*objet, buts poursuivis*)

Article 3

L'association comprend des membres actifs, des membres adhérents et des membres honoraires.
– Les membres adhérents et les membres honoraires participent aux manifestations organisées par l'association mais n'ont pas voix délibérative à l'assemblée générale, à la différence des membres actifs ;
– les membres honoraires, les membres actifs et les membres adhérents sont agréés par le conseil d'administration qui statue souverainement sans avoir à faire connaître les motifs de sa décision ;
– les membres honoraires sont dispensés de cotisations.

La cotisation des membres actifs et des membres adhérents est fixée annuellement par décision de l'assemblée générale. Celle-ci peut prévoir une cotisation réduite pour certains membres comme par exemple pour les étudiants.
Le conseil d'administration statue souverainement quant à la radiation d'un membre pour non-paiement de ses cotisations ou faute grave contre l'honneur et les intérêts légitimes de l'association.

L'association est ouverte aux personnes morales qui manifesteront le désir de soutenir l'action de l'association.
Les adhésions sont formulées par écrit, signées par le demandeur et acceptées par le conseil d'administration lequel, en cas de refus, n'a pas à faire connaître ses raisons.
Le patrimoine de l'association peut répondre seul des engagements pris en son nom et aucun des associés ou membres du bureau ne pourra en être rendu responsable.

Article 4

Les ressources de l'association se composent :

1. Des cotisations de ses membres.

2. Des subventions qui pourraient lui être accordées par les États et/ou les collectivités publiques.

3. Du revenu de ses biens.

4. Des sommes perçues en contrepartie des prestations fournies par l'association.

5. De toutes autres ressources autorisées par les textes législatifs et réglementaires.

Le fonds de réserve comprend :

1. Les meubles et immeubles nécessaires au fonctionnement de l'association.

2. Les capitaux provenant des économies réalisées sur le budget annuel.

Article 5

La qualité de membre se perd par :
a) La démission.
b) Le décès.
c) La radiation prononcée par le conseil d'administration pour non-paiement de la cotisation ou pour motif grave, l'intéressé ayant été invité par lettre recommandée à se présenter devant le bureau pour fournir des explications.

Article 6

L'association est administrée par un conseil composé d'un président, de deux vice-présidents, d'un secrétaire, d'un trésorier.
Les membres du conseil d'administration sont cooptés et choisis dans la catégorie des membres actifs jouissant de leurs droits civiques et de la nationalité française.

Le conseil se réunira au moins une fois tous les six mois et plus souvent si nécessaire.
Il est investi des pouvoirs les plus étendus pour gérer et administrer l'association.
Les procès-verbaux des séances du conseil sont signés par le président et le secrétaire.
Le conseil d'administration surveille la gestion des membres du bureau et peut se faire rendre compte de leurs actes. Il autorise tous achats, aliénations ou locations, emprunts et prêts nécessaires au fonctionnement de l'association, avec ou sans hypothèque.
Il autorise toute transaction, mainlevée d'hypothèque, opposition ou autre, avec ou sans constatation de paiement. Il arrête le montant de toute indemnité de représentation exceptionnellement attribuée à certains membres du bureau.

Cette énumération n'est pas limitative.

Article 7

Les membres du conseil d'administration et du bureau exercent leurs fonctions gratuitement.
Toutefois les frais et débours occasionnés par l'accomplissement de leur mandat leur sont remboursés sur états certifiés.

Article 8

Les attributions des membres du bureau sont les suivantes :

1. Le président

Il convoque les réunions de l'assemblée générale et du conseil.
Il représente l'association dans tous les actes de la vie civile et est investi de tous pouvoirs à cet effet.
Il a notamment qualité pour ester en justice au nom de l'association en qualité de défendeur et, avec l'autorisation du conseil, comme demandeur.
Il préside toutes les assemblées.
En cas d'absence ou d'empêchement, il est remplacé par l'un des vice-présidents.

2. Le secrétaire

Il est chargé de la correspondance, des archives, de l'envoi des convocations aux réunions et assemblées, de la rédaction des procès-verbaux, de la tenue des registres prévus par la loi.

3. Le trésorier

Il est chargé de la gestion du patrimoine de l'association.
Il effectue tous paiements, reçoit toutes sommes dues à l'association et en donne décharge. Il ne peut aliéner les valeurs appartenant à l'association qu'après l'accord du conseil.
Il tient une comptabilité régulière des opérations par lui effectuées et rend compte de sa gestion lors de l'assemblée générale annuelle.

Article 9

L'assemblée générale de l'association comprend tous les membres actifs. Elle a lieu une fois par an à la date fixée par le conseil, sur convocation par avis individuel. Elle entend les rapports qui lui sont présentés par le président, le secrétaire et le trésorier quant à la gestion morale et financière, approuve et redresse les comptes et délibère sur toutes les questions portées à son ordre du jour par le conseil.
Les délibérations sont prises à la majorité absolue des membres présents.
Les modifications des statuts ne peuvent être prises qu'en assemblée extraordinaire convoquée par le conseil sur un ordre du jour déterminé. La majorité est alors des 2/3 des membres présents.

Article 10

En cas de dissolution volontaire ou forcée, l'assemblée générale statue à la majorité des 2/3 des membres présents sur la dévolution du patrimoine de l'association, sans pouvoir attribuer aux membres autre chose que leur apport.
Elle attribue l'actif net à toutes associations déclarées ayant un objet similaire ou tous établissements privés et publics reconnus d'utilité publique de son choix.

Article 11

Le conseil publiera, s'il le juge utile, un règlement intérieur de l'association qui déterminera les conditions de détail nécessaires à l'exécution des statuts et à la bonne marche de l'association.

Article 12

Le président, au nom du conseil d'administration, est chargé d'accomplir toutes les formalités nécessaires pour la constitution de l'association ou la modification de ses statuts.
Tous pouvoirs sont donnés au porteur des présentes à l'effet d'effectuer ces formalités.
Le premier conseil est composé de :

PRÉSIDENT
– M. (*nom, prénoms, profession, date et lieu de naissance, adresse et nationalité*)

VICE-PRÉSIDENT
– M. (*mêmes informations*)

TRÉSORIER
– M. (*mêmes informations*)

SECRÉTAIRE
– M. (*mêmes informations*)

Le conseil réunira, dans les trois mois de l'insertion au *Journal Officiel* de la déclaration d'existence effectuée à la préfecture de police de Paris, une assemblée générale.
Sur proposition du premier conseil, l'assemblée générale déterminera les modes de désignation des membres du conseil d'administration, toute modification statutaire corrélative étant alors adoptée selon les modalités de l'article 9.

Fait à…, le...
(en autant d'exemplaires que de parties intéressées, plus un original pour l'association et deux destinés aux formalités légales)

VI – LA JUSTICE EN FRANCE

Les degrés de juridictions

		Premier degré		Deuxième degré	
		Tribunaux	***Affaires jugées***	***Cour d'appel***	***Cour de cassation***
Judiciaire	*Civil*	Tribunal de grande instance (191)[1]	Affaires civiles qui ne sont pas jugées par les tribunaux spécialisés (divorce, adoption).	Réexamine une affaire déjà jugée par un tribunal. (35)	Ne juge pas l'affaire elle-même, mais si les lois ont été appliquées correctement par les tribunaux d'appel. (1)
Judiciaire	*Civil*	Tribunal d'instance (473)	Tutelle, loyer, etc., et affaires civiles jusqu'à 10 000 €.		
Judiciaire	*Civil*	Tribunal de commerce	Affaires entre commerçants ou relatives aux actes de commerce.		
Judiciaire	*Civil*	Conseil de prud'hommes (270)	Affaires nées à l'occasion des contrats de travail ou d'apprentissage.		
Judiciaire	*Civil*	Tribunal paritaire des baux ruraux (473)	Affaires nées de l'application du bail rural.		
Judiciaire	*Civil*	Tribunal des affaires de Sécurité sociale (113)	Litiges avec les organismes de Sécurité sociale (maladies, retraites, etc.).		
Judiciaire	*Pénal*	Tribunal de police	Contraventions, infractions les moins graves passibles d'amende.		
Judiciaire	*Pénal*	Tribunal correctionnel	Délits, infractions que la loi punit de peines d'amende, d'emprisonnement (10 ans au plus) et d'autres peines.		
Judiciaire	*Pénal*	Cour d'assises	Crimes, infractions les plus graves.	***Cour d'assises (appel)***	
Administratif		Tribunal administratif	Litiges concernant la puissance publique (administrations, entreprises publiques, etc.).	***Cour administrative d'appel*** Réexamine une affaire déjà jugée par un tribunal administratif.	***Conseil d'État*** Réexamine une affaire jugée par les autres juridictions administratives et statue directement sur la légalité des actes administratifs les plus importants[1].
Administratif		Autres juridictions administratives	Pensions civiles et militaires, aide sociale, etc.		

1. Les chiffres indiquent le nombre de juridictions de ce type existant en France.

Le double degré de juridiction signifie qu'il est possible de demander le réexamen d'un litige déjà jugé par une juridiction dite du premier degré devant une juridiction hiérarchique supérieure, dite du second degré, pour qu'il soit à nouveau jugé en fait et en droit. Mais il n'est pas possible de faire appel d'une décision du tribunal d'instance pour des affaires mettant en jeu un montant inférieur à 4 000 €.

LEXIQUE

Assignation : acte de procédure adressé par le demandeur au défendeur par l'intermédiaire d'un huissier de justice, pour le faire comparaître devant un tribunal.

Avocat : auxiliaire de justice exerçant les activités de conseil et de défenseur des plaideurs. L'avocat peut plaider devant toutes les juridictions de France. Devant le tribunal de grande instance, la partie devra obligatoirement être représentée par un avocat du barreau de ce tribunal.

Avocat au Conseil d'État et à la Cour de cassation : officier ministériel assistant et représentant les plaideurs devant le Conseil d'État et la Cour de cassation.

Avocat général : à ne pas confondre avec l'avocat. L'avocat général est l'auxiliaire du procureur général à la cour d'appel ou du procureur général près la Cour de cassation. L'avocat général est donc membre du ministère public.

Avoué : officier ministériel qui représente les parties devant la cour d'appel, en plus de l'avocat qui plaide.

Chambre d'accusation : formation de la cour d'appel statuant sur l'appel des ordonnances rendues dans le cadre d'une instruction.

Conclusions : argumentation écrite par laquelle les plaideurs exposent leurs prétentions, leurs demandes et leurs moyens de défense devant un tribunal.

Cour d'appel : juridiction qui examine les appels des jugements tant civils que pénaux. Il en existe 30 en France métropolitaine et 4 dans les départements et territoires d'outre-mer.

Cour d'assises : elle juge les crimes. Il en existe une par département. Elle a une composition mixte : 3 magistrats professionnels et 9 jurés populaires tirés au sort sur les listes électorales. Les arrêts de cours d'assises peuvent désormais être frappés d'appel.

Défendeur : c'est la partie ou la personne contre laquelle le demandeur engage une procédure.

Défenseur : c'est la personne (avocat par exemple) qui conseille et représente en justice le plaideur.

Demandeur : en justice, c'est la partie qui prend l'initiative d'un procès. C'est au demandeur de rapporter la preuve de ce qu'il réclame.

Heure complémentaire : c'est l'heure de travail effectuée par un salarié à temps partiel au-delà de son horaire habituel prévu dans son contrat de travail. Le recours aux heures complémentaires est en principe prévu dans le contrat de travail. Sinon, l'employeur ne peut imposer au salarié d'effectuer des heures complémentaires.

Inculpé : c'est la personne soupçonnée d'une infraction pendant la procédure d'instruction. Ce terme a aujourd'hui été remplacé par celui de « mis en examen ». Il est toutefois couramment utilisé soit lorsqu'on parle d'une procédure étrangère, soit lorsqu'une affaire judiciaire est ancienne.

Ministère public : c'est l'ensemble des magistrats qui sont chargés de requérir l'application de la loi et de veiller aux intérêts généraux de la société (procureur, substitut, avocat général). On les appelle aussi magistrats du parquet.

Mise en examen : c'est la nouvelle terminologie pour « inculpation » en matière pénale. La mise en examen concerne toute personne visée nommément par un réquisitoire du procureur de la République et contre laquelle il existe des indices graves et concordants. La personne mise en examen a droit d'être assistée par un avocat.

Parquet : *voir ministère public.*

Référé : procédure urgente et contradictoire grâce à laquelle une partie peut obtenir d'un juge une décision rapide, lorsque la demande ne se heurte à aucune contestation sérieuse.

Réquisitions : ce sont les conclusions par lesquelles le représentant du ministère public présente sa position lors du procès pénal et propose une peine. C'est le tribunal qui se prononcera sur la condamnation.

Temps partiel : l'horaire à temps partiel est celui qui est inférieur d'au moins un cinquième à la durée légale ou fixée par convention collective du travail.

Tribunal correctionnel : c'est la formation du tribunal de grande instance qui examine les délits pénaux. En font partie le juge d'instruction et le procureur de la République.

Tribunal de grande instance : c'est la juridiction de droit commun de première instance. Il en existe au moins un par département. Il examine au premier degré tous les litiges qui ne sont pas attribués à une autre juridiction.

Tribunal de police : c'est une formation du tribunal d'instance qui juge les infractions pénales les moins graves, c'est-à-dire les contraventions.

Tribunal d'instance : tribunal à juge unique qui statue sur les créances à faible montant (jusqu'à 3 800 €) et sur les baux d'habitation. Il s'appelait autrefois « juge de paix ».

LES GUIDES JURIDIQUES ET PRATIQUES DÉJÀ PARUS AUX ÉDITIONS DE VECCHI

COLLECTIF, *Guide de l'usager de la justice*, Paris, 2000

DESMARAIS (Bénédicte), *Guide juridique et pratique de la retraite et préretraite*, Paris, 2004

DUCHET-NESPOUX (Joëlle), *Guide juridique du droit de la famille*, Paris, 2001

HALPERN (Céline), *Guide juridique et pratique du droit et internet*, Paris, 2003

HALPERN (Marie-Christine), *Code commenté du travail* (édition 2005), Paris, 2004

ISRAEL (Marc), *Guide de l'entreprise familiale*, Paris, 2001

LAGRIFA (Marie-Odile), *Comment créer sa SARL*, Paris, 2002

LEMOINE (Jean-Claude), *Guide juridique et pratique de la SARL et de L'EURL*, Paris, 2001

MOUTHIER (Annie), *Encyclopédie de la SARL*, Paris, 2005

MOUTHIER (Annie), *Guide juridique des assemblées générales*, Paris, 2005

MOUTHIER (Maurice), *Guide juridique et pratique des démarches administratives*, Paris, 2003

MOUTHIER (Maurice), *Guide juridique et pratique de la conciliation et de la médiation*, Paris, 2003

NICOLLE (Denise), *Réussir les successions et donations*, Paris, 2002

PÉRIER (Claude), *Créer sa SCI*, Paris, 2004

SIMONETTA (Pierre), *Guide juridique du divorce et de la séparation de corps*, Paris, 2002

SOGNO (Claudia), *Guide juridique du droit des associations*, Paris, 2002

... et toute la collection « Droit au quotidien » pour aborder de façon didactique les grandes questions juridiques de notre époque.

TABLE DES MATIÈRES

QUATRIÈME PARTIE – LES PROBLÈMES DU TRAVAIL

SIXIÈME PARTIE – MÉTIERS, PROFESSIONS, ACTIVITÉS DIVERSES

SEPTIÈME PARTIE – L'UNION EUROPÉENNE ET L'EURO

HUITIÈME PARTIE – LA VIE À LA CAMPAGNE

DIXIÈME PARTIE – LES LOISIRS

ONZIÈME PARTIE – LE DROIT DE LA ROUTE ET DE LA VOIE PUBLIQUE

DOUZIÈME PARTIE – L'ÉLECTRICITÉ ET LE GAZ

ANNEXES

Achevé d'imprimer en août 2007
à Lonrai
sur les presses de Normandie Roto Impression s.a.s.

Dépôt légal : septembre 2007
Numéro d'éditeur : 10067
Numéro d'impression : 07-2170